绿野千鹤·著

中国致公出版社　知音动漫

我自遥远的国度而来

长路漫漫白雪皑皑

漫天的黄沙险些将我掩埋

但当我历尽艰险见到了你啊

那一切的苦难都不值一提

哈哈，不值一提

你是天上遥不可及的星辰

你是海上低吟浅唱的魔魅

哦不，这些诗篇都配不上你

我日夜弹奏指尖淌血

也捉不住哪怕一片袍角

你啊，你啊

你是银色诗琴弦上的月光

火焰点燃了苍穹

月光消失在高山

从此，琴弦上没了光亮

青丝到白发啊，我日夜弹唱

索然无味，皆是虚妄

所有的诗都配不上你，我的月亮

目 录

第 一 章 · 歃血 1
第 二 章 · 校草 16
第 三 章 · 爸爸 31
第 四 章 · 血盟 44
第 五 章 · 戒律 57
第 六 章 · 领主 71
第 七 章 · 含山 83
第 八 章 · 狼妖 98
第 九 章 · 镜界 112
第 十 章 · 骑士 125
第十一章 · 技能 139

第十二章·传承 ……………………… 151

第十三章·厄犬 ……………………… 162

第十四章·负责 ……………………… 173

第十五章·贴膜 ……………………… 187

第十六章·哈尼 ……………………… 198

第十七章·挑衅 ……………………… 213

第十八章·护士 ……………………… 225

第十九章·危机 ……………………… 241

第二十章·屠狗 ……………………… 254

第二十一章·血脉 ……………………… 267

| 第一章 |
歃 血

透过特殊病房的玻璃墙,能清楚地看见病床上那个苍白病弱的少年。到了这个地步,药石罔效,他还是那副波澜不惊的模样。

床头、窗台,摆满了各式各样修剪好的鲜花,像极了这青春年少的生命,绚烂至极,转瞬即逝。

"譬如朝露啊!"

夏渝州轻叹一口气,拉起挂在下巴上的口罩遮住脸,单手插兜,优哉游哉地哼着小曲往病房门处走。

"对酒当歌,人生几何。譬如朝露,去……日!"

"咔嗒",病房门突然从内部打开,走出一名穿着白大褂的年轻医生。修长的身形映入夏渝州的眼底,像一根冒着寒气的冰棍直挺挺地戳进热油锅,噼里啪啦地生生把悠扬的尾音炸成了脏话。

医生似有所感,转头看向夏渝州站的地方——空空如也。

"司医生?"旁边的护士小声提醒了一句。

医生收回目光,接过护士手里的表格,从胸前的口袋里掏出钢笔签了个字。

镀金笔头在纸面上摩擦出均匀的沙沙声,这样的音量不足以维持声控灯的工作,拐角后的走廊灯渐次熄灭,将夏渝州淹没在一片黑暗中。

"我下班了,你们看着点,别让他再跑出去了。"

冷冷如松风拂弦的低沉嗓音，沸水似的奔腾而来，避无可避，烫得夏渝州缩手缩脚，险些跳出窗去。

司君。真的是他！他怎么在这里？

夏渝州指尖发抖地听着脚步声渐行渐远，慢慢从拐角处探出头来，看看那人消失的方向，再看看亮着光的病房，然后果断转身离开。

今天本是来做好人好事的，那个少年就算接受了最先进的治疗，存活率也不高，唯一能彻底救活他的只有夏渝州。月黑风高杀人夜，救死扶伤未尽时，偏偏碰见了最不想碰见的人。

"少年，看来咱们没缘分。"做好事，首先得这好人活着才行。

夏渝州叹了口气，将连衣帽扣在头上，拉紧脸上的黑色口罩，无声无息地快步向外走去。医院有前后两个门，他走的方向与医生办公室相反，应当是碰不到的。就算倒霉走的是同一个大门，司君回办公室还要脱掉白大褂换便装，以那人的龟毛程度，没个十分钟整理不完，足够他走出医院了。

越是紧张，记忆力就越好。眼前的一切清晰无比地印入脑海，整齐的地砖缝、黄色的医用垃圾桶、墙上的辅助扶手、偏僻昏暗的廊道、碍事的九块九包邮白大褂，宛如置身恐怖逃生游戏之中。

二十米，十米，五米……

长长的走廊终于到了尽头，月朗星稀，四下无人。不待缓过一口气，忽然"叮——"一声脆响，惊得他原地跳了个趔趄，差点把手机隔着院墙扔出去。

一条新消息。

学长：渝州，这是今年《神之脑》总决赛的视频。虽然很唐突，但还是希望你能看看。他才十六岁，是货真价实的天才，就像当年的你一样。

《神之脑》是一档脑力竞技节目，比赛内容涉及速记、数学、逻辑推理等各方面，参加的都是智商超群的少年，三百六十度无死角地向观众展示天才和普通人的区别。而病房里那个预定了死神专列商务座的少年，正是这一届的冠军。

"第五届神之脑大赛全球总冠军诞生了，他就是十六岁的天才少年，陈默！他是全球脑力的巅峰，是人类智慧的天花板！而他只有十六岁，他的前途不可限量，他的未来光芒万丈！"视频中，主持人兴奋无比地把话筒递给一脸冷漠的少年,"此时此刻你有什么想说的吗?"

少年撩起眼皮看了主持人一眼,勉为其难地接过话筒:"你这台词逻辑不对。如果我是脑力巅峰,那前四届冠军是什么?"

主持人:"……啊?"

夏渝州顿下脚步,盯着屏幕上翻着死鱼眼、发出灵魂质问的小朋友,微微挑眉。啧,真是个傲慢又惹人厌的小孩。

关掉视频,他随手回复:学长记错了,我可不算什么天才,而且,我最讨厌天才。

手机静音,装进裤兜,原地转身。

夜晚,人的痛觉神经更敏感,通常的重病区,就算没有鬼哭狼嚎,也该有许多人辗转难眠吵吵闹闹的声响。但这里没有,诡异地安静着,只有个别敞着门的病房传出低低的交谈声。

"你现在抵抗力很低,真的不能出去。因为昨天晚上你偷跑的事,司医生都生气了。他冷着脸的样子太那什么了,吓得我腿软。"护士一边给少年换药,一边柔声絮絮叨叨。

少年仿佛没听见,捧着一本黑色烫金封面的书看得浑然忘我,过了七八秒钟才回了一句:"你确定是吓的?"

"你这孩子,说什么呢!"护士姐姐瞬间涨红了脸,恼羞成怒地吓唬他,"总之千万别往外跑了,特别是晚上,这里可是医大附院,当心被吸血鬼吃了。"

"你也听说过医大吸血鬼?"少年猛地抬起头,瞪着一双漆黑的鹿眼,直勾勾地盯着护士。

护士脸颊微抽,预感不妙。果然,下一秒:

"能说具体点吗?"

"医大吸血鬼的传言是五年前兴起的,最近几年还有吸血鬼的踪迹吗?"

"它当时出现在什么地方?被它咬了的人后来是死了还是失踪了?"

"……"

"怎么不说了?你是医大毕业的吧?"

这所医院是医大的附属医院,旁边就是全国最好的医科大学,因为全称过长,人们习惯直接叫它"医大"。在这里工作的医生、护士,大多数都是医大的毕业生和教授。

"不是……"护士涨红了脸。医大招生门槛极高,就算是护理专业也要超高分才能进。

"那你怎么进的附院?"少年好奇地看着她,没有鄙夷,也并非开玩笑,只是很认真地询问,跟探讨严肃的学术问题没两样。

"我找人托关系进的,行了吧?"

"难怪你昨天说配不上司医生。"

"陈默!"护士突如其来的怒吼震得回廊上的挂画抖了三抖,"你的药换完了!最后警告你一遍,今天再敢跑出去,就把你关到ICU时时监护!"说罢,她端起托盘,头也不回地走了。

来时孟母殷殷断机杼,去时张飞怒吼长坂坡。

夏渝州站在门外,吭哧吭哧地憋笑。这孩子活到现在还没被人打死,也算是个奇迹了。他慢悠悠地抬手敲敲门:"我是医大的,咱俩聊聊?"

"你谁?"

"医生。"

正快速穿鞋的少年抬头看向倚在门边的人。

这人像模像样地穿着一身白大褂,但款式与司医生他们的褂子不一样,脸上戴着明显不符合规定的黑色口罩,更过分的是,白大褂后面竟然还露着蓝色连帽衫的帽子!别说医生了,卖号黄牛都没这么嘻哈。

"我是别的科室的,你大概没见过我。"夏渝州不知从哪里变出一朵半死不活的康乃馨,插到床头的玻璃瓶中,"算是你的粉丝,下班顺道来看看。你这是要去哪儿?"

少年不理他,继续绑鞋带。

夏渝州扯了张凳子,坐到床边。床上放着那本黑色封皮的书,烫金大字标题——吸血鬼探秘。

"你打算去医大找那只吸血鬼?"

这话终于引起了少年的兴趣,他慢慢站起身,喘了口气:"你知道他?"

夏渝州拿起那本书翻了翻："你先告诉我找吸血鬼做什么。"

"我想请他给我初拥。"

"啥？"夏渝州不明所以。

少年抬手，按住翻动的书页，点了点章节标题——The Embrace。

"初拥，英文是 The Embrace，把人类转化成血族的方式。按照书中记载，大概是吸血鬼先把人的血吸干，再让濒死的人吸自己的血，从而将其转化为同类。"少年一脸认真地解释。

"其实，我觉得翻译成'初拥'并不准确，Embrace 应该理解为信仰、皈依。皈依血族，皈依黑暗之神。"

黑暗之神……

夏渝州嘴角抽搐，这就是自家学长内定的学生、天才少年、科学界冉冉升起的新星，还没上大学就封建迷信了："你不是何教授的学生吗？少看点这些东西，小小年纪不相信科学，净信这些不着边际的。"

"人在绝境的时候，总得有点寄托。"少年耸耸肩。他的病只有骨髓移植可以治，但因为体质特殊，就算移植成功，存活率也很低。

少年苍白到近乎透明的脸上，不属于这个年纪的沧桑与疲惫一闪而过。

"你不懂。"

"行，我不懂。"夏渝州单脚踩在床边，打开备忘录翻了翻自己来前准备的台词，发现一句也用不上，索性关了手机，"但你怎么知道成为吸血鬼就能治病了？就算能治病，当一个见不得光的吸血鬼，没准活得更痛苦……"

"哪怕像虫子一样活着，只要活着就行。"少年打断了夏渝州的长篇大论，拿过那本书夹在腋下，低头向外走，走到门口时背对着夏渝州挥挥手，"谢谢你陪我聊这个，我还有事去完成，再见。"

夏渝州被这又酷又中二的台词逗笑了，十分配合地站起身来，用动漫里神秘老爷爷的口吻抑扬顿挫地道："你的决心我已经看到！那么少年，你愿意皈依血族吗？"

"你说什……么？"少年蓦然回头。

黑色口罩在少年惊愕的目光中缓缓拉低。

夏渝州咧嘴，露出一颗尖尖长长的獠牙："初拥乃舶来之词，吾华夏族谓之歃血归亲。以吾血，融尔血，归于血族而为亲。自此，生非常人之生，死非固有之死。你可愿？"

"血牙！"少年一双眼睛瞪得溜圆。

那是一颗比正常牙齿长了许多的锥状牙，瞧着就不属于正常人类，更像某些大型肉食动物的犬齿。

"不错啊，还知道血牙。"夏渝州坐回椅子上，冲少年勾勾手。

"你是吸血鬼？不，竟然真的有吸血鬼！"少年语无伦次地奔到夏渝州身边，左看右看，像一条发现了大金矿的幼龙，举着两只小短手不知所措。

"是血族，基因稍微有点特殊的人类。"少年激动过头的样子极大地愉悦了夏渝州，这还是第一个看到他的血牙后更加开心的人。就应该这样，血族多珍贵，理应得到大熊猫般的待遇。

然而激动的少年并不懂得"文明观牙"，一只激动过头的小手突然直冲向那颗还钩在下唇上的血牙："血族就血族。我能摸摸这颗牙吗？"

夏渝州唇角的笑瞬间僵住，"啪"的一声脆响，等他回过神来的时候，手舞足蹈的少年已经被他一巴掌呼倒，狠狠摔在病床上动弹不得了。

"哎呀！"夏渝州赶紧凑过去查看。

连日的激进药物治疗已经掏空了这具年轻的躯壳，少年梗着脖子试图起身，却连呼吸都难以顺畅，像一只翻盖的小乌龟，徒劳地划拉四肢。

夏渝州单膝跪在床上，抓起少年调整姿势，按压揉拍，行云流水地一通折腾，才总算让少年把这口气倒腾过来。

"咳咳咳……你还真是医生啊，这个急救动作司医生也做过。"

"啊。"夏渝州听他提司君就浑身难受，掏出一颗薄荷味口香糖扔进嘴里，做咬前准备。

少年爬起来，生龙活虎的模样跟先前的病入膏肓判若两人："我以为你顺口胡诌的！这就好办了！"

夏渝州斜瞥他："什么好办？"

少年："歃血归亲啊，你刚才不是问我愿不愿皈依黑暗之神吗？我愿意，我特别愿意！但歃血归亲之后我不就好了吗？肯定会惹人怀疑。"

夏渝州听得脑壳疼，哪儿来的黑暗之神。

少年丝毫没觉得自己说错了，还在滔滔不绝："把我转到你的科室，就说之前误诊了。然后你顺理成章地治好我，就不会惹人怀疑了。"

夏渝州："好有道理。"

少年："你是什么科室的？"

"牙科。"

"……"

拉窗帘，关房门。

夏渝州吐出口香糖，把兴奋过头的少年按住，用吃甘蔗的姿势捋了捋脖子："风险告知，歃血我也是第一次做，咬过头可能会导致你动脉破裂，即刻死亡。成为血族，后遗症目前可统计的有七十二种，当然比起你现在半死不活的状态还是好些，此处略。你还有什么要问的吗？"

"血族能长生不老吗？"躺好要做转化了，少年才想起来一些基本问题。

"不能。"

"能在月圆之夜变成蝙蝠吗？"

"不能。"

"高考能加分吗？"

夏渝州默默地扬起了巴掌。

"好吧，我知道了。"少年缩了缩脖子，"你就不能对同类友好一点？"

友好？夏渝州冷笑，掐住少年苍白纤细的脖颈，缓缓凑到他耳边，压低声音道："我想你大概误会了，少年。小朋友要讲文明、懂礼貌，不能用同类来称呼我哦。"

被捏住命脉的危险感让少年一阵阵战栗，方才涌起的热血瞬间凝结成冰。果然没么好心，然而这是他活下去的唯一希望，纵使出卖灵魂他也在所不惜。

少年倔强地瞪向夏渝州："那应该怎么称呼？大人，恩人，还是主人？"

夏渝州张开嘴，露出中空的牙尖："听好了小子，歃血归亲过后，我就是你爸爸！"

"爸爸就爸……啊？"

在血族的概念里，歃血归亲过后，这孩子将会继承夏渝州的特殊基因，夏渝州就是他的长亲。二十多岁，喜提一个十六岁的儿子。

"你在干什么？"

一道最不该出现在此的声音于房门处惊响，屋里的"父子俩"都僵住了。

夏渝州想过很多次自己跟司君重逢的场景。

彼时，他已经是世界知名牙医，连外国总统都跪求他给镶牙，然后他衣锦还乡，光芒万丈；而司君，是一名刚刚熬过规培的小医生，拿着微薄的收入养活柔弱的妻子和嗷嗷待哺的幼儿，灰头土脸，风光不再。

又或许，他还是世界知名牙医，好莱坞所有明星的钻石牙都是他种的，然后他衣锦还乡，光芒万丈；而司君，是一名刚刚熬过规培的小医生，拿着可怜巴巴的玫瑰，痛哭流涕地求他原谅。

千千万万种场景，大同小异，总归不会是眼前这种。

"你在干什么？"穿着白大褂的司君面无表情地站在病房门口，看着正要张口咬病人脖子的夏渝州。他没有灰头土脸，也没有痛哭流涕，鹤骨松姿，气质斐然，那张人厌鬼憎的脸甚至比大学时候更英俊了。

真是岂有此理！

"如你所见，吃饭。"发麻的手脚恢复知觉，夏渝州站直身体，舔了一下尖尖的血牙，单手呈爪状扣在少年脸上，像按着猎物的猛兽，不许猎物动弹分毫。

他是血族，和普通人不同，每天需要通过血牙摄入定量的血液以排除磁场影响，维持生命，就像吃饭一样。这件事司君五年前就知道了，没什么要藏的，但这家伙在，今晚的仪式恐怕不能继续了。

夏渝州挑衅地盯着司君："不好意思，我选的猎物似乎是你的病人。司先生介意的话，我换家馆子，看在咱们以前的交情份上。"

"交情"二字，夏渝州说得咬牙切齿。指尖冒出的汗珠浸湿了少年的眉毛，冰冷滑腻。

司君薄唇抿成直线，定定地看了他一会儿，一言不发地转身离去。

满屋剑拔弩张的气氛瞬间凝滞，夏渝州不由愣住："走了？"

不仅走了，还顺手关上了病房门。这是不介意他在此就餐的意思？那还要不要继续？毕竟这不是吃一顿消夜的事，而是要认消夜当儿子。

"你跟司医生认识？"已经做好皈依黑暗之神准备的少年睁开眼，好奇地问。

"啊，算是认识吧。"

"算？"

"他是我前兄弟。"夏渝州慈爱地看着眼前的好奇宝宝，提前适应当爸爸的节奏。

"前兄弟是个什么概念？"少年不明所以，只听说过前女友，没听说过前兄弟。

"这么说吧，我俩以前关系特别好，世界第一好的那种，后来绝交了。"夏渝州摊手。

"血族也跟普通人做朋友啊？"少年很是震惊，难以想象那么正经、高冷的司医生会跟谁亲密无间，"那为啥绝交呢？"

爸爸这么珍稀的物种，遇见了就应该当大熊猫供起来，竟然还有人舍得绝交？

夏渝州沉默片刻，故作沧桑地叹了口气："说来话长，你可以理解为人鬼殊途。"

少年："我读书少，但我知道，这世界上没有鬼。"

夏渝州不理他，重新捏住脖子，想想从哪里下口。

见他如此，少年立时摆正手脚，神情严肃："我们继续？"

夏渝州："继续个屁，我咬你一口，你就装作什么都不知道，谁问都是今晚没知觉，懂？"

司君是少年的主治医生，又知道他血族的身份，用脚指头都能想到濒死的病人突然康复是夏渝州搞的鬼，说不定会直接把便宜儿子送去实验室切片。

"不，现在就转化。"少年紧紧抓住夏渝州的手，"我的老师已经安排好了，明天就会给我转院，不会暴露的。"

"转院？何予要给你转院？医大附院都治不了的，还去哪儿治？"夏渝州皱眉。

这个病，数遍全国，医大附院是治得最好的。况且已经找到了可以配型的骨髓供体，只是还需要时间去劝说捐献者，这时候转院未免太奇怪了。

少年苦笑："我妈闹着要送我出国治，还搞了电视节目号召粉丝捐款。何教授怕我死在路上，就骗我妈说找到了更好的治疗方法。"

这就麻烦了，少年不管是被何予带走，还是被他妈带走，夏渝州要再找到都不容易。

"速战速决，咱们现在就转化。你明天有力气了马上跑，到黄昏路九号的牙科诊所找我。"夏渝州当机立断，往他病号服里塞了两百块钱。

"好！"少年顿时热血沸腾，捂着胸口的钱用力地点点头。

仪式被打断，得从头来一次。情绪起伏过大的夏渝州"提舌忘词"，只得掏出手机，念起了早上刚从先祖手札上抄来的笔记："吾夏氏血族，古来有之。尔乃有缘人，承吾氏族之血脉。以吾血，融尔血，归于血族而为亲。自此，生非常人之生，死非固有之死。你可愿？"

"愿！"问题少年这次再没有任何问题。

回答得过于迅速，夏渝州顿了一下，想了想还有没有什么遗漏。其实也没什么好说的，这种事又不能找家长签字。他已经病入膏肓，又刚好符合血族转化条件，做不成健康的普通人，起码能做个活蹦乱跳的血族。

摸到血管，俯身，张嘴。

"夏渝州！"司君带着怒火的声音从背后响起。

夏渝州冷不防被提着后领拽起来，转头正对上司君那双海冰一样的蓝色眸子。

司君："我说过，不要这么做。"

司君戴着薄薄的白手套，体温透过布料传到脖颈的皮肤上，激得夏渝州鼻根发酸。

夏渝州甩开那只手："这你就不讲道理了，我想做什么还要你同意不成？实在要管，司先生不如直接把我抓起来，送到派出所去。"

司君没理他，用镊子夹起一块医用酒精棉，在少年透出青色血管的颈侧从中心到周围顺时针擦拭，然后扔掉棉球，收回镊子，末了又在枕头上垫了一张防水无纺布，整套动作行云流水，一气呵成，以至于少年嘴里那句"我是自愿的"

愣是卡在喉咙里没说出来。

司君："咬吧。"

少年："……"

夏渝州："……你说的不要，是不要咬没消毒的？"

"嗯。"

"……"

总觉得哪里不大对。

歃血归亲，是新生命的开端。长亲获得名义上的子嗣，从此为新成员的一切行为负责。以吾血，融尔血，神圣而美好。

然而这样的好气氛，都被那打着旋的消毒印迹破坏了。好好的歃血归亲变成了外科手术，加上背后还有一双眼睛盯着，随时准备给他递纱布和缝合线，夏渝州根本下不去嘴。唉！

"司医生，你确定要站在这里看我吃饭吗？"夏渝州回头，做了个请的手势，"要不您先尝尝？"

司君看向悄悄翻白眼的病人，微微摇头："我不吃这个，你吃吧。"说罢，抬脚走出了病房，并细心地关上了门。

少年翘起脑袋看向门外："他竟然还回答你。"

夏渝州嗤笑："他就是这样，礼貌得过分，说什么都会应一声。"像个虚情假意的贵族，有问必答，有求必应，但从不放在心上。别问，问就是教养，惹人恨的教养。

走廊上的灯熄了又亮。没有少年预期中的血月染红半边天，也没有邪恶势力趁乱前来猎杀脆弱的新生命，他甚至都没有看清夏渝州是怎么做的，所有流程就结束了。转化完成，一位新的血族诞生，虚弱的少年连一声"爸爸"都来不及喊便昏睡过去。

夏渝州扳着他的脸仔细观察，脸色比先前更加惨白，眼底的青影却在逐渐消失。先祖手札上没有详细记载转化成功后的表现，但瞧这孩子呼吸平稳、心跳有力的模样，应该是挺成功的。

血脉的热度隔着薄薄的皮肤传导过来，源于己身的同源感异常美妙，让夏渝州露出笑来："嘿嘿嘿，儿子！"

同每一位新生儿的父亲一样，夏渝州忍不住掏出手机，对着不省人事的少年"咔咔"拍照。

洁白的床单，蓝白条的病号服，苍白的小脸，真可爱！越看越可爱！夏渝州连拍几张，俯拍、仰拍、横拍、竖拍，把床头的鲜花放在孩子怀里拍，还顺道加了滤镜。

他越看越满意，兴奋地想发朋友圈，向全世界炫耀我们老夏家有后了。好在理智尚存，没有真发出去，憋了半天只发给了自家弟弟。

夏渝州：大树，我当爸爸了，给你看！

弟弟似乎在忙，并没有回复。夏渝州遗憾地又拍了两张，这才恋恋不舍地走出病房。

"哇呀！"

病房外的阴影处，直挺挺地站着还没有走的司君。他的白大褂已经脱了，穿着熨烫得没有一丝褶皱的白衬衫，手臂上搭着一件薄西装外套。在这夏末秋初的炎热夜晚，还带着西装外套出门，这人真是一点都没有变。

夏渝州抚抚被吓到的心口，不着痕迹地向后退了半步，侧身对着司君："你怎么还不走？"

司君仿佛没看到他防备的动作，骤然靠近。淡淡的柠檬香夹杂着消毒水的气息，瞬间灌满了夏渝州的鼻腔，让他僵了一瞬。

对方绕过他推开病房门，看了一眼内里的状况便重新合上，再自觉地退开，保持与方才分毫不差的距离。

"有没有什么注意事项？"司君示意屋里的病人。

"我没学过照顾猎物，你看着办吧。"夏渝州拉上口罩，戴上帽子，把九块九包邮的白大褂脱下扔到垃圾桶里，低头向外走去。

司君不慌不忙地跟上他："刚被转化不需要特殊照顾吗？"

夏渝州骤然停下脚步。

司君低头理了一下手套："夏渝州，这么多年了，你还把我当傻子。"

低沉悦耳的声音，不带任何讽刺、指责，只是平静地阐述一个事实，却比任何吵闹都让夏渝州震惊。以前的医大贵公子、司君，是绝不会说出这种话的，他只会腼腆地笑、恼羞成怒地抿唇，实在生气也就一句"走开"。

夏渝州打量着眼前这个陌生的司君，在对方抬眼看过来的时候下意识地避开："我不知道你在说什么，小说看多了吧。被我咬了，身体指标可能会发生变化，但只是暂时的。无论如何，谢谢你今晚的帮助，也希望你能保守秘密。他明天就转院了，不会影响到你。"

司君静静地看着他："是么？"

不咸不淡的应声，惹得夏渝州心头火起，他冷笑道："你要实在想说，我也不拦着，你看别人会不会信。"

说罢，他转身就走，手臂却突然被一把抓住。

"我可以保守秘密，那你告诉我，是谁叫你来的。"

宽大修长的手像铁箍一样牢牢地扣着他，让他动弹不得。夏渝州已经是个成熟的男人了，手臂并不纤细，还是被轻松地握住，不愧是可以在钢琴上跨越十二度音域的上帝之手。

夏渝州捏住最不容易反抗的无名指，使劲向后一掰，直接将那只大手拽下去："与你无关，你爱说说去，真当我怕你！"

被掰了指头的大手微不可察地抖了一下，迅速从夏渝州手中抽离。

时隔五年的重逢，不欢而散。

夜晚的云城灯火通明，纵横交错的道路被车辆的流光浸染成一条条跃动的光河，流向未知的远方。热闹繁华的街头，却拦不到一辆能让他搭载的出租车。

许久不在云城生活，夏渝州有点找不到方向，只得给弟弟打电话。

还是没有回复消息的周树，电话倒是秒接："喂？"

"大树啊，告诉你两个好消息，"夏渝州靠在路灯杆上，看着司君的车消失在道路的尽头，"第一个，我有儿子，你有侄子了！"

那边呛咳了一声："啥？"

"儿子……"

"嘘嘘嘘。"周树赶紧制止他说下去，"咳，那什么……家丑不可外扬，回来再说。"

夏渝州了然，这家伙身边应该是有别人："第二个好消息，我的诊所还没收拾好，得去你那里住，过来接我。"

"我在直播呢，你自己打车过来吧。"弟弟显然不认为这是个好消息，并送给哥哥一个"滚"字。

"我要是能打到车，还用叫你这废物？"

"你不会滴滴一个？"来自崩溃的弟弟。

"滴滴是什么？"

"……"

郊区某电竞基地宿舍，正跟队友双排直播的周树，安排好不省心哥哥的网约车，自己的游戏人物也挂了。

"哟，谁呀，叫我们树神这么操心？"队友挤眉弄眼地凑过来。

俩人直播用的都是小号，掉段位也无所谓，因而被耽误的队友并没有第一时间掐死周树，反倒有闲心调侃他。

听到这句话，直播间里的粉丝顿时炸了。

"女朋友？树神有女朋友了？"

"不要啊，我的心碎成七十二瓣，拼都拼不好的那种，要树神摘口罩才能安慰。"

"摘口罩安慰加一。"

摄像头前，顶着一头狂野红毛，戴着口罩只露两只眼睛的高大青年，看着屏幕翻了个白眼："我哥。"

队友顿觉失望："你哥这是刚从哪个深山老林出来，怎么滴滴都不会用？"

周树瞥了队友一眼："他刚从国外留学回来，没用过滴滴。你知道的，外国都很落后。"

队友讪讪："哟，咱哥还是个海归呢。"

"哈哈哈哈，外国都很落后，树神威武！"

"刚才听电话里的意思，咱哥好像要来基地住，一会儿能不能看见呀？"

"树神这么帅，咱哥肯定也超级帅！"

周树没有理会弹幕,沉默着又开了一局。刚才给夏渝州叫车,起始地竟然是医大附院,这让他原本平静的心提到了嗓子眼。夏渝州不知道,但他知道,司君就在那个医院。

"哟,打游戏呢,还有朋友在啊。"夏渝州推门进来,瞧见电脑前两个正飞速敲击键盘的小伙,愉快地打了个招呼。

摄像头看不到远景,粉丝们只听到了声音,顿时激动起来。

"咱哥来了,咱哥来了,咱哥来了!"

"给看看哥哥的脸!给我看看!"

"哥哥声音好好听啊,嘤!"

周树戴着耳麦,听不见声音,但看到了弹幕。他立时摘下耳机,回头瞧夏渝州:"你去那边干什么?是不是去见那个王八蛋了?"

夏渝州眼中的笑意瞬间消失,放下手中的拖鞋慢慢站直身体:"你知道他在那边?"

周树没有回答,而是直接把耳机摔到了桌上。

夏渝州看了一眼旁边茫然的队友:"打你的游戏吧,我去洗澡。"

屏幕上喊着要看哥哥的弹幕顿了一下,换成了满屏的问号。队友见周树暴躁的模样,不由自主地离远了些,小心翼翼地问:"什么王八蛋啊?"

周树这才反应过来自己还在直播,他重新戴上耳麦,"喊"了一声:"没什么,我哥以前的……朋友呗。"

"前嫂子吗?嗨,你生这么大气干啥?"队友不是很理解。

"那可不是普通的朋友。"周树甩手杀了一人,掩藏在口罩里的尖牙差点戳破布面,"那就是个作精!别叫我再瞧见他,见一回我打他一回!"

队友呆呆地看着他疯狂杀人,半晌憋出一句:"……打女人,不……不大好吧。"

第二章
校 草

周树噎了一下,终于想起来自己还在直播,他冲队友捏了捏拳头:"打只是个比喻,懂?"

队友识趣地点头:"懂懂懂。"

弹幕上已经笑成一片。

"哈哈哈哈哈哈哈哈哈……"

"打人竟然是比喻吗?我读书少,别骗我。"

"没错,打是个形容词,我证明!"

"所以前嫂子到底怎么作了?"

怎么作了?回想过去的种种,周树控制不住地打了个冷战,放大招又杀一人,对着尸体连砍几刀才缓过来:"我不是看不惯他,是真没见过这么作的人。早饭天天要我哥买,不买就饿着不吃;去图书馆自习必须我哥占座,不占就不去学;吃饭要我哥挑大蒜,崴脚了还要我哥背着走……"

队友听得目瞪口呆,弱弱举手:"这个……作吗?这不是男朋友应该做的吗?"

是男朋友应该做的没错……

周树憋得不行:"问题是他们又不是在谈恋爱。"

队友了然:"那是有点婊了。"

周树像是找到了突破口,精神大振:"他收了别人送的礼物,还装作是自己买的,转手送给我哥了。"

队友:"啊?"

周树:"你知道他俩最后怎么闹崩的吗?他发短信给我哥,约他去宾馆见面。"

队友露出猥琐的笑:"哟哟哟,然后呢?"

"然后,掏出了比哥哥还大的……"

"然后,反过来强迫了哥哥?"

"然后,反手举报给警察叔叔?"

弹幕开始胡乱猜测。

周树用力抓了抓头顶的红毛:"然后我那傻哥哥等了一天没等到人,等来一群不知道什么东西把他打了一顿,差点要了他的命。"

队友一个手滑,操纵的游戏人物掉进了深渊:"啥啥啥?这什么女人啊?仙人跳吗?也太狠毒了吧!"

周树:"……"

好像有点词不达意。没等他挽回,后脑勺忽然挨了一巴掌,整张脸直接栽到了键盘上。穿着铠甲的游戏人物一通疯狂乱舞,在敌人面前跳了段颇为风骚的 Breaking。

"胡说八道什么呢?"夏渝州单手擦着头发,背后灵一般出现在弟弟身后。

周树拍开压在自己头上的手,回头冲夏渝州龇牙,余光却瞟见队友呆滞的目光。队友示意他看屏幕,屏幕已经被密密麻麻的弹幕充满了。

"啊啊啊啊啊啊!好帅!太帅了!"

"这个哥哥我可以!"

"树神给你们,哥哥给我!"

"哥哥说话拽拽的,好像老港片里叼着牙签的社会大佬啊!可,非常可!"

为了打弟弟,夏渝州意外入镜,被粉丝们看了个正着。周树头上的毛顿时炸开了,他迅速回头看自家哥哥。

刚洗完澡,没戴口罩,白皙得过分的脸被热水熏蒸过,泛着健康的粉色,看起来像个人,也没有露出那颗骇人的獠牙。还好。

周树把他推出摄像范围:"我说的都是事实,他要是不服气,叫他来打我啊。"

次日，夏渝州天没亮就起了，踢踢睡得四仰八叉的弟弟："我去诊所了。"

昨天陈默跟他约好，能动了就跑出医院去诊所找爸爸。为了防止儿子去了找不到人，夏渝州得尽早赶过去。

周树没理他，把头戳进被子里继续睡。昨天晚上直播到两点，刚躺下，又被夏渝州抓起来听他炫耀新儿子。作为夏渝州他爸转化来的半路儿子，周树并不具备转化别人的能力，难以理解夏渝州的这种兴奋。

"你不跟我去见见大侄子？"夏渝州揪住一撮红毛，试图把弟弟挖出来。

回答他的，是周树埋得更深的脑袋，和试图踹他的大脚。

"无情无义的二叔，以后叫孩子不要孝顺你。"

夏渝州迎着熹微的晨光来到黄昏路，时间还早，街上的店铺大部分都没有开门，只有两家早餐铺子在营业。

买一兜小笼包边走边吃，扔到空中再张嘴接住，走到"夏天牙科"门前时，夏渝州刚好把六个包子吃完。

"渝州，这么早就来了。"隔壁美容店的老板娘也起了个大早，瞧见站在诊所门前的小青年，笑着打了个招呼，"你那个小桶油漆，我给你放花盆底下了。"

"好嘞。"夏渝州应了一声，从花盆底下把油漆翻出来，继续昨天没有完成的工作——粉刷信箱。

这间诊所已经关门多年，需要重新翻修。先前他已经找人把外围粉刷了一遍，只是那些工人躲懒，把门前的木头信箱漏了。

信箱还是他爸爸开诊所的时候设的。现代人很少写信了，但老夏同志坚持要挂个信箱在墙上，说也许会有老朋友寄信来。

老朋友的信夏渝州没见过，整天净收广告传单了。如今五年没来，信箱奇迹般地没有被广告单塞成实心，但也打不开了。那枚小小的钥匙早不知丢在了哪里，夏渝州也懒得找，索性把邮箱封了，刷上新漆当个装饰品。

刷上跟墙壁统一格调的粉蓝色油漆，又在中间画了个黑色的猫猫嘴，夏渝州满意地欣赏了一下自己的大作，洗洗手打开了诊所大门。

诊所里乱糟糟的，大型仪器都用防尘罩盖着，没用完的耗材昨天都被夏渝州一股脑儿地丢进了纸箱里。凳子、桌子上落了厚厚的灰，灯泡十个碎了八个，也就擦洗过的冰箱还在运转。

"真麻烦。"夏渝州看着满屋的东西，用了极大的毅力才克制住转身离开的冲动。

要是就他自己，他还能混一段时间，但现在有儿子要养，诊所重新开业就要赶紧提上日程。

夏渝州找了个纸箱坐下来，拿出账本盘算：

总共两架联体式牙科综合治疗台，已经有些老旧。目前雇不起第二名牙医，干活的只有他一人，可以把这两台卖掉，换一台新的；

耗材大部分已经过期，要重新购买，这是个大头；

还需要至少两个员工：一个前台收银，一个护士；

……

他越算越头疼，泛黄的笔记本纸页被他画成了一团乱麻，树状图变成了荆棘丛。

"老夏，你说你给我留点什么不好，留下这么个烂摊子。"夏渝州躺倒在大箱子上，"我最不擅长整理了。"

太麻烦。

上大学的时候，老师画了重点，只要整理出来列成表格，复习就会简单许多。但对于夏渝州来说，最难的就是"整理出来列成表格"这一步，通常他都直接把东西全部记住，管你谁是重点。

直到某人跟他一起自习，夏渝州才真正拥有了属于自己的"重点表格"。

乌漆墨黑的纸页呼到脸上，夏渝州打算一边睡一边等儿子上门。不知道是不是这倒霉账本惹的祸，他竟梦见了以前的事。

"校草评选结果出来了，哈哈哈……你猜你第几？"从网吧奔回来的周树，身上带着一股烟草和泡面混合在一起的气味，笑得见牙不见眼。

夏渝州正在摆弄道具宝剑，校艺术团搞文化节，死活要他去表演舞剑，他最近都在忙着准备节目，对于学校论坛上那个"校草评选"并没有过多关注。听弟弟说起，他不甚在意地问："第几？"

学校的论坛上挂了二十几个男生的照片，让大家投票选校草。不光网上，线下还有女生们应援拉票。这活动已经如火如荼地进行了一个星期，今日终于决出了最终结果。

"第三。"周树打开桌上的笔记本电脑，给他看页面。

"哟呵？"夏渝州挑眉，顿时来了兴致，"这学校还有比爷更帅的？"

"噗——"坐在床上喝可乐的室友一口喷了出来，"夏渝州，你要点脸吧，怎么就没有比你帅的了？"

"喊，我来看看，是谁这么脸大排到爷前头。"夏渝州撇嘴，凑近了看。不说别的，就这白得发光的脸皮，他不信有人比得过自己。前面那两个人肯定刷票了。

第一名，临床医学院大二，司君。

第二名，基础医学院研一，何予。

第三名，口腔医学院大二，夏渝州。

……

第二名的照片确实好看，而第一名根本没照片，只有个名字。夏渝州摸摸下巴。

室友看热闹不嫌事大地凑过来："是他俩啊。"

"你知道？"夏渝州拆开一包干枣片，递给室友。

室友抓起一把扔进嘴里，边咔嚓咔嚓地嚼边说："何予我见过，基础的男神，还上过电视节目。司君……这人神秘得很，都说他帅得'天怒人怨'，女生们给他起的绰号叫什么贵公子还是小王子的，反正说得挺玄乎。"

单凭名字就得了冠军，确实挺玄乎。

"我知道，医大贵公子。"同是临床院的周树举手，"都说他像中世纪的贵族，不过我没见过。"

越听越好奇，夏渝州很想知道司君长什么样。

"好办，你去参加校草颁奖典礼不就可以看到了。"室友指着论坛下面的提示道。

校草评选将在明日举办颁奖典礼，前三名授予校草勋章和一些活动方赞助的奖品。奖品内容是每人一箱防晒喷雾。

夏渝州顿时心动了。

"那我去看看防晒喷……咳，前两名长啥样。"

颁奖典礼在小礼堂举办，晚上八点钟开始。夏渝州远远地就听见了音乐声，放眼望去人山人海。

"现在是彩排时间，还没有开始，学长先去休息室坐会儿吧。"负责接待的小学妹紧张兮兮地带着他走员工通道往后台去。

"这么热闹啊！"夏渝州戴着口罩，悠闲地双手插兜，好奇地左看右看。

本来只能容纳五百人的小礼堂，现在塞了八百个不止，走廊上、台阶上、舞台下面的空地上，满满的都是人。舞台上正在彩排开场舞、调试灯光，音乐声震天响。

"我们主席特别重视这次活动。"学妹小声说道。

校草选拔大赛是社团联合会组织的。医大的社联一直被学生会压着打，一年也办不出一场像样的活动。校草选拔赛本来只是开开玩笑，谁知道吸引得几乎全校女生都参与进来了。见声势如此浩大，社团主席一拍大腿："往大了办，热热闹闹的！"

于是，就有了防晒喷雾这份巨额赞助。

"何予男神我知道，夏渝州是谁呀？"员工通道有一段需经过部分观众席，席间女生们正在热烈讨论。

"艺术团的门面夏渝州，这你们都不知道？"混在一群新生里的大二学姐充满了优越感，"去论坛上搜话剧《玫瑰古堡》，他演的吸血鬼，我的天，帅惨了。"

带路的学妹好奇地偷偷看他，她也是大一新生，并没有看过夏渝州演的话剧，这一走神，不小心被台阶绊了一下。

夏渝州眼疾手快地拉住她，把口罩向下扯了扯，露出鼻子和上唇："小心点，看路。"

这下，学妹更呆滞了。

"何予在电视上看好帅啊，不知道真人怎么样。他整天在实验室里不出来，我去实验楼晃悠几次都没遇到。"女生们说完夏渝州，又开始讨论何予。

"夏渝州是帅，我看过话剧。何予那个人妖还是算了吧，粉底糊得三尺厚，卸了妆估计能吓死人。"后排的男生扒着椅背加入讨论。

"何予化妆啊？"大一的女生不明所以。

"化妆怎么了，男生就不能化妆了？我看你们是嫉妒。"大二的女生不乐意了，跟后排的男生吵了起来。

后台的休息室还是比较安静的，化妆镜前坐着一名身穿酒红色衬衫、戴着无框眼镜的青年。旁边提化妆箱的女生似乎想帮他做造型，被他拒绝了。

酒红色本该是热烈而诱惑的颜色，穿在这人身上却莫名冷清了起来。他就那么坐着，静静地翻看手里的实验报告，周围的人便都不敢靠近。

"何予学长？"夏渝州走过去，跟低着头的青年打招呼。

何予抬起头来，看了一眼戴着黑色口罩的小男生，微微点头："你好。"打了招呼，继续低头看报告，并没有跟夏渝州聊天的意思。

夏渝州扯了张凳子坐在他身边，摘下口罩，随手拿起桌上的矿泉水来喝，边喝边观察这位冷漠疏离的学长："我以为就是来搬奖品的，差点穿拖鞋、大裤衩来，没想到搞这么大阵仗。"

这还是夏渝州第一次在日常生活里见到化妆的男生。跟外面那些酸言酸语说的完全不同，这位学长一点也不妖气，反而好看得很。妆容类似男明星的日常妆，说不出来哪里修饰了，但就是干干净净的，赏心悦目。

听到夏渝州说话，何予只得再次抬头，顿了一下道："我也以为。"

"会不会让咱们表演节目啊？"夏渝州说话时，牙齿基本不动，只动嘴唇。严肃的时候像港片里的大佬，不严肃的时候就显得黏黏糊糊了。

不知道是不是这黏糊的声音戳到了何予的萌点，何予竟然笑了一下，慢慢摘下眼镜，露出一双漂亮的笑眼："不会的，我问过流程了，我们只需要上去领个奖就行，不想说话也不要紧。"

突如其来的温柔语调，跟刚才的冷淡判若两人，夏渝州有些受宠若惊。

"你叫夏渝州是么？我看过你的话剧，演得特别好，还在朋友圈里推荐过呢。"何予给他看自己那冷冷清清、少得可怜的朋友圈，在去年话剧公演的那段时间，还真发过一条夸奖这部剧。

夏渝州了然，原来是粉丝啊！他瞬间放松，愉快地跟学长聊了起来，而即便是很无聊的话题，何予也会耐心地跟他讨论。

"那个司君还没来吗？"

何予耸耸肩："他应该不会来的。"

"你怎么知道？"

"他不可能为了几瓶防晒喷雾来参加这种活动的。"

果不其然，颁奖的时候，第一名，也就是真正意义上的校草，位置上没人。台下的女生们明显很失望，吵嚷着要社联现在就去请人。抱着第一名的奖品站在舞台中央的社联主席，狠狠地瞪了负责联络的女生一眼。

何予拿到自己的奖品，不咸不淡地说了句客气话，便不再出声。夏渝州看着气氛逐渐尴尬，便拉起口罩，拿过话筒来圆场："哎，没瞧见校草真容太遗憾了。这么着吧，他的奖品给我，我给他送到宿舍去，好让我有理由去瞻仰神颜。"

"哈哈哈……"场下的同学们被逗笑了。女生们也开心起来，无他，夏渝州的声音太好听了。演话剧练出的腹腔音，字正腔圆，清晰悦耳。

何予看了他一眼，露出个鼓励的微笑。

颁奖典礼结束，好事者夏渝州被迫扛了两箱防晒喷雾回去，然而打听了半晌也没打听到司君的宿舍在哪儿。

"听说他不住学校，在外面租房子单住。"这是周树返回的报告，"跟我打游戏的菜壁跟他一个班，帮你传话了。"

"他怎么说？"忙活半天也没见到校草，夏渝州好奇得要死，抓心挠肝的。

"他说他不要，送你了。"周树实话实说。

"嘿？"这话夏渝州就不爱听了，他做好事累死累活地扛回来，这人当他是贪财吗？不行，必须把这喷雾给他，一瓶都不能少！

"你用不完给我呗。"弟弟难以理解他的执着，垂涎地看着属于司君的那箱喷雾。

"不行，不当面看着他扛回家，老子就不姓夏！"

夏渝州又打听了一圈，偶然在课程论坛上看到有人讨论司君。

"校草这学期的 C 大类选修，你们猜是什么？哈哈哈！"

"C 大类选修，不就那么几个，难不成是……那个？！"

"没错，就是传说中的'生殖医学'！"

"想看校草就得面对'铁包公'，我看这些女生怎么办，哈哈哈！"

医大的选修课分几个大类：A 大类，基础选修，包括数学类、外语类；B 大类，专业选修，每个学院的可选范围都不同；C 大类，通用医学类选修，全校都能上且都要修的。

"生殖医学"这门课只有一名老师开设，这位先生是出了名的铁面无私，不允许哪怕一节课的旷课，且考试内容非常难。每年这门选修课的挂科率都排在学校前三，令所有医学生闻风丧胆，能不选就不选。

夏渝州摸摸下巴，给还在网吧"开黑"的弟弟打电话："我记得你选了'生殖医学'是不是？"

"是啊。"周树提起这个，顿时蔫了，"别的没抢到，我这学期还必须修这个学分。"

"我抢到了'医疗美学'，你上选课系统，咱俩换换。"夏渝州把课程号发给弟弟。

"真的吗？真的吗？哥，你真是我亲哥！"

在弟弟的感激涕零中，夏渝州成功换到了跟司君一样的课。

周二早晨第一节课，夏渝州扛着一整箱防晒喷雾就去了，也不用问谁是司君，进教室打眼一看就知道。

不愧是医大贵公子！这是夏渝州对司君的第一印象。

在这夏末秋初、依旧炎热的早晨，周围的同学都穿着短袖、大裤衩，睡眼惺忪，只有这位朋友，穿着包裹严实的白衬衫，戴着精致的黑色领结，坐得笔挺。别人都是来上课的，他是来参加贵族会议的。

神经病啊！

"咚！"夏渝州把箱子放到桌上，拍拍盖子，"喏，你的奖品，给你带来了。"

司君抬头，看向戴着黑色口罩的男生。

"我是夏渝州。"夏渝州在他身边坐下来，伸手打招呼。

司君取下右手上的手套，握住伸过来的那只手："我是司君，听何予说过你。"

只是想做个兄弟之间的"hi bro"击掌，却得到了这么个正式的握手，夏渝州一时无语，干笑了一下："你跟何学长认识啊？"

司君点点头，重新戴上手套，把那箱防晒喷雾放到旁边凳子上，请夏渝州坐好。

虽然跟环境有点格格不入，但不得不说，这人的一举一动都特别矜贵优雅。即便刚开始觉得是神经病，看一会儿也就被洗脑了，配上那张帅得叫人移不开眼的俊脸，一切都莫名合理了起来。

夏渝州取下口罩，试图聊两句日常："你怎么也选了这门课？是不是手速没跟上？"

司君看着他说话时露出的两个牙尖尖："不是，我是觉得这门课有必要学。你这两颗牙不能收回去吗？"

夏渝州一愣，莫名其妙道："挺逗，你见过谁的牙能收回去的？"

司君没说话，只是略带好奇地看着他。

这牙不好给人看，夏渝州也尽量掩藏，没想到这家伙眼这么尖，上来就发现了。

夏渝州索性凑近了给他看："没见过这么长的牙吧？"

两颗尖尖的长牙，比普通人的虎牙还要长许多，直扣到了下牙槽里。夏渝州的下牙槽也跟别人的不一样，有两个凹坑，可以将尖牙完美地收纳进去。

司君看了两眼，便礼貌地挪开了视线，他微微顿了一下，说道："很可爱，像小猫的嘴。"

像小猫的嘴……小猫嘴……小猫……

夏渝州头回听人这么说，直接傻了。他摸出刚买的早餐小笼包，塞进半张的嘴里，嚼了嚼才找回自己的声音："你可真会说话。"

同学们陆续进入教室。早晨第一节课，许多人都会带着早餐来，在上课之前快速吃完。也有比较嚣张的，一边听课一边吃，不过这种状况在"铁包公"的课上是不存在的，大家必须在上课铃响之前吃干抹净，并将包装袋扔出去。

一名男生慌慌张张地跑进来，被门口的台阶绊了一下。

"哎哎哎！"男生双臂快速扇动，像螺旋桨一样在空中打轮，身体倒是稳住了，拎着的豆浆却脱手而出。

"呀——"前排的女生尖叫着抱头，裹着塑料袋的豆浆杯便直冲夏渝州的脸来。

夏渝州嘴里叼着包子，单手抄起桌上一支圆珠笔，在指尖转了个花，然后准确无误地戳进塑料袋的把手洞中。与此同时，一只戴着手套的手稳稳地托住了豆浆杯底。

夏渝州松开圆珠笔，对着司君吹了个口哨："酷。"

动作都在一瞬间完成，周围的人没有看清到底发生了什么，只看到司君接住了豆浆。

"哇！好帅！不愧是校草！"

差点摔倒的男生红着脸跑过来："对不起，对不起。"

夏渝州把豆浆还给他："可以啊，哥们儿，你刚才那招空中定点，高手。"

"哈哈哈……"教室里的人顿时笑了起来。

成年人摔跟头本来挺丢人的，但被夏渝州这么一说，所有的难堪瞬间消失。那男生也跟着笑，顺道在夏渝州身边坐下："我叫蔡成璧，临床大二的……咦？司君，你竟然吃早餐了，真难得。"

蔡同学说了一半，瞧见放在桌上的包子，惊讶地看向正慢条斯理地脱手套、摆课本的司君。

"你俩认识？"夏渝州觉得这位同学的名字有点耳熟。

"嗯，一个班的。你俩吃咸菜不？我在早餐店里拿的，这家的咸菜丝可好吃了。"蔡成璧热情地拿出一个装着咸菜的小塑料袋。

司君微微摇头，表示不吃。

"你没吃早饭啊？"夏渝州小声问他。

司君顿了一下，给他看喝空了的包装盒："吃过了。"小小的一个牛奶盒，喝得干干净净，还被拍扁叠成了方块，装在纸信封里。

"空腹喝牛奶哪行？来来，吃个包子。"夏渝州拿起一个小笼包，不由分说地塞进司君手里。

司君看看他，又看看那只散发着热气的包子，微微抿唇。

"原来是你啊，哥！"蔡同学看到夏渝州课本上的名字，顿时两眼放光。

"啊？"

"你是周树他哥吧？树神的哥，那也就是我哥！"说着，他更加热情地让夏渝州吃咸菜，并试图贡献出自己的茶叶蛋。

"哦，你就是那个菜……咳，同学啊。"

"没错，我就是那个菜璧，哈哈哈！"蔡同学对自己的绰号毫不在意，一连喝了几口豆浆。

两人正聊得开心，旁边的司君突然站起身。不等夏渝州反应过来，司君已跑出了教室，直奔洗手间而去。

夏渝州吓了一跳，赶紧跟着过去看看。

司君显然是吐了，在洗手池边漱口。他撑着台面缓了一下，才从口袋里掏出一条手绢擦嘴。

"怎么了？"夏渝州走过去，歪头看他。

"包子里有蒜。"司君看起来难受得不轻，眼睛里都泛起了生理性的水汽。也是这时候夏渝州才注意到，这人的眼珠子竟然是深蓝色的，像雨水洗过的仲夏夜空，好看得叫人挪不开眼。

"你不能吃蒜啊？"夏渝州还是头回见到对蒜这么敏感的人，不是不爱吃，而是不能吃，吃一口马上就会吐的那种。

为了表达歉意，夏渝州从自动贩售机里买了瓶酸奶，恰好上课铃响了，也不给对方推拒的时间，直接把酸奶塞到司君手里，拽着他的手腕一路狂奔回去。

老师刚好踏进教室，瞪了慌里慌张坐定的两人一眼，慢悠悠地拿出了点名册。

"铁包公"名不虚传，上来一句废话都没有，先点名。点一个就要站起来，让老师认一下脸，等四十四位同学全部点完，他基本上就全记住了，甚是恐怖。

"我们这个课，平时分占50，也就是50分。缺课一次，扣10分；作业少交一次，扣20分。"

教室里响起一片抽气声。通常的课程平时分占比是不会超过40%的，就是给那些不上课也能考高分的学神留余地。占50%就不行了，缺一定次数的课直接挂科，期末考试都不用参加。

"铁包公"对台下学生噤若寒蝉的模样很满意，打开多媒体设备开始上课。

选修课第一节的内容，大多是阐述这门课程的意义，没什么重点。夏渝州趁着老师转身捣鼓电脑，快速把包子吃掉，吃完就开始犯困。他是极易困的体质，每天要睡十个小时以上才行，因而很少选择上午第一节的课，但这门课好死不死正是第一节。

"生殖医学对人类的繁衍做出了卓越的贡献……"

老师的声音越飘越远，各种人类器官、小婴儿、细胞、草履虫在眼前打架，他不知不觉就睡了过去。

"夏渝州，你来说说。"声如洪钟的提问，瞬间将夏渝州从草履虫的泥沼中拉了回来。

"生殖医学，你的专业，联系……"菜璧低着头，小声提醒。

"这里就你一个学口腔的，说说看。"老师抱着手臂冲他抬抬下巴。

夏渝州迷迷瞪瞪地站起来，抹了把脸道："生殖医学对学口腔的用处吧，在于……口腔也是一种生殖器官。"

"哈哈！"有人控制不住笑出声，但刚笑了两下立时止住。

"铁包公"不可思议地前倾身体："你说口腔是什么？"

夏渝州瞬间清醒了，干咳一声："咳，医学上不这么分类，但伦理上可以这么认为。毕竟，人总要先接吻才能干点别的。所以，以后开牙科门诊的时候，我就可以用生殖医学的知识劝说病人修整一口好牙，有利于繁衍后代。"

"噗噗……哈哈哈哈哈哈哈！"

同学们刚开始还只低着头哼哧哼哧地憋笑，最后实在控制不住，爆发而出。震天的笑声传遍了整栋教学楼，惹得隔壁教室的闲人都伸头过来瞧热闹。

"铁包公"变成了"黑脸包公"，指着他抖了半晌："你……下星期交一份不少于一万字的报告来，详细论述一下口腔到底是什么器官！论述不过关，你这学期的平时分，0分！"

"好的老师！"

菜璧悄悄冲他比了个大拇指："厉害了我的哥，你要是今天当场挂科，肯定能写进校史供后人瞻仰。"

夏渝州瞥了他一眼："这荣誉我可承受不起，要不送你？"

菜璧把头摇成了拨浪鼓:"不不不,我不配。"

终于挨到下课,看到司君开始整理东西,夏渝州瞬间将那一万字的报告扔到了脑后。他幸灾乐祸地单手支头坐在原地,想看这西装革履还戴着领结的家伙,怎么把那一箱喷雾扛回去。

司君慢条斯理地装好课本,摘下领结,将它整整齐齐地叠起来放进口袋。

"你怎么取下来了?"夏渝州以为这人会一直戴着。

司君微不可察地皱了一下眉,似乎并不想回答,但出于礼貌还是开口解释:"上课是正式场合,下课不是。"说完,他站起身,戴上手套,将外套和一把黑色直柄雨伞挂在臂弯里,单手轻松地抱起了纸箱。

"夏哥,我还有课,先走了。"蔡同学打了个招呼就溜了,生怕夏渝州抓住他要求分担论文。

司君和夏渝州第二节都没有课,便一起往教学楼外走。今天是个大晴天,外面艳阳高照。夏渝州在教学楼门前戴好口罩,把连帽衫的帽子扣上,收紧帽带,只露一双眼睛在外。

"你要去哪里?"司君静静地看着他做完一系列的动作,这才开口问。

"去活动中心。"文化节开始在即,他舞剑的节目还没编排完,得抓紧时间排练。

活动中心是学校专门为学生活动建的,里面有运动馆、琴房、舞蹈室,也有会议桌、咖啡厅,是学生们除了教室、宿舍外最常去的地方。

"我可以请你喝杯茶吗?"司君很是自然地说,在夏渝州震惊的目光中又补充了一句,"谢谢你帮我领奖品。"

"哦。"夏渝州嘴角抽搐,这人果然像弟弟说的那样,说话带着欧洲中世纪的腔调。请同学喝饮料这么简单的事,愣是被他说得好像约会邀请一样,怪瘆人的。

司君将挂着雨伞和外套的胳膊递过去。

"干啥?"夏渝州一头雾水。

"帮我撑伞。"

"……"

"我紫外线过敏，不能晒太阳。"

夏渝州也不知道自己怎么就答应了，他撑起那把大黑伞，遮住毒辣的太阳，跟抱着纸箱的司君在校园里并肩而行。

当天晚上，医大的论坛上出现了一条飘红的帖子，标题十分港媒风：

"惜败评选，夏渝州风光不再，沦为校草撑伞小弟！"

"嘿？"夏渝州被这标题气笑了。

点进去，里面是一张两人的背影照。他登上自己的账号反驳。

渔舟唱碗："一起撑伞而已，怎么就成小弟了？"

爱君："楼上看清楚，司君比夏渝州高，正常两个人一起走应该是高个撑伞，矮个撑伞不是保镖就是跟班。"

我州最帅："嘤嘤嘤，都怪我没有给州州拉来票，让他被司君欺负。"

不是，就一个校草评选，又不是争皇位，你们至于吗？

夏渝州难以理解这些人的思路，撸起袖子准备跟论坛上的闲人大战三百回合，然而手机突然响了起来，来电显示为"艺术团团长"。

团长的声音兴奋得不正常："渝州！你认识临床的司君？"

夏渝州："刚认识，怎么了？"

团长恨不得一句话加十个感叹号："你！去！去邀请他参加咱们文化节！让他！弹钢琴！"

夏渝州："啊？咱们团里不是有弹钢琴的吗？再不济我也能替，为什么要找司君？"

团长恨铁不成钢地原地跺脚："你知道他是谁吗？他弹钢琴，八岁就拿了少儿组的国际大奖，听说他现在正在准备明年的大师赛，赢了他可就是世界级的钢琴大师了！要是能请动他来弹琴，我们这文化节办得就吊打整个云城的大学了！"

夏渝州哑哑嘴："有这么夸张吗？他这不是还没成大师呢吗？再说了，我跟人家也不熟。"

团长："怎么不熟，你不是都给他撑伞了吗？"

夏渝州："我……"

第三章
爸 爸

不管团长说得如何天花乱坠，夏渝州坚决不接受劝说司君参加文化节的任务，理由非常充分：

"他现在公认的比我帅，他要是去，我就不是文化节上最靓的仔了！"

更重要的是，他不想坐实"撑伞小弟"的传言，于是决定从此跟校草保持距离，让"帅绝人寰"的司公子独自美丽。

然而，现实很快给了夏渝州无情的一击。

"下周随堂测验，分数计入期末成绩。"早晨第一节课的美梦骤然被铁老师打碎。

教室里一片哀号声。

"这不是门选修课吗？为什么会有随堂测验这种恐怖小说里才有的东西？"菜璧趴在桌上，生无可恋。

夏渝州一个激灵清醒了过来。打从他上交了那一万字的论文，"铁包公"像是换了个包公，也不知道是认定他天纵奇才不需要听课，还是觉得他无药可救，便再不管他上课睡觉的问题了，以至于临到测验，别说重点了，老师姓什么他都不知道。

"笔记借我抄抄。"夏渝州看向菜璧。

菜璧默默地摊开课本，崭新、整洁，比脸都干净。

夏渝州扶额，看向坐在另一端的司君："一起自习吧，我在图书馆占了位置，风水绝佳。"

司君："我也没有笔记。"

夏渝州拿起他的伞："我当然知道您没笔记，就是单纯想跟您交流一下感情。来来，小的给您撑伞。"

司君："……"

这门选修课其实不需要记什么笔记，都是理论性、概念性的知识。难点在于课本太厚、知识点太多，对临时抱佛脚式学习的人来说难度过高。

"你把老师讲过的内容画出来就行。"夏渝州把自己的课本摊到司君面前，递给他一支笔，同时打开笔记本电脑，向回到宿舍的蔡成璧同学索要这门课的课件。那家伙虽然不好好听课，但每次下课都会十分积极地上去拷贝课件。

司君接过笔，将课本翻到章节目录页，在二、三、六、九章节标题前打钩。

夏渝州："您这重点可真具体。"

四个大章节，将近一百页内容。

司君把笔合上，平着递给他："我们没有从属关系，你不必对我用敬语。"

这不是敬语！这是讽刺！

夏渝州气得胸口疼，他戴上口罩，免得自己气急了咬人："你是南方人吧？"

"叮咚！"课件传过来了，是一个大文件，在图书馆千兆光纤网速下，还足足传了三十八秒。

"怎么这么大？"夏渝州有些疑惑，幻灯片格式的文件理论上是很小的，他钩钩司君的袖子，"你来看看，这货是不是下错了？"

点开名为"生殖医学"的压缩文件，解压播放，自动全屏。电脑屏幕黑了一瞬，紧接着一名长相美艳的外国女郎出现在屏幕上，皱着眉头喊道："啊！"

这一声娇媚的叫喊瞬间打破了图书馆的宁静，整层楼的人齐刷刷地看了过来。

"震惊！惜败评选，夏渝州竟拉着校草在图书馆做出这种事！"

刹那间，满脑子都是港媒风标题的夏渝州眼疾手快地合上电脑，伸长脖子跟着到处乱看，并小声对司君说："谁呀，在图书馆看这个？"

司君保持着刚才的姿势，一本正经地拿着书。

众人看到司君，目光便自觉绕过了他俩，去别处寻找，找了一圈也没找到这位胆大包天的仁兄，便都收回了目光。

危机解除，夏渝州长舒一口气，重新打开电脑，噼里啪啦地骂了蔡璧一顿："你传的什么乱七八糟的玩意儿？！"

对方顿了一下，发了个跪地的表情包："哎呀哎呀，搞错了，这是我电脑里的生殖医学，老师传的是这个——生殖医学课程。"

夏渝州："……"

司君看着他，微微低头，克制而矜持地笑起来。

夏渝州也被气笑了，用手肘戳戳他："哎，咱俩也算是一起看过片儿的交情了，你来整理PPT的重点，然后给我抄抄，好不好？"

"喂！"

简单粗暴的叫喊将夏渝州从这个青春年少的闲梦中拉扯出来，眼前一片漆黑。

"你怎么睡着了？我大侄子呢？"周树蹲在纸箱边，掀开他脸上的那张纸，歪头看他。

夏渝州坐起身来，一团乱的工作计划掉落下来，已经看不出来到底计划了什么。

夏渝州抬手抹了把脸，梦中的记忆渐行渐远，他已经想不起当时司君怎么回答的了，只记得那天他得到了平生第一份整齐无比的重点表格图，所有易混淆的概念、知识点横纵向对比无比清晰。

他把那张废纸团成团扔进废纸篓："几点了？"

周树看了一眼手表："十点，大侄子怎么还不来？"

这地方离医大附院只有二十分钟的车程，医院早上六点开始查房，那孩子早该醒了，却到现在都没有出现。

"事情有点不对。"夏渝州跳起来，打开冰箱拿出两袋鸭血，扔给弟弟一袋，"我去看看，你留在这看店。"

"我也去。"周树咬开血袋嘬了一口，拎起背包甩到肩上。

夏渝州把血袋装进背包里，顺手把包抢过来："你在这里等着，万一他跟我岔开了，店里得有人。"

"那你待着，我去！姓司的肯定也在！"周树拉住他。

"你知道那孩子长什么样吗？"

"不知道。"

"老实待着！"

白天的医大附院比晚上热闹得多，特别是一楼大厅，人头攒动、沸反盈天的。夏渝州快步往重病区走去，刚走到拐角处，就听见两个护士在讨论陈默的事。

"幸亏何教授来得及时，不然陈默就被直接带走了。"

"真是可怜，摊上这么个妈。"

夏渝州凑过去，拉下口罩露出鼻子和上唇："我是陈默的粉丝，过来看望他。请问，是发生了什么事吗？"

两个护士看过来，见是个英俊和善的小哥，脸上的戒备顿时放松下来："哎，你来得不巧，那边正带着电视台采访呢，他今天估计没时间见你了。"

夏渝州一愣："他病得这么重，还采访什么？"

护士听他这么说，也跟着生起气来，咬牙道："可不是么，司医生都说了不能打扰孩子休息，他妈妈就是不听，硬是带着一堆人闯了进去。"

夏渝州谢过护士，拉紧口罩往病房处走去。

病房中，扛着摄像机、拿着长话筒的记者正围着病床拍摄脸色苍白的少年，一名打扮入时的中年女子抱着手臂堵在门口："我是他妈妈，还能害他吗？"

身穿酒红色衬衫、外罩白大褂的男人透过无框眼镜冰冷地看着她："我们已经找到了合适的骨髓供体，正在劝说志愿者。已经有两名志愿者有意向捐献，你现在带他走，就是要他死。"

"呵，你以为我不知道吗？"女人冷笑，"上次检查就说，他体质特殊，存活率很低，换骨髓出现排异死得更快。而且就他现在的身体状况，根本经受不住换骨髓。"

男人似乎并不想跟她争执下去，女人却不依不饶，突然提高了嗓门："何予，别以为我不知道你的目的，你不就是想用他的名气最后再捞一笔吗？告诉你，门儿都没有！"

病房内的摄像头转向门口，试图在何予那张漂亮的脸上捕捉到情绪。

何予显然不愿意被拍，转头看向这边，正对上夏渝州满是好奇的双眼，他掩藏在镜片后的眼睛瞬间有了笑意："你来了。"

当年的校草第二现在已经是风度翩翩的成熟男人了，年纪轻轻就成了副教授，再不会为了一箱防晒喷雾跟他一起傻乎乎地上台领奖了，只是那张漂亮的脸几乎没有什么变化。

"学长。"看热闹被发现，夏渝州有些讪讪的，索性走过去看个清楚。

女人见何予不理她了，转头进屋坐到床边，拉住陈默的手对镜头说："这些天他的情况越来越差，医大附院已经是国内医疗水平最高的医院了，还是治不了。你看这脸色差的，身上都是青紫，我都不敢看。"

女人说着掉下眼泪来,试图撸起陈默的病号服,让镜头拍他满是青紫瘀痕的胳膊。

"别拍了!"陈默挣扎着不给拍,却被女人强硬地拉住,一把撸起了袖子。

"你这孩子,怎么这么不听话?给观众看看你的……"女人最后几个字卡在喉咙里,说不出来了。原本应该青紫交错的胳膊,此刻白嫩光滑,连个红点都没有。

糟糕!歃血归亲的效果出来了,脱胎换骨,重获新生。这要是被镜头记录下来,乖儿子必定会被拉去切片。不说别人,他的导师何予就第一个不会放过他。

夏渝州深吸一口气,用话剧社台柱子洪亮的腹腔音大吼:"干什么呢?!"

屋里的人齐齐吓得一哆嗦,对着陈默的摄像机都晃了一下。陈默立时拉下自己的衣袖,瞥见门口的夏渝州,乌黑的鹿眼顿时亮了。他抓住堆在脚边的被子把自己结结实实地围起来,顺道戴上了蓝色的防菌口罩。

"这里是无菌病房,你们一群人穿着皮鞋就进去了,有没有考虑过病人的安危?"不等对方开口,夏渝州先发制人,大声质问,引得走廊里的人都往这边看。

记者、女人、摄影师统统没有戴口罩,更没有穿无菌服,而缩在床上的瘦弱少年不知何时已经戴上了口罩,只露出一双略带惊恐的大眼睛。

"对啊,我记得这里是无菌病房,昨天还不让粉丝进的。"

"这些记者真是没底线。"

"护士怎么也不管管?"

外面看热闹的护士终于醒悟过来,快步进去拉起了隔菌帘,把少年隔绝在透明的罩子里:"站远点啊,站远点。没穿鞋套、没戴口罩的统统出去。"

手忙脚乱的一通折腾,摄像头把这一切都忠实地记录了下来,煽情气氛早已化为乌有。

女人狠狠地瞪了"好事路人"夏先生一眼。

"刚才的剪掉,待会儿重录一遍。"记者安慰女人。

女人点头,整理了一下头发,隔着帘子跟陈默说话:"叫你准备的词想好了没?你先说一遍,我给你把把关。"

陈默看着她,不说话,无声地反抗。

女人瞪他:"好好说,听到没?让粉丝给你捐点钱。"

陈默拿起那本黑色烫金封皮的书,把手掌贴在上面:"为什么要捐钱?上回比赛赢的奖金足够治病了。"

"够什么够,你知道你这病多费钱吗?这间病房一天就要上万,奖金早就见底了。"女人的语气瞬间严厉了起来。

陈默抬头,看向门口担忧的夏渝州,低声说:"一百五十万这么快就没了……那以前的奖金也没了吗?"

"以前哪有奖金?你小时候参加的那些过家家比赛全是倒贴钱,奖品都抵不上报名费!"

"从三岁起,陈默就被带着参加各种比赛。"何予跟夏渝州解释了一句。

"三岁?"

何予取下眼镜,揉了揉眉心,涂了粉底的鼻梁被眼镜支架压出两个小凹坑,显出跟周围皮肤略微不同的颜色:"据说他妈妈早早发现他的智力高于常人,会说话时就教他背诗。我常参加电视节目,被人说是'爱豆学者',其实陈默'出道'比我还早,说起来还是前辈呢。"

温柔悦耳的声音,不疾不徐。夏渝州每次听他说话,都会不由自主地放松精神,以至于就算他说了什么不太合理的话,也生不起气来。

"倒也不是多缺这么个学生,只是觉得……"何予歉然地看着夏渝州,天生带笑的眼睛里满是红血丝,看起来相当疲惫,"前几天是我太着急了,做了违规操作,给你造成困扰真是抱歉。骨髓的事你就当我没说过吧,已经找到新的志愿者了。"

"啊哈哈,"夏渝州干笑两声,"那就不用转院了?"

何予摇头:"还是要转的,得把他转到研究所去。他的体质有些特殊,普通药物效果很差,控制不住病情就不能做移植。实验室有新药,也许有用。"

研究所!夏渝州指尖冒汗,在医院里已经够危险了,再弄到研究所去,那切片可真是太方便了!真不该一时冲动先把孩子转化了,应该先把人偷走才是。现在怎么办?

"教授!"两名学生打扮的青年上气不接下气地跑过来,"那边已经安排好了,随时可以过去。"

夏渝州骤然向后退了半步。

何予疑惑地看他:"你怎么了?脸色这么差。"

"我尿急。"夏渝州转身往厕所的方向走,下意识地扯了下口罩,却发现口罩还好好地戴在脸上,回头看何予,他已经转身去跟小助理说话了。

夏渝州来不及计较何予怎么看出来他脸色不好的,三步并作两步地离开,转过拐角,停在医生值班室门前。

值班室外挂着今日值班医生的名牌，司君的名字赫然在列。蓝底白衣的证件照愣是给他照出杂志硬照的效果，放在一群相貌平平的医生中异常抢眼。

夏渝州抬起的手停在空中半晌，还是没能敲下去。他收回手揣进口袋，啐了自己一口，门却突然从里面自己打开了。司君戴着薄薄的医用手套，拿着报告单往外走，仿佛没有看到门前站着的人，准备侧身绕过去。

夏渝州单手支在门框上，堵着路不让他走。

司君停下脚步，无声地看着他。

"有件事求你，"夏渝州拉下口罩，急急地说，"何予要给陈默转院，你能不能拦一下？帮我争取一天时间，一天就好。"

何予是医大的教授，也在研究所任职。医大和医大附院本是一体，他要把人转到研究所去，自然是一路绿灯。唯一能阻止他的，只有陈默的主治医生——司君。

色泽浅淡的下唇边，一颗因为紧张而合不进槽的小尖牙随着夏渝州说话来回挪动。

司君的视线停在那上面："你的牙怎么回事？"

夏渝州拉住下唇，把牙包回去："别管什么牙，你帮还是不帮？"

蓝色的眼睛里眸光渐冷："夏渝州，我们是什么关系？"

这一句话把夏渝州冻住了。是啊，他们是什么关系？人家凭什么帮他？

他的目光落在司君的左耳上，那里有一颗小血痣，是上学的时候被他咬出来的。本来是开玩笑，谁知道血牙太锋利，一下给咬穿了。司君当时气了好几天，估计对他这没消毒还带着口水的穿刺行为厌恶极了，后来因为是那样好的关系才原谅他的。

现在不是了，他跟人家甚至都不是同一物种，那么有些忙就不必帮，有些事也不会原谅。

夏渝州下唇轻颤，合了几次也没把那颗碍事的牙塞进凹槽里。忽然，他轻嗤一声，咧嘴笑道："一起看过片儿的关系啊！"

……

"咱们也算是一起看过片儿的交情了,你来总结PPT的重点,然后借我抄抄呗。"

……

司君戴着乳白色橡胶手套的手背抵住夏渝州的小臂，将这人形路障缓缓抬起："麻烦让一下。"说完，拿着报告向别的病房走去，再没有回头。

夏渝州保持着胳膊抬在半空的姿势，"啧"了一声后放下来，使劲拍了两下脸：

"贱不贱？"

那边，被说教了半天的陈默终于答应对着镜头录一段话。记者立时打开摄像机，重新开始采访。

女人理了一下头发，表情悲苦地说道："我知道这么做不好，给大家添麻烦，但请你们理解一位母亲的心情。国内的治疗现在真的派不上用场了，我不想他才十六岁就告别人世，他还有很长的路要走。我想带他出国治病，砸锅卖铁，哪怕能多活一年也好啊！"

镜头转向隔菌帘后的陈默。陈默把那本黑色封皮的书立在面前，望向门外，静默了近半分钟。就在记者以为他反悔了的时候，夏渝州回来了，给了他一个"少安毋躁"的眼神。

陈默骤然掀开被子，坐直身体，目光坚毅地看向镜头："大家好，我是陈默。从现在起，不管你们听到什么、看到什么，都不要再给我捐款了。我不会去国外治疗的，我不想客死他乡，就算死，我也要死在这片大地上。生是华夏的人，死是华夏的魂！"

一番话说得抑扬顿挫、慷慨激昂，热血得十分不合时宜。

记者："……"

摄像师："……"

夏渝州嘴角抽搐，这孩子是不是转化出了问题，越发中二了。

事实证明，孩子没傻。说完这些，他看向自己的妈妈："你以后不用管我了，也不要再花钱给我治病，让我自生自灭吧。没用完的奖金就当你的养老钱。"

然后，陈默拿起那本立着的书，把正面转过来。众人这才发现，封面上嵌着一个黑色的手机。

"他在直播！"拿着话筒的记者惊呼。

陈默露出个"没想到吧"的表情，抓起手机蹦下床，趿拉上人字拖冲出去，快速奔到夏渝州身边。

夏渝州下意识地伸出手，把孩子护在身后，挡住试图跟上来的摄像机："好了，刚才的话你们都听到了。到此为止，闲杂人等统统离开医院，不要再打扰孩子治疗了！"

女人怒气冲冲地追出来，一指头戳到夏渝州鼻子上："你谁呀？关你什么事？"

夏渝州感觉到那只小手紧紧攥着自己的衣摆，不由挺直腰杆："我是他爸爸！"

众人看看穿着连帽衫的年轻小伙，再看看身后没比他矮多少的十六岁少年：

"……"

女人愣怔了一下，暴跳如雷："臭小子，你占谁便宜呢？"

贴了水晶钻的艳红长指甲在空中划过一道圆弧，直冲夏渝州的脸而来。夏渝州身后有孩子，不能动，只能侧身偏头，抬肘格挡。

"啪！"预料中的疼痛并未出现，一只细弱白皙的手紧紧握住了女人的手腕。顺着那只手看过去，所有人都惊住了，竟是躲在夏渝州身后的病弱少年。

陈默一只手依旧攥着夏渝州的衣角，另一只手牢牢握住自己母亲的手腕，哑声道："你闹够了没有？"

女人看看陈默，再看看自己的手，满脸不可思议："陈默，你这是在跟我说话？"

满是针眼的手背上，细弱的手骨和青色的血管一根一根凸出来，微微发颤。陈默脸上满是冷汗，眼睛却越发明亮："不……不然呢……"随后一个字轻成了气声，苍白的手骤然脱力。

夏渝州感觉到攥着衣角的手突然松开，当即猛地转身，一把将即将栽倒的孩子捞住："陈默！"

陈默双目紧闭，毫无反应。

周围的人顿时乱成一团，护士过来帮忙扶着，夏渝州换过手来直接将他打横抱起。男生骨头沉，就算瘦到皮包骨还是有一定分量的，夏渝州把人扔到床上，就听见自己的腰"嘎吱"响了一声。

路过的值班医生跟着进来，查看病人的状况。走廊上看热闹的人议论纷纷，有大妈看不过眼，开口指责那个女人："你这人怎么当妈的？他都病成那样了，还跟他吵。"

"关你什么事？！"女人呛了大妈一句，转身进去看孩子。她没走到床边，站在两步开外看着虚弱无力的儿子，双手握在一起，无意识地抠挠指甲上的亮片。

"没事，是低血糖。"医生收起听诊器，问旁边的护士，"他早上吃饭了吗？"

"吃了，但是没吃多少就吐了。"护士苦着脸说，因为连续注射化学药物，陈默本身胃口就不好，今天早上吐了也没引起护士重视。

医生叹了口气："找司医生给他开点葡萄糖吧。"司君是陈默的主治医生，所有的药单都要他经手，别的医生没有权力给陈默开药。护士应声去找司君，医生也跟着离开，病房里再次安静下来。

何予走进来，对女人道："杨美娜，我们谈谈。"

一名助理把一份厚厚的协议递到女人面前："杨女士，我们研究所决定免费给陈默提供骨髓移植治疗,请您在这里签个字吧。"

女人没理他,依旧执着地抠着手,直到把拇指上的水钻都抠掉,掉落在病床雪白的床单上。半晌,她掏出手机对着昏迷不醒的儿子拍了张照:"别以为我不知道,你想拿他做实验,这字我是绝对不会签的。他这么有本事,想治就自己签吧。"说罢,带着记者和摄像师扬长而去。

"啧——"夏渝州慢慢站直身子,揉了揉腰,"什么狗东西!"

何予把白大褂脱了,递给助理,露出里面的酒红色衬衫:"她就是个疯子,得尽快转院。早上听说她出现,我连研究服都没来得及脱,直接从实验室跑来了。"

夏渝州眼睛一亮:"你忙的话先回去吧,我在这里照顾他。"

何予笑着摇头:"你跟他又没什么关系,怎么好麻烦你。助理已经去办转院了,打完葡萄糖我们就走。"

"这么急吗?"夏渝州摸摸儿子汗津津的额头,暗自咬牙。这不是打一针葡萄糖就能解决的,他刚刚完成转化,急需鲜血。

"呼呼……"陈默慢慢睁开眼,大口大口地喘着气,可怜巴巴地看向夏渝州。初拥带来的虚弱终于显现了出来。

夏渝州忽然理解了哺乳期妇女的心情,孩子饿了,嗷嗷待哺,真是恨不得当场脱衣挤奶给他吃。他抬头瞪向没有眼力见儿的学长,隐藏在口罩里的血牙缓缓掀起,恶向胆边生。

这时,去给陈默办转院的助理从外面快步走进来,面露难色:"教授,医院不给办转院。"

"为什么?"拿着衣服的助理很是惊讶,"不是都说好了吗?"

"他现在不适合转院。"司君拿着一叠化验报告走进来。

何予接过他手中的报告,却不看,只是疑惑地望着他。

夏渝州看向长身鹤立的司君,不自觉地蜷了蜷手指。这人竟然来帮他了,在他说出那么荒谬的理由之后!

不真实的窒息感闷得夏渝州指尖发麻,他轻轻吐出一口气。不管司君在想什么,他能帮忙实在是太好了。

不过,要怎么说服何予呢?研究所已经准备好了,医院这边也早就打了招呼,现在司君突然反悔,他只是个刚刚转正的小医生,如何对抗已经是副教授的何予?就算何予好脾气不生气,总得有让他信服的理由吧。

司君低头检查了一下陈默的情况,没有任何要向何予解释的意思,直接道:"你可以走了。"

夏渝州:"……"

何予竟也没有提出异议,只是平静地与他对视:"那什么时候可以转?"

"我说可以的时候。"司君回视过去,由于身高更高,莫名有几分高高在上的感觉。

"好吧。"何予弯起眼睛温和地笑了,重新戴上眼镜,走到床边跟终于缓过气来的陈默告别,"有问题随时联系我。"说完,他伸手揉了揉陈默的发顶,向夏渝州点头打了个招呼,便带着助理离开了。

陈默撑着虚弱的身体坐起来,不可思议地抬手,摸摸自己的头顶:"刚才老师是不是摸我头了?"

"啊。"夏渝州走过去锁上病房门,拉上窗帘。

"这太魔幻了,他竟然用这么温柔的语气跟我说话,还摸了我的头!"陈默满脸震惊地再次确认。

夏渝州回身,在儿子头顶揉搓一通:"出息,摸个头至于激动成这样吗?"

"不是,何教授有洁癖,绝对不跟人接触。"陈默说两句话就开始喘,但还是坚强地说完,"再说我这脑袋都三天没洗了。"

夏渝州在儿子的病号服上擦了擦手,拿余光瞟了一眼站着当柱子的司君,也不知道该说什么。他低头从背包里拿出热塑封的塑料袋,里面装着尚未凝固的鸭血。

英俊的柱子先生终于开口了:"你给他喝这个?"

"他现在是血族,不喝血会饿死的。"夏渝州晃了晃手中的血袋,"放心,这是鸭血。"

作为最后一支血族,他们老夏家一直非常遵守法律法规,不杀人,不咬人,只喝动物血。

司君不甚赞同地皱眉。

夏渝州看到他这副表情就来气,不过想到这人刚刚帮了自己,便生生忍住了翻白眼的冲动,剪开血袋塞给儿子:"来,快喝。你现在血牙还没长出来,就直接咽吧。"

没等小朋友张口,司君一把将血袋夺了过去,凑到鼻端嗅闻:"他现在免疫力极低,你给他喝没杀菌的血?"

"怎么杀菌?煮了就成鸭血豆腐了,还喝个……什么啊。"想起这人不喜欢听脏话,夏渝州勉强刹住车并切换到了文明模式。

司君轻轻叹了口气，递给他一支玻璃瓶："喝这个。"

夏渝州接过来，狐疑地看了看，纤细的玻璃瓶干净透明，里面装着某种暗红色的液体，看起来像三无色素饮料："这是什么？"

"巴氏消毒血。"

"啥？"

"巴氏消毒血，"司君重复了一遍，让他看瓶底的生产日期，"昨天产的，没过期。"

巴氏消毒，是应用于鲜牛奶生产过程中的低温消毒技术，可以最大限度地保留鲜奶的风味。这个夏渝州知道，可他只听说过巴氏消毒奶，从没听过什么巴氏消毒血，市面上哪有这种东西啊？！

"不是，等一下，那什么……"夏渝州觉得自己脑子有点打结，"你怎么会有这种东西？"

"这是我今天的早餐，还没来得及喝。"司君老实道。

哦，早餐……早餐？！

夏渝州打开瓶塞闻了一下，比他们平时喝的粗糙鸭血味道好得多，清甜甘醇，没有腥气，但的的确确是某种动物的血液！这人的早餐为什么是血啊？！

"你有异食癖？"夏渝州只能想到这个。

当年司君看到他咬人，反应很是激烈。该不会是当年的事给他留下了什么心理阴影，他在分开的这些年月中逐渐变态了？

"不是。"

"你也是血族？"

"嗯。"司君把打开的瓶子拿过来，递给快要饿晕的小朋友。

陈默看向夏渝州，却迟迟得不到首肯，只能眼巴巴地拿着吞口水。

"怎么可能？你怎么会是血族呢？"夏渝州完全没注意到儿子渴望的眼神，满脑子都是这个震惊他全族的消息。

父亲说过，他们家是最后的血族。现在，除了家里那个转化来的傻兄弟，老夏家就剩他一个了，他便是世间最后一个纯种血族。

"……我以为你知道。"司君的声音有些哑。

"我哪里知道？我要是知道……"话说一半忽然顿住，夏渝州猛然抬头看向司君。左耳耳垂上的红色小痣像红玛瑙落在霜雪地里，在白皙到近乎透明的肌肤上显眼到刺目。

耳朵！是了，他咬过司君的耳朵！到现在夏渝州还记得那味道，那是他迄今为止尝过的最甜的东西。

"原来竟是这样。"夏渝州苦笑，这五年他到底在干什么呀！

司君听到小小的一声"对不起"，垂在身侧的手骤然握紧，静静地看着夏渝州慢慢靠近。一只微微颤抖的手抬起，轻轻贴到他的脸上。

夏渝州吸了吸鼻子，哽咽着说道："君君，爸爸对不起你，以后会好好照顾你的。"

当年他没看过先祖手札，不知道歃血归亲是个什么流程，竟然稀里糊涂地把朋友给转化了。

难怪，当时司君被咬了之后反应那么大。

难怪，司君不生气之后变得对他特别好。

哪里是什么世界第一好的感情，不过是源于血脉的孝顺罢了！

夏渝州缓缓吸气，心口撕裂般的疼痛让他气息变得不稳。从来都不是什么人鬼殊途，这些年，司君承受了多少痛苦，而他竟然还在怨恨。

司君额上的青筋一根一根地暴出来，用尽了二十几年的修养才克制住没起高腔。他掰开那只贴在脸上的手，咬牙切齿地挤出一句话："我生来就是血族，跟你……没！关！系！"

第四章
血 盟

天生的血族？怎么可能？

夏渝州慈爱地望着司君，宛如在看一个不懂事的孩子。如果是天生的，那他们刚认识的时候司君就已经是血族，相处了那么久，他怎么可能看不出来？首先，那整整齐齐的一口白牙就不对，没有血牙算什么血族。

"君君，不要逞强了，爸爸都懂。"夏渝州眨眨眼，努力让风把潮湿的水汽带走。他是父亲，他必须坚强，如果他先哭了，还怎么劝孩子勇敢面对人世间的悲苦。

"闭嘴！"司君攥紧了那只试图继续靠近的手，一张俊脸气得发白，两颗尖尖的獠牙像猫爪子一样，缓慢而坚定地伸了出来。上宽下窄，尖头微弯，长度跟夏渝州那颗血牙不相上下。

夏渝州的眼睛瞬间睁大，刚刚泛起的泪光硬生生给吓了回去，呛得他鼻子通红："伸……伸缩牙！"

……

"你这两颗牙，不能收回去吗？"

……

夏渝州一直以为那只是一句傻话。原来，傻的是他自己。人家的血牙真的可以收起来，真的！拥有这种高级的全自动伸缩牙的家伙，显然不是他们老夏家的种。父子关系不成立。

夏渝州讪讪地收回手,背到身后:"咳,那什么,我不知道还有别的血族。"

司君不说话。一种说不出的尴尬在屋子里蔓延。

"爸爸,"小小的声音打断了僵局,陈默捧着玻璃瓶气若游丝地问,"我可以吃这个吗?"

这傻儿子,竟然还饿着。

"吃吧吃吧。"夏渝州赶紧道。

听到这句话,陈默立时把瓶口凑到嘴边,咕嘟咕嘟地喝了个痛快。细细的一瓶动物血很快就见了底,因为低血糖而发白的小脸肉眼可见地红润了起来。

夏渝州欣慰一笑,转过头来,再次对上司君那对冷冰冰的蓝眼珠子:"行了,行了,别这么小气。你要觉得我占了你便宜,那你占回来。"

司君缓缓把牙收起来:"不用了。"

夏渝州诚心道歉:"我这是关心则乱,对不住啊。您大人不计小人过,就当没我这个爸爸。"

司君:"……"

夏渝州龇牙,拍拍瓢了的嘴:"不是,我是说……"

"夏渝州,"司君打断他的话,认真且诚恳地说,"闭嘴吧。"

夏渝州在嘴巴上做了个拉拉链的动作,老实地不再说话。

司君转身去给吃饱的小朋友做检查,夏渝州就跟在他后面歪头看着,跟儿子挤眼。

也不知道陈默领悟到了什么,乖乖地任由司医生听了心跳后,问道:"司医生,你也是血族,之前怎么不转化我?是我资质太差了吗?"

司君收起听诊器,掰开陈默的牙齿看了一眼,两颗小虎牙还是原来的模样,没有变成中空的。

"是血族。"司君纠正道,"我没有转化别人的能力。"

陈默眼睛一亮,用被司君捏出的小鸡嘴说:"你俩能力还不一样呢!那你会什么?催眠、魔法,还是飞行?"

司君:"……"

这傻儿子，问重点啊！夏渝州正要给他比画口型，门外突然响起一阵骚乱声。

"啊啊啊，快按住他！"

"没穿防护服的不要靠近！"

"吼——"随着一声类似野兽的低吼，病房门突然被重重地撞击了一下。

"什么东西？"夏渝州转过身，脆弱的门锁竟颤巍巍地裂开了缝隙。

接着，又是一下撞击，又凶又猛，门"轰"的一声弹开，一个衣衫褴褛、双目圆睁、大张着嘴巴的人嘶吼着扑了进来。

夏渝州骂了句脏话，抬脚就要踹人，被司君一把拽到后面，堪堪躲过了一爪子。

"陈默闪开！"司君低声喝道。

然而床上的少年根本来不及反应，疯子没咬到夏渝州，一头撞在床角，立时挣扎着扑向陈默。浑浊的眼睛赤红，口水从满是白沫的嘴角不停地淌下来，很是恶心。

夏渝州抓起输液杆，在空中抡了个半圆，从斜侧狠狠挑过去，在乌黑的指甲触碰到儿子的前一秒，一杆子把那爪子抽开，而后在空中转换方向，用底座厚重的六爪转轮撞向对方胸口，直接把人打飞出去。

那疯子摔到地上，四名穿着厚厚防护服的医护人员立时按住他的四肢，将他控制住。司君从白大褂口袋里掏出一支注射器，毫不犹豫地扎在对方脖子上，快速把药物推了个干净。

药物入体的瞬间，那人便安静了下来。他大睁着两眼，四肢瘫软，嘴巴依旧没有合拢，舌头耷拉在外面，持续不断地流着口水。

"抱歉，司医生，这位病人在送急救途中突然发狂，我们没拦住。"穿着防护服的医护人员向司君解释。

"狂犬病。"夏渝州凑过来看，待看清楚病人的模样，眸色顿时暗了下来。

这人明显是狂犬病发作，到了兴奋期，整个人处于极度亢奋的癫狂状态，甚至会模仿疯狗试图咬人。能穿过层层障碍，从急救区一路奔到重病区，还挺有本事的。

"都站到一边去，不要触碰带有病人口水的东西。"司君站起身，脱掉手上的医用手套,扔进垃圾桶。

"你这么随便给他打针,不怕出问题吗?"夏渝州看看那人的脖子,弄不好就把人扎死了。

"在遇到狂犬病病人的时候,所有医疗人员都有机动处置权,以优先保证自己生命安全为基本原则,"司君语调平静地解释了一句,缓缓抬眼看他,"狂灾时期定的医疗准则。"

当年狂犬病毒变异,传播途径从动物噬咬扩大到了"口水及其他分泌物接触",使得疾病迅速蔓延成为灾难。身为医学生的他俩当时都去做了志愿者,只是夏渝州总不记规章制度,要司君时时提醒。

"啊,我忘了。"夏渝州没什么诚意地认错。

狂灾来得快去得也快,平息下来之后就没再出现大量感染,而作为牙医的夏渝州自然没有关心这方面的制度变化,也就无从得知这项准则至今是否还有效。

司君原本还算温和的神情倏然变冷,他交代护士将这个房间重新消毒,便大步向外走去。

"嘿,这人,说变脸就变脸。"夏渝州啧了一声,跟着出去查看。

走廊里一片狼藉。有护士被撞倒了,摔得头破血流;躺在走廊加床上的病人受惊乱窜,输液瓶掉在地上摔了个粉碎。那位昏迷的狂犬病人被束缚带牢牢地绑在担架上,抬着走了,照这个发作进程,恐怕神仙都难救。

"你在看什么?"儿子从他胳膊底下探出头,跟着乱看。

"不大对。"夏渝州皱起眉头。

"什么不大对?"陈默想缩回去站好,却被夏渝州垂下的胳膊夹住了脑袋。

夏渝州挠挠儿子的头顶:"我问你,急救室在什么地方?"

"一楼最西侧,面朝门诊楼。"

"我们在什么地方?"

"一楼东侧。放开我。"

夏渝州并不听,夹着儿子的头指了指远处:"从最西侧到这边少说有两百米,他狂奔了这一路都没有撞过门,怎么偏偏撞了我们这一间?"

这间病房除了那扇过大的观察窗,房门跟别的病房并没有什么区别,而那位狂犬兄弟却能心无旁骛地一路披荆斩棘直冲此地，这精神堪比朝圣。

"巧合。"陈默强行把脑袋拔出来，甩甩头，"他一路冲过来撞开任何一个病房的概率都一样，考虑周围的干扰因素，越往东概率越小。但总体来说，我们和对门的概率是相同的。"

夏渝州嗤笑："那可真是好运气，一撞就撞开了有三个血族的房间，刮刮乐能中头奖。"

"你想说什么？"

"是个狼人。"

陈默一惊，左右看看："你是说，那个狂犬病人其实是狼人伪装的？这世上除了血族，还有狼人吗？"

"我是说，他比狼人更狠一点。这哏都不懂，你是不是社会主义新时代的合格接班人？"

夏渝州拍拍陈默聪明的小脑瓜，笑着看向从办公室出来的司君。就这么一会儿的工夫，这人就换了一件白大褂。

"过来，洗手。"司君站在原地，示意他俩过去。

嘿？这人可真是越来越不客气了。

"既然你俩都是血族，那是不是就不用人鬼殊途了？"陈默小声问。

"小孩子懂什么。"夏渝州踢他一脚。他们之间可不止人鬼殊途这一个问题，不过现在是同一个物种了，也算是好事吧。

洗手的地方是备用的术前准备室，有个比较大的洗手台，杀菌皂、毛刷一应俱全。

夏渝州先自己胡乱洗了洗，看向儿子，忍不住逗他："要不要爸爸帮你洗呀？"

陈默红了一下脸："不……不用，你帮我把这个袖子弄上去就行。"满是针眼的左手上还有一只软管留置针，他自己弄不大方便。

夏渝州给儿子挽好袖子，觉得有一道视线在戳自己后背，转头看过去，果然司君正盯过来："怎么了，你也需要爸……把袖子挽上去吗？"

司君走过来，捏住陈默的手，直接抽掉留置针，然后按了块药棉上去："以后不用了。"

陈默低头看着冒血的针眼,半晌才"嗷"地一嗓子叫了出来。

"没事,他没把我怎么样。"夏渝州看了一眼睡着的儿子,压低讲电话的声音,"而且我知道了一个震惊全家的消息。"

"全家就咱俩,震惊啥呀?"病房门忽然被推开,一名戴着口罩、棒球帽的高大青年走进来,说话声和电话里的声音合为一体。

夏渝州龇牙,挂了电话直接照弟弟肚子上来一拳:"你跑这里来干什么?"

"打了几个电话你都不接,怕你被姓司的宰了。"周树熟练地弯腰,躲过这一击。

"笑话,要宰也是爷宰他。"回想刚才差点当上司君爸爸的光荣战绩,夏渝州顿觉底气十足。

周树摘下口罩,露出满脸的不信。

夏渝州舔了一下右边原本应该长着尖牙的位置,那里有一个断面:"说真的,那事跟他没关系。"

"你就继续阿Q吧!"周树不想再讨论这个,转头去看孩子,"哟,这就是我大侄了,长得可以啊!听说智商很高,能不能继承我的衣钵?"

"嘘——"夏渝州示意他小声点,虽然吃饱喝足,新生的血族还处在虚弱期,需要很多睡眠。

忽然有人敲门,周树来不及戴口罩,直接一头扎到被子上,把脸埋住。他这张脸是联盟的门面,认识的人还是很多的。

夏渝州绝望地看着弟弟这一连串的动作,顿时觉得老夏家是没什么希望了。

"七号床家属,医生请你到办公室一趟。"声音甜甜的小护士探头进来对夏渝州说。

"我吗?"夏渝州眨眨眼,"好嘞,这就来。"

也不知道司君怎么弄的,护士竟然默认他是家属了,这让夏渝州很意外。毕竟陈默在这里住院这么久,大家应该都认识他。

踢了装鸵鸟的弟弟一脚:"我过去一下,你看着孩子,别让人抱走了。"

周树疑惑地伸长胳膊比画了一下,转头要问哥哥,这么大个侄子怎么抱走,那人却已经出门去了。他缓缓掀起嘴唇，露出一对凶狠獠牙："遇见姓司的就什么都忘了，早晚死在他手上。"然后低头，怒改 QQ 签名——

"哀其不幸，怒其不争！"

重病区的医生办公室比值班室要大得多。两排无挡板的办公桌拼在一起，放着各种病例资料、办公用具。大家面对面办公，方便讨论治疗方案，看来办公室气氛还不错。

因为是午饭时间，屋里没人，连司君也不在。夏渝州丝毫没有客人的自觉，背着手宛如领导巡视，在屋里转悠一圈，这里瞧瞧那里看看。

窗台上放着几盆多肉，颜色碧绿，泛着油光，看来得到了很好的照顾。墙上挂着各种人体结构图，还有张很土的光荣榜，用来表扬每个季度的先进个人。司君赫然在列，得了个"夜班全勤"奖，奖金五百元。

"啧，被我猜中了。"夏渝州盯着那个数字笑出声，刚熬过规培的小医生，确实没什么钱。

光荣榜旁边还有一张榜，用金属框圈起来，里面挂着的照片都是黑白的。

"谨以纪念狂灾中牺牲的英雄。"

夏渝州脸上的笑骤然消失了，他将这些照片一张一张地看过去，最后视线停留在中间一张上。

那是一位胖胖的女医生，眉目浅淡，嘴角含笑，即便是这么正经的工作照，她也硬是挤出了两个梨涡来。下面的名字——"水清浅"，窈窕淑女的名字，喜剧演员的模样。

"你看你，不好好拍照，都成英雄了，还不严肃点。"夏渝州伸出拇指，轻轻摩挲那张照片，将表面的浮灰抹去。

"血族也要吃好吃的呀，不然活着有什么意思？走，妈妈带你们吃火锅去！"

瞧见她这个笑，夏渝州耳边就响起那聒噪的却再也听不到的声音。

"嘎吱——"办公室的门被推开，司君和一名同事一起走进来。同事正拿着一叠资料跟他说话，瞧见夏渝州在这里，声音戛然而止。

夏渝州收起手插进裤兜，看向来人。

司君走过来，微微抿唇："抱歉，让你看到这个。"

传统的、西式的客套。

"是不大合适。"夏渝州轻笑，用下巴指指照片下面的桌子，"我妈喜欢吃辣的，你们下回摆贡品摆点火锅什么的吧，这太清淡了。"

司君："……"

跟着进来的同事："那个……不是贡品，是我的午饭。"说罢，硬着头皮拿起桌上的饭盒，欲哭无泪地出去吃了。

夏渝州摘下口罩，咧嘴笑。

司君轻轻叹了口气，抬手做了个"请"的手势，示意夏渝州坐下，而后自己坐到他对面，将一张化验报告单推过去："这是陈默今早的验血报告。"

夏渝州接过来扫了一眼。这张报告检测的项目很少，能反映他主要病症的指标一项都没有，主要是免疫检测。

"他的免疫力还处在极低水平，至少一个月内不要给他喝未杀菌的动物血。"司君语调平静，不带任何个人情感。

夏渝州把报告还回去："今天的事，谢谢你。"

打从昨天见面到现在，两人都没有平静地说过话。真的安安静静地坐下来，尽管夏渝州有一肚子的话想问，开口却只剩下干巴巴的道谢。

司君没接话，从笔筒里拿出一只造型精致的开信刀，将报告整齐地裁剪成几片，扔进垃圾桶里。

房间里陷入沉默。上学那会儿，两人相处时也是夏渝州说得多，但不管多无聊的话，司君都会接一句。哪怕夏渝州只是闲得无聊喊他名字玩，他也会认真地回答。

"司君。"

"什么事？"

"君君。"

"课堂上不要用这么亲密的称谓。"

"司先生。"

司君不再说话，而是微微偏头，行了个简化的致意礼。

夏渝州被那优雅中带着敷衍的礼节给逗笑了，那时候他想，怎么会有这么好玩的人，刻板又灵活，高贵又可爱。

而现在，有问必答、从不失礼的贵公子并没有理会他的致谢，连个"嗯"都不屑给。

夏渝州自嘲一笑："好吧，我们说正事。这个巴氏消毒血，在哪里买的？"

他们家一直喝的是自制血。从菜市场买来新鲜鸭血，加入防凝固的食品添加剂和一点点聊胜于无的杀菌物。这样的东西他们喝了偶尔也会拉肚子，目前的状况，确实不能给陈默喝这个。但血液的杀菌工艺他还真没听说过。

"市场上买不到。"司君将洗干净的空瓶装进盒子里收好，盒子上印着一个水滴的标志，只是那水滴是红色的，下面写着一行小字——"空瓶回收"。

夏渝州当然知道市场上买不到，想想也知道超市里不会摆这种东西："那怎么买？血族黑市？还是要加入什么组织？"

带有生产日期的瓶装动物血明显是量产的，既然是量产，就说明需求者不只司君一家，足见这世界上还存在更多的血族。夏渝州活了二十几年头回知道这件事，但为了不显得太没见过世面，只能克制地慢慢问。

"你先告诉我，是谁引导你来转化陈默的？"司君抬头看他。

"骨髓库的人给我打电话，说有个小孩跟我适配，我就来看看是什么小孩。"夏渝州实话实说。

并不是每个人都可以转化成血族，先祖手札上记载的那些条件夏渝州至今还没完全研究明白，但有一点他是确定的，骨髓配型能跟他配上的人肯定能转化。

司君："受助者信息不能透露给捐赠者，这是常识。"

的确，这是常识，但就是有人透露给他了，具体到姓名、年龄，甚至平生事迹。

"学长也是太着急了。"这话说完，夏渝州突然一愣。

骨髓库给他打电话的时候，他确实打听过受助者的信息："你告诉我他的资料，我好判断要不要救。"对方说这是违规的，不能透露。但没过多久，何予就打电话给他了，说："这个孩子是我的学生，很冒昧，但希望你能救救他。"

何予说的是"救救他"，而不是"捐骨髓"。

司君微微点头："我知道了。"

夏渝州福至心灵："学长也是血族？"

司君没有反驳。

"我日……日子过得真糊涂，大学两年，你俩我谁都没发现！"夏渝州把脏话咽回去，本来对于司君的隐瞒已经很是不爽，现在发现温柔、好说话的学长也是个骗子。

"我没有刻意隐瞒，也没有义务告知。"司君淡淡地说。

公事公办的语气让夏渝州火气瞬间冒了上来，张口就想骂他，但是转而一想，自己当时也没告诉人家，顿时蔫了。

"你是元古种，与我们不同，可以独立生存，"司君还是解释了一句，"没有加入血盟的必要。"

啥？夏渝州听到了两个陌生的名词："元古种？血族还分种类啊？"

司君："是种族，不是种类。"

夏渝州："反正是那么个意思吧，别告诉我你们是现代种！"

司君："我们不这么称呼自己，但你可以这么理解。"

夏渝州："……"你们人多，你们就不用特殊称谓呗。

夏渝州："血盟又是什么？"

司君给他看盒子上的血滴标志："血族联盟。这种食物只有加入血盟才能得到，你确定要加入吗？"

夏渝州蒙了："咋买个早餐奶还得加入黑社会呢？"

司君缓缓吸了口气，克制地揉了揉抽疼的额角，重新给他解释一遍。血盟不是黑社会，是以氏族为单位的联盟组织，互相帮助，互相约束，一旦加入，就不允许退出，且会被所有的血族知道他们元古种一脉的存在。

"那我得想想。"夏渝州迟疑道，"要加入的话，是个什么流程？"

夏家传承了几百年，从没听说过什么血盟，估计是这些现代种到了现代社会才搞的东西。

老夏一直信誓旦旦地说他们是最后一脉，如何如何珍贵，从没提过现代种，先祖手札上也没有关于现代种的记载。夏渝州对于这些不知真假的东西暂持怀疑态度。

司君整理了一下手套，微微抬起下巴："你要加入的话，需要一名推荐人。"

哟呵，还是会员推荐制，讲究！

夏渝州："那我去找学长吧。"

加不加入还需考虑，紧急打个秋风也是很有必要的。孩子每天都得喝一瓶动物血，明天的口粮尚且没有着落。孩子的老师连治疗都能赞助，再赞助两天"阳光早餐"应该不为过吧。

司君怔了一下："你要找何予做你的推荐人？"这话说得颇有些咬牙切齿。

夏渝州疑惑地看看司君，他清俊的脸依旧骄矜贵气、静如平湖，想来是自己的错觉："也不一定，我先去问问他。"

司君沉默地看着他，半晌道："你自便。"

原本还算友好的交谈莫名中止。

夏渝州走出办公室，感觉到胸口一阵闷痛，才发现自己处于窒息状态。

当年他咬了人，司君反应异常激烈，他以为司君无法接受自己是个"怪物"，于是逃避似的跑了。现在发现对方也是血族，当年自以为的"人鬼殊途"就是个笑话，那司君反应激烈是因为发现他的习性不同？本来想问问的，但司君显然没有交谈的兴趣。

算了，再问这些有什么意义呢？他今天帮了自己，回头想办法还他这个人情吧。夏渝州深吸一口气，缓过神来，给何予打电话。

"嘟嘟嘟……"那边占线，无法接通。

夏渝州收了手机，转身往病房走去，得跟傻弟弟说一声，要加入血盟不是小事。听司君的意思，血盟是以"氏族"为单位的，如果他加入了，弟弟和儿子也得算进去。

刚走到厕所门口，忽然瞧见了戴着口罩、棒球帽的弟弟，他正被一名医生抓着袖子。夏渝州立时走过去，发现那医生有点眼熟。

"树神，我的天哪，真的是你！"那医生兴奋不已，原地蹦了两下，"不认识我了？我！菜璧啊！"

正是多年不见的蔡成璧同学，原本天天鸡窝头的家伙，如今也变得人模狗样了。

周树拉下口罩，只露出鼻子："你怎么认出我的？"

"开什么玩笑，我就算妈都不认识了，也得认识你！"菜璧塞给他一支笔，托起手里的写字板，"快快，给我签个名。你自从去打职业，就跟我们不联系了，我跟同事们吹嘘说跟你是同学，他们都不信。"

周树看着递过来的东西，举着笔没往下签："这不好吧？"

"怎么不好了？"

"这是诊断书。"

"……"

菜璧看看写字板上的东西，干笑一声，请他直接签到板子上："说来，你当年成绩也不差，虽然天天打游戏，愣是没挂过科，怎么就不读完呢？医大多难考啊，我考上医大在我们家那儿可是光宗耀祖的事，你怎么就舍得退学呢？"

"因为我突然顿悟了。"

"顿悟什么？"

周树把板子还给他，重新拉起口罩："学医救不了中国人。"

夏渝州翻了个白眼，过去拍了弟弟一巴掌："你是周树，不是周树人，别老装鲁迅先生。"

菜璧看到夏渝州，满脸的笑瞬间凝固，他倒吸一口气："夏渝州？你可算回来了！"

夏渝州疑惑地看他："怎么了？"

他跟菜璧其实没多少交情，也就是一起上过选修课的关系。菜璧反应这么大，不知道的还以为他欠人钱没还呢。

"你见到司君了吗？他找了你好久，回学校一直找不到你，几乎问遍了所有能问的人，还找到我这里来，逼问我树神的下落，最后还找到电竞队去了。"蔡同学一口气不停歇，竹筒倒豆子似的说了一大串。

夏渝州缓缓瞪大了眼睛，转头看向弟弟。

周树冷笑一声："对啊，他是来找过我，我直接叫他滚了。要不是队友拦着，我肯定把他牙打掉。他是三个月后才来找我的，也不看看都什么时候了，黄花菜都凉了。"

越说声音越大，旁边是厕所，出来进去的人纷纷往这边看。

"怎么回事啊？"菜璧看看周树，再看看夏渝州，缩了缩脖子，"我是不是说错什么了？"

夏渝州眉头越皱越紧，告诉菜璧回头聊，便拉着周树回病房了。

"那事不是他干的。"夏渝州斩钉截铁地说，"他也是血族。"

"怎么就不是他干的了？他是血族又怎么了？血族……"周树说到一半，突然反应过来，"他是血族？怎么可能？！"

一脸蒙地听完科普，周树愣怔片刻："放屁！什么元古种？他们嘚瑟什么？应该叫他们不要脸种才对！"

夏渝州："也行吧。"

周树脱下帽子一把摔在地上："司君这个王八蛋，怎么着，合着不是嫌弃你是血族，是嫌弃你品种不好啊？"

品种……夏渝州着急说正事，努力克制住打弟弟的冲动："先说正事，孩子得喝消毒了的动物血，咱得加入联盟。"

周树还处于暴躁状态，在屋里来回踱步，找能揍司君的趁手兵器，随口回道："什么联盟，魔兽还是LOL？"

夏渝州："血盟。"

周树瞧见了输液杆，一把抓起来："有这游戏？"

夏渝州忍无可忍，一巴掌打在弟弟后脑勺上。说了半天，这家伙除了"品种"问题，别的一句也没听进去。

第五章
戒 律

周树被哥哥揍了一顿,只能"放下屠刀,立地成狗",蔫头蔫脑地趴回床边,扒着病床扶手继续看熟睡的大侄子。

"哪有那么严重,司君那个狗东西就是骗你的,好让你去求他。我小时候喝这种普通鸭血不也好好的吗?古时候没有防凝固剂,咱老祖宗喝的都是生鸭血。他们现代种自己体质弱,娇娇气气的,才要喝什么巴氏消毒血。"

现代种体质弱……夏渝州想想,好像还真是这么回事。

第一次意识到司君身体不好,是在活动中心排练的时候。

文化节那个舞剑的节目特别麻烦,不仅要夏渝州耍剑,还要有伴舞配合。团长的意思是,行走江湖要有美人相伴才算得上英雄侠客,于是从舞蹈团抓了十二个美少女,让她们穿水袖、马面裙给他伴舞。

夏渝州对这个创意表示脑壳疼,但因为他拒绝了拽司君参加文化节的任务,面对假哭卖惨的团长时不由得英雄气短,只能应下来。

"咣当!"道具宝剑再次挂到领舞的长袖子,夏渝州怕伤到她,只能松手,任由宝剑被袖子卷着一甩三丈远。

"呀,对不起,又打着你了。"领舞姑娘抱歉地说。

"没事。"夏渝州抹了把脸,满手的汗,"歇会儿再练吧。"

天气炎热，舞蹈室里还没有空调。夏渝州扯扯自己汗湿的长袖衫，热得一句话都不想说。偏偏姑娘们精力旺盛，还不觉得热，叽叽喳喳地凑过来跟他聊天。

"夏渝州，你这剑耍得真漂亮，以前拿过奖吗？"

"你这水准比我们省武术队的还高，是不是体育特长生啊？"

"怪不得身材这么好，原来是体特。"

嘿？实打实考进来，半分体育加分都没有，怎么就体特了？这是对十二年寒窗苦读的血族的羞辱。

眼看着再不说话，谣言就要传开了，夏渝州把血牙合进槽，懒洋洋道："不是体特，这是家传的武艺。"

动唇不动齿，黏黏糊糊的，毫无震慑力，非但没有堵住女孩子们讨论的话头，反而惹起了更多的兴趣。

"哇！武术世家吗？"

"你会不会别的？表演给我们看看吧。"

"最近大火的仙侠剧里的男主就是武术世家出身，做的动作可好看了。"

叽叽喳喳的声音汇成一片，就变成了酷暑烈日下的蝉鸣，吱儿哇——令人窒息。

"好了好了，姑奶奶们，我去给你们买饮料，都想喝什么？"夏渝州站起身，举起双手讨饶。

活动中心二楼有奶茶店，不过品种比较单一，大家都要了招牌奶茶加冰。夏渝州应了一声，拿上钱包往二楼走去。

二楼是有空调的，扑面而来的冷气使人心旷神怡。夏渝州刚上楼梯，就听到琴房那边传来钢琴声。冷冷淙淙，像是高山上的溪流自峭壁的缝隙中汩汩流出。

夏渝州学过一点钢琴，能听出这弹琴人技艺高超，只是这曲子过于应景——《水边的阿狄丽娜》，各种咖啡馆、西餐厅、机场广播都会放的曲子，以至于整个二楼的人都没有察觉这是琴房的琴声，而不是奶茶店的音响。

这人可真有意思，练琴还给奶茶店配乐。夏渝州顿生好奇，扒着琴房门往里看。

琴房里摆着学校赞助的各种乐器，正中间是一架三角钢琴。这架钢琴被艺术团奉为门面，有大型活动必然会被抬去镇场。平时基本不让动，学生要练琴只能弹角落里那架立式的。用团长的话说，"你们那爪子不配碰我的皇后娘娘"。

如今，团长的皇后娘娘正被一双修长的大爪子肆意轻薄，而爪子的主人正是这个学校唯一有资格随便触碰皇后娘娘的钢琴家——司君。司君依旧穿着白衬衫，打着精致的黑色领结，明明是杂乱的学校琴房，愣是被他弹出一股金色大厅的气势。

似是察觉到有人在偷窥，司君转头看过来，手上的动作不停，乐曲还在继续，只是从《水边的阿狄丽娜》变成了《菊次郎的夏天》。司君微微向他点头致意。

夏渝州愣怔了一下，被这有趣的打招呼方式逗乐了，索性开口打招呼："哟，司同学，练琴呢。我正要去买喝的，你喝什么？给你带一杯。"

司君停下弹奏："你要请我喝茶吗？"

夏渝州咧嘴笑道："嗯，上回你请我了，这回我请你啊。薄荷冰水、柠檬冰水、丝滑奶茶，要哪个？"

司君："热红枣茶，谢谢。"

夏渝州在这家奶茶店买过无数次冰水，头回知道还有热红枣茶这么养生的东西。

"给女朋友买的吧？小哥真贴心。"奶茶店的阿姨笑眯眯地说。

夏渝州不明所以，半晌反应过来，女孩子特殊时期喜欢喝热红枣茶。想起司君那张贵气的俊脸，他忍不住笑出声："哈哈，对对，他身体虚，得喝暖和点。"

只顾着逃离舞蹈室的"蝉鸣"，忘了实际情况，当十三杯饮料摆在面前时，夏渝州傻眼了，只恨自己不是哪吒，变不出三头六臂，两只手根本不够拿，不得已，他只能向司君求助。昂贵的、唯一有资格触碰皇后娘娘的钢琴家的手，就这么被夏渝州当成了六杯奶茶塑料袋的挂钩。

舞蹈室里正打闹着的姑娘们看到夏渝州回来，立时叽叽喳喳地跑过来，又在瞧见他身后的司君时瞬间安静。

"司……司君？"

英俊挺拔的钢琴家，手中明明拿着廉价的奶茶，却仿佛提着刚从花园里采摘下来的带露玫瑰，什么都无法破坏他的高贵优雅。在他踏入的瞬间，屋子里的温度就自觉下降了，原本大声说笑的姑娘们也跟着轻声细语了起来。

"来，奶茶自己拿。"夏渝州把手里的奶茶放下，又接过司君手里的摆在一起，让姑娘们自取。

"呀，红枣茶。"领舞姑娘发现了其中一杯与众不同的，立时拿了起来，"我想喝这个。"

司君微微抿唇，低声跟夏渝州说："我先上去了，失陪。"

"哎，你的茶！"夏渝州叫他，转头看见红枣茶被别人拿在手里，伸手轻巧地抽走，"不好意思，这是别人点的。"

"可我想喝这个。"领舞姑娘有些委屈，请求般地看向夏渝州。

"刚才让你点你不点，现在抢别人的怎么行？"夏渝州毫不怜香惜玉，把手里的热红枣茶递给司君，"你的。"

那一刻，夏渝州确信，司君的眼中泛起了光，很开心的样子。想来是真的不能喝冰饮，又不好意思跟女生抢。

一个大男人，不能喝冰的。从那时候起，夏渝州就总忍不住关注司君的身体状况。每次周二上课的时候，他都会多带一份早餐过去，希望能对虚弱挑食的司同学有所帮助。

"现代种确实弱。"夏渝州摸摸下巴，估计司君喝这个巴氏消毒血前还得在温水里热一下，"但孩子现在身体太弱，我看了免疫指标，确实太低了，喝生鸭血有点危险。"

"你现在就是中国式家长，瞎焦虑，非要买进口奶粉。"周树撇嘴，掰开大侄子的嘴巴，捏捏那两颗小虎牙，看有没有松动。

"叮叮叮——"手机铃声响起，是何予打过来的。

夏渝州看了弟弟一眼，如果周树不同意加入，血盟的事就作罢，不过相关的问题还是得问清楚："学长，我有些事要问你。"

那边，人为制造的多大动静都没能吵醒的陈默，被手机铃声惊醒了。他睁开一双乌溜溜的大眼睛，看向趴在床边跟他大眼瞪小眼的红毛青年。

"崽，我是你阿叔！"周树凑近了些，兴奋不已地露出两颗尖尖的獠牙，看起来一点都不像打招呼，倒是像要吃小孩。

陈默好奇地看了他三秒钟："Tree？"

Tree是周树的游戏名称，听到这亲切的名字，周树很是惊奇："你知道我？"

听说这小孩一直被当作天才训练，参加各种比赛，根本没有娱乐时间，怎么会关注他这个打电竞的呢？

见没有认错，陈默有些高兴，撑着坐起来解释道："我看过你上赛季比赛的数据和视频。"确切地说，他是在《神之脑》中看过。半决赛的时候，有一场是比速记，节目组给出了上赛季三十二场比赛的剪辑视频，对应整个赛季的数据表，要求在时限内精确记忆。

每场两个战队对战，每个战队五个人，也就是三十二场比赛，六十四份战队数据，三百二十份选手数据。短时间内记住所有，而后答题。节目组选取其中一场比赛的录像，点一个指定的人，参赛者需说出这个人在这场比赛中的所有数据。

陈默想起那场比赛还有些兴奋："挑中的问题就是问的你，打LR那场。那场的数据很特别，你平时击杀最高，但那场助攻更厉害。我的对手记错了，他有刻板印象，以为你是击杀比较多，把两个数字弄反了。"

当陈默一字不差地背出Tree那场比赛的数据，精确到小数点后两位，周树的眼睛已经瞪到了最大。

电话里何予温温柔柔的轻声细语，突然被一声怒吼盖过。

"哥，买！给孩子买最好的，臻致奢华限量特供那种！"

夏渝州额角抽疼，屈腿给了弟弟一膝盖，叫他闭嘴。

电话那边传来何予的笑声，温煦轻和："你弟弟还是这么……活泼。"

夏渝州干笑一声，警告地指了指周树："学长说话还是这么含蓄。"

当年何予第一次见周树，也是这么说的，"你弟弟真活泼"。那时候小，说活泼是夸赞，现在可不是。二十好几的人了，在他们电竞行业已经是快退休的年纪，还被说活泼，丢不丢人？

何予依旧是笑，没再继续客套，捂着话筒跟身边的人低声说了句什么，转过来略带歉意地说："我这边有点事，暂时走不开。如果不着急，晚上我请你吃饭，再慢慢聊。"

着不着急呢？夏渝州看看扑倒在床上、拼命给他使眼色的弟弟，还有好奇地研究阿叔头上红毛的儿子："有点急。你在哪里？我去找你。"

先前情势危急，他求司君帮忙争取一天时间，一天之后就得他自己解决。儿子在医院待着，每天早上都要抽血化验，身体指标的变化是根本瞒不住的。到底要怎么安排，他必须马上有个章程，最好是晚上之前把儿子带走。还有口粮的问题，要是拖到晚上，有个什么意外，儿子明天就要饿肚子。

何予倒是没什么意见："那你过来吧，我在研究所，你知道地方吗？"

"知道。"

虽然他这么说，挂了电话之后，何予还是发了个定位过来，附带一个助理的手机号，意思是到了地方如果联系不上，可以打助理的电话。这人始终如此细心，夏渝州很是佩服。

研究所是医大的，就在学校里面。这点距离用不着打车，但走路又有点远。夏渝州瞧见很多学生骑共享单车，就也学着寻了一辆。扫码解锁倒也方便，就是车子晒得久了，车座有点烫。

夏渝州戴好帽子、口罩，把手缩进袖子里，骑上烫臀的自行车，在久违的校园里穿梭。

秋老虎带来的闷热令树梢的蝉心烦意乱，它们齐齐放声高歌，做生命最后的咏叹。原本沁凉的林荫道因着这些聒噪倏然燥热了起来。

"哎呀，你骑慢点，我这伞打不住了。"坐在自行车后座的女生费力地举着遮阳伞，骑车的男生却还在卖力地踩脚蹬，试图快点逃离这炎热的空气。小小的折叠伞在风中左右摇摆，女生一个不稳就磕在男生的背上。

男生于是骑得更快了："我不怕晒，你遮你自己就行。"

女孩子赌气，当真不再给男生遮阳了，收起伞骨，只遮自己的脸。小情侣吵吵嚷嚷，从夏渝州旁边超车而过。

"我不怕晒，你遮你自己就行。"这话，他也对司君说过。

医大的校园很大，从第三教学楼到第二教学楼要穿过这条长长的林荫道。如果前后两节课在不同的教学楼，得撒丫子狂奔才能赶得上。

不巧夏渝州就有这么两节课，好在他有自行车，可以优哉游哉地骑着车去，并残忍地拒绝了室友求载的请求："这么热的天，还叫我带你，想热死哥啊！"

那天下午太阳特别大，远远就瞧见混在人群里的那把大黑伞，夏渝州一个加速冲过去："司君，你也要去二教啊？上车，我载你一程。"

本来只想打个招呼，对上那双漂亮的蓝色眼睛，不知怎么地，他脑子一抽就要载人家。

大概从来没人有这个狗胆提出要骑自行车载他，司君看看他那加装的车后座，有些不知所措。

这辆自行车是山地车，本来是不能载人的。改装的时候，室友极力说服他装个后座，以备将来撩妹、载女友之需，夏渝州觉得很有道理就装了，但没想到是室友那狗贼自己想坐，于是他一怒之下将室友列入拒载名单。

夏渝州说出来就后悔了，倒不是嫌热嫌累，而是他忽然想到，如果司君坐了他的车后座，晚上论坛上铁定会出现的标题：

"震惊！惜败评选，夏渝州竟沦为校草车夫！"

"谢谢，不用了。"司君客气地拒绝。

竟然拒绝！这下夏渝州不干了。口腔医学院男神夏老爷的车后座，多少人想都不敢想，这人竟然拒绝。

怎么说服司君的，夏渝州已经不记得了，反正最后司君还是坐上了他的自行车，引得半条林荫道上的人都看过来，甚至有女生小声尖叫，举起手机对着他俩拍照。

司君举起伞，遮住两人头顶的烈阳。

夏渝州觉得打伞有点"娘"，便说了一句："我不怕晒，你遮你自己就行。"

"怎么可能？"司君意味不明地说了这么一句，并没有挪开的意思，单手稳稳地撑着大黑伞，将夏渝州结结实实地罩在阴影之中。

当时夏渝州以为司君说的是"怎么可能只遮我自己"，觉得这人特别有良心，比他那狗贼室友、垃圾团长都要好。现在想来，他说的应该是"怎么可能不怕晒"。

是啊，怎么可能？他是血族，天生就是怕晒的，只不过不像传说中的吸血鬼那么严重，不会融化，也不会变成灰烬，只是比较疼。

司君什么都知道，默认他也知道，但事实上，他什么都不知道。他们一直在鸡同鸭讲，就这样关系还能那般好，也算是个奇迹吧。

夏渝州仰头看看从树叶缝隙里漏下来的阳光，阳光星星点点地照在眉心眼角，火辣辣地疼。少年时光终究一去不复返，他和司君也再回不去了。

"夏先生是吗？"研究所门口，一名穿着研究服的年轻人向夏渝州招手。

这张脸夏渝州记得，他是上午给何予拿衣服的那个小助理。

"教授这会儿有个采访，您先稍等一下，很快就结束。"小助理说话一板一眼的，很是严肃，他直接把夏渝州带上楼去。

研究所进门、上楼都要刷卡，没有小助理接，夏渝州还真进不来。走到何予研究室的专属楼层，这里安静得吓人，所有人都步履匆匆，不多交谈。

"你们教授很严厉吗？"夏渝州忍不住问了一句。

"严厉倒不至于，"小助理苦笑，"只是教授不爱笑，话也少，大家都比较怕他。"

说话间，他们已经到了研究室外的长廊上。这长廊很是宽阔，一面是防紫外线的玻璃墙，非常明亮，很有现代感。夏渝州取下帽子，发现阳光不烈，不觉得脸疼，便自在起来。

前面不远处，一群人围在研究室门口的展板前，架着高级摄影器材的摄影师正给何予拍照。据小助理说，是一家杂志社来搞专访。

"何教授的妆容太完美了，我们的化妆师都没有用武之地。"杂志记者在一边努力夸赞，"您什么时候开个美妆直播，肯定能吸粉无数。"

在镜头前稍稍露出了点笑意的何予听到这话，收起了笑容，淡淡地瞥了那记者一眼，一个字也没有接。

记者很是尴尬，求助般地看向旁边的杂志编辑。

编辑扶额，赶紧向何予道歉："不好意思啊教授，她是个新人。"

"嗯。"何予应了一声，却也没有更多的话了。

"啊，还是高冷的表情更适合教授。"摄影师指着最后拍到的几张图说。

夏渝州静静地看着何予跟人相处的模式。他印象里的何予一直是个温温柔柔、常带笑眼的人，在他面前如此，在司君面前也是，甚至面对暴躁闹腾的周树，他也会笑眼弯弯地夸一句活泼。

不管记者和摄影师叨咕什么，何予除了轻轻地推了下眼镜，就没有其他任何表示了。另一名助理出来招呼，问杂志社还有什么要拍的，他可以带着去拍摄，教授很忙，不能继续招待了。杂志社的人非常理解，感谢了何予的配合，就跟着助理去拍别的了。

何予将拍照用的西装脱下，露出酒红色的软料衬衫。他转头看见站在光亮处的夏渝州，立时抬脚走了过来，摘下冰冷的无框眼镜，露出一双温柔的笑眼："你来了，刚好这边告一段落，我们去那边喝杯茶。"

研究所里有喝茶的地方，就在玻璃墙长廊里，摆着几张沙发椅和小桌子。

"你刚回来就把你牵扯到一堆事情里，真是抱歉。应该早点请你喝杯茶聊聊的。"何予给夏渝州倒了杯热茶，温声道。

"你的学生现在是我儿子了。"夏渝州开门见山，眼睛一眨不眨地盯着何予。

何予倒茶的手顿了一下，抬起头来看他，半响，忽然笑起来："虽然有点猜到了，但听你这么说我还是很惊讶，你竟然真的有转化的能力？"

这下倒是夏渝州愣住了："你不知道？"

何予把杯子递给他："我是有猜测，但并不确定。刚开始联系你，其实真的是想让你捐骨髓。"

夏渝州："……"

何予见他不信，又多解释了一句："你家是隐世氏族，我以前虽然好奇，但不能多问，况且是这种已经失传的能力。"

夏渝州："这什么规矩？"

何予苦笑："血族的戒律。"

血族还有戒律？夏渝州觉得自己这二十几年血族混的，好像跟人家完全不是一个族。

何予轻轻叹了口气："自然是有的。作为跟普通人类相差甚远的种族，要在人类社会里生存，自我约束是必须的。"

在古代还好，毕竟信息不发达，血族的消息一直存在于各种异闻奇谈中。

到了现代社会就不一样了，血族必须谨言慎行，否则分分钟上社会头条。

谨言慎行这一点，夏渝州很是认同，不然他也不会天天戴口罩了："不过，我们跟普通人类也没有差很远吧，只是食谱不同而已。"而且也没有特别不同，除了血，其他食物也是一样吃的。

何予不说话，只是微笑着看他。夏渝州举手投降，表示自己闭嘴，示意他继续说。

"关于元古种，我家留存的记载不多，所以我不是很了解。"何予有些迟疑，端起骨瓷茶杯轻抿了一口，"你现在开诚布公地跟我坦白身份，是准备放弃隐世了吗？"

夏渝州："也不算放弃隐世，毕竟我们家从来不知道自己是在隐世……"

非我隐世，世隐于我罢了。在过去的二十几年里，他一直以为这世界上只有他们几个血族，自然也没有接触别的血族的想法。现在既然知道有其他血族存在，那认识一下还是有必要的。血族也需要社交，需要人脉，需要给孩子买早餐奶。

"那司……"听到这个状况，何予很是意外，想说什么又突然咽了下去，"那你有什么打算？"

夏渝州假装没有听到那个"司"字："陈默免疫力很低，医生建议喝巴氏消毒血。有什么渠道可以购买这种血吗？"

何予："这个只供给血盟成员，不能倒卖的。"

夏渝州："那制作配方你知道吗？"

何予摇头："工艺很复杂，跟牛奶杀菌完全不同，需要工厂机器辅助，还需要一些特殊材料。"

简而言之，个人是制作不出来的。果然，司君没有骗他，要买早餐奶，就得加入"黑社会"。

夏渝州有些惆怅："那要怎么加入血盟？"

何予没有回答，而是问他："你知道血盟是以氏族为单位的吗？"

"嗯。"这一点司君说过，夏渝州点头。

何予稍稍收起笑意，正色道："如果要加入，就必须以氏族的名义。氏族并入我做不了主，需要你的族长出面跟血盟长老会商议。你们氏族的领地在哪里？"

"啊？什么领地？"夏渝州没明白。

"叮——"电梯突然响了一声，有人来到了这个楼层。两人立时停止交谈，看向电梯处。那个带着记者出去参观的小助理不知何时去了楼下，接了一名男子上来。

男子穿着白衬衫、黑西服，戴着一副黑得看不见眼睛的墨镜，手中提着一把直柄黑色雨伞。出了电梯，他微微点头致意，谢过带路的小助理，将伞靠在电梯口的廊柱上便径直朝茶桌这边走来。

何予看到来人，立时放下茶杯站起身来。

"教授，展先生突然来了。我刚给您发消息，您没有回，我就直接带上来了。"助理小跑着过来解释。显然这种事已经不是第一次发生，助理按照以往经验处理了。

何予没什么意见，点头示意助理继续去忙。助理拿起何予刚才脱掉的西装外套，如获大赦地跑了。长廊又恢复了安静，阳光透过玻璃照在三人身上，拉出长长的影子。

墨镜人在距离茶桌两步远的地方站定，右臂弯曲，将小臂横于胸腹前弯腰行礼："何二少。"

何予用同样的姿势回礼："大骑士怎么过来了？"

墨镜人没说话，转头看向何予身边的夏渝州，在何予示意无妨之后，从西装口袋里掏出一封信。那信只有掌心大小，外面是金色的硬皮信封，接口处用银色火漆封印。火漆印似乎是个图案，夏渝州离得远，看不清楚。

"领主请您今晚过去一趟。"墨镜人语气冰冷地说，听起来并不像是什么好事。

何予面色微变，接下信件，看了一眼火漆印上的图案："我知道了。"

夏渝州第一次见到这么复古的邀约方式，现代种的生活还真是古老又神秘。他好奇地伸长脖子，试图看清何予手中的信，想知道里面写的什么。如果儿子在场肯定会问："里面是不是古老的咒语，不准时到场就血溅三尺的那种？"

墨镜人再次躬身行礼，顺道也向夏渝州行了个礼，不等夏渝州手忙脚乱地回礼，便直接转身离开。来也匆匆，去也匆匆，显然就是单纯送封信。

何予把信装进裤兜，并没有拆开的意思。他抬头重新露出微笑，请夏渝州坐下："我们继续。"

夏渝州忍不住问了一句："刚才那位是什么人？"

何予："云城领主的大骑士。"

"八个字分开都认识，合一起完全不懂。"

"……"

何予只得从头开始解释。

每个氏族都有自己的专属领地，有的是一整片区域，有的是零散分开的几块。过去血盟没有成立的时候，所有血族只能在自己氏族的领地里，如果踏入其他氏族的领地捕猎，就会被当场绞杀。血盟成立之后，跟上现代化步伐，氏族之间互通友好，普通血族也可以到其他氏族的领地去了，但还是有明确界限的。

"所以，你们氏族的领地在哪里？族长是哪位？"何予期待地看着他。

"呃……"夏渝州伸出一根手指，挠挠下巴，"夏家就剩我和我弟弟了。"

何予明显愣住了，大概没想到传说中的隐世氏族竟然已经凋零至此："那就是没有领地了？"

夏渝州沉重地点头。

何予低头喝口茶冷静了一下："那你们这些年是怎么活下来的？"

没有领地，氏族消亡，最后的元古种靠着在菜市场买的鲜鸭血过活。

听了夏家平时的生存状态，何予又喝了一口茶："既然如此，你们最好还是加入一个氏族。不然，如果不小心触犯了领地法则，是会惹上大麻烦的。"

加入一个氏族，这大概就是司君说的需要"推荐人"？夏渝州终于懂了，于是请何予做他的推荐人，顺道先借几瓶巴氏血应急。

"你要加入我们氏族吗？倒也可以……"

这些现代种虽是现代化了的，但繁文缛节比他们元古种还多。要加入血盟估计还得办一套烦琐的手续，写信给族长盖章，再滴血念咒之类的。这三耽误两拖延的，也不知道什么时候能办下来，先保证儿子有东西吃再说。

何予起身，去实验室拿了个印着研究所标识的编织袋出来，递给夏渝州。夏渝州打开来看，里面是三支玻璃瓶，被帆布质地的防尘袋分开装着，袋子上有红色血滴标志。

"这本来就是要给你的，陈默成了血族，我这个老师也该送一份礼物。喝完之后，瓶子千万不要扔，也不要让别人看到。"

"这我知道。"夏渝州点头，谢过何予，起身准备离开。

"你不是要加入吗？先注册登记一下吧。"何予按住他，"刚好我晚上要去见领主，你跟我一起。"

"怎么登记？"夏渝州挽起袖子，做好采集血液的准备。

他等了半天，却见何予拿出手机，解锁，转过来指着一个应用给他看："你先下载这个。"

那是一个血滴标志的APP，名字叫作"血盟网上营业厅"。

夏渝州："……"

打开应用商店搜索，竟然真有这个东西，只不过评分很低，只有一颗半星，基本上全是差评：

"垃圾软件，下载了不能用。"

"打开就让填写推荐人，输手机号也不能注册，什么鬼东西？"

"怀疑这是个黄色软件，要内部推荐号的。举报了，除非你们给我发推荐码。"

……

下载之后打开，屏幕上弹出一个填写推荐码的窗口。何予拿过去捣鼓了两下，还回来时，界面跳转，艳红色的带刺玫瑰瞬间爬满了屏幕，很是漂亮，同时弹出了一个带玫瑰花图案的华丽对话框：

"新用户注册，请输入手机号验证。"

夏渝州麻木地输入手机号，又填了一堆基本资料，包括姓名、出生年月、性别、学历、工作单位。另有一个氏族栏，不知道填什么就空着了。

简单注册成功，页面再次跳转，来到了一个类似掌上营业厅的界面，版头分为几个模块："积分兑换""任务领取""贵族专区""社交专区""罚单查询""我的钱包"。最上面要求选择归属区域，GPS定位在云城，系统询问是否选择云城。

"选择云城。"何予在旁边指导。

夏渝州无语了半晌，选择了云城，系统骤然跳出提示："新用户夏渝州，检测到您在云城地区，是否需要觐见领主？选择预约。"

"我帮你预约见面吧。每个区域都有归属，领主有绝对处决权。如果你要加入我们氏族，在云城生活也是需要云城领主签发的临时牌照才可以的。"何予拿过手机，要帮他预约。

夏渝州憋了半晌，忍无可忍道："既然已经这么现代化了，领主要见你，为什么不发个微信呢？"

何予："……仪式感吧。"

第六章
领 主

觐见领主的预约申请通过,时间排在了午夜十二点,特别符合传统意义上的血族作息。

"你得自己过去。"何予抱歉地说。

夏渝州表示理解,想来领主要求何予的到场时间与他的不同:"没事,我打车去就行。"他已经会用网约车了,很方便。

何予把地址发给他,并叮嘱他穿得正式些:"你的事,晚些时候我会告知族里,入族需要族长同意。正式加入的话,还得跟我回趟本家。不过这都不着急,你们可以先挂在我名下,当务之急还是先见云城领主,办个临时牌照。"

云城不是何家的地盘,他家的领地在东南沿海,氏族名为南国。

时间匆忙,何予也没跟夏渝州解释太多,话里话外的意思,加入南国氏并不难,他会办妥一切。不是推荐人吗?怎么就加入你们氏族了?没等夏渝州问清楚,何予就被别的教授拽走了,说是实验室情况紧急,叫他赶紧去看看。

暮色降临,云城笼罩在一片沉沉昏黄之中。

黄昏的阳光最是柔和,夏渝州没戴帽子,提着三瓶巴氏消毒血徒步回医院。打从知道这云城地界由某个血族管辖,踩在土地上都不踏实了,他总觉得四周有人在监视,监视着他这个不懂规矩的血族有没有犯禁、有没有违规。

夏渝州越想越气:"爷倒要瞧瞧,领主是个什么东西。"凭什么说这块地是他们家的,明明是社会主义公有地!

"我回来了。"打秋风回来的老父亲夏渝州满脸喜色地推开病房门,准备给弟弟和儿子展示这足足三天的口粮。开门的瞬间,他的笑容凝固在了脸上。

病房里空空如也,红毛弟弟和黑毛儿子半根毛都不剩。

"人呢?"推着药品车的护士进来,跟夏渝州一起愣住。

"估计上厕所去了,我去找找。"夏渝州哄着护士姐姐先去别的病房,立时给周树打电话。

电话响了好几声才被接起来,刚接通,夏渝州开口就骂:"混蛋玩意儿,你俩跑哪儿去了?赶紧给我滚回来!护士在到处找人,一会儿医院广播……"

"爸爸,是我。"那边传来弱弱的少年音。

三丈高的怒火瞬间熄灭,夏渝州轻咳一声:"小默啊,你叔呢?"

陈默好像很高兴:"阿叔在开车,我们要去战队基地了,爸爸你也快点来吧。"

夏渝州:"你们跟医生交代了吗?"

陈默:"没有,护士第七次要来给我打针,阿叔嫌烦就带着我跑了。"

夏渝州:"……"果然是偷跑的。

虽然他也打算今晚就带孩子离开,毕竟明天早上又要抽血化验,但起码得跟司君说一声。强行留下一天已经给人家添麻烦了,这下再偷跑,那责任就都是司君的了。

"告诉你叔,叫他给我等着!"恶狠狠地说完,夏渝州直接挂了电话。他头疼地叹了口气,不情不愿地往医生办公室走去。这一整天跑来跑去,其实也有不想见司君的原因在里面,他还没想好怎么跟现在的司君相处。

"司医生已经下班了。"

办公室里没了司君的影子,值班护士说他已经走了。医生信息表上没有联系方式,同事拒绝向病人家属透露手机号。夏渝州踟蹰地转了一圈,试着拨通了那个五年前的号码。

当年他不管不顾地逃离云城,把旧的手机卡给扔了。过去那些人的联系方式都消失了,唯独这串号码他还记得一字不差。不过,这个手机号是当时学校给办的尾号带"4"的学生卡,一般人工作之后就会换掉,也不知道还能不能打通。

"嘟——"竟然通了。

铃声响了两下,那边就接了起来:"您好,哪位?"

"是我。"夏渝州背靠在医生办公室门边的墙上,闭上眼睛缓缓吸了口气,笑道,"你竟然没有换号。"

司君沉默了片刻:"有什么事?"

真是,一句叙旧的话也不愿意说,夏渝州撇嘴:"跟你道个歉,周树不打招呼把孩子带走了,我来补出院手续,但你下班了。"

"我知道了。"司君不置可否,顿了一下补充道,"不用担心,你先走吧,我来处理。"

听到这句话,夏渝州的指尖控制不住地抽动了一下:"给你添麻烦了。"

司君轻轻吸了口气,声音比刚才低了几度:"你没有别的要跟我说的吗?"

"说什么?"

"比如……你要加入南国氏的事。"

现代种血族之间八卦传得这么快的吗?夏渝州有些意外,他印象中何予不是个多嘴的人:"其实我还没太明白,你们现代种的东西太复杂了。不过听说要先跟云城领主报备才能在这里生活,所以我先去见见领主再说吧。"

司君听了这话,语气缓和了些:"我知道了,不要迟到。"说完,直接挂了电话。

"嘿?"夏渝州听着手机里嘟嘟的忙音,很不适应。

大学那会儿他俩打电话,每次司君都等着他先挂,就算吵架生气,也没有直接挂过。现在可好,连个结束语都没有,说撂就撂。

回到电竞基地,把擅自偷跑的叔侄俩挨个收拾一顿,夏渝州身心俱疲,洗了澡躺床上玩手机。离午夜十二点还早,何予已经不回消息也不接电话了。夏渝州点开"血盟网上营业厅",准备研究研究。

因为身份还没有得到认证,很多模块他都用不了。特别是"贵族专区",根本就点不进去,只有"社交专区"畅通无阻。"社交专区"又细分了几个区域,各氏族的专区他也进不去,只能进自由区瞎逛,随手加入了一个叫作"新生"的群。这个群非常活跃,很多人在聊天。

夏渝州默默观察了一会儿，发现这里面基本上都是十六七岁的少年少女，莫非是什么血族高中的新生群？

南国氏　夏渝州："大家好，我是新来的。"

发了一条消息进去，群里瞬间沉默了。夏渝州这才发现，他的昵称前是带氏族的。

青阳氏　汪汪："这哪里来的傻子，竟然用全名？"

含山氏　＝＝："没听过这个名字。"

十六氏　SSR："啧，估计又是新认回来的呗，南国贵族一贯的风格。"

夏渝州看了半晌，大概明白了：这些小朋友都是刚刚满十六周岁的，这个APP只有满十六岁的血族才能使用，再小一些的只能靠父母养。他们互相都是认识的，自动把不认识的夏渝州归类到了南国氏流落在外的私生子里。

为了跟小朋友们聊会儿，夏渝州只能忍辱负重，默认了这个来历。小朋友们立时来了兴致，问他流落在外的这些年是怎么活的。

南国氏　夏渝州："在菜市场买鲜鸭血喝。我刚来不太知道，求问贵族是什么，需要充值才能拥有的吗？"

众人沉默了半晌，对他报以深深的同情。

"贵族，是氏族的贵族，不是QQ黄钻贵族！"

"你知道氏族是什么吗？"

"我的天，这都不知道。现在的五大氏族分别是：含山氏、南国氏、青羊氏、十六氏、五岭氏。每个氏族里只有一个姓是贵族，你家是南国氏的，就归南国氏贵族何家管，懂？"

竟然是真贵族，这是什么上古遗留的封建余孽？

南国氏　夏渝州："那云城是哪个氏族的？"

刚才科普得最积极的十六氏小孩听到这话突然暴跳如雷。

十六氏　SSR："故意的是不是？把他踢出群！"

含山氏　＝＝："云城是我们含山氏的领地。"

青羊氏　汪汪："哈哈哈哈哈！"

然后夏渝州就被小朋友们踢出去了，毫不拖泥带水，十分莫名其妙。

"嘿？"夏渝州这还是第一次被人踢出群，顿时不乐意了，单独戳了一名群管理员要求私聊。

"爸爸，你是不是该出门了？"看他叔打完游戏的陈默突然过来提醒道。

夏渝州看了看时间，把手机扔到一边，跳起来穿衣服。他打开弟弟的衣柜，翻了半天找出一套还算像样的西装胡乱套了进去。周树比他高，外套有点不合身，像九十年代的宽版均码洋装，怎么看怎么傻。于是他索性不穿外套，只穿衬衫，打个领带，勉强算正式。

"我跟你一起去。"周树站起来拿衣服。

"不用。"夏渝州阻止他，看了看悄悄伸手接管阿叔鼠标的小朋友，"你俩乖乖待着别乱跑就是给我帮忙了。"

"你知道那领主是什么东西吗，你就敢去？"周树不甚赞同。

"我知道，是含山氏的人。"夏渝州说得胸有成竹，其实他根本不知道含山氏是什么玩意儿。

出门坐上车，手机忽然有新消息，有人要加他微信，备注是"新生群群主"。

血盟营业厅APP内竟然能直接知道其他用户的手机号！垃圾APP！夏渝州先打开应用中心，给"血盟网上营业厅"评了个一星差评，理由是泄露用户隐私，而后再点开微信，同意了好友申请。

顷："亲，我也是南国氏的，刚才你被十六氏的小子踢出群了，真是不好意思，别往心里去。"

夏渝州："哼！他为什么踢我？"装小朋友就要装到底。

对方等了一会儿才回，回了一条很长的语音。夏渝州点开来听，是一道很好听的少年音，悠扬悦耳。

"云城是含山氏少爷从十六氏族长手里抢过来的。十六氏之所以叫十六氏，是因为他们先祖当年买了十六亩地起家。因为这样的起源，十六氏对'土地'颇为重视，现在云城被抢走，对十六氏所有人来说都是难以接受的，根本不让提。"

抢？原来地盘还可以抢，看来这些现代种内部并不太平。夏渝州舔了舔右边的断牙根。今天何予也给他科普了一点，各个家族的领地基本上都是集中的。通常情况下，领主就是氏族的族长。只有个别分散的领地不好管辖的，才会设立新领主。既然云城是含山氏从十六氏的领地中切出来的一块，那这个领主想来就不是含山氏的族长，而是另外的人。

"云城的领主是迄今为止最年轻的领主。他二十岁那年向十六氏族长提出决斗，要求整个云城的领地权。原本十六氏族长只当这是个笑话，不理会，谁知道他直接甩手套了。"

发来语音的少年提起这位云城领主就滔滔不绝，宛如迷弟谈论起偶像。虽然夏渝州不清楚所谓决斗是怎么个决斗法，但这并不妨碍他体会其中的凶险。

谁也不知道这位年轻的少爷为什么要这么做，又哪来的胆量挑衅战无不胜的十六氏族长，但他就是做了，还赢了，将各大氏族百年来都没有变动过的领地生生改换了格局。夏渝州忽然有些期待见到这位年轻的领主了。

"你确定是要到圆月湖吗？"出租车司机见夏渝州半晌不说话，开口试图找个话题，"再往前，人烟就特别少了，你大半夜的去那边做什么？"

圆月湖，就是何予给的那个地址，是一个很老的郊区别墅区。

"有朋友住在那边，约我去玩。"夏渝州随口应道，"您知道那地方吗？"

司机是云城本地人，说话有浓重的儿化音，还吞字："那你可问着了。那地方古时候就是妖魔鬼怪的聚集地，好多志怪传说都是从那儿来的。后来不知道谁给开发成别墅区，为了镇住那些东西，还办了所学校聚阳气，但还是闹鬼，经常有人在那里失踪，学校也开不下去了。"

说话间，车已经靠近别墅区。高树茂林，寂静无声，着实有点吓人。

夏渝州好奇地问："那您知道是什么鬼怪吗？"

司机缩了缩脖子，压低声音道："咱也不说那怪力乱神的，但真的有，据说……是吸血鬼。"

"……哦。"

车子到了指定地点，并没有司机想象中的恐怖场景。小区里路灯、地灯齐全，花红柳绿的，还有保安，不过住户确实少。

午夜十二点，别家都熄了灯，只有一栋大房子灯火通明。

夏渝州站在门口，抬头细看这栋有点年头的别墅。外表风格粗犷肃杀，围了十六根罗马柱。门头上有一块凹下去，原本应该雕刻着什么标识，像是被磨平了,再重新镶嵌了一把与周围格格不入的银色诗琴。

大门缓缓打开,明亮的灯光瞬间穿透长夜。夏渝州眯了眯眼睛,看到了与外表的装修风格完全不同的别墅内部。

精致奢华,又不是暴发户那种大红大绿,银色的绒毯从屋内一直铺到门前。何予从二楼走下来,他穿着酒红色衬衫和黑色西装外套,脸色苍白地捂着左肩,抬头看到夏渝州,露出个虚弱温柔的笑来。

一名穿着英式管家服的微胖老头身姿挺拔地走过来,向夏渝州行礼:"夏先生,现在是晚上十一点五十五分,距离您的预约还有五分钟,请稍等。"

夏渝州被邀请坐在客厅的绒面沙发上,管家端了两杯红茶来。状态明显不是很好的何予坐到了另一张沙发上,跟夏渝州隔着五米远。

"学长,你这是怎么了?"夏渝州问。

何予苦笑:"犯错受了小罚,不要紧。"

"夏先生,请跟我来。"一口茶还没喝下去,管家过来请夏渝州上楼。

何予没有任何要给提示的意思,低着头只管喝茶。夏渝州有些烦躁,扯了一下领带结,跟着管家上楼去。

"您是第一次来,请允许我介绍。"管家说话彬彬有礼,走路带着特殊的韵律,像个中世纪的老绅士,叫人急躁不得,只能跟着他慢慢走。

"云城领地目前归属于含山氏。领主是含山氏贵族,二十岁在黄昏决斗中胜出,亲手夺得这片领地的勇者——"管家单手推开书房门,屋内的高背单人沙发上,坐着一名身穿复古西装、打着精致领结、身姿挺拔如孤鹤苍松的男人,"司君先生。"

夏渝州:"……"

司君看到他,没有任何起身的意思,只是平静地看着他:"欢迎来到云城领地。"

管家抬手,请夏渝州进去:"云城领地都归领主管辖,您有任何问题都可以询问。"

夏渝州从迈进这座房子开始,额角一直抽动,见到司君之后,就抽得更厉害了。他抬手揉了揉快要蹦出来的青筋,吸了口凉气道:"我就想问,你们统治云城地区，云城政府知道吗？"

司君没说话。

慈眉善目的管家只是顿了一下，依旧按照程序请夏渝州入内，并答道："血族戒律一，避世。不得在普通人面前暴露血族身份，除非对方愿意成为血仆。因此，云城政府是不知道的。"

有理有据，令人信服。

"罗恩，我需要跟夏先生单独说几句话。"司君对管家道。

"好的，少爷。"管家点头应下，"需要什么茶水？"

"两杯红枣茶，谢谢。"司君微微偏头，向管家致意。

管家行礼之后退出去，轻轻关上房门，只是最后合上的刹那有门锁闭合的咔嗒声。

夏渝州饶有兴趣地看着管家的一系列动作，以前只觉得司君穷讲究，见了这位管家之后顿时明白，以前司君行的那些礼节大概都是简化过的："你这管家可真专业，外国人？"罗恩，听起来像是德国名。

司君："他姓罗，叫罗恩。"

"……"

司君抬手请他坐。

夏渝州走到沙发边，却没有听话坐下，而是单手搭在高至胸口的沙发背上，四指轮番敲击深蓝近黑的绒面，隔着沙发和茶桌与司君遥遥相对："领主大人，需要我给你磕个头吗？"

司君垂下眼睑："没有这个礼节。"

夏渝州环顾四周，屋子里的摆设非常复古，像是欧洲中世纪贵族的会客厅。南面墙的正中挂着一把银质五弦诗琴，高脚几上放了火漆印章和羽毛笔："你们这非法组织，自己玩得还挺开心。"

司君："血族和普通人类不一样，有自己的生存法则。"

"喊……"夏渝州哂笑，收回目光，看向司君那双被长睫毛遮挡的眼睛，"有意思吗？"

司君抬眼，幽蓝的眼睛如夜空深邃："什么？"

夏渝州："你跟何予，一个叫我来捐骨髓，一个叫我给孩子买消毒血。说什么领主有绝对处决权，神乎其神，必须来见，绕了一圈都是你们自己的生意。司少爷，耍我有意思吗？"

司君单手搭在扶手上，微微动了一下手指又克制住："何予没有报备，我不知道你回云城了。"

"那……"

房门轻响，管家端着两杯红枣茶进来，慢悠悠地放在桌上，并配上一碟点心，他始终目不斜视，没有对还站着的夏渝州发表任何意见，然后微微欠身，再次出去关上了门。

这一打岔倒是让夏渝州冷静下来，仔细想想，这短暂又漫长的一天一夜总共发生了些什么：司君问过两次是谁让他来的，最后一次他才说是何予；上午司君说起血盟的事，是他自己不求甚解没有多问，转头去别人那里寻求帮助；而现在还坐在一楼、脸色苍白的何予，显然不像是得到了领主嘉奖的样子。

司君重新垂下眼，慢条斯理地端起骨瓷杯："你以为，这是我为了见你设下的局吗？"

夏渝州一时答不上话来，这话要是承认就太不要脸了。他拍拍嘴，怪自己一时冲动，见到司君就智商下线。

司君不说话，轻啜一口红枣茶，再将茶杯慢慢放回杯托上。

气氛有些尴尬。夏渝州放下吊儿郎当的手，绕到前面，正正经经地坐到沙发上："咳，先不说这个了。既然你就是云城领主，那应该有特权的吧？"

司君静静地看他："什么特权？"

"比如说，可以批发巴氏消毒血之类的。"

"……"

夏渝州身子稍稍前倾，做出谈神秘交易的生意人姿态："你看，这孩子是你们现代种捣鼓着让我救的，你们也得负点责任吧？我们元古种呢，生活习性跟你们又不一样，你也说了我没必要加入。那你卖给我早餐奶……呸，消毒血，看在咱俩以前……"

司君："以前什么？"

做生意、谈买卖，想走捷径，就绕不过"交情"二字。问题回到原点，夏渝州说不下去了。

司君等了半晌也没等到下半句，冷笑："夏渝州，你怎么还能这么理直气壮？你先招惹我，又一走了之，现在为什么还能像什么都没发生过一样，跟我提以前？"

突如其来的冷厉让夏渝州措手不及，他惊愕地看向眼前忽然发脾气的人，这跟他印象中那个永远克制有礼的小王子判若两人。

夏渝州也被激出了脾气，指指自己的鼻子："我，先招惹你？"

司君薄唇抿成一条直线："难道不是吗？"

夏渝州："……"好像还真是。

因为那门地狱难度的选修课，他俩被迫经常一起上自习。打从司君给他整理过一次重难点，夏渝州就赖上他了。

期末考试月，不仅复习这门选修课的时候要找司君，复习别的课程，夏渝州也要千方百计地跟他一起。尽管两人不是一个学院的，学的课程也完全不同。

"我有专门占座的小弟，每天都能抢到图书馆最好的位置。"夏渝州是这么说的。

司君刚开始还欲言又止了几次，后来渐渐地就不反抗了。

北方的冬天并不难熬，处处都是暖气。图书馆的暖气尤其好，环形绕场一周，每个座位都是贴墙的，可以全方位、无死角地享受温暖烘烤。夏渝州每天早早来，趴在桌上固定地睡到十点，就能精神一整天。

然而向来不会困的司君，进入一月份就开始精神不济。

"这个联体式治疗台的图画得不对啊，早就不是这个版本了，教科书也不与时俱进……"夏渝州推着书往司君身边挪了挪，给他看书上那老旧的图，没等来小伙伴的回应，却等来了一颗毛茸茸的脑袋。

司君不知道什么时候睡着了，恰好夏渝州靠近，便直接倒在了他的肩膀上。

夏渝州僵了一下，低头看着司君。他们坐在朝北的窗户边，并没有阳光，但窗外积了厚厚的雪，晴光漫射，自然地打了个冷光，让司君原本就无可挑剔的脸显得更加立体起来。

一个男生皮肤这么好，啧。夏渝州抬头左右看了看，对面的一位男生睡得昏天黑地，一位女生正对着手机的前置摄像头补口红。

"同学。"夏渝州小声叫她。

女生涂完口红，转头看他："叫我吗？"

夏渝州点点头，微微拉下口罩，露出鼻子和上唇："口红可以借我用用吗？"

女生在他拉下口罩的瞬间就愣住了，机械地点头："哦哦，好。"

夏渝州保持身体不动，伸手接过口红。他先打开在手背上蹭两下，把女生的唇印蹭掉，然后慢慢接近司君的脸。

给男生涂口红难度并不高，最难的在于控制住自己不要笑。夏渝州抖了几抖，终于给司君画了个完美的红嘴唇。肤如白雪唇如血，这是哪里来的狐妖艳鬼？

夏渝州努力忍住笑，擦干净口红还给女生，然后拿出手机给自己和艳鬼先生拍了张照。末了还觉得不过瘾，便把自己的脸凑过去，吧唧盖了章。

司君被吵醒，坐直身体向他道歉，一眼就瞧见了那个鲜红的印记："那是什么？"

"什么？"夏渝州一脸无辜，"哦，你说这个啊。刚才有个女生路过，不管不顾地扑上来。我怕吵醒你，硬是没敢乱动，就被她占了便宜呗。"

司君原本睡得发粉的脸忽然白了下去："不认识的人怎么能乱亲？"

夏渝州满不在乎："亲一下又不会少块肉。"

司君皱起眉头，从口袋里掏出一条手绢，用力擦他的脸："亲吻是要负责任的。"

"哎呀，你轻点，脸皮都给你扯掉了，"夏渝州挡开他的手，"这是荣耀，不着急擦。"

最后，这场自习以司君生气离场告终。

夏渝州被他这么大的反应惊到了，心想这人也太古板了，坏笑着把照片发给他，附带一句恶心的话：

"亲了就跑，不负责任的渣男！"

第二天，夏渝州去上最后一节必修课。最后一节课是要划重点的，班里同学都在，闹哄哄的。夏渝州正跟室友吹牛，教室里忽然安静下来。他转头看过去，就见西装革履、打着领结的司君提着一杯冒着热气的红枣茶,径直朝他走过来。

"给我的?"夏渝州傻眼了,这人唱的哪一出。

"嗯。"司君点头,什么也没说就转身离开。

所有人都看过来,仿佛在看外星人。室友嘴里的零食"吧嗒"一声掉在了地上:"校草,给你……送红枣茶?"这三个元素拼在一起过于魔幻。

夏渝州瞪了室友一眼:"怎么了?我'大姨妈',得补补。"

"噗——"

当年那张牛奶肌小王子脸与眼前这张锋利的俊脸重合,夏渝州忽然感到一阵窒息:"好了好了,我的错,我不该提。咱们公事公办,不要牵扯私事好不好?"

司君:"不好。"

第七章
含 山

夏渝州深吸一口气："行，那咱们就好好说清楚。9月18号那天你去哪里了？我打了二十三个电话，你都没有接。"

当时，夏渝州因为闯祸，在家里待了好几天没出门，忽然收到司君发来的消息，约他见面。他二话不说就跑出去，结果却在他们约定的地方遇到了危险。那些人知道他是血族，想要他的命。

老夏说，肯定是你那个朋友泄露的，咱们必须离开。夏渝州当时迷迷糊糊，反复给司君打电话，一个，一个，又一个……

"对不起，您拨打的电话暂时无人接听，请稍后再拨。"

满一分钟不接就会有系统提示音劝人挂电话，他听了整整二十三遍，终于死心了。

提到那二十三个电话，司君眸色微暗："当时有很重要的事……没有办法看手机。后来我回拨过去，你的手机已经关机，牙科诊所的座机也没人接。我很担心，第二天请家人过去看，发现诊所关门了。我找不到你，你的室友还问我你去了哪里。"说到后面，司君克制平静的声音渐渐变得咬牙切齿。

当时走得太着急，夏渝州没有告诉任何人。全校都知道他俩的关系，找不到夏渝州，自然就去问司君。而司君一无所知，问不到消息还要被人反问，可想而知有多难堪。最后司君找遍整个学校，只在教务处找到一纸退学申请。

听着司君隐忍的怪怨，夏渝州丝毫生不起气来，反而如释重负。五年来，他从来不敢细想，那天的事究竟跟司君有没有关系。虽然在弟弟面前一直否认，但自己心里真的没有些许的、一瞬间的怀疑吗？其实是有的。昨天得知司君也是血族，他才稍稍松了口气，没有再逃跑。现在听到这些，记忆角落里那些难以消弭的、鲜血淋漓的伤口忽然就不疼了，他甚至有些想笑。

夏渝州端起已经冷掉的红枣茶，喝酒似的一饮而尽："原来是这样。"

原来是这样，仅仅是这样。

"那天发生了什么事？你给我打电话想说什么？"

司君的声音突然从头顶响起，夏渝州吓了一跳，才发现这人不知何时站到了他的座椅边，正单手撑着沙发背，居高临下地盯着他。他抬头差点碰到司君的鼻子，不由得弹跳而起，退开半步，跟领主大人保持距离。

发生了什么事……既然这事与司君无关，就不能说实话。如果让他知道自己因为那条短信而遇险，岂不像是故意让他愧疚、威胁他给好处一样？

"家里突然有急事，我爸要带我们走，打电话跟你说一声。"就这样吧。

司君因为他突然退开有些愣怔，顿了一下才缓缓站直身体："是吗？那为什么关机？"

夏渝州："你知道的，因为咬人的事，有人在查我。"

"我说过，我……" 司君说了一半没再说下去，大概也觉得提年少时的事没意思，他轻轻叹了口气，"没接到电话，你可以发个消息给我。再不济，写封信也好。"不问，不说，因为二十三通未接电话，直接判了他死刑。

夏渝州吸了口凉气，龇牙。这事没法解释，能说什么呢？说"因为我和我家里人都怀疑你找人要弄死我，所以把你拉黑删除不敢联系"吗？这话说出来就太伤人了，领主可能会直接叫大骑士咬死他。

等了半天，得不到回答，司君上前一步，低声问："就算是普通同学，出国之前也应该打声招呼吧？夏渝州，我们是什么关系？"

又是这句话。夏渝州垂眼，离得这么近，他能看清司君西装袖扣上的银色诗琴。他突然想起来司君为什么这么问他了。

就在他出事的前几天，他俩刚大吵了一架，他把司君递过来的礼物狠狠摔在地上，口不择言："我们是什么关系？"那天之后，他们其实一直都没有和好。

抬头对上那双执拗的蓝色眼睛，夏渝州不由放软了声音："对不起。"

司君盯了他一会儿，慢慢别开眼："领主是有特权的。"

"啊？"话题跳跃得有点快，夏渝州没跟上。

司君抿唇，瞪了他一眼，凶巴巴地说："食物，巴氏消毒血不是用钱买的。你能给我什么？"

夏渝州对现代种的规矩不是很了解："你想要什么？"

司君："我要你……"

夏渝州嘴角一抽，这是什么霸总台词，合着不加入"黑社会"就得卖身？没等他开口，司君又接了一句："加入含山氏。"

……这大喘气。

"咚咚咚"，突然有人敲门。

司君退开两步，理了一下袖口并不存在的皱褶："进来。"

门从外面推开，白天见过的那位姓展的大骑士走进来："领主，酒吧私自捕猎的人抓到了。"

夏渝州跟着下楼，别墅大门已经关闭，客厅里站着管家和两名穿黑西装的人。俩黑西装中间站着一名穿得十分骚包的小伙，他畏畏缩缩地向坐在沙发上的何予求助："二少，您得帮我说两句。"非常像黑社会清理门户现场。

司君出现在楼梯转角处，楼下的人就都闭上了嘴。

众人将右手横在胸腹处，躬身行礼，何予也跟着站起身。司君微微低头致意，算是回礼。

小伙行完礼，立时道："领主，冤枉啊，真不是我干的。"

司君没说话，在主位的高背沙发上坐下，抬手请何予入座，而后看向那人。夏渝州没客气，自觉坐下来看热闹，好奇地用口型问何予怎么回事。何予却也在状况外，微微摇头。

旁边的大骑士拿出手机翻了翻，开口道："昨天晚上，名为'70度'的夜店里，有一名卖酒女郎在后厨受伤，失血过多被送进医院。据媒体报道，该女子身上有血洞，像是牙齿咬出的痕迹。南国氏附庸赵谦，今晚出现在夜店，且来到云城没有在系统内报备。"

原来是去混夜店了,夏渝州打量这位瑟瑟发抖的仁兄,难怪他穿了一身亮片,大半夜的还打了发蜡。

"不是我干的,真的不是!"小伙苦着脸,"我是来云城出差的,晚上去夜店蹦迪而已,不是去捕猎。因为嫌麻烦没申请牌照,这几天我都是吃素的,真没有捕猎,真的。"说着,他翻开手机,双手递过来,让司君看他的积分兑换记录。每天兑换一瓶巴氏消毒血,连续几天没有断过。

"每天兑换并不能说明你没有临时起意。根据记录,你是主食荤的。"展大骑士铁面无私。

小伙着急得原地转圈,可怜巴巴地看向何予:"二少,您帮我说说,我平时也吃素的。"

何予温声道:"他是做销售的,经常出差,从没犯过错,这里面也许有什么误会。"

"是啊是啊,都是误会。这云城以前是十六氏的地盘,谁敢捕猎?我们都习惯了,到云城就吃素。"小伙口不择言,说完意识到自己说得不合适,顿时额头冒汗。

司君抬眼看他。

小伙被这一眼看得"扑通"一声单膝跪地,磕磕巴巴道:"您仁慈,允许捕猎,但我懒习惯了,就没打算在云城给您添麻烦。"

司君收回目光,低头翻看这人近三个月的积分兑换记录:"你来云城,为什么不报备?"

夏渝州大概明白是怎么回事了。

其他氏族到云城来,如果捕猎,就需要觐见领主并申请临时牌照;如果不捕猎,只是短暂停留,可以不用见领主,但需要在APP内打卡签到,以便领主管理。这人没有申请牌照,也没有报备打卡,悄悄地来,去蹦迪的夜店还出了事,被媒体报道卖酒女郎疑似被吸血鬼攻击。如果真是他咬的,那就犯了大忌。

"本来只是来开个会,当天就回去,我想着省点积分就没签到。"小伙后悔万分,"谁知没抢到当天的高铁票,停留了一晚上。公司知道我没走,又派了个新任务。"

总之,这是一个抠门社畜偷鸡不成反蚀把米的故事。

司君把手机递给大骑士:"按规矩扣积分,七天之内不得离开云城。"

"好的好的,我一定好好配合,可以等调查清楚再走的。"小伙如蒙大赦,连连点头,只是看到大骑士操作终端的手时,露出了肉疼的表情。

何予低声跟夏渝州解释:"血族进入领地必须跟领主报备。就算不捕猎,不拿牌照,也是要签到的,以便受到监控。他没有报备,就违反了领地法则,是要受罚的。"

夏渝州已经猜到了,此时验证了猜测,顿觉自己智商又上涨了。他看向何予掩藏在酒红色衬衫下的胳膊:"那你是怎么了?"

"我这事比较复杂,是我应得的。"何予不打算仔细说,转而问起别的,"怎么样,领主同意了吗?"

"他加入含山氏,与你们南国氏无关。"司君突然插话道。

何予惊讶地瞪大了眼睛,看向司君:"可是……渝州他家不是吃荤吗?"

司君面不改色:"含山氏也可以吃荤。"

旁边的罗恩微笑着微微躬身:"容我提醒,少爷,咱家百年来都是吃素的。"

夏渝州不明所以:"什么荤?"

何予:"荤是普通人类的血,素就是动物血。"

人血?!我不是,我没有,别瞎说!夏渝州赶紧澄清:"我不吃荤。"

司君眼中顿时有了笑意,明显高兴起来:"你看,他说他不吃荤,就应该加入含山氏。"

"所以,你就同意加入含山氏了?"周树骤然提高嗓门,压过了旁边卖冬瓜的吆喝声。

"嘘——"夏渝州揍他一拳,叫他小声点。

好在早市本就比较吵闹,周树这话并没有引起多少人的注意,只有卖冬瓜的大叔瞪着他们:"你俩不买冬瓜,别挡着我做生意。"

周树拉紧脸上的口罩,以免被人认出来。

"放心，早市上没人认得你。"夏渝州拽着弟弟穿过人群，把一个塑料壶递给家禽宰杀店的老板，"老规矩，鸭血。"

老板是个矮脚圆肚的男人，也不多问，利落地从笼子里抓了一只鸭子出来，拔毛割喉，倒挂在铁皮桶上。

周树还在生气，恶狠狠地盯着铁皮桶上挣扎的鸭子，说："你是不是还惦记着他？"

老板正往鸭头下面放容器，从桶里传出声音："没垫鸡，鸡要等人买才杀的，这些鸭杀完就送烤鸭店了。"

周树："……"

夏渝州以拳抵唇，闷笑："天地良心，真没惦记。饭都吃不饱，哪有心思纠结那些。我这也是没办法，人在屋檐下。再说，何予他家吃荤的，跟咱们的生活习惯差太远了。"

说到吃荤，夏渝州忽然脸色一变。南国氏吃荤，昨天何予给他的那三瓶血……

"小夏又来买鸭血啊。"老板娘出来泼废水，跟夏渝州打招呼，"你弟弟又嘴馋了？"

"什么弟弟？"周树转过头，凶神恶煞的眼神吓得老板娘一哆嗦。

夏渝州赶紧打岔："没什么弟弟，老板娘去忙吧。"

老板挂好鸭子，颠颠地走过来捞第二只鸭子，这回倒是听清了："小夏有个弟弟，特别爱吃鸭血豆腐，还必须得是家里用鲜鸭血现做的，不给吃就躺在地上打滚。"

周树缓缓转头看向哥哥："躺在地上……打滚？"

"这可不是我说的，这是爸说的。以前他来买的时候说是儿子要吃，我总不能说是我要吃吧。"夏渝州咬着牙，只动嘴皮子，小声地说。老板看过来，他就仿佛没说话一样，依旧笑得尴尬而不失灿烂。

灌完一壶鸭血，兄弟俩互相推搡着离开早市。夏渝州把塑料壶塞给弟弟，自己给何予发消息，问他那是什么血。

周树嘟嘟囔囔："你知道我这手多值钱吗？你居然让我提重东西。"

夏渝州抬手给了他后脑勺一巴掌："人家司君那钢琴大师的手还帮我搬行

李呢。"

周树听到这话,满头红毛瞬间炸开:"还说你不惦记他!这就念起他的好来了!"

夏渝州很是无奈:"都说了那事跟他没关系,咱得客观点是不是?不能只记仇不记好。"

"我没觉得他哪儿好。"周树啐了一口,"叫我给他打工,呸,头给他咬掉。"

说话间,他们回到了牙科诊所。陈默穿着肥大的T恤,正拿着贴了花花贴纸、插着吸管的玻璃瓶,一边喝一边跟隔壁咖啡店的老板娘说话。

陈默:"我父母离婚了,妈妈带我。"

老板娘一脸同情:"你爸爸可真狠心,这么好的儿子都不要了吗?"

陈默:"根据我多年的观察,我爸可能是被绿了。"

老板娘:"……"

正说着,瞧见夏渝州回来,陈默:"爸爸。"

老板娘:"!"

夏渝州快步走过去,把坐在矮墙上的儿子拉下来,转头跟邻居打招呼:"小孩不懂事,没给你添麻烦吧?"

老板娘同情地拍拍夏渝州的肩膀:"小夏啊,有什么困难记得跟大姐说。"

"啊?"夏渝州不明所以。这时手机响了,是何予回过来的消息。

"那是素食,放心吃。成品巴氏血没有荤的,荤菜通常都是直接吃,一定要加工的话得自己提供原材料。"

自己提供原材料,这场景未免过于凶残。夏渝州再次庆幸自己没有加入南国氏,不然时间久了肯定会出心理问题。

昨天叫了保洁员来打扫过,诊所内比先前整洁了很多。陈默撑着吧台的台面,利落地窜上去坐下,垂着两只小腿晃悠:"我好久没这么有力气了!爸爸我帮你干活吧!"

从他生病到现在其实也就一个多月,但时间漫长得仿佛过了百年。什么都比不上健康的身体,再选择一次,他还是会义无反顾地投入黑暗之神的怀抱。

"你看看人家多乖,哪像你,提个塑料桶就抱怨个没完,"夏渝州踢踢周树,叫他把鸭血放到冰箱里去，然后摸摸儿子的脑袋，塞了个肉包子给他，"先吃饭，天大地大吃饭最大。"

周树："……"

有了儿子忘了弟，周树原地坐下，怒喝半桶鸭血。

夏渝州边啃包子边看手机，管家罗恩发来微信，要求他们三个晚上前往宅邸参加培训。

"我不去，晚上有训练赛。"周树一激动，套在血牙上的吸管脱离，甩了他一脸血珠子。他用手背擦了擦，又蹭了满手鲜红，最后暴躁地踢了纸箱子一脚，站起来去洗手。

"行吧，我去听听，回来给你讲。"夏渝州倒也没有强求。现在让周树跟司君和平相处，显然不大可能。左右他只是去混一个月的口粮，回头儿子身体康复，他们不再需要巴氏消毒血，也就不必再经常见面了。

一家三口吃完早饭，撸起袖子开始收拾诊所。之前订购的耗材已经到了，需要分门别类地放好，里面包括很多刀具、砂轮，是个体力活。

夏渝州拉住正要动手的弟弟："你去整理客户资料，我来吧。"

闹归闹，那双价值千金的手还是要珍惜的。以前，艺术团团长看到司君帮他搬行李，跳着脚数落了他半个小时："这是上帝之手，弹钢琴用的，怎么能干这么危险的事？！万一伤到了手筋，那可是世界的损失！珍贵的手必须远离重物，远离一切锋利物品。"

树神的手也是如此，夏渝州不可能真让他碰刀具。

夏渝州扛起一箱货品往屋里走，眼瞧着周树炸起的红毛慢慢软下来，便抬手揉揉他的脑袋，叫他不要太感动。不然弟弟一激动非要帮他拿重物，他会很为难的。等他放好一箱货出来，被兄弟情感动的弟弟已经躺在纸箱子上睡着了。

夏渝州："……"果然，弟弟就不能宠。

夏渝州转身出门，跟隔壁借两个小伙来干重活，回头等周树醒了让他结账，然后打开老旧的电脑，让儿子整理客户资料，自己则在周树旁边的纸箱上躺着，开始玩手机。

他重新打开"血盟网上营业厅"，登录昨天司君给他申请的新账号。

伴随着古老的弦乐声，弯月自屏幕底端升起，月光滑过银色诗琴。进入的画面跟先前的完全不同，夏渝州猜测这应该跟每个氏族的族徽有关。

司君宅子里随处可见的诗琴应该就是含山氏的标志，而昨天用何予推荐号登录时的红玫瑰，约莫是南国氏的图腾。

再次点开那个新生群，他的名字前缀果不其然变成了含山氏。这回，夏渝州给自己取了个网名，愉快地跟小朋友们聊起来。

含山氏　牙牙："大家好！我是新来的，请问怎么兑换巴氏消毒血？"

含山氏　＝＝："你谁？我怎么不认识你？"

南国氏　顷："咦？"

十六氏　SSR："呵呵，含山氏也有私生子了。不是最古老高贵的氏族吗？也这么不讲究。"

含山氏　＝＝："说谁不讲究呢？十五氏！"

青羊氏　汪汪："哈哈哈哈哈十五氏哈哈哈……"

小朋友们吵了起来，各种方言对骂快速刷屏，老年人夏渝州跟不上他们的思路，只能闭嘴围观。看来含山氏跟十六氏的矛盾确实不小，连小孩子都这么上头。他抬头看向正兢兢业业地做着表格的陈默："儿子，你要不要加这个群，跟小朋友们聊聊？"

"不用，"陈默快速敲击键盘，"他们智商太低。"

夏渝州坐起身，看着儿子认真的侧脸，想起司君那时给他整理重难点表格的样子，他们竟有几分神似。

说曹操，曹操就到。刚想到司君，这人就打电话过来了。

夏渝州手指本就按在屏幕上，刚响就碰到了，自动接起来。

那边，司君安静了片刻才开口："怎么不等响两声再接？"

严格的司少爷向来讲究响两声再接起电话，说这是现代社交礼仪，如果响超过三声再接起，他会先说一声抱歉。

夏渝州："不好意思，我们小市民没这么讲究。"

司君沉默了一下："晚上我不能去接你，入夜之后大骑士会过去。"

听这话里的意思，本来司君是打算来接他的，夏渝州很是意外："入职培训，领主还管接送的？"

司君缓缓吸了口气，似乎在忍耐什么，最后还是克制着说："出了点事，夜里不安全，你们参观完就住下，天亮了再走。"

旁边周树的小呼噜声戛然而止，他"噌"地一下坐起来，劈手夺过手机："什么住下？姓司的你什么意思？"

司君："字面上的意思，这是命令，还请遵守。"

周树睡塌的红毛瞬间炸起来了："滚蛋，还命令，你谁啊！"

司君不想跟他争执，说了句结束语就挂断了电话。

周树从纸箱上蹦下来，暴跳如雷："我就知道！这小子没安好心！他叫你加入含山氏就是为了这个！"

"为了什么？"陈默从高台后面探出头。

周树："搞你爸！"

陈默："有道理。"

夏渝州："……他应该没这意思。"

周树不听，像个喷火龙一样走来走去："练习赛推了，我也去！有本事叫他搞我，打不死他！"

陈默："我看行。"

夏渝州："……他应该也没这个意思。"

三人在诊所里忙活了一整天，总算收拾出个样子来。除了两架大型治疗台和休息沙发还没有换新，别的已经基本就绪。

"这台冰箱也该换新的了，还是十年前的老款。"勤劳的儿子拿着小本各处巡视了一遍，把不合适的地方都记了下来。

夏渝州像抹布似的跟弟弟叠在一起，一横一竖，摊在儿童防摔泡沫垫上，听到儿子这话，艰难地抬头："咱家没钱了，回头再换吧。"

周树脸对着地，闷声闷气地说："我先借你。"

夏渝州打了个哈欠："你要赞助还行，借就算了。刚开张就欠债，不吉利。"

周树"喊"了一声，懒得理他。

陈默忙活完，走过来盯着两位长辈的姿势看了一会儿，大概是算出了最佳叠罗汉角度，便脱了鞋踩上去，从四十五度角切入，伸胳膊，扑。夏渝州感觉还好，最下面的周树被压得"叽"了一声，蹬蹬腿表示抗议。

等展大骑士找来的时候，就看到三个叠在一起组成六芒星的家伙，他不确定地问："这是你们元古种的阵法吗？"

"……"

大骑士开了一辆小车来，接他们三个去圆月湖。

夏渝州把对大骑士不甚友好的弟弟塞到后面，自己坐上副驾驶座，一路跟大骑士闲聊："怎么称呼你呢？大骑士？"

"敝人姓展，全名展龙。"大骑士开着车，目不斜视。

"哦。"夏渝州有些失望，名字竟然这么接地气，他还以为会像罗恩一样，叫展慕斯什么的。"大骑士是不是领主护卫的意思？"

展龙："可以这么理解。"

夏渝州："那可以叫你……展护卫？"

陈默扒着座椅靠背探头过来："你们在玩开封府cosplay吗？领主是不是叫包大人？"

展龙一本正经地回复："大骑士并不是职位，而是爵位，只有领主才可以授勋大骑士。"

这位大骑士平时话不多，但说起领主，立时就滔滔不绝起来。他们展家世代都是为司家效命的，他是他们家这一代最杰出的孩子，于是直接被封为大骑士，来护卫年轻的新领主。他也是目前云城领地唯一的大骑士。他们展家和罗家是含山氏最长久的附庸。

"附庸。"坐在后排的周树嗤笑，"你们还真是等级森严，不知道的还以为现在是奴隶社会呢。"

夏渝州抬手打了个手势，示意弟弟闭嘴："那管家呢？也是罗家这一代最出色的老头？"

提及管家，展龙不由自主地坐直了身体："管家是罗家这一代的家主，原本是老宅的大管家。因为云城领地刚刚接手的时候，领主还在上学，忙不过来，大管家就亲自来帮忙了。"

　　这一帮忙就帮了五年，直到现在也没有回去。所以，这位管家的地位是很高的，管理的应该也不止大房子里那一亩三分地。

　　不过，完全看不出来。昨天晚上决定加入含山氏之后，罗恩就笑眯眯地来加他微信，说便于联系，还问了他平时喜欢吃的点心。夏渝州点开微信，看了看罗恩的头像——一壶红茶和一块巧克力蛋糕，朋友圈里分享的全是各种食物的做法。

　　"吱——"忽然一个急刹车，夏渝州猛地蹿出去，又被安全带生生扯回来，勒得他呛咳出声。

　　"咳咳，怎么了这是？"夏渝州捡起掉在地上的手机，抬头看过去。

　　车子已经行至郊外，这条路人迹罕至，两边是人工种植的树林，道路狭窄，勉强能容两辆车并行。此时，大路中间偏右的位置上，蹲着一只黑乎乎的大狗。

　　那狗看起来状态不大好，毛发打结成一绺一绺的，涎水从半张的嘴巴里不停地滴下来，眼睛被车灯照着，发出瘆人的红光。它就这么一动不动地挡在车前，盯着车里的人看。

　　"不要开车窗。"展龙说了这么一句，声音明显很是紧张。他缓缓倒车，准备绕过大狗。

　　夏渝州手肘撑在车窗上，拳心抵唇，微微眯起眼睛观察那只狗。

　　车子后倒一个车身，向左打方向盘，换到旁边车道。那狗起身，瞬间挪到左边，恰好挡在车前，再次坐下。

　　"好狗不挡道！"周树看得烦，"直接开过去，它自己会躲开。"

　　"不行。"展龙立时否决了这个提议，再次倒车。

　　夏渝州把手指挪到血牙尖上，轻轻一碰，血珠子立刻冒了出来。他抽了张纸巾，把血珠抹上去，等展龙看过来时，他已经把纸巾盖到鼻子上，大声擤了把鼻涕，然后十分自然地打开车窗，用力一扔。

　　"不要开窗！"展龙踩下刹车，伸手把夏渝州往这边拉。

　　纸团顺风而去，好巧不巧砸在那狗头上。展龙脸都白了，使劲按下司机控制键，快速将窗户升上去。

被砸的狗瞬间龇起凶恶的牙，一口叼住了那张纸，发出可怖的威胁声，而后——突然吐出纸团，转身跑了。

展龙趁机打转方向盘，快速离开这个地方，他气得直喘："你怎么能往窗外丢东西呢？！"

"哎呀，没办法，我们乡下人习惯了。"夏渝州没什么诚意地道歉，请大骑士原谅他的没素质。

陈默趴在后车窗上，看那只跑开的狗。留在原地的纸巾沾了狗的口水，口水浸染，与那一抹鲜红相融，雪白的纸巾像是被火焰燎到了一般，逐渐变得焦黑。

陈默收回目光，若有所思地将手指伸到虎牙尖上，咬了一口："嗷！"

周树看见大侄子咬手指，惊奇地凑过去："饿了？"

陈默哭丧着脸："疼。"

"废话，被咬了能不疼吗？"

"牙疼。"陈默舔了舔那颗牙，"好像在动。"

周树掰着他嘴巴看，还用手戳了戳："好事，这牙要掉了。"

陈默震惊地看向他阿叔："要掉了是什么好事？"

周树拍了拍大侄子的头："这颗牙掉了，就会长出血牙来。两颗血牙长齐，你就是个真正的血族了！"

原来如此！陈默顿时高兴了，开始时不时地用手摇一摇，期盼着牙赶紧掉。

接下来的路程没有再发生什么意外，车子顺顺利利地停在了别墅外。

穿戴整齐的罗恩站在门口迎接他们："欢迎回家。少爷还没有回来，让我们先用晚餐。"

夏渝州拉着弟弟和儿子回了个礼："不是培训吗？"

罗恩笑眯眯地请他们进去，然后径直往餐厅去："算不上培训，只是带你们参观一下。"

主人不在，罗恩就跟他们坐在一起用了晚餐。理论上，他们这些新加入氏族的附庸是没有管家地位高的，但罗恩还是客气地请夏渝州上座，并亲自给他端了头盘。

展龙似乎有些惊讶："罗恩爷爷？"

罗恩只是微笑，没有任何要解释的意思，只温声跟夏渝州交谈："听说您这几年在国外留学，是在哪个国家？"

"冰岛。"夏渝州切了块牛排塞进嘴里，鲜嫩多汁，实属美味。

罗恩面前没有牛排，只有一碗浓汤和几片面包，他少少地吃两口，便端起水晶杯慢慢地喝了一口血红色的液体："为什么去那么冷的地方？"

夏渝州又吃了块牛排："少晒太阳。"

冰岛靠近北极，一年四季都很凉爽，没有烈日当空酷热难耐的时候。到了冬天甚至会出现极夜，很久都不用见到太阳，对于怕晒的血族来说很是友好。

展大骑士皱眉："可是，在冬天那么漫长的地方，你会冬眠很久吧？"

"冬眠……"夏渝州听到这个词，忽然明白了什么，跟弟弟对视一眼，"我们不冬眠。"

罗恩也有些意外："原来如此，那倒是节约了很多时间。"

现代种是有冬眠期的，虽不至于像变温动物那样一睡几个月，但每天有至少二十个小时处于困倦状态。

"太低等了。"周树小声嘟囔，跟大侄子挤眼。

"确实。"陈默捧场地接了一句。

"咳。"夏渝州在桌下踢了弟弟一脚，放下刀叉，"我吃好了。"

用过晚餐，司君依旧没有回来。罗恩拿起一盏烛台，带着他们前往三楼。

长长的回字形走廊铺着柔软的银色地毯，古朴的弧形穹顶刻画着繁复细腻的纹路。这里看起来很像是城堡的古董展示廊，没有窗户，一侧挂画，一侧挂灯。

漂亮的水晶灯将这里照得通亮。罗恩手里的烛台并不能起到照明作用，但他还是仪式感十足地稳稳端着，请他们观赏长廊上的画作。

每隔几步就挂着一幅油画，上面画着人物，旁边配有文字说明。

"这是含山氏历代家主的画像，旁边是他们的生平事迹。原版在本家，这些都是复刻版。"罗恩郑重地向他们介绍，并细数每一代家主的丰功伟绩。

每个人除了名字，还有称号。按照传统，根据这人的著名事迹，他会有一个称号，比如屠龙者、弑君者之类的。夏渝州听得云里雾里，什么都没记住，所有的油画瞧着都差不多，只最后一幅格外与众不同。

因为最后一幅不是油画，而是水墨工笔画。上面画着一名身穿西式窄袖骑装的男人，深眼窝、高鼻梁，还有一对蓝色的眼珠子，一看就是个洋人。只是他手里拿着一卷十分华夏风的书籍，站在竹林边，看起来半土不洋，很是怪异。

"这是先祖，司南。"

他原本叫斯图尔特，是个欧洲贵族，同时也是一位吟游诗人。大约三百年前，他带着一把诗琴，跟随一群阿拉伯商人漂泊到了东方。像所有童话故事里讲的那样，他得到了国王的赏识，迎娶了公主。国王赐予了他侯爵爵位和相应的封地。

因为他是个诗人，所以封地在诗仙捞月的地方——当涂，封地包括当涂附近的含山。当涂，在那时候叫丹阳。作为一个血族，他并不喜欢带有"太阳"的名字，于是就用了含山做称号。

称之为含山侯。

"当涂，含山……在哪里？"周树不太清楚这两座城的位置。

记忆力超群的陈默抢答："在马鞍山。"

夏渝州摸摸下巴："两地取其一，不该这么取。你们这称谓应该像基督山伯爵那样，不该叫含山侯，而该叫……"

陈默："马鞍山侯爵。"

正上楼梯的司君听到这话，一脚踩空。

第八章
狼 妖

皮鞋在木质楼梯上造成的声响引得众人看过去。马鞍山侯爵府的少爷司君站得玉树临风，好像什么事也没有发生……如果他不是站在楼梯上。谁会上楼梯上到一半突然停住啊？还站得像是要拍杂志硬照。

夏渝州摸摸鼻子，努力憋笑。

跟在司君身后的展龙赶紧快走两步，继续刚才的汇报："我们在路上遇见的那只与市区里出现的有些像，但并不能确定是同一只。"

司君抬脚继续上楼，朝他们走过来，却一直没有看夏渝州："发布警示，圆月湖今晚禁猎。"

"是。"展龙点头应了，拿出手机捣鼓了几下。

众人的手机纷纷响起提示音，是"血盟网上营业厅"推送的公告。夏渝州点开看：

"警示：云城地区近日有狼兽出没。今晚禁猎区：钟鼓巷酒吧街、大学城、圆月湖。"

在APP内点开，还会弹出云城的地图，禁猎的区域被打上了红叉，并详细地圈出范围。

"狼兽是什么？"同样注册了账号的陈默惊讶道，"长啥样？"

周树瞥了一眼手机："胡扯的吧。"

"这是现代种的叫法,不知道他们具体指什么。"夏渝州给儿子科普,"咱家的记载里没有提过狼兽,只提过狼妖,说是一种山中恶狼化成的妖物,吃人,须得血族前去斩妖除魔。不过进入现代社会之后,这东西就绝迹了。"

陈默:"为什么绝迹了?"

夏渝州摊手:"那就不知道了,可能是现代社会不允许成精,拿不到成精许可证吧。"

周树翻了个白眼:"你别跟孩子瞎讲。"

夏渝州:"那你说为什么。"

周树想了想:"就……绝种了呗,咱家都快绝种了,何况狼妖。"

罗恩在一边保持微笑,只是两撇绅士胡忍不住抖了又抖,直到司君走进来,他才停下胡子抖动,低头行礼:"少爷回来了。"

夏渝州回头看他,不甚认真地行了个礼:"领主大人。"

陈默稀里糊涂地跟着做,周树却丝毫行礼的意思都没有。

司君微微点头回礼,然后说道:"狼兽分两种,完全种和不完全种。你们今天在路上遇到的就是一只不完全种,看起来像得了狂犬病的疯狗。"

回想刚才在路上遇见的那只脏兮兮的狗,它瞧着是有点不正常。首先它挡道,肯定不是好狗;其次那眼睛和嘴巴,确实像染了病,但又不像真疯狗那样兴奋狂躁。

夏渝州嘴角一抽:"你们管那玩意儿叫狼兽?"

辱狼兽了。至少,辱华夏狼妖了。

先祖手札里记载的狼妖,不说仪表堂堂吧,起码也是高大威猛、潇洒不羁的妖物。"狼形时皮毛油亮,较之寻常狼高大,食人;人形时虎背熊腰,似土匪山贼蛮横无理。"怎么就沦落到跟流浪疯狗一个德行了?

几个现代种听得愣怔,展龙插言:"我们所知的狼兽一直就是这样,就算是完全种,也没有你说的那么高级,不能在现实世界直接变身的,可能跟你们先祖讲的不是一个物种。"

夏渝州不置可否,看向司君:"这就是你说的不太平——有疯狗出没?"

司君微微点头。

展龙解释:"不完全种喜欢攻击血族,所以我才叫你不要开车窗。它闻到血族的气息就会扑过来。"

夏渝州了然，虽然多少已经猜到了，但听他们确认还是觉得很微妙。难怪司君怕狗，他以前觉得这么大个的男生怕狗挺可爱的，甚至怀疑司君是故意撒娇。于是，他自顾自地发明了"有狗"游戏。

两人在学校里走着走着，夏渝州会突然喊一声"有狗"，等司君下意识地回头看，就一把抓住司君的手将他往自己怀里扯，大义凛然道："不怕，哥哥保护你！"司君被拽了个趔趄，发现身后空空，连根狗毛都没有，通常也只无奈一笑……

原来人家那是见到天敌的应激反应。

一时走神，夏渝州盯着司君的时间就有点长了，他被周树捅了一肘子才收回视线。

周树满脸"怒其不争"，咬牙小声道："你有点出息行不行？"

司君低头，耳尖不知为何微微发红，问罗恩："家族史讲完了吗？"

罗恩："刚好讲完。"

司君点头，对三个元古种道："跟我来。"

三楼不仅有展示家族史的回廊，中间还有好几个大房间。司君带着他们进入其中一间，这里的陈设与楼下书房有些相像，但比那间要大很多。

房间正中央摆着一尊雕像，乃含山氏第一代先祖，也就是那位马鞍山侯爵——含山侯司南。他依旧穿着那身骑装，腰间别着佩剑，手中拿着诗琴。那双从水墨画上拓印下来的眼睛看着远方，坚毅又温柔。谁也猜不到他下一刻是要拔剑出鞘，还是演奏诗琴。

展龙从柜子里拿出三个丝绒小盒，用托盘端着呈递给司君。司君脱下手套，拿起一个盒子，打开，里面是一对像袖扣又像耳钉的东西。

"感谢你们愿意并入含山氏，我以云城领主的身份代族长行接纳礼，从今天开始我们便是一个氏族。"司君把盒子里的东西朝向夏渝州，向他伸出一只手。

夏渝州伸头看看盒子里的东西，那是一对小小的银色诗琴，并非简单地刻在一个平面上，而是镂空雕刻的，连琴弦都根根分明，十分精致。再看看司君那只摊平的手，这是要给他戴袖扣的意思？但他穿的是一件长袖T恤啊，戴袖扣也太神经了。

"咳，这是耳钉吗？"他先打个岔。

罗恩接过盒子解释道："这是含山氏的族徽，男士作为袖扣，女士作为耳饰佩戴。"

司君拿起一只，执着地向他伸手。

夏渝州干咳一声："那要不给我戴耳朵上吧，刚好我有个耳洞。"

司君伸出的修长手指慢慢蜷曲，把东西放回盒子里。不知道是不是错觉，夏渝州觉得司君瞪了他一眼。

夏渝州捏捏自己有耳洞的那个耳垂，转头看向弟弟和儿子。他穿得已经够不正式了，那两人更夸张。周树穿着T恤、大裤衩，儿子穿着他叔的T恤和牛仔裤。最后，三人把袖扣当胸针，勉强算是戴上了。

司君在自己手机上给他们开通权限，原本呈灰色、不可点击的几个区域，除了"贵族专区"差不多都亮了起来。

夏渝州点开"积分兑换"专区，终于看到了他想要的东西——巴氏消毒血。这血分好几种，有鸭血、猪血、鹿血等，下面可以选择兑换数量。

鸭血最便宜，猪血其次，鹿血最贵。一瓶350毫升的鸭血，需要1积分，而他目前的积分余额为0。

积分除了正向花费，还能反向赚取。物品兑换的下面是积分领取，需要输入兑换码才能领取。另外还有三个不同的交货窗口："提交病蚊""提交不完全种狼兽""提交完全种狼兽"，方式有邮寄和自送两种。

"这都是些什么啊？"夏渝州看不懂。

陈默打了个大大的哈欠，有点站不住了，试图往他叔身上靠。

周树扶住崽子："弄完了没？咱们回去吧，孩子困了。"

司君正跟展龙交代任务，听到这话，看向罗恩。

罗恩笑眯眯地说："客房已经安排好了，请跟我来吧。"

周树皱眉："谢谢，我们不住这里。"

司君："我说过，今晚要留下……"

周树听到他这口气就来气："凭什么你说留下就留下？真把自己当皇帝了！"

展龙立时上前一步，单手抵住周树的胸口，喝道："退后！"

周树气急，梗着脖子就要打架，被夏渝州一把拉住。

司君也挡开展龙，罗恩温和地看向夏渝州："外面不安全，为了孩子考虑，也等天亮再走吧。"

"呃……"夏渝州正要说话，房顶突然响起了古老的铃铛声，"叮叮叮"，非常急切。

展龙快步走到窗口向外看，倒吸一口凉气："领主，外面有三只不完全种狼兽！"

众人跟着过去看。外面的草坪上开着夜灯，能看到三只体形巨大的疯狗，它们正围着房子慢慢转悠。这些狗的毛发都不怎么好，有一只还斑秃了，瞧着很凶的样子。

夏渝州奇道："今天是什么日子？月圆之夜吗？"他抬头看看天，才发现这窗子是朝北的，瞧不见月亮。

陈默伸着脑袋看："爸爸，你不是说月圆之夜跟咱们没关系吗？"

夏渝州努努嘴，小声说："跟咱没关系，跟现代种兴许有关。"

"跟我们也没关系。"司君突然站到他身边，吓了夏渝州一跳。

罗恩低头，看了一眼时间，刚刚过八点，"太早了，邻居还没休息，打电话吧。"

司君沉静地看了那些狗一会儿："打吧。"

展龙应了一声，拿出手机拨了个号。

夏渝州龇牙："打什么电话？叫兄弟来收拾狼兽吗？"三只疯狗而已，竟然还要叫人。

司君一言难尽地看了他一眼，正要说话，那边展龙的电话通了："喂，119吗？"

夏渝州："……"

119是块砖，哪里需要哪里搬。火灾、戒指卡手、窗户框卡头、毒蛇进家门、猫钻下水道……老百姓有什么事解决不了，就找消防。现在，血族被疯狗围攻，也找消防。

夏渝州默默地谴责"黑社会组织"浪费公共资源的行为："其实……"

"消防队稍后就到。"展龙挂了电话，看了一眼手机上的消息，"黄昏路附近也出现了疑似疯狗。"夏家的牙科诊所就在黄昏路上。

司君看向三个元古种。

周树不吵了，叉开五指将头上炸起的头发撸到后面："怎么，你怀疑这些狗是跟着我们来的？"

司君理了一下衬衫袖口："现在还不确定这些狼兽的目的，作为同族，我要确保你们的安全。"

这句同族显然比命令要顺耳得多，周树勉强接受了这个理由。

消防队到来还需要一段时间，夏渝州带着弟弟和儿子先去安排好的客房休息。

客房果不其然是复古宫廷风的。带帷幔的欧式大床足够睡下三个人，已经困到睁不开眼的陈默看见床就一头栽了上去。柔软的天鹅绒垫使人深陷其中，无法自拔，不仅身体，灵魂都要瞬间安眠。

"这些狼兽是来咬我们的吗？"明明已经困到极限，好奇宝宝陈默同学还是忍不住再问了一个问题。

"不是。"夏渝州转悠着，研究屋子里的陈设。

周树倚在窗口看楼下的三只狗："你怎么知道？"

夏渝州拿起桌上的诗琴把玩。五根弦的古诗琴呈牛角状，轻轻拨动，流出低沉单调的音律。最原始的和弦，弹不出什么华美乐章，但配上诗人的吟唱，就能讲出最动人的故事。

"还记不记得，那个犯事的南国氏附庸，叫赵谦的？"抱着这把琴，夏渝州觉得自己说话都抑扬顿挫了起来。

周树："他在酒吧里喝酒，卖酒女被咬了，这你说过。所以呢？"

夏渝州打开手机，点开那张标注禁猎区的地图："70度酒吧在钟鼓酒吧街，这条街今晚被划为禁猎区，说明这里曾经有狼兽出没。这跟咱仨没关系，你俩去泡过吧吗？"

陈默："我未成年。"

周树："我抽烟、打游戏、烫头，但我知道，我是个不泡吧的好男孩。"

夏渝州瞥了他一眼。

"是狼兽咬的卖酒女。"陈默从被子中发出闷闷的声音，"那赵谦是无辜的？"

夏渝州摇头："不，恰恰相反，他一点都不无辜。赵谦去酒吧玩耍，碍于领地法则没敢捕猎，但他为了尽快脱罪撒了个小谎。"

周树："什么？"

陈默瞬间反应过来："他说不认识卖酒女郎，其实他认识。"

夏渝州拨了两下琴弦，弹出个"bingo"的声响："没错！卖酒女之所以会被狼兽误伤，是因为沾染了赵谦身上的味道。"

小朋友没明白："什么味道？"

这下周树倒是秒懂："少儿不宜。"

夏渝州坐在窗台上，单脚支在旁边，侧身看着楼下草坪上停着的车："昨天赵谦来过这栋房子，并且是被展龙带过来的。而展龙的交通工具，就是我们坐的那辆车。"

周树躺到床上，把大侄子当靠枕："这么说是赵谦引来的狼兽，他们现代种内讧了？"

夏渝州继续翻看积分兑换栏目："那就不知道了。也许有人在赵谦身上做了标记，想借此找到血族的栖息地；也许，他比别人更好吃吧。"

与此同时，一楼大厅。

司君对展龙说："去找赵谦，看着他，一步也不许离开酒店。"

"是。"

消防队已经到来，拿出专业工具驱赶、捕捉疯狗。展龙开车离开，别墅里重归于静谧。

作为游戏高手，周树翻看积分兑换栏目的速度比哥哥快多了，并准确找到了带图的兑换细则："我头回知道有这么多种蚊子，大学生物白学了。"

夏渝州看得一头雾水。十几张"病蚊"的图片，都是拍出来的照片，纤毫毕现，有纯黑的、黑白相间的、大肚子的、花脚的，甚至还有牛虻一样的巨型蚊，各自还有名称：

"流感蚊　1蚊＝1积分"

"肝炎蚊　1蚊＝3积分"

"脑炎蚊　1蚊＝5积分"

……

周树难以理解："捉蚊子换积分，现代种是蝙蝠吗？"

夏渝州琢磨："你别说，还真有点像。"又是捉蚊子，又是冬眠的。

周树："这好办，咱明天晚上找条水沟，放上灭蚊灯，一晚上就能攒齐。"

"咚咚咚"，房门被轻轻敲响，两人立时收了声。

夏渝州过去开门，是罗恩。

"厨房做了一点蒜粉黄油烤面包，要来尝尝吗？"

昨天罗恩问他喜欢吃什么点心，不爱吃甜食的夏渝州绞尽脑汁才答出这么一个还能吃的西点。虽然罗恩听到"蒜粉"两字的时候，脸颊控制不住地抽搐，但还是认真记了下来。

夏渝州这才想起来，现代种应该是不吃蒜的。现在做这个点心，明显是特意给他准备的，不吃有点说不过去。

餐厅里灯亮着，有刀叉触碰餐盘的轻微声响。转过拐角，夏渝州看到了正坐在主位上的司君。两人四目相对，皆是一愣。

罗恩拉开座位，请夏渝州坐下，然后给他端了一份散发着浓郁香味的烤面包片。蒜粉加得非常少，黄油倒是很足，滋滋地冒着热气。

司君看了罗恩一眼，没说什么，低头继续吃饭。

夏渝州拈起一片金黄酥脆的面包，咔嚓咔嚓地嚼："你还没吃晚饭？"

"下班之后去处理了些事，没来得及，"司君端起酒杯，轻抿一口红酒，"要喝吗？"

"嗯哼。"夏渝州把面前的空杯子推过去。

罗恩不知道去了哪里，司君只得自己拿起酒瓶，给夏渝州倒了一点。

夏渝州晃晃手中的水晶杯，用血牙试了试，本以为是什么血制饮料，结果竟然是真红酒："你什么时候学会喝酒的？"上学的时候，这人是滴酒不沾的。

司君没有回答这个问题，跟他隔空碰杯："冰岛好玩吗？"

"就那么回事吧，到处都是冰。"夏渝州敷衍道。

司君低头切牛排："开诊所需要牙科行医资格，你有国内的证吗？"

夏渝州："有啊！"

司君:"你的牙怎么回事?"

"我……跟人打架打断了。"夏渝州把血牙探进杯子里喝了一口,酒液流过血牙内里敏感的食管,激得他打了个冷战,"你知道的,我这人就爱跟人打架。狂灾的时候还跟病人家属打起来了呢。"

司君眼睛微微发亮:"你还记得?"

"记得一点点,当时我被那王八蛋敲成脑震荡,前后的事都想不起来了,"夏渝州挠挠下巴,"就记得你抱着我,抱得死紧……"说到这里,他突然顿住了。

司君唇角微微上扬:"要不那么抱着,你可能就把那人咬死了。"

夏渝州干咳一声:"是吗?"

当时他失去了理智,确实很想咬死那个人。具体的情景他记不清了,好像是那病人家属找麻烦,骂得特别难听,把他给惹恼了,于是他祭出混迹黄昏路早市学到的"贯口",把对方骂到忘了自己妈是谁。

"我就记得醒了之后,院长夸我:'小夏啊,你太厉害了,骂得周围三家医院都要来跟你学快板呢。'"

"噗。"司君听到这话,终于轻轻地笑出声。

海冰消融,玉树开花。夏渝州也跟着弯起眼睛,两人之间相隔五年的陌生感,在这一声笑里渐渐消散。

正说着,夏渝州的手机忽然震了一下,低头看过去,竟然是"血盟网上营业厅"的消息。

新生群:"@牙牙 我们今晚组队猎蚊,你去不去?就在圆月湖。"

夏渝州"咦"了一声,拿起手机看。

"怎么了?"司君问。

"一群孩子,今晚要在圆月湖猎蚊。"虽然告状不太好,但今晚明令禁猎,夏渝州觉得有必要让司君知道,便递过手机给他看。

司君脸色瞬间冷了下来:"何顷是不是在这个群里?"

何顷?夏渝州想了想,之前和他私聊的那个群主好像就是叫"顷"来着:"好像是。"

司君简单解释了一下。这些小朋友都是各氏族刚刚满十六岁的贵族,暑假被放在一起参加一个类似夏令营的学习班。不知什么原因，这届小孩都闹着要在云城学，经过含山氏族长的同意，办学地点就设在了这里，而何顷就是他们的带队老师。

夏渝州了然，想起何顷对云城领主的疯狂吹捧，也就明白为什么选在云城了。

"罗恩，"司君叫管家，"给何顷打电话，问他在哪里！"

夏渝州提醒气糊涂的司君："罗恩没在……"

"好的。"没等他这句话说完，消失不见的罗恩瞬间出现。

夏渝州："……"

电话接通，罗恩贴心地按下免提，让夏渝州也能听见。

"喂，君君哥，干吗呀？"电话那头传来一道颇为甜美的女声。

夏渝州攥着面包片的手倏然用力。

司君不为所动："何老三。"

"稍等哦。"那边嘈杂的背景音变得安静，甜美的女声瞬间变成了稳重的青年的声音，"咳，干啥？"

司君："你在哪里？"

青年的声音："我在市里吃饭，西二环这边。"

背景音虽然低了很多，但还是隐约能听见嘈杂的音乐声。疯狂的架子鼓敲击声伴随着电音吉他响彻云霄的和弦，"咚咚咚吱吱咔咔"，也不知道什么饭店这么大动静。

司君没有多问，只说："看看你的新生群。"

"嗯？"那边安静了几秒钟，应该是在看群，然后突然一句，"这群兔崽子！就不让老子安心吃一顿饭！"说罢，他迅速在群里发消息。

南国氏 顷："亲亲们，你们在干什么呀？"

原本还在兴奋刷屏的小朋友们瞬间安静下来，仿佛在班级群里讨论翻墙逃学，却忘了班主任也在这个群，气氛瞬间尴尬了起来。

而后，何顷又在群里发了一条长长的语音："现在你们的领队我呢，正在市里用餐，刚刚哄好了猎物。如果因为你们在禁猎区捕猎，惊动了领主大人，导致我这顿饭吃不上，今天晚上回去就把你们吃了。懂吗？"

语气温柔和善，内容毛骨悚然。虽然不太懂血族怎么吃血族，但听着后半句不像是在开玩笑。

十六氏 SSR："凭什么？"

含山氏 = =："血族戒律四，禁止恃强凌弱吸食血族的血，包括附庸和亲人，除非对方主动要求。"

青羊氏 汪汪："都是他俩的主意，我只是想出去吃顿火锅。"

看来血族教师的威慑还是很有力量的，小朋友们内部瞬间出现了裂痕，意见不统一起来。然而小朋友们不知道的是，这件事从一开始就惊动了领主，晚上这一顿教训是逃不掉的。

何顷关了群，对司君说："我马上回去。"

而后，他推门走出安静的地方，用甜美的少女的声音对刚才一起玩耍的小伙伴说："宝贝，我有点急事要先走了，对不起呀！"

电话挂断，夏渝州拍拍手里的面包渣："他到底是男的女的？"

司君瞄了一眼他的手："男的，何予他弟弟。"

学长的弟弟！夏渝州想想温文尔雅的何教授，再想想电话里双声线自由切换的青年……想象不出来："这人挺有意思。"

司君端酒的手一顿，状似不经意地说："那只是他猎食的手段。"

"啊？"夏渝州没明白过来，"换声音跟猎食有什么关系，喝个血还得先表演节目？"

司君："……何家是吃荤的。"

夏渝州努力思考了一下这其中的逻辑，恍然大悟："啊，那个……"

吃荤的血族，打猎就是去猎人。按戒律不能暴露血族的身份，那只能用别的手段。这位何三少的打猎手段，就是他这完美伪装的声音。

夏家不吃荤，夏渝州一时想象不出那是个什么样的猎食场景，总归不怎么和谐就是了。他瞬间不觉得这技能有趣了，还恶寒地抖了抖。

"咳，那这位何三少从市里赶过来得多久啊？我们要不要去看看那些小朋友？"大概是老父亲心态作祟，夏渝州现在看着十六七岁的少年都觉得人家是需要呵护的了。

"不必。"司君吃下最后一块牛排，用餐布擦了擦嘴，站起身来，"你去休息吧。"

夏渝州也跟着站起来，就看到司君向他伸出一只手。那只手没戴手套，掌心朝上，修长的手指骨节分明，像一件精雕细琢的艺术品。

领主大人向刚刚加入氏族的小血族伸出手，这是什么意思？夏渝州琢磨了一下，也伸出手去，托住了司君的小臂，像李莲英扶着慈禧太后那样，稳重可靠："是要我扶你上楼吗？"

司君："……"甩开那只爪子，弹了弹粘到衣袖上的面包屑，然后接过罗恩手里的毛巾，抓住夏渝州的手给他擦了擦。

夏渝州僵住了。以前司君也会给他擦手，在他吃完包子、油条、干脆面、炸鸡排等一切食物之后，讲究的小王子就会拿出手绢，仔细地帮他擦干净。也不知是巧合还是习惯，很多次都是在他俩闹别扭谁都不肯先开口的时候。

从没有人这么细心待过他，夏渝州那时候特别开心，总是忍不住问："为什么给我擦手呀？"

司君会一本正经地说："不擦干净，你一会儿就蹭到我衣服上了。"

这话夏渝州从来都当耳旁风："才不是，你肯定是想跟我和好了，又不好意思。"

之后，两人就会像幼儿园的小朋友一样重归于好。

走神的这会儿工夫，手已经擦好了。司君将毛巾还给罗恩，低头理了一下袖子，重新将手垂在身侧。

气氛陷入尴尬的沉默，两人一前一后上楼，只剩下皮鞋踩在木质楼梯上的"咔嗒"声。

就这样走到客房门口，司君说："你已经是我们氏族的人了，有困难要及时告知领主。"

这话听着怪怪的，夏渝州不知道说什么好。不是应该效忠领主、为领主做事吗？有困难找领主，听起来好像居委会。

司君看了他一会儿，微微偏头行了个优雅的告别礼，转身离开。

夏渝州看着他的背影消失在走廊拐角处，缓缓叹了口气。他推门进屋，迎面撞上一个红色的大脑袋，吓得他猛地向后蹿了两步："要死啊你，站在门后干什么？"

周树抱着手臂看他："你打算跟司君和好了？"

夏渝州烦躁地推开他，躺到床上去："不知道。"不管做多少心理建设，看到司君就什么都忘了，他对自己的没出息程度有了新的认知，也没法说大话，只能瞪着天花板发呆。

周树坐到哥哥脑袋旁，低头看他："哥，说实话，你回云城到底是为了什么？"

夏渝州没说话，装在裤兜里的手机忽然震了一下。他掏出来看，是一个微信好友的申请，申请人是新生群里的含山氏小朋友。他点了同意，那边立时发消息过来，并把他拉进了一个聊天组。

"牙牙，这个群里没有领队，可以随便说话。"

"何老三真是烦死了，好不容易有这个机会。"

"不用管他，他从市区回来至少还要一个小时，咱们速战速决。"

微信名称不带氏族，夏渝州一时看不出谁是谁，总归还是那三个小朋友。这群里没有老师，总共四个人，有三个还住在一起，那就没法告密了。他只能劝两句：

"今晚圆月湖有狼兽出没，你们确定要去吗？"

"就是有狼兽才去啊！一只不完全种能换300积分呢，抓一只咱们平分，开学一段时间的口粮就不成问题了。"

小崽子们自顾自地商量，并没有征询夏渝州意见的意思，仿佛只是礼貌地邀请他一起参加。

夏渝州已经看不到其他内容了，他的全部目光都被那"300积分"几个大字吸引。一只疯狗竟然值300积分，他之前看了兑换价目表，300积分足够换到儿子一个月的口粮了！

不要998，也不要98，只要一只疯狗，整箱巴氏消毒血带回家！

"我们去了啊，你要是想去，就到湖边的大镜子里找我们。"

没等夏渝州回复，三个少年已经自顾自地出门了。

"嘿？"夏渝州"噌"地一下坐起来。

这些不让人省心的小兔崽子，夏渝州龇牙，走到窗户前向外看。别墅大门紧闭，门前的三只狗已经被消防队驱离，草坪上空旷无人。

"你干什么？"周树一把抓住翻出窗台的哥哥。

"我去看着点那些孩子，顺道抓只狗。"夏渝州拍开弟弟的手，攀着窗户外面的装饰，三两下落到地上。

周树阻止不及，只能跟着翻下去。

"你怎么跟来了？被疯狗咬到怎么办？不要你那价值万金的手了？"夏渝州用肩膀推他，如非必要，他不希望弟弟参与这种危险的事。当然，弟弟这么义无反顾地跟来，他还是很感动的。

周树推回去："你以为我想跟来啊？我看见你跳，下意识地就跟着跳了。这怎么回去？"

夏渝州："……你，走前面。"

"为啥？"

"狗来了先咬你。"

"？"

|第九章|
镜 界

夜深人静。本来住户就少的小区灯火阑珊,茂密的草丛里时常有窸窸窣窣的声响。

人高马大的周树走在前面,红毛在夜晚的路灯下格外鲜亮,出于职业习惯,他瞧见草丛就想过去看看:"需要先打野吗?抓几只蚊子涨涨经验值。"

夏渝州扯着弟弟T恤后摆走,没看路,低头看地图,听到这话反手就是一巴掌:"打什么野?好好走路,往南。"

这小区之所以叫圆月湖,是因为有一个人工湖叫圆月。湖在小区的最南边,一路走过去要很久。四体不勤的血族寻摸了半晌也没找到代步工具,只能用腿。

上世纪建造的别墅群,路线规划在如今看来并不是很合理,七拐八绕的。好在周树方向感极强,不多时就找到了通往圆月湖的路。窄窄的小路铺着光滑的鹅卵石,两侧荒草茂盛,足见物业有多么不用心。

"这小区的房子卖不出去,我看不是吸血鬼传闻闹的,是物业太差了吧。"夏渝州照着草丛踢踢,飞蚊、小虫扑棱棱冲出来一大家子。

"有怪!"周树忽然喊了一声。

夏渝州又踢一脚草丛,两只蛐蛐前后脚蹦跶出来:"你说这怪吗?"

"不是,真有怪!"周树指着前方,身体紧绷。

"呜……"

低低的吼声从草丛深处传来。夏渝州定睛看过去，黑乎乎一片分不出边界，只一双铜铃大的眼睛尤为显眼，于一片沉寂黑暗中发着骇人的红光。

"嚯！"夏渝州扯着弟弟向后退了两步。

那东西站起身来，一点一点向这边靠近。巨大的嘴巴半张，口水从牙缝里滴滴答答地淌出来，手电筒的光照着，能看到围着它鼻尖打转的飞虫。

等等，手电筒？

"手机收起来。"夏渝州给了弟弟一肘子，难怪刚才瞧着两眼发光，合着是手机闪光映出来的效果。他还以为这狗已经成精，平地附魔了呢。

"吼——"光芒收敛的瞬间，疯狗弹射而出，直朝两人扑过来。

兄弟俩抬头，看着跃起比人还高的大狗。依旧是不怎么体面的、毛发打结的疯狗，膘肥体壮，周身蚊虫环绕。夏渝州侧身躲避，跟周树一左一右瞬间分开。那狗扑了个空，大爪子落地，踩中一块碎裂的鹅卵石，口水迸飞，砂石四溅。

"这狗挺肥的啊，不知道能不能论斤算积分。"夏渝州从地上捡了根柳树枝，晃晃悠悠地在狗身上比画，像是要给它称斤两。

周树从地上捡了块板砖，掂了掂："别玩了，当心……"

话没说完，那狗掉头盯上周树，直朝他扑过去。

"啊！"周树蹦跳着躲闪，以比狗更快的速度弹出两步，飞起板砖朝着狗头砸过去。"咚"的一声闷响，正中大狗脑门儿。

"好准头！"夏渝州为弟弟喝一声彩，戳出一滴指尖血，顺着撸到柳枝上。

"那是，树神玩投掷类游戏也是第一名！"周树说着，再次弯腰捡起一块鹅卵石。

俗话说，狼怕一拖，狗怕一摸。狗看到人捡石头就会害怕，然而那被板砖砸了的狗显然不在正常狗之列。它像是感觉不到疼痛，甩甩头就再次扑上来，巨大的狗身在空中突然转向，朝着周树的屁股张开大嘴。

"嗷！"周树见势不妙，拔腿就跑，一人一狗在弯弯曲曲的小路上展开了激烈的追逐。

夏渝州没眼看，跳到一只铁皮垃圾桶上冲弟弟喊："往这边跑！"

周树嘴里骂了一句，掉头带着狗冲着无良哥哥跑，在路过垃圾桶的一瞬间，夏渝州倏然从天而降，柔软的柳枝带着呼啸声狠狠地抽到了狗的身上。

"啪！"一声脆响，那狗被柳条抽得尖嗥出声，它踉跄了几步，戒备地看着夏渝州。

夏渝州甩甩柳枝，冲狗勾勾手。狗用鼻子在空气中使劲嗅了嗅，然后缓缓后退，掉头就跑。

"哎，别跑啊！"夏渝州抬脚就追。

如果保安这会儿看监控，就会瞧见原本被狗追的两人反过来开始追狗。兄弟俩追着一只疯狗奔跑在夜色星辰之下，惊起飞鸟无数。

"呼，跑不动了。"夏渝州停下脚步，撑着膝盖摆手示意。事实证明，人是跑不过狗的。他们在草地上狂奔了许久，还是追丢了。

周树也停下喘气，回头看看来时路，深深的草丛已经被踩出了一条歪七扭八的小路："这让我想起一句话。"

夏渝州瞥了他一眼："世界上本没有路是么？撵狗的时候能不能不提鲁迅先生？"

"不是。"周树摇头，"我是想说，人之所以区别于动物，是因为会使用工具。"

夏渝州："所以？"

周树："所以我们为什么要像原始人一样撵狗，至少带张渔网出来吧。"

夏渝州："……"

"啊啊啊啊啊！"没等夏家兄弟俩做出深刻反省，不远处忽然传来一阵惊恐的叫喊声，像是几名少年同时发出的。

糟了，忘了那几个小朋友了。这种疯狗似乎对血族情有独钟，咬不成他俩，必然会去找别的血族。偏偏他俩还一路追赶，直接把狗赶到湖边来了。夏渝州捏着柳条，快步往声音源头奔去。

三名衣着各异的少年惊恐地看着步步逼近的大狗，那狗一跃而起，朝鲜嫩的少年们张开血盆大口，却忽然被一柳条抽飞。

柳条沾了狗血，迅速变得焦黑，寸寸断裂，碎成飞灰。持柳而来的男人穿着浅蓝色连帽衫，白皙的脸因为奔跑透出淡淡的粉色，一颗尖牙露在外面，随着喘息在下唇边来回滑动。

"你是……牙牙？"一名穿着白衬衫、黑色马甲的少年迟疑地问。

"小心！"穿着绿色宽松长袖的少年指着大狗惊呼。

狗在地上打了个滚，迅速爬起来，而后头也不回地跑了。

三名少年目瞪口呆，夏渝州帅气地单手插兜，朝小朋友们走去："没错，我就是……哎哟！"

"咚"的一声，夏渝州结结实实地磕到了脑袋，他不可思议地抬头，发现面前的不是真人，而是一面宽大的镜子。

"这啥啊？"周树跟过来，他站得远，看得更清楚。

周树打开手机手电筒，将周围瞬间照亮。宽广的湖面波澜不惊，湖边立着一面两人高的大圆镜，镜面对着树林和草地。金属和石头聚成的波涛稳稳地托举着这面圆镜，做出"海上升明月"的意境。当然这些都不是重点，重点是，那三名少年看似站在草地上，实则站在镜中。

因为镜像的延续，夏渝州乍一看竟没有看出来，但这三人真真切切身在镜中，现实中是没有的。

周树毛骨悚然，哆哆嗦嗦地抓住哥哥的肩膀："这地方还真闹鬼啊！"

夏渝州慢慢走近，抬手摸那面镜子。镜面上有三个血点，呈不规则排布，像是匆匆抹上去的。他问："你们怎么在镜中？"然后屈指敲了敲，哐哐作响，这是一面真镜子没错。

"镜中世界啊，这你都不知道？"见狗走了，三名少年舒了口气，纷纷往这边走。

穿着马甲的少年先出来，周树眼睁睁地瞧见一只脚从镜子里踏出来："这是恐怖游戏吧？哥，他是贞子吗？"

"我看像。"夏渝州很认真地回答，"他都没有影子，大概是真正的吸血鬼。"

少年听到这话，蓦地一个趔趄："有影子的。"

"你说谁是鬼啊？！"穿着黄色运动衫，身形健硕的少年跟着出来，"镜中世界都不懂，你们到底是哪儿来的土包子？"

夏渝州上下打量这两位，白衬衫加英式西装马甲，应该是含山氏那个懂礼貌的；黄衫吵吵嚷嚷的，听口气像是十六氏那个火药桶。而最后慢悠悠爬出来的绿衣服，就是青羊氏那个整天"哈哈哈"的了。

白衬衫加马甲的男生彬彬有礼地点头："你们好，我是含山氏的司横。"

绿衣服插嘴："才不是，他叫司横横，他是小辈哟。"

司横横瞪了绿衣服一眼，涨红了脸。含山氏族长算作一代的话，这位少年就是三代。为了好区分辈分，这一代小辈取名都是叠词。

夏渝州了然，怪不得取了个两道横杠的昵称："原来是这样，那领主就叫司君君了？"

"不是！"横横小朋友忍着怒气，"领主是长辈，不可以这么无礼！"

所以司君是二代，夏渝州有些遗憾地咂咂嘴，像幼儿园老师一样盘问绿衣服："那你叫什么名字呀？我猜你一定姓白。"

"废话，青羊氏贵族都姓白。"黄色运动衫的高壮少年翻了个白眼，"他叫白兴旺，我叫狄……"

白兴旺接话："狄丽热巴！"

"是狄厉，没有热巴！"狄厉抡起拳头就要揍白兴旺，对方像只兔子一样蹦起来，顺手擦掉镜子上的两点血迹，一跃而入镜中。狄厉"咚"的一声，脑袋撞了个大包。

夏渝州眯起眼睛看那镜子。

"我知道了，"周树恍然大悟，"那是个以血开启的异次元空间，这些现代种还真能捣鼓。这么说的话……"

夏渝州欣慰地看向开窍的弟弟："什么？"

周树："贞子其实是个现代种血族！"

夏渝州："……"

在小朋友的指导下，兄弟俩戳破手指，在镜子表面抹上一滴血，而后重新将手放上去。

镜面逐渐将五指吞没。这感觉很奇妙，像是通过一道温和的水幕，伸进去再拿出来，完好无损。

"哟，我竟也有超能力了？"周树很是兴奋，还以为这是现代种的特殊功能，却原来他们也可以。

"镜中世界，先祖手札上其实也有记载，镜中花嘛……"夏渝州仔细回想先祖手札中关于镜界的说法。

"镜中花，水中月，实则虚之，虚则实之。"

"血为灵，鉴为屏，天地浩浩，山河不止。"

周树没仔细研究过先祖手札，只大略瞧过："我以为那是先祖闲得无聊时写的酸诗。"

事实证明，先祖不会无的放矢，更不会闲得无聊作酸诗。

狄厉看着这兄弟俩没见识的模样，忍不住从鼻子里哼了一声："你们含山氏就这么亏待私生子吗？连基本常识都不知道。"

司横横："他们刚加入，不知道很正常。"

狄厉撇嘴："这在我们氏族，肯定先给他们上七天七夜的基础课，哪能就这么放出来乱走。"

司横横不紧不慢道："那是，十五氏向来以严厉著称，你们什么时候开班授课，帮我也报个名。"

听到"十五氏"这个称谓，狄厉瞬间炸了："你再提一个十五氏试试。"

司横横："十五氏。"

"哈哈哈哈哈。"这个百听不厌的哏好像特别戳白兴旺的笑点，他探出头来笑，"十五氏哈哈哈哈……"

夏渝州被他们吵得头疼，再这么吵下去估计要把保安招来，于是忽然指着远处大喊："狗回来了！"

"啊！"少年们立时停止了争吵，脊背相抵，浑身紧绷地四下观察，"在哪里？"

夏渝州重新捡了根树枝拿在手中："哎呀，一闪身又跑了。"这谎撒得毫无诚意。

少年们："……"

吵架中止，夏渝州转身去叫弟弟，却发现那红毛趁他不注意已经跑进镜中去了。原本一片青绿的镜中景象瞬间多了一抹艳红，跃动奔跑，宛如一只撒欢的狗。

夏渝州龇牙，只得跟着进去。

穿过界面，眼前景象倏然一变。草地、小路、别墅群跟现实中一模一样，原本背对着的景物挪到了眼前，就好像原地转了个身。镜子照到什么，镜中世界就会呈现什么。

　　脚下踩的还是实地，触感跟外面别无二致，有草的地方是软的，有鹅卵石的地方硌脚，石头也能捡起来。只是整个世界的角度有些奇怪，眼前一阵一阵地发晕。

　　周树转了一圈，总结道："这镜界有边缘，边界像是空气墙，看不见但摸得着。"

　　白兴旺笑眯眯地凑过来："镜中世界大小取决于镜子能照到的景物多少。镜子越大，空间就越广阔。这一面是过去十六氏专门修建的猎场，不大不小刚刚好。"

　　"猎场。"夏渝州捕捉到了关键词，"你们平时在镜中捕猎吗？"

　　"对啊！"白兴旺点头，蹦蹦跳跳地跑进草丛深处，绿色T恤上印着的白色重瓣蔷薇跟着一抖一抖的。他扒拉出一盏复古造型的马提灯，又跑回来递给夏渝州，继续乐呵呵地看着他。

　　中世纪造型的复古提灯，黑色铁制的笼子外形，一层透明玻璃，中间一颗不规则的半透明矿石，瞧着很像……高级一点的灭蚊灯。

　　夏渝州接过灭蚊灯，总算发现哪里不对了。他转头看向弟弟："我的牙在哪边？"

　　"左边呐。"周树想也不想地说，抬头看了他一眼，忽然愣住，"不对，在右边。"

　　夏渝州："抬左手。"

　　周树抬起了右手。

　　夏渝州了然，怪异之处就在于——这里的一切都是反的，是镜子呈现出来的对称镜面。他明白了其中关窍，因为眼前所见与脑中所想不同而造成的晕眩感瞬间消失。

　　另外两名少年也走进来，明显还是吵架状态，谁也不理谁。

　　司横横看到夏渝州拿着马提灯："你们还打算捕猎吗？"

　　狄厉一听他开口，忍不住插嘴："当然啊，不能白跑一趟吧。"

　　白兴旺默默挪到夏渝州身边，从他身后探头出去跟小伙伴对话："我看还是算了吧，咱们根本对付不了狼兽，刚才狼兽扑过来你俩都硬了。"

　　狄厉："谁硬了？你别胡说！"

　　"就你啊，不信你问横横。"

　　司横横嘴角抽搐地纠正小伙伴的发言："那叫僵了，不是硬了。"

　　夏渝州闷笑两声："好了好了，要继续捕猎的话，你们有什么计划吗？"

司横横整理了一下马甲，严肃地说："我们本来打算把狼兽引到镜中，再合力把它杀死……"

正说着，整个镜中世界忽然亮了起来，众人齐齐看向周树。

周树抱着那盏马提灯，光是从灯中发出来的。刚才他们在说话，周树就蹲在一边研究这东西，他在底座找到了开关，"咔嗒"一声打开，灯中的矿石瞬间亮了。莹莹幽光散播开来，透过镜面直照到现实世界中去。

"还真是灭蚊灯啊。"周树看着那熟悉的颜色，紫中带蓝，蓝中带紫的，"有水盆吗？"

"那不是……"司横横阻止不及，灯光已经透出了镜子，草丛里寂寞的蚊虫瞬间扑了过来，撞到镜面上发出噼里啪啦的声响。

寻常蚊虫是进不来的，但这灯真正吸引的对象可以。

一根长长的、尖尖的褐色锥状物，从镜面分界处缓缓戳了进来。外面什么也没有，像是凭空冒出来的。锥状物中空而直，像是没有尽头一般，越来越长，越来越宽，然后骤然加快速度，尽头冒出一颗海碗大的黑色圆脑袋。

"啊！什么东西？！"周树将手中的灯砸了过去。

那东西撞到灯，非但没有停下，反而整个钻了出来，足有两米长的巨大透明翅膀快速扇动，发出了震撼人心的一声"嗡——"。

细弱的声音与那巨大的身体严重不符，诡异中带着几分熟悉。

夏渝州："……还真是蚊子啊。"

那是一只与普通蚊子长得极其相似的怪物，尖尖的嘴，头小身子大。透明的长翅膀以肉眼难以分辨的频率不停扇动，使得它整只虫停滞在半空中。六只伶仃细脚无所事事地垂着，它只来回摇动脑袋，似乎在辨别气味。

"退后！"司横横大喝一声，急速后退，手中凭空多出来一把细长佩剑。

众人跟着后退几步，跟那蚊子遥遥相对。

躲在夏渝州身后的白兴旺小声念叨："只是只流感蚊，没事的。"

司横横持剑抬手，剑、臂、肩三点成一线，稳稳指向大蚊子。西式的尖形剑与蚊子的长嘴神似，互相以尖头相对，仿佛一场古老的决斗。双方僵持了三秒，而后剑尖动了，以极为标准的佩剑攻击姿势直戳向大蚊子的脑袋。

蚊子视力极差，主要靠身体上的绒毛感知气流变化。佩剑从这个角度攻击它的脑袋，可以减少空气流动，如果剑足够快，就能达到一剑屠蚊的目的。

当然，这些都是身后的小解说员讲解的，夏渝州可没研究过佩剑杀蚊技巧。

白解说："那你们用什么杀蚊？"

夏渝州："电蚊拍。"

白解说："……"

说话间，剑尖已然接近蚊子脑袋。众人屏住呼吸，不敢说话。就在这时，又一只尖嘴从镜面戳进来。持剑的少年一惊，动作出现了颤抖，蚊子瞬间感知到，摇晃脑袋，长长的嘴巴扫过去与佩剑狠狠相撞，竟发出了"叮当"的金属碰撞声。

这一下彻底惊动了蚊子，它翅膀加快扇动，身体开始如平移的无人机在同一个水平面上左右摇摆。司横横退开几步，快速助跑，像三步上篮那样一跃而起，同时大喊："狄厉，灭灯！"

少年双手持剑举过头顶，直冲大蚊子的肚腹而去，宛如屠龙的勇者般无惧无畏，气贯长虹。古有屠龙勇者，今有灭蚊少年！然而蚊子并不是巨龙，不待夏渝州喝一声彩，那蚊子已经侧身、振翅、轻巧躲开。

蚊子躲过了这一劫，却与试图捡灯的狄厉撞了个满怀。好在狄少爷身强体壮，没有被撞飞，只是踉跄了一下，然后狠狠磕在刚刚伸进来的大长嘴上，生生把还没进来的第二只病蚊给撞了出去。

狄厉翻身，竟意外地抓住了正在飞的大蚊子的腿，他用力甩过去，让司横横砍。

"配合太差了。"经过最初的惊吓，周树迅速冷静下来。他接受了恐怖游戏变砍怪游戏的事实，却难以接受这些小孩的打法。就算他没捉过病蚊，也知道这种价值1积分的小怪不该这么费劲。

"有本事你来啊！"狄厉徒手抓着蚊子腿怒吼，这一吼，蚊子腿就断了。蚊子飞走，并且瞬间被激怒了，它高高地飞到天上，向两名少年急速冲刺。

来就来。周树二话不说，捡起一块鹅卵石，瞄准、甩手，嗖——

"噗"，疾速飞来的鹅卵石正中蚊子的肚子。蚊子的长嘴很结实，肚子却如普通蚊子那样脆弱，一石头下去就漏了气。

大蚊子"啪叽"一声摔在地上，迅速干瘪下去。

狄厉："……"

夏渝州走过去，捡起地上的马提灯，摸到开关关上了。空间里的光暗淡下来，镜面上的疯狂撞击声渐渐小了下去，直到归于平静。

"所以镜子的作用就是把蚊子放大，然后增加危险性吗？"夏渝州踢踢地上的蚊子尸体。

"不是，病蚊在现实世界里是看不到也捉不到的。"司横横走过去，把剑尖插进蚊子嘴的末端，用力撬了一下，那嘴就从蚊子脑袋上脱落了。

三名少年都凑过去，看看蚊子，再看看彼此。

司横横："让你灭灯，是让你拿武器灭灯。"

狄厉："情况紧急，我哪反应得过来？白兴旺，你怎么干站着不动啊？"

白兴旺："平时这种蚊子横横自己就能搞定，我哪知道你俩乱成这样？"

一人一句之后，就都垂头丧气的，不说话了。他们刚满十六岁，今年夏天才开始学捕猎，这是第一次离开老师单独行动。

夏渝州捡起那根蚊子嘴，将大的那头凑近眼睛看。通畅的中空圆管大概有一米长，最尖的地方跟锥子差不多，触感有点像刷了漆的金属，特别轻，几乎没有重量："我说少爷们，还玩吗？不玩咱就各回各家吧。"

今天晚上受的刺激够多了，算着时间，那位双声线自由切换的老师也该到了。夏渝州没抓着狗，也没有兴趣继续在这里杀蚊子。费了老大的工夫，才赚了1积分。

"我们再杀几只练练。"司小朋友攥紧了拳头。

"对，速战速决，再杀两只，起码凑够明天的早餐吧。"狄小朋友跟着附和。

"不玩了，我好饿，我要回去吃火锅。"只有白小朋友毫无进取心。

"吼！"一道不属于正常语言范围内的声音也参与了讨论。

空气凝滞了片刻，众人缓缓转头看向入口处。一张流着口水露出獠牙的大嘴伸了进来，镜子外的身体上明显有被柳枝抽过的痕迹。是那只跑掉的疯狗！

夏渝州眼睛一亮，跟弟弟对视。这狗也能进镜中世界，那就好办了。他们在外面跑不过狗，这镜中世界空间有限，要抓它就容易多了。

周树会意，立时弯腰捡起一块石头。

"孩子们，闪开！"夏渝州握紧手中的树枝。

"叫谁孩子？你才多大……"狄厉习惯性地抬一句杠，然后就说不出话来了。

疯狗嗅到了镜子里浓郁的血族气息，兴奋得后脚快速刨地，像个炮弹一样扑了进来。而随着狗身进入镜中，它的骨骼连同毛发齐齐胀大，"轰"的一声落地，震得整个镜中世界抖了三抖。

原本只有半人高的狗变成了一人高的巨兽，獠牙满满的血盆大口足够一口一个小朋友。

夏渝州："……哈喽？"

现代种有病吧！还说不是把东西放大增加危险？！

"吼——"巨兽也感觉到自己膨胀了，信心倍增，嘶吼着朝着夏渝州奔过来。

夏渝州转身就跑："啊啊啊啊，周树快丢它！"

周树将石头准确无误地扔出去，"咚"的一声砸在狗头上，不疼不痒，并没有让它的动作出现哪怕一丝一毫的停滞，甚至都没能引起它的注意。周树再接再厉，砸脖子、砸肚子、砸屁股……

辅助无效的树神愤怒了："傻狗，来追我啊！"

巨兽猛然回头。

"……"

周树转身就跑："啊啊啊啊，哥快抽它！"

夏渝州从后面追上狗，用沾染了鲜血的树枝狠狠地朝着狗腿抽去。狗和狼一样，铁头豆腐腿，只要打断腿，攻击力就会骤降。不料那狗像是背后有眼一样，忽然转头，"咔嚓"一声咬断了夏渝州手里的树枝，而夏渝州因为巨大的冲击力跌坐在地。

巨兽嘶吼着朝夏渝州扑过去，他体型不算小，然而在满身脏辫的朋克巨兽面前竟显得十分纤细弱小，只待这肉山压下来，他的身体便会从中间"咔嚓"断裂。

"快闪开！"少年们失声高喊。

"哥！"周树重新摸了块石头，打算跟狗拼命。

"别动！"夏渝州大喊一声，制止了周树的动作。

巨兽前爪离地，在进行扑杀的半途忽然停住。沾染到口水的树枝迅速变得焦黑，在獠牙的缝隙里冒起了烟。夏渝州双脚蹬地快速后退，试图离开巨兽的阴影。

然而下一秒，停滞的巨兽突然发狂，发出一声凄厉的嘶吼。它两只前爪试图抱头，铁扫帚一样的尾巴不管不顾地抽向还没站起来的夏渝州。

少年们吓呆了，狄厉和白兴旺半张着嘴不知如何反应，只有司横横大喊："拿出你的剑，快！"

"我哪有剑？"夏渝州原地打滚，躲开一击。

巨兽开始无差别攻击，朝着少年们扑过去，司横横提剑勉强挡了一下，咬牙大喊："家徽！"

家徽？夏渝州摸到胸口别着的袖扣，这会儿找家徽干什么？没等他想明白，巨兽已经掉过头，被树枝腐蚀了的嘴巴歪歪扭扭，如疯狂的挖掘机一般冲着夏渝州的脑袋扫过来。

夏渝州无意识地拽下袖扣，手中忽然多了一把银色佩剑。

夏渝州："……什么东西？"

没等他想明白这剑是怎么变出来的，身体已经先于大脑出招，横剑挡牙，竖剑挑起，反手挽剑花。剑光连成一片虚影，以迅雷不及掩耳之势削掉了巨兽的下巴。

少年们看呆了，从没见过这么用佩剑的。

"把它引到外面宰了！"夏渝州向弟弟打手势。

"不行，你要杀它就必须在镜中！"三名少年异口同声地说，阻止夏渝州把狗带出去，"如果带出去杀，你会受到处罚的。"

啊？你大爷的现代种，有病吧？！

夏渝州没工夫管这些现代种的破烂规矩，那边周树已经蹲下，他提剑助跑两步，踩着弟弟的肩膀一跃而起，在空中侧翻，将剑狠狠地插进巨兽的后脊。众人听到了剑尖戳进骨骼的闷响。

巨兽倏然定住了，时间仿佛停止了一瞬，黑色的血液"啪嗒"滴落在地，而后，整个身体轰然倒地。

夏渝州慢慢地把剑抽出来，甩甩剑尖的黑血。

"这是什么剑法？真厉害。"少年们慢慢围过来。

"屠狗剑。"夏渝州随口胡扯。

周树脱力，坐在地上，拎着狗耳朵看了看："这下粮食够了，咱们退群……

不是，退氏族吧。"思想观念差太多，他们注定没法跟现代种一起生活。

夏渝州也是这么想的，对于眼前的状况已经不想评价了。把简单的事复杂化，把蚊子恐怖化，把疯狗巨兽化……不知道到底是他疯了还是现代种疯了。他不死心地问一句："蚊子在外面抓不到，这我能理解。这狗是为什么？"

少年们：

"就是这么规定的。"

"我们没杀过狼兽，也不清楚为什么。"

"老师还没教到杀狼兽这一步，听我爸说，在外面杀会引起很大的麻烦。"

行吧。夏渝州不问了，问也白问。

裤腿突然被拽了拽，坐在地上的周树突然开口："哥……"

夏渝州顺着周树的目光看过去，就见那倒在地上的巨大狗尸上逸散出无数黑色光点。这些光点渐渐拉长、变形，变成了……上百只大蚊子。

"啊啊啊啊啊啊！"周树大叫着跳起来。

"跑啊！"夏渝州一手抓起一个小朋友就往外跑。这么多蚊子，一刀一个也得砍到天亮了。

"来不及了！"出口处也被密密麻麻的蚊子堵死，尖利的长嘴像无数的利箭，只待一声令下，就能让这些脆弱的血族体验万箭穿心的刺激。

夏渝州吞了吞口水："那个，各位大哥，有话好好说。"

"嗡——"蚊子们集体发动。

夏渝州迅速背过身抱头蹲下，保不住命，起码保住这张帅气的脸。

幽暗的镜中世界忽然划过柔和的银色月光，空中的振翅声刹那间停了下来。

夏渝州抬头，就见上百只大蚊子仿佛冻结了一般，原本看不清频率的翅膀挥动变成了每秒一次。这样的频率自然不能支撑蚊子飞行，正要将他"万嘴穿心"的蚊子们呼啦啦落了满地，镜面分界处露出了手持银色佩剑、长身而立的男人。

少年们惊呼："领主！"

站在入口处月光下俊美无俦的英雄，正是司君。

多么浪漫的一幕，夏渝州怔怔地想，如果落下来的不是大蚊子……

| 第十章 |

骑 士

正发呆,冷不防跟司君对上目光,夏渝州讪笑着挥了挥手。

司君手里的佩剑比他们手里的要长,看起来也更为精致。剑尖指地,随着黑色皮鞋一步一步走过来,自剑尖泛起的微光在地面上漾起划水似的波纹。

"我需要一个解释。"司君在夏渝州面前停下来,目光扫过镜中所有人。

三名少年噤若寒蝉,不敢说话;周树压根没听见,趁着蚊子们飞不动,摸了把剑一只一只戳过去,抓紧时间抢人头。

唯一敢说话的夏渝州:"为什么你出场带特效的?"

司君:"……"

"那是能量场,足够强的话就可以有。"课代表白同学忍不住发言,等司君看过来,瞬间缩起了脖子。

"三分钟灭蚊,十五分钟清场。"司君看了一眼手表,对三名少年说。

"是!"少年们不敢有任何异议,开始跟周树做同样的工作。

那些蚊子并非被直接冻住,而是动作变得极其缓慢,但它们还在努力扑腾。因为落得不讲究,蚊子叠蚊子,要在三分钟之内全部戳死也是个技术活。戳死之后,他们又吭哧吭哧地把蚊子嘴挨个撬下来。

周树一看,顿时停手了,再干下去好像是给司君打工的一样。听说兑换积分需要的是蚊子嘴,他就把自己撬下来的几个捡起来抱着:"这些蚊子到底是什么东西?"

司君微微蹙眉,掏出一只橡皮大小的透明小盒:"病蚊,也称疾蚊,能使人类患病,现实世界中看不到、摸不着。"

周树:"……你一个临床医学生,说这话不觉得亏心吗?"

造成各种疾病的不是细菌,也不是病毒,而是看不见、摸不着的异次元大蚊子。这话说出去,司君的行医资格证马上就会被吊销。

司君把盒子递给他:"可以理解为病蚊是大量病毒的聚合,在镜界中实体化。"司医生从善如流,从科学的角度又给他解释一遍。

"哪里科学了?"周树满头红毛都弯成了问号,下意识地接过来,"这是什么?"

司君抬抬下巴,示意他看后面的小朋友怎么做。那边的小朋友们手里都有一个这样的盒子,他们把蚊子嘴掰下来,戳到盒子里,一米多长的尖刺瞬间变成了绣花针。

周树:"……"算了,已经超出科学范畴的现象,不是一个电竞选手能研究明白的。

"那狼兽呢?"夏渝州蹲在巨兽尸体边,拽拽它的耳朵,"狼兽身上携带很多病毒,所以会膨胀,死后会散播蚊子?"

"可以这么理解。这是你杀的?"司君用剑尖挑起那残缺的狗嘴。剑尖已经不再发光,只是镜界里的银色月亮还没有消失。

"嗯哼。"夏渝州应了一声,随意坐下来,抬头看着那一轮多出来的弯月。镜中的天幕没有星星,月亮近在咫尺,月光喷云泄雾似的泼洒下来,落在眼前人英挺的鼻梁上。

司君不知何时也蹲了下来,不过是屈单膝的标准动作,给个钻戒就能直接求婚那种,跟夏渝州那村口大爷吃饭的蹲姿有本质区别。

领主大人挖出两颗最长的犬牙,用手绢包住,递给夏渝州。

夏渝州看着他这动作,心里咯噔一下,赶紧接过那两颗带着口水的牙:"给我这个做什么?"

"战利品,这是你应得的。"司君像是第一次认识他一般,仔细地审视。

大概是稀释了不知多少代的欧洲血统作祟,他的眼睛看起来比寻常人要深邃,即便是静静地打量,也给人一种深深凝视的错觉。

夏渝州干咳一声:"啊,用这个换积分是吧?"

刚才还愁着这狗要怎么拖走,只用两颗牙的话就好办多了。

"小叔,整理好了。"司横横突然插话,"牙牙,你的剑术太厉害了。"

司君站起身,冷眼看着自家小辈:"牙牙?"

"是……是他的网名,"司横横磕巴了一下,而后充满希冀地抬头看向领主,"小叔,我能不能跟他学剑术?"

没等夏渝州发表意见,司君便一口拒绝:"不能。"

司横横失望地低下头,但也没有再多言,微微躬身行礼告退。

夏渝州:"……孩子想学,别打击积极性,再不济给报个武术班也行。"

司君将手中的佩剑横过来,剑身搭在另一只戴着手套的手上:"这是佩剑。"

这剑是仿照中世纪绅士决斗用的那种剑做的,介于体育比赛用的花剑和佩剑之间。两边开刃,细长轻便,以"刺"为主。而司君是见识过夏渝州的剑术的。

大学生文化节,这人嫌道具剑太软,偷偷换了把真剑,一套剑招耍得行云流水,精妙非凡,一剑就把又踩错位置的领舞的水袖给削断了,吓得那女生花容失色,再没有舞到他面前去。

传统的华夏剑法刚柔并济,招数繁多,抽、带、提、格、击、刺、点、崩……并不适合细长的佩剑,也不符合含山氏的风格。

司君带着夏渝州先行离开镜界,三名少年还在里面忙碌。不多时,镜中燃起了火,就地焚烧狼兽尸体。

"狼兽会传播疾病,见到就必须杀死,但在现实中杀,会给人类带来灾难,所以我们都在镜中。"即便那样会困难许多。

火光透出镜面,明明灭灭。夏渝州听着司君的讲解,总算明白了过来,第一次有点理解现代种的行为模式了。这并不是一种堂吉诃德式的角色扮演游戏,而是真的在做有用的事……捉蚊子什么的。

"冒昧问一句,"夏渝州穷尽自己的知识水平,努力问出了一句委婉的话,"你们现代种是属于翼手目吗?"

司君缓缓转头看他,眼睛快于脸部动作:"我们不是蝙蝠。"然后转身就走。

夏渝州用手肘捅捅弟弟:"他刚才是不是翻我白眼了?"

正研究小盒子的周树根本没注意,听哥哥这么说立时抬头:"他翻你白眼?"

"没没没!"夏渝州赶紧用手臂圈住弟弟的脖子。

折腾到这时,夏渝州已经困得哈欠连天,回到宅子就想上楼睡觉。奈何领主大人并不打算马上休息,还坐在客厅的主位上沉默地喝红茶。

三名少年鹌鹑似的站着,连向来嚣张的十六氏少爷都不敢说话了。白兴旺捅捅司横横,示意他说两句,毕竟这是他们含山氏的地盘。司横横刚被小叔拒绝过一次,这会儿还蔫着。

大门"嘭"地被推开,一名穿着细高跟鞋、超短裙的美丽少女大步走进来,开口却是中气十足的青年的声音:"真是胆肥了你们!"

夏渝州有心理准备,倒是还好。毫无防备的周树吓得一趔趄:"我去!"小声问哥哥,这人是男的女的。

"少女"听到这话,奇怪地瞪了一眼周树,揪着头顶的柔软金发一把扯了下来,露出了短短的黑色毛寸,微笑:"亲,没见过男扮女装吗?"

周树作为电竞选手,心理素质绝对过硬,面不改色道:"见过。"

青年发现这两人没见过,忍不住多说了一句:"我叫何顷,南国氏,这两位是……"

司君将手中的茶杯放到茶托上:"他们是新加入含山氏的。何老三,说正事。"

在禁猎区里违规狩猎,公然违抗领主的命令,这事可大可小。罚是必须要罚的,何顷先用手指头把少年们挨个戳了一遍,而后对司君道:"他们刚满十六岁,正是调皮的年纪。咱们十六岁的时候不也整天犯禁么?不如就罚他们……"

司君打断了他的讨价还价,直接下令:"每人100积分,巡查队服役十日。"

"啊?"少年们苦了脸,白兴旺叫得最惨,他从一开始就是提议吃火锅的,并不想出来惹祸。司横横作为讲究的司家人,没有异议。

倒是狄厉很不服气,抬手指着大爷一样坐在司君身边的夏渝州:"他也跟我们一起捕猎了,为什么不罚他?"

司横横顿时生气了,拂开狄厉的手:"人家救了我们,你怎么能这样?"

白兴旺也看不过:"要不是牙牙,咱们早被狼兽咬死了。"

狄厉涨红了脸,梗着脖子道:"这是在含山氏的地盘……同样违禁只罚我们,让我怀疑含山氏管理领地的能力!"

原本没什么反应的司君眸色倏然变冷,一旁的何顷也变了脸色。

狄厉前一句话没说完,但意思很明白。夏渝州也违禁了,不能因为他是含山氏的人就不罚他。

夏渝州默默地挽起袖子,要不是自己去救,现在他们已经成为疯狗的嘴下亡魂了,不知道感恩还攀咬,显然是欠一顿毒打。

司君:"他是我的大骑士。"

夏渝州:"啊?"

司君:"是我派他去的,他在执行命令。"

夏渝州:"啥?"

司君站起身,居高临下地看着十六氏少爷:"大骑士只效忠领主,没有拯救其他血族的义务。"

夏渝州:"?"

什么时候封的大骑士?经过本人同意了吗?

"竟然有新的大骑士了。"何顷踩着高跟鞋上前几步,仔细看了看夏渝州,忽然愣住,"欸,他不就是你那个……"

"没错。"司君打断了何顷的话,并给了他一个警告的眼神。

何顷讪讪地闭嘴,扭腰转身,一指头戳到狄厉脑门上:"还不快给大骑士道歉!自己做错事还攀咬别人,我会把你的行为如实报给十六氏族长的。"

张牙舞爪的熊孩子成功得到了比原来更多的惩罚,而没有发表意见的夏渝州莫名其妙地成了大骑士。

"不是,这什么时候封的?"上了二楼,夏渝州忍不住把司君堵在楼梯口。

"刚刚。"司君面不改色地说。

夏渝州看着他微微抬起的下巴,哭笑不得。以前他俩一起复习,司君兢兢业业帮他整理重难点,每次把表格推过来,都会这样不太明显地微抬下巴,等他说一句"你真厉害"。

夏渝州叹了口气，从口袋里摸出那两颗用手绢包着的狗牙："我已经赚够早餐钱了，没打算继续效忠您。"

微抬的下巴缓缓收回，司君抿了抿唇，低声说："不是的。"

夏渝州："不是什么？"

"不是让你效忠我，只有十六氏执着于那些，并且严格执行古法。现在云城领地是我的……大骑士是个爵位，可以有比较高的权限。你留在含山氏，每天杀两只蚊子就可以换早餐。"

这话说得又快又急，不像是司君平时会说的话。夏渝州抬眼看过去，那双蓝色的眸子竟难得一见地泛起了紧张。瞧见他这样，夏渝州又心软了，耐心地多问一句："大骑士有工资吗？比如每天有免费早餐什么的。"

司君实话实说："没有。"

夏渝州："……那就是打白工了？"

司君认真想了想："有骑士任务可以获得积分。"

上学的时候，夏渝州只觉得这人中二，因为太帅了且相处久了，就自动忽略了违和感并努力捧场。现在知道他说的这些都是真的，反倒忍不住想笑了。

他想摸摸司君的脑袋，手伸出去又改了方向，变成哥俩儿好地拍拍肩膀："谢谢你帮我，我儿子一个月的口粮已经攒够，更多的就不必了。这个人情我会还你的，有需要我帮忙的时候尽管开口。"

司君定定地看了他片刻，缓缓移开眼，哑声道："好。"

夏渝州咧嘴一笑，一步跨两级台阶，蹦跳着回了客房。

司君站在原地，看着他明显心情很好的背影，小声地说："大骑士没有免费早餐，但是你有的。"这句话谁也没听到，就这么悄悄地消失在夜色里。

当天晚上，罗恩在朋友圈分享了一篇文章：

"老一辈不要掺和年轻人的人际交往，容易秃头。"

夏渝州没仔细看，礼貌性地点了个赞。

含山氏和青羊氏的两位少年分别过来私聊他，给他道歉。

司横横："今晚的事很抱歉。十六氏祖上是胡人，对领地很执着，被抢走之后一直耿耿于怀，就喜欢给我们找事。"

白星望："你别理狄厉，他是他爷爷带大的，给惯坏了。顺便说一句，你真厉害，竟然能徒手驱赶狼兽。你如果不喜欢含山氏，可以考虑我们青羊氏呀，每天都有火锅吃哦。"

　　夏渝州这才知道，小白同学叫"星望"，不是土气的"兴旺"。就说谁家给孩子取名叫白兴旺，要是做生意岂不晦气。他回复两个小朋友，说他不生气，便退出了APP和微信上的两个新生群。

　　第二天早上，一家三口准备离开大宅，恰好遇见忙碌了一夜刚刚回来的展龙。

　　展大骑士用复杂的眼神看着他，伸手："欢迎加入骑士团。"

　　夏渝州不知道该怎么解释自己这就要退群，人家伸手了也不好晾着，便握了一下："那什么，其实……"

　　展龙松开手，昂首挺胸，站得笔直："既然已经是大骑士，那么今日巡视领地的任务就交给你了。"

　　"他不做这个。"司君从楼上下来，制止了展龙给夏渝州分派任务，"他是贴身大骑士。"

　　"领主？"展龙满脸的不敢置信。

　　司君没有解释的意思，走到夏渝州面前，略显生硬地说："我正要去上班。"

　　"不是，"夏渝州凑近了小声说，"咱不是说好了吗？"

　　"退出需要时间，暂时先这么说。"司君小声解释了一下，又重复了一遍，"我要去上班……可以顺路带你们回市里。"

　　夏渝州摆手："啊不用，我叫了滴滴。"

　　"……嗯。"司君顿了半天，发出个单音，接过罗恩递过来的手套，抬脚离去。

　　夏渝州挠头，转身上楼叫弟弟和儿子快点下来，再下来的时候，他听到展龙在餐厅跟罗恩说话。

　　展龙："当初说好了的，我是第一个大骑士，贴身骑士的位置应该先给我。"

　　罗恩乐呵呵地回："都是大骑士，贴身骑士的权限并不比你高。"

　　展龙："那不一样，贴身骑士才是最亲近的骑士。您得纠正领主的行为，他们是刚刚加入的，而我们展家已经效力了百年！"

后面的话罗恩压低了声音，听不清了。前面的话，夏家三口听得清清楚楚。

周树歪头："怎么着，司君那小子让你当贴身大总管？"

陈默："不好吧。"

夏渝州："贴身骑士，不是贴身大总管！"

正说着，展龙气呼呼地走出来，瞧见夏渝州，不由握拳："我会证明给领主看的，我才是最合适的人！"

这架势还真像是皇帝面前争宠的。展公公捏着兰花指戳小夏子的脊梁骨："咱家会证明给皇上看，咱家比你有用得多！"

夏渝州嘴角抽搐："不是，一个没工资还要伺候人的活，怎么还宫斗上了呢？"

生活终于回到了正常轨道。夏渝州回到诊所，把那两颗狗牙洗干净，打开手机查询兑换方式。

"提交不完全种狼兽"里面有"邮寄"和"自送"两个选项。邮寄是用快递寄到指定地点，积分会在快递签收之后四十八小时内到账；自送则是自己拿着去直接交，当场结算。

两颗狗牙 300 积分，加上弟弟收集的几根蚊子嘴，算得上一笔巨款。夏渝州不放心邮寄，怕给寄丢了，决定当面换。

APP 上显示，云城有三处提交点，最近的一处是在 ABO 商场五层的电玩城里。

夏渝州把东西揣进兜里，出门跟邻居老板娘借电动车。商场不算远，骑电动车十几分钟就能到。

"得亏你昨天走得早。"老板娘把钥匙隔墙扔给他，"昨天你们刚走，这儿跑来只疯狗，特别吓人。"

"疯狗啊。"夏渝州想起黄昏路出现疑似狼兽的消息，"什么样的？"

老板娘伸手比画了一下："这么老大个，脏兮兮的，一直流哈喇子，在你家门口停过车的那个地方来回转悠。"

看来是了。夏渝州皱眉："后来呢？那狗呢？"

"打死了。"老板娘指着马路上的一摊黑色血迹说，"那狗见人就咬，来不及叫消防了,那边 KTV 的保安拿了长棍,直接给打死了。"

夏渝州看看老板娘,见她面色红润不像是要生病的样子,便没再说什么,谢过她,骑上电车往 ABO 商场去。

五楼电玩城,隔着老远就听到了震耳欲聋的音乐声。门口一台拉风的跳舞机上,一对小情侣正跳得开心,连跳带比画,很专业的样子,惹得一群年轻人站着围观。

夏渝州看了一会儿,觉得应该不是往跳舞机里交货,便穿过人群往里走。手机上只说在电玩城,没说具体哪台机器或是哪个人。逛了一圈,排除了抓娃娃机、捞鱼机、老虎机之后,终于找到个疑似的——彩票兑换机。

这家电玩城,顾客玩了游戏之后,会根据游戏成绩吐出一定数量的彩色小票,攒够一定数量的小票,就可以到兑换机那儿兑换少量游戏币。

夏渝州走过去,研究了一下兑换机的几个投币口。

一个扁扁的细口,应该是塞彩票的;一个带挡板的小方口,应该是出游戏币的;还有类似银行存款机的不锈钢伸缩挡板,不知道怎么开启。

夏渝州打开 APP,点了一下"自送",选择提交地点,界面上瞬间生成了一个二维码。他试着将二维码对准屏幕,"嘀"的一声响,不锈钢的伸缩板打开,示意他往里放东西。

还真是!他左右看了看,见没有人注意这边,便把盛着蚊子嘴的小盒扔进去。挡板合上,大概过了一分钟,手机上显示"提交成功",让他确认数量对不对。确认之后,他便获得了 10 积分。

夏渝州很是高兴,再次如法炮制,把狗牙也放进去。挡板关上的瞬间,他忽然想起忘了把司君的手绢拿出来,还包在牙上。

"哎哎!"他赶紧伸手去捞,没来得及,还差点被夹到手。

完了完了,夏渝州苦了脸,这下机器估计识别不了狗牙了。能吐出来最好,吐不出来或是机器卡死,那就麻烦大了。

过了大概有三分钟,就在夏渝州准备给司君打电话求救时,手机上再次出现了确认界面。

"不完全种狼兽 300 积分"

"这么高级！"夏渝州啧啧称奇，围着机器来回看。这机器不仅能识别品种、数量，还能自己拆包装？

他忍不住再次扫开挡板，歪着头往里看。挡板后面竟然有亮光，半天没有东西放入，亮光处暗了一下，而后挡板处出现了一双眼睛。

"嚯！"夏渝州吓了一跳，差点一拳打过去。

"牙牙？"那双眼睛眨了一下，发出了白星望的声音。

夏渝州木着脸看着从机器后面的小屋里走出来的青羊氏少年："……人工收取啊。"

白星望看到熟人很是高兴，要请他喝奶茶："这里不能离开人，你帮我看一下，我马上回来。"

"算了算了，我请你喝吧。"夏渝州觉得麻烦，不如自己去买。

"我要西瓜沙冰。"白星望从善如流，一点都没犹豫。

夏渝州："……"感觉被套路了。

沁凉的艳红色沙冰让血族很有食欲，白星望满足地捧着塑料杯，小心翼翼地含住吸管，开心地吸了一小口。

夏渝州拿着勺子大口嚼冰碴子："你怎么在这里？贵族也要打工的吗？"

"没……"白星望有些不好意思，"这不是被罚了么……"

平时这个岗位是有积分领的，因为被罚，所以要白打工十天。不过白星望对这个岗位很满意，毕竟只用坐着，司横横和狄厉负责运送货物，那就比较辛苦了。

夏渝州闷笑，又吃了一大口冰，含着冰呜呜地说："辣里（那你）好好干。"

白星望惊奇地看着他："你这么吃，牙不难受吗？"

"难受什么？"夏渝州不明所以，他的牙齿除了那颗断掉的，别的都很健康，连颗蛀牙都没有，大块吃冰完全不成问题。

"血牙不酸吗？"白星望指了指自己那缩进去的尖牙。血牙是非常敏感的牙，不能触碰冰凉的东西。

原来这种伸缩牙吃冷的会酸啊，难怪司君不怎么吃冰激凌，偶尔被他塞一口会皱半天眉。夏渝州打量了一下看起来就钱很多的白家少爷："要不要考虑贴个膜？"

贴膜？白星望头回听说牙还能贴膜的。

"手机能贴膜，牙当然也能。防摔、防震、防冷热刺激，想吃什么吃什么。"夏渝州给他一张名片，上面有牙科诊所的地址，"大家都是血族，给你打八折。"

"好哇，惩罚期结束就去找你！"白星望对贴膜项目很有兴趣，珍而重之地收起名片。想想以后可以大口吃冰、敞开吃麻辣火锅，他激动地吸了一大口冰，酸得直接蹦起来。

鼓励完年轻人好好改造、重新做鬼，争取早日结束刑期，夏渝州哼着小曲儿离开了电玩城。账户里现在有310积分，足够给孩子买一个月的口粮。所谓兜里有粮心里不慌，忙了好几天的夏渝州终于有闲心买点东西了。

电动车上挂了满满两兜子的菜，外加一份给孩子买的小吃——鸭血粉丝汤，夏渝州晃晃悠悠地回到黄昏路。诊所门口停着辆小卡车，几名工人正搬着大件东西往车上抬，形状很像他那两架老旧的联体式综合治疗台。

夏渝州下了电动车，来不及锁，提着鸭血粉丝汤就过去制止："哎，你们干什么呢？"

这两架治疗台已经不是最新版本，他打算卖掉换一架全新的。因为价格昂贵，他还没有找到合适的买家。那些器材商都太奸诈了，拼命压价，照他们说的价钱卖掉跟拆了卖废品差不多。所以他想着先将就着用，赚点钱再换新的。

然而现在，有人要搬走他的吃饭家伙！

"爸爸，"陈默从屋里冒出头，"那是我联系的收购商，他们来搬货的。"

夏渝州眼皮突突地跳，败家子，这才几天就开始变卖老子的家产了。装修完诊所、买完耗材，他手里的存款已经所剩无几。这要是便宜卖了机器，他去哪里弄一架新的呢？

夏渝州深吸一口气，步履沉重地走过去，他觉得自己得做个严父，在孩子过于胆大妄为的时候及时纠正："卖了多少钱？"

"七万。"

"七万？"做好打孩子准备的手停在半空。

"嗯，七万一架，两架十四万。"陈默看到爸爸手里的塑料袋，"那是什么？"

夏渝州呆愣了片刻，猛地将鸭血粉丝汤塞进他手里："来，儿子，吃！"

两架卖了十四万块钱，这意味着只要再加一点钱，就可以买一架最新版本的顶配治疗台了！要知道，这些天夏渝州问的那些收购商，给的价钱都不超过三万。

"小吃……给我的？"陈默接过来，看了看那用一次性饭盒装着，又套了两层塑料袋的东西，电动车一路晃悠，导致汤水洒出来不少，兜在塑料袋里，透着廉价与粗糙。

"哎呀，洒了。你要是不乐意吃……"

"谢谢爸爸！"陈默攥紧了手里的塑料袋，眼中满是亮光，"这是我第一次收到家长出门带回来的小吃。"

长到十六岁，第一次收到，夏渝州皱起眉头："你那个妈怎么回事？"

说起来，孩子已经离开医院好几天了，那个女人竟连电话都不打一个。

"她是个疯子。"陈默不想多提，把汤水和粉丝倒进一个大碗里，跟夏渝州一起吃。

小时候他以为妈妈是爱他的，所以尽管不喜欢那些比赛，他还是认真地完成，赢过所有小朋友，只为了得到她的一句夸赞。后来长大一点，他认识了别的同龄人，才知道别人的爸爸妈妈并不是这样的。

正常的父母会给比赛辛苦的孩子买好吃的，会在孩子生病的时候提出退出比赛，而不会在他发着高烧的时候，要求他坚持比赛且一定要拿冠军。

夏渝州叹了口气，摸摸儿子的脑袋，岔开话题："对了，你这哪儿找的收购商，怎么出价这么良心？"

"他是卖医疗器械的，认识很多客户。这不是按回厂价给的，是他帮忙牵线，联系到了想买二手机器的下家。"陈默往嘴里塞了一大块鸭血豆腐，"我住院的时候认识的。"

"你住个院还能发展人脉了？"夏渝州很是惊奇，原本以为他是在网上找的买家，没想到竟然是靠人脉。

"啊，他算是给我捐款的人吧。"陈默想了想，给了这么个定义。

那是位伤心的父亲，他说自己曾经失去过一个儿子，看到生病的小孩子就忍不住关心。当时他去附院谈生意，路过病房，看到陈默孤零零地躺在床上，半死不活的样子，就拐进来跟他聊了聊，临走还留下了两万块钱。

"也是不容易。把他联系方式给我吧，以后诊所耗材都在他那里买。"这大概就是作为父亲的心情吧，夏渝州感慨。

陈默："老实说，爸爸，你父爱这么博大，是不是也失去过孩子？"

不然哪有人二十几岁当爸爸，还当得这么兴致勃勃、得心应手的，甚至为了刚捡来的便宜儿子加入"黑社会组织"买早餐奶。

夏渝州："……我，处男，谢谢。"

问题少年陈默却不打算就此打住："你长这么好看，不应该啊。"

夏渝州："小小年纪，你懂什么？就是因为你爸爸我太帅了，找不到比自己更好看的。"

陈默担心地看着他："我觉得你有必要重新审视自己，起码人家司医生就比你帅。"

夏渝州抬手给了他一个爆栗。

陈默委屈巴巴地捂住头："我说的是实……阿嚏！"话没说完，他突然打了个喷嚏，因为手捂在头上，没来得及捂嘴，竟吹出了一颗圆滚滚的鼻涕泡。

"怎么回事？感冒了？"夏渝州一惊，递了张纸给他。先前司君说过，一个月内，这孩子的抵抗力都很低。

正说着，外面传来隔壁老板娘的声音："小夏回来了吗？"

夏渝州一拍脑袋，想起电动车和菜还扔在外面，赶紧跑出去。拉货的车已经走了，街面上空荡荡的，好在电动车没有被偷走，他赶紧扶起来擦干净，推到咖啡馆门前放好："刚才店里有点急事，没来得及推过来。"

"没事，不是管你要车。"老板娘乐呵呵地说，"刚才我工商局的熟人过来，想问你营业执照弄好没，需不需要……阿嚏！"

说到一半，老板娘也打了个喷嚏，她快步跑回屋里，拿了张纸巾擦擦鼻子，不好意思地说："估计昨天吹空调冻着了。你们医生喜欢戴口罩就是好，我也不怕传染给你。"

夏渝州蹙眉，转头看看街中心那摊已经干涸的黑色血液，心中有了不好的预感。他谢过老板娘的车，拉紧口罩去街上其他店铺看看。

他先去对面药店给儿子买了盒感冒冲剂，又去便利店买了调料，最后路过KTV，看见门口大力吹捧勇敢灭狗的保安。这些店铺里的人，包括杀死狼兽的保安，都不像是感冒了的样子。

夏渝州松了口气，料想不是病蚊造成的，可能只是老板娘感冒，传染给了抵抗力低的自家儿子。所谓的病蚊传播疾病的理论，他一直持怀疑态度。

然而，第二天早上。夏渝州刚刚打开诊所门，就听到便利店收银小伙响亮的喷嚏声。接着，像是公鸡打鸣会传染一样，隔壁、隔壁的隔壁，都开始喷嚏声连天。

药店老板站在门口擤了一把鼻涕，跟夏渝州打招呼："昨天我还见你买感冒药，今天我自己也感冒了，哈哈。正换季，可得注意点。"说完，他支使店里的员工快速制作了一张海报。黄底红边黑字，大大地写了一行：

"换季预防感冒，板蓝根买一送一。"

看来病蚊真的有影响。夏渝州担心起来，这种离谱的东西传染的疾病，恐怕不是板蓝根能解决的。他叹了口气，不得不给司君打电话。

司君听了他的描述，说："看来是流感蚊。"

夏渝州："我当然知道是流感蚊，那怎么办呢？"

不能让病蚊继续祸害这条街。这件事说到底是因他而起的，因为那辆吸引狼兽的车是来接他的。不管是杀蚊子，还是灭狼兽，他都会去做，只要能让无辜的邻居们可以免于病苦。

司君想了想："喝点板蓝根吧。"

夏渝州："？"

| 第十一章 |
技 能

对于学医的人来说，"板蓝根包治百病"是个开玩笑用的哏。虽然司君也会说"你的嘴巴像小猫咪"这种奇怪的俏皮话，但绝不会突然开这种玩笑。

莫非神秘的东方草药真的有他不知道的神奇功效？夏渝州试着问："板蓝根是什么魔法药剂的成分吗？"

司君："……不是，只是预防感冒。"

夏渝州嘴角一抽："您还记得自己是个西医吗？"

司君："那你能劝服他们现在去打流感疫苗吗？"

夏渝州："好像不太能。"

司君叹了口气，详细解释了一下。

已经散开的蚊子，无法保证短时间内全部解决，只能慢慢杀死。大批病蚊在不完全种狼兽死去的瞬间就爆开了，黄昏路上的人们该染病的已经染病，只能靠提高自身抵抗力来预防感冒，当然大概率是防不住的。板蓝根这类中成药，寻常是没有防感冒效果的，除非人能够预知自己三天内要得感冒并马上喝。所以，聊胜于无吧。

"好吧……"听这意思，流感蚊引起的疾病就是普通流感，夏渝州想了想，"治不了病，蚊子得杀吧？"那些密密麻麻的蚊子要是不杀死，肯定会一直祸害人，黄昏路上的流感就没完没了了。

"嗯。"司君应了一声,就没下文了。

夏渝州龇牙,从小朋友那里学来的半吊子灭蚊经验,恐怕不够对付这么多的病蚊:"那你看是不是派个人来……"

司君打断了他的提议,果断道:"晚上十点钟,到 ABO 广场前等我。"

夏渝州:"啊?"

见他有疑问,司君补充了一句:"那是最近的捕猎点。"

不是,领主大人亲自来,事态有这么严重吗?夏渝州直觉这话不能问出口,不然司君肯定要生气,只能应下来。

挂了电话,夏渝州立时去药店买了一箱板蓝根。药店老板肉疼地又搭了一箱给他,毕竟刚挂上了买一送一的促销牌子,顾客没吸引到几个,全便宜这小子了。

夏渝州谢过老板,拿出一大袋递给他:"这个送您。"

药店老板吸了吸鼻子:"怎么,还给回扣呢?"

"哪儿呀,每个邻居都有,不能因为您是卖药的就不给了。"夏渝州扛起一箱板蓝根,挨家挨户地送给街坊邻居,说诊所马上要开业了,等着各位邻居捧场。

牙科诊所是这条街上最没有竞争对手的店,大家对诊所向来都很友好。夏渝州转了一圈,认识了整条街的邻居,发完两箱板蓝根,非但没有空手而归,抱着的东西反倒更多了。

"这是什么呀?"陈默好奇地凑过来看。

便利店的关东煮,鞋店的鞋油,服装店的衣撑子……还有花店送的一束小菊花。浅紫色的荷兰菊,用旧报纸图纹的花纸包成一束,跟诊所门前的田园风装饰很是相配。

夏渝州把关东煮塞给儿子,自己拿起那束菊花放到邮筒顶上,站远了看看,很是满意。

陈默往嘴里塞了一颗鱼丸:"这邻居不大友好啊。"

夏渝州:"人家送了这么多东西,怎么不友好了?"

陈默用竹签指了指那束花:"荷兰菊的花语是活泼、谎言和差劲的恋爱运,店主在暗示你是条单身狗。"

> 技能

夏渝州:"……你想多了,朴素的劳动人民没有这种逻辑。"

"唔?"陈默把嘴里的东西咽下去,从口袋里掏出一封金色封皮、火漆封口的小信,"那领主大人的约会邀请还要吗?刚才一个跑腿小哥送来的。"

什么约会?!这孩子语文是体育老师教的吧?

夏渝州敲敲儿子脑袋,接过那封信。

小小的信封只有掌心大,跟上次何予收到的那封一样。封口处是银色火漆,用印章盖上了五弦诗琴的标志。打开来看,里面装着一张折叠得十分有技巧的硬质信纸,折开来跟信封一般大小,毫无缝隙。展开信纸,上面写着三行非常漂亮的钢笔字:

月亮升起后的夜晚十点,

期待 ABO 广场的相见。

司君

这人是怎么做到把杀蚊子活动写得像是要约会一样的?

等到晚上十点,夏渝州见到司君的时候,这句吐槽就怎么也说不出来了。

ABO 广场,就是 ABO 商场门前的那个广场。商场九点钟关门,九点半清场,这个时候已经拉闸熄灯了。一辆流线型的银色跑车停在路灯下,身形修长的男人静静地倚在车边,手中提着一盏漂亮的复古马提灯,真的很像来约会的。

夏渝州骑着共享单车晃晃悠悠而来,看看自己的汗衫、运动裤,再看看司君那一身高级西装和领结,很想掉头就走。

"咳,你怎么来这么早?"夏渝州锁了自行车,提着车把手上挂着的塑料袋走过去,跟司君打招呼。现在还不到十点,他以为自己来早了,没想到领主大人竟然提前等着,这一点都不符合他的身份。

司君站直身体,理了一下袖口:"是我约你,当然不会让你等。"

我约你……不会让你等……

夏渝州瞬间怔住了,连手里的塑料袋被司君接过去都没发觉。他以前没有注意过这个细节,毕竟大多数时候都是他约司君,而矜贵的司少爷勉强同意。

细想那为数不多的几次司君主动邀约，确实都是司君先到的。

那，9月18日那天……

"怎么了？"司君走了两步，发现夏渝州没跟上，回头看他。

"哦。"夏渝州回过神来，快步走过去跟着司君绕到背光处。

这商场的外墙是由金色的镜面玻璃组成的，整整五层楼高。广场上没有地铁口，也没有过街天桥，晚上关门之后很少有行人，是非常合适的捕猎场所。

司君在墙边站定，将塑料袋提起来："这里面是什么？"

"灭蚊的工具。"夏渝州心不在焉地说着，打开塑料袋给他看。电蚊拍、杀虫剂、紫外线灭蚊灯，还有几节干电池。

司君看了半天："这些在镜中没有用，打不到蚊子。"

"是么？我想着带过来试试的。"夏渝州挠头，准备把袋子接过来扔在地上。

司君提着袋子的手忽然偏开，让夏渝州抓了个空。夏渝州疑惑地看他。

司君道："你想试，就试试吧。"说完，刺破指尖在玻璃上画了个简笔的诗琴标志，抬脚直接踏了进去。

夏渝州看看那左右相当对称的血色诗琴，深觉浪费，在旁边十分吝啬地点了个小点。

镜中世界与现实呈镜面。这里也是ABO广场，台阶上的喷泉、广场中央的旋转木马全都在，只是多了一轮弯月。明亮的月光将整个广场都镀上了银霜，落在司君的领结上，泛起星星点点的碎芒。如果此时有音乐，倒是很适合跳一支华尔兹。

司君将马提灯挂在旋转木马的围栏上。这盏灯显然比小朋友们拿的那盏高级，乍一看是纯玻璃制的，灯亮起才发现两边由银色金属制成，细细的银丝盘成繁复华丽的纹路，将玻璃灯罩牢牢固定。幽蓝色的光穿过镜面，投射到现实世界里去。

夏渝州看着司君慢条斯理地摆弄马提灯，旁边那"大发超市"字样的塑料袋也被平平稳稳地挂好，深吸一口气："司君，能问你个问题吗？"

"什么？"司君放下灯，转身看他。

夏渝州上前几步走到他面前，盯着那双蓝色的眼睛："你刚才说，主动约不会让我等,是吗?"

司君点头:"当然。"

夏渝州放在裤兜里的手缓缓攥紧:"目前为止,一次都没有迟到过吗?"

司君微微蹙眉,仔细想了想:"没有。"

两个字的回答,虽然慢,但斩钉截铁。夏渝州的呼吸瞬间急促了起来:"那……9月18日那天,你约我晚上七点见面,为什么迟到了?"

那天他七点钟准时到达,等了半个小时也没有见到司君,只等来了灭顶之灾。

司君蓝色的眼中闪过一丝茫然:"什么我约你见面?"

夏渝州:"你发短信给我,约我见面。"

司君的眼神骤然锐利起来:"不可能,那天在你给我打电话之前,我没有联系过你。"

"那……"

话没说完,夏渝州忽然被司君扯了一把,带着原地转身。"叮叮叮"三声脆响,眼前一花,就见三只呈"品"字状横冲进来的大蚊子被银色佩剑挑飞。

"嗡——"佩剑打到坚硬的长嘴,并不能对蚊子造成致命伤害,三只蚊子散开,从不同的角度俯冲而来。

司君站着不动,轻垂剑尖,而后横刺一剑、竖劈一剑,再向后斜挑一剑,轻盈无声。

三具蚊子尸体簌簌下落,而后更多的蚊子从镜面戳进尖嘴,无数根尖利的嘴像钉板上黑压压的钉子,整整齐齐地压境而来。

"你这什么灯?这么猛!"夏渝州取下汗衫上的袖扣,甩两下变成佩剑。

"是什么样的短信?"司君仿佛没看到那些尖嘴一般,执着地问。

"就是约我七点在恒星广场的快捷酒店见面。"夏渝州将剑横在身前,眼瞧着无数只蚊子铺天盖地而来,翅膀震动声宛如山呼海啸,震得人头痛欲裂,只得大喊,"等会儿再说吧!"

司君紧紧攥着他的手腕,咬牙切齿,一字一顿:"快!捷!酒!店!我怎么可能约你去快捷酒店?!"

高贵的血族怎么可能约人在廉价的快捷酒店见面?!

"我怎么知道？！这是重点吗？！"夏渝州崩溃了，"先杀蚊子啊，王八蛋！"

"唰——"佩剑骤然出手，在空中划过一道优美的弧线，月光漾动般的波纹自剑尖散开，给不怎么体面的大蚊子们加了层柔光波纹特效。

下一秒，世界安静了。嗡鸣声停止，蚊子像被拖入了慢镜头，翅膀缓慢地扇了一下，巨大的身体便如断了线的风筝，骤然坠落。

纷纷扬扬，夏渝州仰头看天，不由惊叹："厉害，这是什么技能？"

司君挽了个剑花，缓缓垂下剑尖，继续盯着夏渝州："你确定那是我发的，不是诈骗短信吗？我说过，让你那段时间不要出门！"

夏渝州回过头来："当然确定，我还看了一眼手机号。"因为这条短信有点不寻常，他刚开始以为自己看错了，特意确认了一下号码。那个烂熟于心的号，他是不会认错的。

那时候，他们已经许久没见面了。

夏渝州因为跟人打架，突然发疯将对方咬伤，这一幕恰好被司君看到。对方家里不依不饶，要求警方在他们做伤情鉴定期间一直拘留夏渝州。

在拘留所里蹲了三天，即将饿死，差点把同班房伙伴吃掉的夏渝州被老夏带回家，喝了一桶鸭血才勉强活过来。他犹豫再三，给司君打了个电话。

"别怕，我会解决。这几天不要出门，剩下的交给我。"司君说了这么一句，就匆匆挂断。

那几天，老夏早出晚归，慌慌张张的，不知道在忙什么。学校因为他打架的事，要求他暂时停课，等处理结果。就这么浑浑噩噩地等了好几天，在他以为人鬼殊途，司君要跟他彻底决裂时，他收到了那条短信。

司君攥着他的手骤然用力："那你就去了？"

"啊！"夏渝州被攥得生疼，动了动手腕，没挣脱开。

"然后呢？"司君没打算就这么放过他，"去了之后呢？"

夏渝州轻描淡写："我没等到你，就给你打电话，你也不接。"

司君："夏渝州！说实话！"

这条消息太过蹊跷，恰好在那一天、在那个时候，绝不是无聊的恶作剧！那天一定发生了非常严重的事，才导致夏渝州一家人突然消失。

"其实，我记不大清了。"夏渝州看着司君发白的唇瓣，轻叹了口气，"只记得有人闯进来，袭击了我。"

"嗡——"佩剑轻晃，月光的波纹骤然凌乱，在地上挣扎的蚊子们突然恢复了活力，齐齐发出嗡鸣，准备重新起飞。

司君定神，翻转剑刃。

稳定的能量波动划过发梢眼角，夏渝州趁机挣开手，捏捏被攥出了五根指头印的手腕："这些蚊子是不是要快点杀了啊？"

马提灯还亮着，还有蚊子源源不断地从外面进来，总不能一直让司君冻着。

"嗯。"司君随手杀死脚边的一只，闪身挪到旋转木马边，关了马提灯。

夏渝州掏出杀虫剂对着一只蚊子猛喷，蚊子极其缓慢地转头，用尖尖的长嘴打他的小腿。夏渝州拔剑，戳死。那边，司君出手如电，几招杀死了一长串。

"你这'冻结'有没有时间限制啊？"夏渝州用不惯佩剑，砍又砍不动，只能一只一只戳。全场上百只蚊子，不知道要戳到什么时候。

"有，"司君低声道，"三分钟。"

"啊？你怎么不早说？"原本还在慢悠悠戳蚊子的夏渝州一跃而起，佩剑在手中轮一圈，唰唰唰划破了三只蚊子的肚子。

司君抿唇："忘了。"

"这也能忘？"夏渝州很是绝望，刚才他俩也不知道说了几分钟，只能当即加快杀蚊子的速度，"你是奥特曼吗？"

"什么？"司君没听明白，跳到他身边。

"能量有限，只有三分钟的战斗能力，三分钟后就得强制飞走。"夏渝州用肩膀碰碰他，苦中作乐道。

司君："……如果能力可以一直持续，那是神。"

话音刚落，剑尖的月光骤然溃散，地面上薄薄的银色光芒肉眼可见地层层消散。

第一只蚊子动了，而后上百只蚊子齐齐发出轰鸣，"嗡——"一声悠长巨响，断了线的风筝们重新装上马达，扑腾着一飞冲天。翅膀带动的罡风掀起地面的尘土，扑了夏渝州满身满脸。

"小心！"铺天盖地的尖嘴直冲着司君而去，司君出剑的动作却有些迟缓，冲在最前面的尖嘴直冲着他左手而去，眼瞧着就要刺个对穿。

夏渝州单手揽住他的脖子，借力一个回旋，将大蚊子一脚踹开："你这技能冷却要几分钟啊？"

既然有时间限制，那就是不能连续释放。

司君："十分钟。"

"那怎么办？"这些蚊子被冻过一次后，就变得疯狂起来，夏渝州左支右绌，很是狼狈，根本撑不到十分钟。

"跑！"司君一把抓住他的胳膊，右手持剑划破眼前的阻碍，直接冲出了镜界。

夏渝州还没反应过来，就被拉出了镜子，跟跄着磕到了司君的背上。"唔……"鼻子磕到蝴蝶骨，酸得夏渝州差点流眼泪，他捂着鼻子皱眉道："东西还在里面呢，咱俩就这么跑出来。"

镜中的灭蚊灯还亮着，在外面能看到内里的幽幽紫光。要是有人路过，肯定以为这地方在闹鬼。

司君拿出一条手绢，将玻璃上的血迹擦掉："会自己弹出来的。"

话音刚落，装着电蚊拍的塑料袋直冲夏渝州的脸飞了出来。夏渝州赶紧伸手接住，紧接着，杀虫剂、灭蚊灯、蚊香片也纷纷飞出，他来不及接，只能任由它们咣咣当当掉了满地。

夏渝州拎着塑料袋把东西捡起来，灭蚊灯撞成了歪脖灯，蚊香片碎成了八瓣。那盏看起来最脆弱的马提灯反倒完好无损，通体连条裂痕都没有，真是灯比灯得扔。

"那蚊子呢？"

"也会弹出。"

夏渝州瞬间觉得无数看不见的、致病菌组成的蚊子扑面而来，赶紧戴好口罩，而后一愣："不对，那我杀的蚊子岂不是没了？"

这些蚊子离开镜中世界就看不见了，活蚊子弹出还能再招回来，死蚊子大概这辈子也回不来了。

司君："嗯。"

夏渝州不死心地伸头回去看了看，镜中干干净净，连一条蚊子腿都没有了。他心痛地抹掉刚刚点上去的血，杀得急没有仔细数，但多少都是物资，收起来能换不少吃的。消失在黑夜中的不是蚊子，而是儿子的奶粉！

"你杀了近百只，黄昏路上的状况应该不会更糟糕了。"司君将变回袖扣的佩剑擦拭干净，慢条斯理地戴上。

近百只……夏渝州听到数量更心疼了，看到司君戴袖扣，才发现自己手中空空。佩剑呢？

佩剑重新缩成了家徽，小小一枚掉在地上，夏渝州看不清，只得蹲下，用手机手电筒照着地面摸索。摸着摸着，突然碰到一只微凉的手，他倏地缩回，却被反手捉住。

司君将那只沾满了血迹和灰尘的爪子捏住，用手绢擦拭干净。见对方没有说话的意思，他抿唇捡起地上的袖扣，擦了擦，放到夏渝州手中："我们谈谈。"

夏渝州握住掌心的家徽，站起身来："谈什么……哎哎！"

没等夏渝州酝酿好情绪，就瞧见司君拎着他的塑料袋往垃圾桶里扔。他阻止不及，歪脖灯、蚊香片、大发塑料袋都没了，只剩一只电蚊拍外加几节干电池。

"怎么？"司君抬眼看他。

"浪费可耻啊，大少爷。"夏渝州想把灭蚊灯捡回来，虽然歪了，但凑合着还能用，却被司君一把拽走。

司君抬手，向夏渝州示意："上车。"

夏渝州看了看那辆漂亮的银色跑车，拎着电蚊拍坐到了引擎盖上。

司君默默停下准备拉车门的手，走到夏渝州身边站定。两人互相看着，半晌说不出话来。

当年，一连串事情发生得猝不及防，不说道别，两人连好好说句话都没能做到。上次在大宅，虽然激动之下说开了些，但那条短信依旧是横亘在他们之间的一道阻碍。因为这条短信，夏渝州没法告诉司君，他那天其实遇到了袭击，所以离开得又快又急。

沉默的气氛令人窒息，夏渝州拉开口罩，试图打破这尴尬的气氛。

"袭击你的人，你还记得多少？"司君忽然开口，看着夏渝州露出唇外的那颗血牙的牙尖。

夏渝州被他盯着牙看，有些不自在，想把牙合进槽里，但怎么都合不好，索性放弃了："酒店前台给了我一张房卡，我在房间里等了大概半小时。有人刷卡进门，我以为是你，就到门口去。结果闯进来三个人，都戴着口罩，上来就给了我一下。"

司君垂在身侧的手骤然握紧："一下什么？"

"我也不知道是什么东西，可能是电击棒之类的。"夏渝州挠头，"具体的我都记不清了，不知道是什么人，也不知道他们为什么要这么做。我爸认为是我的血族身份暴露，惹来猎人了。"

司君缓缓吸了口气，哑声道："你以为……是我要害你，对吗？"

夏渝州放在腿上的手微颤："没有。"

这话有点亏心。那时候他不知道司君是血族，还以为自己的身份隐瞒得天衣无缝。其实在过去的十九年里，他从没觉得自己是另一个物种，只是牙齿长了些、食谱里多了鲜鸭血的普通青年。不过喝血这种事，普通人肯定难以接受，所以他一直没让司君知道。

那天他跟学校里有名的富二代起了冲突，吵着吵着就打了起来。他自己会功夫，三两下把对方打得满地找牙，但耐不住对方有跟班，跟班一棍子把他打倒，按着他让富二代揍。

"哟呵，你不是挺横的吗？"富二代擦擦流血不止的鼻子，拎着个啤酒瓶走过来，"咔嚓"一声敲在夏渝州的脑袋上。

玻璃碎裂的声音沿着骨头传到耳朵里，夏渝州脑袋里"嗡"的一声响，血顺着眉梢滑到嘴角，被露在唇外的血牙吸收，眼前渐渐蒙上了一层赤红。

等夏渝州反应过来的时候，他已经狠狠咬住了对方的脖子。他尝到了酒精的辛辣酸苦，并不怎么好喝。

"夏渝州！"一声惊呼把他从血雾中惊醒，司君连拖带拽地把他俩分开，紧紧按着他的肩膀，"看着我，夏渝州，醒醒！"

眼神逐渐对上焦，夏渝州看到司君的白衬衫上染了血，伸手想给他擦擦，却不料抹了更多的血上去。

"夏渝州，不要！"

这句话把他从混混沌沌中一棒子击醒，神思瞬间恢复清明，夏渝州试图辩解："我不是……"

"啊——杀人了！快报警！"外面响起了尖叫声。

……

夏渝州，不要！

在拘留所的时候，这句话反复出现在他的脑海里。血族的身份被司君知道了，而且显然他不太能接受，直到出去之后给他打电话，他说："别怕，我会解决。这几天不要出门，剩下的交给我。"坚定有力的声音重新给了他希望。

这五年来，他其实一直在矛盾中挣扎。

"夏渝州，不要！"

"别怕，我会解决。"

前进一步是天堂，那天司君只是迟到了，跟害他的人没有关系；后退一步是深渊，或许司君真的无法接受他的血族身份，把消息透露给了其他人。

微不可察的犹疑偏偏被司君捕捉到，他极轻极缓地吸了口气，像是受伤后痛极的喘息："还有呢？那些人说了什么？"

"他们基本上不说话，我只记得几个词，'火种''灭掉火种'。"夏渝州努力回忆，只能想起来这两个词。而且那些人的口音很奇怪，他也听不真切。

火种。司君紧紧皱起眉头，这个词在他所知的血族用语中并没有什么特殊含义，但那些人在伤害夏渝州的时候说这个，肯定不是什么普通词汇。

"可能他们在抽烟吧，同伴叫他熄火。"夏渝州不想回忆那天的经过，抹了把脸，才发现自己的指尖在微微颤抖。真是没出息，都多少年了。

"我会查清楚，给你个交代的。"司君的声音越来越哑，那条消息是从自己手机里发出去的，必然跟伤害夏渝州的那伙人有关。

"好。"既然有关联，那有司君帮着查就方便多了，夏渝州心里松快不少。他抬头，瞧见司君的脸已经白到没有血色。虽然血族本来就白，但这个白法也不正常了。

夏渝州伸手，两指捏住西装袖口，拽拽司君的袖子："嘿，怎么了？"

司君低头看着他那两根手指："现在说这些也许没什么意义，但请你相信，那条短信真的不是我发的。"

"我知道，"夏渝州摆手，咧嘴笑了，"你不会约我去快捷酒店的。我那时候没见过世面，不知道你大少爷这么有钱，真要约也该在五星级酒店，对吧？"

司君苍白的脸唰地一下红了："你……"

"咳……"夏渝州说完才发现这话有点不大合适，不好意思地轻咳一声，"那什么……你那盏灯在哪里买的？我这几天自己再杀杀蚊子，为民除害，顺道赚点早餐。"

不料一直木头似的站在原地的人突然上前一步。司君单手撑在车盖上，眼睛却不肯看他："其实，我可以给你领主的……特别认证。"

"啊？"夏渝州惊呆，好端端的搞什么特殊？有多特殊？

"这样你就可以每天免费领早餐了。"司君转正了脑袋，真诚地看着他。

夏渝州单手撑着车盖轻轻后仰，脱口而出："不……不用了，我还是想靠自己的双手勤劳致富。"

第十二章
传 承

"轰——"马力十足的银色跑车扬长而去,把夏渝州扔在原地。

夏渝州吃了一鼻子灰:"哎,你这人,好歹捎我一程。"

车子消失在转弯处,空旷的街道上只剩路灯和一位血族单身父亲。就在一分钟前,他拒绝了成为关系户并免费领取早餐的福利,领主大人非常生气,直接开车走人,且把他的电蚊拍也带走了。

想想司君掀他下车的那个表情,夏渝州拍拍自己嘴巴:"呀,我好像又说错话了。"

上学的时候也是,他经常猜不到司君想表达什么,自己嘴又快,往往在反应过来之前就开口了,最后的结果都是把司君气到好几天不理他。这回又不知道要气几天。

夏渝州嘟囔着扫了辆共享单车,骑上去才反应过来,自己竟然已经在思考怎么哄人了。他舔舔又合不进槽的尖牙,"呸"了一口:"有点出息,夏渝州。"

夏渝州唱着"幸福的生活哪里来,要靠劳动来创造",晃晃悠悠地骑回黄昏路。各家店铺都关门了,牙科诊所还亮着灯。远远瞧见一道黑影在诊所门前徘徊,四脚有尾,口中流水——疯狗!他轻轻捏闸刹车,准备悄悄靠近。

"吱——"共享单车的刹车发出惊天巨响,别说耳朵灵敏的狗了,整条街的人都能听见。

疯狗猛地转过头来，用一双赤红的眼睛盯着他。

"爸爸！"陈默从诊所二楼探出头来。

"别出来。"夏渝州交代儿子，捡起一颗小石头，抹上一滴血。

"呜……"疯狗闻到了血腥气，低垂脑袋，口中发出威胁的呜呜声，却在夏渝州扔出石头的瞬间扭头就跑。

嘿？还没打中，怎么就跑了？夏渝州不干了，蹬起自行车呼呼地追过去。

陈默眼睁睁看着自家爹撵狗而去，愣愣地转头看向手机屏幕："阿叔，爸爸追着狗跑了。"

周树："什么玩意儿？谁追谁？"

的确是夏渝州追着狗，并且连追了好几条街，终于在一条小巷里成功追丢了。夏渝州单脚撑地，左右观望。这里是个岔路口，连着好几个小巷，分不清哪条通往哪里。

忽然，其中一条巷子口出现了狗影，巷子里居民自挂的黄色灯泡拉出一道长长的影子，尖耳、长嘴、没有流口水。

夏渝州立时追过去，待他骑到那边，狗影消失，巷子里空空如也，他不由得眯起眼。

回到诊所，夏渝州先接了水管来，把门前的地彻彻底底地冲洗了一遍。刚才那只疯狗徘徊的地方还是之前停车的位置，这么多天了竟然还有气味给它们追踪，也是够持久的。他冲完上楼，坐在沙发上开始翻看手机。

刚才一路追狗，忘了件事——他没有武器。不管是现实还是镜中，他都没有趁手的武器，没追上挺尴尬的，真追上了更尴尬。刚好要给儿子订早餐，就顺道看看APP里有没有武器卖。

诊所二楼是住所，今天收拾好了，夏渝州跟陈默就没再去基地住。

"爸爸，我们以后就住这里了吗？"陈默抱着平板电脑走过来，跟他坐在一起。

房子是老式的三室两厅，墙是自己隔的，不怎么规整，家具也都是旧的。客厅里挂着夏妈妈的遗像，供桌上燃着香，估计是陈默自己在家害怕，就给奶奶上了炷香。

夏渝州闻言，伸手揉揉儿子脑袋："嗯，虽然旧了点，但这边方便。等爸爸赚到钱就重新装修一下，让它符合年轻血族的审美。"

"没事，挺好的。"陈默看看坐没坐相的爸爸，自己也歪进沙发里，"比我以前那个家自在多了。"可以一直玩手机而不用看书做题，可以躺在沙发上把脚跷上椅背，这是他活了十六年从未体会过的自由。

夏渝州瞥一眼在沙发上打滚的儿子，继续低头在APP上翻找。

订早餐之前需要填写收货地址。他填上诊所地址，系统提示：

"此地址没有收货保险箱，是否购买？"

收货保险箱？他点开看，发现类似鲜牛奶箱，是挂在门口供送货小哥放"每日鲜巴氏消毒血"的。如果不买，就要保证送货上门的时候本人签收，本人不在，送货小哥就会直接离开。——还是买一个吧，主要是不知道这送血的几点上门，总不好一整天都等着。

收货箱30积分，血瓶押金50积分。

抢钱啊！夏渝州龇牙，一瓶鸭血才2积分，押金就敢要50积分。他付了这两项的积分，再去买血，就不由得抠门起来。

鸭血2积分一瓶，猪血5积分一瓶，鹿血30积分一瓶。现在手里只剩240积分了，首先要保证儿子三十天的食物，每天一瓶血，猪血是喝得起的，但就怕中间又有什么事需要积分。

"买盏灯，咱们也去打蚊子，这样就持续有钱了。你也可以喝这个血呀。"陈默把脚伸到靠背上，倒栽着看他。

"对，灯！"夏渝州想起来，今天本来想把司君手里那盏借过来用几天，结果非但灯没借到，还白搭一只电蚊拍。

"积分兑换"里没有灯，但"工具超市"里有。

"引蚊灯。A级：1000积分；B级：500积分；C级：100积分。"

他看了看图片，司君那盏既漂亮又不怕摔的纯玻璃灯果然是最贵的，小朋友们提的那种简陋的是C级的。

"行吧，这下不用想了，你就喝鸭血吧。"买了最便宜的灯，就不够买三十天分量的猪血了，夏渝州算来算去只能先买三十瓶鸭血。

他再看看"武器专区",更是两眼一黑。武器种类很少,但非常贵,有些种类的武器图片还是灰色的,不允许购买。

"家族武器""本家武器""半成品"。其中"家族武器"里的武器只做展示,不许购买。"本家武器"里全是佩剑,只不过分高中低档。而"半成品"里是一些银灰色的金属团,按重量卖,也不知道怎么用。

夏渝州龇牙,扔了手机跑进卧室,拖出来一只行李箱。

"这是什么?"陈默好奇地凑过来。

"家传秘宝。"夏渝州神神秘秘地说,引得陈默瞪大了眼睛。

"那……那我能看吗?"陈默向后退了一步。

夏渝州解开密码锁,郑重其事地说:"这是我夏家的传承,只有纯正的血族才能看。"

陈默想了想:"那我纯不纯呢?"

夏渝州勾勾手,让儿子过来,扒拉着他的脑袋仔细瞧了瞧:"唔,没有杂毛,应该是纯种的,给你看看吧。"

陈默眼睛一亮,而后突然觉得不对:"血族不是看毛色验种的吧?"

夏渝州吭哧吭哧地笑:"啊,但是狗崽子看毛色啊!"

"爸爸!"

"哈哈哈……"

有儿子真不错,可以随便欺负。夏渝州美滋滋地打开箱子,拿出了用蓝色锦缎包着的东西。本来还在笑闹的陈默瞬间屏住了呼吸。

那锦缎看着有些年头了,不像是现代的东西,打开来看,里面有三样东西:一把通体莹蓝的长剑,一本泛黄的线装古书,还有一块铜镜的残片。

"咱家到底是血族还是仙族啊?"陈默蹲下来,看着那颇像道士用具的传家宝,这跟他想象的不一样。

在陈默的认知里,传统血族要展示传家宝,应该会拖出一口画着红色十字架的黑棺材,里面放着黑色硬皮烫金的古书,书中记载着常人看不懂的黑魔法。武器也该是贵族的佩剑,捧着黑魔法书念一段咒语,就能召唤出无数蝙蝠,而不是铜镜、线装书、大宝剑……

夏渝州席地而坐，拿起那把剑放到腿上，高深莫测道："你觉得呢？"

陈默也跟着坐下来，小心翼翼地伸出一根手指摸了摸剑身。微凉的玉质手感，在指尖接触到的瞬间能感觉到一股微弱的吸引之力，像是磁石对金属的引力，不强，但是能感觉到。他说："我觉得是修仙的，血族只是你的伪装。"

夏渝州从箱子里掏出块小绸布，用力擦了擦剑鞘，再让他摸，那吸引力便消失了："放久了受了潮，表面有点黏。"

陈默："……"

夏渝州用剑柄敲了敲儿子的头，笑出声："想什么呢？咱家就是血族。可能祖上是有点什么特殊能力，但传承早就断了。"

他拿起那本泛黄的线装书。这书很有年头了，封皮破破烂烂的，上面的字已经模糊不清，只勉强看出"手札"二字。翻开第一页，毛笔写的竖排字，游云惊龙、大开大合，写得十分随性："玩笑之语，不可当真。若后人寻得，莫记入史册。"

"这就是先祖手札，我在老家宅子里找到的。"夏渝州翻开其中一页，给儿子看关于"歃血归亲"的内容，正是之前他在医院念的那一段，"你小子运气好，碰上我这负责任的爸，当年你叔可是稀里糊涂被初拥的，连一点技术指导都没有。"

夏家的传承已经断了，老夏当年根本不知道怎么给人初拥，凭着流传下来的只言片语，瞎猫碰上死耗子般给弄成了。

陈默接过来看了看："爷爷没见过这本书吗？"

夏渝州摇头："这是我前几年回老家时偶然翻出来的东西。爸爸现在把这本书交给你，你懂什么意思吗？"

陈默一愣，看看那泛黄的古书，再看看一脸郑重的爸爸，顿时热血沸腾："是要我肩负起光复夏家的使命吗？"

夏渝州瞥了他一眼："是要你背诵并默写，用你天才的小脑壳把这东西记下来，免得哪天被人偷了没地方哭去。"

陈默："……"

夏渝州拿着铜镜和剑站起身："对了，记得给书包个封皮。"

说好的血族自由生活戛然而止。陈默苦着脸，抱着先祖手札，拿了本空白的笔记本，准备先把狂草的繁体手札誊抄下来。先祖写得非常随意，东一榔头西一棒子的，前后语境都不完整。陈默写几句就得过来问夏渝州。

"小伙子，好好干，誊抄完成，就拿你这份当译本传给后人。"夏渝州鼓励年轻人，自己则跷着二郎腿坐在沙发上，拿绸布擦拭宝剑。

这剑确实有些仙气，皎皎若青云染雪，剑鞘上刻着两个小字——无涯。拔剑出鞘，一道寒光直射而出，刺得夏渝州闭了闭眼。

剑是开过刃的，这么多年锋利依旧。夏渝州换了块厚一点的软布，将剑身从头到尾擦了一遍，翻转过来，软布上已经划了两条大口子，将断未断。

"帝赠吾剑，吹毛断雪……"陈默翻译又遇到了困难，扭过来问，"不是吹毛断发吗？"

夏渝州："可能是雪落在剑上也会断裂的意思吧。"

陈默："先祖好文采。"

夏渝州收剑入鞘，决定明天就带着这把吹毛断雪的剑出门，找那群鬼鬼祟祟的狗贼："如果看到手札上关于铜镜的记载，记得叫我。"

这块铜镜残片是他回云城之前找到的，并不知道有什么用，但还是随身带着了。他翻遍手札也没有瞧见关于铜镜的只言片语，想着也许是自己看漏了，指望细心的儿子能在字里行间找到答案。

次日一早，楼下响起了叮叮当当的声音。

夏渝州趿拉着拖鞋跑下去，就见一名穿着工作服的小哥正往墙上钉箱子。简简单单的一个铝合金小箱，用红色大字写着"XM 每日鲜"。

"这是什么呀？"夏渝州敲了敲那颇为结实的小箱子。

"血盟每日鲜为您服务。"小哥拿出手机，对着夏渝州的脸扫描，"确认身份信息，含山氏夏渝州，对吗？"

"送早餐的啊。"夏渝州伸头瞧了瞧，门口停着一辆很像送快递的小货车，带冷藏设备，车身刷着鲜亮的油漆，写着"生鲜"字样。

小哥点头，将一瓶用玻璃器皿盛装的鲜血放进箱子里。这包装跟司君和何予给他的不一样，表面糊了一层包装纸遮盖，没有防尘袋，更没有包装盒，看起来就很廉价。"鸭血就是这个包装,喝完记得把瓶子放回箱子,我明天送的时候会取走。"小哥说。

"小夏,这是买的什么呀?"隔壁老板娘伸头过来看,"哟,送鲜奶的,阿嚏——"

老板娘彻底患上流感了,她抽抽鼻子,戴着口罩过来,拿起一瓶血上下打量:"每天给我们店送奶的那家越来越坑了,兑水严重。你家这个怎么卖?价格合适的话我也订。"

"20元一瓶。"没等夏渝州开口,送血小哥就回答了,特别自然。

"这么贵?!"老板娘比画了一下瓶子大小,"这不到半斤吧,鲜牛奶也就3块钱,你这什么奶?"

"巴氏杀菌奶,即开即饮的。"小哥很是专业地开始介绍巴氏杀菌奶的种种好处,保留风味又不会流失营养,积极地向老板娘推销。

老板娘还没听完,就把头摇成了拨浪鼓:"不了不了,我们店里需求量大,可买不起这么贵的。"说罢,立时把瓶子放回去,并用看有钱人的目光审视夏渝州。

其实很穷的夏渝州:"……"

等老板娘走了,小哥遗憾地耸耸肩。

"你还真打算让人家买啊?"夏渝州看得心惊胆战,万一老板娘真要买来尝尝岂不完蛋?

"我们可以供应鲜奶的。"小哥一点也不担心,从车里拿出一个非常相似的瓶子,只不过没有血盟的标志,"都是巴氏杀菌工艺,奶比血好处理得多。可惜生意一直不大好,除了血族的好奇邻居们偶尔会买来尝尝,很少能卖出去。"小哥颇为遗憾。

夏渝州心想,卖得好才有鬼了:"你们可以考虑降价。"

"不不,降价就会有很多人订,那也麻烦。"小哥摇头,把那瓶奶送给夏渝州,"很少有开牙科诊所的血族呢,如果我来看牙,要给便宜价哦。"

目送着生鲜车离去,夏渝州摸摸下巴。本来还在担心诊所开业后的生意,小哥的话提醒了他,现在其实有个现成的客户群体。血族有两颗敏感的血牙,寻常找牙医肯定不方便,没法跟牙医解释自己的两颗虎牙为什么是中空的。只要把白星望那一单做好了，名声打出去，就会有更多的血族来找他看牙了！

叫儿子下楼吃早餐后，夏渝州拎着塑料壶去菜市场买自己的早餐，边走边考虑，要用什么材料给白星望补牙。

他舔了舔自己右边的断牙。他的血牙也敏感，不过跟现代种的敏感不一样，原本并不怕冷热。这颗牙断裂之后，才出现了怕冷、怕热、怕酸的状况。他尝试过给自己补牙，但失败了，只能用补牙材料贴了层膜。现代种的牙会伸缩，还不能用普通的材料贴，不然伸出来之后下面宽上面窄的，不好看。

走到菜市场，夏渝州拉起口罩："老板，老规矩。"

鸭店老板走出来，看到夏渝州，脸上顿时露出了为难的表情："小夏啊，以后不能卖给你鸭血了。"

"怎么了？"夏渝州左右看了看，这店生意红火，不像是要倒闭的样子。

"那个……"老板局促地搓搓手，拿了张通知单给他看。

"近日，市区流感暴发，为做好食品安全监督工作，从即日起禁止向市民直接贩卖活鸡鸭、鲜鸡鸭血。家禽宰杀需按照……"

夏渝州看得直皱眉："人流感暴发，关家禽什么事？"

"你没看新闻吗？"老板解释，"不仅仅是人流感，还有禽流感、猪流感，都出现了。听说猪血也不让卖了，你弟弟要吃的话，就去超市买血豆腐吧。我知道有一家血豆腐做得不错。"

正说着，一名穿着制服的城管过来："干什么呢？是不是买鸭血呢？"

"没有没有！"老板赶紧否认，"我正跟客户解释，以后不卖了。"

城管点头，看了看提着塑料壶的夏渝州："他要是卖给你，我就得罚他两千块了。要吃血豆腐去超市买，又不贵，还卫生。"

夏渝州原本还想商量一下，让老板偷偷卖给他，听到两千块罚款，顿时歇了这个心思。他垂头丧气地离开菜市场，给弟弟打电话："菜市场不能买鸭血了，一直给你供货的那家屠宰场还能送吗？"

"我正要跟你说。"周树也很焦躁，"今天早上屠宰场给我打电话，说暂不供给了。"

"先别急，还有积分，我订点巴氏消毒血先支撑着。"夏渝州叹了口气。

周树:"你不是要退出含山氏么?我托人去外地问问,云城不让卖,小城市肯定不管。"

夏渝州这才想起来,自己说过要退出含山氏的话:"呃,要不,先别退了?"退了的话,他就跟血盟没有联系了,第一批牙科诊所的客户去哪里找?而且杀蚊子就能换食物,比菜市场买菜要方便很多。

周树:"……随你。"

弟弟竟然没有发脾气,夏渝州很是惊奇。打从昨天晚上他告诉弟弟短信不是司君发的,这家伙就一直处于欲言又止、别别扭扭的状态。正想逗他两句,忽而瞧见一辆闪着警报灯的车停在路边。

"汪汪汪!"巷子里传来凶狠的狗叫声,夏渝州快走两步过去看,就见几名穿着防护服的人正在捉狗。那狗瞧着有点疯,被长柄大网扣住,不知道撕网,只挣扎着要咬人。

"直接打死!"路过的大爷出主意。

"最近怎么这么多疯狗?邻居家小孩昨天还被咬了。"

"是不是又有狂灾的苗头了?"

"不能吧……"

路人议论纷纷,都叫捕人队快打死疯狗。

流感暴发,疯狗众多。想起昨天晚上看到的那条狗影,夏渝州眯起眼睛,要快点解决源头才行。

回到诊所,夏渝州又在APP上订了几天的鸭血,暂时买不起新的保险箱,给弟弟送的那几瓶就选了当面签收。而后,准备给司君发条消息,告诉他自己先不退出了。

夏渝州点开聊天界面,停留片刻,又关掉。昨天刚把他惹生气了,这会儿又给他找麻烦,不合适。夏渝州挠头,正纠结着,外面送快递的来了。

血盟的效率挺高,昨天订的引蚊灯,今天就到了。夏渝州拆开包装,提出一盏黑色铁制的马提灯,里面竟然还有使用说明。

"C级灯,新手适用。易碎品,轻拿轻放。矿石更换,请拨打……"

耽搁了一整天,夏渝州没有联系司君,而司君也没有发来任何消息。他们明明说开了误会,却陷入了莫名的冷战中。

时近黄昏,夏渝州拿起墙上的无涯剑背到身后,戴上袖扣,提着马提灯,跟陈默交代一声就出门去了。先不管那些,趁着还在含山氏,多杀点蚊子、狼兽换积分才是正经事。如果能彻底解决这次狼兽灾祸,菜市场就能重新卖鸭血了。

"小夏,你这是干什么去?"对面药店老板看到他背着一把大剑,很是好奇。

"啊哈哈,锻炼去。"夏渝州骑上自行车,拽了拽身后的剑。

"哟,你还会太极剑呢,有空教教我呀!"

夏渝州打了个哈哈糊弄过去,快速骑着自行车离开。骑到昨天晚上看到狗影的小巷,夏渝州挨个巷子找过去,希望能再看到狗影。然而转了一个小时,他连根狗毛都没瞧见,只得换个地方,往酒吧街骑去。

那位疑似被狼兽做了标记的赵谦,去过的地方除了大宅、车子,就是酒吧街。既然车子停过的地方还能吸引疯狗,那70度酒吧也一定还有吸引力。

天刚刚擦黑,酒吧街还没有热闹起来,只有寥寥几个人。

夏渝州正打算转到背街去找狗,一辆十分眼熟的银色跑车忽然出现在视野中。跑车停在70度酒吧门前,副驾驶座的车门打开,车里伸出一条穿着艳红色高跟鞋的长腿。

夏渝州一惊,闪身躲到广告牌后面。

长腿之上是豹纹小短裙,艳丽动人的美女风姿绰约地下车,单手按在车门上,嗲声嗲气地说:"君君哥,下来一起玩嘛。"

车里传来清冷低沉的声音:"别忘了你是来做什么的。"

"哼!"何家三少不高兴地站直了身体,换上青年的声音撇嘴,"我可不是你的下属,给你干活总得给点福利吧。"

"你要什么福利?"

"你陪我进去呗。最近那个猎物纠缠得太厉害,我需要一个假男友把他吓走。"何顷说着说着就换成了女声。

"……"

银色跑车干脆利落地关门,一脚油门下去,直接走了,留下穿豹纹裙、高跟鞋的美女在原地跺脚。

夏渝州从广告牌后伸出头,看着远去的跑车,目光与后视镜中的那双蓝色眼睛对了个正着,吓得赶紧又把头缩回来,再伸出头去的时候,跑车已经不见了踪影。他慢吞吞地走出来,觉得嘴角有些疼,这才发现自己刚才牙咬得太紧,血牙把下唇戳了个凹坑,不由嗤笑,自己刚才在紧张什么。

夏渝州抬脚准备跟上何顷,看看他在执行什么任务,忽而瞧见一只疯狗从背街窜出来,朝着跑车消失的方向奔去。

夏渝州立时骑上自行车,追着那狗一路奔去。那疯狗跑得飞快,七拐八拐地不走大路,加上天色已晚,看不清品种,只能看得出毛色黑白相间,身体瘦长,像边境牧羊犬,又像哈士奇。

疯狗一路狂奔,直跑到一片小区外才停下来。这是个高档小区,绿植从铁艺篱笆墙内伸出枝丫,上面开着艳红色的小花。疯狗从宽大的篱笆缝隙一窜而入,不见了踪影。

夏渝州跳下自行车,只觉得一阵腿软。这共享单车质量太差,偏偏还连续上了几个坡,腿上肌肉酸疼得厉害。他扶着篱笆歇歇脚,路边停着的车忽然打开车门,低沉悦耳的声音从身后传来:"你……"

司君?夏渝州僵硬地转身,就瞧见司君站在他身后,欲言又止。

"你怎么在这里?"两人同时问出口。

司君看看小区大门:"我住在这里。"他平时不住郊区别墅,那边太远,不方便,没有大事的时候他就住在市里的公寓。

"你住在这里?"夏渝州看看疯狗消失的方向,再看看司君。

司君静静地看着他慌乱的模样,紧抿的嘴角控制不住地微微上扬:"你……你怎么找到这里的?"刚才在酒吧街,他已经看到了,夏渝州是在跟踪他吗?

夏渝州实话实说:"跟着狗来的。"

司君:"……"

第十三章
厄 犬

眼瞧着司君上弯的嘴角耷拉下来，夏渝州才意识到自己说的话有歧义："啊，我不是说你，我是说狗。"

英俊白皙的脸变得铁青："……"

夏渝州："不是，我真的是跟着狗来的，一路从酒吧街跟到这里……"

"闭嘴吧，夏渝州。"司君忍无可忍，制止他"狗来狗去"的发言，再说下去他会怀疑自己的青春都喂给了傻子。

司君气呼呼地转身离开，夏渝州懊恼地龇牙，快步追过去，跟着司君进了小区。

这小区进门要刷门禁卡，"嘀"的一声，闸门开启，司君走过去，闸机就要关闭。夏渝州一个箭步冲上去，试图浑水摸鱼，不料冲得太猛，直接撞到司君的背上，跟他贴在了一起。

司君定在原地。身后的闸机缓缓关闭，夹住了夏渝州的连帽衫下摆。

保安从闸机旁边的岗亭里出来，目瞪口呆地看着这俩人："你俩认识吗？"

司君轻咳一声："他是我……家里人。"

保安重新刷开机器，解救了夏渝州的衣服："下回一个一个过，卡可以重复刷的，别急。"

司君微微偏头，看了看挂在他背上的家伙。

"啊哈哈。"夏渝州赶紧往旁边侧了一步，抬起双手以示清白。

站在门口被保安盯着委实不好看，司君抬脚走到小区深处，转身问夏渝州："你到底要做什么？"

夏渝州正观察这院子里的绿植，试图在里面找到狗："我说的是实话，刚才在酒吧街，有一只狗从巷子里窜出来。我追着它一路跑到这里，它就跳进小区绿化带不见了。"

"什么样的狗？"司君皱眉。

夏渝州："就是……"

"汪！"话没说完，一声狗叫忽然从侧面传来。夏渝州想也不想地一把拉住司君，把人挡到身后，"唰啦"一声拔剑出鞘。

夜晚的小区除了高杆路灯，还有明亮的地灯铺设在绿植丛中，灯光映着寒光凛凛的无涯剑，杀气瞬间弥散开来，惹得牵狗的大爷连退几步："干……干啥？"

大爷手里牵着的金毛犬也吓了一跳，蹦跶了两下，满脸疑惑地看着夏渝州。

夏渝州讪讪地收剑入鞘："不好意思啊，他怕狗，我这是条件反射。"

大爷看了看夏渝州身后的小伙，脸确实很白，估计是吓到了，于是忙拉着金毛向后退："我这狗不咬人的，这么大个小伙怎么连金毛都怕？"

夏渝州回头看司君："那个……忘了问，你现在还怕狗吗？"

虽然他以前总是用"有狗"吓唬司君，但真遇到狗，他会第一时间把人挡在身后。那时候他觉得司君挺可爱的，现在想想，人家根本不是怕狗，而是现代种血族对狼兽天然的戒备。

司君："怕。"他映着地灯的蓝眼睛亮晶晶的，十分诚恳的样子。

夏渝州："……行吧。"

把司君留在原地，夏渝州上前跟大爷攀谈，顺手摸了摸金毛的头。金毛非常热情，被摸了特别开心，围着夏渝州打转。夏渝州索性蹲下来，揪着大金毛的脸颊揉搓，歪头看它的牙齿。整整齐齐的大白牙，两颗犬齿茁壮健康，没有蛀牙，也没有空心。

"你做什么？！"司君一把将他拽起来，"这动作很危险。"

"哎呀，不咬人的。"大爷再次为自家狗正名。

夏渝州笑了笑，任由司君拽着他的手臂："大爷，这院子里还有其他狗友吗？我刚搬进来，也想养只狗，不知道养小狗会不会被欺负。"

提起狗，大爷话就多了："没事，尽管养。这院子里都是宠物狗，没有凶猛的，最大也就我们家毛毛这么大。另外还有一只边牧，一只萨摩耶，别的都是小狗。"

边牧……

"你怀疑那只狗是狼兽？"目送完遛狗大爷，司君问他。

"嗯，那狗不寻常，有点像……你们说的完全种狼兽。"夏渝州说完，发觉攥着他手臂的手指倏然握紧，便伸手想拍开，但还没拍到，那手就自动撤离了。

司君理了一下手套："不要用摸过狗的手碰我。"血族与狼兽不共戴天。

夏渝州龇牙："行，不摸你，我摸别的狗去。"说罢，转身去了另一条小路，拦住了没有戴牵引绳的边牧。

我摸别的狗去……别的狗……

司君咬牙切齿地跟上："你是说我也是狗吗？"

这人怎么就跟狗杠上了？夏渝州说不清了，摆手示意司君别吵，盯着眼前跟他对峙的边牧。这边牧毛色黑白相间，身材不肥不瘦，夏渝州冷声问它："是你吗？"

边牧冷眼看着他，忽然摇起了尾巴。后面一个小姑娘跌跌撞撞地跑过来，手里拎着牵引绳："你怎么跑这么快呀？也不等等妈妈！"

又是有主的狗。但这狗跟"犯罪嫌疑狗"很像，夏渝州不敢掉以轻心，问过主人之后才摸摸狗头，轻轻掰开狗嘴看牙。边牧有点不乐意，歪着头试图挣脱，却被夏渝州一把扣住了下巴。想从牙医手中逃脱看牙的命运，痴心妄想！

"你知道那东西的特征？"司君低声问。

完全种狼兽的犬齿也是中空的，会吸血，但APP里是没有讲解的，夏渝州怎么会知道？

"我们家管这东西叫……"夏渝州回头，忽然瞳孔骤缩，"小心！"

一只短毛哈士奇出现在绿化带深处，弯腰弓背，一双泛着绿光的眼睛紧紧盯着司君的后背。在夏渝州发出警示的瞬间，它一跃而起，张开血盆大口冲着司君的脖子咬去。

司君没有回头,而是一把抄起夏渝州,扑到了旁边的草地上。

"汪汪汪!"边牧看到这只凶恶的哈士奇,一边叫一边扯着主人后退。

"疯……疯狗!"小姑娘两股战战,牵着自家狗转身就跑。

夏渝州正要拔剑,却被司君压着动弹不得,他单腿钩住司君的腰,直接把人甩开,自己则翻到上面。无涯剑还未出鞘,被甩到空中,夏渝州接住,反手劈向再次扑来的狗,结实如金石玉器的剑鞘稳稳抵住了狗牙。

"拔剑!"夏渝州大喊一声。

司君单膝跪地,撑起身体,握住剑柄,"唰啦"一声抽出剑,直接朝狗脖子斩去。

寒光照到狗脸上,那狗立时松开嘴,掉头就跑,钻过绿化带和铁篱笆,不见了踪影。

"追!"夏渝州拉着司君跑出小区,试图去骑他的共享单车,却被司君抓进车里,按在副驾驶座上。银色跑车原地掉头,追着狗冲了出去。

"你这车能走小路吗?慢点!"夏渝州第一次坐司君的车,本以为按这人的性格,车应该开得稳稳当当的,谁知他比周树那个傻狍子更不要命,拐进小路的时候竟然还漂移!

一路狂飙,引来骂声无数,最后还是在酒吧街跟丢了。

夏渝州很是无语:"这狗是在玩你追我赶游戏吗?"在两点之间来回跑着玩,被人发现了就跑回另一点。

司君停好车,用下巴指了指不远处的70度酒吧:"我也正在查完全种狼兽。"黑夜已经来临,华灯初上,整条酒吧街都热闹了起来,70度只是其中一家。

据赵谦说,他来云城之后只在这家酒吧待过,而从那天开始,他就被疯狗盯上了,甚至引得多处血族的栖息地被狼兽发觉。这种有计划的行事,并不是智商很低的不完全种可以做到的。所以司君怀疑,多年没有出现的完全种狼兽又出现在了云城。

夏渝州点头,他们想到一处去了:"这东西我们叫厄犬,传说古时候是狼妖的仆人,能给人带来灾厄。"

"厄犬。"司君咀嚼了一下这个称谓,"确实,不完全种狼兽就是完全种制造的。"

夏渝州歪歪头，示意下车："我们进去看看？"

"嗯。"司君应了一声，正要开车门，却被夏渝州一把抓住，"怎么？"

"你穿成这样去酒吧，不觉得诡异吗？"夏渝州让他看看自己的打扮。

白衬衫、黑西服，笔挺正统，脖子上还系着黑色领结，标准的晚宴装。穿成这样去泡吧，估计人家都不敢把他放进去。

司君抿唇，脱了西装外套，想了想，又取下了手套。

"哎，领结。"夏渝州伸手一扯。那领结是手工打的结，布料非常丝滑，轻轻一拽就开了，散开之后变成了一条垂感极佳的黑色带子，挂在司君脖子上，顿时显得放荡不羁了。

夏渝州："呀，给你弄乱了。"

司君看了看散乱的领结："你现在会系了吗？"

以前夏渝州也这么干过，拆开就系不回去了，偏偏司君马上就要上台表演。夏渝州慌乱了半天，最后像绑鞋带一样给他绑了个细蝴蝶结。好在那是学校的新年音乐会，大家只顾着看校草的脸，并没有人注意那鞋带样式的领结。那时候司君很认真地说："你要学会系领结。"

时隔多年，突然被问，夏渝州有一种没写暑假作业却被老师点名要求检查的恐慌感，转念一想，顿觉不对："我为什么要学系领结？"

司君沉默了片刻，没再说什么，就这么挂着一根带子下了车。

70度酒吧很是吵闹，门前的彩灯打在地面上，不停变换着图案。推开大门，震耳欲聋的音乐声扑面而来，音浪差点把人掀翻。

人头攒动，群魔乱舞。夏渝州被挤得站不稳，不由得握紧了手中的大宝剑，忽然看到了豹纹短裙，便碰了碰司君："那边！"

何顷穿着一身妖艳女装，顶着一头大波浪金色头发，正在雅座区跟人说笑。一名穿着大V领衬衫的男子一手端着酒杯，另一手搭在何顷身后的沙发背上，跟他亲昵地贴脸。

"君君哥！"何顷眼尖地瞧见了司君，立时挥手叫他俩过去。

"不太好吧？"夏渝州觉得这时候过去不合适，但司君似乎没觉得不妥，直接抬脚走过去，在圆弧形大沙发的另一边坐下。

"这是我的朋友，他们俩……"何顷笑着跟旁边的男子介绍，后半句说得很小声，夏渝州听不清，但男人的脸色明显好转，并友好地向他俩点头致意。

"这位是 70 度的老板，我俩刚认识的。"何顷又向他俩介绍。

原来是酒吧老板，夏渝州了然，怪不得司君要派何顷来打听消息，这人确实有本事，才多大会儿就跟老板这么熟了。夏渝州笑笑，正要跟老板打听这地方有没有哈士奇，一位男士突然大步跑过来。

"卿卿！他是谁？"男士指着酒吧老板，气得满脸通红。

何顷皱起眉头："哎呀，我现在不喜欢你了，我喜欢他。你总是抽烟，味道太差了。"

男士露出不敢置信的表情："你……"

酒吧老板嗤笑："兄弟，只是坐在吧里聊个天，你至于吗？"

何顷并不看那伤心欲绝的男人，转头张口，在酒吧老板的脖颈上来回试探，似乎在找下嘴的位置。那位男士终于死心，号啕着跑开了。何顷瞄了一眼，收起的血牙缓缓伸了出来。

夏渝州吓得屏住了呼吸，轻轻拉扯司君的衣袖："他这是……在进食？"

"嗯。"司君凑到他耳边，轻声回应，"刚刚那个吵闹的也是他的猎物。"

夏渝州终于明白何家人是怎么吃饭的了。跟想象中的暴力吃法很不一样，他们靠的竟然是虚假的情感。他们长得好看，随便勾搭一个，假装调情去咬人脖子。血牙咬人是不疼的，咬完舔舔，说咬重了有点出血，对方不会生气的。

但这么大庭广众之下……

"各位，我们的游戏马上就要开始啦！"舞台上，打碟的 DJ 突然开麦，场中掀起了一阵欢呼尖叫声，"我数三下，不管你身边的是男是女，去跟他亲密接触吧！"

"三！"

"这里每天都玩这个游戏，很方便。"司君的声音再次在耳边响起，"吃荤的来云城，都喜欢来这里。"

"二！"

"几年前有血族来玩，莫名掀起了咬脖子风潮，因此，大多数人在这个游戏里都会选择啃咬身边人的脖子。"

夏渝州还没反应过来，身边的家伙已经歪头蹭到了他脖颈边，温热的呼吸喷在皮肤上。

司君缓缓张开嘴，用伸出的尖牙轻轻触碰："我就这么咬死你吧，咬死你，你就不会再说讨人厌的话了。"

"一！"

尖尖的血牙隔着皮肤戳了一下脖子上的血管，要害被掌控的危险令夏渝州控制不住地战栗。夏渝州惊呆了，这话一点都不像司君会说出来的，这人是不是有点疯？他想说点什么来缓解紧张的气氛："你家不是吃素……啐！"

在 DJ 念出"一"的瞬间，司君竟真的咬了上去。

夏渝州感到一阵剧烈的疼痛，忍不住倒吸一口凉气。咬他的人根本没有用血牙，而是用普通的牙齿叼着他的脖颈肉撕咬。不流血，但是疼。

夏渝州本能地挣扎，想要推开他，却被他紧紧按着肩膀，动弹不得。

"夏渝州，我恨你。"含糊的声音从颈窝里传来。

恨吗……夏渝州停止了挣扎，任由收起了獠牙的大蝙蝠咬他泄愤。

乐声停止，DJ 笑着大喊："游戏结束！让我看看是谁还舍不得放开！"

大厅里充满了笑闹声，男男女女之间的气氛与刚才截然不同。整个酒吧的温度都变了，从 30 度升到了 70 度，热得众人都红了脸。

司君却在这时候松了口，连血族咬人之后习惯性的轻舔都没有，直接离开他坐直了身体，弄得夏渝州很是难受，像是按摩开背，经历了拉筋的疼痛之后，等着最后轻按爽一下，结果没有爽。

夏渝州摸摸被咬的地方，拿眼睛偷瞄司君："那个……"

"别说话。"司君端起桌上刚倒的酒，抿了一口。

明明是他咬人，这人怎么比被咬的还委屈？夏渝州轻轻叹了口气，也不敢说话了，抬眼看向何顷那边。

酒吧老板的脖子已经被咬出了两个小血洞，自己还浑然不知，一脸的享受。人家何三少就非常有素质，吃完饭知道顺手刷碗，伸出舌头舔走流到外面的血珠子，又舔了舔两个血洞。血洞肉眼可见地缩小，不再出血。

"哎呀,给你咬破了。"何顷捏着轻轻柔柔的少女的声音,满怀歉意地说。

先前还一副玩世不恭模样的酒吧老板看着何顷的眼神却不知不觉地变了,他语调异常温柔地说:"不要紧的,宝贝儿,你咬死我都可以。"

"我怎么舍得呢?"

"你真迷人。"

夏渝州身上的鸡皮疙瘩一颗一颗冒出头,他抖着胳膊看了看还在闷头喝酒的司君,悄悄往他身边挪了挪:"他俩没事吧?"

司君看了一眼辣眼睛的两人:"血牙毒液的作用,一时半会儿好不了。"

血牙毒液?夏渝州头回听说,血牙还带毒的:"他这毒液有什么功效?"

"何家的毒液是'倾心',让人心甘情愿……"司君继续解释,说到一半却说不下去了,狠狠地瞪了夏渝州一眼,"你为什么还能这么跟我说话?"刚刚被他咬了,这人怎么还能像无事发生一样跟他探讨学术?!

夏渝州眨了眨眼:"怎么,你的毒液是让人不能说话吗?"

司君端着酒杯的手微微颤抖。

夏渝州伸手托住杯底,叹了口气:"我都乖乖给你咬了,怎么还生气?"

这话说完,黏黏糊糊的血族和他的猎物齐齐看过来,旁边的司君被还没来得及咽下去的酒呛到了:"咳咳咳……"

夏渝州轻咳一声:"那个……老板,跟你打听个事儿,你最近有没有在酒吧附近见过一只哈士奇?"

老板目露警惕:"你们找哈士奇做什么?"

司君给何顷打了个手势。

何顷了然,推了推酒吧老板:"问你,你就好好回答。"

"哎,我这不是随口问问么。"酒吧老板立时换上了温柔的笑容,"因为我就养着一只哈士奇,前些日子捡到的,毛皮油光水滑的,可漂亮了。怎么,你这朋友丢狗了吗?"

"我想看看那狗。"何顷扭扭身子撒娇。

"好好好,看看看。"老板站起身,跟酒保交代一声,就带着三人往后院去。酒吧的后院不对外开放,是老板的私人空间,需要穿过后厨才能到达。

夏渝州跟司君对视一眼:"这毒够厉害的,话说你家的是什么毒?"

司君不理他。

夏渝州歪头看他,没看路,"咚"的一声磕在了后厨的不锈钢桌角上。鸡飞蛋打,他"嗷"的一声蹲下来,身后背着的大宝剑"哗啦啦"把人家桌上的东西都扫了下来。

司君:"……"

夏渝州可怜巴巴地抬头看他。

司君揉了揉青筋乱跳的额角,扔下几张钞票赔偿,再弯腰把他拉起来:"好好走路。"

推开后厨的不锈钢门,外面别有天地。跟酒吧里的喧闹完全相反,这里像是家安静的小咖啡店,露天的院子里摆着一组秋千卡座,支着一柄咖啡色的遮阳伞。旁边有个细铁丝做的笼子,看起来像是关狗的,里面放着食盆、水盆、尿垫,就是没有狗。

"哎,狗呢?"酒吧老板快步跑过去,检查狗笼子。

原以为哈士奇智商低,不需要太复杂的锁,他就弄了最简单的,只用一根小铁棍插着。如今,那插销被拨开,笼门大开。

"呜……"低低的咆哮声从秋千椅的另一边传来。

酒吧老板脸上一喜:"我就知道这傻狗跑不远。"他说着就往那边走去,刚绕过视线死角,忽然惊叫一声,连滚带爬地退了出来。与此同时,三只黑黝黝的疯狗流着口水从阴影中走出来。

夏渝州一惊,立时拔剑出鞘,却没出招。这要是以前,他肯定直接上了,但经历了黄昏路的流感,他不敢轻易在外面杀狗了。

然而,他不杀狗,狗却自己扑上来了。三只疯狗盯着他们看了片刻,走在最前面那只忽然朝司君冲过来。司君闪身躲避,夏渝州扯住他,自己换到前面,提剑自下而上劈斩,一剑斩断了狗爪子。

黑血喷溅,司君一把揽过夏渝州,堪堪躲过,没让血珠子沾到他们俩一丝一毫。然而那狗像是不知道疼,摔了跟头之后又爬了起来。与此同时,另外两只也扑了过来。

"那边！"何顷指着后厨那光可鉴人的不锈钢门。

大概是为了庭院的美观，酒吧老板将不锈钢门的这一侧贴了镜面膜。

"啊啊啊，快跑啊！"酒吧老板惊恐地大叫。

司君一把抓住他的后领，从口袋里摸出一支针剂，照着肩膀直接戳下去。酒吧老板的叫声戛然而止，身体软成了抹布，被司君单手提着塞进了狗笼子里。而何顷已经引着狗，直接钻进了不锈钢门上的镜中世界。夏渝州不敢耽搁，也跟着冲进去。

这镜子只能照到眼前的一方庭院，镜中世界就非常狭窄。三只疯狗进了镜中迅速膨胀变大，夏渝州刚冲进来就撞上了其中一只的脊背，他想也不想地一跃而起，照着狗脖子砍下去。

寒光过处，巨大的狗头直接被一剑砍断，咕噜噜地滚到何顷的脚边。

何顷穿着高跟鞋，跑进来还没站稳，被这狗头一绊，顿时摔了个大马趴。脸跟大张着的狗嘴对了个正着，他忍不住尖叫起来，一边叫，一边快速滚开。

夏渝州没想到无涯剑这么好用，本来他还担心这剑在镜中杀不了狗。

"吼——"另外两只狗看到同伴身首异处，嘶吼了一声，竟然开始后退。

司君也跟着进来了，银色月亮顿时升起。

两只本来已经怯场的狗看到司君，瞬间又有了精神，嘶吼着朝他奔去。司君拔出佩剑，挽了个华丽的剑花，银色光晕自剑尖荡漾而出。奔跑着的巨兽犹如被按下了减速键，从"百米飞狗"变成了"老年散步狗"。

"厉害！狗也能冻啊！"夏渝州轻甩无涯剑，将剑上的黑血甩掉，快步跑过去砍狗头。

慢动作的狗就是活靶子，夏渝州不费吹灰之力，咔咔两下砍了个干净。巨大的身体轰然倒地，两颗头颅咕噜噜地滚到了远处。夏渝州跑过去，蹲下仔细观察狗嘴，还伸手去拔狗牙。

"哎哎，你干什么呢！"何顷甩掉高跟鞋，跑过来抓住他的手腕，"不能碰的，要是磕破皮你就死了。"

不完全种狼兽的口水是带毒的，这种毒类似于狂犬病毒，人类一旦沾染上，有很大概率会得狂犬病，而对血族来说，这毒是致命的毒药。

夏渝州："啊？"

"把狼兽引进镜中，一是为了不让病蚊扩散，二是为了使用能力以免被伤到。"何顷指了指司君佩剑剑尖渐渐收敛的光华，"还是你们家的'镇静'好用，哪像我们家的……"

"你们是不是搞错了？"夏渝州挖出一颗狗牙，捏在手里看了看，"血族对这种疯狗的毒，应该是免疫的啊！"

何顷惊恐地看着他的动作，伸出涂了红指甲的手，指着他颤抖了半晌："你你你……"

司君走过来，皱着眉头掏出一条手绢："他们家血统特殊。"

"什么血统这么强？"何顷上下打量那拎着大宝剑挖狗牙、踢狗头的人，"啊，对，他是传说中的元古种！这也太厉害了，你要是跟他生个孩子，一定会是史上最强大的血族。"

正犹豫要不要递手绢过去的司君："……生不了。"

何顷："怎么，咱们跟元古种有生殖隔离吗？"

司君面无表情地看着何顷："他是个男的！"

何顷："……"

第十四章
负 责

"什么男的？"夏渝州抓着一把狗牙蹦过来。

司君看看他沾着口水的指缝，再看看自己没有戴手套的手，拿着手绢不知所措。

"男的。"何顷伸出细长的手指，点点夏渝州，再点点司君，最后用娇娇柔柔的少女的声音说，"你们两个臭男人，没一点用，还是香香软软的小姐姐好。"

小姐姐……夏渝州看看他贴了水钻的长指甲，又看看那几乎短到大腿根的豹纹裙："你怎么还惦记小姐姐？"

何顷换回了青年的声音，粗声粗气道："我一个直男，为什么不能惦记小姐姐？"

他，何老三，女装、伪声，但他是个直男，比埃菲尔铁塔还直。

"……行吧。"夏渝州无言以对，而后看向司君，想提醒他狗已经杀完，可以把"冻结"的能力收起来了，不要浪费了。

司君在他看过来的一瞬间低下头，用手绢擦拭佩剑，剑尖的光芒已经完全收敛。

夏渝州话没说出口，咂咂嘴："那什么……这里有六颗牙，咱们一人两颗。这三只狗怎么不会变蚊子？"

话音刚落，"嗡"的一声齐响，几十只蚊子忽然出现在空间中，更有无数黑色光点从狗尸身上逸散。何顷惊呼一声："哎呀，忘了烧了，快点快点！"

这个空间比较小，只有庭院和庭院墙头上的天空。密密麻麻的蚊子腾空而起，遮天蔽日，比在 ABO 广场那次看着还要刺激，因为离得近，且没地方跑。巨大的蚊子可不像狼兽那样对元古种敏感，它们无差别地冲着三人飞来。

夏渝州挥剑，寒光随着剑身横着劈出去。西式佩剑只能一只一只地戳，他这家传大宝剑却是可以放大招横劈侧砍的。让吹毛断雪的大宝剑来杀灭害虫吧！

"呼——"大宝剑穿过蚊子身体，劈了个空，而且因用力过猛，大宝剑刹不住车，狠狠地劈在地上，将一块地砖劈成了两截。

"怎么回事？"夏渝州踉跄了一下。

蚊子挥动翅膀，仿佛在嘲笑他不自量力，尖嘴对着他俯冲而来，却在距离他半米远的位置顿住。司君重新挥剑，大蚊子纷纷落地。

"你这剑杀不了病蚊啊！"何顷甩手，变出一把武器，"杀狼兽还不错。"

夏渝州无法，只能拿出含山氏的佩剑："你这狼牙棒不错啊，借我一根用用。"

不同于含山氏的佩剑，南国氏的武器瞧着就实用很多。那是一把像剑又像狼牙棒的东西，确切地说，好似根安上了铁刺的杀猪刀，砸、劈、砍都可以，用起来很是爽利。

"什么狼牙棒？"何顷优雅地转动手里的武器，给他看精致的玫瑰手柄，"这是玫瑰刺！"

南山氏的家徽是带刺玫瑰，这武器也是家徽变的。不同于含山氏的一对袖扣，玫瑰刺是单只的，没有多余的能借给夏渝州。于是，夏渝州只能继续苦哈哈地挨个戳刺。

一茬蚊子还没杀完，另一茬又生成了，三具狗尸源源不断地冒黑光，更糟的是司君的"冻结"能力到时间了。

"嗡——"失去了压制，蚊子们立时活泛起来，嚣张无比地升空。小小的庭院空间顿时被黑压压的蚊子遮住了穹顶，连天上的银色月光都透不进来了。

夏渝州侧滑一步，抬手戳死一只扑向司君的蚊子，横剑护在司君身前。他记得上回司君用完能力就反应迟钝了一会儿。

司君看着挡在身前的背影，眸色微暗，喘息两下喊道："何顷！"

| 负责

"哎,知道。"何顷咬牙,挥动手里的玫瑰刺,艳红色的光芒自尖刺上透出,迅速钻进蚊子们的身体里。

夏渝州期待地仰头看去,等着蚊子纷纷掉落的壮丽景观,然而并没有……那些蚊子还在继续飞行,但不再有目的地攻击,而是如没头苍蝇一般开始胡乱飞行。夏渝州眼睁睁地看着离他最近的一只蚊子与水平面呈四十五度角斜着身子,坠机一般地撞向地面。

"哎呀,就说没有你家的'镇静－冻结'好用。"何顷抱怨着,追着那些宛如喝高了的蚊子捕杀。

"这是什么能力?"夏渝州好奇,晃晃悠悠的蚊子对于他的接近并没有感觉,还在我行我素地表演空中特技。

司君缓过劲来,提剑开始杀蚊子:"'混乱',他家的能力是'倾心',到镜中就是'混乱'。"

这话说得太简略,但从上学时就习惯司君讲题模式的夏渝州立时就明白了。血族的能力跟他们血牙毒液的功能有关。

司家的毒液是"镇静",到了镜中就扩展为"冻结",能让蚊子动作变慢;何家的毒液是"倾心",到了镜中就扩展为"混乱",让蚊子晕头转向。

混乱的蚊子虽然不好锁定,但三人合力,还是在三分钟内将蚊子杀光了。何顷将一盒火柴扔给司君:"你来吧,我手软。"

司君接过火柴,点燃一根,弹到狗尸上。火星沾染到黑色的血液,迅速燃烧起来。

镜中一时安静了下来,只剩下尸体燃烧的声音。何顷捡起自己的高跟鞋:"下次杀了狼兽赶紧烧,我宁愿不要那些蚊子嘴,累死了。我们家这能力,简直了……"

贫穷的夏渝州不能理解贵族少爷不要积分的想法,还在认认真真地撬蚊子嘴:"'镇静'变成'冻结'还好说,'倾心'跟'混乱'怎么是一个东西呢?"

"本来就是一个东西啊。人要不是脑子乱了,鬼迷心窍,又怎么会爱上另一个人呢?"何顷穿上高跟鞋,轻轻抚摸手柄上精雕细琢的金属玫瑰,"倾心,本就是一场混乱。"

收拾完镜中世界里的东西,走出镜子,外面清新的空气扑面而来。夏渝州回头，见不锈钢门上的镜面一片模糊，应当是燃烧产生的烟尘。

"等会儿再擦吧，让烟散散。"何顷看了看门上的血迹，"不是吧，领主大人，这十万火急的，你还画了个完整家徽！"

门上有两个小小的血点，旁边是十分对称的血色诗琴。

"跟我二哥一样神经病。"何顷撇嘴，踩着高跟鞋将酒吧老板从狗笼子里拖出来，"来搭把手。"

夏渝州过去帮忙，将不省人事的酒吧老板放到秋千椅上，戳了戳他的额头："你给他打了什么东西？"

司君："镇静剂。"

何顷："他自己的口水。"

夏渝州："……"

司君不愿意直接咬人，就把血牙的毒液提取出来做成了针剂，随身带着。

何顷在对面的秋千上坐下："看来那狗是不会回来了，你俩走吧。"他的猎物，他得负责，总不好让领主大人留下善后。

夏渝州在园中浇花的水管子上洗干净狗牙，分给何顷两颗，又拿出两颗给司君。

司君单手插在口袋里，顿了一下才伸出手，手中放着一条折叠整齐的手绢。

夏渝州龇牙，这龟毛的家伙，给他东西还得擦干净。虽心里这么吐槽，夏渝州还是拿起手绢将狗牙上的水珠擦干，而后包住两颗递给他。

"我不需要，都是你的。"司君扯下脖子上挂着的领结带子，揣进口袋里，垂着眼睛，很是疲惫的样子。

"那多不好意思。"话虽这么说，夏渝州还是愉快地把四颗牙都收了起来。他抬头看向司君，脸上的笑容渐渐收敛，张口想说话，司君却转身离开了。

走出酒吧，司君解开车锁，低声道："上车，我送你回去。"

夏渝州看着他这样，脑海里回荡起那句"我恨你"，忍不住开口："那只厄犬已经知道你住哪儿了，它派这么多疯狗打听消息，可能就是为了杀你。你得小心点，别自己回去。"

司君缓缓抬头，看着他："夏渝州，我们是什么关系？"

又是这句话。夏渝州只觉得自己的思维在酒吧街的璀璨灯光下卷成一团乱麻："领主和大骑士的关系。"

司君愣怔了一下，漂亮的蓝色眼睛里渐渐有了笑意："大骑士要保护领主。"

"哦，"夏渝州点头，"我送你回去。"

司君摇头，拿出手机："今晚危险，领主需要贴身保护，请大骑士接一下骑士任务吧。"

"叮咚！"夏渝州的手机响了一下，血盟APP发来推送：

"云城领主发布骑士任务。"

夏渝州点开，查看任务内容：

"贴身保护领主一晚，任务奖励100积分，是否接单？"

100积分！接！夏渝州立时去点，接单标识却突然变成了灰色："点不动啊！"

司君微微抬着下巴等大骑士接单，闻言无奈低头，准备给他技术指导，自己的手机却突然响起来，系统提示："大骑士展龙抢单成功！"

下一秒，展骑士发来一条微信："领主，我马上到！"

司君："……"

又下一秒，展骑士收到系统提示："云城领主取消订单。"

司君拿着手机捣鼓了半天，约莫是低着头的原因，冷峻的脸颊微微鼓起，看起来好像在生气。

夏渝州看着他跟手机较劲，莫名想笑："怎么了？"

"系统坏了！"领主大人锁了手机，没再发布新的任务，也不说上车，就站在原地抿着唇，也不知道在跟谁较劲。

夏渝州歪头看他："那要不先欠着？"先执行任务，回头系统修好了再补发积分。

夏渝州的头发被刚才的激烈运动弄乱了，此时被酒吧街的强光照着，显得毛茸茸的，而因为他歪着头，尖牙变成了横向的，乍一看像一只歪着脑袋的猫仔。

司君盯着他沉默了半晌，点头。

车子开回司君住的小区，夜已经深了，院子里寂静一片。夏渝州握着剑，眼观六路，耳听八方，小心翼翼地把司君送到家门口，然而并没有看到一根哈士奇的毛。

"这么防着也不是办法，得尽快找到它才行。"夏渝州在楼道里转了一圈，以防那狗藏在消防通道里。

"明天就发布通缉令。"司君打开门，站在门边抬手请他进去。

"什么……通缉令？"夏渝州看着那敞开的房门，吞了吞口水，不知为何竟紧张了起来。

不同于郊区那座办公性质的大宅，这是一处独属于司君的私密空间。上学的时候，司君去过牙科诊所，他却没有去过司君的住处，一直对这个神秘领域充满了好奇。

"嚯！"刚踏进门，夏渝州就被眼前的景象惊了一下。

颇为豪华的大开间，目测有一百平方米。卧室和客厅之间没有墙壁，只有一个错层，站在客厅中央可以看到几级台阶之下的弧形卧室，以及卧室里那张临窗的大床。卧室有一整面墙是落地玻璃窗，躺在床上可以俯瞰半座城市的夜景。

宽敞明亮，没有私密间隔，也就意味着不欢迎访客。

"有什么不对吗？"司君走过来，递给他一杯红枣茶。

"没。"夏渝州接过茶杯，在沙发上坐下，"只是没想到，你的房子是这种风格。"

在他印象中，司君一直是刻板矜持的贵公子，郊区那座复古欧式风格的宅子才更符合他的气质。之前看到他开跑车已经很惊讶了，再看到这间大开大合式的公寓……有一种恍惚的割裂感，好像印象中的司君看起来跟实际上的并不是一个人。

司君给自己倒了杯红酒，在夏渝州身边坐下："你觉得应该是什么风格？大宅那样的吗？"

直觉这话说出来司君要生气，夏渝州没敢说实话："也不是。"

司君深深地看了他一眼，端起酒杯轻啜："这房子是上学的时候租的，工作之后就买下来了，想着……"

"嗯？"他话说一半停顿了，夏渝州转头看他。

"没什么。"司君又喝了一口,"你喜欢这个风格吗?"

"喜欢呀,看着真敞亮。"夏渝州靠在舒适的沙发上,端起茶杯喝了一口,"咦?"

甜而不腻的红枣茶,跟上学时喝的那种一模一样。打从跟司君关系好起来,这家伙就雷打不动地每天买两杯红枣茶跟他分享,这味道不管隔多少年他都能记得清清楚楚。

不是相似,而是一模一样。这让夏渝州很是惊奇,他不由得低头看。茶是从热水壶里直接倒出来的,没有任何配料,看不出什么,倒是装茶的杯子让夏渝州差点没端稳。

白色马克杯,什么多余的图案都没有,只印了几个黑色圆体字:"我会负责任哒。"卖萌的语气词,后面还跟了条波浪线。

"这杯子真别致,别人送你的?"视线怎么都无法从那萌萌的圆体字上挪开,夏渝州忍不住问。

"定做的。"司君伸出一根修长的手指,轻轻摩挲那行字,"以前聊天时某人说的话,我觉得可爱就拿来印杯子了。"

"是挺可爱的。"夏渝州喉头发紧,"女朋友吗?"

离开的这些年,他也想过司君可能已经娶妻生子,但那都是基于司君是个普通人的情况。打从重逢,知道司君是个身份特殊的血族之后,夏渝州便自动忽略了这个问题。

此时此刻,看到这稚气可爱的杯子,夏渝州才意识到,时间已经过去了五年,眼前这个成熟的男人大概已经经历过一段甚至几段感情了。只是这些喜怒哀乐,都没有他的参与。

摩挲杯面的手指突然顿住,司君:"你不记得吗?"

夏渝州转头看他:"记得什么?"

"没什么。"司君缓缓吸气,一口将杯子里的红酒喝干。红酒的酒劲不大,但一口气喝完还是会有点上头,司君冷白的肌肤迅速染上浅红,连带着左耳上的小痣也变得色泽艳丽起来。

小痣!夏渝州福至心灵,忽然想起来了,这话是他说的!

他们两人刚认识的那年寒假，夏渝州放假在家闲着无聊，就忍不住作妖，拉着弟弟偷偷去打了个耳洞。过完假期，他戴着一枚十分酷炫的骷髅头耳钉去上学。

"那是什么？"司君第一眼就瞧见了那枚多出来的东西。

"耳钉啊。"夏渝州凑过去给他看，"好看吧？"

司君皱起眉头："你是医生，戴这个不合适。"

夏渝州一听这话就不乐意了："怎么不合适了？病人瞧见我这么时尚，说不定一高兴，让我给他的牙雕朵花呢。"

司君还是摇头，一本正经地论述戴耳钉的种种弊端，以及不要随便对自己的身体做穿刺。夏渝州被他说得急了，一口叼住他的耳朵，威胁道："你再说，就给你也来个穿刺！"

面对突然扑到肩上的家伙，司君的反应有些迟钝："什么……哒！"

原本只是轻轻叼着，然而夏渝州试图说话，尖利的血牙一个不慎直接刺破了司君的耳垂。夏渝州从没有尝过味道这么好的血，一时有些愣住了。

司君也愣住了，僵在原地半晌，等夏渝州讪讪地放开他，才伸手摸向耳朵："你……"

"哎呀。"夏渝州手足无措地看着他，"出血了，咱们去医务室涂点酒精吧。"

耳垂被刺穿，冒出的血珠迅速凝结，变成一颗艳红的小痣。这是血族的特殊体质造成的，当时的夏渝州不知道，见司君一直捏着耳朵很委屈的样子，特别慌，磕磕巴巴地道歉。

司君狠狠瞪了他一眼，转身就走。

闯祸了。夏渝州很是愧疚。

接下来的几天，司君一句话都不肯跟他讲。打电话不接，发短信不回，两人又不在一个院系，想偶遇都不容易。

熬到第三天傍晚，夏渝州实在忍不住了，跑到教学楼底下堵人。司君刚上完课，走出二教，就被夏渝州一把拉到偏僻处。

"姓司的，你什么意思啊？"夏渝州单手撑墙，恶狠狠地逼问。

"什么？"司君站得笔挺，面无表情地回应。

"我把你的耳朵咬破了，是我不好，我道歉，但你也不能一声不吭地不理人啊！"夏渝州越说越来气，"不是说了咱俩天下第一好的吗？过了个寒假就不认了？"

司君把唇抿成一条直线："我需要冷静一下，这件事……"

话没说完，夏渝州已经把耳朵戳了过去，微凉的耳郭直接贴到司君的下巴上："给你咬回来总行了吧？"

蓝色的眼睛瞬间瞪大，司君整个人都僵住了。香甜的气息透过薄薄的皮肤传过来，诱惑着他一口咬下去。他鬼使神差地张开嘴，缓缓伸出了血牙。

夏渝州被司君呼出的气息喷得痒痒，条件反射地抽出耳朵："哎呀，哎呀，你还真咬啊！"

司君无辜地看着他。

夏渝州吞吞口水，视死如归地又把耳朵递过去："那你轻点啊！"

司君没再张口，看了他半晌："下次吧，等你准备好。"

回到宿舍后，夏渝州还没回过味来，不确定司君是不是原谅他了。他把头戳进被子里冷静了半个小时，再把手机拖进被窝，给司君发了条消息：

"咱俩是和好了吧？"

收到司君回复的"嗯"，夏渝州开心地在床上打了个滚，想想又发了一句："咬耳朵的事先欠着，我会负责任哒。"后面还加了条波浪线。

夏渝州看着司君翻出的聊天记录，上面清清楚楚地写着这行字，确实是五年前的自己发的，包括那条骚气的波浪线。他吞了吞口水："啊哈哈，那什么……我想起来了。"

司君冷眼看着他，慢慢靠近："真的？"

醇香的酒气迎面扑来，夏渝州微微后仰："真的。"

"那……你说好的负责任呢？"

司君一点一点逼近，夏渝州跟着一点一点向后倾斜，最后倾斜角度过大，身体支持不住，"扑通"一声倒在了沙发上。

司君眼睛一眨不眨地看着他。

夏渝州想说点什么，言语却哽在喉咙里说不出来，或许这时候也不该说什么。

他由着那伸出来的尖牙靠近耳朵,等着被刺穿的疼痛。

离得这么近,夏渝州能闻到红酒微苦的味道,像经年发酵的泪水缓缓濡湿了龟裂干涸的心田。一瞬间,他脑子里跑马灯似的想起了很多,狂灾里的纷乱、妈妈过世的哀恸、被学校劝退的茫然、父亲所说的夏家血族的命运与责任……

过去的种种如过眼云烟,不如就这么算了吧。自己只是个普通青年,应该正常地好好生活,天塌下来与我何干!

紧握的拳头松开,夏渝州轻轻抬手,拍了拍司君的后背,却不料力气太大,直接把跪着的司君给拍倒了,司君的下巴直接磕到了他那颗断了的血牙上。

夏渝州只觉得脑子"嗡"的一声炸开了,像有千万个锤子参差不齐地敲到脑壳上,从天灵盖麻到趾尖。他睁开眼,看不到人,满目鲜红如瀑布一般自上而下遮住了视线。尖锐的鬼叫从耳边撕心裂肺地呼啸而过,有如实质的恐惧没顶而来。

"呜……"夏渝州压抑地呜咽了一声,一把将司君掀翻在地。

司君猝不及防地被大力推开,没有支撑点的身体直接翻下沙发。修长的手臂磕碰到桌子,还没喝完的红枣茶打湿了地毯,水晶高脚杯碎成两段,马克杯原地转了几圈,"咔嚓"一声裂开了。

夏渝州回过神来的时候,身体已经站了起来,他看着坐在地上呆呆地望着他的司君,脑子里一片空白。夜风从落地窗外穿进来,吹得一阵透心凉,他这才发觉背后已经湿透了。

看着司君那双漂亮的蓝色眼睛从波光潋滟一点一点变得黯淡,夏渝州想安慰他两句,却怎么也说不出话来。

"对不起,是我唐突了。"司君哑着声音,低头捡起地上破碎的马克杯。

夏渝州缓缓摇了摇头,总算找回了自己的声音:"不是,我只是有点不习惯。"

"你……"司君站起身。

夏渝州脚步凌乱地走到门口,拿起挂在衣架上的无涯剑:"那什么……我先走了。"

"夏渝州!"司君撑着沙发翻身过来,一把抓住他的手腕,"你怎么了?"

"啊?"夏渝州轻咳一声,尽量让自己的声带放松,"家里还有个孩子等着,我不能保护你一整晚。"

"你在发抖。"司君伸手捏住他下巴,想正过他的脸看看,却被"啪"地一巴掌挥开。

"我说了我不习惯!"夏渝州咬着牙提高了嗓门,慢慢挣开被司君攥着的手,后退了两步。沉默半晌,他没敢再看司君的表情,转身离开。

下楼,穿过庭院,一直走到马路边,缓缓坐到马路牙子上。路灯照着司君那辆停在车位上的银色跑车,车身泛着无机质冰冷的光泽。街道上车水马龙,嘈杂的声音将坠入深渊的灵魂拉回了人间。

生理反应渐渐消失,夏渝州沮丧地挠头。刚才司君是想跟他和好吧?气氛那么好,马上就能咬耳朵还账,又被自己搞砸了,不知道这次他会生多久的气。

夏渝州掏出手机,点开跟司君的对话界面,打出一行字,又逐字删掉,重新编写。来来回回写了几次,还是那一句,他咬牙点了发送:

"我神经病,别跟我一般见识。"

发出去就后悔了,这横竖瞧着也不像人话,只得又补充一句:

"我不是冲你发脾气,刚才我是真的想还账来着。"

啊,到底在说什么呀!

夏渝州站起来蹦了蹦,破罐子破摔地直接发了条语音过去:"不是你唐突,我是真想让你咬的。你摔疼了没有?我在你车上画个符驱狗,你别擦掉啊!"

一口气说了一大串不带停顿的话,夏渝州龇牙,半晌,无力地叹了口气。自己这语言表达能力退化得不是一星半点,想当年,他可是能拿辩论赛前三的。

夏渝州放弃挣扎,咬破手指,在跑车的引擎盖上画了一个猫猫嘴。末了觉得不够完美,又加了一颗小尖牙。

他刚完成大作,手机上就收到了司君的回复:"嗯。"

嗯?夏渝州把自己发的那条语音听了一遍,不知道这个"嗯"回答的是什么。是"知道你准备好让我咬了",还是"摔疼了",又或是"你画吧"。

第二天早上,夏渝州一睁开眼就看手机,也没见到"嗯"字之外的第二条消息,便知道司君肯定还在生气。

"嘿，给你脸了。我还没跟你算当年的账呢，这就摆起谱来了！"夏渝州捏着手机，骂骂咧咧地下楼拿早餐。

血盟每日鲜的小哥来得特别早，箱子里已经放了两瓶新鲜的巴氏消毒血了，还附送了两根不透明的塑料吸管，非常贴心。

夏渝州在院子里的小桌前坐下来，把吸管的一端套在血牙上，慢悠悠地喝起来。特殊工艺处理过的鸭血没有了腥臭味，只剩下纯正的鲜香，着实比他自制的好喝许多。不用去菜市场买菜，也不用自己艰难地勾兑防凝固剂，坐在院子里就能直接喝到新鲜而干净的早餐，生活质量就这么提高了。

"爸爸，你看上去心情不错。"陈默拎着本书走过来，拿过自己的早餐喝起来。

"有吗？"夏渝州挑眉，这才发现自己的嘴角是带着笑的。

"你打算跟前兄弟叔和好了吗？"陈默的大眼睛忽闪忽闪，充满了求知欲。

"又胡说，什么前兄弟叔！"夏渝州伸手敲儿子的脑袋，高深莫测地吸了一口早餐，"我只是突然想通了，江山、美人或可兼得。"

陈默没听明白："咱家就开个牙科诊所，哪儿来的江山？"

夏渝州瞥了他一眼："你什么时候开学？"先前何予说，孩子身体没事了，开学就得跟新生一起上课。

陈默："……不用这么互相伤害吧。"

正说着，门口传来汽车停靠的声音。父子俩回头，瞧见一辆拉着好几个箱子的小货车，车上走下来一名中年男子："请问这里是夏天牙科诊所吗？"

夏渝州站起身："啊，送货的吗？"

"谢叔叔！"陈默惊呼一声，三步并做两步窜过来，"你怎么亲自过来了？"

"谢老板，久仰久仰。"夏渝州过去跟他握手，并仔细打量了一下这个男人。瞧着五十岁左右，五官周正，器宇轩昂。

谢先生正是帮夏渝州卖掉那两架治疗台并卖给他新款机器的那个人，今天是来送新机器的。他交代完工人卸货，便笑着跟夏渝州攀谈："我马上要离开云城了，刚好今天送货，就过来看一眼陈默。"

谢先生之前去附院谈生意，认识了陈默，便一直关注着这个不幸的天才少年。听说陈默出院了，他的第一反应是愤怒，那孩子明明已经病入膏肓，怎么能出院呢？直到陈默给他打电话，问起器械的事，并说自己有了新的养父，他还是很不放心，非要亲自过来看看才行。

"啊，其实还没治好，不过后续有医大研究所的帮助，不需要捐助了。"夏渝州拒绝了谢先生继续捐钱的行为。

谢先生点点头："有困难一定跟我说，我失去过一个儿子，不希望这种悲剧再发生。你爸爸真是个好人。"

夏渝州："关我爸什么事？"

谢先生："他愿意救助这么个生病的孩子。"

夏渝州嘴角一抽，知道这位先生误会了。他指指正监督工人安装的陈默："他爸爸是我。"

"啊？"谢先生不可思议地上下打量他。

夏渝州只得跟他解释，自己的骨髓刚好能跟陈默配上，见陈默家里实在不像话，索性好人做到底，直接将他带来了诊所。

谢先生不愧是生意人，愣怔片刻后张口就来："再生父母啊，也对。不过你确实太年轻了，我儿子要是活着，也就你这么大。"

……好好说话，怎么还占人便宜呢？夏渝州觉得这位谢老板有点欠揍："我知道你什么意思了。来来，儿子，叫谢爷爷。"

少年从善如流："谢爷爷！"

谢先生："不……不用了，还是叫叔叔吧。"

谢先生是个实在人，给夏渝州送来的是最新款，还免费升了一级配置，附赠了不少小东西。他安排妥当后也不多留，直接上车走了，只是临走前把夏渝州拉到一边，单独说了两句话。

谢先生问："小夏，你知道这孩子他妈的事吗？"

夏渝州努力回想在医院见到的那个女人："不是很清楚。"

谢先生皱眉："你可真是胆大，什么都不知道就敢把孩子带走。我听说，那个女的最近去沈氏制药闹事了，跟这孩子有关。具体什么情况我还没打听到，总之你自己小心点，别让那个女人连累了。"

沈氏制药。夏渝州还真知道这个名字，因为它实在是个很大的药企，牙科有几款常用药就是沈氏出的。好端端的怎么会牵扯上沈氏制药？莫非陈默生病跟他们家的药有关？

"儿子，你不会是沈氏集团流落在外的少爷吧？"

正研究诊疗机的陈默翻了个白眼，努力配合爸爸表演："说不准哦，我户口本上的那个爸总是怀疑我妈给他戴绿帽，没准这绿帽就是沈氏集团的霸总送的。"

夏渝州揉揉他的脑袋："啧，那可不得了，回头你要是发达了，不要忘了你爸爸我。"

陈默摇头："不了，我只愿投身黑暗之神的怀抱，金钱于我如粪土。"

夏渝州："……"

跟儿子沟通不了，夏渝州给何予打了个电话，问他知不知道沈氏集团的事。何予估计还在做实验，电话打不通。他想着问问司君，手指悬在拨通键上徘徊，最后还是缩了回来。那家伙还在生气，到现在也没发条消息过来，不知道到底是什么意思。

正犹豫着，何予回电话了，声音一如既往地温煦悦耳："沈氏集团，我还真知道一点。不过这事比较复杂，回头见面跟你说吧。"

听起来问题不大，夏渝州也就没再追问。他正要挂电话，何予又问了一句："渝州啊，你是不是跟司君和好了？"

夏渝州："啊？"

何予不好意思地笑笑："要是没有，当我没问。"

难得学长八卦一次，夏渝州很是惊奇："发生什么事了吗？"

何予轻笑："也没什么，就是早上遇见他，瞧见他车盖上的小猫嘴了。"

顿了一下，他又补充了一句："他特意指给我看的。"

| 第十五章 |
贴 膜

"他指给你看?"夏渝州难以想象那个画面。

何予也不说司君是怎么跟他展示猫猫嘴驱狗符的,只是笑:"难得见他做出这种举动,我就想着你俩是不是和好了。"

这话夏渝州没法回答,本来差点和好了的,但被他给搞砸了。

见他不说话,何予便识趣地不再追问,转而说起别的:"听何顷说,你们元古种对狼兽的毒液免疫,是吗?"

"啊。"夏渝州忽然意识到,何予跟那位女装大佬是兄弟。想起何顷的进食方式,他忍不住抖了抖,也不知道温文尔雅的学长平时是怎么捕食的,靠给人讲题换取咬脖子吗?

何予可不知道他在想这些有的没的,赞叹道:"元古种真是神秘又强大,改天能不能借我研究研究?"

夏渝州嘴角一抽:"学长,你这直接提出要切片我,不太好吧?"

何予轻笑:"哪里就切片了?我只借点口水,可以的话再借一管血。放心,血族的第一戒律是避世,绝不让普通人类知道血族的存在,要研究也是全程我自己研究,不会让任何人参与的。"

夏渝州打了个哈哈,没同意,也没说不行,跟学长确认了一下孩子的开学时间就挂了电话。

"不要相信医学博士的话，"趴在机器上撕泡沫纸的儿子提醒他，"他们说抽一管血，就是今天抽一管，明天抽一管，没完没了。"

"怎么，你被抽过？"夏渝州放下手机，过来调试机器。新系统的按键跟之前用的不一样，不过大同小异，摸索两下就会了。

"刚住院那会儿，本来医院就抽得厉害，老师还带着人来抽。我还以为这是新的治疗方法，把血抽干让那些坏细胞饿死。"陈默把泡沫纸扔出去，自己躺在治疗椅上回忆往昔。

抽血太多，他就苦中作乐，问老师是不是把血抽干再输点别人的血，他就能获得新生了。当时老师一本正经地告诉他，初拥已经失传，他只能靠现代医学治疗。那还是老师第一次开玩笑，让他震惊了好长时间。现在想想，老师并不是在开玩笑。

"他们好弱，其实他们不该叫现代种，应该叫退行种。为了缩起牙齿而放弃了独自生存的能力。"陈默咂咂嘴，舔了一下自己的虎牙，"还是我们厉害，嗒……"活动的牙齿根部勾连着血肉，舔一下，又酸又疼。

"别舔，"夏渝州把口腔灯扯过来，掰开陈默的嘴巴看了看，"你这两颗牙还没掉呢？"

"嗯。"陈默乖乖给看，"拔了它们吧，这两天一直晃来晃去的。"

夏渝州戴上医用手套，索性好好检查一番。两颗虎牙确实都活动了，左边那颗更严重些，将断未断的，只剩一点皮肉相连了。

新生的血牙很脆弱，而且新牙把旧牙顶出去时可能会产生疼痛感，早点拔了也好。夏渝州拿来工具，捏着左边那颗晃晃，再晃晃："其实还能等两天，你确定要拔吗？"

"确定……嗷！"一句话还没说话，陈默就看到了自己的那颗牙。

夏渝州给他冲洗消毒，继续说："拔了之后，你说话就会漏风了。明天开学，你怎么见同学？"

陈默："你怎么不早缩（说）？"

陈默："缩（说）……"

陈默："……"果然漏风了。

贴膜

夏渝州时刻谨记自己是个父亲,不能随便取笑孩子,于是慈祥地安慰道:"没事,你是天才,做出高冷的样子不与凡人说话就行了。你说是不是呀?"

陈默:"也素(是)。"

夏渝州:"你知道明天去哪里报到吗?"

陈默:"滋(知)道。"

夏渝州:"午饭吃刀削面吧,你吃蒜不?"

陈默:"次(吃)……"

好像哪里不对。陈默终于反应过来,看向一直逗他说话的夏渝州。

夏渝州一脸无辜地给那颗虎牙钻了个孔,用绳子穿起来:"呀,漏风挺严重啊,你看你这'zhi''chi''shi'都说不清了。"

陈默面无表情地看着他。

夏渝州吭哧吭哧地憋笑,最后忍不住了:"哈哈哈哈哈!"

"叮咚!欢迎光临!"有人进了院子,门口谢老板送给他的迎客玩偶自动发声。

"还没开业呢,这就有生意上门了?"夏渝州把穿好的牙交给陈默,自己走出去查看,"今天要是开张赚到钱了,爸爸带你去吃火锅。"

一名打着太阳伞、背着背包的少年正艰难地往墙上贴东西。

"干什么呢?"夏渝州走过去,拽住这明目张胆地贴小广告的家伙。

少年白白嫩嫩的还带点婴儿肥的脸上露出个软乎乎的笑:"夏骑士!"

"白星望,你这是?"来人正是还在惩罚期的白星望,夏渝州很是惊奇。他不是应该在ABO商场的电玩城里干活的吗?怎么跑来发小广告了?

"发通缉令。"白星望扬了扬手中的一厚叠彩页纸。

昨天晚上司君确实说过今天要发通缉令抓那只厄犬的,夏渝州以为是在APP里推送或者微信群里通知,没想到还真出来张贴了:"你们能随便发布通缉令?"

平时自己搞个APP自娱自乐也就算了,真把自己当统治者发通缉令,那就不合适了。

"还好吧。"白星望递了一张给他看。

A4 大小的彩页纸，红底黑字异常醒目。

"家中哈士奇不慎走丢，如图。若找到请立即归还，酬金五千元。联系电话：139……"

配图是一张手机拍的图片，背景是 70 度酒吧后院，看样子是从酒吧老板的手机里找出来的。

夏渝州："……你们管寻狗启事叫通缉令？"

白星望不好意思地笑了笑，他们要通缉的是一只狗，只能发寻狗启事了。那只完全种狼兽非常危险，到处制造疯狗，必须尽快找到它。发动普通市民帮着找，效率会高很多。

"行吧。"夏渝州把彩页纸还给他，"你这要贴到什么时候？"

"主要的几条街我都贴完了，特意拐到你这里来的。"白少爷龇牙，"我马上就开学了，惩罚期过去就得走，恐怕没时间过来贴膜。刚好今天有外出任务，嘿嘿。"

夏渝州挑眉："小小年纪，就学会上班摸鱼了。"

"适者生存。"白星望拍了拍他绿色 T 恤上的重瓣蔷薇，"这是我们青羊氏的信条。"

夏渝州乐了，请白星望进去。

陈默还在治疗椅上悼念他刚刚失去的牙，见有人进来，便立即起身，以免影响生意。待看清是个血族，他顿时失去了热情，自顾自地去角落里继续悼念。

"你拿着的是什么？"白星望好奇地凑过去看。

"这素（是）血族与普通人的分界线。"陈默认真答道，"掉了这颗牙，我就不再素（是）一名普通的十六岁骚（少）年了。"

"好厉害。"白星望十分捧场，"你说话漏风欸！好酷！"

夏渝州及时把两个小朋友分开："星望是来看牙的，你去给人登记一下。"

看牙？火锅！陈默立时收起精准计算过的、能把对方绊倒的小板凳，请客人坐到治疗椅上，并贴心地倒了一杯温水放在旁边，让他过会儿漱口用。夏渝州看了看那杯温度刚好的漱口水，很是意外，这小子显然做过功课，真是条贴心的小棉裤。

贴膜

夏渝州穿上诊疗服、戴上蓝色口罩,坐到医师椅上,拉过冷光灯观察病人的牙齿。说是要给人贴膜,其实他连现代种血牙的具体构造都不清楚,只能先装模作样地拿出冲洗设备清洁周围,隔着橡胶手套轻轻触碰:"这颗牙伸出来。"

两颗尖利的血牙同时伸出,白星望张着嘴不能说话,用眼神表示他无法做到每次只伸出一颗牙。看来两条控制神经是相连的。

夏渝州示意他保持伸出的状态,仔细观察,发现现代种的血牙表面是有弧度的,并不像他们那样直上直下。血牙根部有点像猫爪子,有一层比牙龈要坚硬的鞘,包裹着这颗尖牙。

"这可真是麻烦。"夏渝州皱眉。

"怎么,不能贴吗?"白星望紧张地问。

"能,贴膜没问题。"夏渝州叫儿子去拿耗材,自己捏着一颗伸缩牙来回看。他想了想,还是给司君发了条消息。

"白家小朋友来我这里给牙齿贴膜,不犯你们什么禁吧?"

等了半天司君也没有回复,就知道这个小心眼肯定还在生气。夏渝州龇牙,不回答那就是默认,不管了。

夏渝州用来贴膜的其实是补牙材料。他以前试过各种专业防牙酸的材料,对于血牙来说都没有什么用,必须用比较厚实的补牙树脂材料。先厚厚地刷上一层,用紫外线固化灯照射凝固,再拿砂轮一点一点地磨平,直到磨得薄薄的,看不出来,才算好。

"有任何酸痛感及时告诉我,不要忍耐,血牙可是很珍贵的。"夏渝州拿着紫外线固化灯,仔细地照着那颗糊了材料的尖牙,还时不时捏一下。

这跟平时补牙不一样。补牙通常都是补臼齿,先钻掉坏的地方再填上材料,用灯照一会儿,让病人咬合,再继续照,最后稍微修一下就可以做出合槽的牙。门牙和犬齿比较难补,因为这牙没法跟别的牙齿咬合,需要手工塑形。

贴膜不仅要手工塑形,还不能磨损原本的好牙,做工的精细程度相当于牙上雕花。

材料凝固得差不多了,夏渝州拿过镜子给白少爷看糊了一层材料的牙。原本修长纤细的血牙宛如打了石膏,厚墩墩的,锋利的尖角也被包圆了,看起来毫无攻击力。

"哈哈哈，好丑啊！"白星望真是个好顾客，看到这场景也不着急，只说，"牙尖一定要帮我磨得尖尖的，不然我可娶不来媳妇了。"

"谁找老公还看牙口啊，又不是买骡子。"夏渝州挑了一颗锥形磨头装到气涡轮手机上，调整转速。

"血族的传统。"小小年纪的白星望老气横秋地说，"我们家吃素，其实牙好不好都无所谓，但总有那些保守的姑娘，认为牙尖利的男人才有实力……咕噜噜……"

磨头靠近牙齿，将材料突出的尖角磨去，一边磨一边冲水降温，将白星望后面的话淹没在水声中。

"儿子，过来帮忙。"夏渝州把吸引器塞到陈默手里，让他帮忙把病人嘴里的水抽出来，"得赶紧招个护士才行。"他之前发在网上的招聘启事，也不知道有没有人看到，到现在也没有一个来应聘的。

"你在招聘启事后面留的什么电话？"儿子狐疑地问。按理说，发在网上的招聘启事，即便写得再不靠谱也会有人来询问的，这么多天一个电话都没有，那肯定是出问题了。

"诊所的座机。"夏渝州低头干活，磨牙声掩盖了陈默后面说的话。

刚才还一脸轻松的白星望这会儿一动也不敢动，因为他听到了陈默的后半句话："诊所的座机没有交费啊！"这么糊涂的牙医，会不会把他的血牙给磨平了？要是没有漂亮的尖角，他以后就娶不来血族媳妇儿了！

据说看牙医的时候，人会思考很多平时不会思考的事，婚丧嫁娶、生老病死。在砂轮打磨的焦煳味中，为了缓解压力，白星望只能盯着夏渝州的脸看。

一轮打磨结束，夏渝州停下手，对比了一下两颗血牙的形状："有感到酸疼吗？"

"唔。"白星望摇头，嘴里的水跟着呼啦啦地响。

水被水泵吸走后，他赶紧说话："夏医生，你家有女孩子吗？"

"干什么？"夏渝州挑眉，换了个更细的磨头。

"就是觉得你家里的人都长得挺好看。"白星望苍白的脸上泛起红晕，扭

| 贴膜

扭捏捏地说，"现在血族里适龄的女孩子不多，你家要是有的话，考虑一下我啊。"

陈默拿过喷枪往白星望嘴里滋水："没有，别打歪主意。"

有科学研究表明，人在看牙科的时候很容易被牙医吸引。一是因为牙医戴着口罩，只露两只眼睛，可以遮盖脸上的缺点，给人一种颜值特别高的错觉；二是因为脆弱的口腔被掌控，人会形成短时间的依赖心理，觉得对方温柔强大。其实都是错觉。

这小子是在调戏爸爸，为了火锅钱，陈默觉得自己有必要阻止客人说不恰当的话。

夏渝州好笑地听着儿子嘟囔，并没有阻止他冲水的行为，反正也是要漱口的："血族里女孩子少，你可以找个普通人类啊！"

"还是不了。"白星望起身把嘴里的水吐出去，惆怅地说，"虽然普通人类女孩子也有很多漂亮的，但那太不方便了，将来吃个早饭还得躲去厕所，太惨了。"

夏渝州还是第一次知道这规矩："避世戒律这么严吗？"

他大致看过现代种的戒律条款，第一条，避世，不得向普通人类泄露血族身份。现在看来，这个不得泄露的范围也包括了伴侣。

"是啊，青羊氏也有跟普通人结婚的，很不方便，还要接受血盟的监视。"白星望摇头，想了想那麻烦程度，还是算了，不值得为爱情放弃吃早餐的自由。

这么麻烦的吗？夏渝州愣怔了一下，藏在口罩后的脸上露出一丝苦笑。早知道这些，或许当年他跟司君就不会闹到那一步了。

当年他以为司君跟系花在一起了，还在他面前死不承认，以至于两人大吵一架，又引发了后续的一连串糟心事。早知道司君是血族，现代种又这么多乱七八糟的规矩，他绝不会怀疑司君跟系花有什么。

可惜世间没有那么多"早知道"。夏渝州叹了口气，打开气涡轮手持机，继续磨牙。虽然夏医生看起来很不靠谱，操作的手却稳得宛如机器人，自始至终没有给病人造成任何不适。

磨完造型、抛光、清理。夏渝州拿电子放大镜仔细瞧了瞧，确认每一个细节都到位了。为了让牙齿看起来美观，他还让白星望把血牙伸长，给连接处的"膜"

做了渐变薄的处理，过渡自然流畅。

夏渝州把水杯递给白星望，示意他吸一口水，确认血牙的小洞没有被堵塞，又叫儿子去便利店买了一盒冰激凌："来试试。"

白星望接过冰激凌，小心翼翼地吃了一口。

"哎，大口吃。"夏渝州看不过眼，抢过来挖了一大勺塞进他嘴里。

"唔！"白星望吓了一跳，鼓着脸含着冰激凌，身体僵直，拳头紧握，做好了迎接牙酸的准备。

一秒，两秒，三秒……牙齿安然无恙，冰激凌如棉花糖一般在口腔中慢慢融化。这是他作为一名天生血族从没有体会过的幸福感，白星望感动得几欲落泪。

陈默歪头看着白星望的反应，看到那张婴儿肥的脸上几度变化的夸张表情，再次确定现代种的智商有点低。

"怎么样？还酸吗？"夏渝州收拾好设备，摘下口罩，好整以暇地戳了戳白星望。

"不酸！"白星望又挖了一大勺塞进嘴里，快乐地打了个寒战，"大口吃真好吃！我要推荐我家老汉、哥哥、妈妈都来贴膜！"

确认了血牙的伸缩、啃咬、吮吸、味觉等功能统统没有问题，夏渝州满意地点点头。他拿过陈默记的账单递给白星望："材料费1000，人工费500，冰激凌20，一共1520元，感谢惠顾。"

白星望看到这昂贵的账单，皱起鼻子："别的不说，那盒冰激凌应该是3块钱吧？"

便利店里最便宜的盒装冰激凌，作为冰激凌爱好者，白星望对这些东西的价钱可是很清楚的。

夏渝州看了暗中加价的儿子一眼，笑道："在五星级酒店吃的泡面跟超市里的一个价吗？同样的道理，在牙科诊所里吃的冰激凌，也不能跟便利店里的一个价呀。何况这可是《神之脑》冠军给你买的冰激凌，没有黄牛在中间赚差价，你可是赚大了。"

白星望："……"

"开玩笑的。"夏渝州拍了拍没算明白账的小朋友，"其实是因为你是第

贴膜

一个顾客，给你打了五折。原本这种贴膜，价格是一颗牙1000元。你要是想按原价算呢，冰激凌就收你3块钱，一共是2503元。"

"不不不，20块的冰激凌很划算。"白星望赶紧掏钱，一点都不希望按原价算。

夏渝州愉快地赚到了第一笔钱，邀请白星望中午留下来吃火锅。

白星望听到火锅，眼睛一亮，而后又蔫了："不了，中午还得去集合点报到，大骑士要点名的。"

发通缉令这事是展大骑士负责的，他监督得相当严格。别的血族来帮忙有积分赚也就罢了，他们几个犯了错的免费劳工只有盒饭可领，惨兮兮的。

想想展大骑士那一丝不苟的模样，夏渝州同情地拍了拍他："回去记得帮我介绍客户，你介绍来的可以打折，另外我还给你2%的提成。"

"2%有点少了，1000块才给20。"白星望说话慢吞吞的，但讨价还价起来一点都不含糊，"至少给5%吧。"

"你小子还挺会打算盘。"夏渝州弹他脑袋。

"我们白家祖上就是做生意的，这里面的门道我都懂。"白星望拿起自己的伞，冲夏渝州露出个软乎乎的笑，挥手告别，临了又忍不住说一句，"你真的可以考虑来我们青羊氏哦，青羊氏大骑士有火锅补助。"

火锅补助，这福利真够清奇。

做了第一笔生意，父子俩出去美美地吃了顿火锅。回来诊所依旧冷清，毕竟还没有正式营业。夏渝州瘫在沙发上消食，而还处在幼崽恢复期的陈默强撑着帮他修改完招聘启事，就枕着他的腿睡着了。

夏渝州单手撸着儿子头顶的呆毛，翻开手机看了看，司君还是没有回复。上学的时候，司君在他眼里就是一只矜贵的小仓鼠，生气了就鼓鼓脸。现在则是一只河豚，戳一下就要炸。他头疼地叹了口气，回想以前司君生气时他是怎么哄的，虽然他大部分时候都没弄明白司君到底为什么生气。

不过生气归生气，问题总该回答吧！夏渝州皱眉看着一片空白的对话框。贴膜生意很赚钱，但要是犯了什么禁忌，今天一上午的努力就白费了。

"叮咚"，白星望突然发来一条消息。

"领主亲自来监工了，还叫我展示贴了膜的牙，好几个小伙伴都说要找你贴膜。这提成还算我的吗？（哭）"

司河豚君有工夫去看人家贴了膜的牙，没工夫回他消息，真是好忙啊。夏渝州乐了，回复白星望，只要报他的名字就算提成。

白星望高兴了，开始三百六十度全方位、无死角地展示自己的贴膜牙："看，这过渡多自然，根本看不出有膜。"说完，舀了一大口沙冰，嘎吱嘎吱嚼得欢畅，惹得小伙伴们纷纷投来羡慕的目光。

司横横之流的少年血族只是羡慕他能吃冷饮，几个成年血族就想得多了。血牙的好坏在血族代表着能力的强弱，拥有这么一口冷热酸甜想吃就吃的血牙，一定会受到异性的青睐。

司横横凑过去仔细看他的牙："一点都不酸吗？"

"一点都不。"白星望拿出手机，"来来，想贴膜的加群，我把地址发给你们，去店里报我的名字打八折。"

这边正热闹着，司君收到了夏渝州发来的一条消息：

"你没回我，我就当你默认了。已经给白星望贴完，效果很不错，领主大人要不要也来一个？给你打九折。"

司君："……"

夏渝州本来想问他有没有看到成品，但怕他恼羞成怒，就假装不知道，发这么一条消息逗他回复。然而下一秒，他就被白星望拉进了一个名为"血牙贴膜"的微信群。

"白星望：@夏渝州 这是店主，含山氏的。"

"系统提示：司君加入群聊。"

夏渝州："！"

不等他阻止，那边白星望又说话了。

"白星望：@夏渝州 这些都是我的朋友，他们去店里记得给打八折哦！"

"系统提示：司君退出群聊。"

没有注意到领主大人扫码进群又退出，白星望还在热情洋溢地推销贴膜业务。

夏渝州："……"前脚刚跟司君说给他打九折，后脚就暴露了给别人打八折的事实，明摆着坑钱。完了，这下彻底哄不好了。

| 贴膜

他不知道该怎么解释,尴尬得脚趾抠地,索性把手机扔到一边,眼不见心不尬。

哪知手机刚扔出去,就有电话打进来。腿被儿子枕着,手机在远方吱哇吱哇地叫个不停,夏渝州只能匍匐着迅速把手机抓过来,按下接听键。

"您好,是夏天牙科诊所吗?我看到你们发的招聘广告,想问问看。"那边听着是个年轻的女孩子。

夏渝州单手捂住儿子的耳朵,低声回复:"是的,请问您是什么学历?有没有工作经验?"

女孩子有些不好意思:"我大学本科五年级在读,暑假在医院实习过两个月。"

夏渝州告诉对方自己想招有经验的护士。牙科诊所刚开业,肯定要做促销活动,儿子明天就开学,没法帮忙了,他必须找个有经验的护士才能忙得过来。

女孩子却恳求他给一次面试机会,并表示自己暑假就是在口腔科实习的,也算有点经验。夏渝州想了想:"那你明天上午过来吧。不过丑话说在前面,大学在读,就算录取也只能给你实习工资。"

"好的!"女孩子很是开心,谢过夏渝州,并保证明天一定准时到。

刚挂了这个电话,又来一个,也是应聘的。这次更夸张,对方是医人口腔学院的大二学生,毫无经验,夏渝州直接拒绝了。

陈默被接二连三的电话吵得不安生,夏渝州叫他上楼去睡,他懒洋洋的,不想动,便蜷缩到沙发一角,拉起毯子把自己蒙了起来。

夏渝州龇牙,撸袖子准备把人扛上去,忽然有人敲门。他暂且放过懒儿子,过去开门,门外站着一名颇为眼熟的女人,她看到开门的是夏渝州,很是惊喜:"小夏,真的是你!"

"袁姐?"夏渝州认出了来人,这是他爸在诊所时的护士,比他大了三岁,还偷偷跟他告白过。不过他那时委婉地拒绝了,也没让他爸知道。

"是我!"袁姐很激动,抬脚进来,张嘴就要叙旧,却被夏渝州及时阻止。

夏渝州:"嘘——孩子睡了,咱小声点。"

袁姐脸上的笑瞬间垮了下来:"你……你都有孩子了?"

第十六章
哈 尼

夏渝州下意识地看了眼沙发上的鼓包,没有否认:"啊,臭小子不肯上楼睡。"一边说着,一边轻轻关上门,拉袁姐离开诊所,请她到隔壁店里喝杯咖啡。

咖啡店老板娘感冒还没好利索,缩在收银台后面不方便跟客人打招呼,瞧见夏渝州来照顾生意,便叫服务生送了碟瓜子过来。夏渝州不爱吃瓜子,因为血牙太长不方便嗑,就推到袁姐面前,顺便向服务生点了饮料。

看着比五年前更英俊成熟的男孩子,袁姐五味杂陈:"这才几年,没想到你都结婚了,是你上学时候喜欢的那个人吗?"

夏渝州眉梢一抽,这话没法接,就含糊地笑笑。

袁姐拍拍嘴:"哎,你看我这,哪壶不开提哪壶。当年你们都回老家了。"

回云城后,夏渝州跟以前的熟人都没有联系,也不清楚当年他爸是怎么跟别人说的,听到袁姐提及回老家,便知道他爸跟诊所员工说的不是出国留学。他问道:"当时走得匆忙,没来得及打招呼,我爸怎么跟你们说的?"

袁姐说起当年的事,忍不住叹了口气:"把你从派出所里捞出来后,你爸就开始收拾铺子,说惹了祸要回老家躲躲。"

他们诊所当时有五名员工,都以为是夏渝州打架得罪了有权有势的人,想着他们回去躲一段时间就回来了,谁知道一去不复返,连散伙饭都没有跟大家吃。

夏渝州端杯子的手一顿:"你是说……我爸头几天就关铺子了?"

"是啊。"袁姐点头。

当时夏渝州被抓走,夏爸爸最害怕的是儿子在里面饿死,毕竟拘留所提供的普通食物并不能满足血族的存活需求。等夏渝州出来,他马上通知员工关店,把工资、水电费等都结算清楚,于某天晚上带着全家直接消失。

怪不得那几天不让他出门,老夏自己却忙进忙出的……夏渝州拉起口罩遮住下半张嘴,以免自己情绪太激动,把血牙露出来。

看来自从他咬了人,老夏就知道事情要糟。可以前老夏不是这么跟他说的!他一直以为是因为他被袭击,老夏才放弃了牙科诊所的事业,带着他连夜逃跑。

"他们故意弄断你的血牙,肯定不是普通人类干的。"

"咱们必须尽快离开,诊所不要了。"

"你那个姓司的小朋友,别再联系了。"

这都是父亲说的,以至于周树记恨了司君这么多年,不仅因为那些人伤害了夏渝州,也为了这间诊所。老夏特别热爱牙医事业,这间诊所他经营了十几年,放弃诊所逃跑,在周树看来,就像在巅峰时期让他放弃电竞那般不可原谅。现在,知情人却说,老夏早在几天前就开始收拾了。

袁姐没有注意到夏渝州的神色变化,还在说着过去的事:"哎,说起来,你们走之后,还有同学来找过我。"

夏渝州抬头:"嗯?什么同学?"

袁姐见他这么关心,露出了不忍又暗爽的复杂表情,残忍道:"是个男生,很帅很白,问我你们去哪里了,让我有消息一定告诉他。"说着,自顾自地掏出手机,给他看那个男生的联系方式。

那一串熟悉的数字夏渝州倒背如流,正是司君的手机号码。司君……来找袁姐打听消息……

袁姐跟他表白的事,司君是知道的。有一次,别的女生给司君发暧昧短信,夏渝州就拿这个跟他比:"诊所的小护士跟我表白了,就那个最年轻、最漂亮的,你见过。我作为诊所的继承人,深受护士姐姐们青睐。只要嫁给我,整个牙科诊所就都是她的了。哎,幸亏其他护士都是大妈,不然非宫斗不可。"

不知道司君找到袁姐的时候是什么样的情形。

袁姐大力夸赞了这位帅哥对同学的不离不弃、情深义重，并暗示夏渝州，他喜欢的那个人没来找过他，人间不值得。

夏渝州哭笑不得："我知道。"

袁姐有些同情他："你结了婚，就不要再想这些了。我今天是路过，瞧见你诊所像是刚开业，需要护士吗？我在明山路的牙科诊所干，你这里要是缺人，我可以辞了那边来帮忙。"

有多年经验且熟悉的牙科护士正是夏渝州需要的，不得不说他有点心动，但想起这位女士跟他之间的那点小小纠葛，还是算了。

夏渝州："我是很需要，但袁姐太漂亮了，我怕我爱人不高兴。"

听了这话，袁姐顿时笑起来，羞涩又苦涩。

一杯咖啡喝完，夏渝州也把埋藏在心里、徘徊于舌尖的话重新咽回肚子里。袁护士还要回去干活，两人就没有多聊，在诊所门口分别。

袁姐很是感慨："渝州，你真的是我见过最好的男孩子，喜欢就追，不喜欢就直接拒绝，从不会吊着人。可惜英年早婚。"

这话夸得夏渝州十分心虚：没追过人，也不懂拒绝。至于英年早婚……

忽然听到推拉门打开的声音，夏渝州侧身挡住袁姐的视线："那我就不送你了，孩子还在屋里。"背在后面的手给儿子比画噤声、回屋的手势。

袁姐失落地离开，夏渝州如释重负地回屋。

"爸爸，你是不是拿我挡桃花了？"陈默已经醒了，继续兢兢业业地翻译先祖手札。

"养儿千日，用儿一时。"夏渝州摸了摸儿子的头。

"可惜前兄弟叔不知道，不然肯定会封我个挡桃花大骑士。"陈默颇为遗憾地叹了口气，宛如立了大功而不得帝王赏识的才子，只能对着老父感慨时运不济，命途多舛。

夏渝州："据说大骑士也能封骑士，不如我来给你个封号？"

陈默顿时来了兴致，抬起亮晶晶的双眼："好哇！"作为夏家这一代的嫡长子，他理应有个爵位。

夏渝州从兜里掏出一百块钱扔给他："封你做宣传骑士，去斜对面广告店做个'开业大吉，洗牙、补牙五折'的横幅。"

陈默："……"

支使了儿子去干活，夏渝州翻找出以前的账目。先前准备开业事项，他只大致看了一下余额和债务状况，没有仔细瞧。他快速找到他们离开前一个星期的收支明细，果然如袁姐所说，那个时候老夏就已经在准备关店了。

短期内清偿未支付的货款；将剩余金额退还给办了洗牙卡的顾客；水电、工资提前支付；一些比较值钱的耗材则折价卖给别的诊所。不过也能看出确实走得匆忙，有一些稀有耗材还没卖出去，估计按照老夏原本的计划，还需要至少三天时间处理杂事，但因为他被人袭击，计划被迫提前终止。

"你到底知道些什么？"夏渝州关上账目表，拿起前台桌上放着的工作身份牌。那是平时在诊所上班时每个人都要佩戴的，上面有姓名、职务和一张小照片。

"夏天 特级牙医"。

照片上是一名穿着白大褂的儒雅中年人，眉眼和夏渝州有七八分像，笑得一脸灿烂，甚至有些傻气。

"咱们家是最后一支纯种血族了。"

"不要紧张，没人知道咱们是血族，正常过日子就行。"

狂灾发生之前，老夏一直都是这么说的，让他们把自己当作普通人，积极地融入社会，认真生活。夏渝州也是一直这么坚信的，直到最近被那些现代种颠覆了认知。

现在看来，至少老夏当时知道有人要对他们不利。至于那些人是谁、目的是什么，老夏却没有留下只言片语，只简单粗暴地告诉他不要再联系司君。

不，或许是说过的！夏渝州皱眉，都那种时候了，老夏没必要瞒着他，一定说过什么，但他那段时间浑浑噩噩，有很多事都忘了，或许就包括老夏说的重要信息。

夏渝州起身走到治疗室里，慢慢地在治疗椅上躺下，打开冷光灯。耀眼的光直射人面，他从病人的角度观看牙科的仪器，缓缓吸了口气，然后轻轻舔了一下右边血牙的断面。

"嗡——"脑袋里忽然被杂音充满，片段式的记忆在眼前快速划过，夏渝州握着扶手的手指开始不停地颤抖。

"火种……必须……消失……"

"快点……有人……"

"州州！我是爸爸……"

"啊！"刺目的灯光消失，夏渝州倏然清醒过来，看到了周树炸起的红毛。

周树一把抓起他，张口就是狮子吼："你干什么呢？！疯了！"

夏渝州抬手摸了一把脸上的冷汗，觉得汗里掺杂了弟弟的口水，嫌弃地皱起鼻子。他拍开攥着领子的手，一点一点恢复顺畅呼吸："这毛病总得治过来。"

"那去找专业医生，自己瞎治什么？"周树气得原地跳起来，像只红毛猩猩一般边说边蹦，"之前给你找了医生，你看不上，说人家是骗子。你一个口腔科的，是铁棍捅耳朵眼开窍了，能比人家专业的心理医生强？"

"阿叔。"陈默推门进来，看到叔叔来了，热情地打招呼。

夏渝州咬牙低声道："孩子听着呢，闭上你的脏嘴。"

周树果然闭了嘴，呼哧呼哧喘着粗气。

夏渝州照着他的小腿踢了一脚："王八犊子，说谁捅耳朵眼呢？"

"你……"周树瞪大了眼睛，刚才是谁不让说脏话的！

夏渝州："你什么你？你来干什么？"

"阿叔跟我约好去打猎的。"陈默拎出柜子里的引蚊灯。

"总不能一直靠你养，我跟大侄子去打猎。"面对夏渝州疑惑的目光，周树撇嘴解释。

孩子们要自力更生了，夏渝州甚是感动，摸出兜里洗好的、司君给他的手绢，擦擦不存在的眼泪："你们去哪里捕猎呀？"

周树："我俩接了日常任务。明山路小学那边暴发流感，接任务的话有额外积分奖励。"

夏渝州："还有这种好事？我都不知道。"

周树："你个游戏黑洞，玩什么游戏都不肯研究，能明白才怪呢。"说着，打开任务领取界面给他看，里面有日常任务。

| 哈尼

这些任务提示了城中哪里病蚊集中，并用积分奖励吸引血族去病蚊暴发的地方为民除害。自己去杀当然可以，但先领任务再去杀蚊子，可以得到额外的积分奖励。

不同的区域，主要的病蚊种类有所不同，奖励的积分也不一样。像周树选择的这个"流感蚊"就是比较简单的任务，领取任务之后杀够一定数量的流感蚊，可以得到 5 积分奖励。

"真好，我也想领。"夏渝州掏出手机，考虑要不要跟着他们一起去。这时，他的 APP 上突然弹出一条推送：

"云城领主发布骑士任务。"

夏渝州："！"

"走呗。"时间还早，周树打算先带他们去任务点附近吃好吃的。

夏渝州捏着手机，轻咳一声："不了，我接到了一个新任务。"

"什么任务？我怎么没有？"周树凑过去看。

"到'哈尼'手工巧克力店购买一块巧克力并送到领主公寓，任务奖励 50 积分，是否接单？"

周树："？"

当着弟弟的面，夏渝州毫不犹豫地按下确认键。

"接单成功，请在一小时内完成。"

"啧，还有时间限制呢。"夏渝州苦恼地撇嘴。

"把你那飞起的眉毛收收再卖苦。"周树翻了个白眼，抖抖胳膊上的鸡皮疙瘩，拉着大侄子出门，"走走走，咱们走。"

夏渝州叫住他："别忙，等我一下。"说罢快速上楼换了连帽衫，拿了宝剑，挂齐一身行头，锁了诊所门，跟他们一起出去。

周树解开跑车锁："你不是接了骑士任务吗？怎么，忽然想通还是弟弟和儿子重要？"

夏渝州把陈默塞进狭窄的后座，自己坐到副驾驶座上："我看了一下地图，刚好顺路。你把我送到医大附近那条步行街，然后你们再去明山路。"

周树："医大在东边，明山路在西边，哪里顺路了？"

夏渝州:"你哥我要去,那就是顺路,懂?"

他们互瞪几秒,炸起的红毛慢悠悠地收回去,周树踩油门,开车。电竞场上所向披靡的喷火树神,对上自家哥哥却只有被欺负的份儿。

"乖。"夏渝州随口夸了弟弟一句,低头给领主大人发消息。

夏渝州:"大骑士为您服务,请问领主大人要什么口味的巧克力?"

这次终于有回复了。

司君:"原味,花生夹心。"

这么具体的吗?夏渝州没买过手工巧克力,还以为就分白巧克力、黑巧克力。回了个"OK"的手势表情,夏渝州收起手机,发现弟弟在偷偷瞥他,顿时龇牙:"好好开车。"

周树撇嘴:"你打算跟他和好了?"

夏渝州:"大人的事,小孩子别瞎操心。"

周树憋了半天,从后视镜里看向在后座委委屈屈地缩成一团的大侄子:"小默,鲁迅先生说过那句,不能为了爱怎么着?"

陈默扒着座椅靠背冒出半颗头:"不能为了爱——对前兄弟的爱,而将弟弟和儿子疏忽了。"

周树:"没错,真是特别有道理!"

夏渝州:"……都说了那消息不是他发的,你得放下对人家的偏见。"

罗马不是一天建成的,偏见也不是一朝一夕就能消除的。周树勤勤恳恳地说了司君五年坏话,真的、假的、编的、打听的,日日、月月、年年地说,已经有了思维惯性。

"没说不让你跟他好。"周树翻了个白眼,"你自己小心点,那伙人就算不是司君指使的,也肯定在他身边。在查出来之前,你得保持警惕。"

能接触到司君手机的人,必然跟他很亲近。查了这么多天了,司君也没查出个所以然来,足见这人隐藏得极深。

"我知道。"夏渝州从车斗里摸出一盒烟,拿出一根叼在嘴边,也不抽,只用血牙一下一下地在滤嘴上戳洞。周树说的这些他当然清楚,而且也知道这事很可能跟含山氏有关。

| 哈尼

车子靠近步行街，人流量增多，车速开始减缓。夏渝州单手搭在车门上："那天爸把我带回来的时候，我身上有打斗的痕迹吗？"

"没有，他去的时候，你就满身是血地倒在房间里。"回想起那天的事，周树忍不住皱起眉头，"他没见到那些人，猜测是血族猎人之类的鬼东西……你怎么不问爸去？爸到底在守什么墓啊？连个电话都接不了。"

周树踩下刹车，避让横穿马路的行人，步行街到了。

"山里没信号，打什么电话，别打扰他。"夏渝州下车，背起大宝剑，冲弟弟和儿子挥了挥手，便径直朝巧克力店走去。

任务详情里有店铺的具体地址，他点开地图照着走，不多时就找到了。

"哈尼手工巧克力"，粉底白字的招牌充满了少女心。穿着卡通围裙的店员招呼夏渝州，问他需要什么。

夏渝州看了看玻璃柜里的样品，再看看店里的摆设，顿时有了不好的预感："我要一块原味花生夹心的巧克力。"

店员拿出价格单给他看："我们的巧克力是要客人自己制作的，您要什么尺寸的，购买相应的材料就可以了。"

自己……制作……夏渝州看了看时间，离任务结束就剩四十分钟了："没有现成的吗？我给加工费。"

店员摇头："没有成品，柜子里这些都是蜡做的模型。我们会提供技术指导，很快的。"

这领主任务怎么这么费劲？！

夏渝州最怕麻烦，但既然接了单，就得负责任地做完。他撸起袖子："那快点吧。"

大概是头回看到做手工巧克力还这么赶时间的客户，店员欲言又止了好几次，等材料准备齐的时候，终于忍不住说了一句："给重要的人送巧克力，当然要亲手制作才有意义呀。"

啥？夏渝州后知后觉地反应过来，这个任务的背后，司君在向他讨要什么。

看了看手里的糊状材料，夏渝州轻笑："你说得有道理，该好好做一个才是。"

店员很是欣慰地点头，感觉自己又教化了一个毛头小伙，十分热情地开始指导夏渝州制作巧克力。材料都是半成品,不需要从头做起,只要搅拌均匀倒入模具,再加入花生夹心,最后速冻即可。

夏渝州挑了一个猫头的模型,抠出来一块掌心大小的巧克力。不过这模具比较简单,只能扣出个形状,没有更多细节。他又挑了一把刻刀,三下两下刻了个猫猫头出来,大眼睛、小鼻子、弯弯嘴,十分生动。

"您的手真巧,我可以拍张照吗?"店员赞叹不已,快步拿了拍立得过来,给这精致的猫头巧克力拍照,说要放到照片墙上展示。

夏渝州也很满意,自己的雕工又精进了,回去拿狼兽牙试试牙上雕花。他低头看了看时间,还有十五分钟……于是快速结了账,抓起包好的盒子就奔出门去。

司君从书籍中抬头,看了一眼手表,离任务超时还有一分钟。超过时限,严格的领主就可以给不守时的大骑士惩罚,罚他什么好呢?罚他给领主做晚饭,或者罚他给领主讲睡前故事,抑或……

不对,现在不是做这些的时候。司君垂下眼睑,手指划过纸张页面,还是罚他说句实话吧。

倒计时五秒,四秒,三秒……

"叮咚!"门铃响了。

司君:"……"

房门打开,露出了司君看起来不大高兴的脸。

夏渝州眨眨眼,笑道:"血盟外卖为您服务,这是您订的巧克力,请签收。"

司君伸手接过巧克力,静静地看着他,也不说话。

这人还在生气吗?下面该说什么来着?

吃了这块巧克力,做个不生气的河豚君……亲手做的猫猫头,生气你就啃一口……好像都不大合适,夏渝州挠头,忽然福至心灵:"满意的话,给五星好评哦!"

司君拿出手机,点了确认。夏渝州的手机上立时显示任务完成,积分到账。

房门慢慢关上。

"哎!"夏渝州抬手挡住即将关上的门,侧身挤进去,"别着急关门呀,不打算跟外卖小哥聊两句吗？"

司君任由他蹿进来，装了闭门器的大门自动关上，发出清脆的咔嗒声："外卖小哥不能私闯民宅。"

哟，竟然会接哏！夏渝州乐了："那你肯定没听说过，不正规外卖小哥入室作案的新闻。"说完，看热闹不嫌事大地盯着司君，等他恼羞成怒。

然而，预料中的事并没有发生。司君只是顿了一下，而后上前一步，将夏渝州挤在自己和门中间："你确定？"

夏渝州："！"

司君的手缓缓靠近，却被"啪"的一下塞了一瓶冰可乐。

夏渝州："巧克力店里送的，解腻。"

司君握住那瓶饮料，慢慢挪开了脚步。

夏渝州扬了扬手中的另一个袋子："我还顺手买了晚饭来，你还没吃吧？"说罢，自顾自地走到沙发区，盘腿坐到地毯上清理桌面。

茶几上摆着司君正在看的书，封面瞧着不大寻常，夏渝州瞄了一眼就被吸引住了——《血族生理构造与心理健康》，竟然还有这种书！

司君在他身后的沙发上坐下，打开可乐喝了一口。冰凉的碳酸饮料划过血牙，激得他闭了闭眼，默默把可乐放回桌上。

书是倒扣着的，夏渝州随手拿起书，翻开的那一页上有一句话被画了横线：

"血牙断裂会对血族的生理产生影响，因为血牙是求偶的重要工具，血牙断了会让血族自卑、恐惧、拒绝别人触碰……"

夏渝州指尖微颤，假装没看到书页上的东西，合上书放到一边，拿起桌上的可乐灌了一口。

"那个……"司君阻止不及，只能眼睁睁地看着夏渝州喝了他喝过的可乐。

夏渝州疑惑地回头，见司君盯着可乐，顿时知道他要说什么了，便哂笑道："又不是没喝过同一杯水。"

当年两人熟了之后，夏渝州就十分自然地喝起了司君的饮料，他认为这样才显得关系好。司君则默默接受了这个说法。

此时，司君漂亮的蓝眼睛里渐渐有了光亮，他重新拿起可乐，又喝了一口，再次冻得一激灵。

"回头给你也贴个膜吧。"夏渝州单手搭在沙发上,接过可乐瓶子仰头看司君。

司君:"打九折么?"

夏渝州呛了一下:"咳咳……打七折,领主专属超低折扣,行吧?"这人真是太记仇了,什么话都记着,什么事都要掰扯清楚。

司君抽了张纸巾,递过去。夏渝州伸手去接,却接了个空,那只拿着纸巾的手直接按在了他的嘴角上。骤然的接触,令夏渝州不由自主地绷紧了身体。大概是手指太长的原因,血牙被扫到的危险使人不安,兴奋又折磨。

司君眼睛一错不错地看着他的反应:"你的牙会影响生活吗?"

"不……不影响啊。"夏渝州尽力维持面部表情,克制着没去夺那张纸巾,"要不是血牙里有神经,我就把左边这个也磨短了。"

眼瞧着那只垂在身侧的手越攥越紧,指腹下的身体在微微颤抖,司君却没有收手的意思。他的指尖浮在那颗尖牙上方,哑声问:"是那天断的吗?"

夏渝州骤然抬手夺过纸巾,自己胡乱擦了两下,起手抖腕,将纸巾准确无误地丢进远处的垃圾桶。他抬眼,对上司君深蓝色的眼睛,叹了口气,单手撑着沙发从地上起来,跟司君坐到一起:"是。"

牙是那天断的,那些人拿着专业工具试图拔掉他的血牙。冷光灯、凿子、锤子、钳子……有的没的。

夏渝州不想说这个,换了别的有用信息来聊:"对了,我今天想起来一点。袭击我的人后来应该是被打伤了,流了不少血。"

司君认真听着,微微蹙眉:"应该?"

"啊,主要是我没亲眼看见。据我爸说,他去的时候,我衣服上都是血。"感觉到司君的胳膊骤然紧绷,夏渝州用手背轻轻蹭了蹭他的手肘,"不是我的血。"除了右边血牙断裂,他身上没有别的出血伤,而牙齿断裂,是不会出这么多血的。

手臂上紧绷的肌肉被安抚,司君放松下来:"你爸爸还看到什么了?"

夏渝州摇头。老夏没见到人,也没发现什么有用的证据,甚至都没有报警。那家快捷酒店早就没了,如今改成了一家KTV,无从查证。

这些司君都知道："我可以跟你爸爸通电话吗？"更多的细节，还是他跟老夏确认一下比较好。有一些血族的特殊标志，夏家人可能不了解、没在意，但司君清楚。

夏渝州苦笑："通不了。"

司君听出不寻常来："你爸爸……"

"没了。"夏渝州低头，沉默片刻后又补充了一句，"约等于没了。"

虽然不知道"约等于没了"是什么意思，但总归不是好事。司君低声说了句："抱歉。"

夏渝州抬头，对上那双蓝眼睛，深邃的眸子里满满都是自己的倒影，他愣怔了一下笑道："这有什么好抱歉的，你们家这说话方式……"

"叮咚！"门铃突然响了。

两人对视一眼，夏渝州举手表示自己没有点外卖，司领主也没有邀请夏骑士之外的人。

司君起身去开门，莫名不放心的夏渝州也跟着过去。透过猫眼，看见门外站着一位身材肥硕的大妈，手里牵着一条乖乖的小比熊犬。

司君开门，不等他说话，大妈就热情地自我介绍："我是你楼上的邻居，路过这层，瞧见这狗在门口转悠，想问问是不是你家的。"

司君看了看那只比熊，摇头。

"不是这只，这是我的。"大妈笑笑，侧身让开，露出了蹲在她身后的狗，"这只。"

黑白相间的哈士奇！厄犬！血族全城发寻狗启事都没找到的厄犬！

夏渝州一把将司君拽到身后，剑在沙发上来不及拿，就随手抄起一只带手柄的鞋拔子："危险！"

"怎么了？"养狗的人通常会有一种"狗都不咬人"的错觉，哈士奇又是出了名的没有攻击性，大妈慢悠悠地回头，"这狗看着挺乖的啊。"

乖乖蹲坐在地上的厄犬眼睛一直盯着司君，十分人性化地咧嘴，露出似笑非笑的神情。下一秒，它突然一口咬住了无知无畏，还在它身边摇尾巴的比熊。

"嗷呜——"比熊凄厉地惨叫出声。

"波比！"大妈惊呆了，也不管会不会被哈士奇咬伤，一心要救自己的爱犬，扑过去就要徒手掰狗嘴。

哈士奇紧紧咬着比熊蹦跳着后退，还残忍地甩了两下，不等大妈碰到它的嘴，便狠狠地将口中的比熊甩飞，直朝夏渝州的脸砸去。

大妈转而扑向夏渝州，庞大的身躯将狭窄的门瞬间堵死。那边厄犬窜进消防通道，眨眼间不见了踪影。

比熊没能被大妈接住，摔在地上抽搐不止。它的背部被哈士奇的利齿咬穿，雪白的狗毛被鲜血染红，触目惊心地打着绺。

"呜——"比熊低低地呜咽了一声，突然自己弹跳起来，不等大妈抱住，就被夏渝州一脚踢开。

"你干什么？！"大妈尖叫着捶打夏渝州，壮硕的身体孔武有力，连推带打，直接把夏渝州给掀翻了。

司君稳稳地接住他，侧身闪避大妈的拳脚。

"为什么踢我的狗？！"大妈一脚踢空，哭喊着转身去捡狗。那狗不用她捡，自己已经原地翻身，流着涎水，如离弦的箭一般冲过来。

被厄犬咬伤的普通狗会在短时间内转化为疯狗，也就是所谓的不完全种狼兽。此刻的比熊已经不是原来的比熊了。

"小心！"夏渝州挣开司君的怀抱，翻身闪到前面，还没来得及劈下鞋拔子，便被比熊狠狠咬住了小臂。

"渝州！"司君目眦欲裂。

"别过来！"夏渝州低喝，阻止两人靠近。鞋拔子在空中换手，从侧面穿针似的插进狗嘴里，用力一撬，但听得"咔嚓"一声，狗嘴松开，鞋拔子也断了。夏渝州垂下手臂，原地不动，冷眼看着那疯狗。

它身上的毛已经被口水和夏渝州的血尽数打湿，双眼赤红，嘴里发出低低的咆哮，宛如从炼狱里爬出来的恶鬼。身后的大妈已经吓傻了，呆愣半晌，颤声喊道："波比？你怎么了？"

听到主人唤它的名字，疯狗有一瞬间的呆滞，而后继续咆哮。

夏渝州伸出三根手指。

"三。"疯狗迟疑地后退。

"二。"疯狗的咆哮声消失。

"一。"好像被什么东西烫到了一般,疯狗突然大张着嘴倒地打滚。

拦住再次试图靠近的大妈,夏渝州倒吸一口凉气:"哒——它已经是只疯狗了,别过去。"

经历过狂灾的人都知道要远离疯狗,即便那是自己最亲近的小宠物。大妈终于找回了理智,推着夏渝州和司君快速进屋,反手关上了门。她趴在猫眼上,哭着看外面抽搐发疯的狗,哆哆嗦嗦地拨打报警电话。

司君面色铁青地拿出医药箱,托着夏渝州受伤的手臂查看。

白皙的手臂上被咬出两个血洞,黏腻的口水混合着鲜血,接触到空气迅速变成了焦黑色,呈蛛网状爬满了小臂。夏渝州觉得沾染到口水的皮肤像是被腐蚀了一般,疼得他整条手臂连同指尖都开始哆嗦。

司君拿出医用酒精棉,稳而快地擦去那些黑色物质。擦掉的瞬间疼痛感就减轻了,夏渝州笑道:"这玩意儿还挺蜇人,肯定是强酸。"

司君瞪他,咬牙低声骂他:"你不要命了?拿胳膊去挡。"

"没事。"夏渝州浑然不在意,"我又不怕疯狗……嗷!"话没说完,司君拿生理盐水对着血洞冲洗,疼得他直接叫出声。

大妈哭着走过来:"小伙子,刚才谢谢你啊!你这……这可怎么办?"被疯狗咬伤,十有八九是要得狂犬病的,得了病的都救不回来了。

"哎,别哭别哭。"夏渝州哆嗦着解释,"我在国外打过特种疫苗,死不了的。不过这事不能让别人知道,属于国家机密。"

大妈听得一愣一愣的。

门外响起脚步声,小区物业率先赶了上来,拿铁丝网扣住了倒地不起的小疯狗,并拍响了入户门。

大妈顾不得他俩,开门冲出去看自己的狗。不得不说,疯狗的生命力真旺盛,它竟然还活着,虽然嘴角溃烂,但依旧坚强地试图咬人,上牙把铁丝网刮擦得嘎吱作响。

不多时警察也来了,要把疯狗直接杀死。没等司君开口,大妈先扑了过去:"别杀,它还认得我,说不定还有救。"

"哪儿就认得你了?"警察很是无奈,"你们有没有被疯狗咬到?被咬的马上去医院隔离观察。"

"波比!波比!"大妈光顾着喊狗了,不让警察带走,非要带到宠物医院去。

"没,我们及时躲进屋里了,都没有被咬。"夏渝州提前把袖子放了下来,遮住了伤口。刚才匆匆冲洗并没有彻底冲干净,他清晰地感觉到有一滴毒液钻进了血肉里,钻心的疼痛骤然袭来,激得浑身哆嗦了一下。

"别让警察看出来。"司君侧身挡住警察的视线,蹙眉看着冒冷汗的夏渝州。

被疯狗咬了就得隔离治疗,到时候他疯还是不疯,都是问题。

冷汗流到鼻尖上,夏渝州咬牙:"我尽量。"

"不要胡搅蛮缠,我们下去到敞亮的地方再观察一下,包括你们三个。"警察说着,示意大妈和他们两个跟着下楼。

夏渝州深吸一口气,刚要迈出脚步,忽然被司君按住肩膀。司君侧头,张口,尖锐的血牙叼住了他脖颈上的皮肉。

"我给你一点'镇静'。"司君轻声说着,不等夏渝州同意,尖锐的利齿就刺破了肌肤。

"嗯。"夏渝州闷哼一声,只觉得脖子上麻了一下,手臂上钻心的疼痛随即消失,连被大妈捶的地方都感觉不到疼了。他头回明白了广告词里的形容,那当真是腰不酸、腿不疼,一口气打五只疯狗不在话下。

警察好不容易劝服了大妈,抬头叫那两个小伙:"你们俩……"

两个小伙……一个在啃另一个的脖子。

警察同志伸出去的手僵在了半空中。

第十七章
挑衅

"嗯咳！"被呛到眼睛的警察叔叔大声咳嗽，提醒两个小年轻，大庭广众之下要注意影响。

饶是夏渝州脸皮再厚，对上人民警察那刚正不阿的眼神，还是觉得尴尬。等司君站直身体，夏渝州的脸已经红透了。作为一个常年处于贫血状态的血族，能红成这样很不容易。

反观司君，一副无事发生的模样，冷静、矜持、端庄，警察要不是亲眼看见，都怀疑刚才啃人脖子的不是他了。

他们跟着警察下楼，大妈还在争夺铁笼子，坚持要给宠物狗看病。警察拗不过她，只能一起先去小区门口的宠物诊所。

诊所里的兽医一开始热情相迎，却在看到笼子里的狗后马上后退："这狗已经疯了，没救，快拿走！"说罢，迅速掏出一瓶消毒喷雾，在周围一通狂喷，"赶紧出去！变种病毒能靠飞沫传播，这个瞧着很像，我这店里还有很多动物的！"

还没等大妈描述病情，兽医就把他们赶了出来，并死死地关上了推拉门。

警察不再由着大妈胡闹，直接把狗打晕扔进笼子里带走，并检查他们几个有没有被狗咬伤。

夏渝州向大妈示意不要乱讲，等警察看过来时，立马扬起笑脸："警察同志，你看我们这身上干干净净的，都没有被咬。这位阿姨也是很理智的，在发现狗已经疯了的时候，就直接推着我俩进屋了，没让狗伤到人。"

大妈还在哭泣，根本没听夏渝州说了什么，只拉着警察说："是那只哈士奇咬的！必须找到那只哈士奇，叫它的主人赔偿我，呜呜呜……"

警察："什么哈士奇？"

哈士奇才是这一切的根源。大妈这会儿回想起来，才发觉那只狗很是诡异。她原本乘电梯上楼，电梯在司君住的这一层停了，门打开却没有人，只有一只狗冲她叫唤。她以为狗狗找不到家了，就出来问它怎么回事，没想到直接被狗领到了司君家门口。

夏渝州知道司君不爱解释，怕被误会，赶紧抢着开口："真不是我们家的狗，我俩都讨厌这玩意儿，肯定不会养的。"

司君看了他一眼："嗯，不是我们家的。"

警察听了前半段描述便立即要求保安调出监控查看。夏渝州也要跟着去，被司君拉住，落后警察几步。

"怎么了？"夏渝州疑惑地看向他。

"你的胳膊，"司君皱眉，"把伤口吸一下。"

伤口没有清理干净，还有疯狗的毒液，刚才突然的疼痛就是残留的毒液造成的。司君给的镇静效果只是让他不疼，并不代表伤口好了，必须尽快把毒液吸出来，以免造成更大的损伤。

夏渝州看了一眼走在前面跟保安讨论问题的警察，快速撸起袖子，露出两个牙洞。司君抬手想帮他挤一下，却被夏渝州轻巧地避开。

"你别碰。"这种毒液对脆弱的现代种来说是致命的，这点夏渝州还记得，分毫都不能让司君碰。他把伤口凑到嘴边，大力吸了两口，"呸"的一声吐出来。毒液混合自己的血，变成了一种不明物质，又苦又咸还蜇嘴。

警察回头看他。夏渝州立马装作随地吐痰的样子，用力"啊呸"了一口到草地上，末了还用袖子抹了一下嘴。

警察："……"现在的年轻人，素质真的有待提高。

司君的手绢没来得及递出去，只能跟夏渝州一起承受警察的白眼。

那只哈士奇是从消防通道跑下去的，不确定它拐向了哪一层，只能逐层调出监控看过去。结果显示，这狗一路跑到地下车库就不见了踪影。车库里没有那么多摄像头，可参考的只有出入口的状况。现在车库里情况不明，物业赶紧通知住户先不要进入，马上找专业人员进去排查。

夏渝州不抱希望："估计已经跑了，出入口有监控死角，而且那狗智商高，也可能钻进哪家人的车里被顺带着带出来了。"

司君认同他的说法："完全种狼兽有智慧，堪比人类，跑了很难抓。"

"堪比人类？"要是真有人类的智慧，那它应该知道血族在到处找它，还专门跑到云城领主的门口扔狗……这迷之行为，夏渝州有点参不透。

警察交代保安继续看监控，一旦发现疯狗的踪迹立马上报，自己则站直身体准备收工。他转头瞧见那两个人头挨着头嘀嘀咕咕，忍不住打断他们："今天晚上不安全，街上多了很多疯狗，你们没啥事就快点回家吧。"

司君蹙眉："很多？"

警察："啊，刚接到的消息，这边还有西边都不安全。特别是明山路，已经快成灾了。"

夏渝州一惊："等等，您说明山路？"

明山路，正是周树带着陈默去打猎的地方——今天 APP 标出的重点捕猎场所，还有任务奖励的。

"叮！"两人的手机同时响起，是血盟 APP 的推送：

"明山路猎场出现大量不完全种狼兽，有血族被困，请求帮助。"

糟了。

"走走走，上楼！"夏渝州抓住司君的袖子直接把人拖走。得尽快赶到明山路去，那俩人杀一只蚊子可以，杀一只疯狗也还行，但很多只就危险了。无涯剑还在楼上，他得先上去拿剑。

司君任由他拖拽，回头跟警察说了一句："可以的话，请不要就地处决这狗，交给捕犬队吧。"

"行了，你们就别管了。"警察摆手，也不知道听没听进去，示意他们快点走。

大妈却没有走的意思，坚持要跟警察一起，看着他们把狗交给捕犬队，让专业人士确定这狗还有没有救。

出了监控室，夏渝州小声地问："怎么，捕犬队是你们的人？"

司君摇头："是官方组织，但何予给相关机构提过意见，那边的处理方式会好一些。"

也就是说，捕犬队杀死疯狗的方式是经过"专家教授"何予纠正的，相对来说会减少病蚊的传播。

明山路猎场位于一家银行的装饰外墙上。这家银行是云城分行，楼宇相当气派，连一楼的装饰外墙都是镜面玻璃。银行前面是一个小小的广场，用于客户和员工停车。此刻，小广场被闪着彩灯的捕犬车封禁，几名穿着防护服的专业人士正拿着工具捕捉到处逃窜的疯狗。

"汪汪汪！"捕犬车铁网罩着的后厢里关着至少五只疯狗，一只只红着眼睛咆哮、撞击笼子。

司君的跑车无处停放，只能放在广场边的非机动车道上。

夏渝州跳下车，立时被穿着防护服的人喝止："快离开，这里危险。"

正说着，一只疯狗逃窜而来，从这位说话的捕犬队队员裆下穿过，直冲夏渝州而来。夏渝州拔剑出鞘，没等他砍过去，那狗一个急刹车，漂移转头，强劲有力的屁股把队员绊倒，着急忙慌地跑了几步，最后被兜头而来的大铁网罩住。

"最后一只，搞定！"拿网的队员舒了口气。

看这捕犬队的打扮，像是消防那边组建的，护具专业，捕狗技术一流。

夏渝州把那位摔倒的队员拉起来，转头四顾，没看到弟弟和儿子的踪影。

"不要过去。"这位队员谢过夏渝州，立时伸手拦住试图靠近的司君，"我们还要排查一下有没有漏网的，这里不安全，你们快点离开。"

夏渝州看向司君，司君示意他看玻璃墙。

银行的玻璃墙是黑色的，乍一看乌突突的不明显，定睛再看，这才发现里面有影子在动。夏渝州往旁边挪两步换了个角度，借着路灯的光看清了里面的情形，不由得倒吸一口凉气。

玻璃墙中不止一条膨胀变大的疯狗，别的看不清，但周树那一头显眼的红毛就像黑夜里的灯塔，无比醒目。周树也看到了哥哥，疯狂比画手势让夏渝州快过来帮忙，他们要支撑不住了。

这个镜中世界很大，镜子深处的高台上站着手持不同武器瑟瑟发抖的两个现代种少年，和稳如泰山甚至面带兴奋的陈默。

"阿叔，我知道这个！先祖言，傀儡犬，畏吾血，柳枝沾血驱之，宝剑沾血杀之。"

周树一边躲着巨兽的大嘴，一边大喊："先别忙，等你爸进来，我们没有宝剑！"

"那是什么？"捕犬队的人见他俩往那边看，也顺着看过去，顿时瞧见了镜中的红毛。

"投影，估计对面楼上那家在看电影。"夏渝州浑然不在意地挪开视线，转过头来跟司君眼神交流。

"瞧着是大片啊。"队员努力辨认画面，"嚯，那么大的怪兽。"

周树见有人看过来，赶紧奔回镜子深处："这些人怎么还不走？！"

"吼——"被耍了半天的巨兽失了耐性，赤红的眼睛紧紧盯着台上的三个少年，后爪刨地，伏低身子准备冲刺。

陈默握着含山氏的佩剑，慷慨激昂地说："来决一死战吧，低等生物！"

少年身形单薄，手持纤细佩剑，"狗临台下"而不惧，振臂高呼，颇有万夫不当之勇。几只巨兽也感觉到了这种难得的勇气，决定给他表现的机会，咧嘴龇牙，一拥而上。

站在陈默身边的两名血族少年显然欣赏不来这种英雄气概，司横横双手握剑，下意识地闭眼，白星望则直接躲到了陈默身后："啊啊啊！"

周树也被这中二行为震住了，咬破指尖将血抹在剑身上，横劈一剑。本来这招要是速度够快，可以同时吸引三只巨兽，奈何周树作为一名电竞运动员，并不具备通常意义上运动员的超常体能，奔跑速度过慢，只打中了一只巨兽的尾巴。

"吼——"尾巴被划伤，那只巨兽直接立起来，原地掉头。巨大的身体不够灵活，掉头时撞到了奔跑的同伴，高台下的巨兽乱成一团。

陈默淡定依旧，抓住白星望的手，用世外高人的语气嘱咐："我给你的武器抹上血，你去驱赶它们。"青羊氏的武器是雕刻着重瓣蔷薇的九节鞭，长长软软的一根，用来赶狗刚刚好。

"你说啥？"白星望不可思议地张嘴，露出两颗贴了膜的小尖牙。他，一个弱小、无助、可怜的血族，去驱赶强大、有毒、疯狂的狼兽？开什么玩笑？狼兽会把他活撕了的！

"没有杨柳枝，你这九节鞭也能用。"陈默也想学阿叔咬破手指，然而他还没有长出血牙，一边是晃悠的普通人类牙齿，一边是掉了牙的空槽，便把手指伸到白星望嘴边，"咬一口。"

白星望哭丧着脸，试图拒绝："我家吃素的。"

司横横捏住陈默的手："我来吧。"得到陈默的同意，立时在他指尖上咬了一口。

尖锐的血牙戳破了白皙的指尖，并不疼，甚至刚刚奔跑磕碰的地方都感觉不到疼了。陈默顿时更有干劲，挤出指尖血抹到九节鞭上，而后又给司横横的剑上抹了层血。

"轰——"一只巨兽冲过来，前爪扒着高台张开大嘴。

这高台是马路对面的报刊亭在玻璃墙上的投影，落脚地方狭窄且不稳当，被这一撞，三晃两晃，直接把白星望给晃了下去。下面有巨兽张着嘴，等他掉进嘴里好嚼巴嚼巴吞了。

"啊——"白星望吓得大叫，不得不甩动鞭子。带着鲜血的九节鞭，狠狠地抽在巨兽鼻头，发出清脆的"噼啪"声。抹了鲜血的鞭子像是有了魔法加成，直接将巨兽给抽得倒仰过去，嘶吼着打滚后退。

白星望不可思议地看着自己手里的九节鞭："我这么厉害的吗？"

这时周树冲过来，拉着还在发呆的白星望闪身躲避。另一只冲过来的巨兽一头撞到报刊亭上，把上面的两人也给撞了下来。撞晕的巨兽爬起来甩甩脑袋，被抽的那个也缓过神来，准备再次冲上前，刚才还在蹦跳的血族却不见了。巨兽们用力嗅闻，试图找出躲起来的血族。

四人躲在报刊亭后面，陈默压低声音对司横横道："你们司家不是有'冻结'能力吗？快冻一下！"

司横横皱眉："我的能力才刚刚开始练习，没有领主的那么好用。"

"有总比没有强。"陈默快速给几人分工。白星望驱赶，司横横冻结，周树做先锋冲刺，他则吸引巨兽的目光。

周树拍了拍大侄子："可以啊！"

陈默："我这是战术分析，指挥还得靠您。"

战术分析？指挥？周树眼前一亮，对啊，当作打游戏的话就好办了！

正说着，一只巨大的狗头突然从侧面伸过来，跟四人大眼瞪小眼。

"啊！"周树拉着小朋友们快速后退，"小白走上路，把狗都赶到右边；小司等狗扑过来的时候冻结；小默站到上面去，我在背后突袭！"

游戏战场上轻车熟路的周树迅速制订了计划，安排四人各司其职："冲！"

里面打得热火朝天，外面的人心急如焚。

夏渝州着急过去帮忙，却被捕犬队的人阻拦。远远瞧见一抹倩影从拐角处走来，红裙、高跟鞋，妩媚妖娆，正是何顷！夏渝州赶紧推推司君，司君也瞧见了何顷，抬手示意他去镜中帮忙。

何顷点头，提起裙子，小心翼翼地"哒哒哒"往玻璃墙边走，却也被捕犬队队员一把抓住："小姐，这里还没有排查完，请稍等。"

司君："……"

夏渝州看着被队员拉扯过来跟他们站在一起的何顷，很是无语："姐姐，您踩着高跟鞋是生怕别人听不见吗？"

"我就穿着这个，有什么办法？"何顷撇嘴，用手指戳夏渝州的肩膀，"不要叫我姐姐，我比你小的。"

何顷说这话时用的是青年的声音，吓了旁边沉迷于看大片的捕犬队队员一跳，惹得人惊奇地打量他。重点是年龄吗？重点明明是性别吧。

"看什么看？没见过啊？"何顷扶了扶颤颤巍巍的假胸，刚才跑得太快导致胸贴下垂，他弯腰拽了拽，给自己挤一条沟。

夏渝州没眼看，悄悄拉了一下司君的衣袖，示意他先顶着，自己从旁边绕过去。司君轻轻摇头，直接拉着他离开，打算开车绕到后面去，避过捕犬队。何顷看到他俩要走，也扶着胸跟过来。

"小夏！"一名骑着电车的女子路过，惊喜地叫住夏渝州。

夏渝州生无可恋地回头，来人正是白天刚刚见过的袁姐，他深吸一口气笑道："袁姐啊，这么巧？我们还有事，得先走……"

"这就是你爱人吧？"袁姐怔怔地看着夏渝州身后。

"啊。"夏渝州含糊地应了一声。

正要拉开车门的司君顿住了。

"真是个大美人。"袁姐艳羡地看着何顷，腰细腿长、脸好沟深，无可挑剔。

"广场排查完毕，没有漏网的了！"捕犬队宣布撤离，所有的疯狗安全装车，拆除警戒线。玻璃墙那边正"演"到精彩处，怪兽被闪过的光芒定住了，还没看够大片的队员不情不愿地被同事拽走。

何顷袅袅娜娜地站到夏渝州身边，忽然被司君戴着手套的手轻轻拨开。

司君："你不是还有事吗？快走。"

"啊？"何顷用少女的声音发出软软糯糯的疑问，被司君瞪了一眼才明白，"哦哦，对，你们先聊，我得赶紧过去。"说完，踩着高跟鞋快步离开，绕到玻璃墙后面的视线死角，瞬间不见了踪影。

镜中，白星望试图用九节鞭驱赶巨兽，努力克服自己习惯性的恐惧，咬牙冲着狗腿甩出一鞭。"啪"，原本应该落在后腿上的鞭子竟落到了屁股上。

"吼！"巨兽嘶吼一声，调转头来，偏离了既定轨道，直接扑向一边持剑的周树。好在周树反应够快，就地一滚躲开攻击，反手戳了它一剑。巨兽吃痛，踉跄着跑开。

"对不起！"白星望看到这一幕，愧疚得快哭了，举着九节鞭不知所措。

"没关系，再来！"周树爬起来，用力撸了一把头上乱成鸡窝的红毛，"谁也不是第一次就会的。"

白星望愣怔了一下，用力点头。他握紧手中的武器，快步移动到侧翼，重新甩动九节鞭，擦着巨兽后腿敲在地上。巨兽刚才吃过亏，知道这东西打着疼，立时闪避。

"漂亮！左边再来一下，像牧羊犬那样。"周树鼓励他继续。

牧羊犬……虽然这比喻并不能让白星望开心，但得到肯定之后他还是信心倍增，找到了窍门，左一下右一下，很快就把几只巨兽赶到了高台处。

司横横得到周树示意，及时用能力冻结这些巨兽。浅浅的月光波纹自剑尖逸散而出，这些巨兽的行动瞬间变得迟缓起来，但也只是稍慢，没有领主大人施展的那种几乎停滞的好用。

待一只巨兽扬起前爪试图捕捉站在高台上的陈默时，周树快速助跑，腾空而起，将佩剑狠狠地插进巨兽的身体，自后颈入，穿下颌而出。行动慢了一拍的巨兽轰然倒地。

"完美！"周树拔剑大笑。

四人合力斩杀了一只巨兽，都兴奋不已，尤其是两个从未战胜过狼兽的贵族小朋友。然而下一秒，其他动作迟缓的巨兽骤然解除"冻结"状态，咆哮着扑向陈默。

"怎么失效了？小默跳！"周树大喊着跑过去，伸手去接大侄子。

陈默对叔叔的召唤置若罔闻，一动不动地盯着扑过来的东西，待那巨大的头颅伸到面前，他从计算好的攻击角度准确无误地将剑戳进它的眼睛里。

"吼——"佩剑深深戳进眼中，那巨兽非但没有停止攻击，反而越发疯狂，一头撞在报刊亭上，直接把陈默撞飞了出去。

周树扑过去接住孩子，在地上打了个滚，滚到了一只伏在地上的巨兽面前："啊啊啊！"

他刹车不及，眼看着就要滚进巨兽嘴里，空中突然飘落艳红色的玫瑰花瓣。下一秒，那只趴在地上的巨兽一跃而起，扑向眼上插了剑的同类。穿着高跟鞋的何顷袅袅娜娜地走过来。

美女！玫瑰花雨中走出来的窈窕美人是每个直男都做过的梦，俗气但美丽！周树看得眼都直了，坐在地上忘了站起来。

何顷将玫瑰刺杵在地上，抿唇笑了，弯腰向周树伸手："珍贵的元古种血族，你愿意让我尝一口甜美的血液吗？"

甜甜的声音伴随着妖娆的姿态，挤出来的深沟承受不住这弯腰翘臀的高难度动作，硅胶假胸"啵"的一声弹出来，贴在了周树脸上。

周树："……"

何顷："啊呀！"

周树把脸上的假胸揭下来："不愿意，离我远点，谢谢。"

有何顷的帮忙，夏渝州好歹松了口气。虽然面对成百上千的病蚊时，何家的"混乱"没有司君的"冻结"好用，但对付疯狗还是可以的。

大美女走了，袁姐嗔怪地瞪向夏渝州："还说什么我长得漂亮，怕你爱人吃醋，你爱人这么好看，怎么可能吃我的醋？"

司君蹙眉："什么醋？"

夏渝州："啊，那什么……"

袁姐这才看向站在一边的司君，上下打量了一番，惊道："这不是小司吗？哎呀，我正想着晚上回去给你发个消息的，你们这就已经见上面了！"

司君："……您还记得我。"

袁姐见没认错，立时笑开了："记得，这么帅的人怎么能不记得呢？"

按理说他俩只见过一次，还是五年前，不容易记得彼此，但袁姐因为司君的颜值印象深刻，而司君出于某些原因也没有忘记袁姐。夏渝州想结束这个话题，快点打发袁姐离开，但司君偏要继续聊下去。

"你刚才说……什么吃醋？"司君对这个问题异常执着。

袁姐努努嘴："只能说咱们小夏真是个好男人，结了婚就特别注意避嫌。我本来想去诊所给他打工的，他不让，说是爱人会吃醋。"

夏渝州阻止不及，被袁姐卖了个底儿掉，他没有跟司君说过和袁姐重逢后的事，希望司君不要拆穿。

司君沉默了片刻，说道："你做得很对。"

"哈？"夏渝州顾不得羞耻了，挪开手看向司君。兄弟你夸得也太利索了吧？然而看到司君微微抬起的下巴和一点点上扬的唇角，到了嘴边的吐槽又硬生生地咽了回去。

等着司君跟她一起取笑这位"妻管严"的袁姐："那个……"

"汪！"说话声与狗叫声同时响起，一只黑白相间的哈士奇静静地站在小广场中央，无辜地冲他们歪了一下头。

镜中，四只巨兽陷入混乱，互相冲撞、撕咬。何顷闲闲地以玫瑰刺杵地，看周树领着几个小朋友杀巨兽。

"兄弟，拦一下！"周树满头大汗，追着最后一只巨兽绕圈跑。

"人家不方便。"柔柔的少女的声音响起，何顷举起他那贴满了水钻的长指甲，表示自己不适合战斗。

"呕，能不能别这么恶心？！"周树被这声音弄得一哆嗦，手里的剑都拿不稳了。

何顷"哼"了一声，换了青年的声音来："你最好快点，'混乱'还剩半分钟。"

半分钟搞定一只疯跑的巨兽，这难度有点高。少年们也束手无策，司横横因为使用"冻结"，这会儿还有点虚弱；白星望倒是赶巨兽赶得熟练了，但混乱的巨兽并不听他的驱使。

何顷："倒数十秒，十、九、八……"

刚刚数到"八"，正在疯跑的巨兽忽然定住了。一道白光自镜外窜进来，一跃而至巨兽的头顶。飞舞的玫瑰花瓣渐次凋零，"混乱"消失，巨兽没有继续奔跑，而是乖乖地趴跪在地，一动不动。

夏渝州手持宝剑，拉着司君奔进来："哈士奇呢？"

"你是说……那个吗？"周树指着巨兽头顶立着的东西。

夏渝州是亲眼瞧见那只哈士奇钻进了镜中的，如今站在巨兽头顶的却显然跟哈士奇不是一个物种。直立的人身被茂密的毛发覆盖，手有五指，但指甲如犬类，头还是哈士奇的。这才是狼兽应有的样子，宛如长了狗头的大猩猩。

司君挡住试图上前的夏渝州，抽出寒光凛凛的佩剑，用剑尖缓缓指向狼兽："你引我们过来，有什么诉求？"

狼兽开口，声音像被砂纸磨过，带着低低的啸声："你就是这些血族的首领吧？我们谈谈。"

夏渝州吓了一跳："这玩意儿会说话？"

"完全种狼兽在镜中可以变成人形。"司君低声解释了一句，扬声对狗头人身的家伙道，"你想谈什么？"

何顷弹了弹指甲，曲肘搭在周树的肩膀上，冷笑："血族跟狼兽有什么好谈的？"

周树挪开肩膀："说话就说话，别动你的爪。"

何顷皱皱鼻子，立马切换到少女的声音："哎呀，你这人好无情哦。"

"呕——"周树做了个呕吐的表情，"闭嘴，死人妖。"

两人在司君背后你推我一下、我推你一下地杠起来，狼兽对他们这种不尊重狗的行为很是不满，冲着这边龇牙。它脚下的巨兽立时站了起来，驮着它快步冲过来："吼——"

夏渝州和司君齐齐后退，沉浸在争吵中的两人躲闪不及，被腥臭的口气吹乱了发型，顿时安静了下来。

"现在云城里的傀儡犬都受我的控制。"狼兽拍了拍巨兽的头，巨兽便柔顺地重新趴下，"你们不要干涉我，我也不伤害你们，咱们友好相处，如何？"

夏渝州用拇指顶开无涯剑："你给在酒吧出现的血族做标记，处心积虑地找到领主家门口，这会儿说友好相处，也太假了吧。"

何况，它不久前还嚣张地朝司君扔狗，这明显是想打架的架势。

狼兽咧嘴，似乎是笑了一下："不找到首领，怎么谈呢？血族和狼兽原本不该对立。你们捕猎人类，我捕猎犬类，井水不犯河水，不好吗？"

这位狼兽说话虽然"狗声狗气"，但逻辑清楚、条理清晰，差点就把人绕进去了。

夏渝州："怎么就不犯河水了？你搞那么多疯狗，疯狗咬人。"

狼兽："你是人吗？咬你了？"

"嘿？"夏渝州目瞪口呆，用手肘戳了戳司君，"这狗怎么还骂人呢？！"

第十八章
护　士

司君不说话,只是盯着狼兽的一举一动。

这狗不仅骂人,还骗人。血族和狼兽有史以来就是对立的种族,原因就在于狼兽制造的那些疯狗——不完全种狼兽或者说傀儡犬。它们最喜欢攻击的是血族!不需要任何教导,新生的傀儡犬闻到血族的气味就会疯狂追击,那是刻在骨子里的仇恨,不是一只哈士奇信口雌黄就可以解决的。

"偏见是可以消除的,仇恨也是可以化解的。"狼兽摊开手,脚下的巨兽友好地摇了摇尾巴,只是巨大的生物要表现"友好"有些困难。毛发打绺的巨尾舞得飞沙走石,不用马达就能当螺旋桨乘风破浪。

站在侧面的何顷顿时遭了殃,柔软的金色长发随风舞动,海草一样成团呼到周树脸上。周树发挥电竞选手的神手速,手快过脑子,直接抓住脸上的东西用力一扯,连头发带发套都给何顷拽了下来,露出他头顶的黑色板寸。

周树:"……"快速给他安回去。

何顷:"……反了。"

前面是金色大波浪,后面是黑色猕猴桃,很像周树的女神——染了色、烫了卷的贞子小姐。

狼兽显然并不在意这些细节,还在全方位展示自身对巨兽的控制力:"我可以控制全城的傀儡犬，保证他们不攻击你们这些血族。这可是很划算的买卖，即便杀了我，还会有其他狼兽占据这座城市，你们不如与我合作，大家都平安。你说呢，首领？"

回答它的是剑尖骤然溢出的月光，银色光芒以肉眼不可辨的速度浩浩荡荡地充斥了整个镜中世界。摇摆的巨尾从螺旋桨变成了表针，激情演讲的狼兽动作瞬间定格。

司君一跃而起，佩剑穿透月光的波纹，精准无误地朝狼兽的心口刺去。这就是云城领主的回答。

夏渝州反应过来，提剑奔去帮忙，莹蓝的剑身劈开月光，斩向狼兽脚下的坐骑。

"啪"，狼兽缓慢地打了个响指，迟滞的动作又有了活力，借着巨兽晃动的力量屈腿仰面。原本戳向胸口的剑尖，穿透了头顶的狗耳朵。

狼兽虽然能动，但动作还是比原来迟缓一些。它使劲甩头，耳朵被佩剑挑出了个豁口，身体直接弹到镜面上，跌出了镜中世界。在出去的瞬间，它放出一句狠话："今日不合作，明日悔断肠！"

"还挺对仗。"夏渝州一剑斩下了巨兽的头颅，甩甩剑尖的黑血，"这狗以前的主人不是卖保险的就是搞传销的。"

众人："……"

司君追了出去，哈士奇却已经跑得无影无踪。

不知道狼兽有没有"一诺千金"的说法，至少这位哈士奇兄弟很讲信用。接下来的几天，城中的疯狗越来越多，每天都有路人被疯狗攻击的报道。血盟贴出去的寻狗启事加上了耳朵上有豁口这一条，而奖金已经提升到了两万，却依旧没有狼兽的踪迹。

"近期云城市内狂犬增多，大家出门尽量穿长袖长裤。遇到疑似疯狗注意躲避，及时拨打捕犬队电话，千万不要自行处理。狂犬身上病毒很多，擅自处理不仅有感染狂犬病的风险，也有染上其他疾病的可能。"

牙科诊所等候区的壁挂电视上正在播放新闻，新闻里的人物正是穿着研究服的何予。

"嘤，何教授真是太帅了！"前台小姑娘捂着心口。

"你在学校没见过他吗？"夏渝州拿着耗材路过，瞥了一眼电视上冷若冰霜的学长。

前台姑娘名叫思思，也是医大的学生，还没毕业。她原本是来应聘实习护士的，但经验不足，无法跟上夏渝州的节奏，好在人比较勤快，就留下来做了前台，偶尔来诊疗室打个下手，跟着学习。

思思叹了口气："四年里就见了两回。一次是校庆致辞，一次是实验楼偶遇。嘤嘤嘤，我是护理系的，选又选不上他的课，挤又挤不过那些疯狂的男女。"

医大的课都是允许旁听的，但旁听生不得挤占正规生的位置，且教室位置坐满就不允许再进人。何予作为一名粉丝量堪比明星的教授，他的课向来是人满为患，以至于每节课都要助教在门口一个一个地验证学生的身份，等确实选了这节课的正规生进完，再放旁听的进去。

不仅要跟同校的人挤，还要跟慕名而来的外校粉丝挤。夏渝州看看思思一米五的小身板，很是理解地点了点头。

"没有护士抽水，冲水的时候我会经常暂停，你自己把水吐出来。"夏渝州对躺在治疗椅上的司横横说道。

"好……咕噜噜……"司横横乖乖应下，下一秒，砂轮和喷枪同时作业，材料碎渣和水瞬间充满了口腔。

夏渝州停手："吐一下。"

司横横立时起身，把水吐进盂盆里，然后拿起旁边的纸杯漱口，再重新躺回去："怎么不招个护士……咕噜噜……"

夏渝州精雕细琢了几下，就又得放他去吐水："招着呢，这不还没有合适的。再说了，贴膜这种事能让普通护士经手吗？"

让护士瞧见那中空的血牙，怎么解释？

司横横吐出水来："你可以找个血族护士啊。"

血族护士，夏渝州眼前一亮："这倒是个办法，你知道在哪儿招吗？"

司横横："你可以在 APP 上加那种找工作群，或者更简单的，让我小叔帮你找。"他小叔就是云城的领主大人——司君。

夏渝州挑眉,把司横横按回治疗椅上,继续磨牙。他有一搭没一搭地套司横横的话,慢慢了解了司家的情况。

"我小叔是他们这一辈最小的,含山氏是幼子承家业,以后族长的位置很可能就是他的,除非这一辈有了更小的孩子。"

"当然,就算不继承族长位,他也是领主。抢下来的领地,他要自立门户也是可以的。"

"族长不是他爸爸,是舅舅。只要姓司,叔叔、舅舅、堂兄弟、表兄弟都是一样的。族长很疼我小叔,毕竟他是这一辈里最优秀的!"

司横横说这些的时候,偷偷拿眼睛瞄夏渝州的脸,可惜夏渝州戴着口罩,看不见表情。

夏渝州听得好笑:"行了行了,知道你崇拜司君了。这话说的,简直像是给你小叔找媳妇的宣传语。"

"就……咕噜噜……"司横横的未尽之言淹没在砂轮和喷枪的辛勤劳作中。

诊所刚开业,基本上没有普通生意上门,这些日子来的都是要贴膜的血族。没有专业护士,举抽水泵、换砂轮、拿耗材,甚至登记耗材用量这种事都要夏渝州亲力亲为。一天忙碌下来,他只觉得腰酸背痛、头晕眼花。

晚上执行骑士任务的时候,夏渝州便跟司君提起了这个事。

司君每天都要发布一个送巧克力的任务,夏渝州也不明白这人哪来这么大的瘾,要说是为了逗他玩也不尽然,毕竟他亲眼瞧见司君把那些巧克力都吃了。

今天司君要值夜班,巧克力就指定送到医大附院。附院比公寓要近很多,夏渝州顺手买了晚饭,跟司君挤在办公室一起吃。

"有经验的护士太难招了,人家都喜欢待在大医院里,工作稳定。"夏渝州从司君碗里偷了块血豆腐,一边嚼着,一边絮絮叨叨。

司君看看自己碗里少了豆腐的地方,再看看吃得如此自然的夏渝州:"你刚刚是不是吃我豆腐了?"

"噗——"夏渝州刚喝的一口可乐被喷了个干净。

拿着饭盒进来的同事一个趔趄后原地转身,还是去院子里跟花草树木一起吃晚餐吧。

"你看你,把同事都吓下跑了。"夏渝州夹起自己碗里的血豆腐,还他一块,"吃你一块豆腐都计较,这心眼小的。"

司君看了看豆腐上被夏渝州夹出来的凹坑,认下了"小心眼"的称号,把豆腐吃了。

夏渝州重新喝一口可乐:"贴膜也就这几天人多,过些日子还是普通客户多一点。就算找个血族的护士,也不见得手脚利索。要不我还是把袁姐找回来吧……"

司君瞥了他一眼:"你跟我说做什么?"

夏渝州挠挠下巴:"对哦,我跟你说这个做什么?"

司君:"……"

夏渝州:"瞪我干什么?"

司君缓缓吸了口气,放下饭碗,掏出手绢擦了擦嘴角:"我给你介绍个护士,经验丰富,还不会让你爱人吃醋。"

哟!夏渝州龇牙:"什么爱人?什么吃醋?"

司君:"你自己说的,我不知道。"

"啧。"夏渝州三下两下把剩下的饭扒完,从口袋里掏出巧克力,"我的爱人还没着落呢,没办法,这个巧克力就送你吧。"

司君接过巧克力,拆开包装盒。随着夏渝州做巧克力越来越熟练,现在的巧克力已经不是磨具做的了,而是他自己雕的。今天的巧克力是一把宝剑,像是夏家的那柄无涯剑,只是没有按比例来雕,短短肥肥的像一支雪糕。正面刻了三个字:"大宝剑"。

司君抬头看向正在收拾餐盒的人:"夏渝州。"

"嗯?"夏渝州提起垃圾袋正要往外走,听到司君叫他,便回头,等着他说点什么。

然而司君只是叫了他一声,便沉默下来,半晌才又说了一句:"没什么。"

夏渝州等了半天,等来这么一句,微微叹了口气,重新扬起笑脸:"那我走啦,记得给我介绍护士。"

晚上躺在床上，夏渝州举着祖宗留下的那四分之一片残镜发呆："破镜重圆，分钗合钿，难呐。"

放学回来的陈默扒着门框看他："爸爸，作诗呢？"

夏渝州冲陈默招招手："来来，小天才，你说说这破了的镜子怎么才能变回原来的样子。"

陈默走过来接过残片："理论上来说，破碎的镜子永远不可能变回原来的样子，就算找齐了所有残片也不行。破碎后分子间距变大，分子间作用力减少，不能重新聚合，外力是无法将分子压缩到分子间作用力能起作用的距离内的。所以，裂痕会永远存在。"

裂痕永远在，破镜难重圆。夏渝州单手枕在脑袋下面，自己跟司君的裂痕是什么呢？

"如果说的是这块铜镜，"陈默话题一转，回到镜子本身，"血族本来就是目前已知科学理论之外的生物，所以血族先祖留下的东西也不一定科学。要不我明天问问老师，看他们现代种有没有类似的法器。"

法器……夏渝州轻笑，抬手揉了揉陈默的脑袋："说不定这就是先祖洗脸的镜子，残缺的老古董也卖不上价，算了，回头再说吧。"他把残片往枕头底下一塞，睡觉。

日有所思，夜有所梦，刚陷入梦境，夏渝州就瞧见司君了。他在梦中嗤笑，还真是没出息。

原本不知道这是梦，但当夏渝州看到三角钢琴前坐着的少年时，就知道了。穿着燕尾服的司君，看着比现在要嫩多了。

"其实我也会弹钢琴。"梦中的夏渝州控制不住地说出了这句话。这个场景曾经真实发生过，他也确实是这么说的。

司君挪开些，让他坐在钢琴凳上。

夏渝州便毫不客气地坐上去，脸不红气不喘地当着钢琴大师的面弹起了最简单的《小星星》。单调的、没有任何复杂指法的曲子，简明而快乐。

司君专注地看着他，蓝色的眸子里有夏渝州当年不曾注意到的笑意："继续。"在夏渝州弹了一遍《小星星》之后,他说了这两个字。

夏渝州下意识地照着做,又弹了一遍《小星星》,刚弹到第二小节,两只修长白皙的手穿插进来。那双手灵活得不可思议,复杂而美妙的伴奏自指尖跃出,将原本呆板乏味的曲调变成了华丽的乐章。

夏渝州从没听过这么好听的《小星星》,他咧着嘴又弹了三遍,司君就用不同的方式跟他四手联弹了三遍。即兴的、随心的弹奏,像少年人不按常理的情话,无关技巧,只有心灵的碰撞。

快活,随性,满眼都是黑白键和键盘上那双修长有力的手。

氤氲的梦境渐行渐远,在醒来的前一刻,夏渝州脑袋里只剩一句话:钢琴师的上帝之手当真名不虚传。

睁开眼,天光大亮。

想起今天还有一堆事要做,夏渝州一个鲤鱼打挺跳下床,一溜烟地钻进浴室,快速洗了个战斗澡。他擦着头发出来,手机响了,拿起来看到"司君"两个大字。

司医生刚下夜班,发消息过来告诉他,护士已经找到了合适的人选,今天应该就会讨去。

夏渝州挑眉,很好奇司君给他找了个什么样的护士。经验丰富的护士……是上了年纪的大妈,还是胡子拉碴的壮汉?不过司君找的应该是个血族吧,血族有长得特别难看的吗?

夏渝州好奇不已,问司君,司君没回话。因为上了夜班的司医生给他发完消息就睡了,无处可问的夏牙医只能一边干活一边期待。

"夏哥,今天有客人要来吗?"思思好奇地问,"你都往门口看了五十次了。"

"有吗?"夏渝州轻咳一声。

这样的好奇持续到了傍晚,夏渝州终于见到了穿着护士服倚门而笑的何顷。

夏渝州:"……"

思思:"原来是新招的护士姐姐啊!"

粉色的 A 字裙套装穿在何顷身上毫无违和感,除了那双过大的球鞋。何顷不好意思地跺了跺脚:"本来想买双小白鞋的,没我的尺码,只能穿上我的 AJ

勉强应付啦。"

"呵呵。"夏渝州笑不出来,"你?护士?"

"怎么,觉得我不靠谱啊?"何顷从胸口掏出自己的护士执业证书,"我有证的哦。"

夏渝州接过来仔细瞧瞧,还真是专业护士的从业资格证明,且在有效期内。

"不仅有这个,我还有空姐从业资格证、美甲师证、托尼洗剪吹资格证、高级美容师资格证,除了美容师证是跟白家买的,别的都是我自己考的!"何顷特别骄傲地挺了挺自己的假胸,并向夏渝州展示自己卸干净的美甲,干干净净,短而圆润,是护士手应该有的样子。

"不是……"夏渝州五指并拢抬手,阻止何顷的自卖自夸,"你一个贵族少爷跑到我这小诊所当牙科护士……你要是被司君威胁了,就眨眨眼。"

"这有什么?君君哥还不是为了五百块全勤上夜班。什么贵族不贵族啦,这年头冲个黄钻就能当贵族,生活还是要脚踏实地的。"何顷换回青年的声音,一本正经地说。他准备在云城长住一段时间,暂时不回家族领地,刚好也想找份工作。

"行吧。"夏渝州勉强接受了这个设定,"那我们来正式面试一下,你以前做过牙科护士吗?"

"没做过,不过我学东西很快的。我在三甲医院做过临床护士,也在我二哥的研究室打过下手。"何顷掰着手指细数自己的工作经历,"凭着在服务行业的各种经验,我能包顾客满意。另外,我还可以出去站街帮你拉客啊!"

"咔嚓!"从何顷切换了声线就石化了的思思,终于拿不住茶杯,刚买的小熊马克杯掉在地上摔成了两半。

夏渝州单手捂住脸:"站街就不用了。"

何顷切成少女的声音:"没关系啊,我不多要工资的。"

夏渝州:"有关系!我这儿是正经牙科!"

"这是什么?"

"根管填充物,这是牙胶尖,这是糊剂。这两种东西一般会混合使用,我让你拿的时候记得把两个都拿来。"

夏渝州带着何顷认常用耗材,这人是真没做过牙科护士,什么都不知道。何顷本人倒是兴致勃勃的,这里瞅瞅,那里看看,遇见不认识的就扯出来问夏渝州:"这是什么?"

夏渝州:"这是补牙的材料,一共五种,价位不同。你需要记住所有材料的名称和相应的价格。"

补牙材料的前缀名很长,诸如卡瑞斯玛树脂、松风离子、纳米树脂,学名就更难记了。

何顷拿着价格表仔细看了看:"啊,这个我知道,你只要说多少钱的就行了。补八十的、两百的,还是四百八的,我照着这个拿。当然,要是遇见冤大头,你打算收他四百八,但只给他补八十的材料,给我个暗号就行。美发店一般的暗号就是'给客人拿二号瓶的'。"

夏渝州:"没有暗号!我这儿是诚信牙科,童叟无欺。"

何顷不赞同地摇头:"你这么死心眼,赚不到钱的。"

夏渝州:"……"

好在不多时陈默就放学了,夏渝州把带新护士认器材的任务交给他,自己很是心累地出去透口气。

正准备下班的思思忍了又忍,最后还是忍不住开口道:"夏哥,这位……虽然有证,但也太外行了。你真要留下她啊?"

夏渝州叹了口气:"先用着吧,不行再说。"

思思很是不解:"可是之前面试的护士不比他差呀。"其实她觉得自己都比何顷经验丰富,但没好意思说。

小姑娘的未尽之言,夏渝州看得明明白白,为了以后同事之间能够友好相处,他觉得有必要解释一下。他冲思思勾勾手,等人凑过来,单手遮住嘴,神神秘秘地说:"他是关系户,你多担待。"

"哦哦。"思思顿时懂了,并对夏渝州表示深深的同情。一个小小的牙科诊所也被人塞关系户,真是不容易。

一场同事之间即将发生的职场倾轧消弭于无形,夏渝州觉得自己这个老板当得特别有水准。

天色渐晚，夏渝州左等右等，没有等来今天的骑士任务。总不会是巧克力吃腻了吧？他挠了挠头，犹豫着要不要给司君打个电话。

"爸爸,你这样好像巴甫洛夫训练出来的dog呀。"陈默冷不丁冒出这么一句，好在理智尚存，没有把"狗"字说出来。

"换成英文，我就不知道你在说你爹是狗了？"夏渝州敲陈默脑袋。

陈默抱住脑袋，从沙发这边滚到另一边："不过，我今天看到前兄弟叔了。"

"嗯？"夏渝州正给司君发消息，听到这话，疑惑地抬起头来，"你在学校，怎么看见他的？"

陈默耸耸肩："他去找何教授。"

陈默大一刚开学，课程并不紧张，加上他之前得病被媒体报道过，现在健健康康地出现在课堂上容易引起事端，因而打从开学起，他就一直待在实验楼，由专属老师何予给他开小灶。

今天上午正讲课，司君突然过来。讲规矩的何教授自然以领主为先，便打发陈默自己玩去。两人一谈就是整个上午，司君到了饭点才离开。

夏渝州皱眉，这人刚上完夜班就跑去找何予，还骗他说睡觉了："他们谈了什么，你听到了吗？"

陈默得意地抬起下巴："我怎么会做出偷听这种事呢？不过我瞄见了前兄弟叔手里拿着的东西，是一本名叫《血族生理构造与心理健康》的书。"

"叮咚——咚咚咚！"

正在公寓补觉的司君被一阵敲门声吵醒。门外的人定然是个急性子，按了门铃还不满足，要连带着敲门。

他慢吞吞地爬起来，按下床头的可视门铃监控，瞧见了提着袋子站在门外的夏渝州。他迅速清醒过来并下床，看了看自己身上穿的衣服，柔软的居家服、尚未整理的发型，这么开门太失礼了，但又不能让客人久等……

司君抿唇，按下通话键："稍等。"

门上突然冒出说话声，夏渝州被吓得蹦了蹦，看了半天才发现门铃旁边有个小喇叭。等了大概十秒钟，门就打开了。

这么短的时间显然不够换衣服，司君也的确没换，穿着一身软料的黑色睡衣。然而就这柔软的、睡出皱褶的睡衣，愣是给他穿出了秋季高定休闲装的感觉。刚刚睡醒，他的发型竟然丝毫不乱，整整齐齐，甚至喷了定型水。

夏渝州倒是没注意这种细节，只觉得穿着睡衣的司君比平日瞧着柔和许多，他笑着提起手里的饭："给你发消息也不回，想着你是睡着了，就没打电话吵你。饿了吧？来吃饭。"

司君看了一眼手机，的确收到了几条消息，全是夏渝州发的。他看了看时间，已经是晚上八点钟："我睡得太沉，没听到。"

"嗯哼。"夏渝州并不是在责怪他，便随意地应了声。卧室那一层半高的巨大玻璃窗被遮光窗帘严严实实地挡住，没漏一丝光亮进来，也难怪这人昏睡不醒。

夏渝州拉开窗帘，让星光透进来。他自己在诊所吃过了，这饭是专门给司君带的。他趴在茶几上看着乖乖吃饭的穿睡衣的司君，有一种投喂小动物的错觉："你今天去找何予了？"

司君喝了口粥，拿过纸巾擦了一下嘴角："儿子告诉你的？"

"唔。"夏渝州应了一声，答应完觉得有点不对，但又说不出来哪里不对，原本准备好的问题顿时卡壳了，忘了自己要问什么。

司君等了一会儿，见他不再说话，便低头继续吃饭。虽然是外卖食物，但倒进了高级瓷器中，配上司君自小养成的贵族用餐礼仪，莫名奢华了起来。

"你跟他探讨什么学术问题呢？"夏渝州单手托着下巴，点点桌上那本厚厚的《血族生理构造与心理健康》。

听到陈默说起这本书的名字，夏渝州回忆起那天看到的几行划线的字。很明显司君已经察觉了他对断牙这事有应激反应，只是没想到他会这么认真地找人讨论，还是在刚值完夜班、极度疲累的时候。那一瞬间，他特别特别想见司君。

什么学术问题？司君停下喝粥的动作，抬头看向夏渝州，他淡色的软唇间露着一颗尖尖细细的血牙。

司君回想起今天上午何予说的话。

"血牙对血族的影响很大。以前有过不少案例，血族因为意外摔断了血牙，而患上严重的抑郁症、焦虑症。"何教授调出资料给他看。

最近的一例是三年前，青羊氏的一名血族喝醉酒跟人打架，被弄断了牙齿。之后这位原本体重一百八十斤的胖子开始暴瘦，他把自己关在屋里不吃不喝，最后被抓去医院输血才救回一条命。但直到现在，他还在服用抗抑郁的药物，并拒绝社交。

"青羊氏的这位还算好，他失去血牙的时候处于醉酒状态，并不记得自己的牙是怎么断的。如果血牙的断裂伴随着暴力行为，还可能导致受害者行为失常，出现严重的应激反应。"何予说这话的时候，摘了眼镜直直地看着他，"你已经发现了，不是吗？"

司君："不该你问的，别问。"

何予："要对医生说实话。"

司君皱眉："你不是医生，我才是。问你什么就答什么，不要说多余的。"

"问什么答什么，那是三流学者的态度。"何予微微偏头，轻笑，倒也没有继续招惹在发火边缘的领主，"应激反应你也知道，并不容易治愈。我的建议是，最好不要提及，更不要重复当时的情景。"

"当然，也有理论说，重复当时的情景可以做刺激性的戒断治疗，但这太粗暴了，可能会引发其他意外甚至加重病情，对病人来说也过于痛苦，并不建议使用。如果当时的情景并不是生活中常出现的，回避就好。"

司君静静地听完这一套理论，沉默半响："我不清楚当时的具体状况，但它的触发点应该不仅限于重复情景。"

司君从那颗血牙上挪开视线，重新拿了一张纸巾擦擦嘴，这才开口："何予一直在研究血族的特殊医疗问题，我有不明白的地方需要咨询他。"

笼统而敷衍的回答，夏渝州撇嘴。这人不承认，他又不能硬往自己脸上贴金，说人家是为了自己才去咨询的。他放下支撑脑袋的手，蔫蔫地趴回桌面上。

司君看他这个样子，抿唇想了想，夹了块盐酥鸡递过去。

夏渝州瞪着眼前的炸鸡，他不张嘴，司君就一直举着，平稳端正，连一丝晃动都没有。夏渝州瞥了一眼面色如常的司君，不明白这人为什么在做这种动作的时候还能保持矜贵优雅。他恨恨地张口吃了，鲜香酥脆的炸鸡瞬间安抚了没有得到满意答案的心。

司君收回筷子："你特别像……"

"像什么？"夏渝州伸手，自己又捏了一块来吃。

"咳，"司君轻咳一声，"像等着摸头的小猫。"

夏渝州："……"

这么多年了，夏渝州还是忍不了司君这种突然诗意的说话方式。当年说他的嘴巴像小猫嘴也就罢了，现在竟然说他人像小猫！

汗毛炸起，夏渝州觉得浑身痒痒，整个人都弹了起来："咳，你慢慢吃。"茶几这里待不下去了，他开始在屋子里瞎转悠。

不得不说，这套房子的设计真的特别符合夏渝州的审美。黑白灰色调，家具都是极富设计感的，简单又有趣。没有餐桌，只酒柜边安放了一张高脚吧台。一个人吃饭倒是可以，两个人就得去沙发区，颓废地盘脚坐在地毯上，边吃边看电视。这根本不符合司君的生活习惯，更像是"夏渝州的理想生活主题馆"。

唯一看来像是司君应该拥有的东西，大概就是角落里的那架立式钢琴了。钢琴没有罩防尘布，擦得一尘不染。夏渝州打开琴盖，轻轻拂过漂亮的黑白键，他眼前一亮，忽然想到可以跟司君好好沟通的方式了。

司君将用过的碗碟拿去厨房，端着一杯红枣茶出来，就听见夏渝州在弹琴。"叮叮咚咚"，简单而明快的节奏，是那首经典的《小星星》。

司君缓缓将茶杯放在桌上，走到钢琴边，一言不发地看着他弹。

当年在琴房四手联弹，夏渝州玩得特别开心，末了他说："要是以后我们生气冷战了，我就乱弹你心爱的钢琴。等你忍不了难听的曲子来给我伴奏，就算和好了。"

一曲终了又重复一遍，司君始终没有加入，整个房间里只回荡着乏味的单音节乐曲，像一场没有回应的邀约。夏渝州停手，指尖发凉，忍不住攥了攥拳头。

"时候不早了，你回去吧。"司君轻声说出这句话，抬手慢慢合上了琴盖。

夏渝州不可思议地抬头看他。这人到底在想什么？求和好的是他，不回应的也是他。

看着司君欲言又止的样子，夏渝州顿时气不打一处来，暴躁地把琴凳推进去，非常想把司君按在钢琴上，逼他说说到底在别扭什么。然而终究是没法实现的，他怕自己又犯病。

气鼓鼓地离开公寓，夏渝州在楼底下啐了一口，隔空指着司君的窗户，龇牙咧嘴地无声谩骂。

这股气一直持续到第二天，等夏渝州看到站在街角拉客的何顷，怒气值就达到了顶点。

"我说大少爷，您这是干什么呢？"夏渝州深吸一口气，告诉自己不能就这么气死，让无知的现代种们以为他们祖上是河豚精。

穿着护士服、带着明艳大檐帽的何顷摆摆手："我不是大少爷啦，我在家里是老三。"

"这是重点吗？"夏渝州很想掀了帽子揍他，但据说现代种被晒了会伤得很重，只得硬生生克制住，"你在这里拉什么客？！"

"哎呀，我是在发传单，不要说得这么难听！"何顷不高兴了，把手里厚厚的一叠传单甩得啪啪响，"一上午都没生意，你不着急我着急呀。做生意不能像你这么死心眼，看我的吧。"

夏渝州管不了他，自己回了诊所。

何顷就自己卖力地宣传："牙科诊所新开业，洗牙补牙五折优惠，大哥来看看不？"

几名路过的汉子瞧见了，上下打量何顷，凑在一起嘀嘀咕咕。

"这是什么噱头？现在洗头房都改叫牙科诊所了吗？"

"啧，这妞儿看着不错，光头你去试试？"

几人脸上露出了猥琐的笑容，推着嚷嚷得最积极的光头大汉，起哄让他去试试。光头也不怯场，直接走过来："妹妹，你这是什么业务呀？"

"牙科诊所，大哥洗牙不？"何顷笑眯眯地递了张传单过去，"新开业，五折哦。"

"洗，哥哥最喜欢洗牙了。走，带我见你们老板去。"光头嘿嘿笑。

护士

夏渝州刚回诊所没多久，就见何顷带着一名满口黄牙的光头进来，那猥琐的笑容让人很有拔牙整形的冲动。

光头进来明显愣了一下，迟疑地问夏渝州："老板，什么价？"

何顷给夏渝州比画了个洗牙的动作。

夏渝州点头："一次200，刚开业，打五折，100块。"

光头觉得价钱还行，就跟着夏渝州进屋，等被按在牙科治疗椅上的时候，才反应过来："这儿真是牙科诊所啊！"

"不然呢？"夏渝州拿出砂轮、喷枪，"嗡"的一声启动设备。

光头摇头打战："不不不，我没想……咕噜噜……"

何顷拎起抽水泵，放进那满口黄牙的嘴巴里："大哥别说话，容易呛水哦。"

光头欲哭无泪，他最害怕牙医了。

好不容易挨完了洗牙，光头欲起身，又被夏渝州一把按住。瞧着瘦瘦弱弱的牙医，手劲却大得惊人，愣是按得他动弹不得。

夏渝州拉过冷光灯，掰着这口白净了许多的牙，拿口腔镜仔细检查："你有四颗蛀牙，牙都已经黑透了。"说罢，换了把探针，戳了戳黑色的牙洞。

"嗷！"光头禁不住号叫一声，"疼疼疼！"

"你这个已经伤及牙髓了，得赶紧处理，不然过段时间被蛀空，就只能拔了。"夏渝州本着负责任且不放过任何赚钱机会的态度，给他详细检查了一遍。四颗龋齿损坏程度都相当严重，还有一颗多生牙需要拔除。

光头很是委屈，原本是来看美女的，莫名其妙被洗了次牙，这会儿牙医竟然还提议他拔牙。是可忍孰不可忍，要不是那带弯钩的尖锐探针还在嘴里捣鼓，他就跳起来破口大骂并开溜了。

"您好，欢迎光临！"门口的自动欢迎装置响了，夏渝州头也不抬，示意何顷过去看看。

何护士一去不复返。身后却响起了皮鞋声，"咔嗒咔嗒"，规律整齐。

"怎么不接骑士任务？"司君的声音忽然在耳边响起。

夏渝州回头瞥了他一眼，又转回头来："我这忙着呢。再说这会儿才几点，接什么骑士任务？"

司君看了看他手下按着的病人:"那只狗有消息了,需要人去查看。展龙已经接了。"

"哦。"夏渝州敷衍地应了一声,拿过喷枪对着一颗坏牙喷气,"酸吗?"

"嗷!酸!"光头疯狂点头。

"你这得补啊,四颗都补,连着洗牙再给你打个折上九折,怎么样?"夏渝州极力推荐补牙,"拔牙没有优惠,但你要是一起预约了,可以免麻药钱。"

光头有些犹豫。

夏渝州见司君还不走:"既然展骑士接了单,你跑来这里做什么?"

"本来以为你会接,就路过这里。"司君低声说,音量很符合手术室的规章,不会惊扰到病人,"你忙吧。"

说完这么两句,司君便要转身离开,行为处处透着诡异。

夏渝州叹了口气,还是忍不住理他:"那东西长得像人,你们真打算杀了它?"

杀一只疯狗,夏渝州毫无心理障碍,要杀一条健康的狗就不行了,何况那狗在镜中还能变成人。

司君停下脚步:"有别的办法吗?"

厄犬以狗血为食,只要被它咬了就会变成疯狗。不杀了它,它就会一直制造这种危险的东西,威胁人类和血族的生存。

夏渝州刚劝完病人拔牙,随口说道:"把那两颗牙拔了不就好了?给狗拔牙我最擅长了。"

光头瞪大了眼睛看他。

夏渝州感受到质问的目光,赶紧解释:"不是说你啊!"

光头:"?"他是质疑这人到底是牙医还是兽医,不是质疑自己是不是狗!

第十九章
危 机

司君轻轻摇头:"理论上可行,但操作很困难。"

狼兽是靠两颗中空的犬牙来吸狗血并制造疯狗的,拔掉犬牙确实可以预防新疯狗的诞生,但同时狼兽也无法再进食,跟杀死它没什么区别。

"好吧。"夏渝州把可能的方案都想了一遍。比如给狼兽装假牙,但他想想自己那颗没得救的血牙,估计狼兽的那牙也很复杂,不是一颗烤瓷牙就能解决的。

司君又看了他片刻,没再说什么,准备离开诊疗室。

何顷趴在门口,见司君就打算这么走了,急得脚底磨地板,赶紧插话道:"君君哥,你也去吗?"

"好好说话,"司君听到他的女声就皱眉,"情况比较复杂,展龙一个人应付不了。"

夏渝州冲洗蛀牙的手停了下来,回头看向司君,那人也正好看过来。这两个人一唱一和的做什么?没接任务也想让他跟着去吗?掩藏在口罩下的嘴巴嫌弃地撇了撇:"没接到任务,真是遗憾,祝你们顺利。"说罢,拿起涡轮机开始清理龋齿。

钻头的噪声很吵,夏渝州基本上听不到背后的声音。等清理完一颗牙,司君已经离开了诊所。

"何护士,去拿补牙材料,"夏渝州低头问光头,"今天四颗都补,还是先补两颗?有两颗还能坚持一段时间,不过三个月内就会坏到不得不补的状态。"

光头有些疑惑,要补就一起补了,怎么还有等几天的说法?

何护士很是积极地拿了材料来,弯腰问病人:"大哥,补什么价位的呀?有两百八、三百八的,还有四百八的,都是进口材料,只管放心补。"

光头:"两百八四颗吗?"

何顷:"一颗。我个人比较建议用好一点的材料,比如这个四百八的,用十年不成问题。这个两百八的耐磨期限只有五年,到时候还得来钻掉重新补。而且越贵的材料越美观,这个两百八的比较白,但四百八的就更接近牙齿本身的颜色,补上去根本看不出来的。"

高级美容美发技师——何顷,推销能力一流。

单手撑在座椅扶手上、弯腰翘臀的何护士,很容易令病人失去理智。光头看着面前的人,哆哆嗦嗦地说:"四……四百八的!"说完就后悔了,他本来没想补牙的啊!

夏渝州看不过去,抬手挥开乱推销的何顷:"先生,你确定要补四百八一颗的吗?四颗牙都今天补吗?"

光头这才明白医生说的分批次补是什么意思,是怕他没带够钱。寻常不看牙科的人哪能想到补牙这么贵,四颗下来接近两千。

"就……先补两颗吧,我还有点事,今天来不及补完。"在美女面前不能丢面子,补就要补最好的。

夏渝州挑眉,没再多劝,取了四百八的填充材料开始补牙。填充好材料,拿紫外线固化灯来照着,这过程没什么声响。

何顷举着灯,看着安静干活的夏渝州,忍不住开口:"你真不去呀?这回疯狗可比上次多多了。"

"我又没接到任务,为什么要去?"夏渝州拿开灯,让光头咬合,再继续照射。

"你一点都不担心啊。"何顷皱了皱鼻子,"不过也是,今天的任务让展骑士抢了,他没发布定向任务吗?"

听司君的意思,应该是想让夏渝州陪他去的,还专门开车过来接人。

夏渝州："什么定向任务？"

说起这定向任务，何顷就气不打一处来："哼，就是给指定人接的任务呀！本来是没有这个功能的，任务谁抢到算谁的。结果，前些日子司君不知道抽什么风，让技术人员连夜添加了定向发布功能。我爷爷特别高兴，说要回去定向给我发布任务，叫我跟那些不三不四的人分手。"

光头大张着嘴："那些？"

夏渝州示意他不要插嘴。

"我快吓死了，就不敢回家，跑到你这里来做护士了。"何顷可怜巴巴地说，顺道向老板展示自己的悲惨处境。

鉴于光头在场，夏渝州不好揭穿他。那些人都是何顷的猎物，他有什么可害怕的。

"哎呀，你不知道。"何顷跺了跺他的大码AJ球鞋，"这里面可复杂了，回头跟你说。总之有这么个定向功能，他要是想让你去，应该发一个只有你能接的才对。"

定向发布……想想这些日子每天一块手工巧克力的任务，还真是需要定向发布，不然展龙接单了多尴尬。夏渝州忍不住叹了口气，这人的行为他是越来越看不懂了。

材料凝结完毕，需要打磨成合适的形状。涡轮手持机再度运转，打断了交谈。

等送走光头大哥，夏渝州摘下口罩摊在沙发上休息，一脸八卦的何顷忍不住凑过来。夏渝州瞥了他一眼："你不去站街了？"

何顷："外面这会儿好晒，秋老虎热死人了，烈日会晒伤我娇嫩的皮肤。"

"噗——"思思刚喝的一口茶喷了出来。

夏渝州懒得理他，打开手机查看消息。确实有一条领主发布的骑士任务，不过已经过期，被别人领取了。任务详情里有事件始末：那狗在郊区出没，警方接到群众举报，说那边有一处集中养狗的地方，已经出现了疯狗，情况十分危急。捕犬队和警方今天一起行动，要处理那些狗。

集中养狗……夏渝州微微皱眉。这种地方他知道，多半是一些爱心人士看不得流浪狗受苦，就自己出钱弄块地方养着。这种属于个人行为，只要有钱养得起，别人也无权干涉。坏就坏在这世上存在厄犬这种东西，集中在一起的狗对厄犬来说就是一桌满汉全席。只是不知道这些狗有多少，要是二十只以上，一旦全部变成疯狗，后果不堪设想。

何顷观察着他的脸色，小声问："你俩是不是闹别扭了？"

以展龙的手速，这任务一发布就能抢到。司君开车走了这么一路，能不知道任务被谁领取了吗？还装作刚知道的样子，把车开到诊所来。

"他就是想来看你一眼，又不好意思说，就找了这么蹩脚的理由。"何顷一眼就看出来了，"真是叫人着急。哎，你知道上回我二哥为什么挨罚吗？"

"嗯？"夏渝州确实不知道，第一次去大宅的时候，学长被司君罚了，看着还挺严重，但他俩都不肯说因为什么。刚刚加入家族的夏渝州本着多一事不如少一事的原则，也就没再追问。

思思因为茶水溅到衣服上，去卫生间了。何顷左右看了看，说："因为云城领地有规矩，发现你的踪迹必须马上上报。我哥隐瞒了你回云城的事，就被收拾了。我哥也是，不知道为什么不上报你回来的消息。我问他，他就摇头晃脑地说他只关心学术。"

夏渝州后知后觉地反应过来："你知道……"

"不然呢？"何顷翻了个白眼，"我又不是瞎子。"

"叮咚——"两人的手机同时响起，血盟APP推送新的消息：

"郊区养狗基地非常危险，有大量病蚊及不完全种狼兽，需要支援。请云城地区有时间的血族速来！"

"哎呀哎呀。"何顷夸张地跳起来，"这消息瞧着像是展龙发布的，肯定是支撑不住了。郊区的狗看来不少啊，也不知道君君哥能不能应付得了。"

夏渝州看着那鲜红的"危险"二字，心神不宁。在他看来，现代种是柔弱的小蝙蝠，捉蚊子拿手，对付疯狗就比较困难。人类沾上狼兽的毒液，发作还有个潜伏期，而现代种一旦沾上，则会立时毙命。

"你俩看店，我去瞅瞅吧。"夏渝州上楼拿了宝剑。

"夏哥，你这是干什么去？"思思不明白，怎么自己上了个厕所回来，老板就一副要出去砍人的架势。

> 危机

"晨练。"夏渝州随口扯出平时搪塞邻居的说法。

思思看了看外面的天:"可现在是下午啊!"

"啊,那就是黄昏练。今天没什么生意,提前下班了。"夏渝州摆摆手,"呼啦"一声推开诊所门,又"咔嚓"一声关上,他退回来,"我好像在外面看到了一辆警车。"

何顷蹦过去看:"不是警车,是医疗车。"

诊所门外停着一辆窗带铁丝网的医疗车,车顶闪烁着红蓝交替的警告灯,几名穿防护服的医疗人员跟着两名警员走过来。

"谁是夏渝州?"警察出示证件。

夏渝州感到不妙:"警察同志,出什么事了吗?"

"三天前,你是不是在红河岸公寓为救一位李女士被狗咬伤了?"警察笑眯眯地询问。

乍一听像是派出所来表彰他见义勇为的,但重点其实在最后几个字——被狗咬伤!

夏渝州眉梢一跳:"什么李女士?"

"狗主人李女士事后承认,她的狗咬伤了你的胳膊。"警察向后退了一步,穿着防护服的医护人员立刻上前,左右架住夏渝州,"那只狗被鉴定为疯狗,当天就死亡了。我们根据报警记录找到了你,鉴于你见义勇为的行为,免费给你打狂犬疫苗。"

打狂犬疫苗是假,检测他有没有得狂犬病是真。夏渝州试图甩开医护人员的手:"我没有被咬,那大妈看花眼了!我有急事得赶紧去处理,这么着,你们给我一张免费打疫苗的卡,回头我自己去打。"

穿着厚厚防护服的医护人员并不与他废话,直接将他抬起来塞进车中。

夏渝州的手机上再次跳出消息:"西郊危险,请求在云城的血族支援。"

夏渝州被关在车里,四面都装了铁丝网。大概是怕他半路发疯,没有任何医护人员陪着,那些穿防护服的人都去了另一辆车上。

车子一路往医院驶去,夏渝州心急如焚,使劲拍驾驶室的窗户:"我的家人在郊区出事了,我必须尽快赶过去。师傅,咱打个商量,先去西郊一趟再去医院成吗?"

司机并不理会他,坐在副驾驶座上的医护人员安抚道:"做检查……啊不是,打疫苗很快的。"

夏渝州继续拍打:"说了我没被咬,我要是被咬了自己就去打疫苗了,用得着你们来强迫?我不要命啊!你们耽误我时间,回头他有什么三长两短,我一定去卫生局告你们!"

医护人员头也不回:"这是狂灾时候颁布的条例,我们是按规章办事的。"

夏渝州:"呵呵,当我不知道你们打的什么主意。我明明没有狂犬病,你们非说我有,把我关起来然后卖器官,回头跟我家里人说我得狂犬病死了。"

这言论把司机都吓到了,车在路上走了个S形,惹得周围车辆的司机纷纷伸头怒骂。

医护人员:"没有的事!不要造谣!"

"公众号上都这么说的,还有人拍到了照片哩。"夏渝州一边跟医护人员吵架,一边背过身来,捋起左臂的袖子,露出两块圆形的血痂。

疯狗咬的伤口比较深,出血比较多。他当时忙着打架,没顾得上涂止血药,导致这两块血痂比较大,一看就知道是被狗咬了。

被确定感染了新型狂犬病毒的疯狗咬过,还没有得狂犬病,肯定会被拉去切片。强制抓走的疑似狂犬病人会被带去专门的医院治疗,是狂灾时期建的233医院。

这家医院夏渝州很熟悉,当年狂灾最严重的时候,他和司君就在这里当志愿者。医院的名称是233,没有前后缀,非常低调,但市民们对这个名字都十分熟悉,如雷贯耳,只因那段常年在交通广播电台循环播放的广告:

"遇到疑似狂犬病人,请及时拨打电话23333333。"

车子停稳,有人来开门,门外站着三名穿着厚厚防护服的医生,严阵以待。

夏渝州友好地朝他们打招呼:"别紧张,不咬人。"

见他尚且清醒,医护人员都稍稍松了口气。然而押车的那位却一点都不放松,这位病人虽然没有疯,但跟他抗议了一路,坚信他们医院是假装抓人而后贩卖器官的。

"小张你怎么这么紧张？又不是第一次，放松点。"前辈拍了拍他的肩膀。

小张却没法放松，紧紧地盯着夏渝州，指了指不远处几位跟着来的民警："那边还有警察跟着的，你要是有异议，可以跟警察提。"

夏渝州紧了紧脸上的口罩："我要求警察同志陪着！"

只要不嚷嚷着他们是卖器官的就好，小张答应了这个条件，过去跟警察商量。警察本来也没打算走，他们把人抓来检查是有章程的，如果没有感染狂犬病，还得把人家送回去。要是随便抓人，抓了扔到医院就不管了，那成什么了？不过很少有市民要求警察全程陪同。

233医院比起五年前陈旧了不少。当时新建成的医院明亮宽敞，如今五年过去了，得狂犬病的人越来越少，这里也就没有以前那么热闹。医院里颇为安静，踏进大厅时能听到脚步的回响。

大厅的天花板是挑空的，一直通到五层楼顶，被一块透明的穹顶覆盖，层层病房呈圆形围着一个天井。夏渝州抬头看过去，回想起当初他跟司君在三楼住院区忙碌的日子。司君虽然怕狗，但好像并不怕得了狂犬病的人，每每遇到病人突然发狂，那家伙就会突然把他扯到身后。

"哐！"一张抽搐着的人脸突然从二楼的栏杆处冒出来，撞得围栏哐哐作响，把正在发呆的夏渝州吓了一跳。

"发病了，快固定起来。"医护人员立时赶到，把病人拉走。

这位得的瞧着像是传统狂犬病，没有发狂伤人，也没有像狼兽那样嘶吼。不过，传统狂犬病发作，也基本没得救了。

上学的时候夏渝州就觉得，狂灾里传染的疾病并不是狂犬病，只是一种能通过疯狗传染的病症，得了这种病的人更像大片里的丧尸，会吼叫，会咬人。现在他知道了，那是厄犬制造傀儡的手段，人也好，狗也好，沾染上就会变成疯狂咬人的神经病。

夏渝州跟着众人来到一间检查室，医生表示要对他进行抽血化验。

"打疫苗就打疫苗，抽什么血！"夏渝州胡搅蛮缠。抽血是检验不出传统狂犬病的，但厄犬傀儡的毒液却能检测出来，也不知道是谁发明的试剂。

"抽血验一下，要是你没得病，就不用打疫苗了。"旁边的医生耐心解释。

夏渝州扬起下巴,大义凛然地说:"呵,别以为我不知道,你们是想验出我的器官配型,好找下家赶紧卖掉我的器官!"

医生:"……"这什么跟什么?

最了解状况的小张扶额,低声跟众人解释了一下公众号上的谣言。

警察:"……同志,不要害怕,这是正规医院。"

夏渝州义愤填膺:"我根本没有被咬,验什么血?什么李女士都是编的,它咬我哪儿了你们倒是说说!"

这时候警察就派上了大用场,其中一位警察拿出资料说:"根据李女士的陈述,当时疯狗咬到了你的左小臂。"

所有人都看过来,盯着夏渝州的左小臂。这事刚刚发生三天,据李大妈说,当时咬得他满胳膊都是血,肯定留下了很大的创面。

夏渝州下意识地捂住左小臂:"那她肯定是看错了。"

常年对付这种精神状态不正常的病人,医生们经验丰富,一看这架势就知道有戏,忙哄道:"这样,你如果能证明自己没被咬,就不用验血了。"

夏渝州:"那行,警察同志,你们做个见证。我谁都不信,只信人民警察!"

两名警察听了这话,不由自主地昂首挺胸,充满责任感:"你放心。"

夏渝州咬牙,缓缓卷起了左臂的袖子。

屋子里安静了三秒钟,谁都没说话。最后还是坚强的小张开口:"这是什么?"

预想中的两个狗牙洞并不存在,白皙的胳膊上只有一个清晰、鲜红的"葬"字。

"文身啊!"夏渝州用鄙视的眼神扫过一圈医生,又挽起了右边袖子。与之相对,右边的胳膊上有一个"爱"字。

"这是为了纪念我的前女友。"夏渝州颇为伤感地说,"她说过,最美的爱就是死亡。"

别问,问就是非主流你不懂。

医生:"……"

警察:"……"

不等众人从这杀马特的画风中走出来,夏渝州已经主动挽起裤腿,又掀起衣服展示了一下漂亮的腹肌。好在那两条修长笔直的腿上再没有什么辣眼睛的东西，身体可露出的地方没有任何疤痕，除了那"葬爱"的文身。

夏渝州："还有屁股，要看吗？"

"……"

云城，西郊。

这是一处废旧民居，红砖墙，平顶房。房前有一处极大的院子，拉了一圈高高的铁丝网充当围墙。那铁丝网瞧着像是从二手市场买的废旧网球场护网，虽然掉漆斑驳，但胜在结实。

院子里的土地上撒着细沙，靠近房屋的地方用低矮的栅栏隔成几个区域，每个区域内有十几条狗。一名身形佝偻的老太太正挎着个小桶，颤颤巍巍地给栅栏内的狗喂食。

"呜——"栅栏内的狗状态瞧着都不是很好，脏兮兮的，毛打着绺。它们在老太太靠近的时候发出低低的咆哮声，不多时又安静下来。

"那些狗……目前能看到的，都有问题，"展龙站在车顶，拿着望远镜眺望院子里的情况，"但好像还没有发疯。"

司君立在车边，抿唇不语。

几辆小货车悄悄停在了远处，一群穿着制服的人朝这边走来。其中一人穿着酒红色的衬衫，与周围的人很不同，正是多日不见的何予。

"闲杂人等麻烦离开一下。"捕犬队的领队过来驱赶他们。

"司君，你怎么在这里？"何予明知故问，装作很意外的样子。

司君走过去打招呼："狗丢了，听说在这边。"

展龙从车上爬下来，掏出一张寻狗启事给捕犬队的人看："这是我家少爷的狗，黑白毛色的哈士奇，耳朵上有个豁口。有人打电话说在这附近看到了它，所以我们来看看。"

少爷？捕犬队的队长嘴角一抽，看了看手表，确实是 2019 年没错："这里有人非法集中养狗，我们需要处理，你们最好回避一下。"跟着来的几名警察向司君出示了证件，请他们先离开。

何予推了推眼镜："我这位朋友是医大附院的医生。既然他要找狗，就让他留在车里吧，万一那里边有他的狗，也好当场还给他。"

何予这话的重点其实在前半句，捕犬队队长听出来了，点头应下："医生啊，那就留下吧。不过一定要躲在车里，没有我们的通知，千万不要出来。"

警察是管辖这片区域的派出所民警，站在车前跟何予说起了这里的状况。

"这老太太特别喜欢狗，看见流浪狗就要捡回来。一百多条狗，拉屎、撒尿，臭气熏天，邻居们陆陆续续都搬走了。这两年我们来劝过好几次，都没有用。最近附近的村民举报，说瞧见那院子里有狗疯了。"

老太太在这里养狗多年，警察们也很为难。如果说这是在市区，还能以影响市容市貌为由强行拆除，可这里是郊区，老旧的、没有人居住的村落。先前这些狗都健健康康的，老太太自己有钱供养，不偷不抢的。他们只能用劝的，劝不动也只好作罢。现在不一样了，既然出现了疯狗，那就必须把疯狗抓走。

至于毫不相干的何予为什么在这里……警察有些不好意思："何教授是老太太的偶像，我们想请何教授来劝劝，尽量避免冲突。"

毕竟老太太年纪大了，能温和地解决最好。

司君微微点头："注意安全。"

"是。"何予笑着应了，回头发现警察和捕犬队的人都惊奇地看着他，瞬间恢复了冰冷的神色，拿起一只铁网头盔，"走吧。"

捕犬队暂时留在这里，只何予和两名警察过去。

"阿花，来奶奶这里。"老太太刚喂完狗，坐在院子中央的板凳上冲一只小狗招手。那是一只黑不溜秋的小土狗，圆滚滚地摇着尾巴就来了，趴在老太太的布鞋上打滚撒娇。

"廖奶奶，你看我们带谁来了。"警察一出现，老太太原本笑着的脸顿时拉了下来。

"谁呀？"老太太头发已经全白了，她眯着眼睛看过去，看不大清楚。来人穿着酒红色的长袖衬衫，戴着一顶绅士宽檐礼帽，见她看过来，稍稍抬了一下帽子。

老太太从口袋里摸出一副瘸了腿的老花镜戴上，仔细瞧了瞧："你是……何教授？"

| 危机

　　何予虽然平时对普通人类冷淡，但毕竟是何家人，当他想跟人好好聊天的时候，总能让对方如沐春风。没多久，他就跟老太太聊开了，也才明白老太太之所以喜欢他，并不是因为他这张校草第二的脸，而是因为他在电视上的言论。

　　"你不让他们打死狗，让带走仔细检查，真是个好人。有些狗根本不疯，是被人打怕了才特别凶的。"老太太试图拍何予的手背，却被他不着痕迹地躲开了。

　　何予一边跟老太太聊天，一边观察栅栏里的狗。

　　不同栅栏里的狗体型不同，大狗跟大狗在一起，小狗跟小狗挤成团。离他最近的地方，两只大狗正把鼻子戳到铁栅栏的缝隙里，冲他龇牙。有一只身形特别细长的狗，眼睛瞎了，紧紧闭着，正扒着栅栏立起来在空中嗅闻，顺着气味把脖子伸向何予所在的地方。其他狗瞧着像是无害，但仔细看过去就会发现，它们的眼睛都看着这边！

　　身处这样的环境，何予的身体控制不住地紧绷起来："廖奶奶，我看那只狗好像病了，不带它去看看吗？"

　　老太太顺着他手指的方向，看向一直躺在角落里不动的大黑狗。她戴上老花镜，晃晃悠悠地走过去，打开栅栏，只身走进去。那些流着涎水的狗都呆呆地避开她。

　　警察小声跟何予说："何教授，这些狗看起来都没疯，这下不好弄啊。"

　　何予僵硬地摇了摇头："不，这里没一条好狗。"

　　"什么？！"警察惊呼出声，又赶紧捂住嘴，生怕惊扰了这些危险分子，并提醒何予赶紧带上头盔。

　　虽然不知道这些狗为什么没有发狂，但它们的确都是不完全种狼兽，没有一条幸免。这样诡异的宁静反倒令人越发不安。何予深吸一口气，起身准备离开，

　　"嗷呜！"那只在老太太鞋上睡觉的小胖球被颠醒了，迷迷糊糊地爬了两下，摸到何予的皮鞋，"啪"的一下趴了上去，打了个哈欠又睡了。

　　何予低头看了看趴在自己脚上的小家伙："这倒是条好狗，警察同志可以帮我把它拿开吗？"

　　警察不明所以，弯腰拎起那只小奶狗。刚刚像是被定住了一样的何教授立

时站了起来，与小奶狗保持一步远的距离。

这时候，老太太拖拽着那只不动的狗出来。何予不由得又后退了两步，看着那只被苍蝇围绕的狗，眸色发寒："这狗已经死了。"说罢，他取出捕犬队的超厚手套戴上，掰着狗头看了一眼。

死于失血过多！

"啊？死了？"老太太很是震惊，抱着那脏兮兮的狗哭起来，"大黑啊，你怎么突然死了？不舒服也不跟我说一声啊！"

"老太太，这狗得了瘟疫，恐怕院子里的其他狗都会陆续染病。"何予尽量保持镇静，"我带了专业人员来，让他们把狗带去检查一下吧。要是健康的狗就还回来，不健康的就治治，好不好？"

小警察对何予说谎的功夫佩服得五体投地，悄悄给他竖了个大拇指，这样的说法老太太没有理由拒绝。

然而，原本聊得好好的老太太骤然警惕起来，她抱紧了手中的狗尸："我养了这么多年的狗，会不知道什么是狗瘟吗？连你也骗我！欺负我一个孤老太太，很有意思是吧？"说着，拎起手边的板凳就扔过去，狠狠地摔在何予脚边，发出"咔嚓"一声脆响。

"呜汪汪！"栅栏里的狗顿时都狂叫起来，那只瞎眼狗借着身高优势直接爬出了笼子，站在何予背后。形势瞬间严峻起来。

老太太一言不发地把狗尸体搬到房檐底下，拿棍子敲了一下栅栏，示意狗不要叫："你们走吧，我的狗好得很。我自己的院子，不扰民，不咬人，你们休想带走我一只狗！"

"咻——"一针麻醉弹射过来，正中瞎眼狗后背，它抽搐了两下就倒地了。

司君带着一名持麻醉枪的捕犬队队员进来，垂在身侧的右手隐蔽地拿着一只细长的注射器，他冷眼看着坐在地上抱着死狗的老太太："要帮忙吗？"

何予微微点头。原本他以为能说服老太太交出狗，尽量和平地带走，现在看来，恐怕连只死狗都不能安静地带出去。

太阳还没有下山，司君左手撑着一把大黑伞，针尖在右手指缝里闪着寒光，他一步一步地朝老太太走去。

警察目瞪口呆地看着这位医生，总觉得这画面……好像电影里反派的出场。

"嗷呜！"一只黑白相间的哈士奇不知从哪里窜了出来，龇着两排獠牙，恶狠狠地挡在司君与老太太中间。这狗身形矫健，油光水滑，左耳上有个大豁口。

老太太听到哈士奇的叫声，骤然回头，看到打着伞的司君，瞬间激动起来："是你！又是你！五年前，就是你带着人拆了我的狗之家！"

随着哈士奇一声如草原狼一般的怒嚎，栅栏里的疯狗们纷纷飞蹿而出。

233医院在北郊，出事地点在西郊，偏偏还遇上了晚高峰。

先前夏渝州证明了自己身上没伤口，又大义凛然地伸手让他们验血测试，测试结果显示没有感染。医生们相信了夏渝州没有被咬，之后又得到了验血的验证，自然没有扣留他的理由。但有一位特别谨慎的老医生提议，还是让夏渝州打疫苗并留下观察一天。

夏渝州恨恨地说："你们果然是卖器官的！告诉你们，我弟弟是世界著名的电竞选手，微博粉丝有八百万，超过……"他看一眼手表，这时候是下午六点十八分。

"超过六点十九分没有我的消息，他就会发微博号召全城迷妹来救我！"

医生们："……"还能说什么，只能让他走，并赠送了一张免费打狂犬疫苗的优惠卡。

233医院太偏远，打不到车，就算打到了，也会被堵死在晚高峰的路上。

夏渝州气得不行，躺地上打滚说自己家人那边十万火急："他要是有个三长两短，我一定告到你们倾家荡产！"

离开云城的这五年，夏渝州别的没学会，就学会了撒泼耍赖。别说，还挺有用。原本就心存愧疚的警察被他这么一闹，骑上警用摩托一路把他送到了西郊。

然而摩托跑得再快，到地方也已经天黑了。夏渝州远远瞧见许多车灯，谢过警察同志，握紧手里的无涯剑快步跑过去。

| 第二十章 |

屠 狗

　　破旧的小院门前停着十几辆车。除了司君那辆显眼的银色跑车,还有家用车、小货车、冷冻车……血盟每日鲜的冷冻车也开了过来,送血小哥正不知所措地站在路边,看到他走过来,立时挥手:"夏医生。"

　　夏渝州跑过去:"怎么只有你在这里,其他人呢?"

　　"我来得晚,到这里就已经这样了。"小哥很是无辜。他开的是生鲜冷冻车,本来就跑得慢,加上晚高峰限行,跑到这里的时候黄花菜都凉了。

　　这些车子好几辆都没熄火,大灯还亮着,足见当时情况危急。车灯照着破旧安静的院落,夏渝州快步走进去,眉头越皱越紧。

　　院子里充满了狗味,笼舍里却空荡荡的。几个人外加一只狗横七竖八地倒在院子里,非常像凶杀案现场。夏渝州过去查看,都活着,顿时松了口气。

　　一名警察身上扎着麻醉针,这种针是捕犬队抓狗的时候用的,看来这些人是被麻醉剂撂倒了。那只狗似乎要醒了,在地上一抽一抽地动弹,嘴里发出威胁的声响,只是眼睛一直睁不开。

　　夏渝州拔下警察身上没用完的麻醉针,给这又瞎又疯的狗再来了一下。狗渐渐安静了,而被拔掉麻醉针的警察,如同吐出了毒苹果的白雪公主,竟然哼哼唧唧地醒了。

　　"救命……"警察的声音沙哑无力。

送血小哥赶紧去扶他，撑着他半坐起来。

"警察同志，其他人呢？"夏渝州问他。

警察摇头："不知道。"那些狗突然发狂，捕犬队的猪队友用麻醉枪打那只哈士奇的时候准头太差，把他给撂倒了。后续的事他一概不知，只知道自己倒在疯狗群里凶多吉少，所以睁开眼就喊救命。

"快报警，叫支援来。"这麻醉药是兽药，量大劲足，警察的手抬不起来，说完这句话，迷迷糊糊地又要睡过去。

夏渝州使劲把他摇醒："别睡，先告诉我，这附近哪里有特别大的镜子？"

警察脑子不转地跟着念："镜子？"

夏渝州："我是何教授的朋友，何教授给我打电话，说被困在一个有大镜子的地方。"

听到何教授的名字，警察清醒了些："东边不远的地方，有一家废弃的镜子厂，那边有……"话没说完，他突然脑袋后仰晕了过去，怎么晃都晃不醒了。

小哥放下警察，满是希望地看向夏渝州："何二少跟你联系上了？"

"没有，"夏渝州站起身，"我瞎说的。"

APP的最后一条消息讲明了现场的情况。上百只疯狗在这寂静的夜里不可能不发出任何声音，现在这里这么安静，加上血族们又不知去向，那么他们肯定都到镜中去了。能容纳上百只狗、十几名血族的地方，必然是面很大的镜子。

小哥："那我们快去帮忙吧！"

夏渝州按住小哥的肩膀："你留在这里看着他们，别让疯狗突然醒了把人咬伤，我去就行了。"他从一辆没熄火的车里摸出一支手电筒，顺手拔了车钥匙扔给每日鲜送血小哥，便背好宝剑抬脚离开。

这里是个几乎被废弃的村庄，房子倒是有不少，但都没有人居住，等着拆迁。大概因为早年开工厂破坏了土地，周围也没什么庄稼，坑坑洼洼的地里长满了杂草。跨过干涸的沟渠，能瞧见旷野中那一片蓝色铁皮房。

夏渝州随手折了根柳条，抹上鲜血捏在手里，快步往那边走去。

这间工厂看来废弃了有些年头，铁皮墙锈迹斑斑，地上到处都是垃圾和碎裂的玻璃。低矮的方形铁皮房中间有一座很高的弧形穹顶仓库，那辆带铁笼子的捕犬车就停在旁边。是这里没错!

仓库外歪歪扭扭地堆叠着许多半成品镜子,年深日久,被村里的小流氓、熊孩子全部打碎。只一面嵌在墙上的样品没有碎成小块,勉强维持着完整形态,但镜面上也布满了裂痕。沾染着斑斑点点的血迹,乍一看颇为吓人。

镜面反射着手电筒的光,让人看不清楚内里。夏渝州关了手电筒,才发现那不是反射光,而是镜中引蚊灯发出的光!

"吼——"

夏渝州刚要靠近,一只疯狗骤然从暗处窜出来,张着血盆大口直冲他脑袋而来。"啪"地一柳条抽过去,直接把狗抽飞,他翻身蹿上铁皮货箱,正要往下蹦,却突然刹住车。

他刚才只顾着找镜子,竟没有注意到,仓库外的这片空地上蹲着二十几只脏兮兮的疯狗,将他与样品镜之间的路堵得死死的!它们原本只安静地对着镜子流口水,因为刚才那一阵响动,此刻全都看了过来。

夏渝州在柳条上又撸了一圈血:"下面我要抽几位挡路的小可爱,不想成为幸运观众的狗狗自动让路哦。"说罢,他在铁皮箱上助跑两步,飞跃而下。

显然,大家都想做幸运狗,没有一只狗让道并全部积极地冲他扑来。

带着鲜血的长柳条在狗群中甩出一个完美的圆弧,被抽中的幸运狗嚎叫着翻腾,撞倒了周围一大圈小伙伴。夏渝州奖品有限,没打算多抽,直接冲进了镜中,"噗"的一声撞上了病蚊的大屁股。

"呸呸呸!"夏渝州抽出家徽佩剑,抬手把这挡路的蚊子戳漏气,然后抹了把脸,用手电筒照过去,顿时头皮发麻。

明亮的引蚊灯将病蚊源源不断地引入,黑压压的一片,遮天蔽日。夏渝州一边戳蚊子,一边往里走:"司君!"

那边的人听到他的喊声,回应:"夏骑士,是你吗?"是展龙的声音。

不等夏渝州再说话,眼前的蚊子"哗啦啦"死了一片,喘着粗气的展龙突然出现。周围还有不断的砍杀声,但蚊子太密集了,看不清楚。

"领主不在这里。"展龙拉着他蹲到一处铁皮箱后,语速极快地说,"他跟何二少在仓库里,你快去帮忙!"

"你们跟我一起出去！"周围的轰鸣声太吵，夏渝州只能扯着嗓子喊。

听说司君在仓库里面，夏渝州瞬间明白了镜子外的那些疯狗在做什么。他们是在看守这面镜子，把这里的血族困住，不让他们进去救司君。

血族不能在外面杀疯狗，而出了镜子，没有能力和武器加持，弱小可怜的现代种在疯狗面前不堪一击。如果有人报警引来捕犬队，在这遍地碎镜子的地方，每块镜子里都能藏一只疯狗，谁也抓不住它们。

进可攻，退可守，这镜子厂对狼兽来说真是个好地方。

"不，我们必须在这里杀病蚊，不能让它们飞出去！"展龙同样大声道。

夏渝州抬眼看那些蚊子，密密麻麻的蚊子跟他长久以来见的那些流感蚊不尽相同，有的大，有的小，黑的、白的、花的不一而足。流感蚊之外的，应该是比其更危险的肝炎蚊、脑炎蚊之流。

"你们没有'冻结'之类的能力吗？"夏渝州看他们杀得辛苦，很是着急。

"不是人人都像领主那么强大的。"展龙没时间解释那么多，推着他快走，"我们人多，应付得了。领主那边很危险！"

作为忠心的大骑士，展龙知道元古种的特殊性，他跳出去杀灭几只蚊子，回来继续叫夏渝州快走。

夏渝州没再耽搁，甩着柳枝咬牙冲出去："滚开！"

镜子离仓库门足有十步远，夏渝州将柳条抽得"噼啪"响，他的血与狗血混合，柳条迅速变黑变脆，只抽了三下便断成灰烬。七步，五步，三步……手中的柳枝消失，一只疯狗迎面扑来，夏渝州拔出无涯剑，以剑身拍狗，再一跃而入仓库，并随手关门。

"咣！"厚重的铁门合上，夏渝州舒了口气，用手电筒照向仓库深处。

一面巨大的镜子挂在最里面的墙上，将手电筒的光线实实在在地反射回来，照亮了地面上安安静静趴着的几十只疯狗。

夏渝州："……"

仓库深处的镜中。

何予单膝跪地，手中的玫瑰刺戳在地上，撑着身体大口喘息；司君倒还站着，佩剑的剑尖冲着地面，一滴鲜血顺着指尖滴到剑身上，再从剑尖滑向地面。

香甜的血族血引得周围的巨兽躁动不已。人身哈士奇头的狼兽随手将一具巨兽尸体扔出镜子，在扔出的瞬间，便有一只疯狗冲进来填补空位。三只巨兽呈品字状将两个血族围困在中间，打算生生耗死他们。

"血族的首领，我已经知道你们两个发动特殊力量的规律了。"狼兽得意地龇牙，"现在你们都在虚弱期，还不如一个普通人类。哈哈哈，没有了能力加持，血族就是狗粮而已！"

"不。"何予摘掉碍事的眼镜，喘息着纠正，"容我从学术的角度争辩一句，你是狼兽，不是狗。"

狼兽愣了一下，随即暴跳如雷："胡说！就是狗！"

司君："……"

狼兽还是狗？这是个严肃的问题。

不过，哈士奇狼兽显然并不打算深入讨论这个哲学问题，它打算现场演示一下，血族是如何充当生骨肉狗粮的。

与刚刚被扔出去的那只小型犬不同，现在围着他们的三只巨兽都是大型犬，足有两人高的个头，涎水像拧开了的水龙头一样，从跟脑袋同宽的大嘴巴里汩汩而出。这些口水大半是冲着司君流的，在狼兽放出"可以吃了"的信号后，巨兽们第一时间扑向司君。

血盆大口扑面而来，司君依旧屹立不动，在巨兽即将咬到他的瞬间出剑，以肉眼看不清的速度将佩剑插入巨兽的下颌，直接刺穿脑袋。

巨兽被撂倒。司君抽剑转身，拉起何予往杂物堆中间跑去。

这个看似仓库的地方其实并不是仓库，而是生产车间。不正规的乡村小工厂在铁皮大棚里开设了车间，机器、设备的摆放也不甚合理。中间那条宽阔的通道是拆掉了大型机械后留下来的空地，两边胡乱摆放着卖不出去的旧机器和高高的存货架子。

两人在机器的缝隙里奔逃，巨兽在后面追赶，过于宽大的身体撞得那些铁疙瘩"哐哐"响。它们不知疼痛，只一味地追击，货架上的碎玻璃哗啦啦地往下掉，在它们身上划出无数道口子。

这些飞溅的玻璃不但会划伤巨兽，也会划伤人。

"小心！"一片大玻璃从两人的头顶坠落，跑在后面的何予推着司君一跃扑进了侧面的缝隙。

这是两台机器之间的狭窄缝隙，仅容一人侧身通过，小于巨兽头的尺寸。巨兽蹿过来使劲咬，咬不到，便伸爪子掏。两人往后挪动，另一只巨兽骤然出现在缝隙的另一端，他们顿时不敢动了。

何予靠在机器上，大口喘气："我还需要三十分钟才能恢复。"

司君掏出手绢，在自己冒血的胳膊上缠了一圈："我二十分钟。"

他们在镜中世界的特殊能力，每次使用之后都有冷却时间，并且冷却时间会随着使用次数的增加而越来越长。

何予皱眉："狼兽有一定的魔抗能力，会在'冻结'或者'混乱'发动的瞬间跳出镜子。就算我们恢复了，这还是个死循环。"

"截断它出去的路，"司君低声说道，"把它逼到镜子深处扛过二十分钟，杀了它！"狼兽的抗魔能力有限，所以它一直站在镜子边缘，一旦不对就马上跳出去。如果离出口有一定距离，它就没有办法了。

何予皱起眉头，把狼兽逼到深处并不是件容易的事，它可以源源不断地召唤疯狗，而他们两个在这里耗了这么久，体力早就到了极限。最好能拖延一段时间，等差不多的时候一鼓作气杀了它。硬拼二十分钟的话，他俩估计真成狗粮了："咱们先在这里躲一会儿……"

"啪嗒！"一坨湿滑的黏液滴下来，正掉在司君面前的铁皮上，他抬眼看去，左侧堵门的巨兽跳上了机器，正在他们头顶居高临下地流口水，非常嚣张。

"吱——"大爪子伸进来捞人，坚硬的趾甲划过机器铁皮，发出刺耳的声音。刚才被他杀的那只巨兽已经被扔了出去，又换进来一只小狗。这是一只变异的吉娃娃，膨胀过后，身形只有半人高。吉娃娃个子小，声音大，变成疯狗了依旧话不停，嚎叫着从机器底座下的缝隙往这边钻。

"走！"司君毫不犹豫地从缝隙左端冲出去，再次来到空地上。

"吼——"被机器卡住的吉娃娃还没出来，站在顶端的巨兽却不受阻碍，嘶吼着跳下来。

司君速度不减，单手稳稳地提着佩剑，直冲狼兽而去。狼兽仗着自身的力量，对那细小的剑不屑一顾，伸手去抓。就在它的手即将抓到剑身的瞬间，剑尖一偏，直冲它心口而去。

狼兽大惊，连舌头都忘了收回，身体先于大脑往旁边扑去，顿时远离了镜子出口。

司君达到了目的，却顾不上身后狂奔而来的巨兽。

"二黑！咬死他！"狼兽张嘴大笑，一个急转弯调转身形，也扑过去，跟巨兽一起两面夹击，势要咬掉血族首领的脑袋。

"咔嚓！"喷溅的鲜血伴随着脖颈断裂的脆响，弄脏了司君一尘不染的西装外套。

"咚！"巨大的狗头直接撞进狼兽怀里，而矮身躲避的司君也没有幸免，被轮圈甩的黑狗血喷了满背。

"快脱了！"夏渝州单手持剑，一把将司君拽过来，让他把外套脱掉。

脆弱的现代种沾不得一点疯狗毒液，这血里也不知道有没有毒，还是不要沾染的好。

"渝州？"司君很是惊讶，"你……"

夏渝州嫌他啰唆，一把扯住西装外套的领子拽了下来。司君顺从地抬手，任由夏渝州把自己的高级西装剥掉，直接扔到满是尘土与黑血的地上。

"哗啦啦"！货架骤然倒塌，落下来的斜口碎玻璃准确无误地戳进了那只堵缝隙的巨兽的身体。何予快步跑过来，跟他们隔着几步站定。

夏渝州注意到了司君和何予的站位，他们两人分开站在镜子入口处。没等他想明白这是什么站位，司君突然抱住他趴到了地上。一朵红色玫瑰就这么直挺挺地戳在眼前，夏渝州龇牙，不是吧，这时候了还玩浪漫？他伸手去抓那朵玫瑰，却抓了个空。

黑影从头顶蹿过，两只疯狗冲进来，变身巨兽，落到狼兽身边蹲好。那只卡在机器下面的吉娃娃终于脱身，嗷嗷叫着站到狼兽身前，对着三个血族不停地嚎叫示威。

被司君拉着起身，夏渝州才注意到，这镜中世界的边缘分布着许多这种虚幻的红色玫瑰，破旧的仓库穹顶透出了淡淡的银色月光。他了然，这玫瑰估计是何予的出场背景，跟司君的银月异曲同工。

"又是你！"狼兽看到夏渝州，瞳孔控制不住地紧缩，"你怎么进来的？"

无涯剑在月光下泛着莹莹蓝光，黑狗血顺着剑尖快速滑落，不多时，剑身就恢复了干净剔透。

镜子外面漆黑一片，刚才打得激烈，没听到外面的响动，狼兽睁着一双不具备夜视功能的狗眼往外看，却什么也没看出来。

"哦，一个老奶奶带我进来的，那些疯狗好像不攻击她呢。"夏渝州笑道。

"奶奶！"狼兽肉眼可见地僵硬了一下，随即龇牙，"胡说！奶奶不可能现在就醒了！"

夏渝州嗤笑："爱信不信。"

"你应该不想让奶奶看到你这样吧？"何予弹了弹身上的灰尘，用温润和煦的声音说，"不如我们谈谈？"

司君："我说过，没什么好谈的。"

何予用眼神询问司君："？"

狼兽冷笑："呵呵，现在是你们被我困住，由不得你们不谈。"两只巨兽同时龇牙，吉娃娃继续嗷嗷叫，逼迫血族跟他们谈判。

何予："！"领主高明。

夏渝州横剑将司君护在身后，发出一声嘶吼："嗷呜！"

司君："你做什么？"

夏渝州："它们有叫阵的，咱们也不能输！"

司君："……倒也不必这么计较。"

"我只想安安静静地在奶奶身边当只狗而已，为什么你们不肯放过我？"狼兽坐到一只巨兽头上，十分悲伤地说。

"不是，哥们儿，搞清楚，是你先找血族麻烦的。"夏渝州忍不住插嘴。明明是这狼兽先在南山氏的赵谦身上做标记，逐步摸到司君的住处要杀司君，怎么它还恶狗先告状起来了？

"是他先动手的！"狼兽指着司君，义愤填膺道，"五年前，就是你毁了我们家的一切。"

司君抿唇，低声在夏渝州耳边解释了一番。

五年前，司君刚刚接任领主。十六氏交接的时候什么资料都没有留给他，为了云城的安全，他很多事都得亲力亲为。狂灾刚刚结束，城市里隐藏着遗漏的疯狗，政府颁布新规定，市区个人养狗不允许超过两只。当时拆除老太太的养狗基地是政府行为，不过司君也有参与其中，为了抓一只逃跑的疯狗。

夏渝州看看被冤枉的司君："肯定是因为你太好看了。"大概因为样貌过于出众，那么多工作人员老太太没记住，就记得他了。

司君耳尖微红，想说什么，忽然看到了何予的手势。

何予示意两人别乱说话，自己开口慢慢引导："你也是被奶奶捡到的吗？"

狼兽吸了吸鼻子："当然，奶奶是我在这个世界上最亲的人。"

它本来是一只普通的哈士奇，有一天跟主人出门散步时跑丢了，以它当时的智商不足以找到回家的路，只能在城市里流浪。

"野狗欺负我，人类驱赶我。他们看不出我高贵的血统，人眼看狗低！就因为我满身泥浆，没有华丽的衣裳！"

夏渝州小声跟司君说："它要是不滚了满身泥，估计早被人领回家了，哈士奇不是挺贵的么？"

司君捏住他的手轻轻晃了一下，示意他别说话。

"那些穿制服的人拆了奶奶好不容易搭起来的棚子。我的小伙伴们都是好狗，全都被他们抓上了车，连最小的阿花也不放过。奶奶到现在还惦记着阿花。"说起五年前的事，哈士奇的眼睛泛起了血色。

小伙伴们被强制抓走，比较凶的则被打麻醉拖走。阿花才三个月大，奶声奶气地哀叫，也没能换来那些人一丝一毫的同情，直接被拎着脖子扔上了车。奶奶哭着求他们，好歹把阿花留下。那些人说市区不能养狗，要带走统一处理，来看热闹的邻居们窃窃私语：

"统一处理，怎么处理呀？市里可没有狗收容所。"

"嗨，还能怎么处理？卖到狗肉馆呗。"

这些话都被它听进了耳朵里。它太害怕了，趁乱溜了出去，打算等这些人走

屠狗

了再回来。奈何它是一只不认路的哈士奇，跑出去就回不来了。再次失去了家的哈士奇漫无目地流浪，在被野狗欺负的过程中断了一条腿。这在野外生存中是致命的伤害，因为断腿意味着跑不过别的狗，抢不到食物，得不到干净的水。

饥饿和伤痛令它不停地怀念跟着奶奶生活的日子。就在它以为自己要死了的时候，它忽然变成了狼兽。

"幸亏遇到仙人点化，我才活了下来，并且拥有了保护奶奶的能力！"狼兽志得意满地挺起胸膛。

原本百无聊赖的夏渝州听到了重点："什么样的仙人？"

狼兽："那是我们狗的神仙，你问这个做什么？"

夏渝州面不改色："实不相瞒，我也想成为狼兽，希望能找到那位神仙，让他点化我。"

司君："……"

狼兽狐疑地歪头看着他，半晌反应过来："呸！你当我傻呀！你想跟我抢地盘，我是不会告诉你神仙的踪迹的！"

何予听着一人一狗的争辩，忍不住捏了捏眉心："既然你想跟奶奶好好生活，为什么要把院子里的狗变成疯狗？"

在郊区养上百只狗勉强可以，但要养上百只疯狗显然不行。这狼兽不知道怎么想的，不仅把院子里的狗都咬伤，还跑到市区去作乱。

狼兽听到这话，顿时激动起来："疯狗怎么了？疯狗为什么不能活下去？人类里面的精神病患者就不会被杀死。人类只不过因为比狗强大，才随意处置狗！"

"吼——"巨兽受到狼兽情绪的感染，开始狂躁不安，冲着三人怒吼。

狼兽突然噤了一声："不对，你们在拖延时间！"

它怎么突然醒悟了？！不等夏渝州惊呼出声，两只巨兽已经扑了过来。

狼兽骑着的那只巨兽直冲何予而去，另外一大一小两只巨兽则冲着夏渝州和司君而来。狼兽显然看出孤身一人的何予是防守的弱点，所以集中火力去杀何予，好夺回出口的位置。

何予矮身跪滑，抢起手中的玫瑰刺，像打棒球一样敲向巨兽的后腿。巨兽个头太高，头上举着狼兽不方便低头咬人，竟然被何予敲中了，直接一个跟头跌了出去。

"喂！"刚砍死两只巨兽的夏渝州阻止不及，眼睁睁地看着狼兽也被带着甩了出去，他一把抓住司君躲到侧面，"完蛋了，快闪开！"

何予还没明白怎么回事，就感觉到镜面一阵抖动，便想也不想地滚到一边。

数十只疯狗扑进来，全部变身巨兽。夏渝州在镜中世界见过铺天盖地的蚊子，这还是第一次见到铺天盖地的疯狗。

狼兽最后进来，咬牙切齿地站在镜子边缘："外面根本没有奶奶！你骗狗！"它生平最恨别人说它智商低，这些邪恶的血族在它成为伟大的狼兽之后竟然还敢耍它！那么，捕猎游戏到此结束，是时候把这些血族撕成碎片了！

小小的镜中世界几乎被巨兽填满，夏渝州拉着司君跳出镜子。

司君看了一眼外面的状况，根本没有什么老奶奶，只有一辆没有开灯的车，堪堪停在镜子底下的高台边，看来是一路狂飙闯进来的。镜子周围依旧满是疯狗，狼兽还没彻底失去理智，知道放进去一半留一半。身上带血的司君刚刚出现，那些疯狗立时躁动起来，争相扑上来。

夏渝州一剑砍断几只疯狗的爪子，拉着司君又从镜子中央进去。进去的一瞬间，司君单手抱起夏渝州，夏渝州借力猛蹬一脚，直接把站在门口的狼兽踹到了深处。

狼兽没料到会遇到这招，直接被踹飞，撞到了一只巨兽身上。巨兽低头，试图扶起它，奈何嘴巴太大，直接咬住了它整颗狗头。狼兽来不及把自己的头救出来，直接挥爪让巨兽们攻击。

"吼——"几十只巨兽同时怒吼，狂奔而来。

刚刚爬起来的何予再度趴下，就趴在镜子的边缘。过于巨大的疯狗扑过来刹不住车，会直接扑出去，他就借着这点空隙苟活片刻，但这并不是长远之计，大狗可以躲避，灵活的小狗就难了。一只吉娃娃站在不远处冲他龇牙，贴着地面冲了过来。

巨兽狂奔，脚下的地面都在震颤，夏渝州握紧手中的剑，将司君护在身后，抬手朝迎面而来的巨兽砍去。

一剑断头，再拔剑一跃而起，深深地戳进另一只巨兽的脊椎骨。无涯剑虽利，

| 屠狗

但根本抵挡不住这么多数量的狗，夏渝州还没完全拔出剑来，一只弹跳力极好的巨兽就跃了上来。

司君一个箭步冲上去，挡在了夏渝州身前。

"闪开！"夏渝州目眦欲裂，他被咬一口不要紧，司君被咬一口就要当场完蛋。

细长的佩剑稳稳地戳进巨兽的身体，下一秒，大地的震颤忽然停止。月光自剑尖一点点漾开，瞬间冻结了所有巨兽，包括那只刚刚把自己的脑袋从巨兽嘴里拔出来的狼兽。

司君缓缓抽出佩剑，看了满头大汗的夏渝州一眼，无奈道："你应该更相信我一点。"

"你们现代种脆弱得跟肉包子似的，叫我怎么相信？"夏渝州丝毫不买账，气得不行。

何予狼狈地从一只狗爪下爬出来，指着夏渝州的身后道："小心！"

那只哈士奇狼兽虽然也中了招，但动作速度明显比其他巨兽要快。见它跑过来想要逃走，夏渝州想也不想，搂着司君的脖子荡过去，一脚又把它踹到深处。

"嗷——"狼兽发出一声嚎叫。

外面的狗闻声而动，前赴后继地冲进来。司君反手抱住夏渝州，闪身躲进两台机器的缝隙里。他持剑的手依旧稳如泰山，源源不断的月光自剑尖荡漾而出，来一只冻一只，来两只冻一双。

狼兽自知爬不到镜口去，让血族扑过来就是死路一条，便索性把所有的疯狗都叫了进来，将这镜中世界堵得水泄不通。密密麻麻的巨兽将狼兽相对娇小的身形淹没，只要熬过三分钟，它就能逃跑了。

夏渝州从缝隙里蹿出来，快步在巨兽头间跳跃。那些慢动作的巨兽试图咬他，被他一剑砍掉了脑袋。他找准位置一捞，将躲在深处的狼兽抓了出来，扔到空地上。

夏渝州握紧手中的剑，看着挣扎起身的狼兽，皱起眉头。这狼兽在镜中太像人了，他根本下不去手。

"你去解决不完全种。"司君对夏渝州说，然后冲何予抬了抬下巴。

杀疯狗，夏渝州毫无心理障碍，一剑一颗头。等他杀完，狼兽已经被何予用玫瑰刺的尖头刺穿了脊椎骨。

疯狗的尸体需要快速焚烧，否则很快就会生出无数病蚊。外面的几具狗尸就已经让展龙他们焦头烂额，镜子里这么多一旦暴发，他们根本杀不过来。来不及收割战利品了，何予准备点火。

这是多少积分啊！夏渝州满脸肉疼。

司君见夏渝州露出这种表情，戴上手套，一把抓起地上的哈士奇，拉着夏渝州走出去。

"啊啊啊，君君哥，老板，你们可算出来了！快把它弄走！"车里忽然传来一声叫喊，司君这才发现车里还有人。

驾驶座上的周树白眼快要翻到天上去了，副驾驶座上的何顷哆哆嗦嗦地指着门口蹲着的最后一只疯狗，"嘤嘤"地抽泣。

先前夏渝州被困在门口，正要回去想办法，这两个傻子就开着车冲进来了。好在夏渝州机灵，找准时机跳上了引擎盖，才没有被弟弟撞死，反而借助冲力突破疯狗屏障跳进了镜中。只是车中的两人就被一群疯狗困着出不来了。

夏渝州看看仅剩的那只疯狗京巴："……"

出了镜子，狼兽就变成了原本的哈士奇模样。就在夏渝州解决京巴的时候，哈士奇突然站了起来，跌跌撞撞地往外跑。

"它活不了了。"何予走出来，看着哈士奇的背影。

夏渝州蹙眉，抬脚跟了过去。

何教授那双常年做实验的手稳、准、狠，出招致命但不失美感。哈士奇背上并没有出多少血，黑白相间的毛发看着尚算干净，只是嘴巴受了伤，有血不停地从嘴角流出来。

哈士奇跌跌撞撞地一直走到小院里，最后筋疲力尽地摔到了尚未苏醒的老太太身边。

第二十一章
血脉

夏渝州看着这一幕，不禁有些难过："其实它也就五六岁而已，即便拥有了智慧，能思考的也不多。"

每日鲜小哥看看夏渝州，又看看那只垂死挣扎的哈士奇："就是因为它思考得不多，造成的后果才会更严重呀。血族可以做巴氏消毒血来喝，用戒律约束，不伤害人类，但它们不行。"

自古以来，狼兽都是为所欲为的，从没听说狼兽有什么约束自身的戒律，而且狼兽的毒液对于血族和普通人类来说，都太过危险了。

"狼兽注定与人类不能共生。"司君走过来，跟夏渝州站在一起。

夏渝州转头看他。这人不知何时拿了一件干净的西装外套，搭在没有受伤的那条手臂上……等等，受伤？夏渝州忙活了半天，这才注意到司君绑着手绢的右臂："你的胳膊怎么了？"

司君摇头表示无碍："玻璃划的。"

夏渝州不放心，抓过他的胳膊查看，生怕这人是被疯狗咬了又不说。伤口很深，但平整光滑，明显是锐器划伤的，凑近闻了闻，没有疯狗嘴里的腥臭味。紧绷的精神放松下来，夏渝州控制不住地心猿意马。香甜的气息引诱着他，好想尝一口啊！

"你想尝一口吗？"司君看到他咽口水了。

"咳，我就是看看有没有沾到毒液。"夏渝州舔舔嘴巴，没好意思真尝，重新给人家包扎好，"你应该不至于在这种事上骗我。"

司君："我没有骗过你。"

夏渝州挑眉："一句都没有吗？"

"没有。"他从没骗过夏渝州，一句都没有。不知道怎么回答的时候，他都选择不说话，而不是说谎。这是融入家族骨血里的骄傲。

一句都没有……夏渝州很是惊讶，但仔细回想司君对他说过的话，一时半会儿还真想不起来哪句是能够被验证的假话。

善后工作有些麻烦。

先前狼兽跟他们打架时，死一只疯狗就扔出去一只，导致大量病蚊滋生。展龙那边费了九牛二虎之力，总算把新生的病蚊全部杀完。夏渝州也是第一次较为全面地见识了在云城生活的血族们，各行各业都有，医生、老师、商人、公务员，甚至还有一位穿格子衫、戴厚底眼镜、头顶鸡窝的程序员。

"领主，这边暂时没事的话，我得回去加班了。"程序员磕磕巴巴地对司君说。

仁慈的领主摆了摆手，示意除了特殊人员，大家都可以撤了。至于特殊人员，就是展龙、何予之流，当然还包括一位穿着捕犬队制服的人。

大部分疯狗都被杀死在镜中，一把火烧了个尸骨无存。夏渝州本来还在担心怎么跟捕犬队交代，看到这位大兄弟瞬间就安心了，因为这位兄弟不仅仅是捕犬队的，还是带队的队长。虽然这位队长面对如今的局面也愁得直薅头发。

所有东西都清理好之后，院子里中了麻醉枪、镇静剂的人们纷纷醒过来。

老太太坐在地上，轻轻抚摸枕在她腿上的哈士奇的脑袋："奇奇，不怕，奶奶抱着你呢。"

"嗷呜……"一只圆滚滚、巴掌大的小狗崽，围着哈士奇哼哼唧唧，张嘴咬它的耳朵，试图把它叫起来。

警察同志麻醉药的劲儿还没完全过去，大着舌头跟老太太解释："除了这两只，别的都是疯狗，捕犬队已经处理了。那个……"

如果是健康的狗，检查完还能还回来，不还回来也能有个说法。五年前拆除市里的狗棚时，那些狗被带去了收容所，也给了老太太一点儿补偿。但疯狗的话，就没有补偿了。

"你们走吧。"老太太头也不抬地说，没有继续听警察安抚的意思。

两名警察面面相觑，无奈叹气。

"她知道那些都是疯狗。"夏渝州走出小院，低声跟司君说。

司君抿唇，微微点头。

怎么可能不知道呢？就算耳聋、眼花，这些朝夕相处的狗是什么样子她也一定清楚。她只是装作不知道，看着那只失而复得的哈士奇装乖卖蠢，无力阻止它，也舍不得揭穿它。

夏渝州难以理解这种行为，哈士奇是她疼爱的狗崽子，别的狗就没有人疼爱了吗？

"人们对失而复得的东西总是更珍惜些，也更纵容些。"司君拉开了跑车副驾的门。

"是么？"夏渝州觉得这人话里有话，歪头瞧他，"也不见得吧，有些人失而复得之后，还在犹豫要不要呢。"

司君抬眼看他，小声说："不是。"

夏渝州凑近了听："不是什么？"

司君将薄唇抿成一条直线，做出拒绝回答的姿态。夏渝州看到他这副模样就气不打一处来，伸手要去拽他的领带。

"哥！"周树远远地喊他，"过来坐我的车，咱们吃火锅去。"

"啧，你这人怎么这么没眼力见儿？"何顷愁得假发都秃了，"打断别人说开误会，是会被天打雷劈的，电视剧里都这么演。"

夏渝州看到吵吵闹闹的弟弟二人组，收回了拽领带的手："你们两个怎么搅和到一起的？"

"呸呸呸，不要污蔑我的清白！"何顷用少女的声音气哼哼地说，"我可是为了救你才联系他的。"

当时眼瞧着夏渝州被强行关进医院的车里，作为一名柔弱的"少女"，何顷没法直接把他救出来。领主、自家二哥统统联系不上，他只能匆匆关了店门，自己打车去233医院，路上别无他法，给周树打了个电话。结果等他到了医院，夏渝州竟然已经自行脱困，留下同时赶到的两人大眼瞪小眼。

一听到夏渝州被医院抓走，司君刚刚开始修的闭口禅顿时破戒："你怎么出来的？"

说起这个，夏渝州忍不住得意，向他们展示自己的杰作——"葬爱"文身。胳膊上的伤口太过明显，他灵机一动，把血痂抠掉，留下两个还没长好的小血洞，然后用血牙再戳几个洞，将其完美掩藏在密密麻麻的血洞中间。

周树看着那两个丑丑的非主流大红字，顿时炸了毛："他们强制抓走健康市民，还逼着你自残！等我回去……"

夏渝州踢他一脚："会不会说话，文身怎么能叫自残呢？"

周树："谁文身文这么丑的啊？！"

夏渝州："……"这个弟弟不能要了。

正当夏渝州考虑着从哪里开始揍弟弟比较合适时，那只文着"爱"字的胳膊被司君托在了手中。司君脱掉了手套的修长手指虽然有些凉，但比初秋的晚风要温暖一些，他轻轻地在那块皮肤周围按压，附近的血洞顿时渗出细细的血珠来。

"嗞——"夏渝州吸了口气，自己咬的时候不觉得疼，这会儿挤着反倒疼了。

司君的眉头皱成了"川"字。

何顷好奇地凑过来看，一惊一乍道："你咬完之后没有舔吗？"

血族如果没打算杀死猎物，咬完肯定会舔一下。这并非出于对美味的留恋而做出的嘬筷子行为，而是为了加速愈合血洞。如果没有舔那一下，伤口就会愈合得很慢。

"没……"夏渝州一句话未说尽，就见司君端着他的胳膊，认真地舔了舔组成"爱"字的血洞。他的动作十分讲究，看起来仿佛是"吻手礼"的变种，优雅、从容。

不仅是指尖颤抖的夏渝州僵住，旁边的何顷、周树同样呆若木鸡。

原本就是想撺掇领主，但还没等撺掇领主就自己上了，以至于没有发挥余地的何顷默默退开两步。他扭头瞧见走过来的自家二哥，立时提着护士裙啪嗒啪嗒地跑过去，假装自己从未出现过。

周树默默地把口罩拉高，深觉自己没派上用场。"我去车上等你。"他原地转身，闷声闷气地说了这么一句就走了。

夏渝州缩回手臂，看着司君，感觉毛毛的。这人刚被挤兑失而复得不知道珍惜，就马上给他演了一出"如珠如宝"，怎么看怎么诡异。

夏渝州："这只就不必了。"

司君也不勉强，慢条斯理地重新戴上手套，拉开车门请他上车。

"你是想表达你不是不珍惜，是么？"夏渝州也不知道自己怎么突然情商飙升，电光石火间明白了司君的意思。这人不好意思说自己其实是珍惜的，只能用以前绝不会当众做的动作来示意。

司君有些惊讶地抬眼："我只是怕你懒，回去留疤。"

夏渝州："……行吧。"

最后，夏渝州没上司君的车，任由弟弟载着他在深夜的五环上狂奔。飙升的情商还是没能让他参透司君的意思，这人说的话简直比先祖手札还难懂。

"啊，烦死了！"夏渝州张着嘴趴在车门上，让五环的寒风灌进自己的嘴巴醒醒脑。

到底不是什么？不是不珍惜？不是在犹豫？

喝风喝到打嗝，夏渝州缩回脖子："周树，你说，嗝……我跟司君是不是三观不合啊？我总不知道他在想什么……嗝！"

周树甩了甩被风吹乱的红毛："别问我，问就是不合。"

"嘿！"夏渝州敲弟弟的脑袋，"会不会说话？劝架要往好了劝，懂不懂？"

"哇啊！"树神想打人，穿西服、戴白手套、长得过分帅的那种。

夏渝州揍完弟弟，瘫回座椅上，继续喝风。忽然收到一条消息，他点开来看，手一抖，差点把手机扔出去喂了五环的狂风。

司君："不是我在犹豫，是你。"

夏渝州盯着那行字看了许久，百思不得其解："什么叫我在犹豫？"他自认表现得够明显了，为什么司君还说他在犹豫？夏渝州靠在车窗上，让狂风吹乱他的头发。

周树听见夏渝州在那边嘀嘀咕咕，虽然不知道在咕咕什么，总归是跟司君有关，他一点儿都不想听。然而瞥见哥哥那副死样子，他又忍不住开口："我知道他在想什么。"

"啥?"夏渝州惊奇地看向弟弟。

"其实好理解得很。领主大人么,人家不能低下尊贵的头颅,等着你给他个台阶下呢。"周树嗤笑,要论对司君的了解,他自认没有任何人能比得过他,毕竟是勤勤恳恳骂了五年的人。这五年里,为了保持自己骂人的水平,他可是一直关注着司君的动态,实时更新可辱骂内容的。

"我给的台阶还不够明显?"夏渝州龇牙。自己都当着他的面弹小星星了,这人就是不接,有什么办法?

夏渝州觉得弟弟分析得不对,重点明明在"犹豫"两字上,显然是司君觉得他心不够诚。难道真得摆个花阵放烟火,拿着大喇叭喊:"司君,我想跟你和好,你同意不?同意回复'1',不同意回复'666'!"

夏渝州挠头,其实也不是不行。

想象一下,某天自己假装去公寓送快递,开了门二话不说点燃一支二踢脚,等全楼层的邻居都出来看热闹的时候,掏出从对门药店借来的大喇叭,用手机播放《世上只有妈妈好》之类的感人乐曲,问他:"老子这次心够诚了吧?"

唔,想想还有点小激动。

周树:"别把口水滴我车上。"

夏渝州下意识地抹了把嘴角,发现根本没有口水,便非常自然地往弟弟袖子上抹了抹,好让他放心。

周树开着车不能乱动,只能任由哥哥往自己的限量版T恤上涂口水,他气得满头红毛都炸开了:"我说你这脑子里每天除了姓司的就没别的了么?一天天就知道围着他转。你还记得你回云城来是为了什么吗?"

其实夏渝州回云城并没有提前跟周树商量,是突然回来的。要是提前告知,周树肯定早帮他把牙科诊所装修好了,哪里会沦落到没地方住的地步。只是这么久了,夏渝州也没透露过他回来到底是为了什么,左右肯定不是为了来跟司君和好的。但这段时间,周树没有观察到自家兄长任何积极进取的行为。

"哟呵,都学会套话了。"夏渝州拍了拍弟弟炸起的红毛。

满头红毛越拍越炸,周树歪头不让他拍。

夏渝州"啧"了一声，收回手："我回云城是出于本能。"

"本能？"周树没明白这是什么鬼话。

夏渝州靠在椅背上，长长地叹了口气："我想要后代。有了小默，血脉的躁动就可以暂时得到安抚，我会感到身心愉悦。"这是融在血脉里的本能的驱使，每得到一个转化而来的后代，他就能高兴很久。这是一种无法解释的天性，就像猫想抓毛线团、鸭子想在河里划水一样。

这样的事情周树还是头一次听说，颇为震惊："这么说的话，爸当年转化我，也是为了爽一把？"他小时候跟陈默一样，得了绝症治不好，被父母抛弃在了医院里，然后被值班的夏妈妈发现，给抱回了家。

周树一直很感激给了他第二次生命的夏家，深觉这感人肺腑的传奇故事很值得选入"感动血族十大事件"，现在听说了这一本能，忽然觉得怪怪的。

夏渝州摸摸下巴："那应该不是，传承都已经断了，爸爸就算想要转化后代也不得其法。当年只是因为你快死了，瞎猫碰上死耗子随便咬咬，谁知道你还真成血族了。"

周树："……"这话怎么听着像骂人，说谁死耗子呢？

周树无语了半晌："那现在呢？你有小默了。"

"我还需要更多后代。"夏渝州撸起袖子，舔了舔左臂上的"葬"字，密密麻麻的血洞便肉眼可见地迅速缩小，"等后代多起来，咱家也能繁盛了。"

夏家作为最后的纯血元古种，人数实在少得可怜，感觉随时都可能灭绝，太没有安全感了。大概是冥冥之中的感应，夏渝州本能地还想要转化更多的人。

作为非纯血元古种，周树并不能感受到这种本能驱使，他只关注一个现实问题："咱家繁盛了，能干什么呢？"

制造出来的新生血族都是他俩的晚辈，需要他们养活的。他们家又没有含山氏那种传承了几百年的文化需要继承，要那么多后代做什么呢？

是哦，做什么呢？夏渝州努力想了想，最后不确定地说："比赛的时候给你举灯牌？"

周树眼睛一亮："有道理，还能给我闺女组个后援会。"

"哈？什么闺女？"夏渝州一时没反应过来。

"谢茵茵啊。"周树提起这个就来劲，兴奋不已，"哥，你加油，到时候弄出一个连来，我们家茵茵就能有整块区域的后援灯牌了！"

"……"

夏渝州想起这个茵茵是谁了。周树电竞基地的宿舍里贴满了各种海报，海报的主角大部分都是这位名叫"谢茵茵"的女孩。她是一个女子偶像团体的成员，刚出道一年的十八线。周树不知道怎么就成了人家的"亲爹粉"，追星追得不亦乐乎。

"后天我闺女的演唱会，你跟我一起去参加。"周树把哥哥送回诊所，临走时还不忘交代一遍。谢茵茵人气实在不高，粉丝少得可怜，每次开演唱会、见面会，周老父亲都操碎了心。

"行吧行吧。"夏渝州被他叨叨得没办法，只得应了下来，直到睡前都还在纳闷，话题是怎么从司君变成了演唱会的。

不知道怎么回复司君那条消息，夏渝州选择不回。

他将手机扔到一边，从枕头底下摸出那片残镜继续研究。比起跟司君和好，他确实还有更重要的事要做。

"夏氏渝州？"有人在唤他的名字，那声音忽远忽近，但十分好听，声调的韵律有些奇怪，听起来不像现代人。

夏渝州茫然四顾，发现自己站在一处断崖上。崖边长着一株古树，古树盘根错节，开着满树幽蓝近白的花。一位穿着广袖长袍的仙人背对着他立在花树下，刚才那句话应该就是他说的。

"你叫我？"夏渝州上前几步，想要看清树下的人，却怎么也看不清对方的面容。但有一样东西他看清了，那就是仙人腰间挂着的宝剑——通体莹蓝的无涯剑。

"我们夏家就要消亡了。"仙人望着天上的一轮明月，轻叹。

"先祖？"夏渝州惊了，单凭一把剑不足以证明眼前人的身份，然而他心里知道，这人绝对是夏家先祖。

先祖转过身来，依旧看不清脸，但声音变得清晰："你怎么到现在才转化了一个新生？夏家消亡，所有人都要跟着完蛋，你得尽快让夏家血脉延续下去，越多越好。"

月白色的长袍在烈烈山风中鼓荡,映着皎皎月光忽隐忽现。

"纯血不可能再有,而歃血归亲……"夏渝州挠头,"传承已断,我也不知道谁是能被转化的人,单靠骨髓配型这一个途径验证实在是太慢了。先祖,您好歹教我个快速辨别的法子,好顺利延续血脉。"

"延续血脉的方法早已在你手中。"先祖说完这句话,便随着那些飘零的花瓣一起消失在了风中。

啥?夏渝州看了看自己空空的双手,先祖是在开玩笑吗?

这时,一只修长白皙的大手伸过来,将他的两只手握在一起:"这不就是了。"

夏渝州抬头,看清了手的主人——穿着西装的司君。

啥?这跟司君有什么关系?

"我来帮你延续血脉。"司君认真地说,"只要把我转化成你的儿子,夏家就会拥有一只纯血种了!"

夏渝州瞬间被吓醒了。

天光大亮,手机闹铃发出清脆的鸟鸣声,又是新的一天。

夏渝州坐起来,抹了一把脸上的冷汗。先祖托梦就托梦,怎么还把司君给捎带上了?这一定是先祖对纯种血脉断绝的怨念所致。

"先祖,纯种血脉断绝也不是我的错。咱们氏族就剩我一个了,孤雄繁殖是不可能实现的。"夏渝州摸出枕头底下的碎镜残片,每次把这残镜放在枕头底下都会做奇怪的梦,打死周树他都不信这两件事没关系。

事情已经严重到要先祖托梦提醒他的地步,夏渝州觉得很是不安。他找了根绳子穿过镜面上的一个小洞,心烦意乱地拎着下楼。

"这么严重了吗?"周树来送明天要用的应援物品,听夏渝州说了先祖托梦的事,也跟着紧张起来,"你打算怎么办?"

"不行就先照先祖说的试试。"夏渝州一脸严肃。

周树:"什么?"

夏渝州看了他一眼:"大人的事,小孩子别打听。"

周树:"?"

梦中的方法——让司君叫他爸爸。

"爸爸,你刚才说什么血脉?"正在吃早餐的儿子举手提问。

夏渝州拿了瓶鲜鸭血,单指启开瓶塞,戳了根吸管跟儿子坐在一起。现在手里积分足够,一家三口都过上了天天喝巴氏消毒血的日子,算是脱离贫困开始奔小康了。"先祖托梦,叫我赶紧给老夏家延续血脉呢。"

陈默了然:"长辈逼婚……那你不能跟前兄弟叔整天混在一起了?"

"什么前兄弟叔?"周树把应援物品一股脑儿地堆在沙发上,听到这个称呼瞬间凑了过来,用谴责的目光瞪向夏渝州。

夏渝州对弟弟的瞪视毫不在意,用跟大儿子商量要二胎的语气解释:"不相干的事。先祖嫌你这个独生子太孤单,叫我多造点小朋友来玩。小默想要个弟弟还是妹妹呀?"

穿了根红线的残镜被夏渝州挂在食指上晃着玩。古旧的黄铜在阳光下泛着暗金色,残影渐渐连成一片,组成一个完整的圆。先祖从镜子里爬出来耳提面命,偏不把话说明白,夏渝州很想把人从镜子里晃出来,叫他一字一句好好解释到底怎么辨别血脉。

陈默抱着血瓶,看爸爸晃动手中的镜子,忽然站起来:"啊!"

这一声惊叫把夏渝州吓得一哆嗦,镜子脱指而出,掉在桌上发出清脆的"咣当"声:"这孩子怎么一惊一乍的,怎么了又?"

陈默没说话,扔下血瓶噔噔噔跑上楼去。不多时他又噔噔噔跑回来,激动不已地翻开先祖手札:"爸爸,你看这个!这是不是关于镜子的记载?"

夏渝州看向那泛黄的纸页。

这是手札中很不起眼的一页,纸张有些破损,个别字迹看不清楚,儿子的小手就点在那一处看不清的地方:"这个字只剩一半,之前我以为是'釜',但其实是'鉴'呀!"

夏渝州将目光移向后面那行字:

"暗鉴,通阴阳,辨血脉,谓之无疾。"

先前陈默以为是"釜"字,还纳闷过这个沟通阴阳的黑锅到底是什么法宝,猜测可能是炼丹炉，能炼制出检测血液的东西，所以叫无疾锅。刚才看到夏渝州手中的镜子，他忽然福至心灵：其实，这说的是镜子。暗镜，可以勾连阴阳，辨别血脉，先祖给它取了个名字，叫作无疾镜！

"通阴阳，辨血脉"，夏渝州仔细琢磨这句话，越想越是这么回事。先祖说延续血脉的方法已经在他手中，他睡前手中拿着的可不就是这片残镜。如果没猜错，这镜子是用来辨别某个人是否可以转化成血族的。

"这么重要的信息，你之前怎么没发现？"弟弟周树发来灵魂质问。

镜子发现得晚，这先祖手札夏渝州可是几年前就拿到了，日夜苦读却读出这么个结果，还不如十六岁的儿子研读半个月效果好。

"这句藏得太深了。再说，我这不是脑子不好使了么？"夏渝州理直气壮地说，对于自己脑子不好这件事不以为耻反以为荣。

周树无言以对，拿过手札看看。

这句话确实隐藏颇深，倒不是它写的地方有多偏僻，而是先祖在这一页上写的东西太杂乱了。这句话前面和后面记载的全是些不相干的事情。

什么进贡的鲈鱼比外面卖的有灵性，有灵性就是好吃的意思，烹调之后非常美味啦；什么有海外商人送他仙人掌，难看又扎手，非常讨厌。他就把它当作礼物送给了一位侯爷，告诉侯爷这是不死花，好几天不浇水都不会死。侯爷欣然接受并回赠他一串珍珠，还赋诗一首。他认为这诗狗屁不通，但没有当面揭穿啦……

都是些日常琐事，以夏渝州那钓鱼三分钟就要扔钓竿的急脾气，估计看几行就自动跳过了，就算让他研读十年也是一样的结果。

这"暗鉴"掩藏在各种人送先祖的礼物中间。说来这镜子也是别人送的，送的人还是皇帝。翻译的时候，陈默疑惑了很久，为什么皇帝要赠送先祖一口大黑锅，甚至怀疑过这是先祖在暗讽皇帝让他背锅。

夏渝州兴致勃勃地捧着镜子开始研究。这镜子是古代版的 DNA 测序仪，能测出普通人有没有能转化成血族的基因，肯定比骨髓配型要好用得多。不过，这要怎么用呢？

"滴血认主。"陈默给出一种猜测。各种玄幻小说里都是这么写的，遇到什么法宝，滴血上去，之后就可以开启别人不能用的模式了。

"这镜子传了几百年，认什么主？"周树阻止夏渝州试图滴血上去的智障行为，"我看应该是滴血认亲。"

陈默："有道理。"

夏渝州："……"滴血认亲就比滴血认主更智慧吗？

为了验证谁的想法更智障，三人按顺序分别滴血上去。黄铜镜被糊上了鲜血，样子极不美观，且毫无反应，依旧是块废镜子，甚至连普通镜子的功能都没有，点了血之后都不能把手指伸进去。

"这镜子里面没有镜中世界！"夏渝州捏了捏戳疼的指尖。

陈默想了想："或许这就是'暗鉴'的意思，区别于普通镜子，属于黑暗世界。"

周树摇头："你不觉得这残片特别像游戏里的任务道具吗？集齐残片可以获得绝世宝物。"

夏渝州不想理他们，赶他们去上学、上班，自己则拎着镜子回去洗干净继续研究。

诊所今天的生意还不错，不知道光头回去怎么跟狐朋狗友炫耀一口白牙的，陆续来了好几个中年男子，基本上都是一样的模式，进来先一脸猥琐地问："听说你们这里洗牙只要100块钱啊？"

漂亮的护士"何小姐"马上热情地请客人坐到治疗台上，叫来夏医生，砂轮与喷枪齐上阵，让客人从震惊恐惧到放弃抵抗，最终获得一口崭新的大白牙。

"100元，谢谢惠顾！"

洗牙很简单，不费什么工夫。夏渝州在工作间隙拿出那块镜子研究。先祖手札上，关于"无疾镜"的记载还有一处，在后半部分儿子还没有翻译到的位置：

"无疾梦，载浮生，忆少年填恨低首。"

这话乍一看，好像是说没病没痛的时候做了个好梦，梦见自己年少时干的蠢事，很是羞愧。但如果指的是无疾镜，那就不一样了，应该是说这无疾镜与梦有关，让先祖梦见了自己中二时期干的事。

"老板！"何顷喊了第三声，才把夏渝州从沉思中唤醒。

夏渝州头也不抬："怎么了？"

何顷气得跺脚，那边思思帮他说："顷哥问你，昨天他及时守护了诊所财物，有没有奖金。"

昨天医生和警察带走夏渝州的时候，思思已经下班走了，只剩何顷一个人。作为负责任的护士，他把机器关了、门锁了，才打车去救老板。

夏渝州瞥了他一眼："没有，如果丢失了什么扣你工资。"

思思低头闷笑。

何顷难以置信地冲过来"刺杀"万恶的老板，被夏渝州单手捏住按在沙发上，顿时惊了："快放开我，被别人看到，我会被拉去沉塘的。"那惶恐不安的语气，仿佛一个被恶霸调戏的小寡妇。

夏渝州抖着手放开他，关上了休息室和接待厅之间的推拉门。

被隔绝在外的思思："？"

何顷抱住假胸："哇，你关门干什么？这会引发含山氏与南国氏的战争的！"

夏渝州斜瞥他："那你老实回答我一个问题。"

"什么？"

"有没有一种镜子，没有镜中世界的？"

何顷没想到是这么正经的问题，无趣地坐直了身体："有啊，虚镜么。"

在现代种的概念里，也有这么一种镜子，就算点了血也不能进入，称为虚镜。虚镜是用特殊材料制成的，可以记录一些记忆片段，传承久远的氏族都会有这几块虚镜，用于记录先祖的丰功伟绩。

"还能记录？"夏渝州惊恐地捏紧手中的残镜，要是镜子会把人的梦记下来，那他最近做的那些乱七八糟的梦岂不是……

"是啊，不过现在已经没有造梦师了，谁也不知道虚镜的刻录方法。"

哦，原来需要专门的技术人员刻录啊，夏渝州松了口气。

何顷注意到他手里的黄铜镜，拿过来看："这是你家的虚镜吗？怎么破成这样了？"

夏渝州问："能修吗？"既然血族一直有这种东西，那应该有修复的方法。

何顷摇头，不清楚这东西能不能修，毕竟他们家不是做武器的。他转了转戴着美瞳的大眼珠，建议夏渝州去问司君，博闻强识的领主大人什么都知道。

司君……

"叮咚！"

"云城领主发布任务：请前往手工巧克力店制作巧克力一块，一小时内送至领主公寓。"

| 未完待续 |

绿野千鹤·著

中国致公出版社　知音动漫

我自遥远的国度而来

长路漫漫白雪皑皑

漫天的黄沙险些将我掩埋

但当我历尽艰险见到了你啊

那一切的苦难都不值一提

哈哈，不值一提

你是天上遥不可及的星辰

你是海上低吟浅唱的魔魅

哦不，这些诗篇都配不上你

我日夜弹奏指尖淌血

也捉不住哪怕一片袍角

你啊，你啊

你是银色诗琴弦上的月光

火焰点燃了苍穹

月光消失在高山

从此，琴弦上没了光亮

青丝到白发啊，我日夜弹唱

索然无味，皆是虚妄

所有的诗都配不上你，我的月亮

目 录

第二十二章·过去	281
第二十三章·祸起	296
第二十四章·坦诚	311
第二十五章·拔牙	324
第二十六章·私生	336
第二十七章·研究	348
第二十八章·炼器	360
第二十九章·绑架	372
第 三 十 章·狗血	386
第三十一章·偏心	398
第三十二章·恩怨	412
第三十三章·残镜	425

第三十四章·女儿	....	440
第三十五章·爹粉	....	453
第三十六章·赴会	....	465
第三十七章·认主	....	479
第三十八章·舞会	....	494
第三十九章·始祖	....	506
第 四 十 章·无疾	....	520
第四十一章·忠骨	....	532
番 外 一·冬眠	....	548
番 外 二·幺儿	....	553
番 外 三·钢琴	....	559

| 第二十二章 |
过 去

夏渝州怀揣着复杂的心情，骑着自行车往"哈尼手工巧克力店"去。他一路骑得心不在焉，单手离开车把，按了按挂在胸口的残镜。

一会儿见到司君要怎么跟他说呢？

"我有块破了的镜子，想问问你怎么修。"含蓄而浪漫，是司君喜欢的调调。一语双关，伏线千里。等司君答应跟他和好，他再掏出这块残镜，说自己是来修镜子的。里子、面子都保住了，完胜！

或者……

"我们夏家就要消亡了，领主大人可否帮帮我？"等司君问他怎么帮，他就一脸无奈、无助、痛心疾首地说出昨天先祖托的梦，请司君同意被他转化，叫他一声"爸爸"。

嘿嘿嘿，说老子犹豫，老子就果断一次给你看看。

果断的夏渝州拐进了便利店，买了一堆乱七八糟的东西揣进兜里，以备不时之需，而后哼着最近流行的口水歌走进了巧克力店。

"夏哥你来了，还是老规矩？"店员早跟夏渝州混熟了，这位每天都来做一块巧克力送人的顾客，已经被他当作典型案例讲给每一位新顾客听了。送礼物要持之以恒，精诚所至，金石为开。

"嗯哼。"夏渝州应着，熟门熟路地自己穿上围裙。

"今天我们老板在,我跟她申请给你打个折。"店员挤眉弄眼地说,"一会儿她要是随机回访,你一定要给我好评啊。"

老板巡店,一般是查查账,随机调研一下店里的客户满意度。

"好啊,你们老板是哪个?"夏渝州随口问,既然有折扣,拿人手短,他保准把店员吹得天上有地上无。

夏渝州摩拳擦掌,抬头瞧见一名拿着账册从后台走出来的美女,满腔热血被一盆冰水兜头浇下,从头顶冷到了脚底。

美女看到夏渝州,也是一愣:"夏渝州!"

"老板,你们认识啊,我正想跟你申请给夏先生打五折呢。"店员讪讪地挠头,向甄美丽介绍,这位就是连续半个月在这里做巧克力的客人。

夏渝州解开身上的围裙带子,脱下来扔回架子上:"甄美丽?"他不怎么记人,忘性也大,对一些点头之交的同学,隔一年忘了人名字,隔两年忘了人长相,隔三年性别都能忘了。但这位甄美丽,他是绝不会忘的。

甄美丽半响才找回声音:"你还记得我?"她跟夏渝州其实没有说过话,但夏渝州能记得她,她并不意外,脑子里空白一片,于是说出来这么一句废话。

"临床的系花,怎么能忘呢?"夏渝州微微拉起口罩遮住下唇,单手插进裤兜里,"这是你开的店?"

"是,是我们家的。原来你就是我家最近的那个常客,早知道是你,就不收钱了。"甄美丽放下手中的账册,请夏渝州去制作区坐,并表示今天这份巧克力免单。

"……"

原来如此,这家店是甄美丽的。曾经跟司君传绯闻传得满校皆知的系花,他跟司君闹崩的导火索——甄美丽的店。

夏渝州气笑了,这个王八蛋司君什么意思?难怪指定要这个店铺的,合着是照顾老同学生意呢!照顾一次也就罢了,还天天变着法儿地折腾,亏他还以为这是司君给自己找的台阶,合着是来追旧情人的!报复人也不是这么报复的!呵!

店员殷勤地拿了材料过来,在老板和夏渝州之间来回看,小声说:"我还是第一次见老板这么手足无措的样子,你们以前关系很好吧?"

过去

手足无措？夏渝州看看面无表情的甄美丽，丝毫没有看出来："好啊，好到我下一次绝对不会再来的程度。"

店员："……"

虽然一秒钟都不想在这里多待，只想去司君公寓把他吊起来打一顿，但夏渝州还是步履稳健地走过去，拿起了桌上的制作材料。

"没想到会在这里遇见你，"甄美丽斟酌着措辞，"一直想跟你好好道个歉。"

夏渝州抬眼看她："那倒不必，该道歉的人不是你。"

五年前，刚刚过完暑假。

整个假期夏渝州都过得浑浑噩噩。水医生，他温柔可爱的母亲，五月份在狂灾中牺牲了。他回老家处理完丧事，在青山绿水间守了三个月的孝，依旧没能从失去母亲的悲伤中缓过神来。

司君心疼地摸了摸他的头，为暑假没能去陪他而感到抱歉。

夏渝州："嗨，你去做什么，项目重要。"

司君这个暑假有一个特别重要的研究课题要结尾。这个课题是与外国一所名校合作的，如果顺利，课题结束后，司君就能靠着这份成绩前往名校进行　年的交流。

虽然，私心里，夏渝州很希望司君能在他身边。茫茫青山，天宽地阔，孤独在这样的环境中会被无限放大。

得到一通安慰，夏渝州打起精神回到了课堂，迎接新的学期。那本是他最难熬的时光，有了司君的陪伴，他才感觉好了很多。司君也失去了母亲，非常明白他的痛苦，说出的话总是恰到好处地抚慰了他心中的疼痛，这也导致他越来越依赖司君。一下课，他总是迫不及待地冲出教室。

"哎，你们听说了吗？咱们校草名草有主了。"

下课铃响，夏渝州正准备向外冲，忽然听到这么个八卦，禁不住停下脚步，绷紧了身体，竖起耳朵仔细听。

"你说司君？不可能吧，什么天仙能拿下他呀？"

"真的，我的消息来源绝对可靠，就是临床院的系花，叫甄美丽的。"

"她？她不是张有钱的女朋友吗？"

张有钱是学校有名的富二代，原名叫什么不得而知，大家都叫他张有钱。大概因这位仁兄过于高调，不住校，每天开法拉利跑车来上课。每每路过教学楼前的小停车场，同学们都忍不住"啧啧"感慨一声"有钱"。

除此之外，这位张同学还有一样丰功伟绩——上学期追求甄美丽的事。粉气球、大彩带布满了整个宿舍区的空地，点燃的心形蜡烛几乎绕场一周，弄得想回宿舍的同学都没地下脚。宿舍管理员不知道被他用多少钱买通了，竟然没有过来制止，弄得女生宿舍楼里怨声载道。最后不知哪位兄台报了火警，119过来直接清场，还把张同学批评教育了一通。

后来张有钱就跟人宣布，甄美丽是他的女朋友。

八卦在忙碌的医学生中间生存时间有限，大家都是听个乐子，并没有人持续关注张有钱的追求到底有没有成功。所以他这么说，大多数人就信了。

"切，那是张有钱瞎掰的。人家甄美丽的男朋友是校草，她自己亲口说的。"

"我也听说了。据说是当着张有钱的面说的，差点没把他气死。"

夏渝州听了半天，总算听明白了。估计是这位张同学死缠烂打，系花为了摆脱他，就随口胡诌说自己有男朋友，不知怎么就扯到司君身上了。

司君全心全意扑在学习上，连陪他回家奔丧都没时间，哪来的时间跟女生谈恋爱？夏渝州嗤笑一声，没当回事——直到司君的同学，那个叫葛东西的来找他。

葛东西是个看起来很老实的男生，个子不高，皮肤黑黄，长着一张放在人群中瞬间就认不出来的路人脸。夏渝州能记住他，是因为暑假在家跟司君视频的时候，这位兄弟总是意外入镜。每当那时，夏渝州就会悄悄地问司君："那是你项目组的葛东西吗？"

司君也跟着压低声音："好像是葛东西吧。"

夏渝州："哎，看错了，不是个东西。"

他们两人就着这个没什么营养的笑话，能咻咻地笑半天，以至于夏渝州见到葛东西，就条件反射地问："你是葛东西？"

葛东西一怔："是啊，我是司君的项目组伙伴，葛东西。我知道你是夏渝州，是司君的朋友。"

这话说得憨里憨气,倒是不惹人烦,夏渝州笑了笑,问他有什么事。

葛东西很是纠结,牛筋底的鞋子在地面上碾了又碾,才下定决心似的说:"学校里关于司君和系花的传言,你听到了吧?"

夏渝州微微蹙眉,狐疑地看着他:"听到了,怎么?"

葛东西似乎十分纠结,额头上都冒出了细汗:"你可别说是我说的啊,就是……司君和甄美丽是认识的,暑假刚开始的时候就认识了。"他平凡的脸上露出咬牙切齿的表情,脸颊因为情绪激动而不停地抽搐,瞧着不像是下决心,倒更像是报仇雪恨。

"他俩认识?什么意思?"夏渝州愣住。司君和系花认识,并且传了绯闻,而他从没听司君提起过。

葛东西小心翼翼地观察着夏渝州的表情,见夏渝州看过来,迅速低下头,不敢跟他对视:"哎呀,就是那个,我们项目组都想撮合他俩。你是司君最好的朋友,所以,他们派我来提前告诉你一下。"

跟葛东西分开,夏渝州还有别的课要上,不过这课上得心不在焉。他偷偷拿出手机刷学校论坛,论坛里不出所料地挂了好几个博人眼球的港媒风标题。

"震惊!校草跟系花谈恋爱,是郎才女貌还是郎貌女才?"

这个帖子参与讨论的人数最多,夏渝州点进去看,越看眉头皱得越紧。

1楼:"是郎貌郎才,咱们校草可是拿特等奖学金的学神。"

2楼:"嘤嘤嘤,没有人能配得上我们校草,没有人!"

3楼:"楼上+1,没有人能配得上我们司少爷,没有人!"

……

11楼:"真的假的啊?司君那个样子,根本不像会谈恋爱的人,我总觉得他下一秒就要羽化登仙了。"

12楼:"羽化登仙,哈哈哈哈,我看是遁入空门吧。校草长了一张禁欲脸,根本就不像喜欢女人的样子。"

……

39楼:"什么系花?根本配不上司君。"

40楼:"系花配不上,你就配得上了?"

后面的一百楼，众人就"配不配得上"的问题展开了激烈的争论，拿着两人各种场合的照片，所谓"有图有真相"，以证明两人登对或是不登对。这也就罢了，到后来竟然有人把他俩的照片P在一起。

157楼："看看，男的帅女的靓。"

这位P图的仁兄还给他们两人搞了个极为暧昧的姿势，尺度再大一丝丝就要被封禁的那种。

"哎！"夏渝州气得摔了手机，结实的金属外壳撞到空心复合课桌板，发出"嘭"的一声巨响。教室里瞬间安静，所有人都看了过来。

正在讲课的老师扶了扶眼镜："夏渝州，你对我讲的内容有什么不满吗？"

夏渝州僵了一下，赶紧捂着肚子站起来："对不起，老师，我肚子太疼了，想举手上厕所，没拿稳手机。"

前面的同学低头憋笑，老师黑着脸摆手："去吧去吧，限你十五分钟，超时算旷课。"

"谢谢老师！"夏渝州抓起手机，一阵风似的冲出教室。

中午，周树来叫夏渝州吃饭，发现他蔫头蔫脑地趴在桌上不动弹，便上前拍拍他："怎么了？"

夏渝州把脸贴在桌上："有人背叛了我，你哥哥我现在很受伤。"

"我听说了，"周树捋了把头发，"司君跟系花的那件事。"

这八卦周树是从菜璧嘴里听到的，比大多数人知道得更具体。菜璧的室友就在司君的项目组里，回来眉飞色舞地跟他讲了那天在活动中心发生的事。

"什么活动中心？"夏渝州好奇地问。

"你不知道？"周树很是惊讶，旋即抱起手臂端起了架子，"哎呀，司君竟然没有跟你说吗？啧啧，你还是自己问他吧，其实也没啥。"

没等周树装完这一波，就迎来了哥哥"爱的拳脚"。夏渝州勒住弟弟的脖子："说话说一半，吃泡面没调料包、上厕所没纸、打游戏队友挂机一百年！"

"啊，不用这么狠毒吧？"周树被这过于恶毒的诅咒震惊了，只得老老实实地把听到的消息说出来。

那天，司君他们项目组在学生活动中心开会，讨论申报奖项的问题，恰好遇见张有钱来给甄美丽送花。

暑假期间，大学里有很多人没有回家，有像司君这样做项目的，也有像甄美丽这样做学生活动的。司君他们是临时起意要开会，于是在开阔的大厅寻了处位置。

"哎，那不是系花吗？"正讨论着，有人眼尖地瞧见了正往这边走的甄美丽。

甄美丽抱着一摞迎新材料从大厅路过，正快步往会议室走去，一大束玫瑰花忽然出现在面前，吓得她连连退后几步。

玫瑰花后面缓缓冒出张有钱那张微胖的脸："美丽，这花送你，晚上一起吃个饭呗。"

"不去。"甄美丽狠狠地皱起眉头，转身往另一个方向走，又被追过去的张有钱堵住。

"我问过你们学生会了，今天晚上没有活动。这个星期我都邀请你三次了，每次你都说有事，今天还有什么事？"张有钱咬牙，努力保持笑容。

他身后还跟着两个男生，说是玩伴，其实就是跟班，他们在后面瞎起哄。

"走吧，嫂子，我们在'又一轩'定好桌了，吃完咱们还可以在那边打麻将呀！"

"就是就是，三缺一，就缺你啦！快来吧嫂子！"

两个男生一唱一和的，声音还很大，惹得周围的人都看过来。

甄美丽涨红了脸："叫谁嫂子呢？！张同学，我说过很多遍了，你都装作没听见，那我今天再说一次，咱俩不合适，不要再纠缠我了好吗？"

张有钱笑嘻嘻地说："哪里不合适？我觉得挺合适的。你没跟我谈过怎么知道不合适呢？走走走，晚上跟哥哥吃顿饭，你就知道有多合适了。"

"走开。"甄美丽拍开他拦路的手，抬脚就要走，却被张有钱一把抓住。

"甄美丽！"张有钱紧紧地攥着她手腕，大声道，"全校都知道你是我女朋友，我都追到这份儿上了，你还想怎么样？装也要有个限度！"

这话不假，他俩的绯闻早就在学校论坛、贴吧传开了，认识他俩的人当然知道没这回事，反倒是不认识的人传得有鼻子有眼的。这一嗓子喊出来，活动中心的人都看了过来，甚至有人从小活动室里跑出来看热闹。

隐隐约约听到别人在议论，说小情侣吵架什么的，甄美丽被气哭了："胡说八道,你才不是我男朋友!"

张有钱看她哭了,丝毫没有松手的意思,反倒笑得更大声:"我不是你男朋友,那谁是你男朋友啊?"

甄美丽咬牙:"司君!我男朋友是校草司君!"说着,抬脚踹了张有钱膝盖一脚,挣脱开他的拉扯。

"嚯——"活动中心里,看热闹的人群齐刷刷地发出这么一声惊叹。

要说别人,他们肯定没有这么大的反应,校草,那可是大家都知道的人物。说来,甄美丽是临床系的系花,他们医大没有选过校花,校草配系花,确实说得过去。

张有钱的脸迅速冷了下去。小女生的一脚没多大力气,他并不在意,他在意的是甄美丽口中的校草。司君那张人厌鬼憎的小白脸他是听说过的。

如果是别的男生,膨胀的张少爷绝对不会服输,学习好的那些比不得他家有钱,比他家有钱的没他长得帅。虽然帅不帅要打个问号,但在张少爷自己心里,除了那个刷票赢的所谓校草,这学校就没有谁比他更帅了。偏偏,司君就是那个"校草"。

见张有钱的脸色变得难看,甄美丽高兴起来。这几个月来,跟张有钱的绯闻让她十分苦恼,被迫跟这么个没素质的暴发户、直男癌绑定,比吞了只苍蝇还要恶心。可如果绯闻是她和校草的,那她一点儿都不讨厌,反而还有点沾沾自喜,仿佛自己占了大便宜。

"没错,就是司君。他是我男朋友,希望你不要再纠缠我了!"甄美丽刚开始还有些心虚,但越说越理直气壮。她昂起下巴,转头就瞧见了坐在小圆桌后面的司君。

司君项目组的人听得目瞪口呆,纷纷转过头来看他的脸色。

"司君,真的假的?"组里的大嗓门小声问,但再小声也是大嗓门,在瞬间安静下来的活动中心显得尤其突兀。

看热闹的人猛然发现正主也在这里,顿觉十分刺激。

张有钱也看到了司君,狐疑的目光在他脸上来回扫着:"哟,校草,你也在这里啊。你是甄美丽的男朋友?"如果真的是男朋友,怎么坐着半天连个屁都不放?

| 过去

甄美丽的脸瞬间由红变白,噙着眼泪不知所措。整个活动中心陷入了死一般的寂静中,所有人都看着司君,内心发出跟张有钱同样的疑问。

"喊,甄美丽,你随口胡扯也扯个靠谱的。"张有钱重新抓住甄美丽的手腕,"走走走,跟我吃饭去,别在这儿丢人了。"

没等甄美丽反应过来,一只戴着绅士手套的修长大手捏住了张有钱的胳膊。

司君面无表情地说:"女士不同意与你共进晚餐,强行拉扯是很失礼的。"

"嗷,疼疼疼!"张有钱嗷嗷叫着让司君放手,自己像被烫到一样哆哆嗦嗦地放开了攥着甄美丽的那只手。

甄美丽回过神来,快速躲到司君身后:"张有钱,你再来骚扰我,我就去教务处举报你了!"

张有钱灰溜溜地带着小弟跑了,活动中心瞬间恢复了热闹。

从那天开始,学校里的八卦就变成"校草名草有主,属于系花"了。

"这样啊,"夏渝州半信半疑地蹙眉,"你这个朋友的朋友,怎么记得这么清楚?"

"我哪知道?估计他也暗恋系花吧。"周树敷衍道,满心只有游戏的他并不理解这些奇怪的感情纠葛。

"照你这么说,司君这是见义勇为、助人为乐?"夏渝州松了口气,又趴回桌上,"我还以为他有时间跟女生谈恋爱,却没时间陪我回家奔丧。"

"哎,你怎么又瘫了,起来吃饭去。"周树踢踢哥哥的凳子。

"这事他都没跟我说,还要别人来告诉我,他项目组的人都叫我来一起撮合他俩了。"夏渝州鼓起脸,很是郁闷。

正说着,司君发来条消息。

"晚上项目组聚餐,你想去吗?"

咦?刚说完,这家伙就邀请他去跟项目组的人见面。夏渝州心里硌硬,对那些擅自做主的组员没啥好印象,不太想去。

"你有事就去呗,问我干吗?"

这回复明显带了情绪,那边正在输入的动作顿了一下,又继续打字,很快回过来:"你不想去,那晚上吃牛排可以吗?"

啥？这个回答完全在夏渝州的意料之外，意思是他不去，司君就也不去了，回来跟他一起吃晚饭。哪有项目组聚餐，项目组负责人却不去的？！

夏渝州忍不住咧嘴笑起来，把手机转过来给弟弟看："看！"

周树翻了个大白眼，拎起帽子转身就走："懒得理你。"

最后，夏渝州还是跟司君去参加了这次聚餐。

"这边！"项目组的其他人已经到了，看到司君便向他们招手。夏渝州走过去，待看清桌边的人之后，脸上的笑容瞬间凝滞了。

这个项目组一共七个人，五男两女，都是临床医学院的。只是如今桌前，却坐了三个女生。其中两个女生一看就是传统的医学院女生，朴素、务实，带着学霸气息，瞧着比男生还彪悍，毕竟临床医学院都是"玩刀子"的。而第三个女生穿着漂亮的粉色连衣裙，化了精致的淡妆，像是落入稻田里的水仙花，与周遭格格不入，正是与司君传绯闻的系花甄美丽！

甄美丽看到他们过来，眼睛顿时亮了，还微不可察地坐直了身体。司君脚步一顿。

"组长，这边！"项目组的男生们顺着甄美丽的目光看过来，立时抬手示意。

"走呗。"夏渝州抬脚率先走过去，自然地拎了张凳子坐下。

这些男生丝毫没有意识到有什么问题，十分热情地招呼夏渝州："司君说带朋友来，还以为是何学长呢，没想到是夏校草啊。"

夏渝州笑着跟他们打招呼："你们都认识我呀？我也认识你们，念姐、纯姐、大脑袋、葛东西……"他十分熟练地报出了每个人的称呼，最后在甄美丽处卡住了。

司君在他身边坐下，也看向甄美丽："甄同学怎么在这里？"

提及甄美丽，几个男生顿时兴奋起来，挤眉弄眼的。一个瘦高的男生笑嘻嘻地说："哎呀，美丽同学说要感谢组长，恰好咱们聚会，就把她也叫来了。这感谢嘛，还是当面感谢比较方便，是吧？"

甄美丽顿时红了脸，磕磕巴巴地说："我本来是想要你的手机号的，听说今晚聚餐，就直接来了。这顿饭我请，谢谢你们那天的见义勇为。"

"哎哟哟，我们可没有见义勇为，你谢组长一个人就行啦。"大脑袋、圆脸

| 过去

的男生笑嘻嘻地说，"不过这饭钱可不能让你出，我们项目有奖金的。你要谢组长的话，哎，那句话怎么说来着？"

瘦高立时意会："救命之恩，当以身相许。"

圆脸一拍脑袋："对对，以身相许。"

甄美丽整个人红成了煮熟的虾子，低着头不说话，但并没有阻止他们开这种玩笑，反而偷偷地瞄司君。

司君微微蹙眉，正要说话，"嘭！"刚开启的啤酒瓶盖准确无误地砸中圆脸的脑门儿，溢出的啤酒花则溅了瘦高满脸。

"呀，不好意思，开太猛了。"夏渝州对着拇指吹了口气，没什么诚意地道歉。

原本有些不满的圆脸，看到夏渝州是单指开的瓶盖，顿时哑火了："夏哥，高手啊！"

圆脸给甄美丽倒了杯啤酒，又给司君满上："来来，你俩喝一杯，要道谢就干了这杯，感情都在酒里了。"

甄美丽端起酒杯："司同学，谢谢你帮我解围，这些天给你添麻烦了，我敬你一杯。"

司君看着伸到眼前的玻璃杯，犹豫了一会儿，端起自己的杯子碰了一下。夏渝州抬手，夺过司君手里的杯子："他不能喝凉的，我替他。"

刚从冰箱里拿出来的冰啤酒冒着阵阵寒气。

"哈哈哈，夏哥，你真会开玩笑，组长是男的，还能来大姨妈不成？这理由太逊了，人家姑娘敬的酒，是男人就自己喝！"圆脸完全忘了刚才被酒瓶盖弹中的疼痛，嗷嗷起哄。

"对啊，自己喝自己喝。"瘦高把夏渝州手里的酒夺过来，塞回司君手里，"要我说，你俩喝个交杯酒，庆祝这段奇妙的缘分！"

"交杯酒！交杯酒！"圆脸立时拍着桌子叫嚷，其他几个男生也跟着拍桌子。

甄美丽气得跺脚："你们别闹了。"眼睛含羞带怯地瞟向司君，很为难的样子。

夏渝州一把抓住司君的手腕，试图去夺酒杯。司君被这突如其来的动作吓了一跳，下意识地抬手推他。

夏渝州为了够到杯子，用极其高难度的动作歪着身子，只挨了一点点凳子，所有力量的支撑点都在抓着司君手腕的那只手上。他被这么一推，顿时失了重心，另一只手下意识地抓上旁边的桌布。

"哗啦啦！"

他们的聚餐地点是一个稍微高级点的大排档，桌上铺着一次性的塑料桌布，被夏渝州这么一扯，桌上的东西都随着塑料桌布一股脑儿地掉了下来。油腻的烤串、剩了半瓶的啤酒，兜头就往夏渝州的身上砸去。

变故发生在一瞬间，夏渝州因为愣神，错过了发挥他敏捷身手的机会，就这么看着杂物往自己脸上招呼，他下意识地闭了眼。预料中的疼痛并未到来，司君一只胳膊垫在了他的脑后，没有让他脑袋磕到地上。铺天盖地的残羹剩饭也被司君挡去了一半。

两人都变成了落汤鸡，带孜然的那种。司君雪白的衬衫被油渍浸透，胳膊上还粘着一根韭菜。夏渝州的连帽衫更是没法看，被啤酒浸了个透湿。

小小的包间陷入一片寂静，气氛尴尬得要命。

"没……没事吧？"葛东西慌手慌脚地一阵乱翻腾，还是最先反应过来的女生给他俩递了盒餐巾纸。

司君皱着眉头摘掉胳膊上的韭菜，擦了擦衬衫上还在滴答的油。夏渝州没接那盒餐巾纸，只是死死地盯着司君。合着司君是想喝那杯酒的，自己真是咸吃萝卜淡操心。

见夏渝州不动，酒水顺着他的下巴滴答落地，司君拿了张干净的纸巾给他擦脸。

"你俩快去洗手间处理一下吧。"念姐看不过去了，出声提醒道。

司君反应过来，说了声"抱歉"，推着夏渝州走出了包间。

刚出门，夏渝州就一把甩开司君的手："哟呵，我这是耽误您的姻缘了呀，你跟来干什么？还不去安抚你的小女朋友？"这股邪火从他听到八卦开始就憋着，在司君推他出去的瞬间达到了顶峰。

"不是，我没反应过来，身体先于大脑反应了，对不起。"司君听他语气不对，赶忙低声解释，试图再去拉他，想看看他有没有伤到哪里。

夏渝州侧身，避开他的拉扯："行了，别解释了，司君。你要干什么就大大方方地说，拐弯抹角的，亏我还担心你，帮你挡酒，我就是个白痴！"怒火与尴尬让他失去了理智，开始口不择言。

一场聚餐不欢而散。夏渝州说完话就跑了个没影，司君结了账也离开了，剩下几人面面相觑，讪讪地各回各家。

司君回家换了套衣服，然后去夏渝州的宿舍楼下找他。打电话不接，发短信不回，司君在楼下踟蹰了一会儿，给夏渝州发了个"晚安"后默默离开。

夏渝州把头埋进被子里。亲人的离世让他的情绪起伏很大，本来司君跟谁交往是他的自由，但想到在自己最痛苦的时候，他以学习为由在学校勾搭女生，好像自己在他心目中没有什么分量！

夏鸵鸟就这么钻进了狭窄的牛角尖，气得一晚上没睡着。

第二天上课，夏渝州无精打采，索性扣上帽子趴在桌上补觉。

"听说校草他们那个项目成功了，对方学校已经发来邀请交流的函件。"还没上课，同学们抓紧时间交流八卦。

"哇，那可是医学排名前十的名校，费用高得吓死人，但交流的话，费用由两边学校全出，不用花一分钱！羡慕！"

"他们项目组好几个人呢，都去吗？"

"才不是，名额只有一个，肯定给负责人呗。这种项目，负责人做的事最多，组员都是打下手的，评奖算他们一份功劳就不错了。"

"啧啧，校草要去外国交流了，我是不是就能追甄美丽了？"半睡半醒的夏渝州听到甄美丽的名字，陡然清醒。

嘈杂的八卦交流吵得夏渝州烦躁不已，他霍然起身，周围激烈的议论声瞬间静了一下。夏渝州不想听这些，拎着书包就走，课也不上了。他心里烦躁，打开手机看了看，一堆司君发的消息都没回。

"有没有摔伤？回去记得检查一下。"

"渝州，你睡了吗？"

"晚安。"

其实司君做得没错。夏渝州扪心自问，如果他在现场，看到油腻腻的张有钱纠缠美女，大概不用甄美丽说，他就自觉冲过去假装人家男朋友顺道揍张有钱一顿了。但后续的这一切让他非常不爽，暂时也没打算原谅。

夏渝州烦躁地关了手机，抬脚去了学校门口的网吧。

败家弟弟果不其然已经在网吧就位，带着他的一群小弟开启了一天的征程。夏渝州开了台机子，坐到周树身边。

周树打完一局，才发现身边坐着一脸凶狠地玩连连看的自家哥哥："哥，你怎么逃课了？"

虽然夏渝州平时经常现身于各种文艺活动，但他其实是个好学生，从来不缺课，成绩一直保持在年级前十。周树这还是头一次见他逃课，因此颇为惊奇。

"打游戏，不行吗？"夏渝州没有给弟弟眼神，专注于眼前的蔬菜水果。

"行，行，您老加油，要小弟帮忙砍人的时候说一声。"周树不敢多言，老老实实地回去继续打他的大型游戏。他已经和职业电竞队有了接触，过几天就要去队里面试，得抓紧时间冲排名。有个好的排名，进电竞队就会顺利很多。

夏渝州在网吧里虚耗了两节课，下课铃响了之后，提着热红枣茶的司君突然出现。

"树神。"菜壁轻轻拍了一下周树。

周树不耐烦地转头，就见与周围环境格格不入的司少爷径直朝这边走来，冲他微微点头之后，便无声无息地坐到了夏渝州身边。

"渝州。"司君小声叫他。

"打游戏呢，别吵。"夏渝州示意他噤声，他这会儿正打联机对战，对面老太太手速逆天，不专注的话就要输了。

司君看了会儿紧张刺激的游戏比拼，也开了机，等夏渝州终于赢了"李翠花"才开口："我陪你玩吧。"

哟呵？竟然会哄人了？夏渝州惊奇地看着一脸真诚的司少爷，缓缓挑眉："成啊。"要是司君足够上道，躺在地上任由他摩擦，把他哄高兴了，他就给这孙子一个机会。

开局！夏渝州漫不经心地点着眼前的图案，余光瞥向司君，却瞪大了眼睛。认真玩游戏的司君用他钢琴大师的手速，"咔咔咔"一顿狂点，瞬间赢了比赛。

夏渝州："……"

司君停下鼠标，双眼亮晶晶地看向夏渝州。

怎么，还想让老子表扬你吗？夏渝州抬手摔了鼠标："不玩了！"

司君见他摔了鼠标，这才意识到自己好像做错了事，手足无措地看着他。

夏渝州不理他，按了下机按钮准备走，却忽然被司君一把拉住，刚刚离开椅子的身体又重新跌了回去。也不知道这人哪儿来这么大力气，竟然掰着那沉重的沙发椅转了个弯，让他变成了跟司君面对面的姿势。

司君修长的手臂卡住两边扶手，将夏渝州圈在椅子里动弹不得，轻声叫他："渝州。"

"干吗？"夏渝州不自在地动了动身体。

"昨天摔到你了，对不起。我让他们转告甄女士，之前她可能误解了我的行为。我真的跟她没什么关系，你相信我，我整个暑假都在做项目。"网吧里的人都在安安静静地打游戏，司君压低了声音，轻声细语地，听起来颇有几分低声下气。

夏渝州抱着手臂扬起眉毛："哦。"

司君见他还是一副不合作的样子，左右看了看。其他人都在专注地打游戏，基本没人往这边看，除了用余光瞟过来的周树，和伸着脖子正大光明地看热闹的菜璧。

菜璧发现司君看过来，老鼠见了猫似的迅速缩回脖子，专注地看着自己的电脑屏幕，尽管他的游戏人物已经死成一个棺材盒子了。

夏渝州眨眨眼，忍不住笑起来。

周树打完一局，凑过来歪头看他："啧，这就笑了？你也太没骨气了。"

夏渝州弹他的脑门："我这叫大人不计小人过，宰相肚里能撑船，你懂什么？"

| 第二十三章 |
祸 起

既然逃课,就索性逃一天,不然这逃课经历不完整。夏渝州跟弟弟玩到下午,晃晃悠悠地去了校门口新开的炸鸡店,买了块爆浆鸡排,准备拿去跟已经赶回去上课的司君一起吃。这会儿司君的最后一节课也该结束了,刚好可以一起吃鸡排。

这节课是实验课,课程结束后众人还得清洗、换衣服,出来得比较慢。夏渝州靠在实验楼外的一棵树上,等人从里面出来。他百无聊赖地左看右看,忽然瞧见一名穿着白色连衣裙的女生站在实验楼的拐角处,长相分外眼熟。

甄美丽?这姑娘虽然也是临床医学院的,但跟司君不是一个班。这节实验课是专业必修课,而且是小班课,一次只有一个班来上,所以甄美丽肯定不是来上课的。而且她站的位置非常讲究,是实验楼南面的拐角,食堂、宿舍都在北边,待会儿下课出来的人大部分都不会往那个方向走,明显是跟人约好了的。她手里拿着一个包装精致的盒子,咖啡色,像是巧克力。

夏渝州心里咯噔一下,鬼使神差地躲到了粗壮的法国梧桐后面。

第一个同学从实验楼里出来了,接着越来越多的同学出来,寂静的实验区渐渐热闹了起来。累了一天的医学生们三五成群地往食堂的方向走去,大声讨论着"晚餐吃什么"这个永恒的话题。

穿着白衬衫、身形修长的校草在一群灰头土脸的男生中鹤立鸡群,一眼就能看到。太阳已经落山,司君没有打伞,左臂上挂着西装外套和一把长柄黑伞。

英俊的绅士一步一步地走下实验楼的台阶，走向了甄美丽。甄美丽看到他，顿时露出笑来，一边说着什么，一边双手递出手中的盒子。

这就是所谓的托人说清楚了？夏渝州嘴唇发颤，两颗小尖牙伸出唇外，怎么都合不进牙槽里。就在他拉起口罩的瞬间，司君取下手套，接过了那盒巧克力。看口型，应该是说了句"谢谢"，之后两人分道扬镳。

一股热流骤然落到虎口，烫得他差点跳起来。手中的爆浆鸡排不知何时被他捏烂，溢出滚烫的液体芝士。呵，见鬼！他将混成一坨的鸡排扔进垃圾桶，踢开脚下的石头，一个人往操场走去。

医大的操场比马路要高，需要上三个台阶。操场有一圈围栏，每隔几步有一个台阶入口。夏渝州寻了一个台阶坐下，安静地看着林荫道上的往来人群。

不多时，手机响起。夏渝州看了一眼来电显示，机械地接起来，告诉司君他所在的位置后挂了电话。他捡起一片地上的落叶，擦擦手上黏腻的芝士，忽然觉得挺没意思的。

夏渝州嗤笑一声，扔了落叶。甜腻的芝士很快吸引了一群蚂蚁，它们围着粘有芝士的树叶商量半晌，嘿咻嘿咻地抬着回家。等蚂蚁们把芝士落叶彻底搬走，一双锃光瓦亮的黑皮鞋出现在了夏渝州眼前。

"走吧。"脱下了手套的修长大手递到面前。

夏渝州没有伸手过去，自己站了起来。

司君下意识地蜷了蜷指尖，重新站直身体："这个送你。"背在身后的那只手绕到身前来，能横跨十二音阶的大手稳稳地捏着一个大纸盒，变魔术似的递到夏渝州面前。

夏渝州低头，看着递到眼前的盒子，原本寂静如平湖的眼中骤然掀起了滔天巨浪，刚刚吸到肺里的一口气卡住，引起一阵强烈的窒息感。

纸盒，咖啡色，近距离观察，能看到透明盒盖下整整齐齐的手工巧克力。

"你把这个送给我？"夏渝州咬着牙根，抬眼看向司君，一字一顿地问。

司君面色平静，好像这并不是什么大不了的事情："嗯。"

"呵呵。"夏渝州冷笑出声，从没见过这么荒唐的事情。收了爱慕者送的巧克力，转手送给他，这算什么？这简直太可笑了。

夏渝州接过纸盒，高高抬起，然后狠狠地掼在地上。脆弱的纸盒瞬间摔裂，巧克力蹦跳出来，砸在司君一尘不染的鞋面上，印出一个黏糊糊的痕迹。

"你为什么要给我这个巧克力？我们是什么关系？"声音并不是很大，但足够冰冷。

司君瞬间白了脸："什么……关系？"

"滚开！"夏渝州推开试图拦住他的司君，"少来烦我！"

夏渝州跑了，没有回头。他觉得特别累，特别特别累。司君根本不懂人情世故，收了女生的礼物，就是默认接受女生追求的意思。司君嘴上说着自己与人家没关系，手上却收了巧克力，还转手送给他吃。什么玩意儿！

就这么稀里糊涂地过了两天，这期间司君没有打电话过来，他也没有打过去。

据说，冷战七天不联系，就默认绝交。夏渝州看了看手机，他们最后一次互通消息是在三十六个小时前……

"怎么才过了不到两天啊！"夏渝州趴在网吧的桌子上嚎叫，他明明觉得已经过了一个世纪。

周树斜瞥他："有点出息行不行？"

"哇啊！树神，夏哥！"菜璧突然像被烫到了一样大吼大叫。

"吵什么？"周树摘了耳麦瞪他。

菜璧指着电脑屏幕，指尖微微颤抖："你们快看，论坛上有咱哥的帖子！这这这……"

夏渝州看过去，瞬间瞪大了眼睛，三两步跑过去夺走菜璧手里的鼠标。

"震惊！校草和校草第三当众接吻！有图有真相！"

主楼是一张清晰大图，正是他和司君在聚餐那天摔在一起的照片，角度刁钻，看起来好像司君把他压在地上亲一样。

"糟了！中计了！"

那场聚会总共八个人，是谁拍的很容易查出来。那人选取这个角度，不打招呼就放到论坛上，明显不怀好意，且做好了被司君责问的准备。

夏渝州快速翻着帖子，又看了论坛里其他相关的内容，越看越生气，不得不拉起口罩，以免太激动把牙露出来。

"天呐，真的假的？"

"这图我用软件看了一下，没修过，是真的。"

"嗷嗷嗷，我就知道，我就知道！去年我就说过，他俩超配的！"

"我去！难怪司君天天给夏渝州送奶茶，我一直以为是单纯的兄弟情啊！"

"什么奶茶？楼上留步！"

"妈呀，好恶心，两个男的接吻。"

"就这还拿特等奖学金呢，光人品就不过关。赶紧上报学校，把他俩开除！"

"楼上有病，这跟人品有什么关系？"

……

人们从最初的震惊、调侃、兴奋，到后面的恶语相向，前后不过几分钟的时间。除了这篇帖子之外，论坛中又开了无数篇帖子，都在讨论这件事。

"叮叮叮！"夏渝州的手机突然疯狂地响起来，是他室友的来电。

"渝州，你看到论坛的帖子了吗？怎么回事啊？"

"……"

挂了室友电话，又有辅导员打来的、班长打来的……夏渝州选择性地接了几个，没听到什么有用的信息，全是在问他怎么回事的，索性都不接了。他主动给校园网络中心打了个电话，投诉。

医大的网络中心除了管控校园网之外，还负责学校网站和论坛的维护工作，论坛版主就是网络中心的校工。

"您好，我是夏渝州。"现在论坛上全是关于他的帖子，夏渝州索性自报家门，连前因叙述都省了。

"夏同学啊，论坛的事已经在处理了，你先别着急。"网络中心的老师赶紧安慰他，大概是怕他情绪激动，做出什么不可挽回的事来。

"不，老师，我不是要求删帖的。"夏渝州深深地吸了口气，让刚才因为生气而缺氧的大脑缓缓，"我希望你们帮我保留证据，那些诽谤我的言论，我要追究到底。"

校园论坛可不是普通网络社区那种匿名论坛，校园网本身是个闭合的局域网，每一位用户在网络中心的监控下都是透明的，只要有人投诉举报，马上就可以查到散播不实信息的人。

"好的，刚才司同学打电话来，也是这个诉求。你们放心，网络中心会保护好医大的每一位学生的。"

夏渝州有些意外，还以为司君会强烈要求立马删帖的。名声什么的他无所谓，但司君那个讲究"诗与荣耀"的家伙一定特别在乎。

挂了电话，手指在通信录上来回划动，停在司君的名字前良久，最终还是没有拨出去。他把手机揣进兜里，站起身来："我去一趟教务处。"

网络中心老师说得义正词严、冠冕堂皇，却没有告知他到底是谁发的照片，又是谁在论坛里搅风搅雨。这些都是要走流程的，他得先去教务处告状，之后才能申请查阅那些在论坛上喷粪的人。

周树跟着站起来："我跟你一起。"

"我……我也去。"菜璧弱弱地举手。

"你去干什么？玩你的游戏。"周树抬手把人按回去，拉着自家哥哥往教务处走去。

夏渝州在学校里大小算个名人，这一路走过来，明显感到路上的同学都在偷偷看他。等他看过去，对方却立马看向别处。这感觉就像走在伸手不见五指的山洞里，头顶、四周、后背布满了无数双眼睛，不足以让他畏惧，但足够恶心。

教务处的老师上了年纪，听说这事之后眉头皱得死紧，看夏渝州的眼神仿佛在看一个社会败类："你们这些年轻学生，能不能注意点影响？！"

夏渝州本就心情不好，听到这话，顿时火了："老师，造成不良影响的人不是我，是那个散播照片的人！"

教务处老师被他突然提高的嗓门吓了一跳，底气不足地说："你这学生什么态度啊？"

周树撸了一把头上的炸毛："你们学校就是这么保护学生的吗？受到网络暴力的学生求助教务处，反过来被教务处冷嘲热讽，我看这医大也不怎么样！"

"你是谁啊？"教务处老师狐疑地看看他。

"我是他哥哥！你们能不能处理啊？处理不了我可报警了。"周树凶神恶煞地瞪着教务处老师。他长得高,又染了一头红毛,说话带着打游戏练出来的流氓腔调,看起来非常社会。

教务处老师涨红了脸,不敢再说什么,拿了申请表给夏渝州填写。

出了教务处,周树颇为得意:"我厉害吧?"

夏渝州斜瞥他:"厉害,都敢装我哥了。"

完全没有危机意识的周树仗着身高优势,单手搭在夏渝州的肩膀上:"嘿嘿,以后哥哥罩着你,拳打北楼教务处,脚踩南楼校长室!"

夏渝州挑眉:"你这次伪装社会人员,之后电竞队面试通过,你准备怎么来教务处申请休学?"

周树的动作瞬间顿住了。对哦,刚才那个老师好像是教务处的主要负责人,什么申请都要过他手的。但周树转而一想:"那不正好?像我这么社会的人,就应该休学去危害社会,他肯定会麻溜利索地批准。"

夏渝州:"……"

"夏同学!"

刚走到网络中心门口,忽然有女生叫他。夏渝州回头,瞧见一名戴着厚底眼镜的女生满脸严肃地快步走来,他打招呼:"念姐。"正是那天一起聚餐的念姐。

念姐脸色不大好,拉着夏渝州去拐角处说话:"夏同学,我不知道你跟司君之间是怎么回事,但我希望你能帮他澄清一下你们的关系。项目组的其他人也愿意帮忙,就说是在玩大冒险。"

夏渝州缓缓挑起一边眉毛:"司君让你来跟我说这个的?"

念姐皱起眉头:"不是,这是我自己的意思。"

"有什么好澄清的?"夏渝州抱起手臂,靠在墙上。这事怎么做都可以,但他这人有个毛病,别人逼着他做的事,他偏不愿意做。

念姐老气横秋地叹了口气:"你知道我们项目组成功之后,有一个去国外交流的名额吧?"

脑子里有什么一闪而过,夏渝州放下手臂正色道:"知道。"

念姐提起这事颇为气愤,说话都带着几分咬牙切齿:"这个项目是司君提出并组队的，基本上等同于他的项目，我们只是跟着帮忙、蹭奖的，这个名额给他无可厚非。"

夏渝州骤然握紧拳头，终于明白关键在哪里了。偷拍的人处心积虑地搞这一出，绝对不是恶作剧。

果不其然，念姐接下来的话完全验证了夏渝州的猜测："这张照片不是今天才曝光的，而是第一时间就被发给了两边学校。那所学校有宗教背景，不接受同性恋。就在今天早上，他们发来电子函件，取消了司君的交流资格！"

这话当然不会明说，但好端端的为什么取消，大家心里都有数。念姐接到学校更换交流名单的通知，就猜到是怎么回事了。

夏渝州："……可恶！"让他知道了是哪个王八蛋，一定打到他妈都不认识。

司君的交流资格被取消，这意味着他整个暑假的努力都付诸东流了。

夏渝州经常跟司君视频，知道他为这个项目付出了多少努力。夏渝州早上去山上跑步，给司君发条消息，他已经在实验室了；半夜睡不着，突然给司君发个视频，他还在电脑前写实验报告。

念姐走后，夏渝州靠着墙站了半晌。

"怎么了？"替哥哥去网络中心办事的周树走过来，歪头看他。

夏渝州单手捂住眼睛："这事怪我。"

聚餐时一时冲动导致了这样的结果，他感到很内疚。就算司君最近的行为令他恼火，他也一点儿都不想看到司君倒霉，不希望他失去如此重视的东西。

"怎么就怪你了？是他把你领去聚餐的。"周树可不这么认为，反正肯定不是他哥的错，"他自己选组员的时候不看人品，丢了名额是他活该。现在还连累你被人挂出去骂，也不过来道歉。"

被弟弟这么胡搅蛮缠一通，夏渝州无奈地放下手："咱得讲道理。"

"讲道理？真要讲道理，我昨天就去打他了，还能让他平平安安地活到现在？"周树拉开口罩，露出两颗凶光闪闪的尖牙。

夏渝州跟弟弟说不明白，只能去找司君。他本来想打个电话，但怎么也按不下去拨号键，最后选择先发一条短信："你打算怎么办？"

那边很快回复："对你会有影响吗？"

夏渝州没料到他第一句先问自己，着实愣了一下。自始至终，这件事受影响最大的都是司君，策划这件事的人就是为了夺走他的交换生名额。

夏渝州："我是无所谓，你怎么办？"

司君："我没关系，不去就不去吧。"

那怎么行？这名额来之不易，怎么能这么轻易就算了呢？

冷战七天就绝交的魔咒被迫中断，只能从头开始计时。

网络中心没有批复夏渝州的申请，因为他们已经同意了司君的申请。夏渝州也没问司君申请的是什么内容，左右那人不让他管，他就不管了。

周树要去电竞队面试，那边程序复杂，还得在队里住一晚。不放心弟弟自己去的夏渝州决定陪周树一起去。

"我自己去就行了，又不是三岁小孩。"周树嘴上抱怨着，身体却还是乖乖地跟着哥哥上了地铁。

"万一是传销窝点怎么办？"夏渝州认为这招聘方式太随意了，瞧着不像正规单位。

"传销窝点你就更不能去了，你得留在外面救我啊。"周树撸了一把头上的红毛，龇牙笑。

电竞基地是正规的，环境非常好，工资待遇是普通工作不能比的。夏渝州看着周树像入水的小鱼，在基地里兴奋地来回穿梭，短时间内就跟前辈、战队经理混熟了，操作技术得到一致的好评，不由得感慨这小子当真是天生吃这碗饭的。

他们离开的这两天，校草和系花的绯闻再也没有人提及，反倒是校草和校草的故事开始广为流传。校园论坛删除了那些恶意起哄的帖子，封禁了几个骂人特别脏的ID。等夏渝州回来的时候，学校已经出了公告，将匿名辱骂司君、夏渝州的六名同学挂了出来。

"网络非法外之地，校园匿名论坛不是为非作歹的地方。以下六位同学污言秽语，羞辱特殊群体，有违医大校风校纪。特此批评，以示惩戒。"

在论坛上骂人够不上处分，但被挂出来已经足够丢人了。到这时候人们才突然醒悟，校园网是实名制的，网络中心直接能查出来是谁、在哪里、发表了什么言论。

夏渝州一回到学校就得知了这个消息。

"没想到那六个人都是临床医学院的。"在他打开电脑之前，嘴快的室友就向他剧透了。

"啧，临床的人嫉妒心怎么这么强？还是我们口腔有爱，没有一个口腔的同学攻击你俩。"另一位室友跟着附和。

都是临床的……

夏渝州："有没有司君项目组的人？"

"那倒没有。"交流人员更换的消息已经传得尽人皆知了。

夏渝州快速打开网页查看。挂出的六个名字里没有司君项目组的人，这个躲在背后的老鼠隐藏颇深。

"不过我听说，学校把出国交流的名额给了第二负责人，司君的副手。"因为这个八卦涉及夏渝州，室友们格外上心，能打听到的消息都打听来了。

毕竟交流的机会难得，学校自然不愿意放弃，负责人被拒，就推第二负责人去。

第二负责人，那不就是葛东西吗？夏渝州皱起眉头。

"哥！哥！成了！"周树风风火火地奔进来，打断了夏渝州脑海中的猜测。小红毛激动地一把将哥哥从座椅中薅出来，紧紧抱着他原地转了个圈。

"哟，弟弟，什么成了？"两个室友笑眯眯地凑过来问。因为周树整天往这边跑，俨然已经成为本宿舍的不在编第七人，熟得很。

"电竞队的事成了，办好休学手续就可以去报到了！"周树拿出刚刚接到的消息，展示给夏渝州看。

"这可是好事，树神得请客啊！"

"就是，今天晚上酒吧有活动，咱们去喝一杯呀！"

周树正高兴，自然没有不答应的道理："走走走，今天我请客，敞开了喝。"

所谓的酒吧，就是学校附近的一家专供学生们玩耍的综合娱乐场所。集蹦迪、KTV、酒吧于一体，消费适中，也没有不三不四的陪酒，是医大学生最"社会"的聚会地点。

夏渝州原本不想去，但还是被几个男生硬是拖去了。

现在还没到最热闹的时候，酒吧里放着舒缓的音乐。几人占了个卡座，叫酒来喝。沉闷的医学生娱乐活动很少，夏渝州的室友都属于爱学习的那一类，来酒吧的次数屈指可数。

周树不仅叫了夏渝州的室友，还叫了菜璧他们这些经常一起打游戏的人，两拨人并不熟。这会儿酒吧里太安静，喝了几杯酒、吃了点水果，就有人坐不住了想去唱歌。开了间歌房，兄弟们就跟出笼的鸽子似的全扑进去了，就剩夏渝州还在原地慢慢喝。

"别喝了，你也进去玩吧。"周树皱眉按住他端酒杯的手，"你这样很像买醉。"

夏渝州正要说话，忽然眯眼看向对面卡座的人。

一身名牌的张有钱大摇大摆地坐进去，身边跟着两个小弟，一个点酒，一个点烟。紧跟其后的也是位熟人，穿着格子衫、顶着一张大众脸、畏畏缩缩的葛东西！

"那是谁啊？"周树顺着他的视线看过去。

夏渝州拎起一瓶酒，咬牙道："两个不应该凑在一起的王八蛋。"

下午一闪而过的念头骤然清晰了起来。这件事情的结果是司君失去了出国交流的资格，而最终的得利者就是最早"好心"告诉他司君和系花八卦的葛东西。现在，张有钱跟葛东西在一起喝酒……

夏渝州拎着酒瓶，一步一步地靠近他们，走一步就想通一个细节，走到两人面前的时候，眼中已经满是怒火。"咣当"一声，酒瓶磕在桌面上，把聊得正欢的两人吓了一跳。

"夏……夏渝州！"葛东西受惊跳起来，土气发黑的脸没了血色，变得蜡黄。

"你就是夏渝州啊？"张有钱半躺在沙发椅上，吊儿郎当地上下打量夏渝州，"我看过你和司君的那张照片，啧啧，真劲爆。"

不放心哥哥而跟过来的周树听到这句话，顿时火了，指着张有钱的鼻子叫道："说什么呢！"

张有钱身边两个小弟立马站起来，跟周树互指。

夏渝州拦住周树，冷眼瞪着葛东西："葛东西，你可真不是个东西，为了抢司君的名额，脸都不要了。"

葛东西蜡黄的脸涨红起来："什么名额？我听不懂。"

"呵，听不懂。"夏渝州抓起酒瓶，狠狠地砸在大理石桌面上，玻璃瓶碎裂，变成锋利的武器，他不紧不慢地在葛东西面前晃了晃只剩一半的残破玻璃瓶，"那你说说，司君和甄美丽的事，是不是你传出去的？"

葛东西跟他说的大部分是实话，但更改了细节，夏渝州当时太生气以至于没能发现。暑假的学生活动中心不该有那么多人，既然司君他们随随便便占用了大厅里极为热门的小会议桌，就说明当时活动中心根本没几个人。

张有钱对甄美丽的纠缠并没有被那么多人看见，自然不可能在开学第一天就迅速传遍整个学校。夏渝州听到的一切都是某人刻意散播出来的。

"呵呵，是我叫人传出去的。"张有钱倒是敢做敢当。

当时甄美丽当众甩了他脸，又攀扯上了司君。他生气的不是甄美丽拒绝他，而是甄美丽拉出司君挡箭之后，所有人都觉得理所当然。理所当然地认为司君比他张有钱优秀，理所当然地认为有了司君甄美丽就不可能选择他张有钱。这令张少爷无比火大，恰好这时葛东西找上了他。

一个花钱雇人到处散播谣言，一个深入内部挑拨离间，伺机偷拍照片。靠着这样卑鄙的手段，张有钱出了气，葛东西则抢走了司君忙碌一个暑假的成果。

"是，我就是抢了，怎么样？这个暑假我天天熬到凌晨，付出了多少心血，干活的时候有我，领好处的时候就没我！凭什么？！"被夏渝州毫不留情地揭穿，葛东西彻底不装了。

"我去你的！"夏渝州一拳打到他的鼻子上。

葛东西是个书呆子，不会打架，被夏渝州这一拳给打蒙了，鼻血和眼泪同时飙出来，"嗷"的一嗓子倒在沙发上。

夏渝州刚才喝得有点多，酒精上了头，被满腔怒火点燃，把理智烧了个干干净净。他抓着那只破碎的玻璃瓶，戳着葛东西的心口："你付出心血，那叫我看看，你付出了多少！你付出的那些比得上司君付出的吗？利用老子对付司君，也不看看你配不配！"

"啊啊啊！"葛东西吓破了胆，双手攥住夏渝州拿玻璃瓶的手，用尽全身力气阻止他戳下去，"我错了，我错了！"

"咚！"夏渝州的后背遭到一记肘击，这一击又重又猛，直接把他给敲趴下了。

要不是葛东西拼命躲避,他手里的玻璃瓶就直接把葛东西戳透了。

"杀人了!"葛东西趁机推开他,滚到地上去。

"我去你大爷!"周树看到哥哥被打,立时冲上来,跟偷袭夏渝州的小弟扭打在一起。

兄弟俩从小跟着老夏学武术,身手比普通人好得多。周树一脚踹在那小弟的膝窝,直接把人给踹跪了,然后反手抓住另一名扑上来的小弟。

夏渝州爬起来,顺势一个肘击,狠狠地撞在那小弟的腹部。

"呕——"那小弟被打吐了,刚喝下去的酒,连带着胃液,喷了张有钱满脸。

张有钱见势不对,连爬带跳地窜出卡座,大声喊酒吧的人帮忙:"表哥!有人闹事!"

"这酒吧是张哥他表哥开的,你们完了!"葛东西抱着头蹲在桌子底下,还不忘放狠话。

"你以为就你们有人?"周树冷笑,马上给里面唱歌的兄弟打电话。

没等这通电话打完,"砰砰"两声响,酒吧和KTV之间的门被锁上了。两名高壮的大汉从后台走出来,后面跟着一位穿着亮片装的骚男:"谁闹事?"

夏渝州这会儿清醒些了,龇牙咧嘴地按了按肩膀,跟周树背靠着背:"好汉不吃眼前亏,走!"

周树已经随手捞了一根棍子,颇有些跃跃欲试。夏渝州却不敢冒这个险,酣畅淋漓地打一场是很爽,但他的弟弟刚刚得到电竞队的入队许可,这时候伤了手就等于毁了前途。

"老板,都是误会,我们同学之间有点小摩擦。"夏渝州笑着对亮片骚男说。

"误会?"张有钱龇牙笑了,露出卡在门牙间的、黄澄澄的爆米花壳,"你打了我两个兄弟,这可不是误会。"

夏渝州:"……"这人是大学生吧?为什么会说出和高中生一样的台词?

夏渝州:"张同学,你要明白,我们是大学生,如果被学校发现我们打架,大家都要被开除。"

医大作为重点大学,这方面的校规非常严厉。一人在校园内殴打同学,开除;两人在校园内互殴,两人都开除;校外打架被公安局立案的,开除。

虽然酒吧距离校门口不足三百米，但严格来说，并不算校园范围内。好在张有钱是体育特长生，降了200分录取进来的，学习不怎么样，肯定不会像夏渝州那样把学生手册倒背如流。夏渝州这么一唬，他还真被吓住了。

"叫保安打他俩，你们就不犯校规！"葛东西在桌子底下大喊。

周树一脚把桌子踹翻，将放暗箭的葛东西揪出来。

"对哦！小葛，坚持住！"张有钱茅塞顿开，从钱包里掏出一把钱，拍到吧台上，"表哥，帮我教训他俩，这钱就给几个保安大哥。"

酒吧大门被关上，门前守了两个人高马大的保安，吧台后面的调酒师早不见了踪影，这屋里除了他们两伙人，再没有别的客人。

夏渝州咬牙，捏紧了手里的破酒瓶："我先应付一下，你报警。"

"报警？"周树正准备大干一场，听到夏渝州说报警，还愣了一下，"哦哦！"

他们功夫再高，也只有两个人，对方人多势众，他们肯定要吃亏。周树单脚踩着葛东西的背，拨110。

"呵呵，报警？警察来之前，你们俩就得交代在这里！"张有钱的小弟很专业地放狠话，壮汉们则挥着拳头冲了过来。

出警需要时间，夏渝州没指望警察能马上来救他们，只是他们先报警，就能掌握先机。到时候跟学校交代，就可以解释为被社会人士欺负，等待救援期间的正当防卫。

一场混战瞬间暴发，夏渝州手里的玻璃瓶才挥了几下，就被对方的扫帚棍敲烂了。他赤手空拳对上保安的长棍，顿时吃了亏，胳膊被竹制的棍子狠狠抽了一下，火辣辣的，又痛又麻。眼瞧着那棍子再次袭来，夏渝州咬牙一把抓住，使巧劲直接抢了过来。

这下，夏渝州宛如齐天大圣拿到了定海神针："来，让爷爷教教你们正确的棍法！"

葛东西在混战中爬到一边，哆哆嗦嗦地给司君打了个电话："司君，夏渝州在酒吧被人打了……"

"夏渝州！"正打得激烈，张有钱突然喊了他一声，"停手！"

"唔……"周树的闷哼声宛如炸雷在耳边响起，夏渝州立时回头，见他被两人按着单膝跪在地上。

张有钱抹了一把脸，刚才混战时被夏渝州的棍子打中，嘴角还在冒血。他咬牙切齿地捡起被夏渝州丢掉的破瓶子："听说你弟弟被电竞队相中了。你说，我要是废了他的手，电竞队还会要他不？"

"你敢！"夏渝州提着棍子上前，头上突然挨了一下。啤酒瓶的破裂声在头顶炸开，他只觉得脑子里"嗡"的一声，然后就什么都听不见了。

鲜血从头顶如注般流下，淹没了眉毛，流淌过眼睑、鼻尖，最后划过唇角。裸露在外的血牙接触到汩汩鲜血，立时吸了回去。自己的血液有着不同寻常的味道，夏渝州无法思考那到底是什么，理智已经瞬间被剥夺。

眼前一片血红，对杀戮的渴望充斥了大脑，夏渝州丢掉手中的木棍，以肉眼难以捕捉的速度冲过去，单手掐住张有钱的脖子，将他狠狠地掼在桌上。

"哗啦啦"！桌上的杯子、瓶子、盘子齐齐碎裂，张有钱恐惧万分地看着夏渝州，号叫："啊啊啊，鬼啊！"

夏渝州像饥饿的豹子盯着猎物，骤然扑上去狠狠咬住他的脖颈。

超越人类极限的速度，野兽一样的进食姿态，加上张有钱恐惧到极点的号叫，使得按着周树的人不知不觉地松开了手。其他人都吓傻了，包括躲在角落里的葛东西。

"咚！"酒吧大门被人用力踢开，拎着黑色直柄雨伞的司君冲了进来。

周树回过神，踉跄着扑过去抱住夏渝州的后腰，试图把他和张有钱分开："快来帮忙！"

旁边的小弟已经吓得晕了过去，只有一名壮汉保安尚有力气，赶紧抓住张有钱，将他拖到一边。

"渝州！"司君快步过来，从周树手里接过夏渝州。

周树按住张有钱不停冒血的脖子，忍着恶心俯身舔了两下，勉强止住了血。

夏渝州还处在躁动状态，试图挣脱司君的控制，朝旁边的保安扑过去。司君紧紧抱住他，大声喊他的名字："渝州，渝州，是我，冷静一点儿！"

眼看要控制不住了，司君只得歪头，轻轻咬住夏渝州的脖子。

"夏渝州，不要！"

夏渝州只觉得浑身躁动的血液突然安静了下来，头脑渐渐恢复了清明。随着一丝清凉涌入大脑的，那声声如洪钟的"不要"让他一个激灵清醒过来，看清了眼前的人。

"司君？"夏渝州环顾四周，因为吸血而红润起来的脸"唰"地一下白了。他刚才发疯咬了人，司君看到了。

酒吧老板和小弟们都昏迷了，只有两个保安还清醒着瑟瑟发抖，外面响起了警车的声音。周树喘着粗气抹了一把嘴上的鲜血，从吧台里摸出一支红酒的开瓶器，把手上的血抹到螺旋铁锥的尖端，蹲下对夏渝州说："一会儿去警局，就说是我用开瓶器扎的。咱们是正当防卫，就算立案也判不了。我反正要休学了，这对我没有影响，但你不能被立案，听明白了吗？"

夏渝州暂时无法思考这个问题，只是怔怔地看着他。

"记住不要说自己喝了血，你是人，不是吸血鬼！你是人，你没喝血。"司君紧紧抱着他，用手绢给他擦嘴上的血，反复强调这两句话。

除了伤势很重、需要急救的张有钱，警察把其他人都带去了派出所，分开审问。

"这些人说话颠三倒四的……"来盘问夏渝州的两名警察小声交流。那几个人不知道为什么吓破了胆，有的说夏渝州是鬼，有的说他是吸血鬼，还有的说他是外星人。

因为夏渝州抓人的速度超越了人类的极限，还有什么红眼睛、大长牙，几人对当时情况的描述在警察看来是完全不可信的。

"夏渝州是吧？"例行问了姓名、职业等基本资料后，警察开始盘问，"张有钱脖子上的伤是怎么造成的？"

夏渝州垂着眼睛，冷静地将整件事梳理了一遍。

周树教他的说辞到了嘴边又咽了回去，因为他忽然想起来，电竞属于正规体育项目，要成为职业电竞选手是不能有案底的。如果他听了周树的话，把这件事推到周树身上，那周树的电竞梦就碎了，以后只能做一个大学肄业的网吧少年！

夏渝州缓缓吸了口气，抬头哑声道："我咬的。"

| 第二十四章 |
坦 诚

"夏渝州?"

过去像一场噩梦,夏渝州在甄美丽的声音中骤然惊醒,回过神来,手中的巧克力不知何时被他捏成了长棍,随时提起来就能去打人。他嗤笑一声,将长棍拍扁,露出内里包裹的花生碎。

"今天没什么灵感,不做了,折扣留给我下次用吧。"夏渝州拍拍手,不想继续跟甄美丽聊下去了。伤痛好不容易被时间治愈,如今再次面对噩梦的导火索,实在不是件愉快的事情。

"该道歉的人的确是我。"甄美丽见他要走,赶紧开口,"因为我,你和司君有了误会,这才导致了后面一系列的麻烦。"

夏渝州骤然停下脚步,缓缓回头看她。

墙上的时钟"咔嗒、咔嗒、咔嗒"响了三下,甄美丽攥着围裙的下摆,愧疚地低头:"对不起。"

店员被打发出去买材料,店门上挂了"暂停营业"的牌子。甄美丽泡了壶红茶,给坐在窗边的夏渝州倒了一杯,然后在他对面坐下。

"店里是做巧克力的,只有英式红茶。"甄美丽没话找话地说了这么一句。

如果这只是一场普通的老朋友会面,这么开场的确不错,但夏渝州不是留下来喝茶的,而是想听听甄美丽口中的实话,所以他没接话,也没喝杯子里的茶。

"你这个样子跟司君特别像。"甄美丽干笑,局促地喝了口茶,"听说司君在找你,你们……和好了吗?"

夏渝州:"听谁说的?"

甄美丽:"蔡成璧。"

夏渝州愣了一下才反应过来,蔡成璧就是菜璧,天天叫人家绰号,差点就忘记他的真名了:"他找我,看来找得尽人皆知了。"

"你出国之后,司君托蔡成璧来问过我,"甄美丽苦笑道,"问我知不知道你为什么出国。但除了聚餐那天晚上,咱俩半句话都没说过,我哪里知道为什么。"

甄美丽能知道才奇怪了,夏渝州扶额:"所以,你送了司君巧克力之后,你们没在一起?"

"我送他巧克力?"甄美丽瞪大了眼睛,似乎想起了什么,"不不不,那是他要送你的巧克力,我只是顺道给他带过去。"

这下倒是夏渝州愣住了。

"这家巧克力店是我家开的,那天晚上我回店里吃饭,刚好有个订单是学校里的,家里人让我顺道送去。就那么巧,订单是司君的。"

说到这里,一切都清楚了。

当时情绪不稳定的他根本没有给司君任何解释的机会,问都不问,直接把巧克力摔了。当然,这件事司君也有很大的责任,哪怕发脾气问他为什么也好。辛辛苦苦做的巧克力被摔了,除了一脸蒙,他什么都没做。

说到底,他们俩之间的信任非常薄弱,就算没有甄美丽,还有王美丽、张美丽,迟早是会出问题的。

夏渝州把做好的巧克力放进冰水里定型,笑道:"他叫我来做巧克力,大概就是希望我能遇见你,听你说这番话吧。"

那个家伙知道症结在甄美丽这里,但不知道究竟是什么,所以希望夏渝州能自己找到答案。很懒,也很烂的主意。

"他?"甄美丽眼睛一亮,站起来擦了擦手,"你们和好啦?"

夏渝州将定型的巧克力拿出来,用刻刀修形:"还没有,事实上刚才看到你的时候,我正打算跟他江湖不见。"

"……"甄美丽吓出一身冷汗。

夏渝州看她想劝又不敢说话的纠结样子,忍不住笑起来:"放心,托你的福,我打算揍他一顿,然后跟他和好。"

任务早就超时了,倒也不必着急。夏渝州提着做好的巧克力,步行前往领主大人的公寓。

这条步行街在医大附近,街上不少小情侣在约会闲逛。他们正值青春年少,无忧无虑,最大的烦恼不过是期末考试能不能及格。

"做人类真好啊。"夏渝州有些羡慕,如果他和司君都是普通人类,当年那些矛盾就只是"你欠我一顿饭,我欠你一顿揍"的水准。

到了这会儿,夏渝州才总算明白了司君说的话。他站在公寓楼下,仰头看那扇熟悉的玻璃窗:"我确实是在犹豫,因为我不相信你。"他永远忘不了司君给他巧克力的那一幕,也一直错怪了司君。

"我自己都不是个合格的朋友,又有什么资格说你呢?"夏渝州深吸一口气,攥紧手里的巧克力,是时候坦诚一点儿了。

夏渝州觉得自己感染上了儿子的中二病,在做出决定的瞬间,背后仿佛迸射出万丈光芒。

那里,有一位苍白的美青年等待他去温暖!

那里,有一只闷闷的小血族等待他去拯救!

还在犹豫什么,夏渝州太郎!

他一脚跨三层台阶,冲进电梯,快速按下楼层号。电梯到达后又拔腿冲出去,"咚咚咚"敲响司君的门,数着心跳等待。

三,二,一!门没有开。他按下门铃,里面这才有了动静。"咔嗒"一声,防盗门打开,司君与他四目相对。

"……"想好的台词、动作一个也没用上,夏渝州愣怔半天,"你怎么了?"

司君穿着居家服,单手托着一只冰袋按在左边脸颊上,本就偏白的肤色被冰镇得发青,深邃的蓝眼睛被冻得蒙上一层生理泪水,看起来特别可怜。

"牙疼。"司君说话带着鼻音,委屈巴巴的。

"牙疼？让我看看。"夏医生什么也不说了，放下手中的东西就去看他的牙。

司君乖乖地坐在沙发上，仰头让他看。

冰袋挪开，司君肿起的半边脸露了出来，瞧着相当严重。夏渝州皱眉，掰开他的嘴巴用手电筒照着细看："像是智齿发炎了。"

"唔。"司君含糊地应了一声，他确实在长智齿，偶尔会痛，今天不知道为什么突然肿了起来。

"得拍个牙片看看。"夏渝州关上手电筒，伸手拽他，"走，去诊所。"

"明天吧。"司君坐着没动，重新拿起冰袋敷脸。如果真是智齿长歪了，就得拔牙。拔牙得先消炎去肿，这会儿拍出牙片也没用，还折腾人。

夏渝州看他难受，也不勉强，去医药箱里翻找，只找出来一种能用的消炎药："你这里没有止疼药吗？"

"没有。"司君接过消炎药，无辜地说。

一个医生，家里没有止疼药，夏渝州不知道说他什么好，只好跑下楼去，买了止疼药、牙科专用的消炎药和清粥小菜。

夏渝州晃了晃手中的东西："先吃饭，吃完再吃药。"一直冰敷也不好，晚上没法睡觉。

司君看看放到面前的止疼药，犹豫了一下，答了声"好"。他乖乖喝粥，乖乖吃药，本就话少的人这下彻底没声了。

夏渝州不舍得逗他说话，老实地跟着吃了晚饭，算算时间，过了半小时，止疼药开始发挥作用了，这才开口："我今天见到甄美丽了。"

司君拿巧克力的手一顿，转头看他。

夏渝州盘腿坐在地毯上，单手支着脸颊，嗤笑道："原来你叫我每天去做巧克力，是为了支持她家的生意啊。啧，这心思还真是叫人佩服。"他身体微微前倾，压低声音，"什么时候也叫别的骑士支持支持我的生意呗！"

司君那张波澜不惊的俊脸肉眼可见地变了色："不是！她跟你说了什么？"

"你觉得她会跟我说什么？"夏渝州坐直身体，抱着手臂冷笑，"当年她给你送巧克力，我可是亲眼看见的。然后你转手把那盒巧克力给我，让我知道了你就是个玩弄女生又不珍惜友情的渣男。时隔多年，你处心积虑地再次提醒我，是什么意思?"

"不是的!"原本坐在沙发上的司君迅速滑跪到地毯上,单手捏住夏渝州的肩膀,深蓝色的眼睛里满是惊惶,"不是这样的!那盒巧克力不是她送给我的,是我在她家店里买的。"

"是么?"夏渝州挑眉,"那你让我去她店里是想干什么?"

司君抿唇,不说话了,只是手还紧紧攥着夏渝州的大臂,生怕他跑了似的。

"那时候我摔了你的巧克力,你怎么不问我为什么摔呢?哪怕跟我吵架,指责我摔了你的礼物,我们都不至于闹到那个地步。你什么都不说,现在指望着甄美丽帮你解释清楚,你是嫌咱俩绝交得还不够彻底吗?"夏渝州越说越恨,伸手戳他的脸颊。

"唔……"司君闷哼一声,忍着没躲,"你怎么会认为,我会把别人送的礼物转送给你呢?那根本不符合逻辑。"以他的习惯、教养,是不可能做出把别人给的礼物转送的事情的。

夏渝州咂咂嘴:"那这么说,这事怪我咯?"

司君抿唇,半晌低声说:"怪我。"

这还差不多。那时候他们俩都不成熟,思想幼稚又偏激,还不肯好好说话。夏渝州忍不住笑了,笑着笑着,鼻子一酸:"就为这点儿破事,咱们俩已经相互误会了五年时间,你还打算继续吗?"

司君摇头,抓着他的手更加用力了。

夏渝州被他抓疼了,伸手捏他的脸:"那从今天开始,咱们彼此坦诚,行不行?"

司君抖了一下,眼睛却亮晶晶的,毫不犹豫地应声:"好!"

"咳。"夏渝州轻咳一声,刚才说得头头是道,这会儿突然不好意思了,耍赖道,"你……你先说一个!"

"……"司君眨了眨眼,无奈一笑,想了想道,"局部麻醉对我无效。"

"啊?"

"这个也无效。"司君举起那盒止疼药。

止疼无效!夏渝州反应过来,赶紧松开捏他脸的手,慌慌张张地去拿冰袋,然后将冰袋"啪叽"一下扣到司君脸上。因为动作幅度太大,他一个不稳,直接把司君给扑倒了,后背撞在沙发上。

夏渝州一只手撑着沙发,另一只手扶着冰袋,急急地说:"你抗麻药、止疼药,这不行啊,我今天晚上不走了!"

这下轮到司君愣住了:"不走了?"

"不行吗?"

"行!"

"局麻、止疼无效,那全麻镇静呢?"夏渝州又仔细检查了一番司君的牙,他这种特殊体质,能不动刀子还是少动,"明天拍个牙片看看,如果不是智齿横生,就先不拔了。"

"全麻可以。"司君扶着冰袋,嘴唇冻得僵硬,说话有些呜呜啦啦。

夏渝州舒了口气:"那行。"牙科也可以全麻,只是国内基本不用而已。

冰镇止疼的效果并不能持久,长时间贴脸会造成冻伤,所以贴一会儿就得挪开缓缓,等会儿再贴。

夏渝州拿开冰袋:"我给你按穴止疼吧。"说罢,他直接抓住司君的一只手,完全忘了上回的事故。

司君下意识地抽手,但没能抽回来。

"呀,忘了跟你打招呼了。"夏渝州没什么诚意地道歉,把那只手拉到面前,精准地捏住了虎口处的穴位。

司君的指尖微微颤了颤,而后缓缓放松,任由他揉捏。

"不疼吗?"夏渝州惊奇地看着他面色平静的脸,"这合谷穴止疼,但捏着也挺疼的。"

"还好。"司君觉得尚在可以忍受的范围内。

夏渝州挑眉,手指在他的掌心轻轻挠了一下。

"哒——"疼可以忍,痒不能。

"这是什么?"夏渝州忽然将司君的手掌翻过来。那白皙的掌心有不易注意到的凹凸疤痕,呈圆圈状,颜色跟周围的肌肤基本相同,不对着灯光仔细瞧是看不见的。

司君收回了手:"以前跟人打架留下的。"

"跟人……打架？"夏渝州很难将这样的描述跟司君联系在一起，即便他见过这位少爷秒杀蚊子、冻结恶犬的英姿："跟谁打架？"

"那不重要……唔！"猝不及防被敲中胳膊上的麻筋，司君闷哼一声，说不下去了，哭笑不得地试图把自己的胳膊救出来。

"不许动。"夏渝州龇牙，做出严刑逼供时凶神恶煞的脸。

司君当真委屈巴巴地不敢动，把夏渝州给逗笑了："你是下牙疼，按手肘这里的曲池穴好得更快。"

按到正确的穴位上，刚刚误触引起的酸麻感便渐渐消失了。不知道是不是心理作用，司君觉得牙疼确实得到了缓解："穴位治牙，你去冰岛就学的这个？"

"是啊，冰岛中医嘛。"夏渝州一本正经地说，"他们牙科还包括黑魔法，治疗方法是往门上钉钉子，钉一颗就高喊一声'还疼吗'，如果疼就再钉一颗，直到不疼为止。你要不要试试？"

司君沉默了半晌："锤子在壁橱的工具箱里。"

夏渝州："……"

两人静静地对视了片刻，夏渝州先绷不住，"哈哈哈"笑出声，旋即司君也跟着笑了。

夏渝州垂下头："好吧，我承认，我没去留学。"

司君："我知道。"

"你知道？！"夏渝州猛地抬头。

司君轻笑，揉了揉他的脑袋。

夏渝州想问他怎么知道的，自己的谎言有那么容易拆穿吗，等对上那双深邃的蓝眼睛，他就什么话都问不出口了。也许他可以骗过所有人，但骗不了找了他五年的司君。

夏渝州很是感慨，静静地望着司君，目光在他英俊的脸上流连，突然看见肿起一块的脸颊。"噗！"俊美的容颜被红中带青的肿块破坏，看起来颇为喜感，他控制不住地笑场了。

司君瞪他。

"哈哈哈，好了好了，洗澡去吧，准备睡觉。"夏渝州推着他起身，自己笑倒在地毯上。

领主大人愤愤地去洗澡了，如果不是牙疼导致张不开嘴，他一定会咬死那个蹬着腿转圈笑的家伙。

终于，两人都洗完澡、吹干了头发。夏渝州赤脚站在卧室的台阶边，看着灰色床单上的司君，不知道该不该过去。

上学的时候，他们两个也睡过一张床，但仅限于在233医院实习期间的午休。过于忙碌的医疗救护工作间隙，每一秒的睡眠都异常宝贵，而可供午休的床铺非常有限，看到司君有床，他就毫不犹豫地钻过去，呼呼大睡。

司君看到了他，开口道："我家目前只有一张床，你不习惯跟我睡的话，我睡沙发。"

"别别。"夏渝州赶紧出言阻止，三两步跳下台阶，直接蹦到了床上，按住准备起身的司君，"我是留下照顾你的，哪能让你睡沙发。习惯的，咱们又不是没睡过一张床。"

司君倒也没有坚持，重新靠回枕头上。

夏渝州睡衣的扣子扣得歪七扭八，领口的第二颗扣子钻进了第三个扣眼中，露出了挂在脖子上的黄铜残镜。

"那是……"

"差点忘了。"夏渝州把残镜扯下来，递给司君，"一个老物件，破得厉害，何护士说也许你知道修复的方法。"到了这会儿他才想起来，今天原本是想找司君问问无疾镜修复的问题的，结果遇见了甄美丽，前尘往事扯瓜带秧地一股脑儿砸过来，让他直接忘了这回事。

司君接过来："这东西是哪里来的？"

夏渝州："我们家祖宗留下来的。"

司君谨慎地问："你确定？"

"确定啊。"夏渝州没瞒着，单指挠了挠下巴，实话实说，"我这几年没去冰岛，也没出国，跟着我爸在老家的山里当野人。这东西是从老宅里挖出来的……"

听到这么毫不避讳的详细说明，司君愣怔了片刻，眼中泛起笑意。他打开床头灯，仔仔细细地看了一遍，这才确定："无疾。"

夏渝州瞪大了眼睛："你知道这个？！"

司君点头："我们家也有一块，在舅舅的陈列柜里。"想了想，怕夏渝州不清楚，又补充了一句，"我舅舅是含山氏的族长。"

这可真是意外之喜！夏渝州坐直身体："这么说，咱们两家祖上是有关系的？"

"有。"司君给了肯定的答案，这一点他比夏渝州更清楚，"关于元古种，含山氏的记载是最全的。"

听到这里，夏渝州骤然绷紧神经，虽然两家互相认识，近百年来却没有任何交集："是不是结了什么仇啊？元古种只剩我们夏家这一脉，夏家也就我一个纯种的了……"

司君眸色微暗："你怀疑是我们在捕猎元古种？"

"快得了吧，就你们？"这一点夏渝州丝毫没有怀疑，并对娇弱的现代种投以怜惜的目光。

司君："……"

夏渝州："我是想着，万一结了仇，那咱俩……"

"没有。"司君及时打消了他的担心，"虽然最早的记载已经遗失，但从现存的资料看来，我们两家是友好关系。"

说是要照顾病人，然而懒惰的夏医生只是捏着病人的虎口轻一下重一下地揉按，没等把病人哄睡，自己就先睡着了。

司君侧过身来看他。山中无岁月，这张脸与五年前几乎没什么差别，只除了眉心的浅浅印痕。上学的时候，夏渝州很少皱眉，总是笑呵呵的，仿佛什么事都难不倒他。如今他眉间多了沟壑，断了一颗尖牙，这两样东西夺走了那个无忧无虑的少年。

"呼……"夏渝州是半躺着的，颈下垫了两只枕头，呼吸不顺畅，逐渐打起小呼噜。

司君抬手帮他拽出一只枕头，将破碎的旧铜镜放到床头的储物格里。

夏渝州原本睡得不甚舒服，感觉到有人帮自己纠正了姿势，呼吸顺畅起来，身体顿时放松下来，任由意识沉入更深的梦境。

氤氲的雾气将散未散，模糊了眼前的宫殿。虽然看不真切，但夏渝州很确定，那巍峨壮丽的建筑是古代的皇宫。

他自己正穿着一件月白色的广袖长袍，缓步走在雕梁画栋的长廊上。长廊由高高低低的台阶构成，时而向上，时而向下，通往未知的地方。此刻，他在向下走，长长的衣摆拖在地上，葳蕤生光。

外面在下雨，泠泠的雨滴顺着飞檐落地，激起一阵微弱的凉意。

一名衣着奇怪的男人正快步走上来。奇怪吗？夏渝州不知道自己为什么会产生这样的想法，仔细看其实不算奇怪，只是与这环境格格不入。那个男人很高大，穿着复古的西式礼服，肩上带流苏、衬衣领口翻波纹大花的那种。

夏渝州看着眼前的男人，有些迷惑，因为这人长着跟司君一模一样的脸，苍白英俊，双目湛蓝。在他愣怔的瞬间，穿礼服的男人便单膝跪在他面前，牵起一只藏在广袖中的手，凑到唇边轻吻。

"老爷，这就是国王要指给您的公主吗？真是太美了！"站在男人身后，穿布衣短靴的侍从语调夸张地喊叫道。

穿着锦衣、腰间佩刀的侍卫冲过来，大声呵斥："不得无礼！此乃国师！"

微风夹带着细雨吹来，吹动了夏渝州披散的长发，他控制不住地轻笑出声，带着仿佛与生俱来的清贵道："哪里来的傻猴子？"

跪在地上的男人瞪圆了一双蓝眼睛："竟然是位先生。很抱歉，您的模样太美了，超越了我认知的极限。请允许我为您写一首诗，用我银色的诗琴歌唱。"

夏渝州："……哈哈哈哈哈！"

爆笑似乎冲破了梦境，在夏渝州控制不住笑场的瞬间，亭台楼阁、飞檐流瓦顷刻消散，取而代之的是司君公寓的大床。穿着柔软的黑色居家服的司君正单膝跪在床上，拉着他的手仰头看。

夏渝州蹲下来，歪头看他："司君？"

夏渝州蓦地睁开眼。

天光大亮，清晨的阳光穿过贴了特殊防护膜的落地窗，温柔地照在浅灰色的枕头上。

坦诚

司君不知何时睁开了眼睛，正盯着自己的手，不知道在想什么。

夏渝州抓住司君那只手摇了摇，阻止他继续发呆："我梦见古时候的事了，我们家先祖竟然在皇宫里，好像是个……"

"国师。"没等夏渝州说完，司君便接上了。

"你……你也在梦里？！"夏渝州惊呆了，环顾四周，瞧见了床头那块残镜。

"嗯。"司君点点头。

夏渝州掀开柔软蓬松的被子，一头扎了进去："怎么回事啊？"

司君忍笑看着他原地变鸵鸟，抬手拿起那块残镜："这块虚镜承载了一些记忆，我还是第一次见到可以入梦的镜子。"含山氏的那块残镜常年束之高阁，族长以外的人是不能触碰的。他的舅舅对它并不感兴趣，只当作一件普通的藏品放着欣赏，从不研究，更不会把它放到枕头边入睡。

"唔，我每次把它放在枕头边上都会做奇怪的梦。"夏渝州从被子里发出闷闷的声音。

司君用指尖摩挲镜子上的刻痕和孔洞："含山氏的那块上面没有划痕，应当是修复过的。"

听到这话，夏鸵鸟从被子里冒出头："那你舅舅一定知道修复的方法！"

"不过，我家那片也只是四分之一，拼起来还不是完整的镜子。"司君将残镜还给他，起身去洗漱——用没有刷牙的嘴巴跟人说话，实在失礼。

"那无所谓，只要修好这一块就行，残镜也能用。"先祖手札上记载的血脉验证、探知功能，并没有要求是完整的镜子。夏渝州拿起放在面前的残镜，原地打了个滚，磨磨蹭蹭地跟着司君去洗漱。

司君给了他一个白色的牙杯和一支黑色的牙刷，两样东西都是崭新的。

夏渝州歪头看了看司君手里的黑色牙杯和白色牙刷，形状、材质和他手里的一模一样。"你是傻子吗？"他们上大学的时候约定过，毕业了一起租房子，什么都买一样的。

"嗯？"司君嘴里含着牙刷，不明所以地转头看他。

夏渝州摇头，开始认真刷牙，一边刷一边偷瞄身边的人。

仔仔细细地刷了所有的牙齿，司君有些不好意思地微微侧身，试图避开夏渝州的目光。奈何某人一点儿都不自觉，跟着伸头过来，好奇不已地盯着他。无法，司君只能当着他的面缓缓伸出两颗血牙，将平时隐藏在牙龈内的部分也刷一刷。

"啊，果然是这么刷的。"夏渝州看得很满足。

司君耳尖微红："你这样很失礼。"血牙并不是可以随意示人的东西。

"看你刷个牙就失礼了？"夏渝州龇牙，索性掰开司君的嘴巴，看了看那颗不听话的智齿，"竟然消肿了啊，消炎药对你还挺有用的。"

昨天晚上还红肿闹事的家伙竟然奇迹般地安分了。

司君拉开那只开始乱捏的手："我不常吃药。"

平时不生病的人偶尔吃一次消炎药，会有立竿见影、药到病除的效果。既然消肿了，那就可以开始治疗了，夏渝州很是高兴，拉着司君就要去诊所。

"先吃早饭。"司君把赤脚蹦跳的夏渝州带到客厅，找出被他甩飞的拖鞋，再塞给他一瓶巴氏消毒血，自己则转身去了厨房。

夏渝州也不客气，打开瓶盖开始喝，刚尝了一口就觉出不对来："唔，这血怎么比我买的好喝？万恶的贵族，领主的早餐是特供的吗？"

"这是鹿血，口感相对好一些。"司君端着两块三明治出来，给夏渝州倒了杯红枣茶。

"鹿血！"夏渝州回想鹿血的价格，"万恶的有钱贵族。"

司君只是笑。

好像打从说要彼此坦诚开始，这家伙就像添了油的马提灯，骤然亮堂起来。夏渝州捏起三明治咬了一口，意外地好吃，再看向一口一口吃得自然的司君，惊奇道："你现在还吃普通的早餐啊？"

他最近才知道，现代种早上是不吃普通的食物的，只喝一瓶血。当年在生殖医学课上，他给司君塞的那几个包子其实很没有必要。

"习惯了。"司君把最后一口吃完，开了瓶鹿血慢慢喝。

至于这个习惯是如何养成的，不言自明，就连这用餐顺序，都是因为夏渝州说空腹喝牛奶不好，坚持要他先吃面包再喝东西。

夏渝州不好意思地摸了摸鼻子："我小时候也不吃早饭，是我妈要我改的。她说，既然要做正常人类，就应该好好享受人间的美味，少吃一顿是很大的损失。"

坦诚

人在一起久了,就会染上对方的习惯。水医生不是血族,跟三个血族生活在一起,却能让血族把饮食习惯给改了。

"你妈妈知道你们都是血族?"司君一直想问这事,只是碍于夏妈妈已经过世,不好多打探。

"你说水医生?知道啊。"夏渝州点头,"她跟我爸结婚那么多年,哪能不知道!"

司君抿唇。

夏渝州反应过来:"你们现代种不能向配偶暴露血族身份吗?"

司君把空盘子收起来,递给他一张餐巾纸:"如果跟普通人类结婚,就不能告知。"

"哇。"夏渝州擦了两下嘴,跟着司君去厨房,看他把杯碟放进洗碗机,"那怎么可能一直保守秘密呢?枕边人每天早上喝血,能看不出来?"

"戒律如此,所以血族跟普通人类在一起是不会幸福的。"司君合上洗碗机,按下按键。

夏渝州:"……"

| 第二十五章 |
拔 牙

今天司君值白班,他打算先去上班,下班后再去找夏渝州看牙。

"不行,你这牙好不容易消肿了,万一忙活一天又肿回去,什么时候才能治?"很有原则的夏医生坚持按照预约时间来,昨天司君可是跟他预约了上午看智齿的。

司君有些为难,昨天因为太疼失去理智,只想尽快治好,今天不疼了,又惦记起自己的全勤奖。然而面对夏医生的瞪视,他只得拿起电话向医院请假,跟这个月的五百元全勤奖金说再见。

"你说你堂堂云城领主,竟然还在乎那点钱。"夏渝州难以理解,他拉开司君那辆银色跑车的车门,自然而然地坐到了副驾驶座上。

司君坐到驾驶座上,转头看他:"云城领主没有工资。"

正值早高峰,车子出了小区就开始堵。夏渝州也不着急,拿出挂在脖子上的残镜把玩。

昨天晚上的梦很有意思,先祖竟然是国师,这是手札中没有提到的,真是低调谦逊。不过,一个血族为什么能混成万人敬仰的国师?总不能是靠给皇帝放血得来的吧?

"元古种一直很尊贵,"司君解释道,"大概是因为拥有皇帝很需要的技能吧。"

"什么技能?"夏渝州看看自己的手,又舔舔那颗血牙,除了能把人转化成血族,他好像没什么特别的能力了。

这一点司君无法解答，关于元古种的记载很多都遗失了，夏家先祖有过什么丰功伟绩也不得而知，只得换个话题："你为什么要修复无疾镜？"

"这个啊……"夏渝州蹙眉，不知道从哪儿说起。

"抱歉。"安静了一会儿，司君骤然开口。

夏渝州抬头，对上司君满是歉意的脸，知道他又想多了，便道："告诉你也没什么，毕竟以后和你也有点关系。"

司君："啊？"

夏渝州："哎呀，一个人育儿好辛苦，咱俩都和好了，你是不是应该替我分担一点儿，让他们管你叫'父亲'？"

司君被说得一愣一愣的，傻乎乎地应了。

"哎呀，就是……这镜子吧，事关夏家的繁衍……"夏渝州很满意，转而说起镜子的问题。

这件事很复杂，他其实也不知道要怎么解释。五年前，老夏带着他连夜逃出云城，绕了一大圈之后回到了老家。老家的祖宅还在，不过已经被当作古建筑收走，成为一个不知名的旅游景点了。

因为紧挨着原始森林景区，来往的游客基本不会往这边走，所以生意很差，只有一个看门收费的工作人员。这就给了夏渝州翻墙掏东西的机会，在离开老家回云城之前，他将老宅彻彻底底地翻了一遍，还真让他找到了这些宝贝。

"我们家大部分的传承虽然断了，但有一件事老夏还记得，"说到这里，夏渝州的声音便低了下去，"那山里有必须守着的东西。"

司君："那……你爸爸……"

夏渝州点头："我不知道要守什么东西，他也没有告诉我他在守什么，但他说，下一次大瘟疫来临的时候，就是我去接替他的时候。在此之前，我必须有足够多的后代以保证夏家的传承不会中断。"

司君："后代？你要怎么拥有后代？跟普通人类结婚吗？"

"哎哎，看着路！"夏渝州赶紧拍他，让他注意看前方，"没用，纯血种是要血族跟血族结婚才能得到的。现在元古种就剩我一个了，我跟谁结婚去？"

司君听出了其中的不寻常，但不好多问。他知道水医生不是夏渝州的亲生母亲,但那位跟他有血缘关系的女士他从来不提。"那你以后也要去守山吗?"

"我这不是在想办法自救么?"夏渝州摸摸他已经暴出青筋的手背,这家伙今天开车竟然没有戴手套。

先祖托梦,叫他多转化血族,这样他们才不至于灭族,所以他的任务是尽可能多地转化陈默这样在人类社会已无生机的孩子,延续夏家的血脉。而这块残镜,正是寻找可转化血脉的工具。

司君沉默了片刻,迅速厘清其中的逻辑关系后,提出了一个灵魂问题:"新生血族的后代也是血族吗?"

如果新生血族生下来的孩子也是血族,那夏家的传承才能算是绵延无断绝。

夏渝州:"……我不确定,目前可以繁殖的新生血族只有周树。"

经过跟司君这么一讨论,夏渝州终于清楚了这个任务的前因后果,果然还是得靠学神司君给他划重点:"明年周树就退役了,得赶紧给他安排相亲。"

司君看着他自顾自地做了决定,但笑不语。

"阿嚏——"刚打开鸭血瓶的周树突然打了个喷嚏。

陈默赶紧捂住自己手里的食物,以免被喷出的细菌污染:"感冒了吗?"

周树吸了吸鼻子:"只打一个喷嚏,肯定是有人在背后说我坏话。"

陈默吸了口鸭血:"你的黑粉吗?"

周树:"我猜是你爸。"

"说什么呢?"推拉门被一把拉开,夏渝州大摇大摆地走进来。

"咳咳咳……"周树顿时被呛到了,"我说,你刚才是不是……惦记我了?"

"没错,我刚刚还真念叨你来着。"夏渝州大力拍了拍弟弟的肩膀,做出长兄模样,十分关切地凑近,"小树啊,你看,你们队里的队友基本都谈了女朋友,有的都分手好几波了,你有没有认识一个两个呀?"

周树狐疑地看着他,不明白他突然问这个做什么,而后突然悟了:"哦!说,你看上哪个了?我帮你联系!"

"叔叔。"陈默突然给了叔叔一肘子。

"干什么?"周树顺着大侄子的目光看过去,就见容光焕发的司君正缓步走进来，并对他施展死亡凝视。

司君微微地笑："联系什么？"

"咳，你怎么还在这里？快去上班，再不去，我联系你们领导罚你钱。"夏渝州推了推还在咕咕咕喝早餐血的弟弟，催他回基地。

"我们训练都是下午才开始的。"周树不为所动，试图回应司君的死亡凝视，然而那人已经把目光转到陈默身上去了，根本不接他的招。

夏渝州一脸正直："那赶紧回去睡觉，天天熬夜打游戏，起这么早不怕猝死？"

周树快被气死了："是谁夜不归宿，丢下孩子一个人在家，过后求我过来看他的？"

"哎呀，哎呀，赶紧走吧。"夏渝州推着他出门。弟弟就是用来欺负的，用过就扔，不必手软。

把周树踢出门之后，夏医生立时换上了专业的笑容："客人请去诊疗室稍等，我换身衣服就来。"

司君把目光从陈默身上收回，点头应了。

"爸爸。"陈默颠颠地跟着夏渝州进了准备室，小声说，"你俩咋回事？前兄弟叔看我的眼神怎么好像在看储备粮？"

夏渝州摸了摸儿子的脑袋："不，他是在看家族的希望。另外，他不是前兄弟叔了，以后见了，直接叫父亲。"

陈默："！"

"智齿横出了。"夏医生把牙片贴到观片灯上，拉近了给司君看。

司君躺在诊疗椅上，根本没看牙片，只盯着戴着口罩的夏医生看。

夏医生讲解了半天，不见病人回应，低头便对上了一双漂亮的蓝眼睛："司先生，请你看牙片，不要看医生，好吗？"

"抱歉。"司君这才回过神来，转眼看向牙片。一颗横生的智齿藏在牙龈中，紧紧挤着正常的牙齿，看起来颇为霸道。

"没关系，像你这样被牙医迷住的每天都有。"夏渝州耐心地拿出讲解用的小棍，重新给他讲了一遍。

"每天？"司君微微蹙眉。

"是啊，你没听说过吗？做牙科诊疗的时候，病人非常容易爱上牙医，特别是……"夏渝州缓缓眨了眨眼，"眼睛长得好看的牙医。"

司君："夏医生平时都是这么给病人看病的？"

"嗯哼。"夏渝州挑了挑眉。

"幸好。"司君慢条斯理地挽起衬衫袖子，拉过牙片来仔细瞧。

"幸好什么？"夏渝州下意识地也去看牙片。

"幸好夏医生的眼睛并不是最好看的。"司君把观片灯颠倒过来，换了个角度观察，微微蹙眉，"这牙是有点严重，得拔了。"

"嘿？怎么说话的呢？"夏渝州把灯推开，掰动椅子，迫使司君仰起头来，"那谁的眼睛好看？你的这双哈士奇眼吗？"

司君噎了一下，头回听人把自己这双深蓝的眼睛定义为哈士奇眼的。

夏渝州："……咳，我去拿价格单。"

横生的智齿必须拔掉。夏渝州说是去拿价格单，其实是拿了血压计来，给司君做详细的检查。如果没有高血压之类的病症，现在就可以拔牙。

"你算是来对了，我这里还真有 Intravenous sedation 的药。"夏渝州给他看了一下药物名称，确认他没有药物禁忌。

司君听见他飙英文，礼貌地回道："不愧是海归高级牙医。"

夏渝州高高地抬起下巴，瞥了他一眼，然后忍不住笑起来："国内大部分私人牙科诊所是没有静脉镇静麻醉的，算你运气好。"

"那为什么你这里有？"

"我主要是怕麻烦，懒得安抚那些胆子小的病人，一针下去了事。"

有些病人会因为过于恐惧，而在拔牙的时候出现无法自控的反应，突然挣扎甚至逃跑。牙医除了要处理好技术上的问题，还得安抚病人。怕麻烦的夏渝州选择给病人进行全麻，什么都不知道也就不害怕了。

司君听了这个理论，很是无奈："这不符合行业规定。"

"我这是为病人着想，有些病人会因为拔牙时太紧张而患上高血压的。"夏渝州推了心电检测仪来，夹在司君的手指上，"有的装作镇定，结果拔的时候血压飙升，会喷血的那种，很危险。"

仪器显示，司君目前状态平稳。

夏渝州捏着细长的针管在司君面前晃了晃，司君便乖乖地露出胳膊让他扎："你有没有想过，也许我昨天跟你说的话是在哄你？"

司君一愣："什么？"

夏渝州用冰凉的酒精药棉擦拭司君的胳膊，按住一根因为止血带控制而鼓起的青色血管："也许我还在恨你，哄你半天只是为了今天这个机会。打了麻药，你就任我宰割了。"

司君认真地想了想："你想怎么宰割？"

"呵。"夏渝州拉开口罩，露出尖利的血牙，低声道，"我把你当食物，吃了你，好不好？"

夏渝州确实恨过他，有时候钻了牛角尖，就幻想着某天遇见司君，把他当食物吃了，特别解气。

司君漂亮的蓝色眼睛里泛起点点笑意："也好。"

话音刚落，针管里的麻醉药便推了进去，冰凉且疼。司君抿了一下唇，没发出声音，只静静地看着夏渝州，纤长的睫毛缓缓颤动，越来越慢，直到完全合上。仪器上的心电图始终平稳如初。

"看来是不怕我吃了你呢。"夏渝州说。

趴在门口观察了许久的陈默听到这话，鼻子皱得更厉害了。他实在听不下去，转身回候诊厅，遇见了刚来上班的何顷。

何顷看着他那皱成包子的脸："这是怎么了？脸中风了？"

陈默揉揉自己即将起法令纹的嫩脸："我正考虑写一篇论文。"

"啊？"何顷戴上护士帽，"你们天才也会愁学习的事？"

陈默老气横秋地叹了口气，在电脑上打出一个标题——论怎么拯救思想走上歧路的老父亲。

夏渝州拽拽耳朵，戳戳手背，确定司君已经失去意识，便拿出工具开始拔牙。全麻的病人是非常配合的，不会因为惧怕而发抖，也不会因为嘴被扯太开而抗议。当然这也导致了一些问题，比如下手太狠的夏医生把病人的嘴角扯破了。

清理好伤口，塞上足够的棉花，夏渝州心虚地给那可怜的嘴角涂上药膏。

何顷进来送药，歪头仔细瞧了瞧："老板，你这操作让我想起一句台词。"

"什么？"夏渝州瞥了他一眼，端起杯子喝水。

何顷单手叉腰，捏着兰花指，用女声说："老娘撕烂你的嘴！"

"噗——"一口茶水喷到司君脸上，夏渝州赶紧拿纸巾给他擦了擦，并挥手赶人，"去去去，再胡说八道，我就告诉他是你扯烂的。"

"哇，老板，你这就很没有道德了。你扯烂了没事，我扯烂了可是要偿命的。"何顷飞快地窜出诊疗室，怒指无良牙医。

"唔……"治疗椅上的司君忽然发出一声低吟。

何顷惊恐不已，瞬间消失。

夏渝州转头看向司君，没想到他醒得这么快，这人对麻药的抵抗力比预估的还要厉害："你醒了。"

司君纤长的睫毛颤了颤，露出一双茫然无神的蓝色眼睛："……啊？"

"司君？"夏渝州觉得情况不对，单手在他面前晃了晃，"你醒着吗？"

神情茫然的司君嘴里还塞着棉花团，他瞪大了眼睛，口齿不清地说："狮（司）君是谁呀？"

夏渝州顿了一下，缓缓咧开嘴："你……"

"爸爸！"陈默冲进来，痛心疾首地看着状似傻掉了的司君，"爸，你这下手也太狠了，关系不好就把他弄傻？"

夏渝州抬手给了他一个脑瓜崩："别瞎说，这是麻醉醒早了，过会儿就好。"

静脉注射的全麻，如果提早醒来，麻药效果还未消失，就可能出现意识混乱、口齿不清的状况。正常人不会醒得这么早，司君不知道是体质特殊还是被他那一口茶给喷醒了，估计还得糊涂一会儿。

"出去出去，保护病人隐私。"夏渝州把人赶出诊疗室，交代前台今天上午不再接诊，便关了诊疗室的门，独自照顾傻掉的司君。

"这是哪儿？"司君坐起来，晕乎乎地四处看。

"这是幼儿园。"夏渝州拖过医师椅，滑到司君面前，一本正经地说，"君君小朋友，还认得我吗？"

司君皱眉，看不大清眼前的人，想凑近看，却猛地向前栽了一下："你是谁？渝州呢？我要找渝州。"

　　夏渝州按住他，让他不要离开治疗椅："我在这儿呢。"

　　"嗯？"司君歪头看他，似乎不确定，看了很久，才道，"你去哪儿了？我到处找你。"

　　夏渝州指尖微颤，松开手，坐得近了些："我哪儿也没去。"

　　"那我怎么找不到你？"司君苦恼地低下头，掰着自己没什么知觉的手指，"我去过学校，去过你家，还有电影院、咖啡馆，都没有，我找不到渝州。"

　　说着说着，君君小朋友就开始吸鼻子，仿佛要哭了。

　　夏渝州抿唇，抬手摸了摸他的头："那你为什么三个月后才去找啊？"虽然这么欺负他不好，但这着实是个套话的好时机。

　　"三个月……"这个词对于糊涂的司君来说不好理解，他顿了很久才想起来，"我出不去，舅舅不让我出去。"

　　夏渝州捕捉到了关键词："舅舅为什么不让你出去？"

　　"唔？"这个问题太复杂了，糊涂的司君回答不了，抓住摸他头的那只手，凑到眼前仔细看，"脏了。"

　　夏渝州："……"

　　明明消过毒、很干净的手被判定为脏了，还被拉着用手绢擦拭。还糊涂着的人下手没轻没重，胡乱擦了半晌，抬头看他："你怎么不问我？"

　　夏渝州："问什么？"

　　司君："问我为什么要给你擦手。"

　　夏渝州忽然想起了什么，心头一跳，低声问："为什么要给我擦手？"

　　司君微微笑了，只是嘴里塞着棉花，让这个笑看起来不够俊朗，而充满了傻气："因为我想跟你和好了，又不好意思说。"

　　每次他俩闹别扭，都会因司君给他擦手而终结。他一直以为是自己想多了，原来司君真的是在用这种笨拙的方式跟他求和。

　　夏渝州鼻子发酸："你是傻子吗？"

　　"啊？"糊涂的司君听不懂，老实地擦了一会儿手，又开始乱动，嘴里念叨着老管家的名字，"罗恩，罗恩！"

"你找罗恩干什么？"夏渝州赶紧按住他，以免他摔下去。

"他回来了，去准备一个房间，"司君伸出一根修长的手指，"渝州的房间。"

"这里不是老宅。"夏渝州伸手戳他的脑袋。

司君被他戳得晃了晃，但感官迟钝的他并没有发觉自己被欺负了，只是有些疑惑自己为什么在晃。他伸手去抓座椅的扶手以稳定身体，但因为看不清楚，抓了几次都没抓住，反而抓住了夏渝州的手臂，并十分自然地把手搭了上去，宛如被宫女托着手臂的皇太后。

夏渝州看得好玩，忍不住逗他："你跟渝州不是同穿一条裤子的关系吗？那让他睡你的房间就好啦。"

司君摇头，因控制不住力道而摇得夸张，宛如一只洗完澡甩水珠的狗狗："我生他的气，不让他睡我的房间。"

哟呵！套到干货了！夏渝州吭哧吭哧地憋笑："你为什么生他的气呀？"

司君："他摔了我的巧克力。"

夏渝州："只因为巧克力吗？他还不告而别，跑了五年没音信呢。"

司君暂时想不出"不告而别"是什么意思，但大致知道他在说什么："罗恩，不要提别的，让他给我做巧克力，做够三十六颗，我就原谅他。"

思维混乱的司君提到三十六这个数字时一点儿也不糊涂，一个不多一个不少。

夏渝州怔住了。为什么不要提别的？不告而别、五年断交、猜忌怀疑、周树的斥责羞辱……任何别的矛盾都比摔巧克力要严重得多。巧克力最好解决，也就意味着最容易和好。

"你呀……"夏渝州想哭又想笑，忽然有点明白了司君的行为模式。

这个人似乎有一种特别奇怪的坚持。他想要什么从来不说，而会给对方设定一个行为预期，只有对方达到这个预期，他才会行动。

比如，他每天给夏渝州发布任务，让他送巧克力。等送够三十六颗，他就会以"既然你这么诚恳地道歉，那我就原谅你"为理由，直接跟夏渝州和好如初。

"那……原谅他之后，你会跟他说什么？"夏渝州揪了揪司君的头发。

司君沉默了，不知道是在思考还是没听懂，只是呆呆地任他揪。

拔牙

夏渝州耐心地等了半晌也没等到，便想问点别的。谁知司君忽然抬手，似乎想要摸他的头，动作非常缓慢，晃了两下才摸到："别怕，我把领地抢回来了，谁也不能再伤害你。"

"领地……"夏渝州一时没反应过来，自己念了一遍，呼吸骤然急促起来，"你是说，这领地是为了我才去抢的？"

最年轻领主的事迹，他已经从不少于十个血族的嘴里听到过，他们所说的内容大同小异。二十岁的年轻贵族直接向十六氏的族长甩手套，要求领地权，那么帅气，那么英勇。但从没有人说过，他为什么会突然抢夺领地。

夏渝州捏着司君的肩膀，盯着那双蓝眼睛，试图多问两句："谁要伤害我？为什么抢了领地就能没事了？"

然而司君就说了这么一句有逻辑的话，便又开始犯糊涂。他做了个噤声的手势，示意夏渝州别说话，然后左看看右看看，紧张兮兮地问："这是哪里？渝州呢？刚才还看到他的。"

"这里是牙科诊所，你是来拔牙的，坐好，别乱动。"夏渝州只得继续哄他。

"牙科！"司君瞪大了眼睛，"那医生呢？还没有给我拔牙吗？"

因为塞了大量的止血棉，司君嘴巴合不拢，口水溢出。夏渝州抽了两张纸巾给他擦嘴，语气比方才温柔了许多："医生在忙着哄小朋友呢。"

司君皱起眉头，似乎对医生这种没有职业道德的行为非常不满："那你去提醒他一下，司君的牙还没有拔。"

夏渝州装模作样地看了一眼诊疗单："唔，可是登记簿上写的是司君君呢。"

司君呆滞了："胡闹！那是小辈的名字。"

夏渝州掏出手机，打开摄像功能，然后清了清嗓子道："咳，诊疗单上这么写的，就得这么念。你说一句'君君的牙牙还没有拔'，医生就来了。"

司君的眉头皱得更紧了，非常为难的样子。

"快说呀，不然你这麻药劲就过了。"夏渝州闷笑着催促。

司君踌躇半晌，最终不情不愿地说："君君的牙牙……"

"噗哈哈哈哈！"没等司君说完，夏渝州已经控制不住地笑倒了，差点从医师椅上摔下去，他夸奖道，"君君小朋友真乖，医生马上给你拔牙哦。"

司君麻醉未清醒时仿佛五岁的小朋友，受到夸奖，开心得直晃脚。

"我的佛祖、上帝、黑暗神啊！"夏渝州捂住心口，内心的小人被萌得满地打滚。

司君醒来的时候，才刚刚到午饭时间。他坐起身来，伤口的疼痛让他迅速清醒。入目是陈旧但干净的房间，家具齐全，摆设简单，并非诊疗室，而是夏渝州的卧室。

上大学的时候，夏渝州带他来过。当时的房间可比现在乱多了，地上滚着篮球、足球，书架上摆着遥控车、小工具，墙上贴着明星海报。海报还是重叠着贴的，据说以前贴的是女明星，后来觉得太羞耻，就在上面覆盖了一张男明星的。不过，夏渝州的审美实在让人不敢恭维，他贴的男明星是位著名的笑星。

"笑星也是明星。"夏渝州是这么解释的。

如今，书架上只放着寥寥几本书，那些乱七八糟的小玩意儿统统不见了。好在墙上贴的海报还在，那位笑星穿着马褂、手拿快板，冲着他龇牙咧嘴地笑。

司君忽然好奇，想知道这家伙上高中时喜欢的女明星是谁。他走过去，犹豫了一会儿，轻轻掀开海报的一角。

陈旧的海报被缓缓揭开，露出了一张胖乎乎、带酒窝的喜庆面孔——一位著名的女笑星。

司君："……"行吧。

司君出了卧室，没瞧见夏渝州，便先去洗漱间清理了一下手和脸，然后来到客厅，恭恭敬敬地给夏妈妈上了炷香。

"噔噔噔"的上楼声传来，司君回头，看见夏渝州端着一杯水上来。

"你醒了！"夏渝州走过来，"看你睡得不舒服，就把你抱上楼了。"病人麻药未清醒期间，是要人时时看护的。没想到他下楼拿杯水的工夫，这人就醒了。

抱上楼……司君下意识地想抿唇，却发现嘴唇合不住，只得作罢。

"还想吓你一跳呢，忘了你来过。"夏渝州看向那青烟袅袅的线香，"我妈看到你，一定很高兴。"

一次周末，诊所做活动，老夏叫他回家帮忙。司君正好没事，夏渝州便邀请司君去他家玩，跟爸妈说这是他最好的朋友。

拔牙

"我妈可喜欢你了,还给你做不放蒜的毛血旺。"夏渝州咂咂嘴。

像司君这样有礼貌、话不多、学习好的孩子,是所有家长最喜欢的类型。特别是这人长得好看,那天被夏渝州摆在门口揽客,着实大幅提高了客流量。

夏妈妈那日不上班,拉着司君聊了半晌,得知他不能吃蒜,还专门做了没有蒜的毛血旺。她做的毛血旺乃一绝,将三个不爱吃饭的血族硬生生养成了吃货。

司君点头表示认同,那是他平生第一次吃毛血旺,觉得好吃得不得了。然而吃惯了放蒜毛血旺的周树很不高兴,叽叽歪歪地说不放蒜有点腥,夏妈妈便用血豆腐堵住他的嘴。或许周树对他的不满就是从那时候开始积累的。

"哈哈哈,听他胡扯,他生鸭血都喝得开心,还怕腥?"夏渝州带着司君下楼,把他嘴里的药棉取出来,换了薄些的止血物。

夏渝州忙了半天,又到了午饭时间,肚子便咕咕叫了起来。

司君正被他捏着下巴换药,听到这声音,不由得抬眼看他。

"咳,到饭点了,别怕,我不是想喝你的血啊。"夏渝州赶紧解释。

陈默正抱着一桶泡面吃得开心,听到这话顿时呛到了。不等夏渝州回头,他立时离开现场,蹲在沙发上好好吃面。

何顷看他吃得那么香,凑过去也想尝尝,却被他无情地拒绝了。陈默紧紧护住手中的叉子:"你家吃荤的,我家纯吃素。"

何顷撇嘴,换成少女的声音不屑道:"切,我才不吃呢,泡面吃多了会变傻。"

陈默看了看碗里充满工业味道的面,迟疑了。

"儿子,别吃了,咱们吃好吃的去。"夏渝州带着换好药的司君出来,阻止儿子继续吃泡面。

"好啊!"陈默立时放下面碗,"咱们去吃毛血旺吧!"

司君眼睛也亮了,期待地看着夏渝州。

"吃什么毛血旺,你得吃流食。"夏渝州立时将这危险的想法掐灭在摇篮里,"咱们喝粥去。"

陈默重新端起泡面,吃了一大口:"那算了,我还是吃面吧。"

夏渝州:"你不怕智商降低了?"

陈默:"我智商180,降到179的话……勉强够用吧。"

| 第二十六章 |
私 生

眼睁睁地看着陈默把一桶泡面吃完，夏渝州才想起来，这家伙今天没去上学。

"今天有人去实验室，我不方便在那边，老师就给我放假了。"陈默说得毫不心虚，并拿起一袋薯片开始咔嚓咔嚓地吃。

何予作为一名罕见的明星学者，他的实验室经常有各种大人物、记者、节目组到访。而同为名人的陈默并不喜欢这些，以前跟着母亲参加各种节目是生活所迫，现在有夏渝州这个便宜爹养着，他就偷懒偷得理所当然。

夏渝州勉强信了这翘课理由："那行吧，你看着店，我们去吃午饭，下午谢老板会来送货。"

靠着血牙贴膜的业务，他这段时间赚了些钱，准备给诊所再添置些小设备。谢老板刚好人在云城，说亲自送货，顺道过来看看陈默。

"谢老板？"司君疑惑地看向夏渝州。

"一个医疗器材商，哦对，他也给你们医院供货。"夏渝州想起来，谢老板第一次见陈默就是在给附院送货的时候，没准司君也认识，"叫谢沼。"

司君听到这个名字，怔了一下，而后微微点头。

门外传来停车声，说曹操，曹操就到，正是谢老板的送货车。

谢老板还是老样子，热情洋溢。他率先跳下车，叫工人们卸货，自己则大步流星地往屋里走："小夏，我给你送东西来了，你快来看看有没有问题。"

生意人总比上班族要健谈些,谢老板进屋后挨个打招呼,看到司君的时候很是惊奇:"咦?司君,你怎么在这里?"

司君面色如常,不冷不热地回答:"来看牙。"

"这真是太巧了,没想到会在这里遇见你。"谢老板哈哈大笑,伸手拍了拍司君的肩膀。而司君竟然没有躲避,任由谢老板在他雪白的衬衫上乱拍。

这下轮到夏渝州惊讶了,他小声地问司君:"你俩认识?"这种认识不像是医生和医院供货商的点头之交,否则谢老板应该叫他司医生,而不是直呼其名。

司君点头:"谢老板是给舅舅的医院供货的,我从小就认识他。"

夏渝州瞪大了眼睛,舅舅的医院?向司君确认了一下其中的意思,确实是他想的那样。司家竟然是开医院的,难怪全勤奖只有五百块的司君能开得起跑车。他凑到司君耳边小声说:"我这一不小心,还抱上豪门少爷大腿了?"

司君瞥了他一眼。

"哈哈,是啊。"谢老板接得十分顺溜,吓了夏渝州一跳,听到后面才知道他是在接司君的那句话,"我的生意主要在南边,早年起家的时候,多亏了司君他舅舅照拂,给了我个大单子。"

谢老板的主要生意在南方,这事上回送机器的时候就提过,是因为女儿来云城发展事业,他才零星地也在云城做一些生意。夏渝州还记得这茬,便问:"又来云城看女儿呢?"

说起女儿,谢老板控制不住地露出笑容来:"是啊,她今天晚上要开演唱会呢,我赶着来……那叫什么来着?"

"应援。"盘腿坐在沙发上,咔嚓咔嚓地吃着薯片的陈默及时插嘴。

"对对,应援!"谢老板笑呵呵道。

何顷听到这话,忍不住凑过来:"你家女儿是明星啊?"

谢老板提起女儿就有说不完的话:"嗨,也不算明星,闹着玩的,搞了个什么女子组合。"

说起应援,夏渝州忽然想起前天答应了周树,陪他去看女子偶像团的演唱会。他快步走到沙发边,从陈默屁股底下抽出两张应援手幅,上面写着:"茵茵放心飞,草坪永相随!"被周树称为闺女的养成系偶像——谢茵茵。今晚,演唱会,姓谢……

"冒昧问一句，您闺女是叫谢茵茵吗？"夏渝州僵硬地抬头。

"你知道她？"谢老板非常惊喜。据他所知，自家闺女那个小组合，真实粉丝数没有过千，演唱会门票都卖不完，还要他这个爸爸免费送客户来充数。在茫茫人海中遇见一个认识谢茵茵的人，真不容易。

这会儿假装是供货商女儿的粉丝，能不能拿到折扣呢？夏渝州用自己聪明的脑袋极快地思索了一番，最终还是羞于启齿，实话实说："啊哈哈，我弟弟是她的粉丝。"

谢老板看到那花花绿绿的手幅，脸颊抽搐了一下："还真是，她粉丝就叫草坪。"抽搐归抽搐，见到活粉的家人还是很激动的，他握着夏渝州的手感谢他弟弟的支持。

司君拿过手幅看了看："是茵茵绿草坪的意思？"

谢老板："……可能吧。"

夏渝州："还挺有内涵。"

谢老板："都是粉丝取的，咱也不懂。"

"啊哈哈。"

"哈哈。"

气氛不知为何突然尴尬了起来，就像家长们凑在一起讨论孩子的游戏账号。你孩子叫茵茵啊，我孩子叫草坪。其他的一概不知，最终齐齐陷入沉默。

刚好工人们搬着东西进来，打破了这诡异的气氛。夏渝州告诉工人放在哪里，转身回来给谢老板接了杯水。在社交场合不知道该说什么的时候，就喝东西。

夏渝州决定绕过粉丝与偶像这个彼此都不精通的话题，说点别的："咱们还真是有缘，谢老板给司君舅舅的医院供货，应该会便宜些吧？"

"那是，他们医院买的都是大宗货，又是老客户。"谢老板笑眯眯地看向司君，"司君小时候，我还给他买过玩具呢。"

司君低下头，没接话。

那还真是老客户，熟到给人家外甥买玩具的地步了。夏渝州微微挑眉，摆出社会人的嘴脸："既然都是一家人，那也应该给我个折扣吧。"

谢老板不明所以，没明白怎么就成一家人了。纵使夏渝州的弟弟是谢茵茵的粉丝，这也算不得一家人吧？

夏渝州理直气壮道："他是我儿子的干爹，也算是自家人吧。"

司君抬眼看了看满脸得意的夏渝州，再看向一脸茫然的谢老板，没有说话。

"呀，我这么说可以吗？"夏渝州说完才意识到，谢老板经常跟司君舅舅打交道，他这么乱认亲戚，不知道会不会对司君造成影响。

"可以。"司君微微地笑。

"这个……"好在谢老板是个走南闯北有见识的商人，愣怔片刻便回过神来，干笑道，"我今天本来就是要给你折扣的，主要是想求小默帮个忙。"

陈默正拿着应援用的荧光手环做正八面体，听到自己的名字，头也不抬道："我未成年，不接广告，不做推广。"他的法定监护人现在依旧是他那个母亲。未成年人不能自己签订合约，必须有监护人签字。十八岁之前，但凡他接商务活动，最后钱都会落到他妈妈手里。

"不是代言推广。"谢老板连忙摆手，"我听说，有人要给何教授的实验室捐赠设备……"

听到这话，夏渝州了然。给实验室捐赠设备的人不是做医疗器械的，需要从旁人手里购买。谢老板想让陈默帮他搭条线，看能不能说动何教授，指定在他这里购买设备。实验室的设备动辄上百万，是笔大买卖。

陈默抬头看向谢老板："别！"

谢老板赶紧补充道："你不用提设备的事，让我见何教授一面就行。"

陈默还是看着他："别吧。"

谢老板继续补充："这次捐赠已经确定了，与其让别人做了这生意，还不如便宜了我。"

陈默无奈叹气："别了吧。"

被三连拒，谢老板有些讪讪。司君顺着陈默的目光看过去，一把揪住正试图咬谢老板脖子的何顷。何顷的两颗血牙已经伸了出来，被领主揪住后便迅速收回，只是嘴馋地舔了舔唇："我开玩笑的，就看看，不吃。"

夏渝州："……"

陈默："都说让你别捣乱了，被发现了吧。"

得知陈默并不是在拒绝自己，谢老板松了口气，把事情的前因后果告诉了夏渝州："捐赠者你也知道，我上回提过。"

"啊？"忘性很大的夏渝州没想起来。

陈默重新拿起薯片咔嚓咔嚓地吃："沈氏集团。"

夏渝州："！"

上次送货的时候，消息灵通的谢老板告诉他，陈默的妈妈去沈氏集团闹事了。当时他还跟陈默开玩笑说，说不定陈默是沈氏流落在外的小少爷，要回去继承亿万家产了。只是后来没了动静，陈默的妈妈也没再出现，夏渝州就把这事抛到了脑后。

夏渝州抢走儿子手里的薯片，往嘴里一塞："是我想的那样吗？咔嚓咔嚓……"

陈默翻着死鱼眼不说话，被夏渝州戳了半晌，才不情不愿地开口："听说，我妈给她老公戴的绿帽子是从沈氏老板手里买的，我大概率是姓沈的的私生子。"

夏渝州："儿子，你这语文水平……得报个辅导班补补了。"

沈老板想见陈默，这孩子嫌麻烦拒绝了。于是沈老板"曲线救国"，先给实验室捐赠一批设备，以感谢何予治好了他儿子的病。

"啧，你哥的真面目终于露出来了。"夏渝州用手背拍了拍何顷的假胸，"之前他去医院接小默的时候，我就知道他目的不纯。"何予明明什么都没做，白赚一套昂贵的设备，而他这个真正的在世华佗还得自己掏钱买设备，想要个折扣都千难万难。什么世道！

何顷尖叫一声，双手交叉抱住假胸："我哥哥悬壶济世，目的单纯得不能再单纯了。你不能以为借口占我便宜。"

夏渝州不理他，转头跟司君说："有人来跟咱们抢儿子了，你家的资产能比得上沈氏吗？"

司君认真想了想："不知道，就算比得过，那也不是我的。"那些都是祖产，属于整个含山氏，就算他将来继承族长的位置，那也不是个人资产。仔细算算，他的全部财产其实只有一套房贷还没还完的公寓和一辆舅舅赞助的车，跟财大气粗的沈氏制药是没法比的。

而夏渝州就更不用说了，穷得叮当响。

"没关系的，爸爸。"陈默赶紧表忠心，"狗不嫌家贫，我不会因为姓沈的有钱就跟他走的。"

夏渝州："……"这文盲儿子，突然不想要了。

谢老板不懂他们在闹什么，只眼巴巴地看着陈默。

陈默老气横秋地叹了口气："谢叔叔，如果是别人来捐赠，我肯定帮你，但我真没打算认那个爹，不能向金钱低头……"说着，他从沙发垫的缝隙里拉出那本许久未看的黑色硬皮书，表明他皈依黑暗之神的决心。

夏渝州赶紧阻止他发表中二讲话："不管认不认，这事儿得说清楚，我下午去找何予问问情况。"先前何予说知道内情，必须见面谈，他一直拖着没去，今天看来是不得不去了。

谢老板眼睛一亮："带上我吧！我只要能跟何教授说上话就行，卖成了给你们回扣！"说完，发现陈默抬头看过来，他赶紧补充道，"给现金，肯定不会落到你妈妈手里。"

听到这话，陈默立时放下了黑色硬皮书："那可以！爸爸，你带着谢叔叔去吧。有了回扣，咱们就能去吃毛血旺了。"

谢老板："……"刚才是谁说不为金钱折腰的？

陈默表示，真正的天才，敢于出尔反尔。

夏渝州弹他的脑门："你牙长好了吗？就惦记毛血旺。"

"早长出来了！"陈默张嘴给他看，用眼神谴责根本不关心儿子、不负责任的爸爸。

夏渝州捏着他的下巴看了看。因为转化，陈默之前的虎牙松动，都被夏渝州顺手拔了，导致他好一阵子说话都漏风。一段时间没注意，先前缺了牙齿的地方竟已经长出了两颗小尖牙。短短、尖尖的，还没有完全长出来，堪堪与周围的牙齿平齐。这样看着，倒像是个正常人。

夏渝州将血牙的生长时间、长度记录下来，拍了拍儿子的头："很好，那你下午跟我一起去吧。"趁着现在血牙不长，多出门玩耍。再过一段时间，血牙长到正常长度，就得戴口罩出门了。

陈默顿时蔫了。

"我跟你去。"司君见陈默这副模样，开口道，"孩子不想去就别去了。"

"还是前兄弟叔……咳，新爸心疼我！"

"……新爸是什么东西？这么说，我是旧爹了？"

因为这自创的"新爸"，陈默如愿以偿地被夏渝州揍了一顿，并成功留在诊所，不用去学校了。

司君只请了上午的假，下午便先去医院点个卯。科室里做好了他请一天假的准备，安排了医生替他值下午的班。

临时被叫来值班的同事很不爽，闹着要司君请客。司君说跟他换两次夜班，对方立时高兴起来，改口说同事之间互相帮忙是应该的，让刚拔完牙的司医生快回家休息。

夏渝州站在一边看得直皱眉："你经常替同事值夜班吗？"

司君摇头："我只是不排斥夜班，同事很少跟我提换班。"比起普通人对夜班的深恶痛绝，血族却是热衷于值夜班的，毕竟昼伏夜出才更符合血族的生活习性。

"那就好。"夏渝州笑道，得知司君没有被同事欺负便放心了。想想也是，就司君这性格，估计同事平时都不敢跟他说话，更别提换班了。

司君歪头看他："你在担心我吗？"

夏渝州龇牙："对啊，你这么傻，我怎么放心得下？"

司君无奈轻笑，出门撑起伞，跟夏渝州慢慢往医大实验楼走去。

"怎么，不承认你傻啊？"竟敢笑得这么不屑。夏渝州掏出手机，放了段视频给司君瞧，"那你看看，傻不傻？"

秋日午后的阳光依旧炙热。司君跟他靠近了些，将两人完全裹在黑伞的阴影之中，也顺带遮住了手机屏幕的反光，一切清晰可见。

"……你说一句，君君的牙牙还没有拔，医生就来了。"

视频中，司君脖子上围着一次性口水兜，嘴巴因塞着棉花而半张着，两眼茫然地看着镜头，看起来傻极了。

"快说，一会儿麻药劲儿就过了。"镜头外的人催促。

司君盯着屏幕的眼睛缓缓睁大，难以相信里面那个黏黏糊糊地说"君君的牙牙"的人是自己："这……这是什么？"

"你不记得了？"夏渝州迅速关了手机，揣进兜里，以防被司君抢走删掉。

好在司君是个守规矩的绅士，没有抢手机的意思，只是茫然地摇头："这是我未清醒时的状态吗？"

有些人对麻药将醒未醒这段时间有模糊的记忆，有些人一觉睡过去再醒来就不记得了。司君显然属于后者，一个字也想不起来。

"是啊，"夏渝州得意扬扬地说，"你还跟我说了好多小秘密呢。"

司君瞬间僵住，站在原地不动了。

夏渝州走出了黑伞的边界，过分热情的阳光灼得他脸皮生疼，只得又退回来，歪头看着脸色变来变去的司君。

司君结结巴巴地问："我……我说什么了？"

夏渝州掐了自己的大腿一把，努力忍笑："你猜猜。"

司君悄悄抬眼，见夏渝州眉梢眼角尽是笑意，稍稍松了口气："想笑就笑吧。"

"哈哈哈……"其实司君并没有说什么特别好笑的事，但夏渝州听到这句话，实在忍不住了，爆笑出声。

笑声过于扰民，路过的学生纷纷侧目。有个坐在自行车后座，背对着他们的女生不明所以，问骑车的男友："这里怎么会有鹅叫？"

"哈哈哈……哎哟！"骑车的男友顿时跟着笑开了，车一歪，撞到了树上。

司君扶住笑到站立不稳的夏渝州，想等他笑够。结果这人被他扶了一下，像是被戳到了什么机关，直接笑没声了，低着头笑得直发抖。

司君无奈道："这么好笑吗？"

"给你一次解释的机会。"夏渝州继续笑，"你让罗恩收拾的房间，是给谁住的？"

司君的耳朵瞬间红了，闭口不言。

夏渝州催促道："快说，不说我就把视频发给罗恩。"

"你……"司君被威胁到了，沉默片刻，小声道，"给你的。"

等他们晃晃悠悠地走到研究所楼下，谢老板已经在等着了。他手里拿着个文件包，里面装着厚厚的器材报价单，瞧见他俩，赶紧迎上来，示意先别过去："那边正闹事呢。"虽然话说得一本正经，但那闪闪发光的眼神出卖了他八卦的内心。

夏渝州好奇地看过去："这研究所有什么可闹的？"

要说医大附院有人闹事，那再正常不过了，哪个医院没有医闹呢？但这里是医大的研究所，一群教授天天做实验的地方，能出什么事？总不会是哪个博士生跟导师闹起来了吧？

司君看着嘀嘀咕咕的、一起去看热闹的两人，轻叹了口气，跟在后面去了一楼大厅。

大厅里相当热闹。

"求求你们了，救救我妈吧！"一名黑胖的中年男子跪在地上，拉扯着身穿实验服的年轻人，声嘶力竭地喊叫，听得人心惊。边上的地上摆着一副简易担架，上面躺着一位枯瘦的老太太，病恹恹的，仿佛随时会咽气。保安在一旁维持秩序，但不敢碰担架。

那年轻人夏渝州认识，正是何予的小助理。

小助理身上的白大褂都被扯歪了，他满头大汗地劝道："你们别闹了，真的没办法。已经给老太太做过检测，她的体质不适合我们的试验药，就算教授收了也没用。"

"不能用试验药，那就用别的药啊！你们这么大的研究所，总不会只有一种药吧！"男人不依不饶，虽然姿态可怜，说出的话却无比强硬。

既然是熟人，那就得管管。夏渝州走过去，问是怎么回事。

小助理看到熟人，仿佛看到了救星："夏先生，你们可算来了。教授让我接你们上去呢。"

"想走？"男人一把抱住小助理的腿，差点把人扑摔了。夏渝州赶紧一把扶住小助理，避免了他牙齿嗑地的惨剧。

"别动手啊！"保安过来试图拉开男人，男人却死死抓着小助理的裤腿不放，非要他给个说法。

小助理快哭了，向夏渝州解释目前的状况。这男人的母亲得了与陈默类似的疾病，想把人送到何教授的实验室，用试验药治疗："她的体质不适合试验药，那种药有很强的针对性，不是谁都能用的。"

"你们是看我还有点钱,想把我的钱榨干了再收。之前那几个老头老太太就收得利索。"男人胡搅蛮缠,根本不听劝告,坚持认为是何予见死不救。

夏渝州听明白了:"你是因为做实验不用花钱,所以想把你妈妈送来当实验对象吗?"

"放屁!"男人听到这话,立时跳起来,"你们明明有治愈的方法,那个天才就治好了,为啥不给我妈治?!"

男人恼羞成怒,抡起胳膊要打夏渝州,却被一只戴着薄手套的大手稳稳抓住。

夏渝州眼瞧着司君从口袋里掏了支细针筒出来,赶紧阻止,轻轻地抓住那只垂在身侧、指尖夹着针的手:"这位先生,这里可是国家级研究所,你知道在这里闹事,是可以按间谍罪判枪毙的吗?"

"啥?"男人顿时愣住了,从没听说过医闹会被枪毙的。

外面响起了警笛声,是先前保安报的警。研究所的安保措施确实厉害,但高级守卫都在楼上,楼下的是学校的保安,战斗力趋近于零,遇到这种事只能报警。

被夏渝州的话吓到,又听到警笛声,男人顿时慌了,转头想跑,连妈都不要了,但他刚跑出门就被警察按住,直接带上了车。等警察离开,外面突然窜进来两名男子,抬起老太太就走,脚步快得生怕被当成同伙。

小助理叹气,带着夏渝州他们上楼:"那老太太还没有病到治不了的程度,传统的治疗方法有一定的概率能治好,他偏要送来试新药。教授的试验药还不稳定呀,能治好陈默,其实算是奇迹了。"

"这我信。"夏渝州诚恳地点头,毕竟自家儿子是靠歃血归亲治好的,跟何予的试验药没有半毛钱关系,可不就是奇迹吗?说起来,这事儿还是何予替他遮掩引发的,夏渝州不禁感到一丝愧疚。

出了电梯,"背锅侠"何予正等在门口。

打发了小助理去忙别的,何予单手握拳横在胸前,向司君微微躬身。简化过的礼节一般人看不出来,谢老板没什么反应。司君冷淡地点了下头算是回礼,然后将手中的黑伞放到电梯口的伞架上,带着夏渝州往沙发区走。

夏渝州只简单地介绍了一下谢老板,这位生意人便主动跟何予攀谈起来。

"谢老板啊,略有耳闻。"何予没有像对待其他普通人类那样冷淡,竟破天荒地及时回应了寒暄，这令谢老板受宠若惊。

四人坐到沙发区，就这几步路的时间，谢老板已经把来意说明白了。他没绕弯子，开门见山地说，请何教授考虑一下从他这里买机器，到坐下的时候，他已经掏出报价单递了过去。

何予接过报价单仔细看了看，目光透过冰冷的玻璃镜片，看不出喜怒："谢老板消息倒是灵通。"

谢老板笑："我跟沈氏有一点儿来往，所以知道得多些。"

何予不置可否，不着痕迹地看了司君一眼。然而司君并没有给出任何指示，事不关己地跟夏渝州说悄悄话。

"沈氏制药跟学长有商业合作？"听了司君的话，夏渝州的脸色骤然沉了下来，他看向何予，"学长，这是怎么回事？"

领主大人没有给出任何指示，反而还卖了他，何予很是无奈，只得解释道："在我认识小默之前，沈氏制药就跟我有合作了。"

沈氏制药的老板沈天鸿，早在一年前瞧见电视上参加节目的陈默时，就怀疑这孩子的身份了。起初他只是觉得陈默跟自己长得有点像，后来看到坐在观众席上的陈默妈妈，心里便有了猜测。他提过让何予照顾一下这个孩子，但更多的也没做了。

"他早就知道？"没等夏渝州发问，谢老板先不干了，"哪有这样当爹的？知道有个孩子在世，怎么可以这么无动于衷？只交代别人帮忙照顾就行了吗？什么玩意儿！"

夏渝州余光看到司君放在腿上的手渐渐握紧，他转头看向司君，用眼神询问。司君轻轻摇了摇头，放松了力道。

夏渝州转回头来看向何予："那姓沈的现在是什么意思？"

何予温声回答："大概是突然良心发现，想补偿孩子吧。"

"假惺惺！"夏渝州撇嘴，"先前小默病重的时候，怎么没见他来关心一下？现在听说孩子病好了，这才巴巴地讨好。"

何予赞成他的说法，但不好开口辱骂赞助商，只是摘下眼镜，但笑不语。

"不对啊，小默之前没生病的时候，他也是不打算认的样子。"夏渝州皱眉，这点说不通。

没等何予说话,谢老板先开口:"听说他家里的那个孩子很不成器,在国内读书不行,送到国外去读高中,但不知道犯了什么事,上个月突然回国了。"

夏渝州明白了:"因为那个儿子没教育成功,就把主意打到小默头上了?"

这位沈总先前不想私生子妨碍婚生子的继承权,但后来儿子被国外学校开除,他受到了打击,这才咬牙要认回陈默。

何予没接话,只是笑笑,转头对谢老板说:"报价单给我留一份,这事儿你也看到了,有点复杂。如果确定要捐设备,我会联系你的。"

"好嘞!"谢老板欢天喜地地留下资料,很有眼色地先行告辞,"我得去参加闺女的演唱会了,就不多耽误你们的时间了。"

谢老板走后,夏渝州冷下脸来:"学长,姓沈的这时候要跟小默相认,是不是因为小默病愈的研究价值?"

外人都以为陈默是被何予的试验药治好的,沈氏作为合作商,应该比外人要知道得多些。虽然不至于了解血族的秘密,但肯定认为陈默是个很好的研究对象。

"还真不是。"何予摇头,"我给沈天鸿的解释是医院误诊,其实小默没有得绝症,但为了维护医院的名声,才谎称是我治好的。他信了。"

夏渝州蹙眉,用手肘碰了碰司君:"看来,是跟我们抢儿子的。"

"噗……"何予刚喝了一口茶水,闻言顿时喷了出来。

| 第二十七章 |
研 究

司君听到这话，竟然认真地思考了片刻："他即将成年，且智商很高，这事可以交给他自己判断，我们只要保障他的安全即可。"

夏渝州煞有介事地点点头。

何予在一边听得神色复杂。他用纸巾擦了擦嘴，从口袋里掏出一盒气垫，利落地补起了妆。妆补完了，那两人还在嘀嘀咕咕，他不得不出声打断："孩子的归属问题回去再讨论吧，我会留意着沈氏那边，有任何消息都会告诉你……们的。"

听到最后，司君忽然看向何予，听到"你们"这样的说法，又自然地收回了目光。

"行，那就麻烦学长了。"夏渝州以为这是送客的结束语，便站起身来，"你忙吧，我俩先……"

"今天倒是不忙，你想不想参观一下实验区？"何予小声说，"有一些特别的东西，也许你会感兴趣。"

夏渝州很是惊奇："你也研究牙科？"

何予弯弯的眉眼僵了一瞬："……不是。"

司君向夏渝州解释道："他研究血族医疗。"

"哦哦。"夏渝州明白了，这位何教授不仅在人类医疗领域小有成就，在血族医疗研究领域更是佼佼者。夏渝州接触的病人中也有血族，还是有必要跟何教授学点知识的。

于是，夏渝州和司君换上防菌实验服，跟着何予进了实验室。

何予作为明星教授，得到的商业赞助经费非常可观。这间实验室建得相当气派，充满了未来科技感，跟夏渝州印象中的医大实验室相去甚远。

实验室大致分为三个区域：外区，内区，临床区。

外区是教授助理和研究生活跃的区域。夏渝州作为一个肄业的口腔系大学生，从没有来过这么高端的实验室，一直好奇地左看看右看看。

"哇，这是什么？"

"瞧着好贵啊，我能摸一下吗？"

"君君，你看那个。"

司君拉住差点蹿出去的夏渝州，低声警告他："别乱动，有强腐蚀性的试剂，还有……不许叫这个名。"

夏渝州龇牙："什么名？我刚才叫的啥，我自己没注意。"

司君："……"

夏渝州："嘿嘿嘿。"

何予一进实验室就被学生围住了，他解答了几个问题，匆匆赶过来，发现这两人并不需要导游，自己瞎逛就很开心，便轻咳一声道："听助理说，你们刚才在楼下遇见闹事的了。"

"啊，说来，是我给你添麻烦了。"提及这个，夏渝州有点不好意思。这麻烦毕竟是因他而起，因为他转化了陈默，其他病人的家属便对何予的试验药产生了不切实际的期待。

"这倒不是。"何予笑笑，领着他们往内区走，"我确实在研究这种药，也取得了不错的成果，不过跟最开始设想的有些差距。"

何予按下指纹，又让机器扫描了虹膜，智能锁"嘀"了一声，冰冷的电子音响起："何教授下午好，口令。"

何予清了清嗓子，说："我现在很危险。"

"口令正确，请进。"电子音说完这句，门锁就自动弹开了。金属门呈不规则锯齿状分成两半，缩进两侧的墙壁中。

"请进。"何予站在门内，请他俩进去。

夏渝州看得心惊:"这里面有什么国家机密吗?我们进去合适吗?"

司君被他逗笑了,微微摇头,带着他进去,背后的门便自动关闭了。内区跟外区一样大,只是工作人员很少,只有两人,一男一女。

"这是你家孩子平时学习的地方。"何予指了指角落里的书桌,上面放着笔记本电脑和几本打开的书。

"他刚上大一,你就让他接触这么机密的东西?"夏渝州觉得这并不是什么好事。作为大一新生,陈默应该先学好基础知识。天才是可以缩短学习一门知识的时间,但并不是生而知之,不需要学习就能上手做高级项目的。

何予笑着重新戴上眼镜,叫那两名工作人员过来打招呼。

正忙碌着的两名工作人员有些不情愿地转头,待看清来人,立时暂停了手中的实验。这两名年轻人齐齐握拳横于胸前,向司君弯腰致敬:"领主。"

司君微微低头,回礼。

"他们是血族啊。"夏渝州恍然。

"这里并不是什么高级实验室,只是做血族医学研究的实验室,助理、学生都必须是血族。"何予轻叹,这里人手常年不足,血族人少,愿意学基础医学的更少。所以,陈默从普通人转化成血族之后,他比任何人都高兴。

"那挺好的,等小默牙齿长出来,也不用在同学面前藏了。"同物种的归属感令人安心,夏渝州顿时放松下来,很不把自己当外人地开始瞎转悠。他这里摸摸,那里看看,然后被架子上的头骨吸引了注意力。

那是血族的头骨,两颗长长的血牙很是明显。夏渝州伸出手指掂了掂血牙,血牙跟着他的动作上下滑动,推到顶部,看起来就跟其他的牙齿平齐了。

"我们现代种的血牙平时是收缩状态,靠的是一片收缩肌。只有骨头而没有肌肉支撑的话,就会这么垂着。"何予见他感兴趣,便介绍起来,语气、神情跟上课一模一样。

夏渝州听得认真:"那这片肌肉会不会劳损,像肛门一样,病理性地失去收缩功能呢?"

何予:"……会。你们口腔科平时是这么举例的?"

司君捏住那根按来按去的手指,示意他别做这个动作:"不雅。"

| 研究

夏渝州愣了一下才反应过来，血牙对血族来说有特殊的意义，是求偶用的，不能给医生之外的人乱摸。他在大庭广众之下这么按来按去……

"咳。"夏渝州缩回手，"学长，这头骨能不能卖我一个？我天天给血族看牙，但连个研究对象都没有。"

"这可不能给你，我也只有一个。"何予笑得温柔，不着痕迹地护着那个头骨，"这是我们实验室的传室之宝，从上一代血族教授手里继承来的。"

血族数量稀少，而且有特殊的殡葬规矩，现在要得到一颗头骨几乎不可能。

夏渝州好奇："那这个是哪里来的？"

"十六氏捐赠的。"司君看着那颗头骨，眸色微冷，"这颗头是被砍下来的。"

夏渝州瞪大了眼睛："砍下来的……"

司君："嗯。"

何予跟着解释："十六氏族规最为严格，这位犯了杀无赦。据说是因为他把身份透露给了心爱的姑娘，那姑娘是普通人类。"

这就杀无赦了？虽然是几十年前的事了，但为了这点事就砍头，也太苛刻了。夏渝州听得心有余悸，要是自家属于十六氏，那他们爷仨儿早就死得不能再死了。毕竟，给他做了十几年妈妈的水医生就是普通人类，水医生知道他们所有的秘密，还跟他们一起吃毛血旺。

"现在已经废除了，但十六氏的处罚还是几个氏族里最重的。"何予感慨道。

司君没插话，算是默认了。

夏渝州看看他，不知怎的，脑子里忽然闪过那句"别怕，我把领地抢回来了"。

"怎么了？"司君感觉到这道目光，回看过来。

夏渝州："我是在想，要是现在云城还是十六氏的领地，会怎么样？"

"那日子就不好过咯。"得到何予示意，拿了头骨模型过来的血族女生说道，"以前其他族的人都不爱长住十六氏的地盘，他们事太多了。"

女生的白大褂里是一件绿色带白蔷薇的衣服，看来是青羊氏的人，跟白星望那个什么都敢说的家伙风格一脉相承。

何予无奈一笑，打发女生继续去干活，然后把树脂浇注的头骨模型递给夏渝州："真头骨不能给你，模型还是可以送的。"

351

送,就是不要钱。夏渝州高兴极了,嘴里说着"这怎么好意思",手却已经牢牢抱住了模型头骨。

何予还是一如既往地温柔又大方,但凡夏渝州感兴趣的,都耐心地给他讲解;但凡夏渝州看上的小东西,都送他一份。等出了实验室,夏渝州手里已经抱了三本书、两个模型、若干半成品药剂。

司君帮他拿了书本,他自己则抱着两个模型、一兜药。

"都走到这里了,要不要看看病房?"何予示意不远处的实验病房,那里面都是得了绝症的志愿者。因为在常规医院治不好,他们才铤而走险来实验室接受新药治疗。

夏渝州没什么想法:"来都来了,那要不……"话没说完,司君骤然把他往回拉了一下。

司君:"跟医院的重症区一样,没什么好看的。"

何予只是温柔地笑,并不勉强。

那里面有什么不能看的吗?夏渝州疑惑,抓心挠肺地好奇。他有个毛病,越不让他干的,他越想干。

司君见他这样,就知道自己说的话适得其反了。他轻叹一声,松开拉着夏渝州的手,示意他看一眼也行。这一松手,就像撒开了某种大型犬的绳子,人瞬间就蹿了出去。

"好疼啊,我要死了。"

"呜呜呜……妈妈,我不想死。"

"不死,不死,教授的药一定会有用的,他可是上过电视的大人物。"

哭泣的病人、安慰的家属、记录数据的护士,确实跟重病区差不多,但又不太一样,这里洋溢着不可言说的、隐秘的希望。

何予站在夏渝州身后,轻声说:"他们把所有的希望都寄托在新药上,但这个药起初的目的并不是治病,而且现在出现了瓶颈。"

夏渝州转头打量何予,打量他的神色,也探究着他的目的。

何予倒是坦然,带他俩到远处说话:"其实我一开始是想研究恢复血族转化人类能力的药剂。"

现代种,按照科学家何教授的说法,血族伸缩牙亚种,失去了转化的能力。他出于兴趣,试图研制出类转化液的药剂,但一直没能成功。

"这种药剂的确可以治愈人类的几种难以治愈的血液病,我研究这么多年也只有这一点点成效。如果你能借我一点儿口水,也许我就能研制出替代品。"何予真诚地说出自己的目的,并从口袋里掏出早就准备好的试管,满眼期待地看着夏渝州,仿佛在看什么宝藏。

原来是这样啊。夏渝州失笑,伸手要去接,却被司君一把抓住。

司君语调冰冷:"何予,你僭越了。"

何予后退一步,微微低头,做出臣服的姿态:"抱歉,领主,我这是在跟他商量。"话虽这么说,举着试管的手却没有收回。

向司君道歉之后,何予重新抬头,笑着看向夏渝州:"我没有权力勉强你,我只是想告诉你,有这么一回事,如果你想为人类社会做一儿点贡献……"

一点儿口水而已,他的口水也不像现代种的那样有毒。夏渝州觉得这不是什么大事,但瞧着司君不高兴,便小声地问了一句:"给口水是有什么不妥吗?"他不懂现代种的弯弯绕绕,也许这里面有什么他不知道的禁忌,比如口水会被巫师拿去下诅咒什么的。

"索取同类的毒液,与要求品尝同类的血液是一样的。"司君冷冷地说道。

也就是说,必须征得对方同意,且不能威逼利诱。如果不是十分亲密的关系,主动索取都是失礼的。当初何顷想喝夏渝州的血,差点被司君打死,因为这是过于私密的事情。

不是因为诅咒就行。夏渝州接过试管:"嗨,多大点事儿。"

司君没再说什么,只是按着他的肩膀,用自己的身体挡住何予的视线。

这小气的行为惹得夏渝州差点把试管咬碎,他赶紧克制住笑意,将血牙戳进试管里。同为医学生,夏渝州严格按照实验室标准,尖尖长长的血牙绝不触碰管壁,悬在空中"啪嗒啪嗒"地往里滴口水。

司君眼中忍不住泛起笑意。

"笑什么?"估摸着差不多了,夏渝州挪开试管,踢了踢司君的皮鞋鞋尖。

"很像取蛇毒的过程,"司君老实道,"很有趣。"

要获得毒蛇的毒液，通常都是把毒牙挂在试管上等着它喷"口水"。夏渝州花瓣状的上唇跟蛇的有些像，瞧着很是有趣。

夏渝州摇了摇手指："少来，你以为我没见过取蛇毒吗？那得你按着我的脑袋才像。"

司君嘴巴疼，不能笑，只能以拳抵唇，轻咳两声。

等在一边的何予可不在乎取口水的姿势，只双眼热切地盯着那支试管，仿佛在看什么绝世美人。等夏渝州把试管递过来，他立时用双手小心翼翼地接住，快速盖了个试管塞上去，也顾不上站在走廊里的两人了，捧着试管跑回实验室，放进冷冻箱里保存。

原本已经被逗笑的司君看到何予这模样，又莫名不爽起来。

实验室已经参观完毕，得到了口水的何予过河拆桥，瞬间失去了陪他俩聊天的兴趣。夏渝州已经连吃带拿了一堆，也不好意思继续打扰人家，便跟何予告辞，和司君一起离开了研究所。

回到司君的车上，正考虑着"晚饭吃什么"这种重大问题的时候，夏渝州的手机响起来，来电显示为"大傻"。

"呀，周树！"夏渝州示意司君别出声，轻咳一声，然后接起来，"喂，大树，怎么了？"

周树兴高采烈地说："我马上到诊所了，你快换衣服，把应援灯牌收拾一下。"

夏渝州："哦。"

周树顿了一下，狐疑道："别告诉我你反悔了啊，这可是你答应了的！"

夏渝州正气凛然道："滚，我是那样的人吗？放心，哥哥绝不会让你一个人孤独地去看演唱会的，咱家闺女必须有排面！"

电话那头的亲爹粉听到自家哥哥称呼小爱豆为"咱家闺女"，顿时心花怒放，憨笑两声："嘿嘿，哥，你真上道，明天给你赞助一台咖啡机！包一年咖啡胶囊！"

挂了周树的电话，夏渝州得意扬扬地吹了声口哨，冲司君挑了挑眉毛，炫耀自己成功讹到了一台咖啡机。

司君静静地看着他："你要去看演唱会了吗？我送你去。"

"啊，不用不用，一会儿周树来接我。"夏渝州按住司君准备拧钥匙的手，打开车门，"你先回公寓吧。"

司君看着他利落地下车，沉默片刻："几点结束？我去接你。"

"别，我也不知道几点，到时候搭周树的车就行。"夏渝州摆手，怕司君不放心又补充一句，"反正十点之前肯定回去。"

司君看了他一眼，但终究没有说什么，跟夏渝州挥了挥手便驱车离开了。

夏渝州看着银色跑车消失在视线里，这才重新拿起手机，打了个电话。

"您好，这里是夏天牙科诊所。"电话打到诊所前台，被思思接了起来。

夏渝州："陈默呢？叫他来接电话。"

不多时，陈默噔噔噔地跑过来："爸爸，你是要问我晚饭吃什么吗？"

夏渝州："不，你的晚饭有人会解决，爸爸现在给你委派一个光荣而艰巨的任务。"

陈默："我可以拒绝吗？我不想陪叔叔看演唱会，那种幼稚的追星行为只有小学生才会做。"

小孩子智商太高也不好，大人还没开口骗就戳穿，一点儿都不可爱。

"这是你应付的利息，儿子。"夏渝州面不改色，义正词严，"爸爸还在为你的身世问题奔波，如果不替爸爸照顾你孤独、可怜、追星追傻了的叔叔，你就得自己来面对沈家。"

"没问题的，爸爸，我一定让叔叔度过一个充满亲情的愉快夜晚。"乖巧的陈默毫不犹豫地答应下来，听起来半分都不勉强。

夏渝州甚是满意："乖。"

挂了电话，他笑眯眯地将手机揣进兜里，优哉游哉地往步行街走去。

司君一个人回到公寓，把夏渝州那一堆乱七八糟的东西放好。两个头骨模型被摆到展示架上，在黑白色调的屋子里龇牙咧嘴，有些瘆人。他想了想，还是放进盒子里，回头带去诊所。

拔牙的伤口很疼，这疼痛是无法忽略的，又不能继续冰敷。司君在冰箱前站了一会儿，转身去酒柜里拿了瓶酒，慢慢倒进水晶杯里。

有伤口不宜饮酒，作为医生，他知道。

暗红色的酒液在水晶杯底摇晃，如鲜血一般诱人。司君缓缓闭上眼，喝了一口。再名贵也还是酒，苦涩，冲刷伤口会加剧疼痛。

他放下酒杯，快步走到洗手间，换下口中的止血棉。镜中的男人苍白瘦削，嘴角撕裂。

嘴角？"咝——"司君这才发现，自己的嘴角受伤了，有点轻微撕裂。可以想象，夏渝州在他昏睡期间是怎么撬开他的嘴巴大动干戈的。白天因为牙太疼了，忽略了这点刺痛，错过了追究牙医责任的最佳时机。他无奈摇头，给嘴角也涂了点药。

回到没有开灯的客厅坐下，听着时钟滴答的声音。半晌，司君收起酒杯，打开落地灯，从书柜里拿出一套乐高积木，慢悠悠地拼起来。

"叮咚！"

门铃突然响了，司君放下未完成的作品，起身去开门："哪位？"

"您的快递！"门外传来热情的回应，声音一听就是个很帅的快递小哥。

司君愣了一下，快速打开门："你……"

快递小哥夏渝州笑眯眯地将一只大纸盒递过去："司先生是吧，同城快递，请签收。"

那是一只咖啡色的纸盒，系着丝带，半透明的盒面下整整齐齐地码着三十六颗巧克力。

司君接过盒子，足足看了半分钟，才哑声道："寄件人是谁？"

夏渝州装模作样地点开手机看了看："是一位姓夏的帅哥，他还有留言给你。"

"什么？"司君轻轻拽了拽盒子上的丝带，那丝带的造型跟夏渝州绑的纱布一模一样，丑丑的蝴蝶结，被急救课老师指责过多次。

夏渝州清了清嗓子，站直身体说："摔坏的，我赔你。"

司君捏着盒子的手骤然收紧，垂着脑袋半晌无言。

夏渝州等了许久，没等到回应，逐渐慌张起来。完了，不会给惹哭了吧？在他心里，司君一直是个娇气得不行的少爷，得哄的那种。他忙歪头去看。

然而，没等他看清楚，娇气的司少爷忽然抬头，一把抱住了他。

"喂！先生，你冷静一点儿！就算生气，也不能对外卖小哥出手啊！"无辜的外卖小哥夏渝州挣扎不已。

对门邻居听到嚷嚷，开门探头出来瞧，厚重的防盗门"嘭"的一声关上，什么也没看清。

邻居："？"

司君带着夏渝州进屋："我们和好。"

夏渝州歪头看他，笑道："不是早就和好了吗？"

司君没有赞同这个说法，轻抿薄唇："以后，不许再一声不响地离开。"

这认死理的家伙，还真是等着收满了巧克力才肯说心里话，难为他憋了这么久。夏渝州闷笑："好。"

"对不起，"司君沉默了很久，艰难地说出了这句话，"没有保护好你。"

闷闷的声音，带着鼻音，夏渝州竟从中听出了几分委屈。他的眼睛瞬间酸胀起来，摸了摸那颗毛茸茸的脑袋："那不是你的错。"

袭击的事本就不是司君的责任，他无须自责。二十岁的他已经拼尽全力，抢了整块领地回来，只是事与愿违，还是没能护住重要的人。

整盒巧克力被安安稳稳地放在高脚柜上。五年前摔碎的三十六颗巧克力，如今完完整整地还回来了，至于其他……谁对谁错已经不重要了。

夏渝州抽了抽鼻子，皱眉道："你喝酒了？"

深邃的蓝色眼睛里有一闪而过的慌乱，司君仿佛偷吃零食被家长发现的小学生，心虚地伸出一根手指："只喝了一小口，吐了。"

夏渝州瞪他，拿手电筒查看伤口。嘴巴里的止血棉已经换过了，是司君家医药箱中的款式。因为血族体质特殊，伤口已经不再出血了，这止血棉只有相当于防水创可贴的功效。

"血族的唾液能加速伤口愈合，估计明天你就能正常吃饭了，今天晚上先喝鹿血吧。"夏渝州说罢，熟门熟路地从冰箱里拿了瓶鹿血揣进怀里。

血族其实可以不吃普通的食物，一日三餐只喝血，照样生龙活虎。

"这是做什么？"司君疑惑地看着他。

"你不能吃生冷刺激的，等焐热了再喝。"血液不能放锅里加热，过热就凝结成血豆腐了，只能用体温暖热。夏渝州被冰镇的玻璃瓶激得原地蹦了蹦，哆哆嗦嗦地窝回沙发里。

司君赶紧把血瓶从他怀里挖出来："不用这样。"

"怎么不用？"夏渝州去抢血瓶，不料司君骤然起身，他扑了个空，直接倒在了沙发上。抬头看过去，司君已经拿着血瓶去了咖啡机旁，将其放进一方小小的电器中，设定温度37℃。

原来有加热器啊。夏渝州单手撑着脑袋，用卧佛的姿势侧躺，感慨："啧啧，腐化、堕落！竟然有人发明这种东西。"

"嗯。"司君有些不好意思地解释，"这原本是给婴儿热奶用的。"

夏渝州忍不住笑了，想着下回给司君买个奶瓶，强迫他用奶嘴喝，一定特别有趣。转头瞧见茶几上堆着的乐高，夏渝州顺势滑到地毯上，凑近了细瞧。

没想到司君竟然喜欢玩乐高，看起来技术还很不错。桌上未完成的作品是一只蓝色猫咪，没有图纸，全是用散装小积木自己搭的。地上放着一个磨砂材质的塑料整理箱，箱子里分门别类地放着各种乐高颗粒，方的、长的、圆的、红的、黄的、绿的，应有尽有。

夏渝州举起那只猫看，猫还没有拼完，缺条尾巴。他顺手抓了一把颗粒，准备帮司君拼完，但左看右看，怎么看都不顺眼："哪有蓝色的猫啊？你拼的是叮当猫吗？"

司君拿着热好的鹿血过来，看了看夏渝州身上的浅蓝色连帽衫，没说话，只把插了吸管的血瓶递过来让他喝。

夏渝州就着司君的手张嘴吸了一口，舒服得忍不住叹气："热一下果然好喝很多。"一边说着，一边帮司君把猫咪尾巴拼完。纯蓝的猫看起来有些蠢，于是夏渝州拼了条白色的尾巴。

等夏渝州不喝了，司君收回手，自然地接着喝。

"你喜欢乐高啊，我都不知道。"夏渝州又抓了一把黑色颗粒，拼了只胖胖的老鼠。他转头看了看司君，又从箱子里找出两只小恶魔翅膀，安到胖老鼠背上，老鼠顿时变成了一只蝙蝠。夏渝州龇牙笑，给蝙蝠系了个领结，放到猫爪子下面，还给它配音："抓住了。"

司君看他玩得开心，也跟着高兴："你不觉得幼稚就好。"

"怎么会？我也喜欢乐高。"夏渝州抓了几个大块的，三两下拼成小手枪，冲着司君"砰"地开了一枪。

司君愣了一下，放下玻璃瓶捂着胸口，慢吞吞地倒下。

"哈哈哈哈……你这演技，还不如大黄呢。"夏渝州被逗得前俯后仰，笑得直抽抽。

司君扶住他："大黄是谁？"

夏渝州："我在老家养的狗。"

司君："……"

夏渝州："哎，怎么还咬人了？这可不能跟大黄学……哈哈哈……我错了，我错了……"

两人在客厅里玩闹到半夜，拼了一辆乐高布加迪，这才恋恋不舍地上床睡觉。

夏渝州洗了澡出来，坐到沙发上，瞧见司君珍而重之地把巧克力放进冰箱，便问："要是我中途放弃做巧克力，你是不是就不跟我和好了？"

司君关上冰箱门："你不会。"

"哟，这么肯定？"夏渝州在沙发上打了个滚，"万一呢？我看到甄美丽瞬间心态爆炸，转身就走，再也不做巧克力了。那你就不准备跟我和好了？"

想了想这种状况，司君忍不住皱起眉头，意识到自己的计划确实不周密："那就……再想想别的办法。"

夏渝州被他气笑了："你呀……"

非得找台阶，让别人先低头，哪怕这种低头是他人无意识的，司少爷就能理直气壮地"勉勉强强原谅你"。怎么会有这种人，可恶和可爱不分彼此、浑然一体。

司君抬手，想要触碰夏渝州的血牙，看他还有没有应激反应："你咬人的时候，似乎没有应激反应。"

夏渝州想了想，好像是这么回事。他吃东西、转化儿子、给自己的胳膊戳洞，都没有问题，只是会抵触没有准备的触碰。

"那可以戴个金属制的口罩，防止误触。"司君认真地提议道。

夏渝州翻了个白眼："金属口罩，不就是狗戴的嘴套吗？"

司君："……也是。"

| 第二十八章 |
炼 器

因为确定了无疾镜有入梦功能，夏渝州睡前特意把它放得远远的，让残镜与桌上的乐高猫咪、蝙蝠为伴。

没有了先祖的聒噪，夏渝州难得地睡了个好觉，梦中尽是开心的事，醒来的前一秒还沉浸在妈妈做的毛血旺里。

"真香。"夏渝州嚼了嚼嘴里的东西，嘟囔着睁开眼，发现自己叼着一块布料，这块布料属于自己的睡衣。

"好吃吗？"司君站在门口，轻声问他。

夏渝州讪讪地松口，用手抹抹嘴角的口水。

"哎呀，怎么睡成这样了？"夏渝州知道自己睡相不好，但承认是不可能的。

司君早就起了，正在划拉手机，怕他尴尬，便转移话题道："镜子修复的事，我已经联系好了，今天就把它送过去。"

"咦？"夏渝州顿时被这话吸引了，"你亲自去送吗？"

"嗯，要当面给炼器师。"司君点头。无疾镜是先祖留下的传承之物，极为重要的无价之宝，当然不能寄快递过去。而且，求炼器师修复古物是有规矩的，让别人去送，恐怕出纰漏。

听说云城就有炼器师，夏渝州当即表示自己也去。

司君不置可否，起身往客厅走去。夏渝州趿拉着拖鞋洗漱完，也去客厅给司君检查伤口。血族口腔的恢复能力惊人，只要伤到的不是血牙，隔天就好得七七八八了。夏医生很满意，表示今天可以正常吃饭了。

得到允许的司君立时从冰箱里拿出那盒巧克力，掏出两块放进盘子里，就着早餐鹿血吃了。

"你不嫌腻吗？"夏渝州看得牙疼，及时制止了司君准备带一块出门的行为，"刚拔了智齿，你又想蛀牙了？一天只许吃一块！"

司君看看他，再看看手里的巧克力，听话地放回冰箱。

"乖。"夏渝州揉搓司君的脑袋，把他打理好的发型给揉乱了。

司君怔了一下："你在做什么？"

"呃……快去漱口，牙上都是巧克力。你不是跟人约了时间么？"夏渝州快速将手背到身后。打从见过司君麻醉未醒的状态，这人在他眼中就换了个形象，从硬邦邦的俊朗男子变成了软乎乎的小可爱，乖乖放下东西的模样让他控制不住地想揉揉捏捏。

司君抿唇，深深地看了他一眼，去漱了口，然后带着挂上残镜的夏渝州出门："在其他血族面前不可以摸我的头。"

"知道知道，要维护领主的威严。"夏渝州笑嘻嘻地说，伸手帮他把一根翘起来的头发捋顺。

司君无奈地摇摇头，由他去了。

血族的武器大部分是由五岭氏贵族制作的。司君一边开车，一边给夏渝州科普。五岭氏是几个氏族中最低调神秘的，贵族姓古，族中的人都像这个姓氏一样古里古怪的。他们不喜欢热闹，血族聚会、活动，除非必要，不然都不会参加。

夏渝州不解："他们做的武器有什么特别之处吗？"如今是信息时代了，造冷兵器易如反掌，淘宝都能买到，又不像古时候打兵器需要手艺传承。

司君："他们做的是镜中器。"

"啊。"夏渝州拍拍脑袋，倒是把这个给忘了。目前现代种使用的兵器基本上都是由家徽变的，这东西在现实世界里只是一枚小小的装饰品，到了镜中却能变幻成不同形态的武器，且唯独这种武器可以打中由虚化实的病蚊。

"镜中器是用镜中物熔炼出的材料制成的，多数是病蚊的口器。"正值早高峰，车辆几乎都朝着市中心进发,司君打方向盘,与众人相向而行。

"原来如此。"夏渝州打开血盟营业厅,翻到积分兑换区,找到售卖"半成品材料"的地方。之前没搞懂这些是什么东西,现在知道了,这些价格昂贵的金属疙瘩就是镜中物冶炼出来的武器制作材料。

这种材料相当贵,一份就要500积分。换算下来,估计几百只病蚊才能炼出这么一坨。

镜中器得在镜中制作,这种手艺只有古家人会,因此,即便这家人性子不好,其他氏族也得对他们多加忍让。

"古家是吃荤的,且习性特殊,过会儿进去一定要站在我身后。"司君神色严肃地交代。

"哦。"夏渝州点头,对古家炼器师越发好奇了,"什么特殊习性?见人就咬吗?"

"那倒不是。"说话间,司君将车子开进了一处安静的小区。

夏渝州四下看了看,这小区名为"燕巢SOHO",环境相当现代化。正是上班时间,小区里却鲜有人走动,只有零星几个外卖小哥提着早餐匆匆上楼。公寓大堂里挂着设计感十足的宣传牌——办公住宿一体化的"宅佬天堂"。

电梯一直升到最高层,司君把夏渝州挡在身后,按响了北面那间公寓的门铃。

"当当,当当,当当",声如古钟的门铃响过三遍,防盗门应声而开。

屋子里漆黑一片,想来是挂了遮光帘。即便是白天,依旧什么都看不清,给人一种进入了荒凉山洞的恐慌感。

"帮我关上门,谢谢。"屋内传来沙哑的声音,令人毛骨悚然。

夏渝州扒着司君的肩膀往里瞧。"咔嗒"一声,门合上了,屋内彻底陷入黑暗,伸手不见五指,只能听到近在咫尺的粗重呼吸声。

"啪",司君按下墙上的开关,屋内瞬间亮起灯。

"嚯!"夏渝州吓得蹦了起来。

距离他们半米远的地方倒挂着一个人,苍白的脸倒着垂下来,因光线的刺激而紧闭着双目,简直像是凶杀案现场。

"开灯之前,就不能通知一声吗?"倒挂着的人骤然滑落,在空中灵巧翻身,然后轻盈落地，他的声音已经不再沙哑，听起来是正常的青年的声音了。

夏渝州谨慎地从司君背后冒出头，这才看清对方的模样。苍白圆润的娃娃脸，身形娇小，比司君矮了一个头。原本应该归为可爱型的男孩子，偏偏长着一双三白死鱼眼，看起来非常不友好。

司君并没有回答这个问题的意思，而是微微侧头，向夏渝州介绍："这位是五岭氏的少族长——古极。"

竟然是少族长！叫什么玩意儿？咕叽？夏渝州好奇地打量那娃娃脸。

古极也看向夏渝州，试图凑近，却被一只戴着手套的大手阻止。他古怪地笑了一下，自觉地后退几步："嗤，他就是你的那个命系之人？"

命系之人？夏渝州被这个称呼惊了一下，看了看面色如常、默认了这个称呼的司君，默默咽下疑问，笑道："你好，我是夏渝州。"

自动窗帘缓缓拉开，户外的光线照射进来，驱散了屋内似要将人吞噬的黑暗，显露出这间屋子原本的样貌。

这其实是一间正常的公寓，只是乱糟糟的，毯子、衣服、游戏机不分彼此地胡乱堆放着。墙上镶嵌着一面巨大的镜子，镜子前的地毯上散落着数不清的图纸。跟正常的房间区别最大的地方，就是天花板上固定了许多纵横交错的木杆。刚才进屋的时候，古极就是倒挂在木杆上的。

"要修的东西呢？"古极盘腿坐在地毯上，向司君伸手。

夏渝州摘下脖子上的残镜，想直接递过去，却被司君拦住，接过去代为转交。

"还真是无疾镜！"死鱼眼里终于有了光彩，古极拿着那只有四分之一的残镜，整个人都鲜活了起来，"怎么破成这样了？比你家存着的那块还要破。"

拿在手里翻来覆去地看了一遍后，古极徒手扯断穿过镜子的绳子，对着那个小窟窿瞧了瞧："补全的话需要七份半成品材料，加工费两万。"

"20000 积分吗？"夏渝州倒吸一口凉气。

七份半成品材料就要 3500 积分，已经是巨款了，再要 20000 积分的加工费，他砸锅卖铁都出不起呀！

古极撩起眼皮看他，嗤笑一声，问司君："你这哪儿找来的宝贝？什么都不懂。"

司君没理他，低声给夏渝州解释："两万是钱，人民币。"

钱啊，那好说。夏渝州松了口气，这段时间给血族看牙赚了点钱，两万块还是有的。只是没想到，如此神秘的血族收的竟然是世俗的钱。

"不然呢？难道收人头吗？"古极翻了个白眼，从身后拿出POS机，"刷卡还是付现？"

夏渝州无语了半晌："……支付宝行吗？"

古极收起POS机，十分自然地举起二维码："行。"

夏渝州再次被现代种的现代化进程震惊，默默付了钱。那边，古极扔在地毯上的手机顿时响起电子音：

"支付宝到账，两万元。"

趁着古极看手机的空当，夏渝州转头小声地问司君："那些材料怎么弄啊？是直接给材料还是转积分给他？"

血盟APP上有半成品材料售卖，如果古极要材料，夏渝州可以在网上订，就是不知道能不能把送货地址填成这间公寓，不然他还得跑一趟来送材料。

"可以直接转积分。"司君低声告诉他。有些家族存有材料，所以可以直接给，而如果手上没有材料，不如直接转积分给古极，让他自己在APP上订，更方便。

"这个好。"夏渝州点头，然而算了算自己账户里的积分，笑容一僵。

单份材料500积分，七份材料就是3500积分，而他的账户里只有350积分，先前赚的那些都用来买必需品了。

"这得再杀十一只疯狗才能凑够呢。"夏渝州掰着指头算了算，很是发愁。虽然他不怕疯狗，但也得有疯狗给他抓才行。打从那只哈士奇没了，云城的疯狗就逐渐被清理掉了，现在想遇见一只都不容易。

司君看他皱眉，脱口而出："完全种狼兽的牙还在你手里，那个值1000积分。"

"对哦！"夏渝州这才想起来，自己还有个值钱玩意儿，压力顿时小了很多。但就算有了这额外的一千，还差两千多呢。

司君抿唇等了半晌，也不见夏渝州向他开口，只得把手机递过去。

"干啥？"夏渝州不明所以，看了看递到面前的黑色手机，再看向手机的主人。

司君睄光瞥向别处："你可以用我的。"

夏渝州想也不想地拒绝："那哪儿行！"

眼瞧着司君的脸色变白，他赶紧补充道："这可不是小数目，亲兄弟还明算账呢。回头你舅舅要是知道了，肯定对我印象不好。"

古极抬头，用十分诡异的目光在他俩之间来回打量着。

司君："……"

夏渝州轻咳一声，蹲下来跟古极商量："那个……古先生，材料这边能不能分期？我先付订金，过几天陆续补上。"

"分期？"古极像是听到了什么绝世笑话，娃娃脸抽搐起来，冷笑道，"你知道有多少人排队让我做东西吗？订单都排到明年三月了，要不是司君靠着私人交情和权势……"

司君拉起夏渝州，瞪了古极一眼，瞬间让他闭上嘴，而后自己跟夏渝州解释："不能赊账，你给他什么材料，他就用什么修补，这是规矩。"

做垄断行业的，古往今来都得罪不得，他们定的规矩、价钱没有商量的余地。允许给积分已经是极大的让步，再妄图赊账就是蹬鼻子上脸了。

夏渝州不是傻子，自然明白古极的未尽之言。这个加塞修补镜子的机会，是司君费了一番工夫才争取到的。他忽然笑了，看向司君："那你先帮我付了吧，算我借的。等我打了猎就给你。"

司君没说什么，抿唇点头。

夏渝州歪头，想了想又说："不过你也知道，现在疯狗不好找，我又不擅长杀蚊子，什么时候能还上可不一定啊。"

听了这话，司君没有不高兴，反而微微勾起嘴角："不着急。"说罢，利落地打开手机，转积分给古极。

真是个小朋友。夏渝州低头偷笑。

古极像是不认识司君似的，上下左右来回看他。

"古先生，还需要什么吗？"夏渝州见对方半晌没说话，主动问道。

古极回过神来，突然"噌"地站起身，瞬间靠近夏渝州，使劲嗅了一下。

夏渝州吓了一跳，没等他出手推人，就被司君一把拽到了身后。带着白色手套的大手掐住了古极的脖子，以迅雷不及掩耳之势将人按在了墙上，冷声道："我说过，别碰他。"

古极咧嘴笑了，露出两颗已经伸长的血牙："我只是好奇，元古种的味道有什么特别之处。"

"与你无关。"司君盯着他收回血牙，才慢慢松了力道。

古极毫不在意地扭了扭被掐红的脖子，毒蛇般的眼神在夏渝州身上扫过，在司君再次抬手掐他之前收回目光。他摆摆手，像赶苍蝇一般送客："一周后取货，平时别来打扰我。"

公寓门"嘭"的一声关闭，被扫地出门的夏渝州眨眨眼，适应了一下楼道里的光线。

司君慢条斯理地脱下手套，装进口袋里。

"他刚才……是想咬我？"夏渝州反应过来。

"嗯。"司君往楼下走去。

夏渝州挑眉："不经同意吸食同类的血液不是犯禁的吗？"

司君摇头："他不是要吸血，是想捉弄你。"古家的毒液特殊，性子又古怪，不能用常理推测。他们喜欢潜伏在黑暗中，趁别人不注意上去咬一口，看着对方陷入毒液的控制中，以此取乐。

"怎么，他们家的毒液会叫人神经错乱吗？"夏渝州很是好奇。古家的毒液有什么功效？是让人当场跳脱衣舞，还是让人神志不清地把钱都转给对方？

司君顿了一下才道："会……会激起欲望，让人难以自控。"

"欲望，什么样的？"夏渝州愣了一下。毕竟欲望有很多种，食欲、贪欲，还有那什么欲。

司君红了脸，不说话。

"哦！"夏渝州顿时明白了，"那方面的啊，哈哈哈哈……这可真够猥琐的。"

难以想象，古极顶着那么一张纯真又厌世的娃娃脸，竟然是个移动的春药贩卖机，还是出其不意强制售卖的那种。

咬人一口，看人出丑，自己则抱着手臂在一边嘎嘎地乐呵。夏渝州不是很懂这个爱好。

司君不想多说，但又怕夏渝州不知其中厉害："不是那么简单的……会令人失去反抗能力。"

夏渝州想象了一下自己被咬之后的画面，打了个寒战。他搓了搓胳膊道："下回我会防着点的。"

司君点头："不要单独见古极，镜子修好了我来取。"

古家人有很多怪癖，他们坚信血族的祖先是蝙蝠，喜欢模仿蝙蝠倒挂在黑暗中，喜欢偷袭；秉承着某些古老的传统，对同类也不友好。早前云城是十六氏的地盘，规矩繁多，古家人不会踏入。司君做了领主之后，才吸引了这么一只过来长住。

夏渝州忍不住问道："他作为少族长，为什么不住在自家的领地里？"

司君拉开副驾驶座的车门，让夏渝州坐进去："古家领地分散，族人都是各自独居。我跟古极小时候便认识，听说我接手了云城，他就过来了。"

"你俩是发小啊。"夏渝州嘴角一抽。这么好的关系，竟一点儿也看不出来，见面就炸毛，还掐人脖子，差点打起来。

还没感慨完，夏渝州的手机忽然响了起来。

两人齐齐看过去，来电显示为"学长"。

司君皱眉，看了一眼时间，还不到中午，这个时候何予找夏渝州做什么？

夏渝州见他好奇，便按了免提："学长？"

何予："渝州啊，小默今天怎么没有来上课？是生病了吗？"

原来是"孩子老师"的询问。司君顿时不感兴趣了，直起身子关上车门，自己坐到了驾驶座上。

今天是正常的上课日，陈默却没有来上课，手机也打不通，作为负责任的老师，何予只能给孩子的家长打电话了。

夏渝州一时答不上来，孩子被他卖给孩子他叔去看演唱会了，今天早上有没有去上学他还真不知道。他干咳一声，说自己还不清楚，问一下再回话，便挂了。

夏渝州赶紧给周树打电话，响了好几声才被接起来。

"谁啊？"周树显然还没睡醒，瓮声瓮气、迷迷糊糊的。

夏渝州："你说谁！小默呢，怎么没去上学？你昨天晚上带他去哪里疯了？"

"啊？"周树这才勉强清醒过来，挠了挠头道，"上学去了啊，一大清早就走了。"

夏渝州一惊："几点钟的事？"

周树回想了一下："七点多吧。"

现在已经十一点了，电竞基地离学校没多远，就算走路也该走到了。

夏渝州觉得事情不对，匆匆挂了周树的电话，转而打给陈默，果然如何予所说的关机了。他只得又给何予打，告诉他孩子早上去上学了。

三个小时不见踪影，手机关机，显然不正常。这下两边都急了，司君立时踩下油门，径直往学校开。周树没法睡了，一个鲤鱼打挺蹦起来，脸也来不及洗，也往学校奔去。

陈默平时没有什么朋友，因为智商太高，瞧不起同龄人。夏渝州给陈默认识的几个人打电话，但他们都不知道他去了哪里。倒是来送产品图样的谢老板提供了一条思路："是不是被他爸爸接走了？"

陈默有好几个爸爸，亲爸、绿帽爸、夏渝州、新爸司君，谢老板说的自然是最近才冒出来的亲爸——沈老板。

何予微微蹙眉："沈天鸿要见孩子，应该会跟我说一声的。"

虽然这不符合沈老板的行为模式，但何予还是给他打了个电话过去。意料之中的是，沈老板也不知情；意料之外的是，对方表现得很激动。

"你们怎么照顾孩子的？好端端的怎么会失踪？！小默大病初愈，怎么能让他一个人上学呢？那个夏渝州如果不能负起责任，就把孩子送过来！"

嘿？夏渝州不乐意了，夺过手机，劈头盖脸地骂道："少在这儿事后诸葛亮了，你要是真关心他，就赶紧帮着找。这事儿十有八九跟你有关系，要是小默少了一根头发，我跟你没完！"不就是倒打一耙吗？他也会。

说完，不给对方反应的时间，夏渝州直接挂断了电话。远程吵架的精髓在于骂完对方马上挂断，不给对方反驳的机会，气死他。

何予无奈摇头，拿回手机给沈老板发了条消息，再次请他帮忙寻找。司君默默地给气鼓鼓的夏渝州顺了顺背。

周树在实验室的水龙头下洗了把脸，抓了抓炸成蘑菇云状的红毛："先别急，也许他是逃课去网吧打游戏了呢。"

夏渝州给了他脑袋一巴掌，把他翘起的头发给拍扁了："你以为谁都跟你一样啊,他要打游戏,在电竞基地不比去网吧强?就你这德性,还能阻止他逃课?"

周树一米九的大个子,愣是被他哥拍得一个趔趄,像风中的细竹竿前后摇摆,不敢吱声了。

"小默是个名人,认识他的人不少。没有医院通知,可以排除交通事故;他是个十六岁的男孩子,拐卖也可以排除。最有可能是被绑架了,要么是他那边的爸妈得罪了什么人,要么是……"想到某种可能,夏渝州瞬间白了脸,看向司君。

司君蹙眉,他自然明白夏渝州在担心什么。当初袭击夏渝州的人至今没有线索,那些隐藏在黑暗中企图伤害元古种的人,很可能会对新生的陈默下手。如果是这种情况,陈默就相当危险了。

"别怕,小默不具备转化别人的能力,那些人很清楚元古种的特性,不大可能对小默下手。"话虽如此,司君还是拿起手机联系了罗恩,让他通知领地内的所有血族都帮着找,不允许任何人伤害这个孩子。

当初那些绑架夏渝州的人,定然跟血族有密切的联系。这样通知下去,是提醒可能会被那些人蒙骗的血族,不要稀里糊涂地当了中间人。

"必须尽快找到小默,他已经完成转化,每天都要喝血。三天,最多三天,他就会饿死。"夏渝州控制不住地一遍又一遍回想当年的事。

当年他被关在牢房里,没有遭到虐待,一日三餐按时提供,但那些食物对于血族来说只能尝个味道,并不能提供赖以生存的能量。一天不喝血,就会变得虚弱;两天不喝,所有的器官都会抗议;等到第三天,基本上已经失去理智,饿到想要把自己给吃了。

"我知道喝自己的血会发狂,所以最后忍住了。小默不知道,他如果饿到喝自己的血,很可能会狂化。"夏渝州的手心已经出了一层冷汗。

当初夏渝州咬人,是突然失控造成的。他在蹲牢房的时候仔细回想了一下,猜测自己发狂要么是因为受伤过重,要么是因为不小心吸到了自己的血。因着这个猜测,就算最后快要饿死了,他也忍着没有咬自己,这才得以顺利离开。后来回到老家,他为了搞清发狂的真相做过实验,确认了是因为喝了自己的血才发狂的。至于是什么原理,不得而知。

司君薄唇微颤,想说什么又咽了回去,半晌,憋出来一句:"没事,杀死绑架犯算正当防卫。"

在一边听着的周树:"……"

"教授,警方说失踪不到二十四小时不能受理。"小助理从外面走进来,愁眉苦脸地说。

何予点头,让他去保卫科调监控,看陈默有没有来过学校,而后低头继续捣鼓手机。

"凭什么不受理啊?"周树不乐意了,"哪个派出所?我发微博挂他们。"

"他既不是妇女,也不是儿童,年满十六岁的男性失踪,的确是要过二十四小时警察才会管的,你发微博干……"夏渝州说到这里,忽然灵光一闪,"对啊,快快快,发条微博。你不是有一千多万粉丝的吗?叫粉丝帮着找。"

"啊,对!"周树如梦初醒。

"我已经发了。"何予抬头,把手机递过来,"刚才有人提供了线索。"

司君接过来跟夏渝州一起看,评论里有一个同城的人发了张照片。

"我早上见过小天才!还拍了张照片!就在春秋路的煎饼摊前面!"

照片里,穿着浅蓝色运动服、戴着黑色薄围巾的陈默单手插兜,站在煎饼摊前,空着的那只手正准备去接摊主递过来的煎饼果子。新鲜出炉的煎饼果子里除了生菜和薄脆,还不甚正宗地夹了根烤肠。

"春秋路……这不是地铁口吗?这地方离学校也就七百多米!"夏渝州对这一带很熟悉。根据照片推断,今天早上陈默出了地铁站,买早餐,一边吃一边往学校走。在这短短的七百米内,到底发生了什么?

夏渝州转身就走,径直往煎饼摊奔去。

煎饼摊还在营业,摊主是位中年大妈,听他们问起陈默,乐呵呵道:"神童啊,来过,我还送了他一根烤肠呢。"

陈默在中老年人群中的知名度还是很高的,长得好看又聪明,最典型的"别人家的孩子"。所以平时买小东西,夏渝州都让他去,凭着那张高国民度的天才脸,能得不少便宜。

不过,这会儿夏渝州没工夫跟人探讨自家儿子有多可爱,他单刀直入地问道:"那您瞧见他后来去哪儿了吗?"

"往学校那边去了。"大妈随口说道,然后不着痕迹地将话题挪到煎饼上,"他可爱吃我家的煎饼了,据说吃了我家的煎饼能提高智商。"推销半晌,见夏渝州不打算买煎饼,顿时不耐烦了。

司君从口袋里摸出十块钱,扔进塑料桶:"两个。"

"好嘞!"大妈重燃热情,一边摊煎饼一边努力回想,"他一边吃着煎饼,一边往那边走。那会儿我正忙着,没注意,好像有人喊他,大概在书店那边。"

前面二三十米的地方有一家小书店。夏渝州快步往书店走去,司君立时跟上。

大妈在后面喊:"哎,你们煎饼不要了?"

"什么陈默?哦,穿蓝衣服的小孩啊!我也正找他呢!他拿了一本书,没给钱就坐车跑了!"书店老板不认识小天才,但对穿蓝衣服、戴黑围巾的少年印象深刻。

"坐了什么车?"夏渝州一惊。

"一辆黑色的商务车,有个大高个儿过来跟他说了两句话,就拉着他上车。他抓了我一本书,还没给钱,那辆车'嗖'的一下就开走了,追都追不上!"书店老板越说越生气。

夏渝州指尖发凉:"那大高个儿长什么样?您这店里有监控吗?"

"没监控。"老板翻了个白眼,要是有监控,那小崽子敢偷他的书吗?

司君低头看了看摆在外面的书。这书店很小,店内摆不下,就在店门外支了两张大木板,比较热门的书籍、杂志就摆在这木板上。

夏渝州见他看这些书,忽然福至心灵:"他拿了什么书?我把钱给你。"

老板一听有人付钱,顿时高兴起来:"喏,就是这本《沈从文选集》。我平时都是按定价卖的,给你打八折吧。"

"他智商高,一定会留下线索。"司君拿起那本书。

《沈从文选集》……沈从文……沈……

夏渝州转身就走,却被快步跑来的煎饼大妈拦住:"给,你俩的煎饼。"

"什么线索?"周栩付了书钱,还没明白过来,就被哥哥塞了两个煎饼。

"吃了你就知道了。"夏渝州跟司君上车,快速给何予打了个电话,"我们现在去沈氏制药,找姓沈的算账!"

| 第二十九章 |
绑 架

车子一路开到沈氏制药大厦楼下,夏渝州跳下车就往里跑。

司君也没拦他,先把车停好,这才抬脚追过去。而心急火燎的夏渝州果然没能上去,正在大厅里跳脚。

"先生,没有预约是不能见沈总的。"前台耐心地解释道,穿着制服的保安在一边虎视眈眈。

司君走过去,将长柄黑伞挂在左臂上,向前台微微点头。

前台看到西装革履的司君,神情立马变了,礼貌地询问:"请问有什么可以帮您?"

"嘿?以貌取人啊,你们刚才对我可没这么客气。"夏渝州这下更生气了,刚才前台还当他是送外卖的,开口就是"外卖放这里就行"。

"穿西装的是商务人士,穿连帽衫的就是外卖小哥。也不想想有这颜值早去娱乐圈出道了好吗?"夏渝州指着自己上天入地无可挑剔的血族神颜,义愤填膺道。

司君怕夏渝州生气,忍着没敢笑出来,只好以拳抵唇,对前台说:"麻烦给沈总打个电话,他会同意我们上去的。"

司君气场强大,前台被这贵族式的自信镇住了,鬼使神差地拿起内线电话,拨下数字键的瞬间才回过神来,为难道:"请问两位怎么称呼?"

夏渝州把手臂搁在大理石台面上:"你只要告诉他,他儿子的爸爸来了,他就知道了。"

他儿子的爸爸……保安由虎视眈眈逐渐变为虎目圆睁,嘴巴张得能塞下一只绿皮咸鸭蛋。

前台:"不……不好吧。"

司君:"就这么说。"

前台颤抖着按下拨号键:"沈总,这里有两位先生,说是……是您儿子的爸爸……是!"

这一通电话打完,前台已经满头大汗,她颤颤巍巍地伸手:"两位这边请。"

这栋大厦的电梯是需要刷卡的,前台给他俩办了张临时卡,可以刷到沈天鸿办公室那一层。夏渝州站在金碧辉煌的高速电梯中感叹:"啧啧,真有钱啊。你说,小默他妈妈是怎么忍住这些年没找姓沈的要钱的?她可不是个视金钱如粪土的人。"

陈默那个妈跟后妈似的,逼着他从小参加各种竞赛赚奖金。陈默得重病快死了,她还想着利用他的名气赚社会捐款,为了钱连人性都能抛弃。她明知陈默的亲爹是亿万富豪,却迟迟没有找上门,这一点非常不合逻辑。

司君认真想了想:"或许她觉得找过来会有更大的风险。"

"你指什么?"夏渝州转头看他。

司君理了理袖口:"比如,早年沈天鸿可能不想要私生子,又或者,沈天鸿的妻子很厉害。"

夏渝州挑眉:"我怎么觉得,你意有所指啊。"

"叮!"电梯到达了指定楼层。秘书已经在电梯口等候,引着他俩往办公室走。刚走到门口,他们就听到里面传来女人的哭声。

"我真的没想过要跟她抢正妻的位置,不然我这十六年怎么可能一次都没联系你?要不是小默病重,我实在没办法,我是绝对不会来打扰你们的。我什么都不要,只要小默好好的。呜呜呜……"

说话的人声音听着并不年轻,只是哭哭啼啼间夹杂着若有似无的娇柔感,听得夏渝州浑身起鸡皮疙瘩。

秘书脸上有些尴尬,硬着头皮敲门:"沈总,人上来了。"

"请进。"沈天鸿开口,声音中带着几分疲惫。

办公室门打开,里面的情景一览无余。跟电梯一个装修风格的豪华办公室里,坐着一男一女。男的是陈默的亲爹沈天鸿,人到中年竟没有发福,瞧着还挺俊朗,眉眼跟陈默有七八分像;女的,夏渝州也认识,许久不见的陈默亲妈——杨美娜女士。

沈天鸿看到他俩,缓缓叹了口气,起身跟夏渝州握手,然后请他俩到沙发区坐:"夏先生是吧?久仰久仰。"

夏渝州皮笑肉不笑地跟他握了一下手,转头跟司君嘀咕:"这人在电话里那么嚣张,见面却怂了,是不是因为我身材健硕,他怕挨揍?"

司君看了看还保持着单薄少年体型的夏渝州,一时不知道该怎么回答。

好在夏渝州也没打算要司君捧他的臭脚,他抬手阻止了沈天鸿促膝长谈的架势,盯着对方的眼睛冷声道:"沈先生,时间紧迫,客套、寒暄咱们就免了。我只要一句话,陈默在哪里?"

沈天鸿揉了揉眉心:"我正要给你们打电话,这边确实有消息了。情况有点复杂,不过孩子暂时是安全的。"

"什么叫暂时安全?"夏渝州挑眉,"人是你带走的?"

沈天鸿摇头,焦虑地扯了扯领带:"是我的家庭矛盾,我会尽快解决的。何教授那边我已经通知了,希望两位也能给我点时间,暂时不要报警,也不要在社交网络上发布什么消息。"

家庭矛盾……夏渝州琢磨了一下这个词,跟司君对视一眼:"那就是你老婆干的呗。"

沈天鸿噎住了,没说话。

"呵呵,有钱人还真是嚣张,说绑架就绑架,当自己是皇太后吗?"得知是豪门恩怨,夏渝州多少松了口气,只要不是血族猎人就好,"我再问你一遍,小默在哪里?我已经找到人证了,他是被胁迫上车的,只要报警查道路监控,就能找到车子。"

"别,别报警,"沈天鸿焦头烂额地来回踱步,"我也不知道小默在哪里,她……"

正说着，他桌上的手机忽然响了起来，来电显示为"老婆"。

沈天鸿当着他们的面接起来，在夏渝州的"报警威胁"中按下了免提键。

电话那边传来一道略沙哑的女声，压抑且冷静："消息你看到了吧？给你三天时间，三天之后，如果我得不到我想要的东西，你就会拿到 BSY 的最新实验记录。"

听到那个英文字母组合，沈天鸿明显暴躁了起来："狄秋雁你疯了！这是犯法的！"

对方冷笑，并不接他的话："就这么简单，你看着办吧。哦，对了，你应该比我更清楚，报警和被媒体知道的后果。"说完，直接挂断了电话。

沈天鸿胸口剧烈起伏了几下，堪堪克制住暴怒的情绪，哑声劝夏渝州："你都听到了，我老婆已经疯了。现在小默在她手里，我们不能轻举妄动，否则她一定会伤害孩子的。"

夏渝州咬牙："什么不轻举妄动，你就是怕媒体知道了造成股价暴跌吧！你们简直……"

司君眸色微暗，拉住试图冲过去揍人的夏渝州，问沈天鸿："BSY 是什么？"

沈天鸿踌躇了片刻，实话实说："是一种添加剂，如果注射给人体，会损伤大脑。"

他与妻子的感情一直很好，这么多年，他就做了这么一件对不起妻子的事情。在得知自己有个私生子之后，起初他是没打算认的，只想着给那个孩子一些补偿。然而，这个平衡被从国外回来的儿子打破了。那个扶不起的阿斗在国外读书，十门功课九门不及格，还因打架被学校开除。

当初跟妻子约定，等儿子成年就把公司一半的股权转给他，然而眼看着儿子即将成年，他后悔了。沈氏制药是他半辈子的心血，他怎么能把它交给这么个低智商的玩意儿？！

大约是对彼此太熟悉的缘故，妻子察觉到他的异样，很快便调查出了陈默的事。前天她在家里歇斯底里地闹了一场，要求他把手里三分之二的股权马上转让给儿子沈家豪，他不同意，于是不欢而散。万万没想到，妻子这么心狠手辣，直接把人给绑架了。

"威胁的话她之前说过,怪我没当回事。"沈天鸿苦笑。

吵架吵到最激烈的时候,狄秋雁曾厉声威胁:"你看中那个野种180的智商,我就让他变成傻子,看看你还要不要!"

"你们当自己是天王老子吗?"夏渝州怒极,一拳砸在沈天鸿的脸上,"谁稀罕你的股权!小默要是受一点儿伤,我让你们夫妻俩都变成傻子!"

"嘤——"站在一边兢兢业业地当背景板的杨美娜突然哭了起来,"扑通"一声跪倒在地上,抱住沈天鸿的腿号啕,"你就听她的吧!我什么都不要,我只要小默平安。我这么多年一分钱都没有管你要过,小默也不要你的家产。他一个智商180的天才,不可以毁了呀!"

杨美娜的反应出乎夏渝州的预料,怎么看怎么诡异,然而气头上的他根本没有心思细想,恨不得把无能的沈天鸿一口咬死。司君一把揽住他的腰,拖着他走出办公室,把空间留给那对抱头痛哭的老情人。

"拉着我干什么?我今天必须揍他一顿。一个两个的都是人渣,大人的事凭什么牵扯孩子?!咱们得赶紧报警!"夏渝州挣扎着要打110,却被司君阻止。

"别急,小默不会有事的。"司君单手困住他,不让他乱跑乱动,另一只手拿起手机拨了个电话。那边很快接通,传来了与刚才沈天鸿手机里如出一辙的沙哑女声。

夏渝州一愣,迅速挤过去,光明正大地偷听。

司君被他毛茸茸的脑袋蹭得有些痒,但纹丝未动,语调冰冷:"狄秋雁,你看到血盟发布的消息了吗?你抓的孩子是个血族,两个小时之内,我要在大宅见到他。"

陈默紧绷着身体坐在椅子上,观察四周的环境。

这是一栋郊区别墅,装修很豪华,不像是杀人分尸的地方,叫人安心不少。他所在的地方是二楼的一间套房,不远处站着两名黑衣大汉,不声不响,宛如蜡像。其中一名腰间别着针筒,那便是威胁他乖乖上车的武器。

BSY添加剂,前天他刚做过它的分析报告,一针下去,智商不管180、280、380,统统降为8,"老少咸宜,童叟无欺"。他还要给便宜爹养老送终呢,可不能就这么傻了。

"这都大半天了，你们老板呢？"陈默站起来，试着走了两步，活动活动手脚。大约是他这副弱鸡身材实在不足为惧，两名大汉根本没绑他。

大汉们没理他，目光平视前方，纹丝不动。

陈默"啧"了一声，见这两人并不限制他活动，便兀自转悠到窗边往外瞧。窗外是一片开阔的草地，独门独户看不见邻居。所有的窗户都用铁制的护栏封死，跑是跑不掉的。大白天的，屋子里却光线昏暗，拉开窗帘也没好到哪里去。

上午的太阳将房子的影子拉得很长，连房顶的装饰物也投下了清晰的阴影。

"这别墅的窗户都是朝北的啊，你们老板不怕得老寒腿吗？"陈默自顾自地说着，打开冰箱拿了瓶冰可乐，咕咚咕咚地喝了一阵，还顺手递了一瓶给拿针的大汉，"喝不？"

拿针大汉用看神经病的眼神瞪了他一眼，默默抬手摸了下腰间的针筒。

"无趣的人类。"陈默撇嘴，退后两步，走到另一位大汉身边，"来一罐吗？在这不见天日的地方，绑匪与肉票也能聊两句的。"

大汉："……"

陈默："不喝啊，那我们来玩个游戏吧。我来猜，你就回答是不是，怎么样？"

大汉："……"

陈默坐到沙发扶手上，优哉游哉地晃荡两条腿："你们老板绑我来，也没把我怎么着，冰箱里还有好多吃的。我猜她是想关我几天，好跟某人要些好处，是不是？"

大汉拒绝回答。

陈默不以为意，继续分析："BSY 是沈氏专供的添加剂，我猜你们老板是沈氏的高层，而被威胁的人就是我的那个死鬼亲爹，是不是？"

大汉："闭嘴，小崽子。"

"哎呀，你说话了。"陈默仿佛得到了肯定，继续说，"我猜，你们老板姓狄，是位女士。"

面前的大汉不再说话，背后的那名大汉拿着针筒冲上来，一把将他按倒在沙发上，尖锐的针头直逼他的鼻尖："我劝你少说两句，太聪明的孩子容易夭折。"

陈默看着眼前的针头，渐渐看成了斗鸡眼，鼻尖渗出了一层细汗："我也劝你别动我，告诉你个秘密……我才是狄女士的亲儿子。"

戳在眼前的针头一抖，直冲眼睛而来。陈默立时偏头躲避，发现自己的身手竟然敏捷了不少，看来元古神的基因对身体的改造已经初见成效了。他翻身滚下沙发，然后快速爬起来，窜到另一张沙发后面。

"你刚才说什么？"那大汉收起针筒，认真地看着陈默。

陈默扒着沙发靠背冒出头："好话不说第二遍，除非你老板亲自来。"

"咔嗒，咔嗒……"外面传来高跟鞋踩在木地板上的声响，两名大汉瞬间站直了身体，一齐拉开套房大门。

一名穿着黄色套裙的女人快步走进来，手里的包、脚下的鞋无一不在表达着昂贵。尽管岁月在唇角、眼尾留下了痕迹，但也遮挡不住她的美丽。她很白很高，气质优雅，只是上挑的眼尾让她看起来戾气有些重。

陈默仔细看了看这女人的打扮，目光停留在她的手腕上，金色的手链上缀着一只小巧可爱的金属弯弓："狄阿姨，你好啊。"

狄秋雁脸色很不好看，冷眼打量着眼前这个白净漂亮的少年。他有着白瓷似的肌肤，但看起来有些病弱。那双灿若星辰的眼睛让他整个人看起来散发着光，那是智慧的光，机敏的光，令人嫉妒的光。

"你知道我是谁？"狄秋雁将沾了汗水的手机装进包里，长腿交叠，优雅地坐到了沙发上。

"猜的。"陈默拖了一只小凳子过来，不远不近地坐到狄秋雁对面，"这栋别墅的窗户几乎都朝北，房顶和你手链上的弯弓，我在狄厉身上见到过。"

狄秋雁平静的眸子闪了闪："不愧是智商 180 的天才。"

"过奖，过奖。"陈默弯腰，用只有他们两人能听到的声音说，"看来阿姨已经知道我是血族了，根据血族的戒律，无故不能伤害同族。所以，麻烦您帮我叫辆车，再不回去，我血族的爸爸该着急了。"

狄秋雁抬眼看他，眼中有赞赏，也有厌恶。这么聪明的孩子，偏偏是丈夫的私生子，还被元古种转化成了血族！因为血族的戒律，她必须原封不动地将他送还领主，眼睁睁地看着属于自己儿子的一切被夺走，而自己沦为家族的笑柄！凭什么!

"是该送你回去了。"狄秋雁霍然站起身,"在此之前,阿姨有份礼物要送给你。"说罢,她冲带针的大汉打了个手势。

这女人疯了,在知道他是血族的前提下还要给他打针。陈默一惊,二话不说就抄起凳子跑到远处:"云城领主司君是我新爸,你是不想混了吗?"

"在接到消息之前就已经这样了,不好意思。"狄秋雁眸中闪过一丝疯狂。

两名大汉毫不犹豫地冲上去,像拎小鸡仔一样抓住陈默,拿针的大汉从随身携带的药瓶里抽取了一点儿暗黄色的药汁。这种药是催化剂,在药物制作过程中,是要将其稀释千百倍且配合其他药剂使用的。而现在,针筒里的是 BSY 原液,只要三毫克,他就会彻底变成傻子。到时候别说指认狄秋雁,连生活自理都会成问题。

生命危机面前,尊严毫不值钱,陈默扯开嗓子大喊:"妈妈!不可以,我才是你的亲儿子!"

打针的大汉立马停下动作,他还记着方才陈默说的话,动作一直不敢太快。

"你说什么?"狄秋雁不明所以。

"我才是你的儿子,当年杨美娜狸猫换太子了!"陈默语速极快地说,"不然以你这么优秀的基因,怎么会生出一个连高中都考不上的傻子?"

狄秋雁顿时被镇住了,快步跑过去把大汉推开,呼吸急促地盯着沙发上形容狼狈的少年。少年因为受到惊吓而出了一头冷汗,皮肤白到几乎透明,两颗刚刚长出的小尖牙还不明显,看起来脆弱又美丽。真要说起来,这个孩子确实更像是她的儿子,狄秋雁愣怔半晌,深吸一口气,颤声问道:"你说的是真的?"

陈默低头不看她,揉了揉自己被攥红的手腕:"我是偷听杨美娜跟人打电话猜出来的,没验过,不保真。"

越这么说,这事就越靠谱。

夏渝州在大宅里等了半天,在差五分钟满两个小时的时候,终于等来了自家儿子,以及目光一错不错地盯着他的狄秋雁。

"爸爸!"陈默在看到夏渝州的瞬间就奔了过来。

夏渝州赶紧接住他,紧张地上下打量,确定他没有外伤之后,颤颤巍巍地伸出两根手指，问道："儿子，这是几？"

陈默："……二。"

夏渝州松了口气："太好了，没变傻。"

受了半天惊吓后终于看到亲人的喜悦被这一通智力测试给冲没了，陈默无语地松开抓着夏渝州衣袖的手："我要是变成智障了，你怎么办？"

夏渝州拍了拍他的肩膀："放心，儿子，如果你智障了，爸养你一辈子。"

陈默又感动起来："爸爸，如果你智障了，我也养你一辈子。"

夏渝州："好儿子！"

父子俩执手相看泪眼，感天动地。

司君："……"

周树看不下去了，插嘴道："别智障来智障去的好吗？傻不傻？叫人看笑话。我要是智障了，你俩管吗？"

夏渝州摸了摸他的头："你智障这么多年，我有嫌弃过你吗？"

周树："！"

司君以拳抵唇，轻笑一声，拍拍夏渝州让他别闹，这才冷眼看向站在一边的狄秋雁。

打从进门开始，狄秋雁的目光就没有离开过陈默，她这会儿才回过神来，躬身向司君行礼："领主。"

司君没有回礼的意思，语气冰冷地开口："血盟发布消息之后，为什么没有联系我？"

从系统发送通知到他们在沈氏得知绑架者的身份，这期间足有一个多小时。如果看到了消息，狄秋雁应当马上联系司君告知情况。

"我没看手机，抱歉。"狄秋雁语气生硬地说。

"她看到了，但想假装没看到，打算先把我弄傻。"陈默举手，向领主爸爸告状。

狄秋雁吃了一惊，没想到这孩子会出卖她："小默，你怎么能这么说呢？我是你妈妈呀！"

"啊？"夏渝州没听明白，"谁是谁妈？"

周树指了指躲在哥哥背后的大侄子，看向神情激动的女人："他不是你老公的私生子吗？怎么成你儿子了？"

现代社会可不存在嫡母养庶子，再怎么说陈默也不算狄秋雁的儿子，哪有人上赶着给没有血缘关系的人当妈的。

来大宅的路上，狄秋雁一直在观察陈默，越看越觉得他像自己。仔细回忆过去的种种和整件事情的始末，疑点重重，她这会儿越发觉得陈默就是自己的儿子。

"骗你的。"陈默却没打算再认个妈，坚定地躲在夏渝州身后，"我是为了活命瞎掰的，阿姨你别当真。"

狄秋雁脸色骤然变得煞白，连声说着"不可能"，上前来抓陈默："你跟我去验DNA！"

"够了！"司君忍无可忍。

一直站在柱子边当背景的展龙瞬间出现，单手拦住狄秋雁："狄小姐，后退！这里是含山氏的领地，如果你再上前冒犯领主，将会触犯领地法则，遭到云城领地的驱逐。"清晰的言语冰冷且专业，待对方冷静下来站回原位，他才收起手臂，后退两步，如标枪般立在一旁。

一套动作行云流水，尽显大骑士的风采。末了，还冲夏渝州抬了抬下巴，让他看清楚谁才是最优秀的大骑士。

夏渝州丝毫没有接收到展护卫的"骑士风采比拼邀请"，他拽了拽司君的袖子："咱们坐下说吧，站着怪累的。"为了找儿子，他已经奔波了大半晌，连午饭都没吃。

司君于是带着众人往沙发区走去，还叫罗恩给饱受惊吓的陈默端点吃的来。

展龙："……"

狄秋雁站着不动，只静静地盯着陈默。漂亮的少年，眉眼越看越熟悉，现在告诉她是假的，得而复失比从未得到更叫人难以接受。

回到爸爸身边的陈默可不管这些，端着罗恩爷爷送过来的食物狼吞虎咽。他早上没来得及喝鸭血，想着去实验室蹭老师的喝，就吃了个煎饼果子，到这会儿早消化完了。托盘里有刚烤好的小面包和炸鸡，还有一杯解冻过的常温鹿血，插着漂亮的吸管，还用水果做了装饰。

"你有半个小时可以陈述因由。"司君交叠起长腿，冲狄秋雁抬了抬下巴。

狄秋雁抽动嘴角，露出个神经质的苦笑："能有什么因由，如您所见，我嫁给了人类，又被人类背叛。他跟别人有了私生子，并试图转移所有家产。"

夏渝州偷了儿子的一块炸鸡塞进嘴里，被司君拍了一下后背才正经坐好，摆出严肃的表情来听故事。

这事要从二十年前说起。血族的贵族小姐爱上了人类男子，剥离身份、舍弃自由，毅然决然地嫁给他。

"血族跟人类结婚有什么后果吗？"夏渝州偏头跟司君说话，趁机快速嚼动嘴里的炸鸡。

听到"吧唧吧唧"的咀嚼声，司君忍不住转头看了他一眼，低声给他解释："原则上不鼓励。血族若与人类结婚，必须对人类伴侣隐瞒血族身份，且要接受血盟的监视。"

跟人类结婚，要遵守的规矩很多，而且不能再过正常的血族生活了。同时，会有血族定期监督测试她的伴侣，一旦发现泄密，后果十分严重。

夏渝州把炸鸡咽下，微微蹙眉："那很不方便啊。"

要瞒着朝夕相处的伴侣可不是件容易的事，单是每天吃饭就很成问题。而且与人类结合并不代表脱离家族，当家族需要的时候，还要参与血族活动。经常鬼鬼祟祟的，伴侣很难不起疑吧。

司君抿唇："所以不要爱上人类，跨物种的爱情没有好结果。"

就像童话故事里美人鱼爱上了人类王子，要舍弃甜美的嗓音、漂亮的尾巴，每天都宛如走在刀尖上。

在过去的那些年里，狄秋雁一直觉得自己是幸运的。丈夫很爱她，这么多年都没跟她红过脸，且精明能干，从一无所有的穷小子变成了国内首屈一指的医药大亨。她本是幸福的，别无所求了……直到私生子的出现，瞬间击碎了这个延续十几年的虚假美梦。

"我父亲那个人，你也知道。我在他书房里跪了一天一夜，才求得他松口。"说起别的，狄秋雁尚能控制表情，提及父亲，她眼睛里却不由自主地泛起了泪光。

"她的父亲是十六氏的族长，一个老古板。"司君微微侧头给夏渝州解释。

十六氏的严苛，夏渝州早就有所耳闻。据说这位族长尤为苛刻，一举一动都严格按照规章制度来，领地内的手续一切从繁，以至于在十六氏的领地里，路过的血族为了避免麻烦，吃荤的也会选择暂时吃素。而脾性怪异的古家人基本不会踏入十六氏的领地，因为互相看不顺眼。

要说服这样的老古板同意女儿跟人类结婚，比考博士还难。夏渝州同情地叹了口气，任谁付出了这么沉重的代价却换来一场负心薄幸，都得疯。

"沈氏制药是沈天鸿用我陪嫁的钱创办的！"说到激动处，狄秋雁几乎站不住。

罗恩贴心地搬来椅子，请她坐下。司君没说什么，默认了这个行为。狄秋雁坐下来，捧着罗恩给她倒的热茶，慢慢缓过来，恢复平静的语调。

她作为十六氏的贵族小姐，带着丰厚的嫁妆嫁给沈天鸿，那个空有聪明才智却没有原始资本的小伙惊喜极了。他能力超群，智商很高，用妻子给的本金做药企，顺风顺水地发达起来。事业有了起色，两人生活稳定，就考虑生个孩子。

"杨美娜是我家的保姆。"说到这个女人，狄秋雁抬眼看向陈默，那孩子对这个名字毫无反应，正忙着往他叔叔嘴里塞炸鸡。

周树本来听八卦听得上头，见大侄子这么孝顺，便乐呵呵地跟他一起吃起了零食，还问罗恩："有瓜子吗？"

罗恩笑眯眯地弯腰："有的，周先生，但不建议您现在吃呢。"毕竟正在听人家讲悲伤往事，你这边咔嚓咔嚓地嗑瓜子，不大好。

周树撇嘴。他对这个绑架了自家孩子的女人没有丝毫同情，听到这"悲惨"的故事只想开瓶啤酒边撸串边听，被哥哥踢了一脚才收起点外卖的手，继续毫无意趣地听八卦。

见那孩子没什么反应，狄秋雁便继续说起来，报复似的盯着陈默，字字清晰："她没上过大学，连高中都没能毕业。我那时候同情她，还提出可以供她上大学。后来我怀孕的时候，杨美娜也怀孕了……"

说到这里，她的声音变得低哑。过去的种种，如今再回忆，处处都是剜心的刀子。

小保姆怀孕了，说是相亲认识的男朋友的，并迅速跟那个男人结了婚。狄秋雁丝毫没有怀疑，还高兴地给她包了个大红包。

"我是血族，没有奶水。当时想着如果我的孩子出生，是个人类，可以请她一起喂养。"狄秋雁单手捂住脸，遮挡一瞬间的狼狈神色。人家怀了自己丈夫的私生子，她还给人家发红包，还请人家来喂养自己的儿子。

血族与人类生的孩子有一半概率会是血族，也有一半概率是人类。孩子降生之后，血族会派专人来鉴定孩子的种族，如果是血族就直接抱走，人类养不活一个生下来就要喝鲜血的婴儿。如果鉴定出来是人类，血族就不会再管。

狄秋雁的孩子是个人类，她很高兴，这样孩子就可以留在身边。沈天鸿一直对她很好，虽然儿子天资不高且做了很多混账事，但他一直没有放弃，还在努力教孩子回归正途。直到杨美娜再次出现，打破了他们父子间这份艰难维系的平衡。

沈天鸿不甘心把多年创下的基业交给一个败家儿子，看到智商180的陈默时他动摇了，他想把核心产业交给聪明的继承人。

狄秋雁更不甘心，这是用她的嫁妆发展起来的基业，就算交给自家儿子败光，也不能落到旁人之手。她要把所有的东西都抢回来，美梦破碎的大小姐变成了歇斯底里的怨妇。这个继承了沈天鸿高智商基因的孩子，是对她跨物种联姻的最大讽刺。

割掉鱼尾的人鱼跟人类结婚，如果人类不再爱她，她只能化作泡沫。

司君看着明显苍老许多的狄家大小姐，薄唇抿成一条直线："选择与人类结合，本就是不负责任的行为。如果那个孩子是血族，你就任由他们带走，不闻不问了吗？"

狄秋雁愣了一下，显然她没有考虑过这个问题，半晌才语气生硬地说道："我有什么办法，总不能当着丈夫的面往奶瓶里装血吧？"

司君语调冰冷："没有能力就不要生孩子，跟人类结合给族群带来风险、给孩子带来痛苦，自私至极。"

狄秋雁用手绢擦了擦脸，冷声回道："既然戒律里没有不许跟人类结婚这一条，领主就没有权力指摘我的错处。我今天是来解决别的问题，不是听你训斥我的婚姻的！"

夏渝州偷偷伸出手，在司君背上顺了顺，用眼神询问他怎么了。这么激烈的言辞，不像是司君会说出来的。

狄家大小姐也是有脾气的，犯了错会承认，但不意味着她会任由年轻的领主胡乱挑刺。怼完司君，她转头看向吃饱喝足，靠着夏渝州犯懒的陈默："你真的不是我儿子吗？"

陈默打了个嗝："真不是，我只是不想变成傻子。您放心，那家产我一分都不要，我心向科研，只想当个青史留名的科学家。"说着，他还往夏渝州身后缩了缩。豪门太可怕了，还是继承牙科诊所更安全。

夏渝州看着已经长出尖牙的儿子，若有所思。

"你跟我验个DNA，如果确定不是，我绝不会伤害你。"狄秋雁不死心。

司君抬手，拒绝了她的要求："你一个血族，验什么DNA？"

鉴定机构搞清楚了陈默的基因构造，"发现新物种"的消息就会轰动世界了。

司君转头，看向罗恩："通知狄家的人，让他们拿当初的鉴定资料来。"

孩子刚出生时，血族做的鉴定记录是会保存的。是骡子是马，看看记录就知道了。

"没错。"陈默点头，"放心，我肯定是骡子。"

夏渝州拍了他一巴掌："瞎说什么呢！"

陈默："怎么了，爸爸？你觉得我是血族后裔？"

夏渝州翻了个白眼："我只是不想有个骡子儿子。"

| 第三十章 |
狗 血

司君向来讲究当日事当日毕，对罗恩说："即刻联系十六氏族长。"

罗恩应了一声，用遥控器调出投影仪，在夏渝州疑惑的目光中点击视频通话，屏幕上显示着"十六氏—狄桦"。

夏渝州回想了一下前段时间补习的血族常识："这个狄桦，我记得还不是族长？"

十六氏的族长是个老头，名字十分霸气，叫狄万军，一人之力可抵万军，叫人印象深刻。不过由于夏渝州平时学习不认真，这会儿有点不确定了。

"狄桦是十六氏族长的小儿子，按照血族幼子承家业的习惯，他就是少族长。据说狄万军身体不好，最近几年都是狄桦做代族长的。"百科全书陈默及时给他科普。

夏渝州了然，拍了拍儿子的脑袋以示表扬。有个聪明的儿子就是好，可以安心当个糊涂的老父亲。

说话晚了一步的司君瞥了多话的陈默一眼。

"这是父亲上次给的资料上的，都是父亲教得好。"陈默张口就来，说得情真意切，诚恳非常。

"啊，我啥时候给你资料了？"夏渝州茫然。

陈默指指司君："我说父亲，不是爸爸。"

司君顿了一下，唇角微微上扬，也伸出手，不甚熟练地摸了摸陈默的头。

夏渝州："……"揍儿子一拳。臭小子，认爹认得倒是快。

陈默弯起眼睛，装模作样地哀叫一声，然后看向一直直勾勾地盯着他的狄秋雁，意图让她明白形势：自己是有两个爸爸罩的，给他打针的后果很严重，希望狄女士看清现实，不要再打歪主意。

视频通话响了近一分钟，那边才接起来。

一双满是血丝的眼睛突然出现在镜头前，眨了眨，然后慢慢离远了些。那边灯光昏暗，像是一间拉上了遮光帘的书房，护眼台灯和电脑屏幕的光打在那张苍白瘦削的脸上，颇有几分惊悚片的味道。

夏渝州被吓得一个激灵，往司君那边躲了一下。

司君始终淡淡地看着投影屏幕上的人："狄桦……"

"别说话！"狄桦立时打断了他的话，呼吸急促地说道，"我刚想到一个惊天地泣鬼神的好句子，用在这个场景中简直绝妙。"说罢，便继续盯着电脑，听筒中传出疾风骤雨般的键盘敲击声。

夏渝州坐直身体，龇牙一笑："这人在干什么啊？"

罗恩适时出现，向他讲解："他在写网络小说，听说很受欢迎。"

"啥？"夏渝州看向那个神色狰狞、似乎要把键盘敲穿的十六氏少族长，"一个血族代族长，职业是网络写手？"这世界可真魔幻。

"那有什么，云城领主还是个刚转正的小医生呢，总是值夜班，还没人家写小说赚得多。"周树抓住一切时机攻击司君。

司君低下头，并不言语。

"医生怎么了？救死扶伤、拯救世界，最符合血族的价值观了。"夏渝州踢了弟弟一脚。

"啧。"周树对他这副胳膊肘往外拐的嘴脸没眼看。

司君抿唇，看起来很是惭愧。血族在人类社会中各有各的营生，什么行业都有，人类社会可不会因为你是"血中贵族"就格外优待。

狄秋雁嗤笑一声："呵，领主会缺钱？这是我今年听到的最好笑的笑话。"

不等司君开口，展龙已经上前呵斥："现在不是陈述时间，狄女士，你暂时没有发言权。"

狄秋雁翻了个白眼。

"呼——"键盘敲击声戛然而止，狄桦虚脱般地靠在椅背上，长长地舒了口气，而后懒洋洋地问司君："什么事？"

司君还没开口，狄桦已经看到了他身边的夏渝州，好奇不已地凑近了屏幕："这就是你那个朋友？哦，真是个小可爱，像夏日夜晚的蓝风铃，的确值得……"

"他想知道，你一个代族长为什么选择写网络小说。"司君开口打断了狄桦那带有浓浓翻译腔味道的赞美。

"啊？"骤然被点名，夏渝州一头雾水，虽然有点好奇，但现在明显不是讨论这种闲话的时候吧。狄桦看起来很忙的样子，要是因为这种无聊的问题挂了电话，就不好了。

好在狄桦丝毫不觉得这问题无聊，甚至整个人都严肃了起来，在护眼灯的光芒下坐直身体，郑重其事道："因为我有这个天赋，我们狄家祖上出过文豪，到这一代刚好传给了我。"

文豪？夏渝州努力回想自己学过的历史，似乎没有尽人皆知的狄姓文豪，想来想去只有——"狄仁杰吗？"

狄桦摇摇手指："狄更斯。"

夏渝州："……"

周树小声问大侄子："我读书少，这狄更斯不姓狄吧？"

陈默嘴角一抽："不姓狄，人家就姓狄更斯。"

夏渝州揉了揉太阳穴，这位代族长看起来不大靠谱。

然而狄桦还在滔滔不绝，阐述狄更斯对他的影响，并积极地向夏渝州推荐自己的新书："我的笔名是荻花，'枫叶荻花秋瑟瑟'的荻花。我的新书《血魔至尊》正在连载，讲古代血族一统三界的故事，你一定喜欢看。下回血族聚会的时候，咱俩可以探讨一下。"

血族一统三界……夏渝州给他比了个大拇指："有想法。"

"说正事。"司君挡下夏渝州的手，正色道，"找你是为了求证一件事。"

司君抬抬下巴，示意他姐姐狄秋雁也在，让狄秋雁自己把前因后果交代一遍。

狄秋雁神色紧张地跟弟弟对视片刻，低头叫了声："代族长。"

狄桦不咸不淡地应了一声："长话短说，我今天的更新任务还没完成。"

"我想看一下当年我儿子的鉴定报告，只耽误你一分钟。"狄秋雁沉默了一秒钟，只憋出这么一句。

"我需要一个理由。"狄桦从桌上摸了副眼镜戴上，涣散颓然的宅佬目光瞬间聚焦起来，透过屏幕直视狄秋雁，气势瞬间不同了。

狄秋雁不敢再耍性子，精简再精简地把事情交代了一遍，放在膝头的手攥得死紧。放弃一切换来的幸福，到头来不过是一场笑话。要不是万不得已，她是不会告诉娘家的。

耐着性子听完姐姐的讲述，狄桦神色淡淡："对你的遭遇我很遗憾，但并不同情。"

狄秋雁冷下脸："我不需要你同情。"

"血族本来就不该跟人类通婚。"狄桦看了一眼司君，慢悠悠地说道，"通常我们认为，血族跟人类结婚，生下血族和人类的概率一半一半。其实不然，我统计过历年的资料，虽然有一定概率能生下更强大的血族，但绝大部分生下的都是人类。"

狄桦把摄像头转向电脑屏幕，让他们看自己为了写小说收集的各种资料，其中有一项是血族与人类通婚生下后代的结果统计。

"按照族群发展的规律，如果所有人都像你一样不负责任地跟人类结合，几代之后，血族就会濒临灭绝。"狄桦若有所指地看向夏渝州。

夏渝州心中一惊，元古种的确是要灭绝了，这人莫非知道点什么？

然而狄桦站在族群发展的宏观角度冷嘲热讽了一番之后就不再多言，敲击键盘快速调出了相关资料。

"司领主，可否保证在场之人都是血族？"狄桦的权限很高，不需要任何人的批示就可以直接调出十六氏的机密文件，但他可以查看，不代表可以公之于众，所以他要先对听众的身份做例行审核。

司君点头："我保证。"

狄桦扫视了一圈，点头，然后看向狄秋雁："你的儿子，我不承认是我外甥的那个儿子，他有白皙的皮肤，黑葡萄一样的大眼睛……哦，这么优美的描写，看来是我记录的。那时候我才几岁，十二还是十三？"

"老实说，并不怎么优美，毕竟真正的天才十二岁已经能用英文写十四行诗了。"司君无情地提醒他，"请回归正题，狄先生。"

"哼。"狄桦哼了一声，没有追问是哪个天才自取其辱，继续刚才的话题，"我当年满怀欣喜地去看望，盼望着他是个血族，好让我能像司家主那样收养一个可爱的外甥。他一定会继承十六氏强大的基因，成为十六氏最强的勇士。可惜他让我失望了，他只是个普通的人类崽子，脑袋上有两个可笑的发旋，血型为 B 型血。多齿牙床，生不出血牙来，以后只会是个牙齿又多又丑的家伙。"

两个发旋，多齿牙床！夏渝州听到了重点，立时掰着儿子的嘴巴查看。

正常人会长二十颗乳牙，三十二颗恒牙，如果长得比这多就是多齿。血族有自己的检查方式，可以在没长牙的小婴儿嘴里看到将来牙齿的生长状况。

夏渝州作为牙医，不需要挨个数，扫一眼就能看出有几颗牙。看完牙，他又扒拉着儿子的脑袋看发旋。陈默因为羡慕周树酷酷的板寸头，也跟着剃了相同的发型，发旋数一目了然。

陈默被他看得紧张起来："爸爸，你看出什么了？"

夏渝州默默端起桌上还未喝完的鹿血，塞到儿子手里："喝杯狗血吧，它适合你。"

陈默还未长出智齿的嘴巴里已经有三十四颗恒牙，它们紧紧挤在一起，把新生的血牙挤得细长。两个圆润可爱的发旋就么堂而皇之地趴在头顶，不多不少，不偏不倚。

陈默握着杯子，半晌没说话，然后仰头一饮而尽。

干了这杯"狗血"，祭这无常的生活！

陈默抹了把嘴，一言难尽地看向夏渝州。没等父子俩说啥，狄秋雁忽然扑了过来。

"我的孩子！"说不出是痛苦还是兴奋，狄秋雁踩着高跟鞋冲过来，张开手臂就要抱儿子，却被陈默瞬间躲开。

狄秋雁扑了个空，愣了一下，脸上露出受伤的表情。

陈默显然没有心思照顾这位生母的心情，满脑子都是之前差点被弄傻的阴影，哪里敢让她触碰！他像一条滑不溜丢的泥鳅，矮身避开拥抱之后，迅速窜到夏渝州和司君中间，这才感觉安全无虞。

那边狄桦得知这个情况，顿时激动了起来："这孩子现在是血族？"

不等这边的人回答，年轻的代族长已经从椅子上蹦了起来，在昏暗的房间里来回踱步："啊，神奇的元古种激发了血统不纯的残次血脉，让看似废物的杂种半人半血族成为最强王者。这……这就是我小说的男主啊！"

狄桦兴奋得又是砸拳又是抓头发，不多时就把半长不短的精英头挠成了鸡窝。

夏渝州吃了一惊，立时坐直了身体："你刚才说什么？什么残次血脉？你家有这种记载吗？"

关于什么人能转化为血族，先祖手札中没有记载，老夏也不知道。他研究了很久都不得其法，目前只知道骨髓配型成功的可以转化，但按照这个标准找实在太难了。过去家族繁盛的时候，决计不是用的这种方法。而如果是残血激发的，那就好办多了。

夏渝州期待地盯着狄桦。司君却皱着眉，肃声问："你们家有关于元古种的记载？上次我问你的时候，怎么不说？"

"啊？"狄桦回头，面对两双目光灼灼的眼睛，三两下把鸡窝捋平，"没呀，这是我小说的设定。"

夏渝州："……"

陈默看到爸爸失望的样子，想了想道："其实有点道理。'歃血归亲'，这个'归'字也许有什么特殊含义。流落在外的残血种通过补完重归亲族，咱们可以往这个方向研究……"

"宝贝儿！"一声甜腻的叫唤生生打断了小默同学的论述，沙发上的三人齐齐打了个冷战，看向摆出慈父脸的狄桦。

"宝贝儿，我是你舅舅。按照血族的规矩，从现在开始，你的监护权将移交给我，我马上派人……不，我自己去云城接你。"狄桦一边说一边搓手，隔着屏幕看着外甥，仿佛在看什么可爱无比的茸毛动物，恨不得扑出来亲一口的那种。

陈默一听这话，顿时把脑袋摇成了拨浪鼓："我不去。"

夏渝州开口："狄先生，请冷静。他不是天然的血族，而是后天被转化的，伦理上，我才是他的爸爸，是他最正统的监护人。"

现代种以前是有转化能力的，虽然久远，但规矩还是在的。转化者为长亲，对被转化的血族负全部责任，这是写在古老的血族律条里的。

司君附和："没错，他现在是含山氏的。"

狄桦瞪大了眼睛："什么含山氏？他是我们十六氏的种！转化的规矩到现代社会已经不适用了，谁能为谁负全部责任呢？你给他做过能力测试吗？是'镇静'还是'激化'，是'冻结'还是'分崩'？"

镜外镇静，镜内冻结，乃含山氏贵族；镜外激化，镜内分崩，乃十六氏贵族。

通常两个血族结合，生下的孩子都会做能力测试，靠他表现出的能力类型决定归属于哪个家族，而不是简单的随父姓或随母姓。

司君："两者都不是，他继承的是元古种的能力。"

狄桦干瞪眼。原本想着这孩子跟含山氏没有任何血缘关系，怎么着遗传的都会是十六氏的能力，万万没想到竟是随了元古种。

"元古种果然强大。"狄桦感慨，"冒昧问一句，元古种的能力是什么？"

夏渝州轻咳一声，不好意思地说："没能力。"他只有转化的能力，但严格来说，这并不算是一种血族能力。用蛇类做比较的话，现代种都是有毒类的，而他们温暾平和的元古种就是无毒的草蟒。

然而狄桦并不相信："不可能，元古种才是最强大的。我家的记载里说，元古种是血族中最接近神的种族……这个我给你看过啊！"说到这里，他赶紧补充了一句，免得司君找碴。

司君不置可否，冷眼瞪着他。

狄桦嘿嘿一笑，真诚地看向夏渝州："那么，夏先生是否有兴趣加入十六氏呢？按血缘关系来说，小默还是应该归属于十六氏的，养在含山氏名下实在不像话。"

"呃……"作家的脑回路就是清奇，夏渝州一时不知道怎么说他好，在司君要杀人的目光中赶紧拒绝，"不……不了吧。"

"无论如何，我明天去云城。好了，不说了，我要先把明天的更新赶出来，回聊。"说罢，狄桦迅速关了视频通话，不给司君拒绝的机会。

司君:"……"

孩子救回来,这里就没周树什么事了,他晚上还有训练赛,就先走了。陈默精神紧绷了一上午,吃饱之后就开始犯困,坐在沙发上,脑袋一点一点的。

贴心的罗恩请他上楼去休息,夏渝州就拎着儿子去了客房。

"爸爸。"陈默半边脸埋在被子里,只露出一双乌溜溜的大眼睛。

我儿子真是无敌可爱。夏渝州这么想着,又坐回床边,揉了揉儿子的脑袋:"怎么了?需要爸爸我给你唱首摇篮曲吗?"

陈默眼角一抽:"不了吧。"

夏渝州龇牙:"嗨?嫌我唱得不好?不行,必须听。"

"哟哟,what's up man!月儿清,风儿明,树叶儿照窗棂,小宝宝快睡觉,不睡老虎把你吃掉!"

轻缓柔和的摇篮曲楞是被他唱成了嘻哈说唱,动次打次,节奏感极强,因为身世突变生出的那么点伤感都被这一句"what's up man"给冲没了。陈默翻了个白眼,蒙头睡觉。

夏渝州哄睡了孩子,轻手轻脚地走出去,正遇到上楼来的司君。

狄秋雁意图伤害陈默的事还是要追究的,血族并不会因为是亲人就能绕开惩罚。就算是亲生母亲,也不能伤害同为血族的儿子,该有的惩罚一样都不会少。

夏渝州左右看了看,紧张兮兮地问:"你没有打她吧?怎么说她也是小默的生母。"

司君面无表情道:"她知道小默是血族之后,依旧试图毒傻他。"

"……"夏渝州挽起袖子,"忘了这茬了,我去揍她。"

他刚走两步,就被司君拽了回来:"没打她,我不打女人,给她足够的惩罚了。她什么都认,还提出要补偿小默,我应下来了。"

夏渝州松了力道:"行吧。"

司君低声说:"该睡觉了。"

夏渝州:"那……我回客房了?"

司君不置可否,带着他往走廊深处走去。走到一间华丽的房间外,司君停下脚步，单手推开门，请他进去。

"啊？"夏渝州没明白。

罗恩及时出现，笑着解释："这是少爷当上领主时让我准备的，属于夏先生的房间。"

司君似乎有些不好意思："晚安。"

夏渝州："……"

"咔嗒"，沉重的木门关上，留下一室静谧。

夏渝州摸了摸脑门儿："……行吧。"

不同于整个大宅有些昏暗的灯光风格，这间屋子很是明亮，没有了那种莫名的压抑感，让人心情舒畅。

夏渝州慢悠悠地在屋里逛了一圈。这是一间小套房，有客厅、卧室、浴室，还有阳台，面积比客房大得多。屋子里的摆设还是华丽的中古风的，不过家具的色彩更明亮一些。

欧式木雕的高脚摆桌上放着一把做工精致的长剑，并非含山氏常用的佩剑，而是华国古代的宝剑，与周围的摆设格格不入。夏渝州拿起那把剑，"唰啦"一声拔剑出鞘。剑身晃悠悠、软绵绵，薄如铁片，是不锈钢材质的。

"道具剑啊。"夏渝州嘴角一抽。这是舞台上用的道具剑，又薄又软，不会伤人。以前夏渝州在学校晚会上表演，用的就是这种剑。

这家伙收藏表演道具做什么？就算只是当摆件，一般人也都是用未开刃的真剑，放把表演用的道具剑着实显得档次很低。夏渝州有些纳闷，拎着剑继续看别的地方。

墙上挂着一张照片，乍一看以为是含山氏的哪位先祖，仔细瞧，却发现是穿着表演服的夏渝州。广袖长衫，横剑在手，眉眼飞扬的青年冲着镜头龇牙笑。照片的色调很暗，故意做旧了，因而看着像是古画。发现是自己，他还吓了一跳。

"这是什么时候拍的？"夏渝州对这张照片毫无印象。

这场表演是在他跟司君刚认识的时候，他虽然邀请了司君去看，但并不清楚那人究竟去了没有。后来说起这个，司君没有接茬，他以为没去，却不知道这人不仅去了，还拍了照片。他生出几分高兴来，原来早在那时，司君就已经懂得欣赏他帅气的颜了。

除了这些，房间里还有很多有趣的小玩意儿。书柜上的牙齿模型、酒柜里的运动水杯、房顶的彩色吊灯、床头的小猫玩偶……都是他喜欢的东西，放在这古旧的房间里，格格不入得叫人眼眶发热。

夏渝州扑到床上，抓过那只玩偶抱在怀里，打了个滚儿。圆滚滚的猫咪张着嘴巴，露出两颗小尖牙，笑得可爱又欠揍，他忍不住拽了拽它的耳朵。

身体陷在柔软的鹅绒垫子里，夏渝州毫无困意。他一时想起自己那身世坎坷的儿子，越想越睡不着，后来索性起身，蹑手蹑脚地回了客房，想再看一眼儿子。

客房里没开灯，也没拉窗帘。月光透过玻璃窗照进来，在厚实的暗色地毯上投下一片长长的亮光，本应早就睡下的陈默独自坐在窗台上。这场景有些熟悉，又很不同。

第一次见到陈默的时候，他独自坐在病床上，双腿蜷曲抱在胸前，那是防御、无助的姿态。现在他虽子然独坐，但是一条腿支起，另一条腿则随意地垂在窗台下，孤独却潇洒。

夏渝州想起自己年少时耍帅摆拍，经常就用这个造型。不愧是我儿子！刚刚揪起的心顺着月光勾勒的流畅线条滑回原位。

夏渝州走过去，揉揉儿子的脑袋："怎么不睡觉？"

"下午睡多了。"陈默顺着这力道在他的掌心蹭了一下。

小猫一样的动作搔到了夏渝州的心尖上，他挨着儿子坐了下来。父子俩谁都没有再说话，听着屋子里老式摆钟"咔嗒咔嗒"的声音，就这么沉默了许久。

"小时候，我总觉得我妈对我不够好。"陈默毫无征兆地开口，声音很低，仿佛在自言自语。夏渝州没应声，由着他继续说。

"后来我观察了别的小朋友的父母，发现他们在小朋友看不见的地方，也会露出不耐烦的表情。所以我认为，原因在于我太聪明了，看穿了大人的伪装。直到有一次，我发高烧，那个女人在我的床边站了很久，什么也没做。"

"……"

"我猜，她那个时候是盼着我自己烧死的。"

记忆力太好，对于小孩子来说，其实并不是一件令人愉悦的事情。大人们不知道他会记住，于是肆无忌惮地展现自己的丑恶。夏渝州皱起眉头，看向依旧面色平静的儿子："后来呢，她怎么改主意了？"

杨美娜这个女人反复无常，她的很多行为夏渝州都难以理解。陈默病重的时候，她没去找沈家要钱，由着他自生自灭，甚至想在他临终前再捞一笔；后来陈默没了消息，她却跑去求沈天鸿，让他救救这个快死的私生子，走失了十六年的母爱突然泛滥。

陈默看着自己的右手中指，因为过早学写字，他的中指关节长得有点歪："因为有节目组打来电话，说要我去参加一个儿童节目的录制，酬金很高。"过去的这些年，他常常想，如果不是自己足够聪明，能赚钱，他是不是早已死在了那场高烧里？他无数次痛恨自己的高智商，又无数次庆幸自己的高智商。

夏渝州捏了捏儿子的手指，没什么肉，皮包着细骨头，骨节有轻微的错位："现在这样不是挺好？反正她也不是你妈妈。"

不是妈妈，那些对妈妈的期待、失望、难过，便可以烟消云散了。

"是啊。"陈默把自己的手指抽回来，"把对爱的期待寄托在别人身上，本来就是愚蠢的行为。"倔强又别扭的口吻，中二得宛如新生血族向德古拉宣誓效忠。

夏渝州笑出声，一把扯过儿子，在他剃成猕猴桃的板寸头上使劲搓了搓："没关系的，爸爸爱你。"

陈默顿了一下，突然把脸埋进他怀里，瓮声瓮气地说："其实你也没比我大几岁。"

夏渝州拽他的耳朵："就算比你小，我也是你爸爸，是绝对保真、你亲眼看着建立血缘关系的爸爸！"

"……"

虽然这话听着有点怪，但确实是实话。不管那些狗血的恩怨情仇、真真假假，至少夏渝州这个血族爸爸是真的。从出厂转化到交付使用都是陈默自己亲眼见证的，再没有比这更真的了。

"爸爸，谢谢你。"

感觉到抱着自己的胳膊骤然收紧，湿热的液体浸透了胸前的衣衫，夏渝州作为老父亲的责任感瞬间从脚底蹿到头顶。他回抱住儿子，像给小动物顺毛一样抚摸他的脊背。柔弱的、乖巧的、可爱的孩子呀，你这会儿不管提什么要求，绝对要星星不给月亮。

"我不想去那个什么少族长那里。"

"行，咱不去。"

"我不认识他，他也不是我的法定监护人，寄人篱下的滋味真的不好。"在牙科诊所的这些天，是他有生以来最快乐的时光。

"肯定不让你去，你是我儿子。"夏渝州打包票，努力哄孩子。

陈默哭累了，说着说着就在他怀里睡着了。他艰难地把儿子拖回床上安置好，轻手轻脚地离开客房，靠在门板上长长地舒了口气。

胸前黏糊糊、湿漉漉的一片，眼泪鼻涕的不大体面，夏渝州便回了自己房间，准备找件衣服换上，但这房间里什么都齐备，就是没有外穿的衣服，只有几件款式各异的睡衣。他随手挑了一件换上，丝质的衣料十分服帖。

夏渝州整理好衣服，迅速蹿出门，迎面就撞上了精神奕奕的罗恩。

"啊！"夏渝州吓得直接蹦了起来。

"夏先生，您这是去哪里？"罗恩笑得温和得体。

夏渝州的房间里什么都有，厕所、浴室、冰箱、饮料、零食，这个时间出来晃悠，定是有无法满足的需求。

"我去喝杯酒。"夏渝州随口胡诌。

罗恩了然地点点头，房间里确实没有酒。他抬手示意夏渝州跟他下楼："您怎么半夜想喝酒呢？"

"喝多了去找司君闲聊。"

罗恩："……"

夏渝州："……"糟了，一紧张，竟然把实话说出来了。

气氛有些尴尬，夏渝州干咳一声，想说自己是开玩笑的："咳，那什么……啊哈哈……我……"

"您愿意跟少爷亲近真是太好了，"罗恩依旧保持着得体的笑容，将倒了琥珀色酒液的水晶杯放到夏渝州面前，"少爷会很高兴的。"

| 第三十一章 |
偏 心

夏渝州嘴角一抽，干笑着接过那杯酒。其实他没想喝酒，大半夜的喝酒太上头。就算不喝酒，他也是有胆闯进领主房间玩耍的，这一喝酒反而显得自己没胆了。

尽职的罗恩管家并不知道夏渝州陷入了面子问题的纠结中，一直温柔和蔼地盯着他，手臂上还搭着白色的餐巾，随时待命："需要加冰吗？"

"啊，不用，夜里不喝那么凉的。"夏渝州晃了晃水晶杯，"我就是觉得……少了花生米。"

洋酒配花生米，一定能"土"到西式管家，让他无语地走开！

"没问题。"罗恩毫不犹豫地应承下来，转身去冰箱里取了一碟标准的带干辣椒的炸花生米，红彤彤，油亮亮。

"啊哈哈，罗恩你真厉害，跟叮当猫似的。"夏渝州干巴巴地夸赞了一句，捏起一颗花生米扔到嘴里，慢吞吞地喝了一口酒。

意外有点好喝，些微的辛辣过后是雨后香草的甜，咽下去会留下淡淡的苦。

"这是什么酒？"夏渝州又嚼了颗花生米。

"青羊氏酿的，没有名字，狄少爷说应该叫年少时的爱，少爷没反对，我想他大概是认同这个名字的。"罗恩不疾不徐地解释。

年少时的爱，刚开始热烈火辣，像火山熔岩；过程像雨后的草香，干干净净，清清甜甜；失去后则是淡淡的苦涩，回味悠长，时光都难以治愈。

"狄少侠确实有点文豪的潜质。"夏渝州不甚专业地吹捧了一句。

罗恩微笑，没有纠正"少侠"的称呼："少爷很喜欢这种酒，每次来大宅都会喝一杯。"

夏渝州捏花生米的手顿了一下，抬眼看向罗恩，他觉得这老头话里有话："介意陪我喝一杯吗？"

"荣幸之至。"罗恩放下餐巾，在夏渝州对面坐下，给自己也倒了一杯，"本该是少爷来陪您喝酒的，但他今天心情不好，请您见谅。"

"有吗？"夏渝州愣了一下，这他真没看出来。

"白天的时候，您大概没注意，狄少主提到了养育外甥的事。"罗恩给了点提示。

"啊。"夏渝州回想了一下，皱起眉头。

司君是他舅舅养大的，他很少提及家里的事，难道他在舅舅家不开心吗？陈默刚才的话还在脑子里回荡，夏渝州的心顿时提了起来，用充满求知欲的眼神看向罗恩。

罗恩跟他碰杯，抿了一口酒："少爷跟默小少爷的情况类似。"

司君的妈妈是如今含山氏族长的姐姐。当年，她像狄秋雁一样爱上了人类，一意孤行地与人类结婚，并生下了司君。

"少爷是血族，刚出生就被抱回了司家，由族长抚养。"

人类养不活血族小孩，因此生下来的血族必须带回家族。司君的母亲偶尔会来看他，父亲却不知道他的存在。

"不知道？"夏渝州有些吃惊，"这怎么可能呢？老婆怀孕生孩子，他能不知道？"

罗恩摇头："不是这种不知道。他以为孩子刚出生就夭折了。"

血族的人类伴侣不能知道血族的存在，自然不能和司君这个血族儿子相认。后来司君的父母又有了新的孩子，父亲也就逐渐忘记了第一个孩子夭折的痛苦。

夏渝州皱眉："那……司君见过他爸爸吗？"

"见过。"罗恩给夏渝州添酒，"那位先生跟家里有些生意往来，所以是见过的。小时候，少爷见那位先生给女儿买了玩具，便上前去问：'可以给我也买一个吗？'"

夏渝州的心瞬间提到了喉咙眼，他哑声问："买了吗？"

罗恩垂下眼睑，轻轻叹了口气："那位先生还没说话，就被族长喝止了。"

司君的舅舅恰好看到这一幕，不知是被什么气到了，语气非常严厉。他说："司君，你的教养呢？要什么东西我给你买，不要麻烦别人。向客人讨东西像什么样子，你是乞丐吗？"

夏渝州倒吸一口凉气，当时的情景可想而知有多尴尬："舅舅怎么能这么说呢？当时司君才多大？"

"七岁。"

"……"

"从那时候起，少爷就没再开口要过什么。就算再喜欢，他都不会主动提。"罗恩对这件事记忆犹新，"族长也很后悔，试着补偿过，但效果不是很好。"

夏渝州咽下杯中的酒液，舌根苦得厉害："罗恩，你想说什么？"

罗恩微微笑了，又给他添酒："少爷真的当你是最好的朋友，很在乎你，我从没见过他这么珍视过一个人。"

"我知道了。"夏渝州愣怔许久，端起酒杯一口闷了，才堪堪缓解心中闷闷的感觉。他放下酒杯，噔噔噔地跑上楼去，径直奔到走廊尽头，毫不犹豫地拍响了司君的房门。

拍了好几下，穿着睡袍的司君才来开门："怎么……"

话没说完，带着淡淡酒气的夏渝州就冲了进去抱住他："我喝多迷路了。"

司君有些迷惑，低头看他："我送你回房间？"

"我不，我要在你的房间蹦迪，你可以收留我一晚上吗？"沉默了一小会儿，夏渝州松开他，一脸真诚地满嘴跑火车，还躺在地上耍赖。

司君愣了一下，无奈地笑道："好。"

关了门，司君打开桌上的复古音乐盒，放了一首上个世纪的摇滚音乐。

夏渝州爬起来，挠头，刚才是随口胡扯的，其实他不会蹦迪。

司君挑眉看他，突然凑近了些，清甜的香气已渐渐消散，空气中只留下淡淡的余香："年少时的爱？"

"嗯，现在已经变成苦味了。"夏渝州不好意思地嘿嘿笑着。

司君嘴角微微上挑："不蹦了？"

夏渝州被他一激，一咬牙，赤脚蹦上床："蹦！谁说不蹦了？一人我饮酒醉，醉把佳人成双对……"

刚起来的气氛被这一通土味喊麦给喊没了，司君哭笑不得地叹了口气，关了音乐，起身去浴室拿毛巾，回来揪住满床乱爬的家伙，给他擦擦脸和手，再塞进被窝里。

"睡吧。"司君慢条斯理地爬上床，关灯。

Kingsize 的大床，高级乳胶床垫，他们俩各睡一边，就算翻跟头也影响不到另一边的人。明明是一张床，却跟睡在世界两端没有区别。

听了罗恩的话，又猛喝了一杯酒，夏渝州现在心情难以平复。他连续翻身滚到司君身边，踢了踢司君的小腿。

"别动。"由着他闹腾了一会儿，司君无奈地睁开眼。

"哎呀，人家好朋友睡一张床都能聊到天亮的。你跟我一起睡，就没话讲吗？"夏渝州没有停下踢人的动作。

司君被他弄得睡不成，索性开始反击。夏渝州不甘示弱，两人在被窝里过了上百招，逐渐演变成比腿力，看谁先把对方踢下床。两人的脚快成了风火轮，被子掉了一地，最后拿起枕头开始大战。

"哈哈哈哈哈……"玩累了的两人倒在一起，夏渝州忍不住大笑，"司君，我以后惯着你好不好？不管你想做什么，哪怕胡作非为，我都会惯着你，跟你一起胡作非为。你对我好，我也会成为世界上对你最好的人。"

从小到大，所有人都要他讲礼貌、懂规矩。血族有血族的规则，人类有人类的道德，家族几百年的传承把一举一动都规定得死死的，从没人跟他说，你可以胡来，我惯着你。

"想要什么就说出来，别怕。"

"嗯。"司君看着他良久，温柔地应了一声。

既能给儿子顺毛，又能安慰"冷酷"的领主大人，他夏渝州果然是天下第一暖男，不禁嘚瑟道："乖，哥哥疼你！"

次日，夏渝州在一阵腰酸背痛中醒来，两眼昏花，处于一种类似失血过多的晕眩状态。

"啊，这真是……"还没到三十呢，晚上闹一闹就腿酸胳膊痛的，到底比不得年轻的时候。

司君在一旁嘿嘿直笑。

夏渝州扭头瞧他："怎么笑得跟个小猪崽似的，吭哧吭哧的？"

司君也不恼，继续傻乐："渝州。"

"嗯？"

"渝州。"

"干吗？"

"渝州。"

"在呢。"

"渝州……"

夏渝州受不了了，问他："傻了？"

"我……很开心。"司君突然说道。这是他第一次明明白白地诉说自己的心情，虽然神情认真，但整个人都散发着快乐的光芒。

夏渝州似乎也被感染了，收敛起玩笑的神色。

司君："你以后会只对我好……会偏心我吗？"

他似乎觉得"只对我好"有点不切实际，便换成了"偏心"，但即便这样，也觉得自己有些贪心了。司君轻抿着唇，可怜巴巴地用"狗狗眼"看他。

夏渝州受不了这种眼神，忍不住伸手揉了揉他的头："那当然，肯定会偏心你啊。"

司君的"狗狗眼"顿时亮晶晶的，他骤然握紧了夏渝州的手："你知道我最开始为什么觉得你好吗？"

这人竟然主动剖析内心了！夏渝州大气都不敢出，只从鼻子里发出应和的声音："嗯？"

"因为你把那杯红枣茶给了我，而没有给那个女生。"

以前在舞蹈教室排练时，夏渝州买了十几杯奶茶来，只有一杯红枣茶，那是司君点的，但对夏渝州有好感的女生撒娇耍赖，想要那杯红枣茶。

在家族中，虽然舅舅跟他最亲，但同辈的、晚辈的小孩子很多，舅舅作为族长要一视同仁。但凡有东西要分配，舅舅总要讲公正，不偏不倚，不会少给他，也不会多偏心。会吵闹、会争抢的人总能先挑到喜欢的东西，而司君已经习惯了谦让。

但出乎意料地，那个刚认识不久的男生强势地夺回了被拿走的红枣茶，坚定地放到他手中，告诉所有人，这是司君的。

少年人的认定，就在一瞬间。

夏渝州有些心疼："傻子，一杯红枣茶就把你骗走了。我应该上幼儿园的时候就去找你，拿块糖把你领回家。"

司君竟认真地想了想："那也不错。"

夏渝州叹了口气，像摸狗一样摸了摸他的后脑勺："我只偏心你，最好的都给你，谁都比不上你，好不好？"

"那儿子呢？"

"儿子也不行，儿子哪能跟你比？"

话音刚落，"咚咚咚"的敲门声响起，陈默在外面喊："爸爸，你在这里吗？"

"真是说儿子，儿子就到。"夏渝州翻了个白眼，瘫在床上装咸鱼，踢踢司君的小腿，"你去开门。"

司君："你刚说……"

夏渝州立时接上："你最重要，但我现在需要休息，不要这个儿子了！现在，他是你儿子，快去开门吧。"

司君愣了一下，竟然被说服了。他站直身体，认真整理了一下睡袍，昂首阔步地去开门。

厚重的木门突然被拉开，半靠在门上的陈默差点摔进去，见开门的是司君，讪讪地站好："那个……"

"有什么事，跟我说。"没等他问出口，司君便直接道，"从今天开始，我也是你的监护人。"

陈默看着司君那上扬的嘴角："您倒也不必跟我炫耀您和我爸爸的关系更好了。"

司君面不改色，且又站直了些，看起来颇为得意。

陈默嘴角一抽："我是想说，我舅舅和亲妈在客厅里吵起来了，或许你们有兴趣看看。"

"狄桦来了，我下去一下。"司君折返回来，开始洗漱换衣服。

夏渝州眼看赖不下去了，坐起身来："这么早就来了，这人真够心急的。"

"已经中午了。"司君收拾完出来，开始挑选衬衫。

夏渝州愣了一下，看看时间，才发现整个上午已经被他睡过去了。他龇了龇牙，赶紧跳下床。

司君转过身来，抿着唇不说话，把一只宝石袖扣塞到他手中。

"嘿，你这人……使唤我倒是顺手。"说归说，夏渝州还是接过来，好好地给他扣上。

司君被戳了也不恼："你再歇会儿，早餐罗恩会送过来。"

穿戴整齐的领主精致优雅得如同画报里走出来的王子，一举一动都充满了光影交叠的不真实感，叫人移不开眼。

领主大人都发话了，要代他行父职，儿子也不会跑。夏渝州懒得应付这些，三两步扑到床上，继续瘫着。

陈默站在门外，等着打扮整齐的司君一起下楼，看到司君这抬头挺胸的样子，不由得眯了眯眼："看得出来，您是真的很开心。"

司君微微抬手，露出漂亮的宝石袖扣："你爸爸亲手给我戴的。"

"原来如此。"陈默点点头，"我爸爸也给我戴过。"

司君没有回话，保持着高贵优雅的姿态下楼去。

楼下，久别重逢的姐弟正剑拔弩张地互相指责。

一名穿着黄色运动服、身形高大的男子，抱着手臂一脸不耐烦："当年检测完之后给你看报告，你一眼也不看，说既然不是血族，就跟我们无关了，请我们立刻离开，现在又怨我没一字一句地读给你听了？自己的儿子长什么样，你自己都记不住，还指望别人吗？"

狄秋雁依旧穿得端庄体面，只是脸色憔悴了不少，眼中满是血丝，显然是一夜未眠的状态，但她的腰背挺得笔直："要不是爸爸和你都这么绝情，我会不跟娘家来往？你只会站在一边说风凉话，但凡你对外甥有一点儿关心，就不会这么多年一眼都不来看望，也不至于让我的儿子流落在外受那么多苦！"

"吵够了没有？"司君站在楼梯上，冷眼看着这对吵闹的姐弟。

狄秋雁看见他，立时低头行礼。狄桦却还站着，等司君走下楼梯，才上前跟他握手："好久不见，你还是这副欠揍的模样。"

司君握了一下就松开手。

陈默从他身后冒出头："你们太吵了，会影响我爸爸休息的。"

"小默！"狄桦看到外甥，那双常年对着电脑，不太能聚焦的眼睛瞬间充满了光亮，他伸出大手，一把抓住陈默，搂到怀里一阵揉搓，"我是你舅舅呀！昨天咱们在视频里见过的。快让我看看，啧啧，这相貌、这牙口，难怪都说外甥像舅，简直是跟我一个模子刻出来的！"

"恕我眼拙。"司君冷眼瞥过去，一个高大壮汉，一个纤细少年，到底哪只眼睛看出来像的？

"怎么不像了？"狄桦拿出手机，搂着外甥咔咔拍了两张自拍，越看越满意，"你瞧，多像啊！芝兰玉树，玉树临风，风流倜傥，傥……"

"堂堂仪表。"陈默接道。

狄桦："表里如一。"

陈默："一马当先。"

狄桦："先声夺人。"

司君："……你们玩够了吗？"

两人立时闭嘴，莫名开始的成语接龙游戏戛然而止。

司君抬起戴着宝石袖扣的手臂，理了一下并不存在皱褶的衣领："如你所见，现在他也是我儿子，他的监护权归我。"

"哎，不是，等一下！"狄桦听得一愣，"司君，没想到你是这种人！居然要跟我抢孩子！"

司君眉头都没有皱一下，抬手请狄桦坐下喝茶："欢迎你来到云城领地，但作为代族长，你还是留在自家的领地比较好，吃了午饭，就回去吧。"

狄桦嗤笑一声，坐下喝了口茶，不咸不淡地跟司君扯皮："监护权的事，不是这么定的。他现在是元古种，这其中涉及的伦理比较复杂。昨晚写完更新，我特地查了一下资料……"

陈默正竖着耳朵听这两人探讨自己的归属问题，感到一道灼热的目光一直盯着自己，便用余光看了回去。

满眼血丝的狄秋雁死死地盯着他，想说话，但又不敢开口。

陈默往司君身边挪了挪。司君示意他坐到自己身边，他立时颠颠地凑过去，乖巧地坐好。

狄秋雁正要上前，手机忽然响了起来。她说了声抱歉，往远处走几步，接起电话。

"妈！"电话那边传来沈家豪的声音，那个她养了十六年的儿子。

狄秋雁瞬间攥紧了手机，没说话。那边也没有给她问话的机会，自顾自地噼里啪啦说了一通："妈，我需要钱，你给我打两百万。我不会乱花，是追女孩用的。"

"没有。"狄秋雁冰冷地回了两个字。

"哎哎，别呀。"沈家豪没有意识到母亲语气的不同，继续喋喋不休，"她是个小爱豆，不好追，今天下午有个站台推广活动，我得去给她撑排面！妈，我保证，只要我把她追到手，我马上去你安排的学校上学！真的，这回是认真的！"

狄秋雁深吸一口气，语调不高不低，平静异常："从今天开始，我不会给你一分钱了，你要钱，去找你爸要吧。"说罢，直接挂了电话。

然而，沈家豪显然还没弄清楚状况，不依不饶地又打了过来，连续被挂断三次，才放弃了。

狄秋雁把手机装回包里，沉默了片刻，缓和了下情绪，而后向司君告辞："还有事要处理。"

司君点头，本来也没打算留她吃饭。

狄秋雁上前两步，弯下腰，跟坐着的陈默视线平齐，万分不舍地看着他："妈妈现在不求你能原谅，但该是你的东西一样都不能少。等着，妈妈把所有的东西都夺回来，再来跟你道歉。"说罢，她站直身体，理了理鬓角，头也不回地走了。

等夏渝州磨磨蹭蹭地下楼，大厅里就只剩下司君、陈默和狄桦三人。

狄桦瞧见夏渝州，立时站了起来，快步迎上去："夏先生，很荣幸见到你，我是狄桦。"

夏渝州见这人很有礼貌地伸手过来，以为他是要握手，便伸手过去，却不料对方捏住了他的指尖，直接往嘴上凑："尊贵的元古种，请允许我亲吻你的手指。"

"啪！"一只白色手套甩到了狄桦脸上。

狄桦放开夏渝州的手，冷眼看向司君："你向我甩手套，是想决斗吗？"

司君慢条斯理地重新戴上手套："我想你需要看清楚，这不是决斗礼仪，你现在也没有资格同我决斗。我只是单纯地，用手套抽你的脸。"

狄桦惊呆了，眼睛逐渐瞪大，指指手套，再指指自己的脸，半晌反应过来，骤然露出一双血牙，如同瞬移一般逼近司君："你想打架吗？"

劲风带动额前的碎发荡了两下，司君不为所动，眼都不眨。

"不要以为宅男就没有战斗力，你以为就你有手套吗？"这般说着，狄桦从运动裤口袋里掏出一双手套，重重地甩到司君胸口，"你侮辱我，我要跟你决斗！"

司君抬手接住下落的手套，神情严肃起来："彩头呢？十六氏的另一块封地？"

血族之间的决斗，一方甩手套，另一方接住，便视为仪式完成，是非斗不可的。每一场决斗都有要争抢的东西，也就是所谓的彩头。

狄桦表情凶狠，血牙寒光湛湛："呸！我的尊严倒还不至于赌一块封地，谁输了一会儿吃饭谁出钱！"

一个代族长的尊严不值一块封地的吗？夏渝州对封地的值钱程度顿时有了新的认知："……什么饭啊？"

狄桦收起血牙，转头跟夏渝州解释："小默他这个爸不是说要吃饭吗？都是一家人，一起吃个饭，叫上你弟弟。咱们现在算是没有血缘关系的亲兄弟了。"

夏渝州嘴角一抽："你这语文水平……"

司君把手套放在掌心，平摊着还回去："请。"

狄桦拿回手套，塞进裤兜里，然后单手伸进上衣口袋，一举一动充满了郑重的仪式感。

眼神在空中厮杀，火花四溅，剑拔弩张，张牙舞爪……说时迟那时快，狄桦绷紧脊背，从口袋中以迅雷不及掩耳之势掏出手机，跟司君齐齐坐在了沙发上。

"当当当！欢迎来到和平拳皇！"夏渝州听到了熟悉的游戏启动音。那两人打开了一款时下流行的手游，选择1V1模式开战，宛如二十年前在游戏厅街机上对打的小学生。

夏渝州面无表情地转头看向罗恩："血族的决斗，就这样？"

罗恩笑眯眯地给他倒了杯茶："传统的决斗自然是要进入镜界拼剑的，不过随着时代的发展，年轻血族之间有了新的决斗方式。根据决斗级别的不同，彩头的内容也不尽相同，像狄少爷提出的支付午饭费用的彩头，便用手游解决即可。"

陈默："哇，那叔叔在血族无敌了，打游戏谁都打不过他。"

夏渝州咂咂嘴："啊，他总算有点用了。"

陈默凑过来小声说："爸爸，其实咱们可以自立门户了，你已经拥有了血族排名第一的打手。"

夏渝州瞥了他一眼："血族第一打游戏手？"

"嗯。"

"每天找人决斗，叫人请吃饭，以此来支撑门庭吗？"

陈默想了想："也可以决斗成语接龙，我上。"

夏渝州往儿子屁股上踢一脚，儿子灵活闪避。儿子没踢到，却不小心扭了一下腰，顿时疼得他龇牙咧嘴。

"爸爸，你没事吧？"

"站好，让我踢一脚，不许跑。"

"哦。"

就在儿子委委屈屈地站着不动让他踢的时候，那边的决斗已经分出了胜负。手机里传出一声惨叫，狄桦的游戏人物被砍掉了最后一滴血，死不瞑目。

"这不科学！"狄桦摔了手机，"你这手速不科学，手游还能打出九连击，你是人吗？"

夏渝州乐了："他这是弹钢琴的手，当然快。"

"胡说八道，道听途说，说来话长，"狄桦撇嘴，"他那手……"

话没说完，司君就提着他的领子把他拎起来，叫他上楼去换件正式点的衣服："长话短说，少啰唆。渝州，你给周树打电话，我们去那家米其林二星的餐厅。"

云城不用预约就可以直接去吃的米其林二星餐厅只有那一家，价格非常美丽。

狄桦一脸被坑了的苦主相："不是吧，要不要这么狠？"

夏渝州被狄桦的表情逗乐了，等他上楼，还笑个不停。

"这么好笑吗？"司君看他乐呵，自己也忍不住微微笑了。

"我是笑原来你也有朋友。"夏渝州仿佛一个老父亲，发现终于有小朋友肯跟自家孤僻冷漠的孩子一起玩，感到无比欣慰。

司君："算不上朋友，只是从小认识。像他这样的还有几个，你想认识的话，下次血族聚会带你去。"

"你要介绍你的朋友给我呀？"夏渝州歪头看他。

"嗯。"司君点点头，而后提醒道，"给周树打电话吧。"

"啊，对。"把弟弟给忘了，夏渝州反省了一下，掏出手机，叫亲爱的弟弟来吃饭。

电话响了好几声才被接起，那边听起来有些吵闹，像是在商场里，人声鼎沸，并且有音乐在播放。"手机装兜里了，没听见。"周树第一句就赶紧解释，以免被哥哥骂。

夏渝州看了看时间："大中午的你跑哪儿去了？过来吃饭，小默他舅舅要请咱们一家吃米林。我们从大宅出发，你要是在市区，就直接过去吧。"

周树犹豫了一下："这会儿吗？"

夏渝州点头，而后发觉弟弟看不见，又开口道："对啊，难道请你吃晚饭吗？"

"这会儿不行。茵茵下午两点有站台活动，我得给我宝贝闺女捧场。而且这场地在西五环，那家米其林在东四环，我根本赶不及。"商场活动人比较多，他还得提前占位置，为了爱豆，果断放弃家庭聚餐。

陈默幽幽地凑过来："这话听着怎么有点耳熟？"

"嗯？"夏渝州看向儿子，"什么耳熟？"

陈默舔了舔自己刚长出来的小血牙，咧嘴笑道："就是……"

"啊！"电话那头突然传来一声惨叫，声音大到没有偷听的司君也听到了。

夏渝州把手机拿远一点儿，揉揉耳朵："鬼叫什么？"

"有个傻大头买了好多玫瑰花，拉了一卡车，把台子前面的空地都占了！肯定是她队友家的猥琐粉，把应援位都占了，恶心谁呢？就你家有钱吗？老子也有钱，一会儿就雇铲车给你都拉走！"周树一边说一边走，好像自家闺女被欺负了一般。

小女团的应援，向来是谁家粉多、有钱，谁家的应援就好，但都不会把事情做绝，不可能把所有位置都占了，让别家的应援物没处摆。现在台前摆满了同一风格的应援物，显然是有人越界了。

第一次追星养女儿的树神不能忍，宛如一支点燃的二踢脚，呼啸着冲了过去，待看清玫瑰花丛中的大字，突然哑火。沉默了十秒钟后，他叫得更大声了："居然是给我闺女的！写得这么恶心！恶心谁呢？"

这话说完，周树就挂断了，听筒里只剩下"嘟嘟嘟"的忙音。

夏渝州："……"

司君："挺有活力。"

饭还是要吃的，就算弟弟忙于粉丝大战再也联系不上，其余家人也还能相亲相爱地共聚米其林。

穿运动服去高级餐厅有点不合适，神奇的罗恩管家不知从哪儿变出一套衣服来，狄桦穿着正合适。他将头发梳到脑后，打上发蜡，顿时变得人模狗样，宅男的猥琐气质一扫而空，跟清贵俊美的司君站在一起，终于像两个少族长的会晤了。

"司君跟你交朋友，肯定是受了我的影响。"狄桦吃了一口菜肴，得意扬扬地跟夏渝州碰杯，"他小时候看家族史，对里面只言片语提到的元古种好奇。我就当场给他编了个童话故事，他听得入迷，立下了一定要交一个元古种朋友的宏愿。"

司君冷眼看向狄桦。

"咳，好吧，没说这个宏愿，但我从他渴慕的眼神里看出来了。"狄桦坚信。

司君："我是渴望那场谈话早些结束，陪你聊天是舅舅给的任务。"

大人们总是打发小孩子一起玩，对于不喜欢同龄人的司君来说，这只是个照顾客人的任务，无聊又聒噪。

夏渝州倒是听得很认真，对小时候的司君充满好奇："司君小时候是什么样子的?"

"他啊,不怎么理人,看谁都是一副'尔等凡人不得造次'的模样。"狄桦撇嘴,"他就是血族里那个别人家的小孩,我们这些同龄人的噩梦。第一次见面,我跟白家那货准备揍他一顿,谁知道……"

"被他揍了?"夏渝州对此毫不意外。

狄桦讪讪地摸了摸鼻子:"他这个人真的很讨厌。"

司君默默掏出手套。

"哎哎,夸你呢。"狄桦赶紧改口,"天才的人缘通常不怎么好,这是没办法的事,是吧小默?"

正在玩手机的陈默:"啊?"

司君微微蹙眉:"吃饭的时候不要玩手机。"

"抱歉父亲,有紧急的事发生。"陈默把手机亮给他们看。

一条新闻以刺目的红色"沸"字为后缀上了热搜,标题为:Tree大战沈公子。

乍一看,好像是讲树神跟一个代号为"沈公子"的人打比赛,但点进去看,却是一张穿着朋克风皮衣的周树一拳打在某油头粉面的小子脸上的抓拍。

有人在下面科普,被打的那个是沈氏制药的独子沈家豪,而动作行云流水宛如功夫巨星的帅哥是电竞选手树神。不是游戏,是真人线下PK,拳拳到肉的那种。

第三十二章
恩 怨

夏渝州赶紧给周树打电话。

周树的声音有些低落:"沈家豪把茵茵吓晕过去了,我刚把人送到医院。"

"是你家里人吗?"那边传来医生的声音,"家属来一趟吧,周先生跟人打架,手指骨折了。"

"手指骨折!"夏渝州噌地站起来,"周树,你真是出息了啊!"

"小伤,没事。"周树满不在乎地说。

"什么小伤!你一个打电竞的,手指头跟钢琴家的一样宝贝,伤了手你怎么打比赛?你再说一句没事?"夏渝州火冒三丈,不由得提高了音量,叫周树在原地不许动,等自己过去。本来还在犟嘴的家伙被哥哥训蔫儿了,哼哼唧唧地应了声。

司君听他心急火燎地说完,起身去拿外套:"我送你去。"

夏渝州点了下头,满怀歉意地看向狄桦。

"你们去吧,我来照顾孩子!"狄桦眼睛一亮,迅速搂过陈默的肩膀,宛如看到家长离开趁机拐带小朋友的人贩子。

陈默瞥了一眼便宜舅舅,把他的手拎下去,默默举手:"我也去,老师叫我下午回实验室,你们把我放医院就行,我自己走过去。"

就在这时,司君的手机也响了:"司医生,这边有个病人情况不大对,你能不能过来看一下?"

"好。"司君应了一声,没有多问,穿上外套就走,夏渝州和陈默紧随其后。

孤零零的狄桦只得提前结束用餐,结了账追出去,抓住准备上车的外甥:"别给你爸添乱了,舅舅送你去上学。"说罢,不由分说地把人塞进自己的车里,叫司机开车。

陈默跟舅舅一起坐在后排,皱起鼻子:"你们狄家人,都喜欢直接抓人上车的吗?"

狄桦看着皱成小猪鼻子的外甥,忍不住伸手捏他的脸:"话不能这么说,我们狄家人不是喜欢抓人上车,而是偏向主动获取。你听过咱家的家训吗?"

"我跟里(你)不素(是)一家。"陈默被捏得嘴巴漏风,还在坚持真理。

然而狄桦并不在意说话漏风的外甥在说什么,声情并茂地给他讲家族史:"先祖云,只有广袤的土地才能喂饱牛羊。我们家自古以来都在努力拓展领地,得不到的就去抢,坐在原地可不会有馅饼掉进嘴里。"

陈默把脸从舅舅手里拽出来:"血族还要养牛羊吗?"

狄桦:"当然,我们家是吃素的,不养牛羊吃什么呢?"

"血族中的游牧民,挺好。"

"所以跟舅舅回家吧,你可以成为这片广袤土地的继承者。"

"我学的不是畜牧专业,不合适。"

"……"

夏渝州赶到医院时,就见自家弟弟气鼓鼓地坐在走廊里,右手的小拇指被包成了粽子,娘兮兮地翘着,左手捏着手机单手打字。

他走过去拎住弟弟的耳朵:"周小树,长本事了啊,你几岁了还跟人打架?"

周树任由他拎着,头也不抬,左手还在飞快打字:"别动别动,我正跟人吵架呢!等我吵赢这一局再说。"

夏渝州低头看向他的手机屏幕,这人正用小号在谢茵茵的微博底下跟人对呛。

某人:"谢茵茵勾搭了沈公子,还勾搭我们树神!"

周树小号:"骂别人之前先撒泡尿照照自己是个什么东西。少给姓沈的脸上贴金了,还公子,他就是个骚扰小姑娘的猥琐男。"

夏渝州："这人……好像是你的粉丝吧。"

周树："管他是谁的粉丝，敢骂我闺女，都给老子滚！"

夏渝州看向跟在身后的司君："要不把他转到精神科看看？"

司君抿唇轻笑："我要去科室看一下病人，有事就叫我。"

"嗯。"夏渝州点头，使劲拍了拍司君的肩膀，"去吧。"

司君拿他毫无办法，摇着头走了。周树终于赢了口水战，神清气爽地抬头，对上哥哥似笑非笑的眼神，顿时收敛笑容，吞了吞口水："那什么……"

"啊，是周先生的家属吗？"骨科的医生出来，瞧见正要教训弟弟的夏渝州，立时叫住他。

夏渝州用眼神警告周树，过会儿再来收拾他，转头对医生笑脸相迎："医生，我弟弟他的手怎么样了？"

医生把拍的片子递给他："目前看来是骨裂，没完全断，给他上了外板，四周之后过来拆。"

夏渝州举起片子看了看，作为一个牙科医生，他自然是会看CT影像的。其他手指骨头完好，可怜的小拇指关节坏了："这能复原吗？他是职业电竞选手，手指非常重要，这样能恢复到正常状态吗？"

"理论上是可以的。拆了板好好复健，两个月内不要提重物，应该能恢复到原来的状态。但要是不认真复健，或者不听话提前干重活了，就可能导致手指变形，影响后续的使用。"医生安慰了夏渝州两句，又反复强调了注意事项，显然对活蹦乱跳宛如疯狗的周树不放心。

夏渝州松了口气："那就好，我一定监督他好好复健。"

千恩万谢地送走了医生，夏渝州一巴掌拍到弟弟的脑袋上："丢不丢人？追星还跟人打架，你是小学生吗？这下好了，要当两个月废人。"

周树蔫头蔫脑地任由他揍，丢人是小事，他树神什么时候怕丢人过？只是两个月不能打比赛有点难受。常规赛马上要开始了，战队失去他这个主力，进季后赛就成了问题。要是因为他冲动跟人打架，战队今年进不去季后赛，那他罪过就大了。

夏渝州见他情绪低落，又开始心疼，坐到旁边摸了摸他的头："已经这样了，咱就好好养伤，你是血族，恢复得肯定比普通人快。你说你，为啥跟那个二百五打架？"

得到了亲人的安慰，周树这才想起自己血族的身份，他小时候磕了碰了都恢复得很快，这次肯定也一样。只要能赶上常规赛的后半段，他就有信心带队伍杀进季后赛。有了希望，他顿时又精神抖擞起来："我本来没打算跟那个小流氓一般见识，但他把茵茵吓晕了。"

夏渝州一愣："啊？他干什么缺德事了，竟然把人小姑娘吓晕了过去？"

正说着，狂奔而来的谢老板在两人面前刹住车，抓着周树问："茵茵呢？"

周树赶紧站起来："在急诊室里，她队友陪着，我不好进去。"

谢老板来不及多说，快步往急诊室跑去。

夏渝州也往那边走去，并叫弟弟跟上。到了急诊室那边，却被告知谢茵茵已经转了科室。

"她的情况有点复杂，我们急诊治不了，转到血液科去了。"急诊的护士如是说。

谢老板的脸"唰"的一下白了："什么意思，我女儿得了什么病？"

护士摇头："这我不清楚，是主任让转的，你们去血液科看看吧。"

夏渝州想起被匆匆叫走的司君，心里咯噔一下，拍了拍谢老板的肩膀："先别紧张，可能是孩子太累，贫血了，现在肯定还在做检查，咱们赶紧过去。"

谢老板僵硬地点点头，跟着熟门熟路的夏渝州往那边走，嘴里絮絮叨叨："我就不该同意她去做什么偶像，累死累活不说，还要被不三不四的人纠缠……"

包含在"不三不四的人"里的周树："……别生气，我已经把那孙子狠狠揍了一顿。你要是气不过，待会儿我按着他，你再打一顿。"

夏渝州捶了弟弟后背一拳："瞎说什么呢？再让人看到你打架，发到网上，你的工作还要不要？！"

电竞选手虽然没有那么怕绯闻，但这种影响不好的事还是要注意。之前还能说是为了保护小姑娘见义勇为，再按着人打可就不行了，如果被扣上暴力狂的帽子，是会被电竞联盟警告甚至开除的。

谢老板没应声，只闷着头快步走。

一堆人聚集在病房外，粉丝、经纪公司的人，还有脑袋上缠着纱布、鼻青脸肿的沈家豪。谢老板跑过去，一拳打在沈家豪脸上："小畜生！"

沈家豪被打蒙了："啊，你谁啊？"

谢老板又打了一拳："我是茵茵的爸爸！茵茵要是有个什么三长两短，老子废了你！"

"哎哎，别打别打！"听到是谢茵茵的父亲，沈家豪顿时收了拳头，抱着脑袋干号，"我不是故意的，茵茵的医疗费我会全部承担的！"

"谁稀罕你的臭钱！真以为你们沈家是什么豪门贵族了！你这种败类就该被警察抓走，牢底坐穿！"谢老板用力甩开他，咬牙转身往病房去。

换上了白大褂的司君走出来，看了一眼闹哄哄的人群，冷声道："安静，不要聚在这里，无关人员马上离开。"

走廊里静了一瞬，医院的安保人员立时过来驱散人群。谢老板看到司君，顿时红了眼："小司，茵茵怎么样了？"

司君看到谢老板，眸色微暗："目前还不能确诊，要做进一步的检查，等所有项目的结果出来，才能判断是什么疾病。但她现在需要马上住院，你们谁去办一下手续？"

"我去吧。"躲在角落的经纪人举手。原本家长来了，他就打算功成身退，结果看到了谢爸爸彪悍揍人的一幕，为自己的小命着想，他赶紧积极起来。

夏渝州跟着进去看了一眼。小姑娘脸色苍白，看起来小小的一只，躺在床上呼吸微弱，任哪个老父亲看到都要心碎一地。

谢老板显然心已经碎成八瓣了，站在床边不知所措，只能眼巴巴地看向司君："她什么时候能醒啊？"

司君把钢笔插回上衣胸前的兜里，将刚签好的单子递给护士："她在发烧，昏倒是因为高烧加上低血糖。急诊给她打了退烧针，过会儿应该就……"

"爸爸……"话还没说完，病床上的女孩就醒了。

谢老板赶紧凑过去，摸摸女儿汗津津的额头，心疼得不知怎么办才好："别怕啊，爸爸在这儿呢，谁也不能欺负你。"

"我没事，就是头晕。"谢茵茵赶紧抹了抹脸，本来没觉得多委屈，但看见爸爸的瞬间就控制不住红了眼眶。屋子里都是人，她觉得有点丢脸，赶紧不哭了，抬头看到神情严肃的司君，顿时双眼放光，"小君哥哥！"

这称呼听得夏渝州汗毛直竖，他知道司家跟谢老板有生意往来，却不知司君跟人家女儿也认识。

"嗯。"司君淡淡地应了一声，没有多寒暄，只问了她几个病情相关的问题。

"没流鼻血，腿上倒是经常有青紫，应该是练舞的时候磕到了吧。"谢茵茵并没有因司君的冷淡而安静下来，依旧笑着跟他说话，"我们好多年没有见面了，我一直惦记着在你家吃的那种巧克力，好好吃呀。"

"你这孩子，是惦记小君哥哥，还是惦记人家的巧克力啊？"谢老板被自家闺女逗乐了，扯她的小辫子。

"嘿嘿嘿。"小姑娘咧嘴一笑，露出一对小梨涡，"巧克力。"

"今晚十一点之后不要吃任何东西，明早会有护士来抽血。"司君没接话，不过语气柔和了些。

夏渝州撇嘴，走出病房，拽了拽弟弟的耳朵："走吧，先回家。"

"等会儿。"周树坐在走廊的椅子上不肯动，单手快速打字，一边跟网友对骂，一边用余光盯着坐在对面的沈家豪，"我得盯着这小子，不能让他跑了。"

沈少爷鼻青脸肿的，依旧倔得像只小牛犊，梗着脖子红着脸："谁跑了？小爷我才不会跑呢。茵茵的事我管到底，你们打我的事也没完！"

周树扬起拳头："安静！"

沈家豪下意识地缩了一下脑袋，然后不服气地哼哼两声，鼓着脸按手机，给家人打电话告状。

陈默双手插兜，晃晃悠悠地走过来的时候，就看见沈少爷表情夸张地给狄秋雁打电话："妈！我被人打了，你快点……"前半句还像是大少爷要找回场子，后半句就鬼哭狼嚎地带上了哭腔。

周树不耐烦地"啧"了一声，那边顿时放低了音量，委屈巴巴道："你快点来看看，我在医大附院。"

不知道狄秋雁说了什么，沈家豪的脸色由涨红逐渐变得煞白："妈，你到底怎么了？泡妞，你生气不想管我，这我懂。我都进医院了你也不管，你是不想要我了吗？"

夏渝州听得直皱眉，千娇万宠养了十六年的儿子，说不管就不管了。或许这里面有对亲儿子的心疼、对杨美娜的恨意作祟，但能做到这么决绝，狄秋雁真是个断舍离高手。

"这就是我那没有血缘关系的亲兄弟吧。"屁颠屁颠跟在陈默身后的狄桦开口，向正在激情打字的周树伸出一只友好的手。

然而周树并没有多余的手能给他，一只手残了，另一只手在键盘上敲出了虚影。他抬头看了一眼狄桦："别乱拉关系啊，咱俩可不是亲兄弟，小默是我们家的孩子。"

狄桦："……"

陈默听到这话，背后隐形的尾巴快速摇了起来，凑到周树身边嘘寒问暖："叔叔，你的手怎么样了呀？一会儿跟我去实验室，让老师看看吧。"

人类医院只能提供普通的治疗，何予那边兴许有针对血族的特殊疗法，能治得更好。

"乖。"周树歪头跟大侄子碰了碰脑袋，"来来，拿出手机，跟我一起作战。"

"什么游戏？"陈默乖乖掏出手机，看向叔叔的屏幕。

"树神小号大战网络喷子。"周树得意地解说着，催促侄子登上社交网站，跟他一起战斗。

陈默："……这种战役还是第一次参加，待末将研究一下。"他划拉着看了几段，眨眨眼，抬头看向坐在对面的沈家豪。

沈家豪对母亲的态度十分不解，气红了眼，挂了电话自己垂着脑袋坐了好一会儿，才又拿起手机打电话："爸，我这边出了点事，我妈说她没有义务给我收拾烂摊子，你能不能……"说着，吸了吸鼻子，阻止即将流出来的不体面的鼻涕。

没等他继续说下去，电话那边便传来沈天鸿克制不住的怒吼，连站在三步开外的夏渝州都听得一清二楚。

"你能不能少给我丢点人？！你知道现在外面都传成什么样子了吗？！你给我站在原地别动，不许接受任何采访！丢人现眼的玩意儿，我怎么就养出了你这么个废物！"

最后两句几乎破了音，震得沈家豪不得不把手机挪远了些。挂了电话，他满脸迷茫："外面……什么样子？"

贴心的陈默把手机递给同样茫然的夏渝州。夏渝州低头看了一眼，干咳一声，不知道该怎么跟这小孩说，只能提醒道："或许，你可以看看网上的状况。"

从上热搜到现在已经有两三个小时了，在网络世界里，两三个小时足够把一个人扒得底裤都不剩。

网民们对拥有千万粉丝的知名电竞选手还是了解的，周树的资料都写在百科里，十八岁到现在的所有经历都有据可查，没什么好争论的。好奇的矛头，自然指向了名不见经传的沈家公子。

沈氏制药老板的独子，小小年纪不好好上学，为了一个小偶像跟树神大打出手，实在很值得扒一扒。这么点时间，沈少爷从幼儿园到如今的成长经历已经完全摊在了大众眼前。

"不学无术""智商堪忧""人品低劣"，这三个大大的标签醒目地贴在了沈家豪的脑门儿上。

瓜子汽水："这人我知道，听我表哥在国外上学的同学的室友说，这小子在学校里猥亵女同学，被学校开除了，遣送回来的。"

树神牛bbb："噫，沈天鸿瞧着人模狗样的，怎么养出了这么个儿子？"

吃瓜吃到脚底板："楼上少扯淡了，犯罪了还能回来？怎么没在国外牢底坐穿啊？"

瓜子汽水："我要是说谎，沈家豪出门被车撞死！据说因为证据不足，他爹又花了不少钱，就放了他。回来之后继续不学无术，花天酒地。我表哥在国内的铁哥们儿说，这小子经常在那家巨贵的夜店玩，撒钱跟洒农药一样。"

……

唾弃、谩骂铺天盖地。无聊的网民们很快攻陷了沈氏制药的官方账号，骂沈天鸿教子无方的，诅咒沈氏制药倒闭的，还有浑水摸鱼说沈氏卖假药的，一拥而上。总体上，就是一边倒地骂沈家豪，骂完他不过瘾就骂他爸爸、妈妈、爷爷、奶奶、姥姥、姥爷。

"没有骂他舅的吧？"狄桦凑过来看热闹。

"你是他舅吗?"夏渝州瞥了他一眼。

"不是啊。"狄桦摇头,"但名义上狄秋雁还是他妈,这天打五雷轰的骂法很可能会波及我。"

夏渝州:"……你想干啥?"

狄桦眼馋地看向打字打成无影手的叔侄俩:"我打字也很快的,时速五千。"

同样是不体面的当街打架,事件的另一位主角——周树,待遇可就好太多了。

周树今天倒霉了没:"姓周的终于暴露自己没素质了,为了抢女人打架,呕,赶紧滚出电竞圈!"

树神小号:"我在现场,树神是为了救那个小姑娘才出手的。姓沈的王八蛋欺负人家小姑娘,我们树神从天而降,挺身而出,拔剑而起,把他制服了。树神简直可以列入感动华国十大人物,堪称电竞圈的道德楷模,男神界的帅气天花板,值得你们每个人顶礼膜拜。"

树神侄儿:"联盟并没有规定见义勇为会被开除。@周树今天倒霉了没 把见义勇为定义为打架属于造谣,对树神的名誉造成了损害,转发过五百,可以告你了。"

周树今天倒霉了没:"哪儿过五百了?少胡说八道。"

周树今天倒霉了没:"怎么转发两万了?!"

树神小号氪金专用:"@周树今天倒霉了没 帮你买了两万转发,不用谢!"

网上对周树的议论,叔侄俩"舌战群儒",愣是给控制住了。

沈少爷很是羡慕,他用小号辩解几句,很快就被淹没在评论的海洋里。偶尔有人发现了,还会连小号一起骂,说他是有钱人的"舔狗",不分是非黑白。他又不好意思跟周树请教吵架的经验,只能生扛着继续挨骂。

好在不多时,司君出来了,打破了走廊里紧张压抑的气氛,所有人都围了过来。

沈家豪:"茵茵怎么样啊?"

周树:"我闺女还好吧?"

陈默:"父亲,有什么需要我跑腿的吗?"

司君瞥了这群人一眼,把目光落到夏渝州脸上,神色柔和下来:"还不清楚,需要住院做进一步的检查。目前看来，与他们的争斗无关。"

夏渝州舒了口气，跟周树无关就好，他拍了拍弟弟的头："听见没有？跟你俩无关，先回家吧。小默去上课，别在这里和你叔胡闹。"

正说着，去办手续的经纪人回来了，神色甚是紧张："医院外面有一堆记者，能不能叫保安把他们赶走啊？这次的事对茵茵会有非常负面的影响，我们还没有想好应对的办法，目前是不能接受采访的。你们医院能不能以扰乱医疗秩序的名义，轰他们走啊？"

听到这话，原本站起来的沈家豪又坐回了原位，脸皱成了苦瓜："他们不是来采访茵茵的，肯定是来采访我的。"刚才沈天鸿交代他待在原地不许动，不能接受任何采访，以免他这猪脑子说出什么不合适的话，导致明天沈氏制药的股价雪崩。

见他这样，周树也坐了回去，意思很明白，这小子不走，他就不走。

经纪人担忧未减，就算不是针对谢茵茵的，记者看到她们也肯定会来凑热闹。跟在经纪人后面的几个队友也战战兢兢的，有个年纪小的憋不住，抱怨了一句："关我们什么事啊？好不容易接了个商业活动，这下搞砸了不说，还连累我们被骂。"

旁边年纪稍长的女孩子赶紧推她一下："你少说两句。"

小女孩："我就要说，网上的人已经开始说我们队都是被人包养的了！要是让亲戚朋友看见，我怎么跟我爸妈解释呀？"

周树翘起包成粽子的小拇指摇了摇，开口安慰："别伤心，你们团这么糊，不会有多少人关注的。"

女孩子们："……"并没有被安慰到。

经纪人一筹莫展，他们倒是可以钻进车里一走了之，但记者看到谢茵茵没有一起走，肯定能猜到她住院了。到时候他们挤进来采访沈少爷，也会重点关照住院的谢茵茵。团队不在身边，谢茵茵回答错了什么，可就麻烦了。

"你们都蒙住脸，让经纪人假扮谢茵茵，快速跑进车里不就好了？"还在跟黑子对骂的陈默抽空说了句话。

经纪人一愣，茅塞顿开："对啊！"他身材瘦小，蒙住头跑得快一点儿，假装谢茵茵也不是不行，反正……

陈默点头："反正你们糊，记者看人头数对了，就以为你们都走了。"

经纪人："……"这叔侄俩，故意的吧！

好歹找到了解决办法，经纪人进去病房，把住院相关的东西都交给谢爸爸，说明了一下现在的情况，在谢爸爸的冷脸中硬着头皮迅速撤离。

司君没再管这些人，径直往办公室走去，走两步又折回来，把夏渝州一起带走。

"我过去一趟，你俩别乱跑啊。"料想司君有话要说，操心的老父亲夏渝州，只能交代这两个不省心的家伙老实待着，自己跟着司君走了。

办公室里还有别的同事，夏渝州环顾四周，觉得这里似乎不是适合说话的地方，狐疑地看向司君。司君什么也没说，只是拿保温杯给他倒了杯水，便开始在电脑上敲诊断书、开检查单。

夏渝州捧着保温杯眨了眨眼："你叫我来，就是给我喝水的？"

"嗯。"司君头也不抬地应了一声。

夏渝州确实渴了，着急叫周树走也是想快点出去喝杯水

米其林餐厅，吃的其实是气氛，菜肴不见得真的好吃。中午那顿饭就吃得夏渝州直皱眉，好几个菜都齁咸，完全品不出传说中的"味蕾层次感"。为了不显得自己土鳖，夏渝州什么也没说，硬是吃了好多，这会儿只觉得舌头干得都要龟裂成盐碱地了。

保温杯纯黑的磨砂杯身上刻了一把小小的银色诗琴，里里外外都洗刷得非常干净，温水清澈见底。夏渝州不客气地咕咚咕咚喝了起来，温水滑入喉咙，泛起只有口渴的人才能品尝到的甘甜。一杯水下肚，他整个人都舒坦了，扒着电脑屏幕冒出半个头，问正在认真工作的司医生："这……合适吗？"

司君见他犹豫，自己也迟疑了一下，疑惑道："有……什么不合适的吗？"

"啊，就是饮水机里的水都被我喝光了。"夏渝州有些不好意思。

司君看了一眼，办公室饮水机里的最后一点儿水都被刚才那杯给接没了，他站起身："没事，我去换一桶。"

夏渝州觉得有些尴尬："咳，你的嘴唇也挺干的，我……我给你倒一杯去。"

办公室里没水了，夏渝州只得出去，到公共热水间接水，恰好遇到了来打水的谢老板。

"你今晚要陪茵茵住下吧？"夏渝州看了看谢老板手里的一次性纸杯，"我明早来接司君下班，你需要什么东西，可以一并帮你带过来。"

谢老板在云城没什么亲友，来往的都是客户，想来是没有人帮忙的。

听他这么说，谢老板紧绷的脸像三月的薄冰，映着光化开了："谢谢你啊，小夏。要用的东西我一会儿去楼下超市买，不麻烦你了。"想想又加了一句，"要是方便，来的时候帮我带一份步行街那家的草莓泡芙。明天早上要抽血，能吃到泡芙的话，茵茵会高兴的。"

"没问题。"夏渝州应承下来。

接好水，夏渝州跟谢老板一起走到病房外，看到沈家豪正抓着陈默的衣领要打他，赶紧跑过去喝止。

沈家豪红了眼睛："你就是我爸的那个私生子吧！"

一分钟前，感觉自己被全世界抛弃了的沈少爷，刷手机刷到了新消息。网上有人爆料，说天才少年陈默正是沈天鸿流落在外的私生子。这位婚生的大少爷显然是废了，沈天鸿放任这些八卦新闻满天乱飞，就是在给私生子铺路的。沈家豪越是一摊烂泥，越能衬托出陈默的可贵，接私生子回家继承家业也就顺理成章了。

一个是连高中都考不上，去国外读书还被遣返的二世祖；一个是智商超群，享誉全国，十六岁就保送医大的天才。

"我总算明白了，今天这一出是你们下的套啊！"沈家豪指着周树的鼻子，"你们想败坏我的名声，所以故意在商场跟我打架，外面那些野鸡记者也是你们找的吧！"

陈默被他拎着领子，无语地翻了个白眼："你以为谁都跟你一样闲啊。"

"想要什么就得自己去抢，你妈妈没教过你吗？"正用手机码字的狄桦抬起头来，凉凉地说了一句。

沈家豪更气了。周树抡起拳头准备揍人，陈默赶紧阻止："舅舅，您就别添乱了，行吗？"

"哎哎，别打架，别打架！"夏渝州忙把他两个拉开。

沈家豪看着站在陈默身边的四个大人，突然崩溃了，一屁股坐到地上，号啕大哭："呜哇哇——你们都欺负我，都欺负我！我妈不要我了，我爸也不待见我，他们是想砍号重练了！呜呜呜呜……"这一嗓子号得整层楼都听见了。

"怎么回事？"一对中年男女风尘仆仆地赶过来，西装革履、眉头紧皱的沈天鸿，花枝招展、浓妆艳抹的杨美娜。

杨美娜走过来，下意识地看向坐在地上的沈家豪，攥紧了手里的包。她深吸一口气，转身抓住陈默的胳膊："你怎么在这里？"

"哭什么哭！还嫌不够丢人吗？"沈天鸿咬牙切齿地把沈家豪从地上抓起来，扔到座椅上。

"呜呜呜……他们都欺负我！我妈不要我了，你也骂我，呜呜呜……"沈家豪有了靠山，顿时哭得更凶了。

杨美娜环视一圈，看到站在陈默身边的一堆人，扑了厚厚粉底的眉心皱出了裂痕，她把陈默拉到一边："今天这件事是不是你策划的？"

陈默翻了个白眼："我没这么无聊。"

这个把他养大的女人显然不能相信他会乖乖待着，压低声音斥责道："身世你也知道了，我从小是怎么教育你的？我这么多年都没找沈家要钱，就是想让你活得有骨气！要不是你这次生病，我走投无路，不然我是绝不会告诉沈家你的存在的。你只是个私生子，这些家产跟你没关系，咱们不能这么没脸没皮，你智商高也不能欺负人家。"

陈默静静地看着她，一字一顿道："你说得有道理，蓄意谋夺人家家产、残害别人的，就应该身败名裂，倒霉一辈子，死了也要下地狱。"

第三十三章
残 镜

剑拔弩张间,楼下的记者不知为何竟冲破了保安的防线,一群人呼啦啦地扛着长枪短炮跑了上来,看到正拉扯着的这一家人,顿时眼冒绿光。

"哇,私生子也在!"

"快快快!"

"沈先生,您是来处理儿子打人这件事的吗?"

"沈先生,打架的事是不是跟私生子有关?"

"沈先生……"

谢老板以迅雷不及掩耳之势关上病房门,把脸贴在门中间的小玻璃窗上,既能隔绝外面的目光,又能看热闹。

沈天鸿瞬间被记者围住了,摄像头冲着沈家豪的脸,三百六十度无死角地拍摄他的青眼窝、烂嘴角。另一半记者则冲到陈默面前,对着他和杨美娜咔咔拍照。

"陈妈妈,我刚才听到你说家产,你现在公布陈默的身份,是为了争夺家产吗?"

"陈默,对于你的身世,你怎么看?"

杨美娜赶紧挥手否认:"不不,我们没有要争家产的意思。这孩子本就不该存在,是我不忍心才偷偷把他生下来的,他没有资格得到沈家的钱。"说着就开始哭泣,把那一套隐忍负重不贪财,为了救儿子不得已才找上沈家的说辞讲得声情并茂,闻者落泪,见者伤心。

陈默抱着手臂看杨美娜表演,不发一言。

原本应该是采访重点的周树则被挤到了一边。靠着身高优势看到大侄子的脸色不好,周树顿时急了:"喂!他还是个未成年,你们不能拍他!离那孩子远点!"

这一声怒吼终于引起了众人的注意,记者们又一窝蜂地挤到周树身边,采访他作为电竞大神当街殴打豪门公子的心路历程。周树不耐烦地抓了一把头发,给夏渝州使眼色让他带陈默先走,然后快速戴上黑色口罩,目露凶光:"因为他欠揍,我打他是看得起他!"

豪门,无能的婚生子,智商超群的私生子,小爱豆和电竞大神,实在精彩纷呈。现场的记者像是掉进瓜田的猹,兴奋得不知道先吃哪一个好,推推搡搡,混乱不堪。

夏渝州勉强抓住陈默的手,把他往回拽,不料被杨美娜瞧见了。这位神奇的杨女士一边哭,一边准确地抓住了陈默的另一只手,不让他走。

"小默,你对着镜头,把刚才的话再说一遍。"杨美娜紧紧盯着他,面部肌肉没控制好,似哭似笑,映在陈默眼里尽是扭曲的狰狞,"你会听妈妈的话,绝不要沈家的一分钱,对不对?"

陈默低头轻笑,握紧了抓着夏渝州的手,从爸爸温暖的掌心中汲取力量:"虽然从法律上来讲,私生子也有继承权,但既然杨女士你道德标准这么高,那我同意私生子一分钱都不应该得到。"

杨女士笑逐颜开,做慈母状,正要摸他的头,忽然被一声怒吼震得一哆嗦。

"杨美娜!"人群之外,穿着高跟鞋的狄秋雁风风火火地走来,愣怔的记者们不自觉地让开道路,让她可以直达杨美娜面前。

"沈夫人!"记者们兴奋极了,所有的镜头都像开启了自动跟随一般,齐齐转向这个怒气冲冲的女人。到这时候,整台戏的角儿才算是齐了。

狄秋雁一点儿都不让记者失望,踩着十厘米高的尖头高跟鞋,大步流星地走到杨美娜面前,一巴掌扇了过去。

"啪"的一声脆响,整个楼道都安静了。紧接着,闪光灯疯狂闪烁起来,满是消毒水味的走廊转眼变成了好莱坞红毯现场。

"网上的水军是你买的吧?想毁我儿子的名声!"狄秋雁推了她一把,看起来没用什么力，却生生把杨美娜推得"咚"的一声撞到了墙壁上。

这一番折腾，恰好把陈默从杨美娜的手中解救出来。狄秋雁向前一步将陈默挡在身后，试图给他一些有限的保护。然而陈默自觉地挪到了夏渝州身边，让狄秋雁的表情有一瞬间的凝滞。

"雁子，你别冲动。"沈天鸿深觉丢脸，过来劝阻狄秋雁。

记者们瞬间捕捉到了关键信息：杨女士在网上买水军，败坏沈家豪的名声？这么说，今天的这场架，竟然是私生子策划的！

沈家豪听到这话，又觉得果然妈妈还是最疼他的，他三两步奔到狄秋雁身边："妈……"

一声"妈"还没叫完，就被狄秋雁打断了："别叫我妈，我可不是你妈妈。"

本来捂着脸哭泣的杨美娜猛然抬起头来，宛如被掐住了脖子的鸡，想说话却只能发出一点儿尖细的气声。她眼睁睁地看着如遭雷击的沈家豪被推了过来。

"那才是我的孩子。"狄秋雁指着不远处面色平静的少年。

"妈，你在说什么呀？！"沈家豪提高了嗓门，激动得声音都变了调。

杨美娜双目圆睁，浑身发抖："不……不是……"

所有人屏息凝神，生怕错漏了一句，没拿摄像机的记者则直接打开了手机录音。

狄秋雁沉默了片刻。或许现在并不是个好时机，她要做的准备还没有完成，但如果现在不说，陈默就会遭受很多莫名的非议，他不该承受那些东西。狄秋雁抬眼，冷笑道："不是吗？杨美娜，你在我家做保姆期间，用自己的儿子换走了我的孩子，你敢说不是吗？"

杨美娜用尽全力僵硬地摇头。

"你本来不打算好好养他，发现他是个高智商的天才之后，才假惺惺地对他好，让他出来赚钱，不是吗？"狄秋雁继续说道。

"一直隐瞒他的身份，就是为了让你的儿子继承沈家的家产。看他快死了才跑出来哭哭啼啼地装慈母，恨不得昭告天下他是私生子，就是为了刺我的心，让我不安宁。最好是能让我出手伤害他，等他没了，你再告诉我他才是我的亲生儿子，让我崩溃发疯，你好连家产带沈太太的位置一起拿到手，是不是？"

狄秋雁上前一步，抢过杨美娜手里的包，掏出一叠文件摔到地上："现在陈默身体好了,你怕这事暴露,还想拉着他签协议放弃财产,是不是?"

沈天鸿愣在原地,看了看呆若木鸡的沈家豪,再看向无动于衷的陈默:"雁子,你是说,小默才是咱们的孩子?"

"嚯——"吃瓜的记者们也惊呆了,被这活生生的现实狗血剧情给噎得说不出话来,只能机械地感叹。

夏渝州听得脑壳疼。豪门恩怨公之于众,必然会把儿子放在聚光灯下,短时间内难以消停。作为一只低调做人的血族,他一点儿也不想陷入这种麻烦里,只想扛起儿子赶紧跑。

这时,司君的一声冷叱钻入耳中,无异于天籁仙乐。

"都出去!"司君顶着一张扑克脸走过来,骨节分明的手指捏着寒光森森的钢笔,不仔细看还以为他提着什么武器,"这里是医院,不是你们胡闹的地方。限你们五分钟之内离开,否则,后果自负。"

记者们还没明白这会有什么后果,狄秋雁就自觉地收敛了满身戾气,喘了口气,理了理头发,低头道:"抱歉,我们马上离开。"

沈夫人骤然改变的态度,令众人跟着乖顺起来。

"雁子……"沈天鸿上前想说话,却被狄秋雁一眼给瞪闭了嘴。

"回去再说,站在这里不嫌丢人吗?"狄秋雁转身便走,虽然丢的不是她的人,临走时她回头看一眼陈默,"儿子,跟妈妈回家吗?"

"不了,谢谢。"陈默干巴巴地应了一声,接收到杨美娜的无数眼刀。沈家豪茫然地看看他,再看看杨美娜,面如死灰。

夏渝州被这群人看得如芒在背,他把保温杯塞到司君手里,拉起儿子和试图继续看热闹的弟弟往反方向走去。有司君守在中间,那群人竟真的不敢追过来。至于之后那几个人如何撕扯,夏渝州虽然好奇得要命,但也不敢再停留。

陈默一点儿也不好奇。下午的课自然是上不了了,他跟着夏渝州回到牙科诊所,安静地继续研究先祖手札。这本手札他已经倒背如流了,不仅在学校图书馆找了几十本古书辅助钻研,还跟司君要了含山氏的藏书来看。

倒是断了手指的周树还盯着手机刷个不停,吃瓜吃得浑然忘我。沈家反转再反转的私生子风云,直接把他当街打人这事盖了过去。狄秋雁怒扇小三的视频上了热搜第一，同时出名的还有沈天鸿的各种表情包。向来以儒雅英俊闻名商圈的沈总，一天之内经历了太多刺激，表情管理彻底失败，愤怒、震惊、狂喜，不停变换的脸色被做成各种表情包刷了屏。

直到战队那英年早秃的老板打电话来把他一顿臭骂，周树才不情不愿地收起咧开的嘴角，气哼哼地搂住大侄子："小默啊，你什么时候回去继承家业？"

陈默头也不抬："有事儿您说。"

周树扭动一米九的巨型身体，笑得猥琐："老子再也不想受秃子的气了，你懂吧？"

陈默点头："懂，等我继承家业，就让沈氏研发治秃的药。"

周树："……"

由于秃子老板表示，即便一只手手指头断了，另一只手也不能放弃训练，于是周树半夜里不情不愿地回了基地。

夏渝州要送他回去，却被他无情拒绝。理由是，二十好几还要哥哥接送，他树神丢不起这个人。于是，他就这么翘着兰花指开跑车，消失在寂寞的黑夜里。

瞧他这副德行，夏渝州很不放心，给司君发了条消息：

"周小树回基地了，以他的尿性，估计会忍不住翘着兰花指用鼠标，那会不会影响骨头恢复啊？"

夏渝州发过去之后，就盯着屏幕，跷着二郎腿，晃着脚丫等回复。一秒，两秒，三秒……足足等了十八秒，没有等来一个字，甚至连"正在输入"都没有。

"司医生，无助的病人家属需要您的回复。"

"？"

"在线扣1，退订扣2。"

"红包：挂号费1元。"

"司君君。"

"司小君。"

"小君哥哥——"

司君查房回来，一条一条地仔细看完消息，收下红包，回复道："疼了他自己会停下。"

"哟哟哟,我说了半天不理我,叫你小君哥哥就秒回。"

司君盯着这句话瞧了半晌,认真地打下一行字,告诉他自己刚才在查房。打下句号,手指放在发送键上方,他想了想,又逐字删掉,换了句跟夏渝州风格统一的回复。

"并没有,我只是来领红包,顺道理你一下。"

"嘿?"夏渝州放下脚坐直了,直接发了条语音过去,"小子,你很嚣张啊。"

拉开办公室对着走廊的百叶窗,能看到斜对面的病房。谢老板就睡在病房外的走廊加床上,悄无声息,如同盘卧在洞口守护珍宝的巨龙。查房结束,没有人走动,走廊的声控灯自动熄灭,万籁俱寂。

司君把听筒凑到耳边,反复听了两遍。青年的声音偏清亮,像清晨随着阳光劈开浓雾的凉风,瞬间驱散了深夜医院的沉郁。

司君回了段语音过去,然后盯着屏幕看,见对方"正在输入"了半晌,也没有发过来,就又把前面那句话听了一遍。

夏渝州的输入框里是一堆没有发出去的乱码,他听完司君发来的语音后,就抱着手机在床上打滚。低沉稳重的声音,用平日从没用过的语气,慢悠悠地说:"不是的呀。"认真中带着几分不易察觉的委屈。

"嗷!"夏渝州又听了一遍,连续翻滚了三圈。这个人怎么突然卖萌,太过分了!

当爹当久了,司君突然这么可爱,他就忍不住"爹"了起来:"在医院值班冷不冷呀?不要趴在桌上睡,困了记得盖毯子。"

司君认真回了个"好的",乖得不得了。

"乖,我明天早上去接你下班。"夏渝州被萌晕了,张口就把明天的惊喜给说了出来。

司君着实愣了一下,小时候他也羡慕过别的小朋友有人接,而他从来没有。直到上了大学,认识了夏渝州,他才知道有人来接会让一整天都充满期待。夏渝州消失的五年里,这份期待再也没有出现过。白天黑夜,上班下班,不过是在死水里无声游动。

平静的夜，因为这一句话泛起涟漪，照进了清亮的月光，枯燥寂寞的夜班忽然有了清晰可见的终点。

发完这句，夏渝州顿觉失策，自己跟自己生了会儿气，便扔开手机睡觉。

话已经说出口，就不能赖床失约。第二天一大早，夏渝州就从床上蹦起来，飞奔进浴室洗澡。

陈默睡眼惺忪地出来洗漱，看见对着镜子挑衣服、弄发型的爸爸，嘴角一抽。虽然以他敏锐的眼力，能清晰地分辨出每件衣服上图案的不同，但总的来说，都是蓝色连帽衫，有必要挑吗？当然，这话他没敢说出来，只默默地观察。

"啧。"夏渝州穿好衣服，用发蜡在脑袋上抓了一把，左看右看，忍不住叹气，"真是太帅了，当年我要是会抓发型，校草第二名肯定是我！"

陈默："……您说得对。"

没有拉风的跑车，老父亲只能骑电动车送孩子上学。夏渝州先去泡芙店里买了泡芙，递给儿子一个，让他就着鸭血当早餐。

陈默皱眉看着手里满是奶油的泡芙："甜腻腻的……"然后试探着咬了一口，咂咂嘴。

等夏渝州结完账转过头来，这孩子已经把他的那个泡芙吃完了，并盯上了他手里提着的，他连忙制止："吃一个得了，这东西太甜，你正换牙，吃多了不好。而且血族对脂肪的代谢比较慢，吃多了会胖，变成胖血族会丢祖宗的脸。"

陈默撇嘴，没听说过血族不许长胖的规矩："说起来，我发现先祖在手札里每隔几页就夸赞自己的美貌，先祖真的很美吗？"不知道家里有没有先祖的画像。

夏渝州把泡芙挂在车把上，回想了一下梦中的白衣人，虽然没有看到过正脸，单看身姿轮廓："应该挺美的，要不美，谁有那么厚的脸皮天天夸自己？"

"……"陈默默默看他，不敢说话。

把儿子送去学校，夏渝州提着泡芙进了住院部。

早晨的抽血检查已经过去，病房里很安静，谢老板和司君都不在，不知道去了哪里。夏渝州左等右等不见人，只得进了病房，把泡芙递给谢茵茵："你爸爸托我买的。"

谢茵茵卷着袖子,胳膊弯里贴着带棉团的医用胶布,应该是刚抽完血。她看到泡芙眼睛都放光了,放下手中封面花里胡哨的小说,一把接过来:"谢谢,谢谢!这是我最喜欢吃的那家的!"

少女脸上的婴儿肥还没消,眼睛又特别大,看起来就像漫画里的美少女。她双手捧着泡芙,先用力嗅了嗅,再张嘴咬了一大口,像小仓鼠一样嚼着,瞧着怪可爱的。

夏渝州伸手帮她拿起快要掉到地上的书。粉色封面,上面画着画风粗糙的动漫男女和娇艳欲滴的玫瑰花,以及用繁复的花体字写着的书名——《古堡绝恋:甜心别想逃》。

青春期少女喜欢的小说,夏渝州这位成年男子注定欣赏不来,他默默地把书放到一边:"你慢慢吃,我去找司君了。你爸爸回来告诉他一声。"

"小哥哥,你是小君哥哥的朋友吗?"谢茵茵舔掉嘴角的奶油,大眼睛里写满了好奇。

夏渝州挑眉,转回头来,笑问:"算是吧。"

女孩子打听男孩子的近况,多半是有什么想法,最关心的问题莫过于对方有没有女朋友。

"不敢不敢,我不配!"谢茵茵竟然听出了潜台词,三两口吃完泡芙,双手交叠放在胸前,"我从小就觉得,小君哥哥是个住在古堡里受了诅咒的王子,不会哭也不会笑,像罩在玻璃罩子里的白玫瑰。我这样的凡俗之人,是没有资格碰触的!"

夏渝州:"……文采不错。"

"你在做什么?"被诅咒的王子突然在他背后说话了,声音冷冰冰的,听起来不大高兴。

夏渝州转头,蹦到司君面前,歪头看他:"来接你下班呀!"

熬了一夜的司医生不见丝毫疲惫,从头到脚清爽整洁,连胡茬都没有,整个人都在发光。

司君嘴角控制不住地上扬:"吃饭了吗?"

夏渝州:"没呢,等你一起吃。"

"那回去我给你做早餐。"司君往外走。

夏渝州欢呼一声,扑到司君身上,让他拖着自己走。

"别闹,下来。"

"哎呀,我骑了一路车,累坏了,让我挂一会儿。"

"……"

谢茵茵目瞪口呆地看了半晌,直到两人消失才回过神来,双手捧住自己的脸:"啊,白玫瑰也有盛开的时候呀!"

"说什么呢?"谢老板提着早餐回来。

谢茵茵用书本遮住嘴巴:"呃,我是说,小君哥哥跟小夏哥哥关系似乎特别好。"

"……唔。"谢老板应了一声,末了忍不住叹气,"你哥哥要是活着,也像他们那么大了。"

谢茵茵皱眉,沉默半晌,拿出最后一个泡芙递给爸爸。

谢老板笑了笑:"爸爸不爱吃甜的,你吃吧。"

司君这夜班上得毫无负担,回到公寓依旧精神抖擞,挽起袖子煎蛋。

夏渝州趴在餐台上,慢吞吞地喝早餐血。

"我给古极加钱了,残镜明天就能修好,到时候我们一起去取吧。"司君把煎好的太阳蛋放到夏渝州面前,转身继续煎下一个。

"这么着急干什么?"夏渝州咬了一口煎蛋,不明所以,"虽然我想尽快繁衍后代,但也不急在这几天呀,花冤枉钱做什么?"

司君顿了一会儿,等闻到轻微的焦煳味才关火:"下个月有圆月舞会,古极可能会提前离开云城。"

"圆月舞会?那是什么?"又是土包子渝州没听过的名词。

"圆月舞会是现代种几个氏族的聚会,每年一次,今年在含山氏举办。到时候我们一起去。"司君端着煎蛋过来,"那些伤害你的人隐藏在血族中,你出现了,他们必然会露出马脚。"仿佛是担心夏渝州不好意思去,又补充了一句,"这是舅舅的意思。"

邀请夏渝州去圆月舞会的是含山氏族长——司君他舅舅,而不是司君临时起意。

夏渝州瞪大了眼睛："所以，计划是拿我当诱饵？"

"我会保护好你的，到了那边，你一步都不要跟我分开。"司君说完，目光从煎蛋往上挪，偷偷瞄夏渝州，怕他不高兴。

夏渝州果然皱起了眉头。

司君小声解释："我不是看轻你的能力，只是你对那边不熟悉，待在一起我才能安心……"

"我不是在意这个。"夏渝州挠头，"我们元古种不懂你们现代种的礼仪、规矩，聚会上出了什么差错，你舅舅会不会觉得我没礼貌啊？"

司君轻笑："不会。"

当初下订单的时候，古家这位少族长信誓旦旦地说一周已经是最快速度了，结果竟然还可以再快。夏渝州接过修复好的残镜，不由摇头，有钱能使鬼推磨，古人诚不欺我。

"这可是少有的急单。"仿佛看透了夏渝州在想什么，古极突然从天花板上倒挂下来，睁着波澜不惊的死鱼眼，垂下左手挠了挠脸颊，"上次加急让我改东西，还是给APP添加任务定向发布功能的时候。"

定向发布？

夏渝州抬头："APP的技术问题也归你们炼器师管吗？定向发布是指……"

古极忽然咧嘴一笑，冲夏渝州勾了勾手指，示意他靠近。

下意识地，夏渝州向前走了一步，顿时汗毛倒竖。倒挂着的古极荡了过来，却骤然停在半空中，因为他居家服的后领被司君稳稳地捏住了。司君发力，把"蝙蝠人"整个抓下来提在手里。

古极遗憾地舔舔嘴角："就尝一口，不行吗？"

司君把他甩到沙发上。古极不在意地顺势瘫在沙发上，冲夏渝州龇牙。

夏渝州很无语，摸了摸自己发凉的脖颈。这位少族长还没放弃品尝元古种鲜血的打算。

这么一折腾，夏渝州就把之前的问题给忘了，等到了研究所，吃了三块饼干和一块蛋糕才想起来："他说的定向发布是什么啊？"

司君喝茶的手立时顿住了。当时的状况走马灯似的在脑海里闪过，他发布了一个任务，等着夏渝州接单，却被展护卫以单身二十年的手速抢走。

愤怒、不甘暴击了领主大人千疮百孔的心，开发任务定向发布功能迫在眉睫！

两三秒的时间内，司君想了很多，表面看起来却像是什么都没想。他从容淡定地把茶杯放回桌上："只是升级一下，因为着急用那个功能，就多加了钱。"

虽然司君语气轻描淡写，但夏渝州觉得不是这么回事。可疑，十分可疑。他歪头瞧了瞧，朝司君伸出罪恶的爪子，准备严刑逼供。

"爸爸，父亲！"陈默快步从实验室里跑出来，打断了两个爸爸的交流，"听说残镜修复了，来试试滴血验亲吧！"他大义凛然地撸起袖子，打算贡献血液。

夏渝州："呃……"

穿着白大褂的何予笑眯眯地跟在后面，举起手中的小试管："这里有普通人类的血液做对照组哦。"

夏渝州："那什么……"

"还是老师想得周全！"陈默说着，已经拿出取血针准备戳手指了。

"等一下。"夏渝州握住儿子的手腕，制止这对自说自话的师生，"我同意了吗？这么急着取血！这镜子消毒了吗？验亲的流程确认了吗？还有你，哪里来的普通人类的血？"

何予晃了晃试管，一脸无辜地说道："现取的助理的。"

夏渝州："……这样好吗？"

何予弯起眼睛："助理不就是用来做这个的吗？"

最后还是司君看不下去了，勒令三人都闭嘴，安静地坐下来认真研究。

夏渝州从脖子上取下那块修复好的残镜。镜子靠近边缘的小洞没有修补，根据古极的研究，这个小洞是制造镜子时就存在的。原本划花了的黄铜镜面如今静若平湖，周围的花纹也做了修缮。若不是那参差不齐的边缘，真会让人忘记它只是一块残镜。

"五岭氏少族长的手艺果真不同凡响。"何予摸着残镜感慨，"听说他继承了古法锻造术，已臻化境，连古家现任家主都不及他。你是怎么说服他留在云城，还给你做那些鸡零狗碎的事的？"

"这不算鸡零狗碎。"司君把残镜拿回来，递给夏渝州。

"我是说，升级APP那种。"何予依旧笑得温和，但怎么看都意有所指。

两人的眼神在空中交锋，噼里啪啦的火花连夏渝州都看见了，他赶紧开口活跃气氛："那个古怪的倒挂男竟然这么厉害呀！"

司君抿唇轻笑："大概是因为我这里更吸引年轻的天才，比如何二少这种。"

这话出乎何予的意料，他着实愣怔了一下，然后取下眼镜，露出笑开了的眉眼："领主大人说话越发动听了，确实如此，不仅吸引年轻的天才，还吸引天才给你当儿子，是吧小默？"

躺着中枪的陈默："……咱们还是滴血验亲吧。我来说一下上次实验的结论。"

镜子未修复的时候，无论是夏渝州的血还是陈默的血，都浮于表面，不能被镜子吸收，而虚镜既不能映出影像，也没有可进入的镜中世界。

言归正传，夏渝州先往镜子上滴了一滴自己的血。修复了的残镜尽管光滑无痕，但依旧照不出任何影像，鲜红的血珠滴在上面，竟然发出了落入水中的"叮咚"声。而后，铜黄色的镜面泛起了圈圈涟漪，血珠没入镜面，如同水珠入湖，瞬间融为一体。

"咦？"夏渝州拎起残镜前后看了看，再戳了戳。镜面光洁如新，什么也没有。

"试试我的。"司君把手指伸过来，也滴了一滴血。

跟方才一样，司君的血也融入了镜中，不留痕迹。目前看来，不论元古种还是现代种，只要是血族的血，都会被吸收。

接下来是陈默这个半路出家的转化血族，结果同上。

最后是刚刚从助理那里采集的普通人血，血液缓慢地从试管中流出，"啪嗒"一声落在镜面上。什么都没有发生，血珠依旧是血珠，浮于镜面。残镜此刻才像一枚真正的铜制品，冰冷坚硬。

"再试试别的。"何予从口袋里又掏出三管血。

夏渝州："……这又是哪儿来的？"

"为了排除血型影响，多采集了几个人的。毕竟除了两个助理，我还有几个研究生，平时笨手笨脚的，也做不出什么成果，这是他们为导师做贡献的好机会。"何予温和地说。

残镜

夏渝州:"……"

反复做了几次试验,结论都一样。但凡血族的血,都会被镜面吸收,而普通人类不管什么血型的血,都不会被吸收。

"就这样?"夏渝州还是一知半解,"那怎么验证血脉?"

"目前样本很少,不能下结论,但可以推测,能转化成血族的兴许都是半种,也就是血族和人类的后代。这些人本身带有血族基因,因而可以被转化,他们的血滴在镜面应当也是可以被吸收的。"何予总结道。为表严谨,他还特别说明,这只是目前的猜测,不能作为理论依据。

"先祖手札里,说的确实是这个意思。用无疾镜验证血脉,滴血验亲,进而转化,老师的推测有 90% 的可能是正确的。"陈默拿纸擦了擦镜面,将残镜还给夏渝州,但中途被司君拦住了。

司君从口袋里掏出一包塑封的医用酒精棉,戴上手套取出一块,仔细地擦拭残镜。直到角角落落都被清理干净,并静置至酒精挥发完,司君这才用手绢包起来,递给夏渝州:"剩下的 10% 就要用半种来验证了。"

夏渝州愉快地接过残镜,重新挂到脖子上:"问题是现在并没有半种可以来验证。话说你们族中的混血,应该都有记录吧?"

何予耸耸肩:"这个我没有权限,领主兴许可以。"

司君沉默了片刻,哑声道:"有。"

夏渝州见他面色有异:"啊,这也不着急,要是不方便就……"

"教授,楼下有一位姓谢的先生要见您,情绪非常激动!"何予身上的对讲机忽然响起。

"谢老板?"夏渝州一惊,看向司君,"他怎么了?"

何予不说话,也用询问的眼神看向司君。

司君抿唇:"让他上来吧。"

电梯门打开,手里拿着一叠单子的谢老板跟跟跄跄地扑进来,差点跪倒在何予面前。陈默赶紧扶他一把:"谢叔叔,你怎么了?"

谢老板推开他,把手里的单子递到司君面前,深吸一口气,用尽量平静的语气说:"小司,今天不是你值班,另一个医生给我讲了化验单。肯定是哪儿出错了,我等不着你,就来这边找你了。"

司君没有接那些单子:"化验结果我已经看过了,没有问题。"

"不可能!"谢老板骤然提高了嗓门,疯了一般地抓住司君的胳膊,"她怎么会得这种病呢?没有被辐射,也没吃什么东西,家里几代人都没得过,不可能的,肯定是检测错了。再测一遍吧!何教授,你可以帮茵茵测一下吗?"

谢老板说着转向何予,巴巴地把化验单递过去。

司君脸色不大好,薄唇抿成一条直线,不说话。夏渝州轻轻地拍了拍他的胳膊。

何予戴上眼镜,接过化验单看了看,皱眉道:"跟小默一样的病呢。"

陈默凑过来看,化验单上的各种数值他熟悉得不能再熟悉,那是他住院的几个月里反反复复盯着瞧的东西,各项指标的正常值范围他都能背出来,也清楚地知道谢茵茵这些异常指标意味着什么。

"我这里做不了这个检测,如果你不放心,可以到别的三甲医院再测一次。不过,排除拿错样品这种小概率事件,检测结果基本上是不会错的。"何予说话的时候,慢条斯理,机械又冰冷,十分令人信服。

谢老板脸色灰败,慢慢地抱着头蹲到地上。

陈默不知道怎么劝慰他,只好悄悄地跟他蹲在一起。谢老板余光瞧见他,忽然想起了什么:"何教授,你之前给小默治病的方法,能不能给我女儿治?"

何予:"……"

没等他回话,谢老板就"扑通"一声跪在地上,激动地说道:"小默现在活蹦乱跳的,没有任何后遗症,也不需要后续治疗,我女儿可以给你做试验。求求你,她还那么小,连个对象都没谈过,按传统疗法治好了身体也会变坏,以后的生活可怎么办呀!呜呜呜……"

谢老板语无伦次地表达着自己的意思,司君的眉头越皱越深,一把将人提起来:"你先起来,跪在地上像什么样子!"

何予回过神来,忙让谢老板坐下,喝杯茶冷静一下,并不着痕迹地看了夏渝州一眼,得到肯定的眼神后说道:"这个方法目前还在实验阶段,治疗条件非常苛刻。小默只是恰好符合而已,主要还是靠常规治疗。如果你坚持,我可以给茵茵做个检测,但先要告诉你,恰好符合条件的概率跟骨髓配型成功差不多,不要抱太大希望。"

听到何予愿意给女儿治疗，谢老板赶紧起身，哆哆嗦嗦地道谢："有希望就行，有希望就行。真的万分感谢，谢谢，谢谢。"

谢老板离开后，何予取下眼镜揉了揉鼻梁，笑着看向夏渝州："你自己决定，需要配合的话说一声。"

夏渝州向来喜欢何予的笑容，温柔多情，让人不由自主地放下戒备，然而此时此刻，他却觉得刺眼。何予的笑是只对着血族的，对于血族之外的人类，他向来缺少应有的耐心和共情。当然，这不能怪他，毕竟他从小就知道，自己跟普通人类是不同的。

夏渝州情绪低落地点了点头，和脸色同样不大好的司君离开实验室。两人在医大的校园里慢慢走。

夏渝州忍不住叹气："那么可爱的小姑娘，怎么就得了绝症呢？"

走着走着，发现身边的位置空了，夏渝州回头，发现司君停在了三步开外的树下。秋风吹动树上的落叶，纷纷扬扬地飘下来，挂在司君黑色的毛衣上。今天他没穿西装，毛衣毛茸茸的质感十分减龄，让面色忧伤的领主大人看起来委屈巴巴的。

"怎么了？"夏渝州走回去。

"渝州，你把她转化成血族吧。"司君用恳求的眼神看着夏渝州。

"啊？"夏渝州挠头，"能转化当然没问题啊，那也得……"

"能！"司君斩钉截铁道。

夏渝州疑惑地看着司君："你……"

"她跟我有血缘关系。"司君垂下眼睛，看着地上交叠铺展的落叶，"她是我妹妹。"

| 第三十四章 |
女 儿

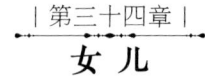

啥玩意儿？妹妹？！夏渝州感觉自己脑门儿上贴满了问号，根本控制不住表情。他知道司君还有人类的父亲和妹妹，但从没往谢老板和谢茵茵身上想过。毕竟司君见到这两人的时候，跟见到其他人没什么区别。

不过仔细想想以前司君说过的关于家人的线索：身为人类，不知道他还存在于世的父亲据说跟司家还有生意上的往来；小时候跟妹妹见过面，还羡慕妹妹手中的乐高玩具……原来，那个父亲就是谢老板！

过去的种种信息交织在一起，夏渝州豁然开朗。司家是开医院的，谢老板是做医疗器械生意的，可不就是有生意往来；小时候见过面，被允许叫"小君哥哥"的女孩，可不就是亲妹妹。

明明是血缘上极亲的人，提起来，司君却十分落寞。夏渝州揉了揉自己发闷的胸口，拍了拍毛茸茸的司君君："那就好办了，我们试试看。如果能转化成功，你还能把茵茵认回家。"

司君沉默了片刻，轻轻点头，然后轻轻地抱住了夏渝州。

夏渝州愣了一下，司君这突如其来的撒娇动作让他僵住不敢动，过了好一会儿才开口说道："不过有一个问题。"

司君放开他："什么？"

"咳。"夏渝州轻咳一声，"我转化了她，她就是我女儿了。但她是你妹妹，那你岂不是要降辈分做我儿子了？"

司君："……"默默伸手捏住夏渝州腰侧的痒痒肉。

"啊哈哈哈，我错了我错了。"夏渝州怕痒，赶紧捏住司君的手腕求饶，"这样，咱们各论各的，行了吧？"

"怎么论？"

"我管你叫哥哥，你管我叫爸爸……嗷嗷嗷！"

被夏渝州这么一闹，司君的心情总算好些了。这么多年，他一直不愿意接近爸爸和妹妹，他们在他心里就像童年时想要的那套乐高玩具，本就不属于他，给了他也只会徒增烦恼。如今突然要属于他了，他却不知道该怎么办。

"你先回家休息吧，熬了一夜，又陪我取镜子折腾了一通，这么漂亮的脸蛋长痘就可惜了。"察觉到司君内心的纠结，夏渝州叫他回家睡觉，自己则去考察转化对象。

谢茵茵还不知道发生了什么事，在病房里挂着吊瓶看小说，嘴里啃着爸爸刚削的苹果，十分开心。谢老板在女儿面前一切正常，笑着问她晚上想吃什么："听护士说，这附近有家烤鱼店很好吃，要不要尝尝呀？"

"咦？我能出去吗？"谢茵茵惊喜地看向爸爸，活泼好动的她被困在医院三天，已经快发霉了。

"我们悄悄出去一个小时，不会被发现的。"谢爸爸小声说。

"好耶！"谢茵茵很高兴，举起双手欢呼，结果扯到了输液管，疼得龇牙咧嘴。

谢老板戳了戳女儿的脑袋，叫她不要乱动，自己提着水瓶出去打水，半晌没有回来。等夏渝州找到他的时候，年逾五十的汉子正坐在消防通道的楼梯间里无声地抹眼泪。

夏渝州蹲在他身边，默默递了条手绢过去。

看到手绢的瞬间，谢老板突然崩溃了，拿过来捂住脸，压抑不住哭声。这个过程很短，大概只有一分钟，但又好像很长，像是把五十年来的种种挫折、苦楚都一并哭尽了，然后在某一瞬间戛然而止。

谢老板用手绢擤了把鼻涕，声音非常响亮，在空旷的楼道里回响。

夏渝州后悔把手绢给他了，应该去公厕撕两张纸来："谢哥，别给自己太大压力，何教授不都答应了么？"

痛哭过后，人会有些呆滞。谢老板盯着虚空中的某个点，垂头丧气道："答应了也不一定能选上，选上了也不见得能治好。"

虽然已经尽了一切努力去争取，但在医疗行业混了这么久，他懂的比一般人多，也就更清楚，自己苦苦求来的机会不过是跟买彩票一样。

"我已经失去了妻子、儿子，我不能再失去女儿了……我一定是受了诅咒，才会一个接一个地失去最重要的人……这些年，我见庙拜庙，遇佛拜佛，烧尽了香，做尽了好事，就是希望女儿好好的。"

夏渝州故作惊讶："你还有个儿子啊？"

"我没有说过吗？"谢老板看着夏渝州，年轻帅气、无忧无虑，满满的生命力令人欣羡，"如果他还活着，应该跟你差不多大。是个很漂亮的孩子，但出生没多久就过世了。"

"确实很漂亮。"夏渝州小声嘟囔了一句。

"嗯？"谢老板没听清。

"我是说，他可别像我，没什么本事，就知道混吃等死，得像司君那么优秀才好。"夏渝州打开手机，翻到穿着毛衣的司君的照片，递到谢老板面前，"你看看，多帅呀！我要是有这么个儿子，做梦都要笑醒！"

谢老板："……"

夏渝州到司君家的时候，屋里黑漆漆的，他适应了一下昏暗，才勉强看清沙发区坐着的人影。

"怎么不开灯啊？"夏渝州打开灯。穿着居家服的司君蜷着大长腿坐在地毯上，摆弄茶几上的乐高。

"能看见。"司君低声答了一句，继续拼着乐高。这是一套城堡，色调灰暗，有塑料玫瑰花做的装饰。他拼得十分熟练，几乎不看拼装说明，甚至不看积木的形状，靠手指摩挲判断。

"吸血鬼城堡？"夏渝州甩掉鞋子走过去，坐在他身边，"你喜欢这种啊，我以为男生都喜欢机械组的。"

司君抿唇，抓了一把塑料积木在手里："算不上喜欢。"

"嗯？"夏渝州从他手里抓走几个，毛手毛脚地往城堡上拼，也不管对不对，边拼边说，"我跟谢茵茵聊了会儿，挺可爱的小姑娘。她还不知道自己得了什么病，正对着手机练习新歌，准备明年的演唱会。不过她唱歌跑调啊，估计开完演唱会，这孩子粉就掉光了。"

"嗯。"司君闷闷地应了一声。

"他其实……还记着你呢。他说有过一个儿子，长得很漂亮，出生没多久就过世了。他伤心了很久呢，当时连名字都想好了。"夏渝州娓娓道来的声音很好听，像竹筒里流出来的山泉水，清亮又柔软，洇湿了一片生机勃勃的青草地。

"什么？"司君略略坐直了身体，"什么名字？"

哥特式的城堡屋顶愣是被夏渝州拼成了贫民窟朋克风的，他满意地拍拍手，转过身："你不知道吗？"

司君摇头："从未听说过……叫什么？"

"叫——"夏渝州拉长了声音，一字一顿，认真道，"谢、宝、宝！"

司君："……"上当了。

"哈哈哈哈哈……"夏渝州看着司君气鼓鼓的脸，笑得直往后仰，要不是司君及时拉住，他的后脑勺就要磕到茶几上去了。

被他这么一闹，什么伤春悲秋都没有了，司君忍不住笑起来："检测了吗？"

夏渝州从口袋里摸出一小管血，上面贴着实验室的标签："我想让你一起看看，就把血拿回来了。"

无视了实验室一大一小两个科研狂人，夏渝州只想拉着司君一起见证奇迹。

"我帮不上什么忙。"司君把桌上的乐高推开，方便夏渝州做实验。

"谁说的？"夏渝州将残镜放在桌上，再把玻璃管塞到司君手里，"要是认了血脉，你得跟我一起抚养，所以从现在开始就要负起责任。"

"……好吧。"就这么被赖上了，司君无奈地应下，嘴角却止不住地上扬。

"做个接盘侠就这么让你开心吗？"夏渝州歪头用脑袋撞撞司君的肩膀。

"不许胡说。"司君板起脸来，叫他坐好。滴血验亲是很严肃的事情。

试管中有防凝固的药物,血液还保持着流动性,"啪嗒"一声,滴在光滑的镜面上。两人屏息凝神,盯着那血液的状态。圆润的血珠在镜面滚动片刻,逐渐坍塌,一点一点地融入了冰冷的金属中,泛起浅浅的涟漪。

没有真正血族的血融得快,但明显区别于普通人的血,在三分钟内就完全融入镜中,了无痕迹。夏渝州伸手摸了摸镜面,光滑如新。

"融了……融了!"夏渝州指尖微颤,激动不已,举着镜子给司君看,"我们的猜测是对的,就是这么验的。我们老夏家的传承有救了!"

司君点头,护着他的腰背,以免他太激动磕到茶几的尖角。其实哪里就真的有救了呢?夏渝州作为最后一只纯血元古种,只有他能将半种转化为血族,等他没了,即便能检测出半种的存在,也不可能转化了。

不过这话司君没说,这时候说丧气话显然是不合适的。

司君想了想,道:"这一切都是未经验证的猜测,目前并没有确切的证据证明可转化与半种之间存在必然联系,保险起见,还是做个骨髓配型吧。"

骨髓配型成功即可转化的理论是经过验证的,比这玄乎的滴血验亲靠谱得多。歃血归亲毕竟是有危险性的,受体如果不适合转换,会即刻死去,神仙难救。

"对,你说得对。"夏渝州点头。

当初小默是病得太重,骨髓移植也救不了,他才毫无心理负担地转化的。如今谢茵茵才刚刚查出来,还没有被医生判死刑,接受常规的治疗还是有治愈的可能的。如果他们判断失误,贸然转化,把人弄死了,这责任可就太大了。

滴血验亲成功的消息很快告知了何予,何予坚持要亲眼看一次,并详细地记录融入过程的各项参数。

"我马上叫研究所安排,今天就把谢茵茵转过来吧。我们晚上开始?"不戴眼镜,何予眼中的灼灼光芒难以掩饰,狂热、兴奋,就差"苍蝇搓手"了,跟往日温柔浅笑着的形象相去甚远。

"不行。"夏渝州摇头,"保险起见,还是先给谢茵茵做骨髓配型吧,如果能跟我配上,那再好不过了。如果配不上,风险必须明确地告知他们父女俩。"

何予眼中热度稍减,微微蹙眉:"其实不必这么麻烦……"

"按渝州说的做。"司君盯着何予,冷声开口。

身为食荤血族的何予并不在意一个人类的存亡，但是领主的命令必须遵守。何予顿了一下，重新露出温煦的笑容："没问题。"

在医院的配合下，谢茵茵做了骨髓配型测试，结果不尽如人意，整个骨髓库都没能找到与她相配的，跟夏渝州的点位也没对上多少。

何予只得去找那父女俩好好谈了一次："好消息是谢小姐的身体刚好符合条件，这是非常难得的，可以说是万中无一的概率。但你们必须知道，这个实验是有风险的，目前只成功了陈默一个，不确定的因素相当多。目前还处于测试阶段，有一半的概率会失败。"

谢老板还没来得及狂喜，就被后半段的话吓住了。谢茵茵刚刚得知自己究竟得了什么病，脸色灰败，颤声问道："失败的话，会怎么样？"

"失败的话会直接死亡。"何予没有再看他们瞬间变得煞白的脸，示意助理递上已经拟好的风险告知书，"目前采取传统疗法也有一定的治愈可能，只不过比较慢，过程也相对痛苦。实验可以快速治愈且愈后效果非常好，但风险巨大。你们认真考虑一下吧。"

留下风险告知书，何予便起身告辞，以免干扰父女俩的决定。

夏渝州不清楚这期间发生了什么，总之三天之后，实验室拿到了厚厚的同意书，谢茵茵也被转移到了实验室里面的独立病房。

"是那女孩自己决定的。"何予指了指玻璃窗内面色平静地看着小说的谢茵茵。

谢老板难以抉择，大好的机会摆在面前，但又有一半的概率会直接死亡。如果保守治疗，等待骨髓移植，说不定能活下去，但生活质量肯定会大打折扣。这样的选择差点把这位老父亲当场送走。

最后还是谢茵茵自己拍板："我还这么年轻，以后的日子很长，我不想做个药罐子。这个机会太难得了，怎么也要试试。别说现在没有适合我的骨髓，就算等到了，移植有一定概率会出现排异，也很危险。"

"是个有魄力的孩子。"夏渝州看着玻璃窗内的准女儿很是欣慰，"话说那50%的失败概率是怎么算出来的？"

何予推了推眼镜："能转化就活，不能转化就死，跟扔硬币一样，一半一半嘛。"

夏渝州："……你这教授职称是买的吧？"

"别担心,爸爸。"看不过去的陈默插言,"我们已经测出她是半种,所以严格来说,成功的概率在75%左右。"

夏渝州:"……"并没有得到安慰。

深夜,走廊里空无一人,病房中各种仪器闪着光芒,叫人心中不安。

实验室的病房与医院的不一样,没有医生准点查房,但有值班的研究员在监控室一直盯数据。今晚的值班研究员是刚刚走马上任的大一新生——陈默同学。

谢茵茵拿着手机跟爸爸视频:"这里挺好的,那边有监视器,只要挥挥手就有医生过来了……没事的,这里的饭菜特别好吃,跟五星级酒店的差不多,想吃什么有什么……实验室不让家属陪同是有道理的,爸爸就不要担心啦。哎呀,不早了,快点睡吧。"

挂了电话,少女脸上的笑容瞬间消失,她无措地左右看了看,然后钻进被窝,蒙住脑袋,悄悄地哭。

"要是失败,我就是杀人了。"夏渝州站在门外小声地跟司君说。他心中实在忐忑,这个孩子是司君的妹妹,他肩上的压力骤然增加,此刻紧张得血牙都在打战。

"已经签了免责协议,人类社会不会追究你的责任,不过……"司君握住他冰凉的指尖,"血族的惩罚是逃不过的。"

"啊?"夏渝州瞪大了眼睛,"还真有惩罚啊?罚什么?"

司君认真想了想:"这次情况比较特殊,要由领主决定。"

夏渝州:"……"突然就不紧张了。

病床上的少女对这一切一无所知。团成一团的棉被瑟瑟发抖,里面传出细弱的抽噎声。

夏渝州抬手想拍拍她,手伸到一半,又停在空中,回头让司君看看自己的打扮是否妥帖。司君给他理了一下头发,把头顶那根翘起来的呆毛压下去捋顺,无声比了个"OK"的手势。

帅气的血族优雅地开口:"彷徨的少女哟,你的生命即将走到尽头,可愿与我共赴黑暗?"

身为食荤血族的何予并不在意一个人类的存亡,但是领主的命令必须遵守。何予顿了一下,重新露出温煦的笑容:"没问题。"

在医院的配合下,谢茵茵做了骨髓配型测试,结果不尽如人意,整个骨髓库都没能找到与她相配的,跟夏渝州的点位也没对上多少。

何予只得去找那父女俩好好谈了一次:"好消息是谢小姐的身体刚好符合条件,这是非常难得的,可以说是万中无一的概率。但你们必须知道,这个实验是有风险的,目前只成功了陈默一个,不确定的因素相当多。目前还处于测试阶段,有一半的概率会失败。"

谢老板还没来得及狂喜,就被后半段的话吓住了。谢茵茵刚刚得知自己究竟得了什么病,脸色灰败,颤声问道:"失败的话,会怎么样?"

"失败的话会直接死亡。"何予没有再看他们瞬间变得煞白的脸,示意助理递上已经拟好的风险告知书,"目前采取传统疗法也有一定的治愈可能,只不过比较慢,过程也相对痛苦。实验可以快速治愈且愈后效果非常好,但风险巨大。你们认真考虑一下吧。"

留下风险告知书,何予便起身告辞,以免干扰父女俩的决定。

夏渝州不清楚这期间发生了什么,总之三天之后,实验室拿到了厚厚的同意书,谢茵茵也被转移到了实验室里面的独立病房。

"是那女孩自己决定的。"何予指了指玻璃窗内面色平静地看着小说的谢茵茵。

谢老板难以抉择,大好的机会摆在面前,但又有一半的概率会直接死亡。如果保守治疗,等待骨髓移植,说不定能活下去,但生活质量肯定会大打折扣。这样的选择差点把这位老父亲当场送走。

最后还是谢茵茵自己拍板:"我还这么年轻,以后的日子很长,我不想做个药罐子。这个机会太难得了,怎么也要试试。别说现在没有适合我的骨髓,就算等到了,移植有一定概率会出现排异,也很危险。"

"是个有魄力的孩子。"夏渝州看着玻璃窗内的准女儿很是欣慰,"话说那50%的失败概率是怎么算出来的?"

何予推了推眼镜:"能转化就活,不能转化就死,跟扔硬币一样,一半一半嘛。"

夏渝州:"……你这教授职称是买的吧?"

"别担心,爸爸。"看不过去的陈默插言,"我们已经测出她是半种,所以严格来说,成功的概率在 75% 左右。"

夏渝州:"……"并没有得到安慰。

深夜,走廊里空无一人,病房中各种仪器闪着光芒,叫人心中不安。

实验室的病房与医院的不一样,没有医生准点查房,但有值班的研究员在监控室一直盯数据。今晚的值班研究员是刚刚走马上任的大一新生——陈默同学。

谢茵茵拿着手机跟爸爸视频:"这里挺好的,那边有监视器,只要挥挥手就有医生过来了……没事的,这里的饭菜特别好吃,跟五星级酒店的差不多,想吃什么有什么……实验室不让家属陪同是有道理的,爸爸就不要担心啦。哎呀,不早了,快点睡吧。"

挂了电话,少女脸上的笑容瞬间消失,她无措地左右看了看,然后钻进被窝,蒙住脑袋,悄悄地哭。

"要是失败,我就是杀人了。"夏渝州站在门外小声地跟司君说。他心中实在忐忑,这个孩子是司君的妹妹,他肩上的压力骤然增加,此刻紧张得血牙都在打战。

"已经签了免责协议,人类社会不会追究你的责任,不过……"司君握住他冰凉的指尖,"血族的惩罚是逃不过的。"

"啊?"夏渝州瞪大了眼睛,"还真有惩罚啊?罚什么?"

司君认真想了想:"这次情况比较特殊,要由领主决定。"

夏渝州:"……"突然就不紧张了。

病床上的少女对这一切一无所知。团成一团的棉被瑟瑟发抖,里面传出细弱的抽噎声。

夏渝州抬手想拍拍她,手伸到一半,又停在空中,回头让司君看看自己的打扮是否妥帖。司君给他理了一下头发,把头顶那根翘起来的呆毛压下去捋顺,无声比了个"OK"的手势。

帅气的血族优雅地开口:"彷徨的少女哟,你的生命即将走到尽头,可愿与我共赴黑暗?"

司君:"……"上次不是这么说的吧?

怎么了?夏渝州用眼神询问他。司君向他比了个口型——好傻。夏渝州冲他龇牙,见被子动了,迅速站直身体,露出慈父般圣洁的微笑。

谢茵茵僵硬地掀开被子,露出一双大眼睛,瑟缩着看向逆光而立的两个人:"黑……黑白无常吗?"

夏渝州:"那倒不至于。"

带着笑意的清亮嗓音驱散了眼前光影变幻造成的短暂视觉模糊,谢茵茵看清了来人:"小夏哥哥,小君哥哥?呼,吓我一跳。我刚刚出现幻听了,听到有人叫我共赴黑暗!哈哈哈哈……"笑着笑着,声音逐渐变小,因为她发现,并排站着的两人似乎并不觉得这话好笑。

司君依旧面无表情,夏渝州慈祥地看着她:"不是幻听哦,是真的。"

"……"接下来的半个小时,谢茵茵一直保持僵住的状态,愣愣地听夏渝州对目前状况的解释。世界观经历了毁灭,重塑,再毁灭,再重塑。大脑根本无法思考,只剩下"嘭嘭嘭"的爆裂声。

所谓的实验其实是将人转化成血族;所谓的指标符合其实是万里挑一的可以歃血归亲的体质;所谓的风险告知,其实是因为歃血归亲有着不成功便成仁的生死风险……

开玩笑的吧?谢茵茵下意识地抓住手边的东西,是她这几天看的小说,《古堡绝恋》,讲述一个活了千年的吸血鬼伯爵掳走天真纯洁的人类少女,并将其永生永世囚禁在古堡的虐恋故事。

这种小说里的情节怎么会出现在现实中呢?肯定是在做梦!

"所以,你都清楚了,可愿成为血族?"夏渝州理了一下衣袖,神情严肃,"以吾血,融尔血,归于血族而为亲。自此,生非常人之生,死非固有之死。你可愿?"

谢茵茵狠狠咽了下口水:"你把我变成血族,是要把我带去你那长满玫瑰花的古堡,永生永世囚禁起来吗?"

夏渝州:"……啊?"

不小心戳破了对方的阴谋,还在梦中的少女慌忙补充:"啊,我是说,被你这样的帅哥囚禁,也不是不可以啦。我很愿意住进开满玫瑰花的城堡,也愿意接受歃血归亲,但这期间可不可以允许我跟家人见面?"

夏渝州脸上慈祥的光芒逐渐消散,他翻了个白眼,看向司君:"这孩子脑子是不是有点问题?"

司君以拳抵唇,优雅地偷笑。

夏渝州叹了口气,侧身坐到床边,拿起那本花花绿绿的小说拍了一下少女长满玫瑰花的脑袋,将浪漫幻想拍得稀碎:"更正一下,我没有古堡,也没打算囚禁你。确切地说,歃血归亲之后,我就是你爸爸了。"

谢茵茵捂住头:"什么?"

夏渝州:"歃血归亲之后,你可以继续做偶像,作为父亲我会照顾你、保护你,在你能养活自己之前为你提供食物和零用钱。"

谢茵茵:"那我爸爸怎么办?"

夏渝州:"你爸爸不能知道你的身份,但在他试图以晚辈称呼我的时候,你要阻止他。"

谢茵茵:"……行吧。"

夏渝州露出满意的笑来,向她伸出手。身为一个好爸爸,他要满足女儿对血族的美好期望,用司君吟诗的语气咏叹道:"来吧!美丽的少女,把手交给我。不要害怕,不要彷徨,让我成为你英俊潇洒、风流倜傥、坚实可靠的——父亲吧!"

谢茵茵:"……这一点儿都不浪漫。"

夏渝州舔了一下尖锐的血牙:"你说什么?"

谢茵茵迅速把手放上去:"我说,好的,爸爸!"

这么说是同意了。夏渝州很满意,正要再念一遍誓词,肩膀突然被司君捏住。他还沉浸在浪漫、优雅的父亲形象中,温柔地看过去:"怎么了?"

司君摇头,冷声呵斥:"出来!"

墙壁上不透明的观察窗被拉开,露出何予妆容精致的俊脸。

"哎呀,被发现了。领主的感知越来越强大了。"

"学长……"夏渝州很无语,"不是说好不要打扰我吗?"

何予暴露了,索性推门进来,手里拿着个速记本,温温柔柔、理直气壮地说:"这不是科学研究么?在我的实验室里做实验,我当然应该观摩了,就是怕打扰你才选择暗中观察的。我保证不录像、不出声,让我跟领主一起看吧,好不好?"摘下了眼镜的何予笑眼弯弯,让人很难拒绝。

"不行!"

"好吧。"

司君和夏渝州同时开口。

"渝州同意了。"何予笑眯眯地说,丝毫不在意司君的冷脸,美滋滋地给谢茵茵连上各种观察仪器。血压、血糖、心跳、呼吸……

谢茵茵苦着脸看着满屋的现代化仪器,觉得什么气氛都没了:"何教授,你帮血族干这种不科学的事真的好吗?你不怕被告发吗?"

何予低头调试设备,对即将成为血族的孩子充满耐心,他温柔地回答:"目前的科学无法解释,并不代表不科学。你说的问题不需要担心,成功了你就是血族,会受到血族规则的制约;不成功,就是个死人。"

谢茵茵:"……听起来,需要担心的应该是我。"

何予笑了笑,不再说话,专心记录数据。这可是非常宝贵的研究材料,一眼都不能错过。

司君戴上口罩,用镊子取出饱蘸酒精的棉团,在少女纤细的脖颈上反复消毒,之后用碘附在血管处做了个标记,方便夏渝州下口。

夏渝州嘴角抽搐,不舍得打击司君帮忙的积极性,等他忙活完才凑过去,捏住少女的咽喉,凑近。

温热的鼻息喷在冰凉的脖颈上,汗毛根根竖起。

"等一下!"司君皱眉。

"你有完没完!"夏渝州耐心告罄。

司君薄唇抿成一条直线,顶着夏渝州的白眼,把一张手术用的蓝色防水布铺在谢茵茵的脖子上,完美地遮挡住周围的皮肉,只露出中间消过毒、做了标记的圆洞。严谨,干净,就是没有任何下口的欲望。

夏渝州:"……"

被这么一搅和,什么紧张、顾虑都忘了。夏渝州双目轻阖,集中精神,按照古老的仪式重新开始。

以吾血，融尔血，漫长又凶险。过去的生命在此终结，新的生命刚刚开始。

千百年来，元古种用这种方式将遗落在凡人中的半种转化为血族，增加血族的数量，而足够数量的血族能减少瘟疫的暴发。

各项数据采集完毕，何予目光灼灼地盯着病床上面色苍白的少女，轻声感慨："真是伟大的传承，现代种不该退化掉这项机能。"

度过初期的种种反应，面色比原来白了两个度的少女缓缓睁开眼睛。

"呼，成功了。"夏渝州松了口气。

司君脱下手套，摸了摸他的脑袋，转头看见在门口探头探脑的儿子："小默过来了。"

"嗯？"夏渝州转头，招呼儿子过来，"儿子，来来，你来得正好。咱们家有新成员了，爸爸给你们介绍一下。"

谢茵茵摸摸伤口消失了的脖子，茫然地坐起来："你们……都是血族？"

"没错！"夏渝州拉着儿子过来认亲，"这是你哥哥。"

"我竟然是哥哥？"陈默的眼睛瞬间亮了。他十六，谢茵茵官方年龄十八、实际年龄二十，怎么算都比他大。

夏渝州拍拍儿子："当然，血族的转化日就是新生日，所以你是哥哥。"

陈默欢呼一声，骄傲地挺起夏家长子的胸膛。

谢茵茵乖乖地叫了声："哥哥。"

"还有个叔叔，我明天叫他来见你。"夏渝州隐去了叔叔就是那个为了她打架骨折的傻瓜的细节，以免破坏气氛，然后拉过司君，"我是爸爸，这是小默的另一个监护人，你可以跟着小默叫他父亲。"

"父……父亲。"

"还有我呢？"何予笑眯眯地凑过来。

"这是你何二大爷。"

"二大爷……"

等一切忙完，已经很晚了。夏渝州想留下来陪女儿，却被何予赶走，理由是实验室重地不能让外人进入，如果天亮后学生和工作人员过来看到他，何予是要受处分的。

夏渝州看着何予那副科学狂人的模样,感觉心里毛毛的,很不放心。

司君也不愿他多待,直接扯他走:"你需要休息。"

"我不用。"夏渝州扭了扭,试图挣脱。

司君把他塞到车里,扣上安全带,捏住他的下巴,让他的脸转向后视镜:"你自己看看脸色有多差。"

歃血归亲需要耗费大量的血液,夏渝州的脸此刻白得像纸,眼底也泛着乌青:"天啊,怎么这么丑?"

看到自己的鬼样子,夏渝州不再挣扎,摸着自己的脸心疼不已。打从过上了每天都能喝到巴氏消毒血的生活,脱贫致富奔小康,好不容易养起来的一点儿膘这下又没了。

为了孩子、为了家族、为了人类,自己实在是付出了太多,夏渝州感动不已,打开车载音响,给自己放了首《父亲》。

司君:"这是做什么?"

夏渝州:"没事,就是赞颂一下我自己。"

司君:"……"

沈了澡,连喝两瓶鹿血,夏渝州才觉得补回来了点,一觉睡到了第二天中午。

"呀,糟了!"夏渝州睁开眼,去司君房间把他摇醒,"这都几点了,我没给闺女送早餐!"

刚刚转化的血族非常脆弱,需要大量的营养。

司君闭着眼睛:"何予会给他准备食物的。"

"对哦。"夏渝州松了口气,"君君,告诉你一个秘密。"

司君:"什么?"

夏渝州:"秘密就是……我现在,儿女双全啦!"

司君:"……"

夏渝州坐在沙发区等吃饭,继续摆弄那没有拼完的乐高城堡。长满玫瑰花的黑色城堡,这不正是谢茵茵的最爱吗?

司君走过来,递给他一瓶鹿血。

"这座城堡是准备送给茵茵的吗？"夏渝州手里还抓着没拼完的乐高块，便直接张嘴叼住瓶子。

司君怕他把牙弄坏了，只能坐下来举着让他喝："不是。"

"不是吗？"夏渝州三两下喝完一整瓶，眨了眨眼睛。穿着居家服的司君看起来特别温柔，有种已为人父的错觉。"我还以为打算拼好偷偷送给妹妹的。"

司君把空瓶放到一边，捡起掉落在地毯上的几枚乐高块，拼到城堡上去。屋顶还保持着夏渝州胡乱拼的贫民窟朋克风，他便也跟着胡乱拼，给光滑的墙壁上安了几个能攀岩的凸点。

这样的鬼东西，自然是不能当礼物送的。

夏渝州咂咂嘴："也是，她都这么大了，应该不喜欢乐高了吧。你说，小女孩都喜欢什么呢？我只知道她喜欢吃步行街那家的泡芙，改天得跟谢老板交流交流。"

司君攥紧了手里的乐高块，在掌心压了个深深的印，又缓缓松开，扔回盒子里。

"哎。"夏渝州戳了戳不说话的司君，"咱们晚上出去逛逛吧。"

"好啊。"司君抬头，眼中有了笑意，"想去哪里？"

"去ABO广场吧。"夏渝州摸着下巴盘算，"那边有一家新开的铁板烧，我还没有吃过，咱们去吃吃看。吃完饭咱们去打蚊子，多了个孩子要养，我得多攒点……"

"你其实可以不打猎，给血族看牙的时候加收一些积分就可以了。"

"还能这样？"夏渝州瞪大了眼睛。

"只针对血族的生意是可以这么做的。"司君慢悠悠道。

"你怎么不早说！"早知道可以这样，他还辛苦打猎做什么。

司君抿唇，沉默了一会儿，才幽幽地说："你积分不够，可以找我要……"

"干啥？"夏渝州推他，"休想拿金钱羞辱我！"

司君一言难尽地看着他："你对我好，不图我的钱，难道图我的权势吗？"

夏渝州："什么？"

司君："总不能是图我长得好看吧。"

夏渝州："？"这说的什么鬼话？

| 第三十五章 |
爹 粉

听从司君的意见,夏天牙科诊所更换了价目表,以后血族看牙除了钱之外,还要加收积分。

何顷对此举双手双脚支持:"你早该这样了,能给血族看牙的牙医可是稀缺人才,不管你收多贵都会有人来看的。"

夏渝州挑眉:"为什么这么稀缺?血族做牙医很难吗?"

"倒也不是。"何顷双手绞在一起,用少女的声音娇羞地说,"大家都不乐意看别人的血牙,那会害羞的呀!血牙这东西不能轻易示人,血族的牙医也就等同于男科或者妇产科医生了,所以……比较稀缺。"

"啊?"夏渝州惊呆了,舔了舔自己裸露在外的血牙,"那我这种血牙不能收回的,岂不是跟变态一样?"

"哎呀哎呀!"何顷跺脚,双手捂住脸,"也不能这么说啦,你这人怎么这样!"

"嘿?这不是你说的吗?"夏渝州瞥了他一眼,忽然皱眉,"把你手上的指甲油卸了。"

何顷今天戴着粉红色的大波浪假发,画着配套的粉色水晶指甲,涂了死亡芭比粉口红,以及带亮片的粉色眼影,闪瞎了夏渝州的眼。夸张的妆容也就算了,美甲是绝对不能留的,这里毕竟是医疗场所。

"多好看呐。"何顷不情不愿地鼓起脸,用少女的声音委委屈屈地指责,"你们这些直男，一点儿都不懂得欣赏。"

"这跟好不好看没关系，这是职业要求。"夏渝州理了一下白大褂。

何顷翻了个白眼。

"赶紧干活。今天有血族预约了洗牙、补牙，前台小姑娘就不来了，收银和护士工作都交给你。"夏渝州用手背拍了拍何顷的硅胶假胸，自己出去在门上挂了"今日约满"的牌子。今天只做这一单生意，下午要带弟弟去看女儿。

"臭流氓！"何顷换上少女的声音，捂着胸假假地叫唤一声，不情不愿地戴上橡胶手套，暂时遮住昂贵的水晶指甲，"今天约了谁呀？我帮你参考参考能不能多宰点钱。"

"叮咚，欢迎光临！"

不等夏渝州回答，感应门铃就响了。穿着深紫色长风衣、头戴紫色渔夫帽、脸上挂着紫色大口罩的男人走进来，抬起三白死鱼眼，像是某种危险的冷血动物，仿佛下一秒就会扑过来："是我。"

"哇呀！"何顷踩着高跟鞋连退两步，"古古古……古极！"

古极取下帽子和口罩，盯着粉色的何顷："你学新声线了。"

何顷："什么新声线？"

古极："鸡叫。"

何顷："……"

咕咕咕……咕叽！

古极咧嘴笑了一下："我最近为了圆月舞会在练习说笑话，还不错吧？"

何顷："不错不错，阴阳怪气的，特别好笑。"

夏渝州赶紧把两人分开，以免他们打起来，诊所变成斗兽场："客人先去诊疗室稍等，屋里有衣架可以挂外套。何护士去准备药品、器械。"

古极很少出门，也没有看过牙医，对什么都好奇。他在诊疗室里左看看右看看，把治疗台上的仪器研究了个遍。

"你在预约电话里说想做牙齿美容，是要做哪方面的？"夏渝州戴好口罩和帽子走进来，请他坐上诊疗椅。

"我要在牙上镶一排钻石。"古极从怀里掏出一只塑料小盒子，毫不心疼地晃了晃。盒子里装着十几颗小钻石，在无影灯那冰冷的灯光下依旧闪亮动人，是真钻，只是保存得过于随意了。

夏渝州嘴角一抽："我从没遇见过提出这种要求的客人，请问您镶钻是有什么功能性需求吗？"

古极今天脾气倒是挺好，耐心地解释：因为圆月舞会上，大部分时间他会找个黑暗的角落挂着，经常有人不长眼撞到他，所以他希望只要龇牙就能被人看到。

夏渝州："……那倒也不必镶钻，你脑门儿上贴个反光条不就好了？"

古极伸出满是薄茧的食指，左右摇了摇："五岭氏传承几百年，我作为少族长，脑门儿贴成交通指示牌，像话吗？"说白了，就是不够富贵。

夏渝州很无语，跟他解释："钻石会划伤嘴里的肉，镶钻就相当于在牙上嵌玻璃刀，你每次说话、咀嚼，甚至打哈欠，都会被割伤。如果你不想扮演三步一吐血的病弱公子，建议不要镶钻。"

三白死鱼眼缓缓瞪大。

"如果实在想要闪亮的钻石，你可以打唇钉，或者戴鼻环。"夏渝州诚恳地建议。

"这倒是个办法，"古极单指摇了摇下巴，"那你给我打个唇洞吧。"

夏渝州："……我是牙医，不干这个。"

古极："不都是嘴上的东西吗？"

夏渝州："那都是修工具，你会修拖拉机吗？"

古极："我会呀。"

夏渝州："……反正我不干，你自己找家路边小店打去。"

让世代传承的知名牙医打唇洞，那相当于让鲁班砍柴、庖丁剁肉，是杀鸡用牛刀，是对大师手艺的侮辱。

古极："按镶牙费给你三倍。"

夏渝州转头冲外面喊："何护士，去对面文身店借把打钉枪！"

古极："……手艺人应该有点骨气。"

夏渝州将表皮麻药点到古极柔软的唇下，义正词严道："顾客就是上帝，好牙医要满足顾客的一切需求。只要钱给够，给门牙做裱花都是可以的。"

在等待何顷借打钉枪的过程中，夏渝州先给古极洗牙。等洗好牙，麻药差不多见效了，下巴上的痛感已经非常小。

戴着薄薄医用手套的手指头在嘴边不停滑动，古极悄悄伸出血牙，"咔嚓"一下咬了个空。

"这位先生。"夏渝州用冲牙的枪头碰了碰古极结实的门牙，"我手里还拿着砂轮，你要是乱动，不小心碰到的话，会把血牙磨平的哦。"

偷袭的血族僵住了，不敢再乱动："牙医真恐怖。"

"呵呵。"夏渝州冷笑，给他清理消毒之后，举起了打钉枪。

"哎，等一下。"古极坐起来，拿过用来穿洞的不锈钢钉，"这个太丑了。"

夏渝州摊开给他看，所有的原始钉都是这样的，要换漂亮的装饰品，得等伤口长得差不多了再自己换。古极没听，自顾自地拿出一颗钻石，向他借了几样工具，叮叮当当地一顿忙活。不多时，一颗漂亮的钻石唇钉就做好了。

"手艺人。"夏渝州竖起大拇指。

装好打钉枪，夏渝州掏出手机再熟悉一遍打唇钉的流程，找了支圆珠笔在古极的下巴上做记号："你先前不是说圆月舞会时要讲笑话吗？那为什么又要躲起来呢？"

古极叹了口气："我讨厌社交。"

圆月舞会是五个氏族贵族们的社交聚会，大家盛装出席，推杯换盏，作为五岭氏的少族长，古极是肯定要去应酬的。只不过这对宅男来说太过痛苦，如非必要，大部分时间他还是更愿意挂在黑暗中默默观察。

"这样啊。"夏渝州拿起打钉枪，对准做好的标记，"你在社交舞会上，会品尝其他血族的血液吗？"

"不啊。"古极抬眼看他，"我只对你的血液感兴趣，真的不能给我尝一口吗？你想要什么，我可以跟你交换……啊！"

钢钉"啪"的一声穿透了皮肉，古极被惊得唇齿发麻，不敢动弹。

"好了。"夏渝州趁着他没反应过来，把戳进肉里的普通钢钉迅速抽离，换成刚刚做好的钻石唇钉，三两下处理好伤口。

古极龇牙咧嘴地坐起来，对着镜子看了看。不得不说，牙医的手稳、准、狠，打个洞几乎没出什么血，也不太疼。

夏渝州摘下口罩："你为什么对我的血这么执着呢？"

"只是好奇，嗒……"说话会牵动下巴上的肌肉，古极扶住下巴，"其实血族的血对同类来说味道并不好，但你的血莫名吸引我。"

"味道不好？"夏渝州蹙眉，"我觉得很甜啊。"

古极疑惑地看过来："你不是吃素吗？你尝过谁的血？"

没等夏渝州说话，古极骤然反应过来，肯定是司君的血。他牵动嘴角，露出个古怪的笑："神奇的元古种……那司君一定也尝过你的了。他有没有说过，你的血是什么味道的？"

这个问题他俩还真没交流过，不过瞧着司君的表情，应该是好喝的吧。

夏渝州瞥了满眼好奇的古极一眼，面不改色道："鲱鱼罐头的味道。"

"感谢惠顾，欢迎下次光临。"何顷撩动满头的粉色大波浪，用甜甜的少女音送古极离开诊所。

古极感觉自己的三白眼里进了辣椒，拉下帽檐，快步离开了。

"切，死宅男，不懂欣赏老娘的美！"何顷脱下手套，欣赏自己昂贵的水晶指甲。

"宅男给钱大方又好骗，姑且原谅一下吧。"夏渝州笑眯眯地看着刚刚到账的钱和积分，想着可以给闺女买好吃的了。

"原谅谁呀？"宅男二号周树停好车走进来，暴躁地左看右看，"姓司的又欺负你了？"

"没没没。"夏渝州赶紧打住话头，撸了一把弟弟炸起的红毛，"我是说，你想不想求得茵茵的原谅呀？"

周树一僵。

打从他跟沈家豪打架上了热搜，谢茵茵这个十八线小爱豆的名字一夜之间家喻户晓。夹在电竞大神和豪门公子之间的小爱豆，娱乐新闻不写点难听的桃色八卦都对不起自己的属性。虽说因为沈家真假大少爷的事，谢茵茵的热度已经降了很多，但这是因为她现在不红。如果她以后红了，这件事必然会被翻出来，成为她说都说不清的黑历史。

"她还好吧?"谢茵茵在的那个女团这几天没有活动,周树也不清楚她的状况。

"她生病了,还在住院。"夏渝州叹了口气,"她被网络键盘侠追着骂,大受打击,精神萎靡不振。"

周树捂住胸口:"崽,阿爸对不起你!"

"不过,好在有我耐心劝慰,她现在跟我关系可好了。"夏渝州话锋一转,神秘兮兮地凑近弟弟,"你要不要当面跟她道个歉呀?"

周树双眼亮晶晶地看着哥哥:"要的,要的!"

夏渝州脱掉白大褂,朝弟弟伸出手:"私人独家见面会,中介费五万。"

"你抢钱吗?"周树往他手心拍了一巴掌。

夏渝州龇牙:"不要算了,她如今在何予的实验室接受治疗,只有我能带你去。哦,不对,你还可以找司君,他应该不会收你的钱。"

"呸!"周树宁愿被谢茵茵记恨一辈子,也不可能拉下脸去求司君,只好咬牙道,"五万就五万,大不了这周吃咸菜。"

何顷换下护士服,探头过来啧啧感慨:"遇到你我才发现,我哥对我竟然还行。"

周树苦笑。两个同病相怜的可怜弟弟执手相看泪眼。

夏渝州:"别演了好吗?我昨晚看你直播了,粉丝因为你的兰花指过于搞笑,打赏了少说也有一百万。"

何顷冷漠地甩开周树的手。

周树哼哼两声:"平台还要收一半的手续费呢,到我这儿还得上税,到手没多少。"

"少来。"夏渝州踹他,"快给钱!"

午后灿烂的阳光,将满地落叶的医大镀上一层金黄色。

兄弟俩穿着同款连帽衫,收紧帽绳,只露出两双眼睛。元古种没有那么怕太阳,但晒着也挺疼的。

"她得了什么病?怎么还得去实验室?"周树一边走一边踢脚下的落叶,走得极慢,试图靠这点时间盘算明白怎么跟谢茵茵道歉。

"去实验室了,当然是绝症。"夏渝州轻描淡写地说。

"啊？"周树蹦起来大喊，"绝症！"

"咔嚓"，夏渝州耳朵微动，听到了某种声响，他看向不远处茂密的树丛，镜头的反光骤然映到脸上。下一秒，一把黑伞出现在眼前，把他俩遮挡得严严实实。

夏渝州转头，瞧见了如神兵天降的司君。随身携带的大黑伞如今斜放着挡住镜头，而他自己则暴露在了强光下，几乎睁不开眼睛。

"自己遮好。"夏渝州赶紧扶正伞柄，就这几秒钟的时间，司君的额头已经红了一片。

让弟弟躲到司君身边，夏渝州转身一式饿虎扑食，冲进树丛里，将转身要跑的狗仔按在草地上。

"啊，放开我！我是这所学校的学生，拍落叶的！"

穿着专业摄影马甲、背着长焦镜头相机，还口口声声地说自己是医大的学生。夏渝州嗤笑："长得这么着急，还学生？学生证掏出来给我看看。"

"你是谁啊？凭什么给你看！"那人把相机牢牢护在怀里，剧烈挣扎。

司君带着研究所的保安快步走过来。偷拍的人顿时慌了，抓起一把土往夏渝州脸上撒。夏渝州抬手去挡，这人趁机一脚踹向夏渝州的心口。

"咚！"一条穿着西装裤的大长腿稳稳地架住了作恶的小腿，一勾一提，那人直接跪了。

"啊，你踩到我的腿了！"偷拍者大喊大叫着转过头去。西装革履的男人单手撑着黑伞，昂贵的手工皮鞋踩在他的小腿上，那巨大的力量像是要把他的膝盖骨踩碎。

他骂骂咧咧地抬头，对上一双带着杀气的冰冷的蓝眼睛，顿时仿佛被无形的手扼住了咽喉，没了声音。这是动物遇见天敌时的本能反应，是刻在骨子里的恐惧。

夏渝州好奇地看着那人，一只戴着手套的手递到眼前，把他拉起来。

保安及时上前，将可怜的偷拍者从司君的脚下拽出来："你们这些记者有完没完啊！"

"怎么了？这公众场合，我拍照碍着你们谁了？我告诉你们，我的相机可贵了，弄坏了你们赔不起！"离开了领主大人恐怖的气场范围，偷拍者立时精神了起来，梗着脖子吵吵嚷嚷地吓唬保安。

"喂！"夏渝州拍了拍身上的土，"你知道这是哪儿吗？"

不远处，超现代化设计的研究所静静地伫立着。

"这里是国家级重点研究所，里面都是机密。机密懂吧？"夏渝州一边说着，一边抠出了相机的储存卡，"这个会交给公安机关检查，如果拍到了什么不该拍的，会以间谍罪起诉你哦。你最好没拍到什么要命的机密，否则，十年以上是跑不了了。"

偷拍者万万没料到事情会是这个走向，瞬间面如土色："我我我……我不是间谍，我只是个八卦周刊的记者，想拍点与沈家大少爷相关的东西。别报警，别报警，这卡我不要了，以后也绝对不来了，求求你！"

夏渝州耸肩，把东西交给保安。研究所的保安都是专业的，知道该怎么处理。

一场闹剧结束，周树心有余悸地呼了口气："我可不能被拍到。队长说了，要是再掺和进娱乐圈的八卦里，就要罚我在直播间穿女装学猫叫。"

夏渝州瞥了他一眼："沈家的事还没完吗？"

"你没上网啊？"周树鄙视了一下跟老年人一样不爱上网的哥哥，"狄秋雁要跟沈天鸿离婚，律师都请好了。沈天鸿不同意，两人还在扯皮。因为涉嫌拐卖儿童，那个姓杨的女的被抓了。热搜天天都是他们家的事，可精彩了。"

"进去吧，这附近可不止一个偷拍的。"司君走过来，把伞分给夏渝州一半。

特制的大黑伞，遮光能力很强，夏渝州瞬间觉得舒爽了许多。他伸手从司君的口袋里掏了块手绢擦脸上的汗："你怎么过来了？"

司君抬起左手，给他看拎着的塑料袋子，是谢老板托他带给女儿的。实验室不让家属陪护，谢老板在这一群人里最熟悉的就是司君了，只能求他捎点东西过来。

"喂，你俩有没有人性啊？只顾着自己打伞，把我扔在太阳底下。"周树浑身冒刺。

夏渝州这才想起弟弟也在，赶紧凑到以眼神询问的司君耳边，小声告诉他自己骗取弟弟钱财的不义之举。

司君微微降低伞高，遮住露出笑意的眼睛，配合地假装不知道，带着两人快步走进研究所。

已经没病的谢茵茵依旧穿着实验室的病号服，盘腿坐在床上吃零食，而新上任的兄长陈默，则抱着一本笔记尽职尽责地给妹妹讲解血族的常识。

"八大戒律你都记住了吗？来背一遍。"陈默当真是个好老师，讲解之后还有随堂测试。只是，过目不忘的天才难以理解正常人这糟糕的记忆力，因此教学效果很不理想。

"啊……是什么来着？"谢茵茵吃薯片的手尴尬地顿住。

"不许吃了，把这个背熟再吃！"陈默超凶。

"哎呀，不行，我不吃东西更记不住，大脑供糖不足。"谢茵茵抱紧了薯片，用她那经常被黑粉追着骂的演技哭唧唧道。

铁面无私的陈默伸手去抢。谢茵茵顿了一下，突然把薯片塞给哥哥，松开盘着的双腿，摆成大腿并拢、小腿外分的少女坐姿，还乖巧地将双手放在膝头。

"叔叔！"陈默疑惑地转头，看到了红着脸、蹭着地板进来的人。

"周先生。"谢茵茵露出营业式的甜笑，这是偶像面对粉丝的标准姿态，"上次的事还没谢谢你。"

不知道说什么的周树顿时放松下来，挠头道："哎呀，谢什么，这是阿爸应该……啊，不是，我是说，这是我作为粉丝应该做的。"

谢茵茵倒是见怪不怪，露出一对小梨涡，笑得更真诚了。她知道有些粉丝是"亲爹粉""亲妈粉"，管她叫"崽"，自称"麻麻""阿爸"。这种粉丝比起狂热的男友粉来说，更安全、更省心。

"我的天，太可爱了！"周树捂住心口，小声嘟囔，"哥，我能跟她合张影吗？"

"这有啥不可以的，你问茵茵呗。"夏渝州拍了激动到丢掉智商的弟弟一巴掌。

周树左右看了看："这里不是国家级重点研究所么？我怕被判刑。"他可是职业运动员，有犯罪记录是会被开除的。

夏渝州翻了个白眼，推着周树往前走，然后温柔地对女儿说："茵茵，这是你二叔周树，以后就是一家人了。"

谢茵茵："？"

周树："！"

静默了片刻，激动的号叫声传遍了整个实验室："啊啊啊——"

何予被这声惊动，过来看发生了什么事，就见周树整个人都变成跟头发一样的红色，语无伦次地抓住他说："学长！茵茵成我侄女了！亲侄女！哇啊！世界上怎么会有这么好的事？！"

做了大半年的亲爹粉，突然有一天真变成爹，这感觉实在太好，比拿到亚服第一还让他兴奋。

"他已经抓住屋里的每个人都说了一遍，别理他。"夏渝州推着弟弟的脑袋把人推开。

何予取下眼镜，温柔地笑了笑，把治疗阳光灼伤的药膏递给夏渝州："大树还是这么有活力。"

夏渝州接过来，挖出一大块往司君额头上涂抹。

"没事。"司君并不在意，只晒了几秒钟，不会有太大问题。

"什么没事，都红了。"夏渝州刚才进门就给何予发消息，问有没有治疗晒伤的药。这么白净的脸，要是留疤就不好了。

清亮的药膏涂在泛红的皮肤上，顿时减轻了灼痛感。这是血族身体最大的弱点，不能晒太阳，而现代种比元古种更脆弱，只要在烈日下晒超过十分钟，就会留下永久的伤疤，严重的甚至会危及生命。

"是啊，要好好保养。圆月舞会就要到了，你总不能顶着个红脑门儿去，各家的小姐们都要心疼了。"何予揶揄道。

"你的话太多了。"司君甩给他一记眼刀。

何予重新戴上眼镜："还有一件事，圆月舞会就要开始了，我也得去。这两个孩子你要带着吗？要带的话，我可以帮忙照顾。"

嗯？夏渝州疑惑地看向何予，在他的印象里，何予虽然是个对血族比对人类友好一百倍的人，但并不是个多么热心的人。无事献殷勤，非奸即盗。

"学长也喜欢茵茵吗？"周树觉得自己找到了同好。

司君冷笑："他只是还没研究完。"

"研究？研究什么？茵茵吗？"周树瞬间炸起满头红毛，戒备地盯着何予。

何予倒是坦然，摊开手实话实说。谢茵茵对他来说是十分难得的研究对象，他想完整地记录元古种歃血归来和新生的全过程，需要观察到谢茵茵完全长出血牙为止。

"什么圆月舞会呀？"谢茵茵小声地跟陈默咬耳朵。

陈默耐心地给她科普血族的大聚会，虽然他也是今年新生的血族，没参加过，但他记性好，能把司君讲过的话一字不差地复述给妹妹听。

"哇哦，听起来好棒。"谢茵茵两眼放光。这不就是小说中经常描述的豪门聚会吗？而且还是神秘的血族豪门，一定惊险刺激，非常值得一去。

夏渝州却皱起眉头，他记得这次舞会的真正目的是引出藏在暗处试图消灭元古种的黑手，于是摇头道："小孩子刚成为血族，去那种地方太危险，还是算了。"

何予没有勉强，理解地点头："也好，等你熟悉了流程，下次再带孩子去吧。那么，记录的事情就交给小默了。"他倒是不知道夏渝州的顾虑，只是考虑到夏家作为刚刚加入血盟的家族，跟所有人都不熟悉，不可避免地会被别家排斥。到时候若是起了冲突，或者发生了什么不愉快的事情，带着小孩确实不方便。

然而过了几天，司君突然告诉夏渝州，得把谢茵茵带去。

"舅舅听说了这件事，想见见。"

彼时夏渝州正在挑选给含山氏族长，也就是司君舅舅的见面礼，闻言，直接把刚挑的绅士手杖扔回柜台："他想见早晚都能见，偏要在这一天吗？"

谢茵茵原本就流着司家的血，是含山氏遗落在外的血脉，如今被转换成了完全种血族，多年不能相认的舅舅想见孩子自然可以理解。但这次不是单纯的舞会，司君舅舅自己策划了这场"引蛇出洞"的戏码，怎么能把脆弱的新生元古种带去冒险呢？

司君垂眸，抿唇半晌，道："他大概想和你商议茵茵的归属问题。"

舅舅没有明说，但司君很了解他，知道他言语中的未尽之意。如果能把谢茵茵认回含山氏，那就可以在舞会上直接宣布了。

"这有什么好商量的？"真是傲慢无礼，夏渝州皱眉，对司君舅舅的期待值从正降到了负，"是我给了她新生，她就是夏家人。从她出生不被司家承认的那天起，她就跟含山氏没有关系了。要是茵茵被你家认回去，那小默就得被十六氏抢走，我不是竹篮打水吗？"

夏渝州越说越激动，不由得提高了嗓门。

奢侈品店的店员尴尬地看过来："两位先生，这手杖还要么？"

"不要了！"夏渝州气呼呼地转身就走。

司君跟店员说了声抱歉，拿出几张现金请店员帮忙暂时保留这根手杖，抬脚追出去，却没有看见夏渝州的身影。商场中人来人往，广播里的音乐略显嘈杂。

夏渝州坐在一楼冰激凌店的摊位上，悠闲地吃着红豆冰，突然听到商场广播：

"夏渝州小朋友，夏渝州小朋友，听到广播后请速到一楼总台，你的爸爸在找你！"

"噗——"一口红豆冰喷了出去，落到了司君昂贵的皮鞋上。

抹了把嘴，夏渝州气笑了："行啊你，会报复我了。"抬头对上一张苍白的脸，夏渝州一惊，站起身来，"你怎么了？脸色这么……"

"我找不到你了。"

夏渝州抬起空着的那只手，轻轻拍了拍他："别怕，我没走远，就等着你来找我呢。你看你，我才离开一会儿，就学会占我便宜了。"

广播里还在重复播放："夏渝州小朋友，夏渝州小朋友，请速到一楼总台，你的爸爸在等你！"

第三十六章
赴 会

平静下来的司君有些不好意思，他只来得及交代广播室"找夏渝州"就匆匆离开了，没想到会被误会成找儿子。

"正常人都会这么误会吧。"夏渝州哭笑不得，"你找不到我不会打我电话吗？只有不会用手机的小朋友走丢，才需要这样广播寻人的。"

司君一愣，低下头，小声地说："我忘了。"

夏渝州见他这样，再大的气性也没了。突然，周围传来压抑的尖叫声，他转头看过去，见几个小女生挤在一起小声讨论，眼睛不停地往这边瞄，还激动得原地跺脚。

广播还在继续，周围的人或偷偷或明目张胆，都在看他们。夏渝州看着司君，黑色高级西装包裹着宽肩窄腰，白皙无瑕的俊脸堪比精修图里的明星，站在那里就将整个商场的光都吸了过来。偏偏这人没什么自觉，摆出一张委屈脸，看得夏渝州也想跺脚。怎么能这么可爱！

"好了，好了，快走吧。"夏渝州举着红豆冰，带着司君快步离开。

路过服务总台的时候，夏渝州凑过去交代一声："夏渝州小朋友已经找到了，谢谢你们哦！"

服务总台的小姐姐张大了嘴巴，看着两人一阵风似的跑走了，才拿起内线电话通知广播室："夏渝州已经找到了，不是小朋友。"

两人钻进车里时,还听到商场广播:"夏渝州小……小青年已经找到了,感谢您的帮助。"

"哈哈哈,小青年!"夏渝州笑得直蹬腿,手里的红豆冰被摔了出去,又被他眼疾手快地扑过去接住了,甩出去的冰都被他一滴不剩地稳稳接到了纸碗里。

"小心点。"司君脱下手套。

夏渝州龇牙笑,把手里的纸碗递给他:"还好没洒,你尝尝。"

司君接过纸碗。艳红的冰沙看起来让人很有食欲。司君看着夏渝州期待的眼神,舀了一勺吃进嘴里,甜甜的冰碴子划过血牙,冰凉酸爽,激得他闭了闭眼。

"呀!"夏渝州这才想起来司君的牙还没有贴膜,没贴膜的血牙是不耐冷热的,"我给忘了。"不过,司君血牙被冻到的样子戳中了他的笑点,他又忍不住笑了起来。

司君抿唇,等他笑够了才低声开口:"圆月舞会前是我母亲的祭日,所以舅舅想让茵茵也过去……"

夏渝州脸上的笑容瞬间收敛:"这种理由可真让我无法拒绝。"

司君:"听我说完。"

夏渝州抱着手臂,示意他说。

"我本来也不赞成茵茵去,但司家的事总要让她知道。"司君轻轻地叹了口气,"我不知道要怎么跟她说。我母亲葬在含山氏的家族墓地里,他们父女俩这些年去拜祭的其实只是个衣冠冢。今年恰好是十周年,不让她知道也不公平。"所以,带她去司家,去母亲真正的墓前,让舅舅亲口告诉她,更为合适。

夏渝州看着情绪明显低落下来的家伙。有关母亲的一切,司君内心都是极度抗拒触碰的,他大概是实在拿不定主意才会找自己商量,然而自己这急脾气,没听完就跑了。他有些歉然:"我知道了,那……能保障茵茵的安全吗?"

司君乖巧地回答:"我们提前去,等见完舅舅和……就把茵茵送回来。"

据司家的调查,暗处那些人是冲着元古种的转化能力来的,他们似乎想要破坏这仅存的传承。陈默、谢茵茵、周树,他们这些转化来的血族是没有这种能力的。所以相对来说,他们是安全的。

夏渝州点点头:"这倒是可以。"

司君:"这件事你去跟茵茵说,好吗?"

夏渝州被那可怜的眼神击中,蜷了蜷手指:"当然是我去说了。我得提前给闺女做好思想工作,免得她看到你们家有钱,叛变要做司家人。"

司君抿唇笑,踩油门离开地下车库。

夏渝州拿出手机看日期:"我们什么时候出发?"

带谢茵茵去比他俩单独去要麻烦。首先,怎么跟谢老板交代就是个问题,那位可是每天都要跟女儿视频的。其次,谢茵茵再怎么说也是个小明星,认识她的人不少,出门还得防狗仔。

司君:"三天后吧。"

三天的时间,要准备就很紧张了。夏渝州头疼不已,忍不住揍了司君一拳:"你可真会给我找麻烦。"

夏渝州的铁拳打在胳膊上不疼不痒,司君不敢说话,认真地开车,任他欺负。

"得跟何予商量一套说辞,还有要准备的东西。"夏渝州掰着指头算,"舞会礼服、行李、族长的见面礼……哎呀,停车停车!"

司君不明所以,但听话地靠边停车:"怎么了?"

"掉头回去,手杖忘了买了。"夏渝州挠头,那是他俩选了一上午才确定的礼物,手工打造的限量版绅士手杖,全国就剩那一根了。

"这里不能掉头,要回去得绕很远。"司君歪头看夏渝州,等他急得要下车了,才慢悠悠地说,"我付了定金,下午让展龙去取回来就好。"

夏渝州的眼睛瞬间亮了:"可以啊,司君君,你现在做事怎么这么周全?"

司君笑着说:"怕你哭。"

以前不是没发生过这种事。上学时,夏渝州看上了一块手表,这对于当时还是学生的他来说有点贵,于是犹犹豫豫的。司君要给他买,他又不许,直接走了。过了两天,他后悔了,再去的时候那块表已经卖掉了,其他地方也调不到货。他气得一天没吃饭,跟司君念叨了好久。

吃饭端起碗,念叨:我的表!

放学写作业,念叨:我现在要是有块表就能计时了。

推自行车出来,还念叨:你看这个轮子,它像不像我那块擦肩而过的表……

司君被他念怕了，从此深深地记住了这件事，但凡夏渝州看上的东西，先买了再说。

"我什么时候哭了？你不要造爸爸的谣啊！"夏渝州警告他。

司君单手搭在方向盘上，侧身面向他："说什么呢，谁爸爸？"

"怎么了，这是东亚三国通用的'敬语'。"夏渝州随口胡诌。

司君被他逗乐了："前面的抽屉里有东西，你拿出来看看。"

"嗯？你还会搞惊喜了啊。"夏渝州挑眉，弯腰打开前面的翻盖抽屉，里面静静地躺着一个皮质的白色小盒子。

夏渝州拿出来，看了眼司君，缓缓打开盒盖。绒布上放着一块深蓝色的机械手表，表盘是并不昂贵的人造水晶，金属表带也已经有些氧化，好在擦一擦就能恢复闪亮。正是当初他看上的那款手表。

夏渝州摩挲着泛白的表带，轻叹了口气："你啊……"

"什么？"司君没听清，凑过来看那块手表，才发现表带已经旧了，有些不好意思，"前些年买的，一直放在这里，今天才想起来。现在戴也不合适……"

"不，我很喜欢。"夏渝州把手表取出来，扣在手腕上。冰凉的金属扣合上，发出轻微的咔嗒声，似是把青春的遗憾都补了回来，他感到莫名的满足。

司君看着他，微微地笑。

"你说，我送族长的见面礼会不会太普通了。"夏渝州搓了搓腕上的表盘。送礼物要么是对方喜欢的，要么是有特殊寓意的，那根绅士手杖虽然好看，但对于一个拥有广阔领地的氏族族长来说，就显得平平无奇了。

司君："不会。"

"哎，要不咱们找古极，给这根手杖添加一点儿什么附魔功效吧？"夏渝州突发奇想。

司君摇头："古极已经出发去含山氏老宅了。"

"这么早？"夏渝州疑惑。他们三天后出发已经是提前了，古极去那么早做什么？

司君的表情有些古怪："嗯……他在公寓里开了一罐鲱鱼罐头，现在没法住人了。"

鲱鱼罐头臭气熏天，一旦打开，气味就会迅速充满整个房间，据说要一个月才能散。这期间，公寓都没法住人了。

对于古极为什么要在房间里开鲱鱼罐头这件事，司君也不是很懂。夏渝州心虚地抬起食指，挠挠脸。

司君："怎么了？"

夏渝州："咳，他好奇我的血是什么味道，非要尝尝，我就告诉他是鲱鱼罐头的味道。"

司君："……"

夏渝州眨眨眼："说起来，我的血是什么味道的？"能回答这个问题的人，只有司君了。

司君愣了一下才道："不知道。"

"不知道？"夏渝州很惊讶，"你尝过的，怎么会不知道呢？"

司君眼神闪躲："太快了，没尝出来。"

夏渝州笑了，把脖子凑过去："那你现在尝一下呗，我也好奇。"

"这里……"司君看了看周围，他们的车停在大马路边上，人来人往的，似乎不太好。但在夏渝州的强烈要求之下，他还是照做了。

夏渝州轻哼了一声："怎么样，什么味道？"

司君努力品了一下，摇头道："几乎没什么味道，有很淡的甜味，像山泉水。"

其实就是白水，不过司君是浪漫的含山氏人，唱诗传家，绝不会把夏渝州的血形容成无聊的白开水。就算没有什么味道，那也是清冽的山泉，能滋润人的心田。

夏渝州瞥了他一眼，忍不住笑出声："你怎么这么会说话呢？"

"咚咚咚！"车窗突然被敲响，打断了两人的互相吹捧。

夏渝州放下车窗，对上交警炯炯有神的大眼睛。

年轻的交警一副见鬼的表情，看看夏渝州，再看看驾驶座上的司君，忍不住揉了揉眼睛，确认是两个男的："这地方怎么能乱……停车呢？"

"不好意思啊，我们临时停了一下。马上走，马上走！"夏渝州赶紧道歉，背在身后的手冲司君打手势。

司君会意，猛踩油门。

夏渝州看着渐渐远去的交警，舒了口气："幸好我反应快，不然要蹲号子了。"

司君轻笑："不至于。"被贴条顶多罚两百块钱，不至于被抓。

夏渝州："当然至于，吸人血犯法的。"

"……"

"不行！"

夏渝州万万没想到，带女儿去圆月舞会的最大阻力不是谢老板，而是自家这个脑残粉弟弟。

"茵茵牙还没长齐呢，怎么能去肮脏龌龊的现代种聚集地呢？"周树拉着侄女的手，痛心疾首地指责不负责任的哥哥。

司君："……"

何予笑眯眯地说道："你说谁肮脏龌龊？"

"老子就说了，怎么着？"周树炸着满头红毛，冲那两只现代种龇牙，"谁也别想带走我的崽！"

夏渝州头疼不已："那你想怎么样？"

周树思索半晌，给出了最大的让步："除非让我也去。"

夏渝州："你不用训练？"让周树跟着去照顾孩子，当然是个好选择，之后再让他把茵茵提前送回来，也肯定比展龙靠谱。

周树举起自己的兰花指，小拇指已经换了更为轻便的固定夹，日常生活不受影响，但还是无法参加比赛。如今在队里，他除了看饮水机就是被队长骂，还不如去参加圆月舞会。

"那我也去。"陈默缓缓举起手，他可不想一个人留在云城，面对闹离婚的亲生父母和三天两头发小论文游说他加入十六氏的舅舅。

"胡闹！"夏渝州撸起袖子，弟弟、儿子挨个揍了一遍。奈何皮糙肉厚的周树十分抗打，即便挨揍也不肯撒手，言明闺女在他在，闺女去他也去，不让跟着，他就自己买票。

夏渝州揉了揉抽疼的太阳穴："我们这拖家带口地去，要是遇见意外可就团灭了……嗷！你掐我干什么？"

司君慢条斯理地脱下手套，挡住他张牙舞爪要挠回来的手："不许胡说。"

何予是很希望谢茵茵跟着去的，方便他就近观察，记录数据，于是主动承揽了向谢老板解释的任务，并十分大方地给自己的学生——陈默，放了十天的探亲假。

夏渝州："大学生哪有什么探亲假？你们这些假公济私、道貌岸然的学者！"

于是，引蛇出洞的危险任务莫名其妙地变成了家庭旅行。

夏渝州坐在商务车上，看看副驾驶座上摇头晃脑听歌的闺女，再看看后排歪在一起流口水、打呼噜的傻弟弟、蠢儿子，深深地叹了口气："被他仨一搅和，我都紧张不起来了。"

对未知危险的担忧烟消云散，只剩下老父亲的满心疲惫。

旁边的司君放下优雅的二郎腿，用脚尖踢了踢他，等他看过来时便抿唇笑。

"傻笑什么呢？"夏渝州疑惑。

司君："我很开心。"

夏渝州："啊？"

司君轻轻摇头，转头看向外面熟悉的道路。含山氏的祖宅不在市里，而在远郊的旅游区，现代化的柏油马路一路通向古老的宅邸。

"小夏……爸爸。"谢茵茵扒着靠背转过头来，她还不太习惯这个称呼，但被魔鬼学神哥哥压着学习了这么多天，好歹没再叫错，"司家可是大豪门，我小时候去过。那位司……爷爷，会不会扔给你一千万，叫你带着我们这群元古种离他外甥远点？"

司君："……"

夏渝州："呸，一千万就把我打发了？起码得一个亿！"

司君瞥了他一眼。

谢茵茵凑得更近了些，小声地说："那要是人家真给呢？"

夏渝州老神在在地跷起二郎腿："都有一个亿了，我干吗听他的？"

司君以拳抵唇，偷偷地笑。

说话间，目的地到了。

夏渝州一直以为，古老的含山氏宅邸应该是放大版的云城大宅，建在深山中的石头古堡，周围长满了带刺的红色玫瑰，里是中世纪风格的豪华装潢——墙上贴金、顶上绘画。但他下了车就蒙了。

眼前是一片徽派的仿古建筑群，白墙黑瓦，马头翘角，错落有致的墙线一直绵延到看不见的远处山林中。整个建筑群临水而建，旁边是一弯碧潭，立了块半古不古的石碑，写明这里是诗仙捞月的地方。碑石上的字飘逸出尘，颇有魏晋之风，然而下面用红漆画了个大大的箭头，旁边还放着禁止停车的标牌，大煞风景。

"这是……含山氏祖宅？"夏家四口人站在水磨大理石铺就的广场上，张嘴仰头，半晌无语。

高高的门楣上挂着牌匾——"诗琴仙居"，出租车、网约车在门前停停走走，拖着行李箱的旅人进进出出，穿着仿古短打布衣的门童迎来送往。

"嗯，平时是家五星民宿。"司君把夏渝州手里的行李接过来，交给前来迎接的侍者。这几位跟酒店其他员工不同，穿着黑色西装。他们见到司君先行礼，然后有人负责撑伞，有人负责运送行李物品，惹得其他客人频频注意。

"那是什么人啊，这么大阵仗？"

"那些黑衣服务员怎么不来给我提行李呀？"

"好帅……"

穿着短打布衣的门童面不改色地说："那是客人自己带的保镖，大概是明星什么的吧。"

然后，"客人自己带的保镖"开来了一辆带有民宿标识的观光电瓶车，拉上行李和一行人，扬长而去。

众人纷纷看向门童，自带保镖可以开民宿的车？

"那是我们诗琴仙居刚刚推出的VIP服务，只要订购山景别墅套房就可以享受。"穿着西装的大堂经理过来，语气平淡地介绍，"一晚只要八万八千八百八十八，欢迎体验。"

客人们："……不，不用了。"

观光车绕过前面的大堂和部分客房，沿着铺着石板的小路穿花越林。

正值黄昏，外出玩了一天的游客纷纷归来，酒店的院子里十分热闹。中间的仿古大花园里，小桥流水、草木依依。穿着汉服的年轻姑娘在石桥上拍照，偶尔瞥过来一眼，明眸善睐；高处的亭子里有穿着广袖长裙的演员，他们席地而坐，拨弄七弦琴，弹的是曲高和寡的阳春白雪；园子边缘是用木头与玻璃搭建而成的现代酒吧，穿着短裙、破洞裤的年轻人们举杯畅饮，谈笑风生。

古典传承与现代文明，既割裂又融合，令置身其中的人产生倒错感。

路的尽头是两扇足有五米高的巨大木门，清漆包浆，铁箍铜环，古色古香。

"这后面就是不对外人开放的区域了。"司君低声介绍。

后面才是真正的司家祖宅所在，圆月舞会将至，提前来到这里的血族贵族们都住在这里。四下寂静无声，没有客人也没有侍者路过，跟热闹的前面完全是两个世界。

夏渝州好奇地张望："这门怎么开？需要滴血画符吗？"

一名西装黑衣人下车，打开门上的隐藏门锁，从口袋里掏出一张卡。刷卡，验证指纹，"嘀嘀嘀"三声，木门自动打开。

夏渝州："……电子锁。"

大门打开，观光车继续行进。

进门就是一面巨大的影壁，区别于普通古建筑的青石影壁，这是一整面铜镜。铜镜是用现代工艺制成的，光滑无暇，映出的物品纤毫毕现。

绕过影壁，又是一样的石板路。这里的建筑看起来跟外面的区别不大，只是草木更加茂盛。道路两边是一些隔得很开的独栋别墅，每一栋都不超过三层，带一个小院。

观光车停在一处院落前，西装黑衣人下车向司君行礼："少爷，这是给夏家人安排的住处。"

早就坐不住了的谢茵茵拉着哥哥跳下车，凑到门前去看。门上已经挂了一块木牌，写着"夏"字。周树跟着下车，活动筋骨，一边听着骨头嘎嘣的响声，一边还不忘挑衅司君："哟，看来司少爷不能跟我们住在一起了。"

司君没理他，抬脚下车："先整理一下。待会我们去见舅舅，跟舅舅一起用晚餐。"

长途跋涉，大家都满身疲惫，需要洗个澡整理一下仪表。夏渝州脱下方便坐车的运动服，换了一身正式的深蓝色西装，还专门用发蜡抓了个造型出来。

客厅里，快速收拾好自己的谢茵茵正在指导叔叔和哥哥打扮："叔叔，不要穿破洞裤啊，见长辈不好这么穿的。哎，不是不帅，司爷爷是个很古板的人，你穿破洞裤他会说你的……哥哥，来来，我给你点一点点高光，这样看着五官更立体。哎呀，我不是说你五官平啦。"

夏渝州："……"

谢茵茵转头瞧见夏渝州，立时扑过来："爸爸，快快快，我给你涂一点儿腮红。我看公众号上说，现在的长辈都喜欢面色红润的小辈。"

夏渝州仰头，避过女儿的毒手："真血族就应该脸色苍白，懂？"

于是，脸色苍白的一家四口整整齐齐地出现在了主宅中。

"从某种意义上来说，我竟然猜对了。"夏渝州仰头看着富丽堂皇的大厅，欣慰地点头。

主宅位于建筑群的最后方，掩藏于密林之中，外形是中式高层古建筑，蔚为壮观，迈过高高的门槛，内里却是纯西式的装潢。

银灰色的地毯铺满整个大厅，平顶天花板上倒没有画什么带翅膀的小天使、光屁股的肥美仙女，而是安装了极为奢侈的仿天空屏幕。如今是黄昏，屏幕上就显示着黄昏的天空景象，红彤彤如咸蛋黄的太阳挂在最西边，被日光浸染的层云变换着各种形态，美不胜收。

"欢迎来到含山氏。"穿着燕尾服的管家微笑着向众人问好。

"罗恩！"夏渝州眨了眨眼睛，围着白发老头看了一圈。

"夏先生，很高兴您能第一时间认出我。作为大管家，圆月舞会是需要我来安排的，就提前回来了。"罗恩笑眯眯地请众人坐下，给夏渝州倒上了他最爱喝的绿茶，还有周树喜欢的奶茶、陈默喜欢的点心以及谢茵茵最爱的小饼干。

"天哪，罗恩爷爷，你还记得我的喜好！"谢茵茵惊呆了，距离她上次来司家已经不止十年了，罗恩竟然还记得。

罗恩慈爱地看着她："小姐喜欢的东西，我肯定会记得的。"

夏渝州看了看还什么都不知道的女儿，再看了看满目怀念的罗恩，轻叹了口气。

"咔嗒"，皮鞋踩在大理石板上的声音从头顶传来，众人纷纷抬眼看过去，一名穿着银色衬衫、披着长西装的男人出现在楼梯转角处。

男人身形修长挺拔，手中拿着一根镶银的黑色绅士手杖，高贵、冷峻的气质跟司君简直像是一个模子刻出来的。他有一张与司君极为相似的脸,只是稍显年长,像是三十几岁的司君,而岁月的沉淀使他越发有魅力,让人几乎挪不开眼。

司君站起来,其他人也跟着起身。

此人就是司家如今的家主,含山氏族长,司君的舅舅——司年。

司年走下楼梯,将披着的西装外套脱下。一名金发碧眼、身形高大的黑衣男子突然从立柱后出现,接过外套,叠放在自己的臂弯里,以立正的姿势站于司年身后半步。

"怎么还有进口的?"夏渝州问司君。

"那是舅舅的大骑士,阿尔杰。"司君小声解释。

夏渝州想起来了,他以前听司君提起过,不过没好好记,一时给忘了。

阿尔杰的父母都是欧洲人,十年前遇到变故迁到华国来,加入了含山氏。因为出众的能力和洋气的外表,阿尔杰被司年选为大骑士,已经跟在司年身边多年,忠诚、可靠又好看。

夏渝州不免多看了他两眼,琢磨着下回是不是去找个生病的洋娃娃试试,丰富一下元古种的样貌种类。

说话间,司年已经带着阿尔杰走到了他们面前,语气温和地问:"你们两个在说什么呢?"清冷、低沉的嗓音,不怒自威,尽管他脸上带着淡淡的笑,但还是让人莫名紧张。

夏渝州仿佛突然被班主任提问的小学生,不由自主地站直了身体。

司君叫了一声:"舅舅。"

夏渝州便也跟着打招呼:"舅舅!"叫完才发现不对。气氛顿时有点尴尬。

司年愣了一下,然后笑了起来:"是渝州吧。司君上学的时候总跟我提起你,司家和夏家自古就亲近,你跟司君又这么要好,就跟着他叫我舅舅吧。咱们两家时隔多年再次会面,这是我的一点儿心意……"说着,就要给他们拿红包。

幸福来得太突然,夏渝州脑子一抽:"您太客气了,一个亿就行。"

司年:"……"

司君:"……"

茵茵:"……"

陈默尴尬地捂住脸。

周树转身就往外走，实在丢不起这人。

好在司年没有计较，只当夏渝州在开玩笑，最后给了他一个蓝宝石胸针。其他人也挨个收下了见面礼。

轮到谢茵茵时，她接过那做工精细的宝石手镯，大声道谢："谢谢舅姥爷！"

司年手里的权杖差点没拿住，不敢置信地看向她："你叫我……什么？"

"舅姥爷呀。"谢茵茵大方地咧嘴笑了，"司叔叔，我现在是夏家的女儿了，不能再这么称呼您。您是我爸爸的舅舅，那就是我舅姥爷，这是我跟哥哥认真盘算过的。对吧，哥？"还不忘把哥哥拉下水。

陈默无奈地配合："没错。"

周树知道内情，鼓着脸憋笑，差点憋出内伤。司家想把谢茵茵认回去，但这要是认回去，司年就得跟夏渝州称兄道弟了，司君也会比他矮一辈。这样想来，周树突然不怕他们抢闺女了。

司年眼神复杂地看了看这家人，最终还是默认了这个称谓。

"老爷，晚餐已经就绪了。"罗恩笑眯眯地请众人去用餐。

司年重新穿上外套，请众人去餐厅用晚餐。

这顿晚餐没有邀请其他家族的人，只有他们两家。司年在主位落座，司君坐在他左手边，夏渝州想挨着司君坐，却被罗恩纠正，要求他坐到司君对面，也就是司年的右手边。大家按辈分依次落座，最后，那位进口的大骑士阿尔杰也坐了下来。

"阿尔杰在这个家里多年，已经是亲人了，渝州不介意吧？"司年温声询问夏渝州的意见。

夏渝州当然不介意，事实上，他到现在也不习惯自己吃着而别人看着的规矩，也很想叫罗恩一起来吃。可惜罗恩要把控整顿晚餐的流程，不能加入。

司家的晚餐没有"食不言寝不语"的规矩，司年时不时就要跟夏渝州交谈两句。

"已经有不少别家的年轻人提早来了，晚餐之后你们可以去逛逛。"

"主宅还有客房，如果那边住不习惯，可以过来。"

夏渝州拿着刀叉的手微微颤抖，这族长也太客气了吧，居然邀请他们住到主宅来，说好的守古礼的刻板人家呢？

他在餐桌底下踢了踢司君的脚，司君却像毫无感觉一般，继续优雅地切牛排，半响才附和道："晚上我带他们去看看，要是喜欢就住下。"

司年又问起无疾镜的事："我这里也收藏了一块残镜，明天可以带你去看看。两块拼在一起，或许会有什么新的发现。"

一顿饭吃得夏渝州心里七上八下的，不过虽然面对班主任式的提问时不时地紧张，但也没有影响到他吃东西。头盘、前菜、主菜、甜点统统一扫而光，吃得肚子圆滚滚的。

"感谢您的款待。"夏渝州向司年致谢。

司年起身："我就不耽误你们年轻人热闹了。不过，我有个不情之请，可不可以把茵茵留下来陪我这个老人家聊一会儿？"

周树瞬间炸毛，要说什么。夏渝州拉了他一把，笑着看向女儿："闺女？"

谢茵茵很意外，但她跟司年的关系其实比跟司君要熟，没多想就同意了："当然可以，我好久没跟司……咳，舅姥爷聊天了。"

司年听到这称呼，忍不住按了按心口，阿尔杰立时过来给他披上用餐时脱掉的外套。

"你不跟着去吗？"夏渝州问司君。

司君看着舅舅和妹妹离开的背影，摇了摇头："你想去哪儿？去前面玩还是看看这边的房间？"

"都要！"夏渝州龇牙，"我们先去前面的酒吧喝一杯，然后再看房间。"

司君："那我们先去换衣服。"

穿着西装去酒吧，会被人当成神经病的。陈默兴致勃勃地也要跟着去，却被夏渝州摇着手指头拒绝："未成年人禁止饮酒，OK？"

"我去喝可乐。"陈默试图抗争。

"No！"夏渝州拍了拍儿子的脑袋，"没得商量，不过你可以去酒吧隔壁的游戏厅打游戏。"

"叔叔，那我们去打游戏？"这还是陈默第一次参加家庭旅行，像只刚睁开眼睛看世界的雏鸟，叽叽喳喳地说个不停，以往的沉稳都丢了。

"你们去吧,我在这里等茵茵。"周树坐在客厅的沙发上,掏出手机开始玩手游,"一会儿茵茵出来天都黑透了,我得送她回去。"

夏渝州愣了一下,十分惭愧,自己这当爸爸的还没有叔叔来得负责。

"那就辛苦你了。"司君倒是很满意这个分工,他不想带着周树一起泡酒吧,一点儿也不。

前面的酒吧已经热闹起来了,但要进去,得先在前台登记一个手牌,方便记账。三人来到前台,瞧见一名穿着打扮十分时髦的年轻姑娘正跟前台员工纠缠。

"就多续一天,换房间也成。"

前台员工铁面无私:"对不起,小姐,不是没有房间,而是我们酒店被人包了下来,从明天开始不再接待客人了。"

小姑娘生气地跺了跺脚:"那你帮我找到昨天酒吧里的那个帅哥,我就不缠你了。"

"什么样的帅哥?"八卦的夏渝州忍不住起哄。

小姑娘抬眼瞪过来,发现提问的也是个帅哥,顿时没了脾气,扭扭捏捏地说:"就是一个喜欢倒挂着的帅哥,特别潮,还戴着唇钉,很好认的。"

夏渝州:"……"这帅哥听着有点熟悉。

| 第三十七章 |
认 主

夜幕降临后的酒吧与白天时略有不同。亭子中的古琴表演已经撤去，取而代之的是亮着七彩炫光的小舞台，有乐队在台上演奏着最火的流行音乐。男男女女穿着光鲜亮丽的衣服，推杯换盏，高声笑闹交谈。整个院落的热闹都集中于此。

夏渝州与司君坐到吧台前的高脚椅上，拿了张酒水单来看："哇哦，这都是些什么呀？"

不愧是诗仙捞月的地方，这张单子上的酒全都跟诗仙有关：醉仙酒、消愁酒、花间酒……就连最普通的葡萄酒，后面都加了个括号，注明可以用夜光杯盛装。

正用小刀削冰块的调酒师抬头，看了看两人，递上另一张单子。

这张酒水单外表跟方才那张一模一样，只是内容很不同：蜀道热血、碧血青天、明月血光……

夏渝州："……这酒水单骨骼清奇，看起来很不简单啊。"

司君没说话，指尖点向单子末尾的说明——"名称仅供参考，以上均为素食。"

这张是给血族看的，酒水、饮料里加了鲜血，不过都是动物血，吃素的血族也可以放心食用。价格后面还写着字体不一样、字号更小的数字，那是需要额外支付的血盟积分。

"啧，有意思，我都想尝尝。"夏渝州点了一杯醉仙酒，一杯蜀道热血，还要了一盘盐焗花生。

司君点了一杯不加酒精的"暮成血",端上来的是一杯加了血的苹果汁。

"苹果汁为什么叫暮成血?"夏渝州问正在大力捣柠檬的调酒师。

调酒师微笑着抬头:"因为苹果汁放久了颜色会变深,就像暮色一样。"

"真有文化。"夏渝州撇嘴,"那你怎么知道我俩需要这张酒水单?"他自认除了血牙,其他地方跟人类没什么区别,这位小哥是怎么一眼就认出他们是血族的?

调酒师眨了眨眼,把调好的醉仙酒递过来:"因为您是跟我们家少爷一起来的呀。"

夏渝州看着调酒师袖口的银色诗琴袖扣,尴尬地接过酒杯,咕咚咕咚喝了半杯。给人类喝的醉仙酒非常淡,跟蜂蜜柠檬水差不多,甜甜的,一点儿都不刺激。

"噗……"司君忍不住笑出声,等夏渝州瞪过来,就赶紧喝一口苹果汁掩饰。

"笑什么笑?"夏渝州戳他,"那要是不熟的人来,怎么分辨啊?"

这里平时都是人类来玩耍,偶尔来的血族大多也是司家人,只是最近要开圆月舞会,其他家族的人也来玩,这就不好判断了吧。

司君抬了抬下巴:"自己看。"

夏渝州转头看过去,觥筹交错的男男女女中确实混迹着不少血族,神奇的是,他一眼就能分辨出来谁是血族、谁是人类。说不上来具体哪里不一样,但他就是能看出来。好比看多了小型豹子,再回头看家猫,一眼就能分辨出来。

此时此刻的酒吧里少说有十个血族,有独自在角落里喝闷酒的,有言笑晏晏跟人类交谈的,还有拿着一把简易竖琴往台上走的。含山氏是吃素的,不过领地内的血族报备过的就可以吃荤,这些人类顾客有时候也是食物。

"今夜月色正浓,请允许我为大家唱一首诗歌。"那拿竖琴的年轻人戴着司家家徽,不过夏渝州没见过他。

家徽上的诗琴其实就是古竖琴,那年轻人拿的琴外形很接近诗琴,他轻轻拨弄,低沉悠远的声音像是从亘古的荒原上传出来的,充满了苍凉的浪漫。

所有人都安静了下来。词是外文的,好在夏渝州外语成绩不错,能听懂大概意思:

我自遥远的国度而来

长路漫漫白雪皑皑

漫天的黄沙险些将我掩埋

但当我历尽艰险见到了你啊

那一切的苦难都不值一提

哈哈，不值一提

你是天上遥不可及的星辰

你是海上低吟浅唱的魔魅

哦不，这些诗篇都配不上你

我日夜弹奏指尖淌血

也捉不住哪怕一片袍角

你啊，你啊

你是银色诗琴弦上的月光

……

古老的音调仿佛将人带到了千百年前的丝绸之路上。黄沙、雪山、戈壁滩……倔强的吟游诗人历经艰险，来到了富饶的东方，见到了只会出现在梦中的美人。这样的歌谣与闪着七彩炫光的舞台格格不入，偏偏令人们心驰神往。

夏渝州琢磨了半晌："这最后一句有点耳熟，是不是刻在雕像下面的那句？"

"你是银色诗琴弦上的月光。"这句话太特别了，夏渝州印象很深。

司君点头："这是我们家世代传唱的诗，每个司家人都会。"

"哦。"夏渝州顿时收起满心赞叹，合着是"校歌"啊。台上这位格调高雅、宛如古典艺术大师的年轻人，在他眼中瞬间沦为穿着校服上台唱校歌的小朋友，让他失去了兴趣。

一曲唱毕，众人起身鼓掌。那位年轻人微笑着下台，立刻有漂亮的姑娘上前搭讪。

乐队重新开始演奏，气氛恢复热闹。年轻人拒绝了姑娘请他喝一杯的提议，径直往这边走来："哦，恕我眼拙，没有看到我们家的青年才俊回来了。"礼貌、优雅的姿态也难以掩盖言语中的不友善。

夏渝州挑眉，转头问司君："这是你家的小辈吗？怎么这么不礼貌？"

年轻人顿时涨红了脸，僵在原地。

不等司君说话，一名穿着绿色T恤的男人凑过来，还没开口就哈哈大笑："哈哈哈，司君，你朋友怎么这么厉害啊，哈哈哈哈哈……"

夏渝州循声看过去，觉得眼睛被晃到了。血族不晒太阳，大多都很白，而这人尤其白，不仅白，还发亮，自带高光。听声音、看模样，他约莫三十岁了，皮肤却好得宛如婴儿，吹弹可破。

司君见到来人，脱下手套跟他打招呼："白二叔。"

"哎，别叫叔，把我都叫老了。"白二叔笑眯眯地说，"你都是领主了，地位不一样，可以叫我的名字。"

"白殊。"司君从善如流地改口。

"哎。"白殊笑呵呵地应了。

夏渝州："……这听着也没区别呀。"

司君给他们做介绍。白殊是青羊氏白家家主的胞弟，比司君年长五岁，但高了一辈，虽然年轻但颇有能力，掌管着白家的家族企业。而那个被他气得快晕过去的年轻人，则是司君三舅家的小儿子，司君管他叫七表哥。

"表哥啊，看不出来。"夏渝州有些惊讶。那人生了张娃娃脸，瞧着着实年轻。

七表哥捂住胸口，喘了口粗气："白二叔，你们聊，我失陪了。"说罢转身就走。

"哈哈哈哈。"白殊又笑了起来，"司家人最怕别人说他不礼貌，他又最讨厌别人说他长得小，你一句话踩了俩雷，真牛！"

白殊顶着一张美人脸，屈起一条腿踩在凳子边缘，露出风骚的大裤衩，然后敲了敲吧台，冲调酒小哥道："有没得麻辣串？小龙虾也行！"

"没有，先生。"调酒师十分淡定地回答，"您可以选择酒鬼花生或者煮毛豆。"

"毛豆吧。"白殊要了盘毛豆，配一杯蜀道热血，转头瞧见夏渝州也点的这种酒，便热情地跟他干杯。

"那个表哥怎么阴阳怪气的？"夏渝州忍不住问。

司君喝了口苹果汁，不甚在意："他一向如此。"

认主

"嗨，还能因为什么，因为这位司少爷太优秀了，让表哥们日子不好过嚏。跟我一样咯，我从小就会做生意，害得我那些哥哥弟弟天天被老汉揍，哈哈哈哈！"白殊弹了个毛豆进嘴里，成功劝退一名想来搭讪的漂亮姑娘。

白殊当真是个话多的人，坐过来这一会儿，就光听他说话了。

"哎，家里的火锅生意出了点问题，我哥走不开，叫我替他来圆月舞会，麻烦得要死。我也有生意要看顾的，要我来瞧那些橘皮老脸，折寿十年哦。"

"小夏，要不要做美容，我们家祖传秘方，一张面膜下去，返老还童！"

"你要是在我这里办卡，我给你打五折，不过只有我们青羊氏的领地里有店哦。"

"……"

夏渝州听得嘴角直抽。白家竟然是做美容的，血牙里的毒液功能竟然是让人变美！

"是不是类似蛇毒面膜那种？"夏渝州认真地跟他探讨。

"有点类似，但比那个效果好得多。"白殊挠挠腿毛茂密的小腿，"像是一次性打了玻尿酸、水光针、除皱针，宛若新生。"

"这么厉害，那一定很贵。"

"那是。这是顶级服务，一般不是VVIP不给做的。"

"物以稀为贵嘛，我懂。哎，我闺女是个明星，需不需要她给你介绍客源啊？"

"需要啊，当然需要！哎，你不知道，娱乐圈的明星都不愿意互相介绍，怕别人知道自己变美的诀窍。你闺女要是给我介绍高级客户，我给你算提成啊……哎，不对，你才多大，怎么就有这么大的闺女了？"

司君听着两个在时尚酒吧吃花生、毛豆的人，从互相推销美容、整牙到介绍客户，再到互相捧臭脚、侃大山、吹牛皮，他一句话也插不上，只好默默地喝苹果汁。

"啊——"一声尖叫打破了热闹的气氛，众人纷纷朝尖叫发出的方向看去。

在灯光昏暗的角落，一位女士跌坐在地，看起来像是被吓得不轻。在那一片幽暗中，夏渝州隐约看到了一具倒挂着的人体。

深夜、酒吧、暗巷、倒挂人体，妥妥的凶杀案现场……如果没有那颗闪亮的钻石唇钉。

倒挂着的人荡了两下，跳下来，走到光影交界处，露出一张苍白俊美的脸："我已经戴了唇钉，怎么还有人撞上来？"

夏渝州跑过去，准备伸手扶起倒地的女士，酒吧的侍者却已经抢先把人扶起来了。

"哟，小极极，你这是干啥子呢？"白殊嚼着毛豆走过来看热闹。

"吃晚饭。"古极不大高兴地说，"别这么叫我。"

"哎呀，别这么见外嘛……"

话没说完，古极忽然翻眼瞪他，并凶狠地龇了一下牙。

白殊调侃的话戛然而止，讪讪道："哎呀，我想起来还得给司年送面膜呢，回头聊啊！"说罢拍了拍夏渝州的肩膀，一溜烟就不见了。

夏渝州眨眨眼，看着明显很不爽的古极，想起是自己推荐的鲱鱼罐头导致他提前来这里，于是干笑两声："那什么……我请你喝一杯呗。"

古极倒没有拒绝，跟着他们去了卡座。古家是吃荤的，不过素食偶尔吃吃也可以，古极要了一杯酒慢吞吞地喝着。

"你说你，既然是来捕猎的，就不要倒挂着了吧，这样很容易吓到猎物的。"夏渝州大概是父亲做久了，看谁都一脸慈祥，此时忍不住苦口婆心地劝古极。

"鲱鱼罐头。"古极幽怨地看着他。

夏渝州竟瞬间明白了这句话的意思。因为鲱鱼罐头，古极不得不提前来这里，并不得不进行这种难度超高的狩猎填饱肚子。

"其实这样成功的概率并不低。"司君提醒夏渝州，不要被擅长蛊惑人心的古家人骗了。古家人的凶残是出了名的，他们就是仗着一流的捕猎技术才一直坚持到现在还吃荤。

夏渝州清醒过来，对啊，刚才在前台遇见的那个姑娘不就是成功的范例吗？遇到在黑暗中倒挂着的美男子，惊吓之后是惊艳，荷尔蒙在这高度起伏的情绪中得以释放，于是晕晕乎乎地就被咬了。

"啊，我跟你开玩笑呢，你竟然信了。"夏渝州笑了，"你吃之前都不查一下的吗？"

"我查了。"古极把手里的酒一饮而尽，直勾勾地盯着夏渝州，"但我还是想知道。"他真的很想知道元古种的血是什么味道，那是一种源于骨子里的冲动，非常、非常想尝尝。

夏渝州："司君尝了，说跟白开水一样。"

司君："……我没这么说。"他说的明明是高山上的清泉水！

古极因为大口喝酒有些上头，低头缓了一会儿，再抬眼时，眼神变得可怜巴巴的："夏先生，我真的特别想尝一口，我拿东西和你交换。我可以免费给你做一次武器，或者你需要积分的话……"

"打住。"司君抬手制止他，"什么都不行，你想都别想。"

古极不理他，依旧看着夏渝州。

夏渝州："……"

司君："不行。"

古极："鲱鱼罐头。"

夏渝州小声跟司君说："其实尝一口不要紧。"看把孩子馋的，太可怜了。

司君不赞成："古家与其他几家不同，他们有古时候传下来的秘术，有未知的危险。"

"我听到了。"古极幽幽地说，"我们家的秘术都是炼器术，你担心的血傀儡术什么的只存在于小说中。"

"哎呀，没事。"这个夏渝州倒是知道，先祖手札里有记载。先祖曾经异想天开，想用血来控制别人，但没有成功。血液一旦离体就不可能再受主人的控制，这个世界没有魔法。就算血液有毒，又不是他喝古极的血，古极要是喝完拉肚子，也不是他的责任。

最终，出于胡诌鲱鱼罐头的愧疚，夏渝州向古极伸出了一根手指，却被司君一把抓了回来。

司君叹了口气，向服务员要了个非常小巧的玻璃酒盅，往里面倒了些清水，然后伸出血牙在夏渝州的手指上戳了一下，将血珠滴在杯中，推给古极。

古极迫不及待地接过来，凑到鼻尖轻嗅："没错，就是这个味道，太诱人了。"

"啊？"夏渝州有些诧异，这古极怎么跟犯了烟瘾一样？

"咕咚！"

夏渝州耳朵微动，清晰地听到了古极吞咽的声音，而后，又听到了骨骼错位的嘎嘣声。

"呃——"古极突然发出一声十分古怪的低吼，一双尖锐的血牙缓缓露了出来。

司君瞬间起身，曲肘勒住古极的脖颈，抓着他闪身窜进了酒吧后面的小路。夏渝州一惊，赶紧跟了上去。

有侍者试图拦他："客人，您还没付账！"

调酒师抬手，示意侍者放行。

夏渝州快步跑上小路。这边的地灯似乎坏了，四处黑漆漆的，没有人过来，他只依稀看到古极僵直着双腿被拖进了密林中。这场景，比刚才看起来更像凶杀案了。

司君把人放到草地上，拿出手机准备叫阿尔杰过来帮忙，抽搐着的古极突然平静下来，噌地一下坐起身。

"你还好吧？我发誓我今天没吃大蒜，也没吃老鼠药！"夏渝州举起两根手指对天发誓，他绝对没有吃对血族和蝙蝠有害的东西。

古极坐着呆愣了片刻，然后缓缓站起身，走到夏渝州面前，"扑通"一声跪在了地上："主人！"

"啊呀！"夏渝州被吓得跳了起来，"不至于吧，有这么好喝吗？我只听说过好吃到叫爸爸的，头回见好吃到叫主人的！"

司君挂掉刚接通的电话，走过去把夏渝州护在身后："古极，你现在是清醒的吗？"

"清醒，我没有哪一刻比现在更清醒。"古极换成单膝跪地的姿势，仰头看向夏渝州，"我们家族的先祖并非主动来到东方，而是被人贩卖过来的。是一位仙人救了他，给了他'古'这个姓氏。我们家世世代代侍奉仙人一族，但是于百年前失去了仙人一族的联系。"

夏渝州蹲下来跟古极对视，指了指自己的鼻子："你是说……我们家？"

"没错，这是我们家族血脉里传承的记忆，在我喝下你的血的瞬间就会记起来。"古极目光坚定地看向他，"我们家的炼器手艺便是夏家先祖传授的，你们不觉得我炼器的手法很东方吗？"

夏渝州恍然大悟："对呀，西方管这叫炼金术，只有我们华国修仙的才叫它炼器术。"

"我会马上通知族人,舞会之后,家父定会来拜见,五岭氏全族都会听从你的号令。"古极低头行礼,眼中满是狂热。

夏渝州:"……"

事情发生得太突然,有点反应不过来,直到跟司君回到主宅,夏渝州还在发蒙:"这都现代社会了,怎么还兴认主这一套呢?这样是不是不大好?"

司君也很震惊。一直以来,五岭氏都是五大氏族里最为神秘的存在,怎么也没想到他们竟然是元古种的家仆。

"这是祖先的传承,你不必有负担,兴许认你为主对他们来说会有什么我们不知道的好处。先不要拒绝,等五岭氏的族长来了再说。"

夏渝州点头,又挠了挠头:"我们家有这么厉害的家仆,那是怎么混到这么惨的?"

司君以拳抵唇轻笑:"那得问你的曾祖父了。"

"哥哥!"带着哭腔的少女的声音从楼上传来,眼睛通红的谢茵茵飞奔下来,像颗小炮弹一样冲进了司君怀里,"哥哥,对不起呜呜呜,我都不知道呜呜呜……"

司君被撞得晃了晃,抬眼看向还站在楼梯上的舅舅。

司年点了点头,温和地看向夏渝州:"渝州愿意的话,今晚留下来住在主宅吧,这里比外面安全些。"说罢,也不等夏渝州答应,就转身上楼去了。

夏渝州客气的话都没能说出口,只好咂咂嘴,看向号啕大哭的闺女和面无表情的司君。夏渝州冲司君挤眼,示意他哄哄。

司君缓缓抬起手,轻轻搂住哭泣不止的少女:"这是血族的规矩,你以前肯定不能知道。都过去了,以后我们就可以做真正的家人了。"

"嗯!"谢茵茵用力点头,继续抓着司君呜呜地哭。

司君想了想,补充道:"不过,你不能叫我哥哥。"

"为什么?!"谢茵茵震惊地抬头,满目悲凉,"我已经是血族了,还是不能叫哥哥吗?"

司君蹙眉:"我跟你爸爸同辈,你应该叫我叔叔。我俩商量过了,你还是跟小默一样，也叫我父亲吧。"

谢茵茵："……"

谢茵茵木着脸放开司君，冲他比了个大拇指。什么悲惨童年，什么兄妹思念，什么感人气氛，都在这一瞬间灰飞烟灭。

"噗！"夏渝州忍不住笑出声，"对不起，哈哈哈哈……"

"父亲！"谢茵茵想哭又想笑，矛盾之下，喷出了个鼻涕泡。

"哈哈哈哈哈……"这下子，夏渝州笑得更大声了。

司君掏出一条手绢递给妹妹兼闺女。

谢茵茵绝望地接过，狠狠地擤了把鼻涕。自从认了这个爸爸，浪漫、传奇都离她远去，跌宕起伏的人生只剩下了狗血和无语。

认亲环节告一段落，司君带夏渝州参观他小时候的房间。

司君小时候的房间跟云城大宅的那间卧室很像，不过多了很多过去的东西，每一样夏渝州都要拿起来摸摸瞧瞧。

"哇，这是你小时候的照片啊！"最后，夏渝州找到一本相册，兴奋不已地抱回客房看。

司君有些尴尬："没什么好看的。"

夏渝州可不听他的，兴致勃勃地看了起来。

"哇，你小时候好漂亮啊，跟小王子一样！"

"哇，这小西装真精神！"

"哇，你那么小就弹钢琴了呀！说起来，你最近怎么不弹了？"

"哇……"

翻完后，司君把相册从夏渝州手里抽走，夏渝州哼了一声："你小时候真可爱，我那时候认识你就好了，把你拐回家当我弟弟。"

"又说傻话。"司君轻笑。

夏渝州也笑了："五岭氏认我做主人，我的领地是不是比你的大了？那你是不是该跟我混了？"

司君："也可以啊。"

"那你给我弄个跟你小时候一样可爱的小朋友玩玩呗。"

认主

"……睡吧,梦里什么都有。"

梦里确实什么都有。这天晚上,已经很久没有出现的先祖,再次在梦里出现了。

边城,古道。这里是波斯商人来往华国的必经之路,经年累月下来形成了一个规模颇大的集镇。路途劳顿的波斯商人在这里歇脚,顺道将相对沉重的货物在此交易。中原商人也在这里摆摊,收购波斯人的货物,也卖一些小东西给西域人。

这地方没那么多规矩,铺一块彩色的布就是一个摊位,远远瞧过去,七彩斑斓,煞是好看。

夏渝州发现自己又变成了白衣人,站在一处高坡上,饶有兴致地看着下面的人群:"胡人的街市果然有趣,你就是从这边来的吗?"他伸出修长的手指,指向远处牵着骆驼行走的波斯商人。骆驼上驮满了货物,后面还用绳子拴着几个衣衫褴褛的人。

"啊,我是跟着商队来的,但我可不是被绳子牵着的奴隶。"身边是与司君长得一模一样的年轻男子,他笑眯眯地眨着湛蓝的眼睛,晃了晃手中的银色诗琴,"我家是贵族,有钱付路费。我就坐在骆驼上,一路唱歌,那些波斯商人很喜欢听我讲故事。"

他的仆人已经换上了中原人穿的短打布衣,亦步亦趋地给他撑着伞。

"呵呵。"夏渝州嗤笑,瞥了他一眼,"你确定人家听得懂你的鸟语?"

"……"

场景一转,不怕日光的夏渝州负手在街市中漫步。葳蕤生光的昂贵衣袍使得那些小商人不敢靠近,甚至不敢直视他,只怯怯地看着他身边的侍卫。

"你要找波斯人订什么镜子?那人在哪儿?"似乎是逛得厌烦了,他转身问蓝眼睛。还没等到回答,街市上一阵骚动,一团黑影冲了过来。

"唰啦"!两名侍卫抽刀,以迅雷不及掩耳之势将扑过来的黑影拍在地上,人体落地,激起尘土与黄沙,弄脏了夏渝州雪白的衣摆。

夏渝州缓缓低头,拂去衣摆上的尘土,这才慢悠悠地看向被按在地上的家伙。那是一名衣衫褴褛的少年,穿着一件甚至不能称之为衣服的亚麻坎肩,上面满是鞭痕和血迹。

少年艰难地抬起头，高鼻梁、深眼窝，很漂亮，只是白皙的皮肤上有着可怖的烫伤，完全毁了这张俊俏的脸。他叽里咕噜地说了一串什么，眼中满是恳求。

夏渝州不由自主地皱眉，问蓝眼睛："他说的什么？"

蓝眼睛叹了口气："他说的话跟我的母语不一样，应该是其他国家的方言。不过，幸运的是，站在你面前的我是一位知识渊博的吟游诗人……"

夏渝州："所以，他说的什么？"

蓝眼睛："……他说，大人，求求你，救救我。"

夏渝州随手从摊子上拿了把伞，缓缓蹲下来，遮住了照在少年脸上的日光。少年脸颊上的伤口顿时停止了恶化。

这时，一名大胡子商人提着马鞭跑过来，用带着奇怪口音的官话道歉："请大人恕罪，我的奴隶突然逃跑，惊扰到了您。"

"多少钱？我买了。"夏渝州站起身。

"啊？不不，不可以。"商人连连摆手，侍卫的刀立时指过来，把他吓得一哆嗦，"大人，不是我不愿意卖，而是这个奴隶有问题。他在路上咬死了我的骆驼，是个魔鬼……"

商人连说带比画，总算解释清楚了。这少年是他从别人手里买来的，准备贩卖给一位大官。只是这少年邪得很，半夜咬死了他的骆驼，还试图咬死他。为了惩罚这个不听话的奴隶，他用绳子拴住他，让他跟着骆驼跑，谁知刚晒了一会儿太阳，这张漂亮的脸就烂掉了。

"无碍。"夏渝州抬手，示意侍卫给钱，自己则拎着骨瘦如柴的少年离开集市。

"涯，你……"蓝眼睛跟过来。

"去买只小羊来。"夏渝州把少年放到地上，看到他逐渐变红的眼睛，立时叫侍卫去买羊，然而已经来不及了，饿疯了的少年瞬间失去了理智，扑向眼前的活物。

尖锐的血牙刺进了夏渝州的手臂，他微微蹙眉，抬手制止了要来帮忙的蓝眼睛，默数三下后便捏着少年的后颈将他拉开。

少年的眼睛渐渐恢复神采，他发现自己咬了贵人，很是惊恐，又本能地将唇上的血舔得一干二净。

"好喝吗？"夏渝州听到自己温柔的声音。

少年猛点头。

"我的血可不是白喝的。"夏渝州伸出一根手指，点在少年的眉心。

"主人！"少年突然开口，用流利的官话叫他，满是烫伤的脸也变成了古极那张脸。

夏渝州一个激灵给吓醒了！梦中的黄沙古道瞬间消散，入目的是厚重的西式窗幔，他跳下床，跑去隔壁的司君房间。

司君正睡得香甜，被吓醒的夏渝州十分不爽，使劲推了推他。

"嗯？"司君迷迷糊糊地睁开眼，"小羊来了。"

"小羊没来，我被咬了。"夏渝州继续推他。

司君坐起来，十分配合地揉了揉夏渝州"被咬"的胳膊："那个少年应该就是古家的先祖。"

"嗯。"夏渝州摸出脖子上的残镜，"这次的梦比上次要清晰很多，人说的话也多了。"

司君点头："看来镜子中留存的记忆也被修复了。"

"如果把所有的残片都收集起来，修复成完整的镜子，也不知能看到什么秘密。"夏渝州举起残镜看。

"咚咚咚"，敲门声响起，罗恩温和的声音从外面传来："少爷，该起来用早餐了。"

司家这一辈的少爷有十几个，不过罗恩显然只叫了司君一个。待他俩洗漱完，穿戴整齐走出去，罗恩还笑眯眯地站在司君门外。

看到夏渝州，罗恩将一支带着露珠的玫瑰递给他："夏先生，希望这花能给您带来一个美好的早晨。"

夏渝州瞪大眼睛，看向司君。司君微微一笑。

长这么大，还是第一次收到花，夏渝州觉得挺有趣的。

"罗管家还亲自给摘花，是我起得晚，错过了什么大新闻吗？比如，我们家的少族长已经定了人选？"昨晚见过的七表哥走过，优雅地跟司君点头问好。

夏渝州觉得自己手很痒，想打人。

罗恩一点儿也不生气，依旧笑眯眯的："没有这样的事，七少爷昨晚睡得好吗？"

"说实话，并不好。"七表哥看了夏渝州一眼，"夜里总听到奇怪的声音，叫人难以入眠。"

司君蹙眉，冷下脸来："家族史中记载，这栋房子里有先辈的英灵，如果夜晚失眠，要反省自己是不是做了令先辈不满的事情。"

七表哥被司君这么直白地回击，惊讶得说不出话来。

夏渝州看着突然语言犀利的司君，小幅度地拍手，给他鼓掌，像一只双眼亮晶晶的小海豹。

恰好阿尔杰走了过来，打破了僵持的局面："少爷，夏先生，家主请你们一起用早饭。"

"小叔没叫我吗？"七表哥不满。这样的通知方式很不妥帖，通常看到他在，传话的人应该会一同叫上他。

然而，耿直的阿尔杰并不懂这个："是的，没有叫您。"

七表哥涨红了脸，气哼哼地转身跑了。

夏渝州看得厌烦："这人真讨厌，他小时候是不是经常欺负你？"

"没有。"司君摇头，"他打不过我，只是很喜欢告状。"

这些表哥其实也算堂哥，大家都姓司。只是别人都有父亲，他却没有。起了冲突，小朋友告状，别人的父亲就会偏向自己的孩子，而他只有舅舅，舅舅却是必须公平公正的族长。久而久之，他就不跟哥哥们玩了，自己在屋里弹钢琴、拼乐高。

司君寥寥几句，说得平淡，夏渝州听着心里却有些难受："以后有我，我偏心你。"

"好了，快点过去吧，不要让舅舅久等。"司君义正词严道，嘴角却止不住地上扬。

罗恩笑眯眯地走在前面，提醒歪头看那两人的大骑士注意脚下："阿尔杰，这可真是个美好的早晨呢。"

刚刚被地毯绊了一下的阿尔杰："？"

司年果然只叫了他俩吃早饭，早饭过后就带着夏渝州去收藏室看无疾镜的残片。

收藏室的中央立着先祖司南的雕像，比云城大宅的更大，也更精致。

夏渝州站在雕像前仔细看。这张脸与梦中的不同，毕竟梦境自动替换成了司君的脸，只除了那双眼睛。梦中司南的眼睛与那幅水墨画像上的一模一样，湛蓝深邃，有着吟游诗人独有的坚毅与快乐。

"我怀疑，你家先祖的那幅水墨画是我家先祖画的。"夏渝州小声地对司君说。

"何以见得？"

"没什么证据，只是一种直觉。"

司年转过头来，看到两人凑在先祖雕像面前说小话，他轻咳一声："渝州在云城见过这雕像吧？司家的先祖，马鞍山侯爵——司南先生。"

"噗——"夏渝州差点咬到自己的舌头。

之前他开玩笑说，含山侯应该按西方习惯叫马鞍山侯爵，害得司君差点摔跟头，而这件事竟然被司年知道了。对着司君他可以胡说八道，对着长辈就不敢了，他干笑两声："啊哈哈，您可真幽默。"

第三十八章
舞 会

司年笑得风度翩翩，带着他俩慢慢参观。

云城大宅的藏品相比这里就是九牛一毛了。司家人似乎有遗传的集物癖，这里收藏的不仅有古董器皿、字画，还有很多奇奇怪怪的小玩意儿。

尤其是开辟家族的那位马鞍山侯爵先生，专属于他的展柜里一大半都是莫名其妙的东西：破了个洞的拨浪鼓，开了边的旧手绢，生锈的驼铃，缺口的酒盅……当然，也有正经的东西：皇帝赏赐的丹书铁券，超一品朝服，宝石弯刀，以及一些留存下来的手书。

这些东西都非常宝贵，封存在玻璃柜中做无氧处理，不能触碰。夏渝州扒着看了半天，很好奇那些手书里写了什么。

"那些手书大多是先祖练毛笔字用的废纸，还有一些难得保存下来的诗篇。"司年拿出一本后人的仿版，翻了翻，"其中提到过你家先祖，我想应该是这位。"

夏渝州接过来看。这是一张练习纸，上面的字迹看起来像是刚学写毛笔字不久的人写的，没什么风骨，但勉强可看。整张纸上写了十几遍同一个名字——夏无涯。

夏渝州看向司君："你记不记得……"

司君点头，轻声说了一个在梦中听到的名字："涯。"

在边城的集市上，蓝眼睛的马鞍山侯爵称那位矜贵的国师大人为"涯"。

"没错。"夏渝州点头，征得司年的同意之后，用手机拍下了这张练习纸，"回去打印出来烧给先祖，他肯定没见过这张纸。"

司年："……但愿他看到这个会开心。"

司君将嘴唇抿成一条直线，防止自己笑出来。

参观了一大圈，司年才拿出残镜。这是司家珍藏的一块，也是四分之一大小，已经请古家人修复过了，光滑而不可鉴。

夏渝州接过来，与自己脖子上挂的残镜拼在一起，恰好是相邻的部位。三人盯着看了半晌，期待中的景象并没有发生，两块残镜并没有自动融合。

"破镜难圆啊！"夏渝州叹了口气。

"还有一块在青羊氏，也是这么大的。第四块不知所踪。"司年拿出一只小巧的盒子，将那块残镜装起来，递给夏渝州。

夏渝州吃了一惊："您打算……把它给我吗？"

虽然这是夏家的东西，但已经被司家保存了上百年，就这么轻率地给他了吗？

"本就是你家的。"司年毫无芥蒂地说，"我们两家世代交好，百年前忽然断了联系。这块残镜是我的曾祖父在古董行里买的，交代过要把它交给夏家后人。白家的那一块，舞会的时候我会跟白家说的。"

"谢谢舅舅。"夏渝州握紧手中的盒子，真心实意地感谢他。

司年摆手，表示不必客气："说来惭愧，我至今没有找到试图拔掉你血牙的人。这些人一定藏在含山氏或者十六氏里，因为那个时间太巧了，刚好是司君与人决斗的时候。"

为了争夺云城领地，年仅二十岁的司君挑战十六氏族长。司君是突然甩手套发起挑战的，知道这件事且有机会下手的，只有见证决斗的司家人和狄家人。

"那些人是什么人、有什么目的，不得而知，但绝对与司君无关，"说起当时的事，司年的眼神暗了暗，"他是为了保护你才去抢领地的，虽然成功了，但受了重伤，昏迷不醒……"

"舅舅。"司君打断了司年的话，示意他不要再提自己，说重点。

司年无奈地叹了口气："你自己不好意思告诉渝州，还不许我说了？"

夏渝州转头看司君，见那二十岁就敢去抢地盘的领主大人竟然红了耳朵。

他冲司年挤了挤眼,用口型说:"回头我找您单独聊。"然后放开了声音追问,"那……是谁给我发的短信?"

那条约他见面的短信千真万确是用司君的手机号发的,也正是那条短信导致他毫无防备地步入陷阱,丢失了一颗宝贵的血牙。

司年摇头:"司君的手机当时落在了十六氏老宅的决斗现场,取回来的时候已经关机了,并没有被解锁过,也没有发消息的记录,应该是有人取出了手机卡,用别的手机发的。"这期间能接触到手机的人非常多,根本无从查起。

"所以,"司年话锋一转,提醒道,"舞会期间,但凡遇到十六氏和含山氏的人,你都要小心。你俩最好不要分开,哪怕上厕所也让司君陪你。"

夏渝州不好意思地挠了挠脸颊:"舅舅,您让司君陪着我,就不怕司君有危险吗?"

问出这个问题之后,夏渝州确信,他看到司年翻了个白眼又瞬间恢复到高贵儒雅的姿态:"你俩都交换过咬痕了,怎么还问这种话?"

"啊?什么咬痕?"夏渝州一头雾水。

司年顿时吃了一惊,指尖微颤地指着司君左耳上的血痣:"你不知道吗?"

夏渝州觉得司年看自己的眼神充满了谴责,顿觉压力如山,但这似乎很重要,他只得硬着头皮求教。

原来这是一种生命交换契约,被咬的一方要作为保护者守护另一方,原先是主人和奴隶之间签订的。如果咬人者死亡,被咬者也会跟着死去。但如果两人地位相当,且都在对方身上留下咬痕,便视为缔结生死之交。这种通常会像结义一般举办仪式,郑重地交换咬痕,不求同年同月同日生,但求同年同月同日死。

至于咬的位置,往往是虎口或耳垂这种一穿就透且不显眼的地方。

司年看着一脸震惊的夏渝州,不由得捂住心口。

夏渝州手动合上自己张大的嘴巴,愧疚无比地看向司君。原来,从那时起,司君就默认他俩的命绑在一起了。他鼻子一酸,眼圈霎时红了:"对不起,我不知道这个。"

见他这样,司君顿时手足无措起来:"不是你的错,是我……太自以为是了。"原以为夏渝州知道血痣的意义,后来才发现,他对这些一无所知。

夏渝州擦掉眼泪："你也给我打个耳洞吧！"

司君轻笑："好，选个合适的时机举办仪式吧。"

本来准备谴责夏渝州的司年："……"

从收藏室出来，司年表示不留他们吃午饭了，让他俩自便，就头也不回地走了。

夏渝州咂咂嘴："舅舅是不是嫌咱俩烦了？"

司君抿唇笑，带着他离开主宅去前面吃饭。

司家规矩多，每顿饭吃什么都是规划好的，基本全是夏渝州不喜欢的西餐。前面人类居住的酒店有好几个餐厅，味道都非常不错，他俩商量了半天，还是决定去前面吃。

"哟哟哟，终于想起我们叔侄三个了？"周树谴责他们两个只顾着自己玩耍，孩子都丢给他带。

"哎，周小树，来之前可是你主动要带孩子的。"夏渝州可不上套，别以为他不知道，这三只"哈士奇"昨天疯玩了一整晚，没他这个严父在场，别提有多自在了。

"这个好好吃，爸爸你吃。"谢茵茵开口打圆场，给夏渝州夹了只虾。

"乖。"夏渝州立时眉开眼笑，用手肘碰了碰司君，挤眉弄眼地显摆自己有贴心小棉袄。

司君将剥好的虾塞进他嘴里，防止他说出"还是女儿好"这种会伤害儿子的话："说话之前要思虑再三，嗯？"

夏渝州吃掉虾仁，自以为心领神会："好吧，你也乖。"

司君："……"

周树给陈默也夹了只虾，却没想到他直接把带壳的虾扔进嘴里，嚼得嘎嘣响。

周树："怎么不剥壳？"

陈默："未成年人不能看裸体虾。"

夏渝州无语地看着他们："家门不幸。茵茵啊，咱家就靠你……"

话没说完，就见女儿也把一只没剥壳的虾扔进嘴里："呜呜呜，没有男朋友的人不配吃没壳虾……"

一顿饭吃得鸡飞狗跳。

众人吃饱喝足，周树才说起了正事。

"今天就回去？"夏渝州有些意外，圆月舞会后天才举行，他们三人本来是计划明天走的。

"嗯，出了点事。"周树撸了一把头上的红毛，"我那个亲妈又作妖，得赶紧回去处理。"

夏渝州皱眉："她又怎么了？"

周树的亲生父母当年把重病的他抛弃在医院里不管不问，后来周树被老夏救了，恢复健康后再去找他们，那家人却已经搬走，杳无音信。周树也就当他们死了，在夏家快乐长大。

然而等他成年之后，打电竞出了名，他那亲妈又找了过来，言明自己现在生活困难，要求周树给她钱。

周树这暴脾气，那必然不会惯着她，直接把人赶走了，但不时地被骚扰，他就把小时候的那点生活费折算一下全给了她，之后一分钱都没再给过。

"她的小儿子不成器，挪用公司的钱出去赌，输了个精光，要是还不上钱，就要被抓去坐牢。"周树说起来满是厌恶。这次那个女人发疯，威胁他说如果不给钱，就把他不赡养父母的事发网上。

周树本来不打算搭理，但没想到那个女人以前跟他要钱的时候录了视频。他脾气暴躁，说话冲，还摔过东西，这些有意剪辑在一起的视频片段发到网上的话，不明真相的网民肯定会先攻击他。本来因为茵茵的事，他已经在舆论的风口浪尖上了，再闹，他可能真的会被俱乐部开除。

夏渝州听得直皱眉："那你小心点，跟他们交涉也记得录视频。"

"叔叔，我跟你一起去，我认识专业的营销公司，可以让他们准备好预案。"谢茵茵主动请缨，要跟叔叔一起去解决。

周树感动得泪流满面，摸着侄女的脑袋老怀甚慰："乖崽！叔叔爱你！"

陈默把嘴里的餐后甜点咽下去，喝了口清水："叔叔，既然你是爷爷转化的血族，那你的父母应该有一个是血族吧，你可以用这个秘密反威胁回去。"

这话出口，所有人都是一愣。

周树皱起眉头仔细想了想："那两人……瞧着都不像啊。"

司君用领主权限打开血盟 APP 的管理界面："他们叫什么名字？"

周树："周建国，赵慧珍。"

司君分别输进去查了一下："不是血族。"至少，不是登记在册的现代种。

"那估计我那个爹不是亲爹。"周树不甚在意地说，"周建国每次说话都站得很远，好像不关他的事。赵慧珍倒是一脸理所当然，估计是她给周建国戴的绿帽子……啧，这也是个把柄。"

夏渝州："……你可真是个人才。"

周树得意扬扬："那是！不过，这就更得去一趟了，我得知道我亲爹是谁。"估计是哪个吃荤的血族留下的风流债，等找到亲爹，可得结结实实地揍他一顿。

周树说走就走，回去收拾行李，带着两个小朋友风风火火地坐车去了。

陈默临走的时候塞给夏渝州一个微型摄像机，可以别在衣领上的那种："爸爸，你记得把圆月舞会的全过程录下来，我们好学习血族的风土人情。等下次舞会的时候，我们就有准备了。"

夏渝州觉得很有道理，以自己现在的记性，肯定记不完整，还是录下来的好，便爽快地答应了。

接下来的一天，前面民宿的客人被全部清空，酒店大门关闭。阿尔杰带着一群人将酒店的角角落落都搜查一遍，确保没有偷偷留下来的人类，而后，便敞开后院大门，迎接陆续到来的血族贵族们。

转眼到了圆月舞会这一天，夏渝州早早起床穿衣打扮。

"你准备了什么礼服？"司君看到夏渝州兴致勃勃地拖出一只装礼服的箱子，便默默地把自己准备的礼服放回柜子里，笑着问他。

"嘿嘿嘿，绝对亮瞎所有人的眼！"夏渝州把礼服拽出来，在空中"唰啦"一抖，"锵锵锵！"

司君："这是……礼服？"

那是一件长长的黑色斗篷，外面用金色丝线绣满了繁复的花纹，里面是艳红色的里衬，还有夸张的立领。穿上这件斗篷，他就是全场最靓的仔。

"怎么样？帅吧！"夏渝州穿上斗篷，一脚踩在茶几上，"油腻"地掀了一下刘海。

"非常帅气，不过……"司君带他来到外面的走廊，隔着栏杆看一楼大厅里的状况，提前到来的血族已经在大厅里喝茶交谈了，"我们不是开化装舞会呢。"

那些血族穿的都是现代礼服，男的穿西装，女的穿长裙，只是根据家族不同而有颜色上的差别，但总的来说没有太出格的，都是中规中矩的正常礼服。

夏渝州呆了半晌："那怎么办？你有没有小一点儿的西装，借我穿穿？"

现代种可真是无趣，圆月舞会这么传统的聚会，难道不应该穿传统服饰吗？要是让他举办，他肯定要求所有人都穿广袖长袍。

司君一言不发地帮他脱掉立领大斗篷，从衣柜里拿出两套西装。这两套西装款式、剪裁都一模一样，只是颜色不同。大一点儿的那套是黑色的，小一点儿的那套是蓝色的。

"你早就准备好了？"夏渝州惊喜不已。

司君矜持地说："怕你忘了，就做了一套备用。你们家没有定家族色，我见你常穿蓝色，就擅自定了，不知道你喜不喜欢。"

"喜欢，我可太喜欢了！"夏渝州美滋滋地换上。

司君也穿上了自己那套，还叫罗恩帮他们拍了张照片。

舞会在主宅的宴会厅举办，富丽堂皇的宴会厅大门足有五米高。

阿尔杰是保安队队长，正带着其他骑士在门前列队。他今天穿上了复古的骑士装，腰间还佩戴着装饰用的佩剑，金发碧眼，高大俊美，夏渝州仿佛看到了千百年前那位初到中原的马鞍山侯爵先生。

"阿尔杰跟你祖宗有点像。"夏渝州小声地说。

司君无奈摇头："这话听着好像在骂我。"

"有吗？你祖宗？哈哈哈哈……"夏渝州用手肘碰他，"你现在接话接得真快，一会儿要是让大家表演才艺，咱俩就上去说相声好不好？"

司君没再回话，和夏渝州一起走进了宴会厅。

与预想中觥筹交错的场景大相径庭，宴会厅里空无一人，进门就是一架木制楼梯，直通天花板。没错，直通天花板。天花板平整素净，上面牢牢固定着许多家具：沙发、椅子、桌子，而地板则是一块巨大的镜子。

"请小心台阶，注意脚下。"罗恩笑眯眯地站在一小块地毯上迎接客人。

夏渝州从没见过这种场面，有些紧张。司君握住他的手，跟他一起将血点在镜面上，然后踏上了镜面。

眼前的景象瞬间倒转，天花板变成了地面，地面变成了天花板。木制楼梯直通下面，而天花板上固定的家具，映在镜中世界里就是恰好可以用的正向物品了。

"这设计真是妙啊！"夏渝州感叹，在镜中世界举办宴会，不怕人类误入，也非常有血族特色。

穿着隆重的司家家主司年已经站在主位上了，周围聚集的都是司家人。

"舅舅。"夏渝州过去打招呼。

司年点头，看司家人基本上到齐了，便将手中的绅士手杖轻轻点地。

银色月光自手杖末端如水面波纹般荡漾开来，一圈一圈地扩大，逐渐扩展到整个宴会厅。穹顶上升起一弯银月，将整个房间都笼罩在朦胧的月光中。

血族中的力量强大者，在进入镜中世界后可以给镜中带来具有家族特色的变化。含山氏的夏渝州没少见，因此没有大惊小怪，但在其他家族陆续进来的时候，还是惊讶了一下。

白殊带着几个小辈进来，四面单调、光滑的墙壁上迅速爬满了重瓣白蔷薇。

狄家人推着坐轮椅的家主进来，素净的地板骤然变成了黄沙大漠，踩上去都有点发软。

何家兄弟跟着美艳的母亲进来，漫漫黄沙中冒出了娇艳欲滴的红玫瑰，地面像是织了红色花纹的金色地毯，顿时没有那么荒凉了。

最后，孤身一人的古极倒挂下来，不知从哪里呼啦啦飞出一群黑色蝙蝠，绕场三周之后变成了银色月亮周围的动态装饰品。

"总算有点血族聚会的气氛了。"夏渝州嘴角抽搐，指着包裹得严严实实的古极，"你还说不是化装舞会，那是什么？"

古极穿着一件十分复古的燕尾服，外面紧紧裹着立领长斗篷，神秘兮兮地去跟司年打招呼。

司君："……他家的家服就是燕尾服，至于斗篷，应该是古极自己加的。"

"主人，我就挂在天花板上，有需要了叫我一声。"古极打完招呼，就屁颠屁颠地跑过来。古家人向来不喜欢社交，家主只指派了古极过来。

"啊？什么天花板？"夏渝州还没来得及问，就眼睁睁地看着古极平地起飞，倒挂在了天花板上，"哇，你开挂了啊？"

司君："这是古家的能力，在镜中世界可以飞。"

夏渝州仰头看着那倒挂着的家伙："你那斗篷是怎么回事？"

人反重力也就算了，斗篷也反重力，竟然没有掉下来，还老老实实地贴在古极身上。

"这是我新做的自闭神器。"因为是夏渝州问的，古极有问必答，顺道展示了一下他的神器：张开双手，再合拢，那斗篷就像蝙蝠的翅膀，将他整个包了进去，不露一丝缝隙，连闪亮的钻石唇钉都看不到了。

夏渝州比了个大拇指。

圆月舞会虽说是贵族聚会，但各家的家主通常都不乐意离开自己的领地，一般都派继承人来。只有狄家是家主狄万军亲自来的，因为现在大权已经交给了十六氏代族长、狄家代家主——沉迷码字的宅男狄桦。

狄万军是个老头，坐在轮椅上阴沉着脸，身边站着两个人高马大的骑士，看起来很不好惹。

"他为什么老瞪你？"夏渝州小声问司君。

司君看了一眼狄万军，遥遥举了举手中的香槟："因为他坐轮椅是我造成的。"

夏渝州："……哦，那是该瞪。"

云城的领地就是司君从这老头手里抢过来的。司君当时伤得极重，躺了足足三个月。而输掉决斗的老头，可想而知伤得更重，到现在还得坐轮椅。

舞会开始，司年作为东道主，简单讲了几句话。大致意思是，这是难得的聚会，希望大家可以好好交流，增进彼此的感情。血族作为在人类世界艰难生存的特殊族裔，应该互帮互助，把彼此当作家人云云。

夏渝州听着听着就走神了，反正有胸前的微型摄像机帮他记笔记，他就放任自己神游物外，将在场的血族一一看过。

白家人都穿着绿衬衫，胸前绣着白色蔷薇，站在墙边几乎要与那开满花的墙壁融为一体；狄家人则都穿着高调的金黄色唐装，乍一看还以为穿了龙袍，配上老头吹胡子瞪眼的表情，很像唐人街黑帮；何家人则穿着酒红色的各式礼服，剪裁合体，力求突出每个人的好身材。

司家人穿的都是银色衬衫和黑西装，他熟识的小辈司横横跟其他小辈站在一处，各自拿着乐器充当演奏团，准备为宴会演奏音乐。见他看过去，司横横小幅度地跟他挥手打招呼。

看了一圈也没看出谁可疑，夏渝州叹了口气。司君偏头看他。

夏渝州凑到他耳边小声说："我看不出谁是坏人，你要保护好我哦。"司君轻轻点了点头。

司年结束演讲，宣布舞会开始。司横横那些小辈便坐下来演奏，流畅的舞曲点亮了穹顶的月亮，将飞舞的蝙蝠也染上浪漫的银光。

圆月舞会其实也是血族传统的相亲会。虽然不反对与人类结合，但还是更鼓励血族与血族在一起，特别是贵族们。结婚对象的血统越纯正，生下的孩子得到强大能力的概率就越大。

乐声刚响起，年轻的男男女女便迫不及待地寻找心仪的舞伴，相携走入舞池。

一名穿着修身红裙的美艳女人单手端着香槟，朝他们这边款款走来。她看起来三十出头的年纪，昂贵的礼服裙上缀满了闪亮的碎钻，衬得她光彩照人。

女人开口便柔情万丈："听说你有了命系之人，我好伤心。那即便我们结婚，我也不是你最重要的人了。"涂了艳红指甲油的葱白手指戳了一下司君的肩膀，而后用打量的目光看向夏渝州。

夏渝州瞪大了眼睛。

司君淡淡道："阿姨说笑了。"

"阿姨？"夏渝州吃了一惊，这人怎么突然如此毒舌？

"人家连我都看不上，能看上这么老的你吗？"穿着红色小礼裙的少女尖声细气地开口嘲讽。

女人咬牙转头："哪家的小贱人？怎么跟长辈说话的呢？"

"容我介绍一下，"西装革履的何予走过来，站到夏渝州身边，温声道，"你口中的小贱人是你的小儿子何顷，而我是你的二儿子，何予。"

这女人正是何家兄弟的母亲，何家大小姐，南国氏如今的族长是她的父亲。

何母是个风流爱玩的女人，整天不着家，三个儿子都扔给家族养育，一年也见不着一次。现在被何予这么直白地点出来，顿时恼羞成怒，指着男扮女装的小儿子骂道："我昨天不是说了要穿男装吗？你又穿成这个样子，丢死人了！"说罢，头也不回地走远，去跟别人聊天了。

何母刚走，一个花花公子便贴上来，牵住何顷的一缕长发："哦，这位美丽的女孩，我可以邀请你跳舞吗？"

何顷翻着白眼转头，切换成青年的声音，粗声粗气地说："大哥，你确定吗？"

来人正是何家三兄弟中的老大，继承了母亲风流属性的何家大哥。

"呕！"何家大哥发现美女竟然是自家弟弟，顿时脸色铁青，做出呕吐状，"你有病吧？圆月舞会还扮女人，真扫兴！"说罢，转身就走。

"见笑了。"何予一如既往地温柔淡定。

别家的年轻人注意到这边的冲突，凑到一起小声议论。

"那是谁呀？好漂亮。"

"嗨，不就是何家的老三，那个喜欢穿女装的怪胎。没看他大哥都恶心吐了。"

"啧，难道他想找个男舞伴吗？真是异想天开，那些手段骗骗人类也就罢了，哪个血族吃这一套？"

何顷蔫蔫地垂着头，手指紧紧攥着裙摆。他自信嚣张，别人说什么都无所谓，却偏偏受不得母亲和大哥的讥讽，这么多年了，还是不习惯。

作为老板，夏渝州看不得自己员工难过，他推了推司君："你去陪何顷跳支舞吧。"

司君蹙眉，摇头拒绝："我不能离开你。"

"哎呀，没事的，我就站在这里不动。"夏渝州举手保证，把司君推到何顷面前。

何顷愣愣地抬头，见司君向他伸出邀舞的手，顿时双眼放光："啊，真的可以吗？"幸福来得太突然，要知道，司君可是他们这一辈里最英俊、最没人敢碰的男神。

两人走向舞池，刚才还在说坏话的年轻人顿时闭了嘴。男人们能力不如司君，没资格议论他；女人们则艳羡不已。

何予看着重新笑起来的弟弟，低声对夏渝州道："谢谢你，我能请你跳支舞吗？"

"哎，别了。"夏渝州连连摆手，"我可不会，你要让我给你表演个耍大刀倒是可以。"

何予被他逗笑了。

"夏先生。"阿尔杰迈着骑士的步伐走过来，恭敬地弯腰行礼，"家主请您过去一下。"

夏渝州看过去，司年正坐在沙发区跟狄家主聊天，似乎感应到他的目光，转头冲他微微一笑。既然是舅舅叫他，那得过去。于是他跟何予打了个招呼，便跟着阿尔杰往沙发区走去。

从他俩站的地方到沙发区，不过二十米的距离。阿尔杰腿长，一步跨好远，夏渝州不得不快步跟上。

刚走了两步，阿尔杰却突然停下了。夏渝州险些撞上，忙往侧面躲，却"咚"的一声撞到了一面无形的墙壁，顿时汗毛倒竖。周围的空间被某种力量封锁，四面都成了透明墙，而他就像被困在透明玻璃罩里的飞虫。

说时迟那时快，阿尔杰唰地拔出腰间佩剑，往夏渝州的脖颈刺去。

"啊——"看到这一幕的人尖叫出声，司君立时向这边冲来。

然而已经来不及了，那剑风已经触及脖颈。夏渝州抽出袖扣佩剑，"咣当"一声格挡住剑身。受困于这一米见方的空间，夏渝州无法反杀回去。阿尔杰用力压紧佩剑，屈膝，骑士服的膝盖处弹出一把利刃，直冲夏渝州的腰腹而去。

千钧一发之际，一道黑色的影子自空中扑下，直接砸到阿尔杰的头上。

"咣当！"方井碎裂，佩剑落地，阿尔杰被浑身包裹着斗篷的古极砸倒在地，满眼的不敢置信。那斗篷竟然是一件炼制过的镜中武器，结实无比，刀枪不入。

司君和何家两兄弟已经冲了过来，三人毫不费力地将阿尔杰压制住。

司年震惊无比，在原地愣了半响才走过来。他低头看着地上跟随了他多年的大骑士，哑声道："阿尔杰，竟然是你，为什么？"

| 第三十九章 |
始 祖

血族使用能力之后，会有几分钟的虚弱期。阿尔杰束手就擒，跪在大厅中央接受审问。

司年坐在铺着天鹅绒的单人沙发上，将阿尔杰的佩剑横置于膝头，眉头紧锁。这是当年阿尔杰加入含山氏的时候，他亲自跟古家预定的佩剑，送给他唯一的大骑士。

阿尔杰是个孤儿，二十岁出头的时候辞掉工作，做背包客环游世界，偶然踏入含山氏的地界，触犯了血族的条例被抓，于是主动要求加入含山氏，做司年的跟班。他英俊挺拔，能力出众，忠心耿耿，一直是其他家主都想要的完美大骑士。

"为什么？"司年再次问他。

阿尔杰抬起被司君打伤的脸。事到如今，他还是一如既往地气定神闲，仿佛被捆、被揍的不是他，受审的也不是他。他定定地看着司年："对不起，我骗了你。但我是为了拯救你们，拯救人类，才不得已这么做的。"

"放什么狗屁呢！"何顷扔掉假发，忍不住用青年的声音爆粗口，"杀夏渝州就能拯救人类，那你怎么不杀我们这些吃荤的？"

"老三！"何母瞪了他一眼，"这里是你说话的地方吗？给我闭嘴！"

"哎，小顷说的也没错嘛，不要凶孩子。"白殊打圆场。

长辈们都在沙发上坐着，小辈们则站在一边。司君因为领主的身份，也有单人沙发可以坐,夏渝州就站在他身边。

夏渝州眯起眼睛看这位身形高大的大骑士,觉得有些熟悉,但这种熟悉感他不确定是最近养成的,还是来自拔牙时残存的记忆。

"先搜搜他有没有带特殊武器吧。"古极说着便自己上手了。作为炼器大师,他一眼就看出来这人的骑士服里藏了不少古怪,三两下就把人给剥了个干净,只给他留下一件打底的T恤和四角裤。

骑士服里藏了一把匕首,一小瓶液体药水,还有一个牛皮袋。

"嚯!"古极打开牛皮袋,惊讶地叫了一声,然后往地毯上一抖,一块残破的黄铜镜掉落下来。

夏渝州瞬间坐直了身体,无疾镜!

司年接过那块残镜,皱着眉摩挲半晌,然后递给白殊,让他鉴定是不是白家丢的。白殊摇头:"不是我家那块。"

于是,残镜又递给了夏渝州。不出所料的话,这就是那不知去向的第四块,没想到它自己送上门来了。

"好了,都不要吵,让他从头说说怎么回事吧。"狄万军开口,阻止了他们东一句西一句的询问。

阿尔杰看了一眼夏渝州,便又把目光落到司年身上:"我的名字叫亚摩斯……"

司年深吸一口气:"原来连名字都是假的。呵,你可真是谨慎。"

阿尔杰,英语,高贵忠诚的护卫;亚摩斯,希伯来语,任重而道远的人。

阿尔杰微微低头:"请您原谅。"

司年将手杖狠狠戳在地上:"继续。"

"我是生活在新大陆的血族,祖上在欧洲生活,后来随着人潮移民,或者说,逃难到了新大陆……"

血族是自古以来就有的种族,远古时期还在美索不达米亚平原上建立过血之王国。后来国家灭亡,族人分散于世界各地,主要集中在欧洲地区,因其美丽的外表和强大的能力,在更迭的朝代中总能混成贵族。

三百多年前,司家的先祖游历到华国,成为第一个到访东方国家的血族。后来又陆续有其他血族前来,这才逐渐形成了如今的五大家族。东方物产富饶、人民友好,过来的血族一直生活得富足又安稳,但留在欧洲的血族就没有这么幸运了。

18世纪,欧洲暴发大瘟疫,许多人类在这场浩劫中死去。他们将这归罪于血族,认为是血族将人变成了魔鬼造成的,于是开始大肆屠杀血族。

"他们抓住血族,拔掉血牙,将其绑在木柱上于烈日下暴晒,最后用银质长钉刺破心脏钉进棺材里。欧洲的血族几乎被屠戮殆尽,一部分血族混进前往新大陆的船只,侥幸活了下来。"阿尔杰用低哑的声音描述着当年的惨状。那些黑暗时刻,是他们这些龟缩在东方享乐的血族不曾见识过的。

阿尔杰:"虽然当时的认知有偏差,血族并不是瘟疫的源头,但这件事血族并不完全无辜。那时的大瘟疫,就是因为血族大规模屠杀狼兽,导致病蚊肆虐……"

白殊听不下去了:"这是污蔑。我们杀死狼兽,就是为了减少人类的疾病。我们在拯救世界。"

阿尔杰:"病蚊是哪里来的?"

白殊:"狼兽死后变的。"

阿尔杰冷笑:"那你们有没有想过,如果血族不去招惹狼兽,这些病蚊还会出现吗?狼兽与血族安稳共存了千万年,你们的先祖又是从什么时候开始屠杀狼兽、捕捉病蚊的?"

所有人都一怔,阿尔杰停顿了片刻,缓缓环视在场每一个人:"我告诉你们,是三百年前。是你们在东方听信了不知道什么鬼话,写信告诉西方的血族要杀狼兽,才会导致西方一场又一场的大瘟疫!"

场中骤然安静了下来,大家仔细回忆各自的家族史。他们都是三百年内来到华国的,从有家族史开始,便致力于杀死狼兽。他们一直以为自己是在保护人类,一直以为血族是默默维护世界安宁的伟大生物,难道这些都是错的?

何顷忍不住抓住自己二哥的袖子,司家的小辈也惶恐地看向家主,大家都不约而同地向长辈求证。然而长辈们也陷入了混乱,只有司年沉稳如初:"那么你为什么来到这里?这与你要杀夏渝州又有什么关系?"

阿尔杰悲伤地说:"当然有关。因为你们犯下的错,我们在新大陆一直受到严密的监控。"

"嗞——"众人倒抽一口凉气。

在新大陆，血族集中生活在几个闭塞的小镇里，不允许外出。血族一旦走出小镇，就会被"猎人"攻击。"猎人"不是什么官方组织，也没有什么特殊能力，他们是受传统思想影响的人类，认为血族不是好东西，应该被猎杀。

小镇有严格的规定，不允许养狗，不允许杀狗，不允许存在面积超过一平方米的镜子。

阿尔杰原本是一名普通血族青年，尽管渴望自由，却从没走出过那片地方。直到十年前，有人来小镇招募志愿者。

"十年前，拍卖会上出现了一件古董，就是这块残镜。"

跟这块残镜一起拍卖的还有一本日记，日记里记载了一件令人匪夷所思的事情。在遥远的东方还存在着另一种血族，记录者称之为始祖种。他们强大无比，不惧怕狼兽的毒液，且仍拥有把普通人转化成血族的能力。

如果眼神能杀死人，夏渝州大概已经被戳成了筛子。

阿尔杰说到激动处，情不自禁地往夏渝州方向跪行一步，又被扯着锁链的古极拉回去。他大声控诉："他们才是狼兽真正的天敌！而惧怕狼兽毒液的我们，是被他们利用的奴隶！夏家人就是始祖种，本能会驱使他们不断繁衍后代，最后整个世界都会被始祖种统治。人类还有我们都会灭亡！"

拍下这块残镜的富商是以前的贵族后裔，非常了解血族的历史。他认为不能允许这样可怕的生物存在，于是到小镇上招募志愿者，给他们提供足够的资金和帮助，请他们务必找到这些始祖种并杀死他们。如果杀死有困难，就拔掉血牙，让他们不能继续繁衍。

这话说完，整个宴会厅的气氛都变了。

"开玩笑的吧？"不知哪家的小辈颤声开口。

"就是呀，怎么可能！我们明明是维护世界安宁的伟大种族，怎么可能是人类的祸根呢？"

"呜呜呜，我不信！不可能！"一个女孩子忍不住哭了起来。

司年收起权杖，站起身来："你说完了？"

阿尔杰抬头看他。

司年脸色冷得几乎要结成冰："这就是你隐瞒身份在我身边潜藏了十年的理

由?所以,当初司君的手机是你拿走的,短信是你发的,牙是你拔的。这些统统违背了你的骑士誓言!"

本以为说出这些可以得到谅解的阿尔杰:"我……"

"咣当!"属于阿尔杰的佩剑被扔到他的面前,随之而来的还有一只结结实实甩在他胸口的白手套。

"拿起剑,我们决斗。今天我就要在这里杀了你。"司年脱下另一只手套,从绅士手杖中抽出了他的佩剑。

阿尔杰身上的锁链被松开,他没有拿起剑,只是珍而重之地捡起那只手套,缓缓地站起身来:"违背誓言的惩罚我会接受。但是今天你们必须抓住夏渝州,他是最后的始祖种,是祸种。新大陆那边已经给了最后期限,如果再不杀死他,就会有人来公布血族的存在。到时候,你们就会变得跟我们一样悲惨,被圈养,甚至被屠杀。"说着,他拿出与那边的联络装置,将最后通牒展示给众人看。

这话一出,宴会厅里的气氛更凝重了。

狄万军首先开口:"元古种的确有问题。仔细想想,三百年前,不就是元古种教会我等入镜的时候吗?"

"原来你们说的是'祸种'啊,我当时听成'火种',还以为你们知道本大爷是能拯救世界的人呢。"夏渝州把三块残镜揣进兜里,不紧不慢地站起身来,"你们这是信了他的话,要杀我了?"

司君摘下袖扣,变成佩剑握在手中。古极依旧倒挂在房顶上,准确地挪动到夏渝州的头顶。

其他人都不说话,宴会厅里陷入诡异的安静。空气中仿佛有一根弦,被夏渝州和阿尔杰两端拉扯,瞬间绷紧。

夏渝州摘下领子上的微型摄像机:"你们以为只有新大陆的权贵会揭露你们的身份吗?我也会!今天这场宴会已经同步直播给了我的家人,如果我出了事,这段视频就会用我弟弟和女儿千万级粉丝的账号发出去。到时候,你们一样完蛋。"

狄万军脸色一变,咬牙切齿道:"你竟然带了摄像机进来,坏了规矩,今天必须留下!"

司年将剑尖指地:"这是含山氏的地界,我看谁敢妄动!"

白殊叹了口气："你们都冷静点，怎么好端端的就要同归于尽了？"

何家大哥皱着脸小声嘟囔"麻烦死了"，何母则笑着出来调停："哎呀，何必这么剑拔弩张的，打打杀杀可不好。我看就拔了小夏的血牙好了。反正元古种是吃素的，不会影响他生存。"

司君听到拔牙，"唰啦"一声抽出佩剑，明亮的月光瞬间漾满了整个大厅："要拔他的牙，我就先拔光你们的牙！"

"你这孩子，说什么呢！"何母脸色涨得通红。

狄万军见司君拔剑，立时亮出自己的弯弓，他身后的两名骑士以及一众族人也跟着召唤出弓箭。"司君，你是要为了这个始祖种与整个血族为敌吗？"

"你们杀了他也没用。"站在一边气定神闲的何予突然语气温和地开口，"初拥血清我已经研制成功，并做了改进，不限半种，哪怕是毫无血族基因的普通人类都可以转化为血族。"

这下不仅是现代种们，连夏渝州都惊呆了："学长，你什么时候做的？"

何予笑得春风化雨："你记不记得，我向你讨过几次血牙中的分泌物？"

夏渝州："！"

何母尖叫："你疯了吗？"

所有人都震惊地望着何予，不明白他为什么要这么做。

何予依旧笑得温柔："科学研究，探索未知，哪有什么为什么。不过现在看来，倒是能提前派上用场了。如果你们伤害夏渝州，我就把配方公布出去，到时候你们就竹篮打水一场空了。"

夏渝州惊得下巴差点掉到地上："学长，你要拉怪也不是这个拉法呀。"

话音刚落，十六氏的箭矢就搭上了弓，狄万军发话："把何予和始祖种都抓住，一个都不能跑。"

"狄族长，这里是含山氏，不是你发号施令的地方。"司年冷声打断。

狄万军丝毫没有放下弓箭的意思，他身边的两名骑士已经准确地将箭头指向夏渝州和何予，而他手中的箭则指着司君："怎么，司家主要放走他们吗？这可是关乎血族存亡的大事，就算你顾念情义不肯杀他们，至少也得先把他们留下。那个始祖种跟我们不是同类，他手里可是拿着摄像机的。"

"你们不伤害我,我自然不会放出视频,我还想要平静的生活呢,交出去我也得跟着完蛋。"夏渝州立时举手发话,拒绝被泼脏水。

"今天必须拔了他的牙,何予也必须交出他的研究成果,否则,他们就是触犯了血族戒律,都得处死!"狄万军的眼中充满杀意。

"司君,你过来!"司家的一位长辈突然开口,"这事跟你没关系。"

"小叔,狄家主说得对,不管怎么样,得先把他们控制住。"司家某位表哥开口对司年道。

"可是,始祖种已经存在了几千年,人类也没有灭亡啊!"跟夏渝州最熟的小辈司横横开口,然而他辈分小,人微言轻,并没有人听他说话。

"这不可能,杀狼兽、杀病蚊我们已经做了几百年,不可能有错!"

"那欧洲的血族是怎么灭亡的?"

"华国并没有暴发过那种瘟疫!"

"那是因为这里的血族太少。"

"不管怎么说,始祖种都很危险,必须抓住他!"

没等他们争论出个所以然,狄万军的箭矢便骤然离弦,直冲司君的咽喉而去。

司君瞳孔骤缩,却不能躲闪,因为夏渝州就站在他身后。他迅速提剑挽了个剑花,无形的小型能量场瞬间形成,将箭矢冻结在了空中。

"呸呸呸!"夏渝州吐出一口沙子。狄家的箭自带扬沙效果,沙子扑了他一脸。

没等那支冻结的箭矢落地,狄家两个骑士的箭也射了过来。夏渝州按着司君的肩头一跃而起。

"不可!"司君惊呼出声,但来不及阻止,夏渝州已经左一脚右一脚把箭矢踢飞了。他顾不上其他,连忙伸手接住夏渝州,紧张地问道:"腿怎么样?"

"啊?没事啊,那箭慢得很。"夏渝州眨眨眼。

司君蹙眉,其他人也怀疑地看向那两个骑士:"你们不是十六氏的人。"

十六氏的箭矢能够附魔,有十六氏的特殊能力加持。而十六氏的能力是"使猎物因疼痛而丧失抵抗",到了镜中世界就是"黄沙之刃"。只要与附魔的箭矢近距离接触,就会被周围的空气划伤,且伤口难以愈合,疼痛非常。

听了何予的小声解说,夏渝州了然:"对哦,他们的箭上没有黄沙。"

那两个骑士取下脸上的墨镜，露出与阿尔杰一样的浅色眼珠和深眼窝。

"很好，三个人凑齐了。"夏渝州龇牙。

"狄家主，你早就知道这些事？"司年冷声质问。

"没错，我以前不信，但从这个小崽子命都不要地跟我抢领地后，我就信了。"狄万军咬牙切齿地指着司君。被抢走云城领地是他无法释怀的耻辱，传承了三百年的十六氏在他手里变成十五氏，被所有人耻笑。他怎么可能会被一个刚满二十岁的毛头小子打败呢？

"一定是危险的始祖种给了他力量加成！这样下去，始祖种迟早会统治所有家族！"狄万军大声疾呼，对站在一边看热闹的何家人道，"拦住他们！"

夏渝州刚往楼梯方向挪了一步，就被一根长长的玫瑰刺拦住去路。何母一改方才的柔弱姿态，用比佩剑粗得多的铁玫瑰刺向夏渝州发起攻击，招招势大力沉，震得夏渝州虎口发麻。

好在何予及时出手，帮他抵挡住何母的攻势："你这是得了爷爷的命令了？"

"不错，南国氏已经跟十六氏达成一致了！放下武器，跟我回去！"何母厉声叱道。

这是一场早已谋划好的捕捉行动，司年和司君设计的引蛇出洞反被人利用，变成了瓮中捉鳖。司家也有许多人蠢蠢欲动，显然也被提前打了招呼。

司年冷笑："很好。"冷静的绅士怒发冲冠，提剑直逼狄万军。

何家和狄家的人同时动手，司家听命于家主的人上前抵挡。两个骑士和阿尔杰目标明确地扑向夏渝州。

"这剑太难用了！"夏渝州一边快速与人过招，一边嗷嗷叫唤。

夏渝州仰头躲过阿尔杰的剑，司君趁机压制一剑刺空的阿尔杰。夏渝州回身一脚将人踢开，何家大哥的玫瑰刺却已到眼前，同时裹挟着黄沙的箭矢也破空而来。

扔了假发的何顷冲过来，堪堪挡住何家大哥的攻击。

"主人接剑！"古极挥舞斗篷替他挡下了狄家箭矢扬起的黄沙，顺手将挂在斗篷里的宝剑扔给他。

夏渝州接住通体莹蓝的无涯剑，一招砍断了阿尔杰手中的纤细佩剑，顿时精神大振："你怎么拿着这把剑？"

"默少爷给的。"

"不愧是我儿子，太细心了！"

"古极，你什么意思？竟然认始祖种为主！"其他人自然听到了这声"主人"，都震惊不已。

古家因为独特的炼器能力，在五大氏族中地位显赫，其他家族的长辈见到古极也是客客气气的。他这么恬不知耻地直接叫始祖种主人，实在让人匪夷所思。

"呵，我们古家本就是夏家的仆役，有什么好震惊的。"古极语气骄傲地说完，从怀中掏出一支银色的小火炬，"呼"地吹了口气，红色的火焰瞬间照亮了整个宴会厅。火焰向左右两边延伸，稳稳地形成一道火线，硬生生让冲过来的血族们在空中掉了个头。

"白殊，你愣着干什么！"狄万军被司年凌厉的剑法打得招架不住，对抄着手蹲在一边看热闹的白殊怒吼。

"哎呀呀，我们白家的蔷薇鞭最怕古家的火了，一点就着，这我帮不上忙呀。"白殊摊手。跟着他来的都是白家小辈，也跟他一样抄着手看热闹。

"放箭！"狄万军用箭阵压人，逼得司年不得不退至掩体后。

司君缴了何母的铁玫瑰刺，转头却被倏然而至的黄沙迷了眼睛。

"小心！"夏渝州扑过去，挥动宝剑斩断箭矢，却没法阻止"黄沙之刃"的攻击。周围的空气如同利刃，划破了司君手臂上的西装，透出点点血色。

"快走，不宜恋战！"何予抓着弟弟躲过一支箭，往他们这边跑来。

古极再次吹起火线将进攻者隔开，司君将夏渝州护在身后，剑尖指地。这次，自剑尖漾开的月光比方才要明亮许多倍。

"咔咔咔"，夏渝州听到冰凌迅速凝结的声音，除了他们几个，厅中所有人都定住不动了。

被冻住的司年冲他们坚定地眨了一下眼，示意他们先走。

夏渝州看了一眼被冻住的三名新大陆血族，将他们的样貌刻进脑子里。下次见面，爷一定拔光你们的牙！

五人快速往楼梯移动，古极准备飞起来，然而刚刚跃起，又"扑通"一声掉下来，而其他四人的脚步瞬间变成了慢动作。

夏渝州觉得自己仿佛陷入了透明的厚重泥浆中，每做一个动作都无比艰难。他缓缓回头看过去，趴跪在地上的何母保持着被冻住时的狠厉表情，但眼中露出了得逞的笑意。何母在被冻结之后还能使用能力，着实叫人始料未及。

司家的能力是"冻结"，而何家的能力是"混乱"，对血族使用时，还可能触发"迟缓"的效果。

"这……"夏渝州想说脏话。离楼梯二十米不到的距离，却像是几公里那么遥远，他们只能一点一点以龟速爬过去。

一切都成了慢动作。他们"奔跑"在月光与玫瑰花瓣交错的空间里，这画面有一分浪漫和九分搞笑。这么想着，他就忍不住笑出声来。

司君的"冻结"一次最多只能持续三分钟，何母的"迟缓"不知道能持续多久，他们不能寄希望于"迟缓"先消失，必须一刻不停地向前。

还有十米，八米，五米……

"咔咔咔"，力场消失，所有人解冻。何母撑到了极限，"扑通"一声瘫倒在地上。司君也陷入了使用能力之后的虚弱期，踉跄了一步，被夏渝州立时扶住。

狄万军在解冻的瞬间便朝司年放箭，令司年不能释放新的"冻结"。与此同时，狄家的弓箭手们齐齐拉弓，漫天箭矢汹涌而至。

在这一刹那间，司君不知道怎么反应过来的，一把将夏渝州压在身下，牢牢护住。夏渝州只能眼睁睁地看着无数箭矢冲他们飞来。其中有些是普通的箭，有些则是附有"黄沙之刃"的附魔之箭。黄沙已经扑到近前，他听到了箭矢破开衣服没入皮肉的声音。

血珠顺着司君的肩膀滑落，滴在夏渝州的手背上。

"司君！"

"唔……"司君闷哼一声，哑声道，"别怕，不会死的。"这箭，他在决斗抢地盘的时候没少品鉴。

利刃割破皮肤，冷铁钻进血肉，这滋味并不好受，但司君竟然笑了出来，因为至少这一次，他能牢牢护着夏渝州，不让他受伤害。

"为什么我没有镜中能力？！"夏渝州崩溃了。眼睁睁地看着身边重要的人被戳成筛子，自己却什么都做不了，世间大概没有比这更残忍的酷刑了。什么始祖种！说好的世间最强，却连镜中世界的能力都没有！

缩在斗篷里的古极忽然灵光一闪："主人，您有！翻转手掌！"骨血中的记忆在危急关头劈了忠诚仆人的天灵盖。

夏渝州来不及思索，用尽全力翻转手掌，原本掌心朝地，如今掌心向天。

"嗖嗖嗖——"所有箭矢原地调转方向，冲着射箭者飞去。"啊啊啊！"大厅中惨叫声此起彼伏。

不止箭矢，整个大厅中的景象都发生了变化。天空中的弯月落在了脚下，沙地中的红玫瑰开在了天花板上，满墙的白蔷薇统统逆着攀爬。最离谱的是那满地的黄沙，直接从天花板上兜头落下来，撒了众人满身。

夏渝州惊讶地看着自己的手，这是什么能力？翻天覆地吗？

何予拍了一下弟弟，回过神来的何顷立时用玫瑰刺戳地，释放了"混乱"。

司君撑起身子，伤口还在不断地渗血，内里的白衬衫已经红了一大片。

夏渝州赶紧扶着他："别乱动，我背你。"

司君薄唇毫无血色，却还在微笑，摇头道："我没事。"说罢，动作稍慢却坚定地站了起来，还顺道拉起了夏渝州。

他像是没有受伤一样，优雅地戴上手套，对众人道："夏渝州与我命运相连，谁要是伤了他，我绝不会轻饶！"

"你这是要叛出家族吗？"司家的某位长辈怒道，只是由于思维混乱，有些口齿不清，降低了威严程度，没有人理他。

古极适时插嘴："夏渝州是我们五岭氏的主人，谁对他不利，就地烧成灰！"说罢，还得意地冲司君抬了抬下巴。

何予扛起因为施展能力而不能动弹的弟弟："快走吧，别废话！"

一行人顺着楼梯快速跑上去，出了镜界就看到了笑眯眯地站在地毯上的罗恩。

"罗恩，带我们离开这里。"司君喘息了一声，终于支撑不住，靠在了夏渝州身上。

何予扛着呼吸越来越急促的弟弟："快点，马上解禁了。"

罗恩脸色微变，复又恢复笑眯眯的表情："好的。"然后按动遥控器，木制的楼梯"咔咔咔"地自动放下来，变成平铺在地面上的状态。

夏渝州目瞪口呆。这下镜中的楼梯就会折叠于天花板上，那些人又没有古家的飞行能力，一时半刻是出不来了。他不由得给罗恩比了个大拇指："姜还是老的辣。"

何顷见状，立时放松下来，瘫软在哥哥肩头，安心地当个柔软的麻袋。

罗恩笑眯眯地请他们跟自己走，出了大门，亲自开车把他们送出去："少爷，一路顺风，到家请给罗恩打个电话。"

夏渝州："你不跟我们回云城吗？"

罗恩拉开商务车的车门请他们进去："这里还有事情要处理，我想老爷暂时需要我帮忙。等忙完这一阵子，我就回云城。"

看来司家内部问题很大，不少人瞒着司年跟别的家族来往，连最信任的大骑士都是假的，司年大概要下狠手整治家风了。

夏渝州不再废话，把司君塞进去，自己也跟着上车。何家兄弟坐在后排，古极蹿到副驾驶座，虎视眈眈地盯着司机："展龙？"

开车的竟然是原本没有跟着来的展龙。他抬了抬头上的鸭舌帽："大骑士展龙，为您服务。"

罗恩最后递给夏渝州一包东西，里面有证件、手机、钱和吃的，替他们关上门，在车外优雅地行了个管家礼："一路顺风。"

再没有比罗恩更优秀的管家了。有他的帮助，众人有惊无险地当天就回到了云城。

云城领地完全在司君的掌控之内，不会有别的血族来侵扰。

夏渝州背着司君进了公寓，把他放到沙发上，三下五除二地脱去西装和衬衫。司君身上的伤口在路上只做了应急处理，现在还在渗血。

"没事的，我自己来。"司君坐起来，自己拆了肩上的绷带。最严重的伤在肩胛骨上，那里完全承受了一支箭矢的伤害，伤口极深。

夏渝州拿来急救箱，制止司君乱动，让他在沙发上趴好。

"唔……"消毒水触及伤口，司君禁不住闷哼。止疼药和局部麻醉对他无效，为这点伤口打全麻又太夸张，只能硬扛。

夏渝州看着流血不止的伤口，气得差点捏碎止血药粉的瓶子："狄家这该死的技能，竟然阻止伤口愈合。"难怪当初司君被伤之后，三个月都下不来床。

"不要紧的，伤口不深，半个月就能好。你帮我拿瓶鹿血吧，嗯——"司君虚弱地开口，忽然倒吸一口凉气。

夏渝州没理他，专心舔舐他的伤口。血族的口水可以快速止血，比止血药粉有用。大概始祖种是真的强悍，过了一会儿，那附魔之箭造成的伤口竟然真的止住血了。

夏渝州舔舔嘴角，突然饿了。他跑去热了两瓶鹿血，一瓶插上吸管放到司君嘴边，一瓶自己喝。

司君叼着吸管转头看他："我觉得自己现在特别像你养的宠物。"

夏渝州"扑哧"一声笑了："那我得把你养肥一点儿。"

血止住了，伤口中不断造成疼痛的力量也奇异地被化解了。司君喝完一瓶鹿血，整个人懒洋洋的，很惬意。

夏渝州用热毛巾给他擦背，又去拿了毯子和水，一通忙活。忙完，他盘腿坐在地毯上，一只手撑着脸看司君，另一只手慢吞吞地往自己嘴里塞零食。

"看什么呢？"司君挂了给舅舅和罗恩报平安的电话，转头看他。

"你现在是与整个血族为敌了，值得么？"夏渝州定定地看着他，"如果舅舅没能顶住压力，你可能会被含山氏除名。如果我真的是世界的祸根，你会后悔吗？"

司君扔开手机："这块领地本就是我一个人抢来的，我在族中，这块领地就属于族中领地；我不在族中，那就是我自己的领地。不如我们现在就脱离含山氏，另立一个氏族吧。"

夏渝州睁大眼睛看着他，神色平静，眼眶却红了："好啊，那就叫无牙氏吧。"

司君伸手摸了摸夏渝州的脑袋："用你先祖的名吗？"

"不是。"夏渝州吸了吸鼻子，在司君手上写，"是'无牙'。"

司君："……无牙氏不就是无耻之徒吗？"

夏渝州乐了："对啊，就是'无齿之徒'。我这边血牙没了，你的智齿也被我拔了，我们都是'无齿之徒'。"

司君也跟着乐了："那好吧，就叫无牙氏。目前的领地是云城，成员司君、夏渝州和周树，还有两个孩子。族徽是什么呢？"

"猫猫嘴和一颗牙！"

"好……"

刚经历生死的紧张气氛终于缓和了些。夏渝州看向一旁的何氏兄弟："学长说的那个研究是吓唬他们的吧？"

"是真的啊。"何予眨眨眼，"只是还没有完全研制成功，说得夸张点好镇场子而已。"

夏渝州惊呆了："你做出这东西帮我省口水是挺好的，但你为什么要这么做？"

何予一边笑，一边从口袋里掏出一张卸妆湿巾，轻轻擦拭脸颊："为什么？因为我讨厌人类！"

从夏渝州认识何予那天起，这人一直都是化着完美妆容的状态，肤色、眉眼、光影都恰到好处。他从未见过何予的素颜，想来也是很好看的吧。

然而没想到，卸去了厚厚的粉底，那张漂亮的脸上竟然布满了大大小小的疤痕。这些疤坑坑洼洼，颜色有深有浅，看起来甚至有些可怖。

"小时候，他们欺负我没有爸爸，以我长得太白像女生为由，把我绑在升旗杆上晒太阳。烈日毁了我的脸，我在阳光下挣扎哀号，他们却一哄而散。人类才是最残忍的生物！"何予说话的速度还是一如既往地不疾不徐，仿佛在谈论天气，"你们哪里来的圣母心要保护人类？我要把他们都变成血族，让他们也不能活在阳光下。"

夏渝州惊呆了，吞了吞口水："那什么……咱先别黑化。人类都转化成血族了，你们吃荤的就没东西吃了呀。"

何予看着他，忽然大笑起来："虽然我不觉得这是什么问题，但你放心，要研制出转化没有血族基因的人类的药物，几乎是不可能的。那难度相当于用鸽子蛋孵出鸵鸟。"

| 第四十章 |
无 疾

展护卫最近几日走路都带风，因为领主大人将十分艰巨的任务交给了他。

云城领地被单独划出来，不再与其他领地通用证件。以前因为归属于含山氏，有些在含山氏领地内办的手续到这里就可以不再办理，但现在不可以了。每一个来到云城的血族都必须提前报备，十六氏则被列为拒绝往来户。如非必要，十六氏人不得踏入云城地界，而这个"必要"，取决于云城领主认为是否必要。

罗恩还没回来，展护卫忙成了快乐的陀螺。所以，血盟APP里的骑士任务又变成了定向的。

"骑士任务：给受伤的领主洗一盘水果，奖励100积分，是否接单？"

"大骑士夏渝州接单成功。"

"老头子糊涂了，完全听信那两个新大陆血族的鬼话……"客厅的大屏幕上显示着狄桦疲惫的脸。因为老爹的骚操作，家族内部出现了动乱，这位宅男被逼得断更了好几天，焦头烂额，"我已经被读者骂成狗了，再不恢复更新，伟大的网文事业就会毁于一旦。"

司君穿着宽松的睡衣斜靠在沙发上，吃着夏渝州切好的水果，一脸事不关己的冷漠。

"十六氏族人所有的通行证都得我亲自跟你确认，你这是要我死啊！"狄桦向司君展示自己刚掉的一撮头发，企图引起他的同情，"别的也就算了，我侄子下个月要到云城去参加自主招生考试，这个你得给过吧。"

"狄厉吗？"司君回忆了一下，那孩子暑假还在云城玩耍，傲慢无礼，对夏渝州态度恶劣，"叫他考别的学校，不要来云城。"

狄桦："为啥？"

司君："我不喜欢他。"

狄桦："？"

如果现在截图，狄桦的表情足可以拿去做表情包，配字是"还有没有王法了？"

王法是有的，血族的领地里，领主说的就是王法。

狄桦没脾气了，索性把通行证的事扔到一边，开始闲聊："你往后有什么打算？真一辈子不出云城了？要不还是把小默给我养吧，年轻人需要出去看世界……"

司君抬手准备挂断通讯。

"哎哎！"狄桦赶紧阻止，"最后，最后一个问题！听说白家把第四块残镜也给你了，老头子那俩洋犬叫得嗷嗷的，声称如果修复成功，世界就要毁灭啥的。所以……什么时候能修好？"

白殊回去之后，悄悄将白家收藏的那块残镜快递给了司君。古极欣喜若狂地捧着四块残镜闭关去了，打包票会把镜子修好。

夏渝州瞧见狄桦那一脸看热闹不嫌事大的表情就想笑，忍不住逗他："那镜子里面的力量非常强大，估计没个十天半个月都找不出修补头绪。"

"叮咚！"正说着，门铃响了。夏渝州趿拉着拖鞋去开门，蓬头垢面的古极瞬间冲了进来："修好了！主人，我修好了！"

狄桦伸着头，想越过摄像头的边界看。司君果断挂掉了通讯。

"这么快啊！"夏渝州很是惊讶。

"是的。"古极咧嘴笑了，长刘海下的死鱼眼闪着兴奋的光，"多亏了是我修，要是给我们家其他人，指不定就修坏了！"

"不愧是当世最强炼器师！"夏渝州冲他比了个大拇指。

得到夏渝州的夸赞，古极高兴得一跃而起，试图倒挂起来。奈何司君这间公寓的设计过于现代化，别说房梁了，客厅中央连个吊灯都没有，全是隐藏起来的灯带。他只好原地翻了个跟头，尴尬地落地。

好在没有人注意他,夏渝州已经捧着镜子跟司君挤在一起研究了。

几日前还是四块无法黏合在一起的残镜,破碎的黄铜历经风雨,接口处都被磨圆了,怎么拼凑中间都有缝隙。如今,那些缝隙都被填满,镜面光滑无痕,宛如新造。

夏渝州将镜子翻过来看,发现不仅镜面,就连背后的装饰也被修补完整了。那简洁流畅的云纹,还有背面的刻字,全都恢复如初。

"真是鬼斧神工啊,太厉害了!"

夏渝州用手指摩挲着上面的字迹,还没来得及辨认,门铃又响了。

他将镜子塞到沙发底下,按住试图起身的司君,自己去开门。不喜欢社交的古极默默地躲去了洗手间,顺道打理一下多日没洗头的自己。

"周小树,你怎么来了?"夏渝州很是惊讶。

"打你电话不接,我就直接过来了。"周树脸色有些不好,闷着头走进来。

夏渝州看了一眼放在鞋柜上的手机:"昨晚静音了,一直没打开。"

"嗯。"周树无精打采地应了一声,走到沙发区坐下,端起桌上的水杯一饮而尽。

司君理了一下睡衣的衣袖,坐直身体:"遇到什么事了吗?"

周树瞪了司君一眼,很是看不惯他这副嘴脸。

夏渝州走过来踢了踢他:"问你话呢,怎么了这是?"

"老夏什么时候能联系上?"周树没头没尾地问了一句。

夏渝州顿了一下:"现在联系不上,你有什么事就问我。"

周树抬起头,眼睛红红的:"她说,我亲爹是个怪物,跟老夏认识。"

他这几天回来处理闹事的亲妈,得到了意料之中的消息。跟他妈结婚的那个男人果然不是他亲爹,而他的亲爹早在他很小的时候就不见了。只是没想到,这位很可能是血族的亲爹竟然跟老夏认识。

"跟老夏认识?"夏渝州吃了一惊。从小老夏就说,他们家是最后的血族了,也从没见他跟别的血族来往。

周树静静地看了他一会儿,缓缓撸了一把头顶的红毛:"老夏什么时候回来?"

夏渝州沉默了半晌,低声道:"老夏回不来了。"

"什么意思？"周树猛地抬起头。

"字面上的意思，"夏渝州抹了把脸，破罐子破摔，"他去守天镜了，进去就出不来了。"

夏家老宅所在的深山里，有一处旅游景点，名为"天镜"。那是两块天然的半圆巨石组成的悬空瀑布，水流平缓细腻相连，映在阳光下宛如一块天然的大镜子。

司君一听就知道是怎么回事，所谓的守天镜，显然不是在天镜旁边摆个摊子收参观费："瀑布里有镜中世界？"

夏渝州点头，说出了一直以来保守的秘密："天镜必须有活人进去守门。我们家世代都是守镜人，等我老了，也是要去守镜的。"

司君眉头狠狠跳了一下。

夏渝州摸了摸他的头："哎，别慌，早着呢。"

"呵呵，呵呵呵，果然如此。"周树突然冷笑起来。

"果然什么？"夏渝州嫌弟弟笑得难听，伸手拍他的后脑勺却拍了个空，不由一愣。常年任他揍的周树竟然躲开了。

"我给了那个女人钱，她给了我一卷录像带。"周树神色木然，从背包里掏出一卷长方形的老式录像带，里面是他的亲生父亲留给他的影像。

"小树，爸爸要去做一件伟大的事，不能陪你长大了。"

"小渝州的爷爷，也是你的爷爷，他是给了爸爸第二次生命的人。"

"夏叔叔会代替爸爸照顾你的，小树要好好的……爸爸对不起你。"

那个跟自己长得几乎一模一样的男人，拿着照片给他指认"夏爷爷""夏叔叔""小渝州"，笑得像个傻子，被人卖了还帮着数钱的那种傻子。

夏渝州瞪大了眼睛，这些事他是真的不知道。周树的亲生父亲竟然是爷爷转化来的血族，那么，所谓的在医院里捡到被母亲遗弃的重病小孩，也是瞎扯淡。明明是老夏一直关注着周树的情况，见他妈妈抛弃了他，就第一时间把人抱走了。

周树把录像带装回包里，拉上拉链，站起身："我亲爹是你爷爷转化得来的儿子。他替你爸去守镜了，回不来了。"

夏渝州指尖微颤："替……"

"没错，替！"周树突然提高了嗓音，双目赤红地瞪着夏渝州，"你们家拼命繁衍后代，转化半种，就是为了有更多的人替你们守镜。"

夏渝州摇头，想要解释："不是，小树……"

"别叫我！"周树梗着脖子，泪水在眼眶里打转，却倔强地不肯流下来，"我只不过是你们家的工具人！"

"做工具人不好吗？"古极扒着门框从洗手间里探出头，"那可是伟大的始祖种！"

"闭嘴吧你！"夏渝州感到一阵窒息，两眼发黑。

周树拽起背包，一阵风似的冲了出去。

夏渝州抬脚追去，却被大力甩上的房门狠狠撞到了鼻子，"嗷"的一声跌坐在地上。

"渝州！"司君赶紧过来查看他的伤势，"别动，我看看。"

鼻子被碰出血了，好在没有伤到牙。

"呜……"手指触碰到鼻尖，一阵酸疼骤然从鼻腔传到后脑勺，夏渝州的眼泪"哗"地一下流了出来。

"很疼吗？"司君赶紧拿纸巾给他擦眼泪，却越擦越多。

"我不知道他爸爸的事，老夏根本没有提过！我只知道他是我弟弟……"夏渝州哭得伤心，他一个根正苗红的现代社会好青年，哪有什么替死鬼的想法？从小他只知道周树是需要疼爱的弟弟，虽然他们总是打闹，但老夏没了之后，周树就是他最亲的人。

司君任由他把自己的睡衣当成擦脸巾，蹭得满是眼泪鼻涕："你家为什么要守着那面天镜？"

"老夏说没人守，世界就要毁灭，也不知道真假，反正每代人都是这么做的。"想想夏家一代代地往镜子里填人命，最后还不落好，一群王八蛋要拔他的牙，好不容易养大的弟弟也反目成仇。夏渝州越想越委屈。

司君轻拍他的背："不如我们先看看无疾镜里的记忆，也许这些事就能有答案了。"

夏家的传承断了，夏爸爸仅有的那点了解，还因为顾忌孩子的感受没敢说清楚，只能寄希望于先祖留下的这面虚镜。如果知道了守天镜的前因后果，兴许能找到其他办法。

夏渝州洗了把脸,重新回到沙发区。三人围着无疾镜盯了半响。

"无疾镜作为传家宝,里面一定记载了非常重要的信息。"古极眼巴巴地看着,很想知道里面有没有关于自家先祖的记载。

司君点头,看向夏渝州:"开始吧。"

夏渝州:"……开始什么呀?这东西怎么打开?"他根本不知道虚镜怎么看啊!

司君恍然,小声跟他道歉,拉过夏渝州的手指咬了一口,在无疾镜的背面滴了一滴血。

夏渝州惊奇地看着无疾镜的背面,鲜红的血液逐渐浸染了繁复的纹路,显示出了上面阴刻的字迹——龙飞凤舞的"无疾"二字。

而后,司君将镜子翻过来,原本一片混沌的镜面逐渐发出光亮。

"虚镜就像是一台平板电脑,血液就好比电池。血液里的能量有多少,就能支撑这画面放映多久。"古极尽职尽责地给夏渝州讲解,"咱家的这个更高级一些,只认夏家族人的血,我的血都没用……"话越说越小声,因为无疾镜中的光亮越来越耀眼。

"哇,这是什么呀?!"夏渝州惊呼一声,眼前暴发的白光将三人都吞没了。

再睁开眼,他们已经身处一片颇为原始的河滩,河滩上乱石丛生,杂草没膝。

不远处传来嘈杂的人声,三人转头看过去,景象倏然拉近,竟是一群穿着古代粗布衣服的人。其中有男有女,有老有少,中间是一个扎着红布的巨大箩筐,里面绑着两个穿红肚兜的小孩,箩筐边上一男一女哭号不止。

"说过多少次了,不许用活人生祭!"一名身着白衣的青年清风似的从看傻的三人身上穿过,拦在了村民面前。

"哇!"古极惊呼一声。

"你小声点!"夏渝州赶紧捂住他的嘴。

"不是……"古极挣扎开,"这不是简单的虚镜呈像,这是全息影像啊!啊啊啊!先祖们也太厉害了,那时候就能做出全息记录仪了!"

司君仔细看了看周围，抬脚走过去，凑到白衣人面前。

那张在梦中总是自动替换成夏渝州的脸，终于显出了真实样貌。只一眼，他便明白了，何为银色诗琴弦上的月光。那是苍白语言无法描述出的美貌，是凡人没有资格触碰的谪仙。眼前这些愚昧、邋遢的男女老少，多看一眼都是对他的亵渎。

那时候的司家先祖、马鞍山侯爵、原姓斯图尔特的贵族骑士、吟游诗人——司南，显然也是这么想的。

司南穿着与雕像上一模一样的骑士服，踢踏着马靴快步跑过去，在百姓与夏无涯起冲突之前挡在了中间。他那插着艳丽羽毛的大檐帽与这古色古香的环境格格不入，很是滑稽。

"不得无礼！"司南牢牢按住一名壮汉试图推搡的手，将夏无涯护在身后，"这是国师大人！"

这话说完，负责保护国师的侍卫们才匆匆赶来。没办法，两位老爷跑起来像飞一样，实在是跟不上。

百姓们不认识夏无涯，但知道国师，于是赶紧跪下行礼。

"大人，我们实在是没办法了。近来瘟疫横行，听闻临县有人投童男童女入水，不久便疫情渐止，我们……"

"一派胡言！"夏无涯甩袖负手，露出腰间通体莹蓝的宝剑，"临县的瘟疫是本座入水除妖治的，与活人生祭何干？尔等速速退去，瘟疫之事本座自会料理！"

有一队凶神恶煞的带刀侍卫在，百姓们自然不敢多言，叩谢之后便带着逃过一劫的童男童女迅速离去。

河滩清空，夏无涯立在高处，看着潺潺的河水，眸色冰冷。

"你还要入水吗？"司南用不甚标准的官话问他，眼中尽是担忧。

"不然呢？你替我去？"夏无涯撩起上唇，露出尖锐的獠牙。

"哦，亲爱的涯，不要冲我露血牙。"

夏无涯不理他，刺破手指，以血在空中结印，弹指打到河面上。鲜血结成的繁复印记就那么悬浮于流淌的河水之上。夏无涯拔出宝剑，一跃而入。

不多时，清澈的河水中突然冒出浓稠的黑血，被罩在上面的血印封住。

"轰——"夏无涯一手提剑，一手提着张狼皮跃出水面。

"咳咳咳……"扔掉手中的皮毛，夏无涯以剑撑地，跪着呛了几口水出来。

司南赶紧去扶他，却被夏无涯嫌弃地推开。夏无涯从怀里掏出一支银质外壳的火折子，扔给司南，让他把血印封住的那团黑东西给烧了。

"你为什么要入水抓这些狼？把它们引诱到岸上再杀不好吗？"司南烧了半天不得其法，自己也差点掉水里。好不容易烧完，再抬头时，夏无涯已经换了一身干爽的衣裳。

"这是狼妖的傀儡。"夏无涯用绢布擦拭自己的宝剑，"它们身上有狼妖的魔气，一旦散开就会引起瘟疫，所以必须在水镜里杀死。"

司南拎起那块湿漉漉的狼皮抖了抖，想放到火堆边，跟夏无涯换下来的衣服一起烤干，却没想到被侍卫无情拒绝。他这时候还没有封侯，只是个远道而来的外国人，侍卫根本不把他当回事："污秽的狼皮怎可玷污国师的衣裳？"

好在他是个乐天派的吟游诗人，并不在意这些，并且觉得侍卫说得有道理。他把狼皮扔到石头上自然风干，乐颠颠地跑到夏无涯身边坐下，掏出背后挂着的诗琴，轻轻拨弄琴弦。

简单质朴的音色，带着异域风情的曲调，在这山野荒滩上竟出奇的美好。

夏无涯轻笑："你这胡琴虽小，倒也动听。"

"你喜欢，那真是太好了。"司南笑得见牙不见眼，继续演奏。

夏无涯收起宝剑，单手支着下巴看他："你有这手艺，不如去皇宫当个乐师，跟着我可没有升官发财的机会。"

"哦，亲爱的国师，我追逐的并不是升官发财。"修长的手指划过琴弦，湛蓝的眼中满是星光，"吟游诗人追逐的是快乐，是故事。在这个国度，你是最值得我追逐的人。能跟我讲讲魔气是什么吗？"

天色渐暗，日落月升。

夏无涯伸手，有极淡的星光自天空落下，环绕在他指尖，莹光点点，煞是好看："百年前，一块巨石从天而降。巨石怪异非常，时间久了，靠近它的虫兽被其影响，生出魔气，化为精怪为害人间。你今天烧的就是沾染了魔气的秽物。我们夏家亦受巨石之力影响，生出灵力，能净化魔气，于是被称为灵族，四处斩妖除魔。魔气少了，人间就能少些灾祸。"

司南被这美景镇住,忘了弹琴,半晌不见夏无涯再开口,才回过神来继续演奏:"啊,我们那边叫作血族。"说着,稍稍伸出牙尖给国师看,而后迅速缩回,耳朵红红的。

"血族,这名字倒是直白。"夏无涯挑眉,似乎觉得会伸缩的牙很有意思,凑近捏住他的下巴仔细瞧,"灵族拥有克制魔气的灵力,代价则是自此需要吸食未经巨石之力污染的血液以维持生命。"

就这样,三人一直静默地看着全息影像里的故事。

夏无涯像个不知疲倦的仙人,一路走一路杀,狼皮积攒了两大车。过年也不回京,就叫人把狼皮运回去,权当给皇帝的新年贺礼。

皇帝拿他没辙,只能多派几个宫人过来伺候,让国师衣食无忧。

在夏无涯不知第多少次呛水之后,司南终于忍不住了,开口提议:"既然你入水是为了用水中的倒影,那何不把狼引到镜子里呢?"

"镜子?"夏无涯挑眉,向身边的宫女伸手,宫女立时奉上一面随身携带的小妆镜,"你说这种东西?"

铜镜无论怎么打磨,表面都不可能完全平整,照出来的东西都有些许扭曲。这小小的妆镜只有巴掌大,就算能映出影来,人和狼也进不去。

于是,司南带着他去了西北的边塞小城,从波斯商人手里买到了一面巨大的银镜。在那里,夏无涯顺手救下一名叫作古纳尔的波斯血族,并收他做自己的随从。

古纳尔是个非常伶俐的少年,原本在波斯就是个做器皿的工匠。夏无涯教他借用灵气炼制武器的方法,他一学就会。

有了镜子的帮助,夏无涯可以在陆地上进入镜中世界杀狼、除魔气,事半功倍。而司南也学会了入镜,并且摸索出了在镜中冻结魔气的能力,省了夏无涯许多力气。

"你们东方的血族都这么强吗?"司南常常惊叹夏无涯的强大。

"当然不是。"夏无涯站在月下的山崖上,清风吹动他长长的衣摆,仿佛下一刻就要羽化登仙。

当朝皇帝年少登基,励精图治,奈何天灾频发。东一处伤寒,西一处天花,到处暴发瘟疫。后又出现厄犬伤人,狼妖作乱。罪己诏写了不知多少道,却无力挽救这濒临崩溃的世界，他很不甘心。先帝暴虐无度，昏聩嗜杀，天下却风调雨顺；他呕心沥血，为国为民，江山却风雨飘摇。

直到夏无涯出现，告诉他："这不是你的错，而是天地间魔气暴涨的缘故，我会解决这些的。"

魔气暴涨，妖邪横生。魔气催生了许多强悍的狼妖，他们四处作恶，制造厄犬，百姓处于水深火热之中。而相应地，灵族诞生了夏无涯。

"世间万物都是平衡的，我生来就是为了克制这些邪物。有生之年，定还天下一个太平。"

夏无涯回头，山崖上盛开的花树落下纷纷扬扬的花瓣。那天仙一样的美人微微地笑，向看呆的司南伸出手："你可愿与我一同消灭魔气？"

"当然！"司南握住他的手，"这真是项伟大的事业，我会让司家的子子孙孙都这么做下去。我还要为你写很多很多的诗歌，让后人传唱。"

夏无涯嘴角一抽，缓缓收回手："……这倒不必。"

司南追着夏无涯从东海到西蜀、从漠北到江南，生活忙碌而充实，惊险而快乐，这样的日子似乎永远都不会走到尽头。

直到，夏无涯将所有的狼妖逼到了天镜中。

那是一帘险峻奇峰中的悬崖瀑布。深山老林无人问津，天然形成的大镜子最适合囚禁狼妖。

"涯！"司南快步冲上去，扶住耗尽了体力的夏无涯。

夏无涯抬手抹去嘴角的血迹："这些狼妖是杀不死的，我必须把它们封印在天镜里，但须有一人镇守镜中，为天镜提供灵气。"

"我去！"忠诚的仆人古纳尔立时举手。

夏无涯伸手，摸了摸古纳尔的脑袋："不，只能我去。你们西方血族无法外放灵气。而如今夏家其他人的灵力都没有我高，进去支撑不了多久就需要新人补充。他们必须尽快繁衍后代，子孙越多越好。"

说罢，夏无涯将一面黄铜镜塞到司南手中："拿着它，这是打开天镜的钥匙，如果没有这把钥匙，进去就出不来了。把它交给夏家人，告诉他们，如果天镜附近的天空红光乍现，那就意味着我已灵力耗尽而死，天镜的屏障会在三天之内破损，他们得尽快补充新人进来。如果来得不及时，狼妖逃出，天下就会再次瘟疫泛滥。"

司南捏紧那面黄铜镜，眼泪从湛蓝色的眼睛里滑出，他用已经十分标准的官话说："涯，没有别的办法了吗？我从没有想过会和你分别。"

夏无涯翻了个白眼："我又不是一去不回了，待狼妖的魔气被我磨损大半，寻常灵族便可入内了。等夏家有了灵力高强的小辈，就让他来替我吧。"

司南抿唇，勉强点头，又哑声问："这镜子叫什么？"

"无疾。"夏无涯给他看镜子背面刻的字，"我平生所求不多，唯愿天下无疾。"

于是，天下自此风调雨顺，国泰民安。

司南被皇帝封为含山侯，得以将远在万里之外的家人接过来，渐渐发展成世家大族。

不过含山侯无心争权夺利，总是往天镜跑，给夏无涯送各种各样的东西。吃穿用度有皇帝提供，他就送些别的，有时候是零嘴、小玩意儿，有时候是自己写的诗、画的画。偶尔耍无赖跑进去，鬼哭狼嚎般地给夏无涯唱他最新的诗作，然后被夏无涯连人带琴给扔出来。

终于到了这一年，狼妖的魔气几乎被夏无涯消磨殆尽，天镜中的环境趋于温和，而夏家也终于诞生了一位灵力高强的少年，虽然无法与夏无涯相比，但守卫如今的天镜绰绰有余。

司南兴高采烈地带着夏家小辈奔向天镜，念叨着要带夏无涯去参观自己新建的宅邸。刚走到山脚下，天空中红光乍现，苍穹像是被点燃了一般，火烧云遮天蔽日。

"吧嗒！"

沾满汗水的无疾镜，骤然落在了地上。

一切戛然而止，无疾镜收回光芒，安安静静地躺在茶几上。看完了全息影像的三人还没能回过神来。

"主人……"古极趴在地上，宛如一只失去庇护的雏鸟，仓皇无措。他全程代入自家先祖古纳尔，已经忘了自己是生活在现代的宅男。

司君缓缓眨了眨眼，"啪嗒啪嗒"，眼泪像断了线的珠子，越落越多。

夏渝州也有点难过，但更多的是对先祖的强悍与伟大的震动。他啧啧感慨了一番，转头就看到快要哭化了的两人。

古极那个容易入戏的家伙可以理解，怎么一向稳重的司君也这么没出息呢？夏渝州哭笑不得，伸手拉了拉司君的衣袖，司君将目光转向他，眼泪汪汪的，像只大狗狗一样。

"后面的大多数场景，我都是从先祖的视角……"这个先祖指的是司家先祖，含山侯司南先生。司君被迫跟他共用视角，追逐着夏无涯翻山越岭，再眼睁睁地看着那人走向灭亡。

夏渝州顿时把调侃的话咽了回去，心疼地拍了拍他："没事了，没事了，那是先祖的故事，不是你的。"自己是一直从上帝视角看的，就像看电视剧，所以还好。没想到司君竟是以第一视角看的，就像在梦中那样，会受到先祖情绪的影响。

"夏无涯没有再回来，先祖余生都在怀念他。"司君声音发颤，很是难过。

这是他看家族史了解到的。先祖司南有一位挚友，他没有留下那位挚友的名字，只是为他写了很多诗，又在自己去世前统统付之一炬。唯一留下的，就是那首每个司家人都会唱的诗歌，"你是银色诗琴弦上的月光"。

"那首诗歌，十表哥没有唱完。"司君缓缓吸了口气。

"嗯？"

"先祖弥留之际，唱了最后一段。"

……

火焰点燃了苍穹，月光消失在高山

从此，琴弦上没了光亮

青丝到白发啊，我日夜弹唱

索然无味，皆是虚妄

所有的诗都配不上你，我的月亮

……

| 第四十一章 |
忠 骨

三人沉默了很久，才勉强消化了在镜中感染的情绪。古极不死心地还要看一遍，像玩过山车被刺激得哇哇大哭的人，受虐狂一样，还要再玩。

夏渝州可不想奉陪，把微型录像机给他，让他自己去看，顺道把故事录下来。

"镜中所说的才是这一切的真相，魔气、灵气、狼妖……"夏渝州给司君拿了条擦脸的热毛巾，"那块巨石大概是坠落地球的陨石，魔气和灵力则是地外物质特有的能量场之类的东西。境界……是通过镜面创造的一个扭曲的高维空间？所以在这里的有些东西会产生形态改变。至于狼妖和血族，应该就是受陨石影响而基因变异了的狼和人类吧。"

"不过说回来，我们家传承断了，所以不知道。你们三百年传承的名门望族，怎么也稀里糊涂的？"

司君不好意思地接过毛巾："先祖一定是说过的，但一代一代传下来，不知为何就灭失了。只知道要这么做，却不知道为什么。"

现代种的优点是完全遵照传统，甚至连一些细枝末节的事都不会改变，比如家徽、手套。但缺点也显而易见，一贯地不求甚解，连司年都说不清楚，为什么会有狼兽和病蚊。

知其然，却不知其所以然。所以，当年西方瘟疫大暴发的时候，血族无法为自己辩解。

夏渝州耸肩："新大陆的那些人把因果倒置了。"

先有陨石和魔气，才生狼妖。狼妖制造厄犬，厄犬生成病蚊。血族消灭病蚊，扑杀厄犬，封印狼妖，以消除灾祸。

这是个鸡生蛋还是蛋生鸡的问题，不搞清楚，就容易产生谬论。新大陆的血族就是没搞清楚，而把灾难归因于血族。

东方有较为厉害的灵族，千百年来坚持不懈地斩杀魔物、扑灭魔气，所以东方大陆的人类文明得以长长久久地延续。

西方则没有这么幸运，那里的血族懵懂而孱弱，只能偶尔凭着本能杀死狼兽，却不懂如何处理魔气。直到三百年前，热衷于冒险的吟游诗人司南来到东方，遇见了国师夏无涯。他们一起研究出了镜中世界，夏无涯教会他使用灵气、捕杀魔物、消灭魔气。这样的事情通过信件传播到了西方。只不过，傲慢的西方血族并没有完全遵照司南的话，只认准了那句"杀死狼兽"，以至于酿成了瘟疫暴发的灾祸。

司君拿出笔记本电脑，把这些事情写下来。

夏渝州扒着司君的肩膀看他写东西："你说，三百年前为什么会出现那么多厉害的狼妖？是之前几任皇帝残暴无度的报应吗？"

司君把"报应"两个字也打上去："有可能。"

"哎哎。"夏渝州赶紧抬手把那一行字删掉，"我瞎说的。我估摸着，可能是哪个二百五皇帝大兴土木，挖出了许多上古时候掉下来的陨石。"

古极又看完了一遍，哭着爬过来，颤颤巍巍地把微型摄像机交给夏渝州。

夏渝州拍了拍他的脑袋："再看一遍，看出什么不一样的了吗？"

古极吸吸鼻子："古代的血族一定比现在的强大很多。"

夏渝州："怎么讲？"

古极认真道："因为夏仙人比主人你看起来漂亮好多。"

夏渝州给了他一个爆栗："用你说？"

"嗷嗷！"古极抱住脑袋投降，"我还看到了天镜的打开方法！"

"咦？"夏渝州的确没有注意到天镜是怎么打开的。当初老夏是直接进去的，并且不许他靠近。

"是个一闪而过的片段，我是炼器师，所以注意到了。"古极爬起来，"如今无疾镜修复好了,你肯定是要去一趟天镜的吧,到时候记得带上我。"

夏渝州拍拍他的肩膀:"靠谱。"

司君把录下来的视频放到血盟营业厅APP上,开放权限,所有血族都可以观看。古极用他的工程师权限做了个开屏广告,每个打开APP的人首先就会看到这个界面。

"你们什么都不是,只是傲慢无礼的低等血族而已!这才是世界的真相,快来看看!"

这宛如无良媒体吸睛专用的标题,引得血族们纷纷点进去观看。

"司君这是疯了吧?完全被那个始祖种迷惑了!竟然说我们是低等血族!"

"我真是太失望了,他可是我的偶像。前几天出事的时候我还不信,现在看来,呵呵……"

"血族是这个世界的灾祸,我们安静地为自己赎罪不好吗?我倒要看看他还能说出什么疯言疯语。"

血族们怀着各种各样的心态,咬牙切齿地点进去,目瞪口呆地退出来。

先有魔气,再有狼妖。夏无涯封印狼妖,血族千百年来勤勤恳恳地清理魔气,维护世间安宁。如今,夏无涯已经逝去了三百年,夏家凋敝,只剩下夏渝州这一根独苗,能做的只有继续派人去守天镜。一旦没守住,那些不死不灭的狼妖跑出来,才是真正的世界末日。

不是司君疯了,而是他们疯了。他们竟然差点毁掉这个世界最后的希望。

"天啊,先祖在上!所谓的血族带来灾祸竟然是胡扯的,是那些野蛮人屠杀血族的借口!"

"新大陆的血族完全是被忽悠了,被卖了还帮人数钱。"

"把那三个奸细抓起来,他们差点毁了这个世界!"

五大氏族一瞬间炸开了锅。

十六氏。

狄桦以迅雷不及掩耳之势抓住了那两个骑士,面对父亲吹胡子瞪眼的质问,平静道:"父亲,你老了,容易听信谗言,这件事还是交给我来处理吧。"

狄万军坐在轮椅上,眼睛瞪得宛若铜铃:"逆子!你打算就这么放弃云城领地吗?始祖种极为可怕,你们都被他骗了……"

"父亲!"狄桦冷漠地看着歇斯底里的老头,"您到底是为了对付始祖种,还是为了夺回领地?"

狄万军梗着脖子:"是为了领地又怎样!你忘了祖训了吗?只有广袤的土地才能喂饱牛羊!领地,是十六氏最重要的东西,绝不能在我这一代变成十五氏!"

看着陷入疯魔的父亲,狄桦叹了口气:"从您输给司君那一刻起,云城就不属于十六氏了,您何必执着?家族的荣耀不是保有领地,而是守护领地里的生灵!血族是高贵伟大的生物,是这个世界孕育出的最美好的生物,是宁愿牺牲自己也要维持生态平衡的环保生物。"

"你看,这两个外国人虽然脑子缺根弦,信了别人的话,但他们最终的目的是阻止人类灭亡,不是吗?"

被五花大绑的两个骑士泪流满面地点头。

"虽然有好心的成分在,但你们切切实实地伤害了重要的始祖种。"狄桦露出友好的笑容,抬手,他的大骑士立时递上来一把巨大的钳子。他拿在手里咔嚓咔嚓地试了试,凑近那两个骑士,用商量的语气说:"咱们按血族的律法,以牙还牙,拔你们一人一颗牙,给我侄子换个去云城上学的名额,不过分吧?"

两个骑士:"……"

青羊氏。

白殊穿着一件绿色老头衫,老神在在地跟哥哥一起涮火锅:"你看吧,我就说我的判断绝对没错。"

哥哥拍拍自己圆滚滚的肚皮:"咱家历来是做生意的,和气生财。再说了,咱家老祖宗的皇商身份还是夏家帮忙弄来的,咱不能恩将仇报不是?"

白殊嗤笑:"人家夏家才是真贵族,什么十六氏、南国氏,自大了百年就忘了自己是什么东西了。我们只是小商人,只想卖卖面膜、吃吃火锅。"

南国氏。

南国氏族长,也就是何予的爷爷,第一时间给他打了电话过来:"我想立你做少族长,你妈妈和你大哥都废了,指望不上。"

之前他信了狄家的说辞,确实有插一脚的意思,但也交代了何母让她见机行事。她倒好,一根筋地直接跟狄家站在一起,把夏渝州得罪了个彻底。

何予正翻看司君发给他的"魔气与灵气"理论总结,心不在焉道:"我没空,爷爷,我早说过要把一生奉献给科学。再说按照规矩,血族是幼子承家业,您传给小顷吧。"

何爷爷捂住心口:"传给他,那人家会分不清家主是男的还是女的!"

"那有什么?"何予轻笑,"我们家先祖就是女人,小顷当家才更符合南国氏的形象。"

何爷爷决定先跳过这个话题,以免自己心梗。他沉默片刻,颤抖着声音问:"你在圆月舞会上说的研究成果,是骗人的吧?"

把人类全部转化成血族过于丧心病狂。如今证明了始祖种是救世主而非灭世灾难,夏渝州倒是安全了,可他这位最优秀的孙子却成了有反人类倾向的邪恶血族。

何予轻笑:"我从来不拿科学研究骗人,爷爷,您等着迎接新世界吧。"

"咚!"何爷爷两眼一翻昏了过去。

全程听着的陈默很是无语:"老师,我们现在只是勉强破解了歃血归亲的基因补足原理,复制出了爸爸的转化液,离人工转化半种都还远着呢,您这哪能就转化全人类了呢?"

万里长征才跑了八百米,这牛吹得也太大了。

何予掏出镜子,补了补脸上的粉:"科学家要有梦想,还不许我有梦想了?再说,迎接新世界并不是骗人的。"

陈默:"……老师,您一次性说完,我好有个心理准备。"

含山氏。

司年坐在天鹅绒高背单人沙发上,冷眼看着面前跪下的一群人。

"族长,我们知道错了,我们也是为了阻止悲剧发生。"

"家族秘史,我们又不知道,您偏爱司君,只告诉了他一人……"

"咚！"手杖重重地磕在地上，司年的声音冷得像三九天的寒冰："我偏爱司君？从小到大，但凡涉及家族的事，我几时偏爱过他？甚至因为他跟我血缘上更亲，在处理事务上我都更委屈他。看来是我错了，我就应该明目张胆地偏爱他，好叫你们认清自己的位置！从今天开始，你们不再是含山氏的贵族，降为附庸血族，所有贵族权限统统取消！"

众人顿时惊呼出声：

"不要啊！"

"家主，我们知道错了！您不能这么做！"

"……"

夏渝州正走在山间的小路上，闻言转头问司君："贵族权限是什么？能进专属聊天区聊天吗？"按照APP上显示的，贵族也就是多了个贵族专区。

司君将手机装进口袋，快走两步："你没发现贵族专区卖的东西比普通区便宜吗？"

夏渝州眨眨眼，掏出手机翻了翻："真的哦，贵族买东西能打九折。"

司君："嗯。"

夏渝州："……那真是好大的特权呢。"

司君轻笑，其实贵族权限不止这些，不过在伟大的始祖种面前，那些特权都不算什么了："联系上周树了吗？"

夏渝州看了看毫无回应的聊天软件，摇头："战队说他请假了，手机关机，连茵茵都联系不上他。"

"主人，我看到村子了！"浑身裹着黑斗篷的古极挂在一棵高高的树上，帮他们探路。

"那儿就是了。"夏渝州带着他们走进了这个偏远的山村。

这村子看起来并不富裕，许多人家都盖不起楼房，时至今日还住着瓦房。村中最显眼的是坐落在村子中央的古宅。

那宅子占地极广，经年累月，村子里很多建筑都与之融合了，但还是能看出它昔日的繁盛。可以说整个村子都是依附这座大宅而建的。大宅门前有一大片空地，满是落叶杂草，没有任何村民靠近。

司君猛然回头，正对上一名探头探脑的村民。那村民见他看过来，立时缩头。

"主人，那些人怎么怪怪的，都在偷偷看这边？"古极戴着墨镜，大大方方地扫视了一圈。

夏渝州嗤笑了一声，随手拔掉几株长得过高的荒草，踏上古宅大门前的青石阶："我爷爷当年是被当作怪物赶出村子的，这村里的人之后就瓜分了宅院。"

司君蹙眉，跟着他走进宅子。

古色古香的宅邸已经损毁大半，只能依稀看出过去的模样。坑坑洼洼的中庭里摆放着几口黑漆漆的铜缸，缸中盛满了雨水，有金鱼在里面游走。

"这缸竟然没被偷走。"古极跑过去研究，"嚯，这可是百年前的古董呢！"

"这缸砸不烂，也偷不走。"夏渝州讽刺地勾唇，伸出一根手指在水里搅了搅，水中的金鱼便来亲吻他的手指，"他们瓜分下人房的倒是无碍，但凡占了主宅的，没一个有好下场。"

当年的事他没有经历，但听老夏说起过那时候的疯狂。

平时看起来老实巴交的邻居们突然提着锄头、镰刀上门，砸了挂在门上的那块传承了几百年、据说是先祖亲自题字的匾额。山里人不懂古董字画，觉得不值钱的就砸了、烧了，连家具都抢了个精光。最后，只剩下这么个空壳老宅。

好在先祖手札和无涯剑被藏在了极为隐秘的地砖下，才不至于被当作柴火烧了。

村里最厉害的恶霸占了主宅，一家老小光明正大地搬进来。却不料，短短五年便陆续得了怪病死去，就连最年幼的孩子也没能幸免。

夏渝州甩甩手指："现在想来，可能是这宅子的磁场不太对劲，普通人的身体承受不住。渐渐地，就没人敢住了。"

五年前，他跟着老夏回到这里，村民们对他俩避如蛇蝎，倒是省去了还得讨要祖宅的麻烦。

古极听得泪眼汪汪："主人，我们有罪。我们应该早些找到你们的！"这宅子是百年前建成的，夏家大概是那时候开始避世，与古家断了联系。

司君用戴着白手套的手轻轻摸过掉了漆的柱子："这么说……这里应该没人住了。"

"嗯？"夏渝州见他快步往屋里走，"怎么……"

"吱呀！"堂屋的大门被司君猛地推开，露出了正坐在屋子中央打 PSP 的红毛青年。

骤然出现的光亮，晃花了 PSP 的屏幕，周树号叫一声，游戏人物被爆了头。他骂了声脏话，抬起头来，看到了呆在门口的夏渝州。兄弟俩对视了片刻，夏渝州不知道说什么好。

周树若无其事地收起 PSP，站起身来，一副大爷样："你怎么才来？不是已经修好镜子了吗？也不怕老头在里面饿死。"

夏渝州鼻子一酸，快走两步扑上去，一脚踹在弟弟的屁股上："胡说什么呢！呸呸呸！"

周树被踹得一个趔趄，脑袋上的红毛顿时炸了，他指着夏渝州色厉内荏地嚷道："你又打我！你等着，等会儿见到夏老头，我就告诉他，你这几年一直欺负我，还找了个外姓人来，叫孩子认贼作父。"

司君无辜躺枪："……"

"什么认贼作父？你成语别乱用，说出去让你那一千万粉丝丢脸。"夏渝州用手肘拐住弟弟的脖子，"再说一次，我这叫欺负吗？"

周树比夏渝州高一个头，微微弯腰就把他直接背到了背上："咳咳，这是哥哥爱的教育。"

"嘿嘿嘿。"夏渝州抱紧了弟弟的脖子，俩人就这么闹着玩。

正闹着，外面突然一阵喧哗，有小孩子大叫："云彩着火了！"

夏渝州猛地回头，手一松就要从周树背上摔下去，幸好被司君一把接住。他快步跑出堂屋，仰头看天。

远处湛蓝的天空忽然被红色吞没，雪白的云像是点燃的纸张，卷着边烧了起来，把夏渝州脸上的笑都烧没了。

"火烧云……"夏渝州慌张地掏出挂在胸口的无疾镜，看看天，再看看镜，再看看天。

"什么意思？"周树呆住了，大声问，"这什么意思？！"

"老……老头没了？"周树抓着夏渝州的肩膀，不敢置信地问他，"假的吧？"

夏渝州深吸一口气，推开弟弟，大步冲了出去。

"渝州！"司君立时追上去，跟着他冲入了山林。

村子里没有去天镜的路，村子里的人也从不往那边去。夏渝州闷头在近人高的灌木丛中穿梭，被尖锐的树权划破了皮肤也毫无察觉。眼瞧着一根枯枝就要打到头了，他"砰"的一下撞到了温热的胳膊上。

夏渝州茫然抬头，看到司君轻轻喘息着挡在他面前。

"呼……路不好走，我拉着你，好不好？"司君没劝他走慢点，而是伸手帮他扣上连帽衫的帽子，收紧，再握住他满是汗水的、冰冷的手。

夏渝州回握住那只手，继续闷头向前，不过没再冒冒失失、不管不顾。他拔出无涯剑，随手砍掉碍事的乱枝，慌乱的心也逐渐冷静下来。

"送他进去的那天，我就做好了再也见不到他的准备。"夏渝州走了很久才开口说话，"我尽量不去想他，就当他已经没了。如果没有修好无疾镜，他现在没了我也能接受，但修好了……"

司君静静地听着，轻轻摩挲夏渝州的后背："别怕。深呼吸。"

夏渝州闭上眼深呼吸三次，让自己发蒙的脑袋回归清醒。

司君拿走他手中的剑："我走前面，你来纠正方向。"

含山氏的剑法简单利落，如同绅士的邀舞，赏心悦目。有司君在前面开路，夏渝州轻松不少，可以专心辨认方向。在山林中足足走了两个小时，他们终于找到了那处瀑布。

远远便听到水声，走到近前，方能感到大自然带给人的震撼。两处拱形绝壁，水帘自上面落下，天衣无缝地合在一起。红光尚未消散，将潺潺流水都染上了红色，仿佛苍山泣血。

"这个……要怎么用？"夏渝州掏出挂在脖子上的无疾镜，蒙了。

光滑的石壁上并没有能嵌入无疾镜的凹槽。

"扑通！"古极突然连滚带爬地从山林中冲出来，一头扎进瀑布下的潭水里，然后呛咳着爬出来，"咳咳咳……到里面开！我在镜子里看到了。"

这两人跑得太快，以至于古极和周树都没跟上。丢了主人的影子，古极万分着急，使出倒挂绝技，在树与树之间快速飞荡。最后一次没刹住，直接把自己荡到潭水里了。

"你是说,要拿着无疾镜到里面开启双向门?"司君蹙眉,拉住了随时要往瀑布里冲的夏渝州。

"没错。"古极抹了把脸,伸手管司君要手绢,却被无情拒绝。

"进去之后怎么开?"夏渝州递给他一包纸巾。自从被谢老板哭废了一条手绢,他就学会随身带纸巾了。

古极擦干净脸和手,向他仔细演示了一下,倒也不复杂。

夏渝州点头:"事不宜迟,那我现在就进去吧。"说着迈出步子,却只能原地打转。

"等等!"司君紧紧抓着他的手臂,"这无疾镜已经上百年没有用过了,古极只是凭着猜测修复的。如果这里面有丝毫不妥,无法开启双向门,你就出不来了。"

夏渝州愣住了,看了看手中修复得完美无瑕的镜子,小声说:"应该不至于吧……"

司君神色无比严肃:"如果出不来了,你怎么办?"

夏渝州低头:"出不来就出不来吧,反正,我爸没了,我也是要守天镜的。"

"夏渝州!"司君突然提高声音,"那我们就再也见不到了吗?"

"你……"夏渝州看着他,渐渐红了眼睛。是啊,如果出不来,他就再也见不到司君了。他万分不舍地抬手,想跟司君来个临别拥抱。

司君躲开他的手,咬牙切齿道:"你叫我来,就是来看你赴死的?"

"对不起。"夏渝州声音微微发颤,"其实我回云城之后,不敢找你,也是因为……"

"我是注定要去守天镜的人,说不定哪天就得突然消失,这对你来说太难过了……"夏渝州吸了吸鼻子,"特别是知道了那个契约之后,我就想着,兴许老夏长命百岁,能让我在外面多过几十年呢,跟你,跟周树,跟小默和茵茵一起。过不了五十年,那三十年、二十年也可以啊!"

"所以,现在呢?"司君眼眶红了,"你要一个人去吗?"

夏渝州落下泪来:"不然呢?难道让两个孩子去吗?"

司君紧紧攥着他的手腕，几乎要把他捏碎："夏渝州！"

夏渝州愣怔半晌，脑子一抽："那要不……你跟我一起去？"

"好！"司君一秒应声。

"哎，不是，我……"夏渝州惊呆了，这是一起去送死，这人怎么这么快就答应了呢？

司君认真道："我们两个的命是绑在一起的。那里面不知道有什么，我们一起进去，存活的概率更大。"

夏渝州看着他，有些难过。理智告诉自己司君说得对，内心却仍然有些担心。

古极："……"面对这两人对自己手艺如此地不信任，他也不敢说什么，只好默默站在一边当石头，静静地看着两人慷慨赴死般地走向瀑布，又被周树一脚绊倒。

"哎哟！周树，你有病吧！"夏渝州心有余悸，他要是再摔断这颗血牙，就彻底成了无牙氏了。

"你把我当空气是吧？"周树拦在瀑布前。

司君："你想说什么？"

周树："我去！"

夏渝州："不行！"

"怎么不行了？我去最合适！"周树抬手制止夏渝州开口，连珠炮似的继续说，"你听我说完，那天我是一时激动才说了那些话。其实我心里明白，当时夏家就剩下老夏和你，你还那么小，不一定能活到成年……"

夏渝州："？"

"瞪我干吗？这是事实！"周树理直气壮，"你还小，不保险。如果老夏进了天镜，你再夭折，夏家的传承就真的完了。老夏在外面还能繁衍点新的子孙，想办法也好，碰运气也好，总比我亲爹在外头更有希望。我亲爹当年应该也是这么想的。"

夏家的传承断绝，世间除了他们父子俩再没有别的纯血始祖种。留下还能初拥的人，多转化几个血族，才能继续守护天镜。

周树撸了一把头上的红毛，露出个大大的笑容："现在也是一样，只有你才能继续繁衍子孙,在学长的研究完成之前,你必须好好活着。"

夏渝州看着他,酸涩感从鼻尖直冲天灵盖:"小树……你是华国排名前三的天才电竞选手……你的比赛还没打完……"

此时此刻,夏渝州无比后悔,后悔没能抓紧时间多多制造后代,后悔没能早点跟何予合作开发人工转化的药物。

没等夏渝州缓过神来,周树突然出手,用他职业电竞运动员的手速抢过无疾镜,直接冲进了瀑布。那手速快到他在空中还用血画了个圈,点到天镜上,而后身体瞬间没入。

"小树!"夏渝州目瞪口呆,崩溃地大喊,"你还没学怎么用无疾镜开门啊!"

古极刚才演示开门方法的时候,周树还在林子里奔跑,根本不在场!然而周树已经听不到了。

三人屏息等了许久,等到瀑布上红光消失,等到太阳落山,天镜依旧毫无动静。

夏渝州瘫坐在地,缓缓捂住脸:"完了,都完了。"功亏一篑,没了无疾镜,也没了弟弟。

下一秒,瀑布里忽然传出一声响亮的"啊"!

"这玩意儿怎么这么难弄!"周树暴躁无比的声音从水镜中响起,下一秒,一颗红色的脑袋从里面探了出来。虽然也是满头红毛,而且与周树五官十分相像,但苍老了不止十岁。

夏渝州惊呆了:"这天镜……会吸人寿命吗?"

然后,那红毛"嗷"的一嗓子叫了起来:"老夏!嗷嗷!能出去了!"

夏渝州:"……"

此红毛非彼红毛,而是周树那理论上已经牺牲了的亲爹。

天镜里面别有洞天。

不同于普通的镜中世界,天镜里面并不是外面的完美镜像,而是自成的一方天地。有山有水,颇为广袤,一眼望不到边。

多年未见的夏爸爸穿着破了洞的老头衫和满头红毛的周叔叔并排而站,两人像做错事的小学生,手指绞着手指,低着头不敢说话。

天镜里没有别的活人,只有他们两个,动物倒是不少。三百年来一代一代地建设,造了座相当不错的宅子,生活用品应有尽有。水井、粮仓、鸡鸭牛羊……除了没有电器,别的都挺好。

夏渝州想到自己刚才在外面跟司君生离,又哭着跟周树死别,如今见大家都好端端的,这一口气就噎在胸口,上不去,下不来,也不知道该哭还是该笑。

周树龇牙,抱着手臂没好气道:"俩老头都活着呢,今天的火烧云是个意外。"

见老夏心虚地避开自己的目光,夏渝州便转头问周树:"怎么回事?"

周树耸肩,把刚才两个爸爸老实交代的事情重新讲了一遍:"看到那边的那口井了吗?"

天镜中的宅子跟村子里的老宅很相似,不同之处是这里的院子中间有一口方正的水井。井水清澈见底,满得快要溢出来。

这是天镜里唯一的水源,也是整个镜中世界磁场的磁极。当守镜人死去,磁场震荡,水井就会发出冲天红光,外面也能看到。

大约两百年前,古家的一位奇才改造了这口井,不需要等到守镜人死亡,在守镜人感到自己灵气即将耗尽的时候,可以往井中滴一滴血,同样能产生磁场震荡的效果。满天红光就会通知夏家人来接替。从那时候起,夏家就过上了轮流守镜的日子,基本上没有人在镜中牺牲,家族欣欣向荣。

直到百年前,因为战乱,无疾镜损毁丢失,又有一股不明势力一直伺机捕捉夏家人,他们才不得已过上了隐姓埋名、拿人命填镜的悲惨生活。且因为没了无疾镜,天镜只能进不能出,外面不知道里面是什么情况,只要天空红了就填新的人进去,去的人都有去无回,导致夏家迅速凋敝。

五年前,周叔叔因为一个人待在镜子里太寂寞,天长日久,都快不会说话了,所以在感觉自己即将抑郁而死时,就滴了血进去,把夏爸爸召唤了进来。有了夏爸爸,寂寞的周叔叔满血复活,又多撑了这几年。

而今天,则是因为误触。

说起这个,夏爸爸忍不住踢了周叔叔一脚:"都是这个惹祸精搞的。我跟他说,小树染了一头红毛,他就非要试试。"

周叔叔思念儿子,就想学学儿子的样子,于是煮了一锅凤仙花汁给自己染头发。因为懒，他就在水井边洗头，结果一不小心滴了凤仙花汁进去。

"谁知道这水井认的不是血，而是红颜色！"周叔叔很委屈。

夏渝州："……"

本以为要面对的是"青山埋忠骨，马革裹尸还"的悲壮场景，结果却是破洞老头衫和非主流凤仙花汁！

"噗……"司君以拳抵唇，遮住不合时宜的笑。

夏渝州也忍不住笑起来，用力抱了抱爸爸："活着就好。来，我给你介绍。这是五岭氏这一代的少族长——古极。这是司君。"

"啊，古家，我在这里的手记中看到过。"夏爸爸笑呵呵地打招呼，"司君啊……什么？司君！你怎么还在跟他玩？"

吵吵闹闹，鸡飞狗跳，天镜迎来了百年中最热闹的一天。

太阳下山，镜中世界也陷入黑暗。

夏渝州和司君爬上宅子后面的山坡，司君打了个响指，银月悄悄挂上了树梢。其他人都睡下了，等明天再决定去留。

"那是……"夏渝州看到山坡后的情景，倒吸一口凉气。

山坡后面是另一片土山，上面整整齐齐地立着无数座坟冢。有狼蹲守在山头上，瞧见了大如盘的月亮，仰天长啸："嗷呜——"

"这是……狼妖？"司君看着脚边蹭过来的狼，它软乎乎的像只狗崽子，还没有城市里的厄犬凶残。

"它们被夏无涯镇压，一点点磨去了魔气，只要不出天镜，就是无害的狗崽子。"夏渝州揉了两把狼头，在草地上随意坐下。

司君坐到他身边，跟他一起看着对面山上大大小小的墓碑。

夏家的祖坟就在天镜里，守于斯，埋于斯。一代又一代，活着守镜，死了便用尸骨守镜。

司君摘下西装上的银色胸针，将它变成一把银色诗琴。

"我可以唱首歌吗？"

夏渝州瞪大了眼睛，以前让司君给他唱歌，这人从来都不肯开口，此时此刻竟然主动要唱。幸福来得太突然,他只能拼命点头:"好好好!"

司君轻轻拨弄琴弦,悠扬古老的琴音在寂静的山间回荡。

> ……
> 火焰点燃了苍穹,月光消失在高山
> 从此,琴弦上没了光亮
> 青丝到白发啊,我日夜弹唱
> 索然无味,皆是虚妄
> 所有的诗都配不上你,我的月亮
> ……

低沉的歌声,悲伤的曲调,在镜中久久不散。

夏渝州咂咂嘴:"干吗唱这个?听得人怪难受的。"

"夏无涯埋葬在这里。"司君转头看他,"这是先祖没能唱给他听的后半段,我想替先祖转达。"

夏渝州愣怔半晌,长长地叹了口气:"夏无涯听到了,谢谢你的转达。"

司君收起诗琴:"你们夏家人没有心。"

"嘿?说什么……"

"不是吗?"司君轻吐出近乎叹息的声音,"你今天还要擅自入镜呢。"

提起这个,夏渝州无言以对:"咳,那什么……我……"

"选块墓地吧。"司君坐直了身体,指着不远处的山头,"现在就选,以后我们葬在一起。"

这话说得颇不吉利,但夏渝州还是很高兴:"好,反正咱俩肯定一起死,死了继续住一个房子!"

司君:"……"

"噗——"司君最后还是忍不住笑了。

"叮叮叮!"夏渝州的手机突然响了。

"这时候谁呀?"夏渝州拿出手机一看,是何予打来的,便接起来,"学长?"

"渝州，明天我会宣布一件重要的事情，血族将会迎来新时代。"何予的声音温柔如水，跟这夜色颇为般配。

"啊？"

"顺便通知一下司君，我就不再给他打电话了。"说罢，何予就挂了电话。

"哎，喂？"夏渝州一头雾水地挂了电话，忽然回过神来，"哇，这里竟然有手机信号！"亏他们还以为这里与世隔绝，夏爸爸进来的时候什么电子设备都没带，失算了！

司君单手撑着下颌，面无表情地看着他。

夏渝州兀自懊恼，捶胸顿足，完全把电话的内容给忘了。

司君："你不好奇他说的是什么事吗？"

夏渝州把手机往脑袋后面一扔："学长这个人，表面看着温温柔柔，其实心里坏得很。你越问，他就越不说。我就不问，憋死他！"

司君笑着看他。

"君君，我用牙发誓，一辈子对你好。"夏渝州郑重地说。

"嗯，我也发誓，一辈子保护好你的牙。"司君轻轻地笑。

"什么嘛，哈哈……"

澄澈如练的月光毫无保留地倾泻下来，将绵绵青山染上了银色。

今晚我们不关心世界，只关心你和我，从过去的时光谈到今夜这美好的月亮。

| 正文 · 完 |

| 番外一 |
冬 眠

"司君，司君？"夏渝州叼着牙刷从浴室里伸出头来，发现五分钟前说要起床的人又睡着了。喊了几声不应，他只得放弃，快速洗漱完，先去厨房做早饭。

早餐很好解决，热鹿血，煎鸡蛋，再把白家送的腌黄瓜、辣小鱼取点当配菜，就齐活了。搞定这一切，夏渝州拍拍手，再次去叫司君起床。

"唔……"司君哼唧了一声，身体向下滑了滑，非常自然地用被子盖住脑袋，继续睡。

"嗯？"夏渝州惊奇不已，这场景着实少见。司君非常自律，只要不上夜班都比他起得早。

夏渝州："我记得你今天是白班啊，得起了，不要耍赖。"

"嗯。"司君迷迷糊糊地应了一声，并没有要睁开眼的意思。

夏渝州觉得不对劲，把人扒拉出来仔细观察。面色是健康的苍白，体温是正常的微凉，根据表象判断，没什么毛病，是一个健康的血族。

"你这是怎么了？昨晚失眠了？"夏渝州揉揉那睡成鸡窝的脑袋，起身拉开窗帘，"嚯！下雪啦！"

落地窗外一片白茫茫。昨天还晴空万里，一夜之间，整个城市都被初雪笼罩了。

夏渝州恍然："是到冬眠的时候了。"

他摸摸还在昏睡的司君，给罗恩打电话，询问冬眠的注意事项。然而电话响了一分钟都没有人接听,他这才想起来,罗恩最近待在云城。云城下雪,司君都冬眠了,罗恩自然也会冬眠。

得了,整个云城的血族都指望不上,夏渝州头疼半晌,只得给远在含山的司年打电话。

好在含山偏南,此时还不冷,司年及时接听了电话。听闻司君睡得人事不省,他很惊讶:"今年怎么这么放松?"

夏渝州一头雾水:"放松?"

"犯困这种事,血族靠意志力能克服。他往年就算冬眠,也能强迫自己起来上班,只是睡得多些,到过年回家才能一天睡二十个小时。"司年的声音中带着笑意。

夏渝州也忍不住笑了:"那有什么注意事项吗?"

"倒没有什么特别的,吃饭的时候叫醒他就好。不过他今年这样,恐怕……"

夏渝州瞬间提起了心:"有什么问题吗?"

"啊,不是什么大问题。"司年平静地说,"就是他这么睡,会耽误上班,工作恐怕要丢了。"

夏渝州:"……"这还不是大问题吗?

看司君这喊都喊不醒的模样,夏渝州可不敢让他去上班,万一给病人做手术的时候犯困,一刀下去血溅三尺就完蛋了。

"司医生,我帮你请假了哦?"夏渝州挂了舅舅电话,拽司君的耳朵。

"嗯?不用。"司君缓缓睁开眼,伸手拍了拍自己的脸,强迫自己醒过来,"医院不能请假。"

"那你这样能行吗?"夏渝州很是怀疑。

"能行。"司君慢吞吞地坐起来,穿上拖鞋下床,摇摇晃晃地往浴室走去。

"哎哎!"夏渝州赶紧跟过去,拉住穿反了拖鞋的家伙,"浴室在这边。"

把挤好牙膏的电动牙刷递到司君手里,看着他迷迷糊糊地往嘴里塞,夏渝州十分不放心:"张开嘴刷,别让牙刷背面震到血牙,一会儿该疼了。"

"唔。"司君乖乖点头,张着嘴刷牙。

夏渝州瞬间觉得自己像在照顾小宝宝,无奈摇头。

吃早饭时,司君叼着吸管,一下一下地嘬着鹿血,脑袋也跟着一点一点。

"你尝尝这个脆黄瓜,挺好吃……哎哎……"夏渝州话还没说完,那颗一点一点的脑袋已经靠到了他的肩上,嘴角流下一丝鲜血。

"君君,你怎么了!"夏渝州忽然戏精上身,单手抱住司君,悲伤地说道,"撑住啊!你不能睡过去,我已经找到解药了,呜呜呜……"说着,把脆黄瓜塞到司君嘴里。

司君咔嚓咔嚓地嚼起了黄瓜,顺道把嘴角的血舔走:"我不睡,我还有好多事没做呢。"

"呜呜呜……咔嚓咔嚓……"夏渝州也吃了条脆黄瓜,一边嚼一边假哭。

司君被他逗乐了,笑了半晌,总算精神了些。他三两下把早餐吃完,快速穿好衣服,把车钥匙交给夏渝州:"冬天你来开。"

"我同意。"夏渝州接过钥匙。

"嚯!"刚开出地下车库,夏渝州就被冻得发抖。

"阿嚏!"司君被冻得直打喷嚏,忙用手绢捂住口鼻。

"哎哟,我的乖乖,你说你买这敞篷车,帅是真帅,冷也是真冷。"夏渝州看看只穿着薄西装的司君,再看看车里灌进去的雪,默默捂住脸,感觉路过的邻居在用看傻子的眼神看着他俩。

他快速从前备箱里翻出一条薄被,将司君从头到脚包括那苍白英俊的脸都裹得严严实实。一套动作行云流水,期间还顺道给自己扣上了顶瓜皮帽。

司君:"其实……"

"裹紧了啊!"夏渝州迅速坐回驾驶座,一踩油门,跑车"嗡"的一声冲了出去。银色跑车在银装素裹的城市里狂奔,注意到的路人纷纷举起手机。

"哎嘿,只要跑得快,他们就拍不到是哪个傻子在雪天开敞篷车!"夏渝州扬扬得意,等红灯的时候又帮司君把被子裹紧了些,"你把脸遮好,这样就算被拍到,别人也不知道你是谁。"

司君从被子里露出两只困倦的眼睛,小声道:"其实,你可以把棚合起来,就不冷了。"

夏渝州:"……大意了。"

冬眠

大雪纷飞，帅气的银色敞篷跑车在十字路口缓缓升起了棚顶，遮住了里面冻僵的两人。

夏渝州不放心司君这样去上班，决定留在医院陪他半天，观察一下情况。

司君换上白大褂，又去水房用冷水洗了把脸，勉强精神了些，带上穿着牙医褂子伪装实习医生的夏渝州去查房。

"司医生！"

"司医生，你可算来了！"

"司医生，我奶奶昨晚一直没睡好，值班医生又没有办法，你快给看看。"

夏渝州总算见识到司君有多受欢迎了，不管是病人还是病人家属，都期盼着司医生的到来。连带着夏渝州这个"实习医生"也跟着沾光，被一位陪床的大妈塞了好几个橘子。

"你的老师医术真的高，他开的药就是比别的医生开的有用。之前我们家老头在市医院，一到晚上就难受得睡不着，转到这里来之后，平静多了，每天都能睡个好觉。"大妈又乐呵呵地叨唠了一堆，叮嘱夏渝州跟司老师好好学。

"司医生厉害啊，有什么绝招快教教我。"出了病房，夏渝州笑嘻嘻地问司君。

司君打了个大大的哈欠，看看左右无人，用带着浓重倦意的声音说："夜间的药里加了少量稀释过的血牙毒液。"

司家毒液的能力是"镇定"，对人体无害且检测不出来。虽然对病人的病情没有实质性的帮助，但能让他们在感官敏感的夜晚睡得舒服些。

夏渝州惊了一下，赶紧看看周围："你小声点。哇，司医生，你这是作弊。这样一来，你得到的病人好评肯定比别的医生多。"

"嗯哼，百分百好评有五百块奖金的……"司君说着说着就要睡过去。

"哎，你这样不行，整个冬天都要这样撑着，太难受了。"夏渝州有些心疼。

"可是不能请假，请假超过一周就要被开除了。"

"开除就开除呗。"

司君笑了笑："虽然我很想冬眠，但要在人类社会生存，总要学着适应。其他血族都可以，那我也可以。"

夏渝州有些感动。多么有志气的少年，身困志坚，不愧是自己的命系之人！为了五百块钱的好评奖，付出自己的血牙毒液；为了五百块钱的全勤奖，用钢铁般的意志抵抗冬眠！

"不过，明年就不用熬了。司家的私立医院明年春天开业，到时候，我可以想睡多久就睡多久。"司君看他皱眉，便告诉他。

司家的私立医院在这边开分院，那必然是属于司君的产业。作为老板，就没有人考核他的好评和全勤了。

夏渝州："……"事实证明，贫民血族只有他夏渝州一个。

呸！

| 番外二 |
幺 儿

转眼到了春天。

夏渝州用《动物世界》的播音腔在司君耳边念道:"冬去春来,万物复苏。漫长的寒冬已然过去,冬眠的小蝙蝠们纷纷醒来……"

"叮咚!"突然响起的门铃声打断了夏渝州的表演。冬眠过后的第一个访客,十分令人意外,竟然是提着大包小包的白家老二——白殊。

"这是开春刚研制出来的新火锅底料,这是我奶奶熬的辣椒酱,这是去年卖断货的白家面膜……"白殊把东西一样一样地摆出来,堆满了客厅的小茶几。

司君不言不语地审视着他。

夏渝州给他倒了杯水,笑道:"这么重的东西,你寄过来就行了,怎么还大老远地从青羊提过来?"

司君这才淡淡地说了句:"无事献殷勤。"

"哎,话可不能这么说嚓。我既不是奸,也不是盗。"白殊眼巴巴地看向夏渝州,"我是来给渝州送儿子的。"

儿子!夏渝州听到这个,立时来了兴致。

天镜现在可以自由进出,夏家人轮班守镜。好在那里面有信号,可以接网线。最近不是赛季,都是弟弟周树在值班。到了赛季得换儿子或者闺女去,再之后就得夏渝州自己上了。

夏家急需补充人口,如果能转化三百六十五个孩子,那这一年每个人都只用值一天班了,什么都不耽误。

白殊极力向他推荐这位准儿子:"他是我的堂兄,叫白金,父亲是白家人,母亲是个人类。"

一如既往的血族爱情故事,为了与心爱的人在一起,不惜离开家族,忍受每天生活中的各种不便。只不过,并不是所有的爱情故事都有好结局,这对夫妻在二十几年前就离婚了。

受到父母感情的影响,白金对婚姻没有任何期待,四十多岁了也没成家,更没有孩子。如今生了重病,孤零零地躺在医院里,也就他们这些血族堂兄弟还记得去看他。

"等等,你说他四十多了!"夏渝州嘴角抽搐。

"是啊,转化有年龄限制吗?"白殊顿时紧张起来。

"那倒没有,只不过……"夏渝州挠头,"白金这名字很耳熟啊,是我知道的那个白金吗?"

有一位全国知名的房地产商,也叫白金,他名下的金玉地产几乎铺遍全国。这位在富豪榜上可是有名有姓的,总不会这么巧吧。

"没错,就是你知道的那个地产大亨,"白殊点头,露出了神秘的笑容,"这儿子可是个金龟子,你……"

"太好了!"夏渝州兴奋得四处扑腾,"金玉地产到处都是,只要让儿子把所有产业都标上夏家的族徽,夏家就是领地最多的了!"

白殊:"……哎,不是,那可是大富豪,你就只想到这些?"

"没错!事不宜迟,咱们快去!"夏渝州开始收拾行李,手忙脚乱地给何顷打电话,叫他在诊所门口挂上歇业的牌子。

收拾好行李,装上无疾镜,背起无涯剑,他这才想起来给陈默打个电话:"儿子啊,爸爸要出趟远门,给你带个新弟弟回来,你自己在家乖乖的啊!"

那边却传来谢茵茵的声音:"爸爸,你去哪里呀?我也去!我这几天刚好休假,带我一起去认小弟吧!"

这俩孩子怎么在一起?夏渝州疑惑了一下,轻咳一声道:"胡闹,你现在正红着呢，被人认出来怎么办？"

"爸爸，只有你认为我正当红好吗？我只是个小糊咖，没人认得的，嘻嘻。"谢茵茵对自己的认知非常清晰，是可以自由走在大街上的糊咖没错。

"我也去，学校还没开学。"陈默在旁边补充。

夏渝州咂咂嘴："行吧，有哥哥姐姐一起欢迎新成员，他一定很高兴。"

"我也去。"司君从身后冒出头。

"你掺和什么？不上班了？"夏渝州用手肘碰了碰他。

"不上，我已经辞职了。"司君理直气壮道，把夏渝州背上的无涯剑卸下来，重新挂回墙上，"开过刃的剑不能上飞机，你带上我比带无涯剑安全。"

就这样，老父亲千里奔走救幺儿的剧本变成了欢乐亲子游。

富豪自然要有富豪的样子，白金住在 S 市最好的医院的最上等病房里。然而，再上等的医疗条件也治不好绝症，只能让他死得舒服点。

"有这些人在眼前，我永远都不可能舒服。"

血族的基因颇为强大，即便已经四十多岁了，白金依旧俊美潇洒。他斜倚在病床上，冷眼看着一位穿金戴银的老太太表演。

"那是谁呀？"夏渝州扒着门往里看，颇为好奇。

"他亲妈。"白殊撇嘴。

那老太太穿着昂贵的名牌衣服，戴着华丽的首饰，用干枯细长的手指戳白金的心口："我可是为你好！你无儿无女的，要是万一有个好歹，那么大的家业可怎么处理啊？那些东西注定是要给你弟弟的，你现在趁着精神好，赶紧着手转移，也省得过些日子的治疗关键阶段再操劳不是？"

老太太身边还有一名年轻男子，约莫二十岁，强装悲伤的眼睛骨碌碌地乱转。

白金静静地看着咄咄逼人的母亲，听她说完那一串狗屁不通的道理，缓缓叹了口气："我不会把钱留给他的，一分钱都不会。"

老太太瞪大了眼睛："你说什么？你不留给你弟弟，还能留给谁？"

"我留给我的保镖、我的助理、我的管家，还有白家的堂兄弟们。"白金嗤笑，"大部分是要捐了的，捐给国家。如果你能保证在我死之前别来烦我，我会考虑给你留一笔养老基金,足够你过奢侈的生活直到寿终正寝。"

老太太涨红了脸,半晌才缓过一口气来,开始号啕:"你这个不孝子!你宁可给保镖也不给你亲妈,你怎么想的啊?是不是白家的人跟你说什么了?"

"在指责别人之前,先问问你自己。这些年你关心过我吗?你出轨,跟别的男人跑了,五六年杳无音信。我爸过世的时候,我叫你来参加葬礼,你怎么说的?你说不想跟我们父子有任何牵扯,叫我不要再联系你。现在却让我把财产全留给你跟别人生的儿子,你觉得合适吗?"白金是个见过大风大浪的成功商人,即便很生气,还是保持着冷静克制。他绝望地盯着母亲,盯着这个从来没有爱过他、心里眼里只有小儿子的母亲。

"呵呵,我出轨?你爸就是这么跟你说的?他怎么不说我为什么跟人跑了?"老太太梗着脖子,咬牙切齿道,"你爸是个变态!是个骗子!看着风度翩翩,家里条件也不错,谁知道是个喜欢喝生血的异食癖变态!结婚前不告诉我,结婚后整天躲在厕所偷偷喝血,那天被我撞见了,差点把我吓疯!他是个怪物!"

白金愣住了。

父亲的异食癖,他是成年之后才发现的,也偷偷咨询过医生。医生说只要是杀过菌的血,喝就喝了,也没啥。他就装不知道,由着父亲继续喝。没想到,父母竟然是因为这个离婚的。

老太太见白金沉默,立时放软了声音,开始抹眼泪:"我也不舍得离开你呀,所以我给你弟弟取小名叫小银,就是想跟你排在一起。是吧,小银?"

在一边放空的便宜弟弟根本没意识到这是妈妈刚给他取的小名,毫无反应。场面一度非常尴尬。

"行了,别演了,你们走吧。该给你的会给你,再烦我一毛钱都没有。"白金彻底失了耐性,自己时日无多,实在不必继续虚与委蛇。

老太太被保镖赶出去,气得发抖,出门瞧见夏渝州他们,立时深吸一口气,保持冷静,趾高气扬地离开。

白金低垂着脑袋,看着自己苍白枯瘦的双手,低声对站在床边的保镖说:"只要他们好好对我,哪怕是骗我的,我也会给他们足够的资产,但他们连演戏都懒得认真演……我只是想有个亲人,临死之前得到点安慰,就这么难吗?"

"不难，你马上就有亲人了。"清亮好听的青年的声音从头顶传来。

白金抬头，看到一名帅气的青年逆光而立，向他伸出温暖的手。那一瞬间，他以为自己看到了天使。

天使笑着对他说："我来做你的爸爸。"

富豪白先生："……"

长久的沉默之后，白金："保镖！"

"哎哎，别动手，他不是神经病！"白殊赶紧出来解释，"金哥，是我。"

一番科普之后，富豪白先生变成了木鸡白先生，他呆愣了好久："我父亲……是血族？我……也能变成血族，还不用死了？"

"理论上是这样，但需要先做个测试。"夏渝州拿出无疾镜，"哦，当然，也得你自己愿意。被我转化成血族，你就得每天喝血，要遵守血族的戒律，还得管我叫爸爸。"

白金只思考了十秒钟，便拉住了夏渝州的手，诚恳地喊道："爸爸。"

夏渝州对新儿子的识时务非常满意。司君于是拿出酒精棉开始给新儿子的脖子消毒。

陈默拉着谢茵茵挤过来："爸爸，还有我们！"

夏渝州介绍："这是你大哥，十六岁；这是你二姐，二十多岁，具体年纪保密。"

白金抽了抽嘴角，这俩都能做自己的儿女了。但入乡随俗，血族按转化时间排长幼，白金认命，字正腔圆地叫了一声："大哥！"

陈默被这一声喊得热血沸腾，双手握住白金的手："三弟！"

谢茵茵眨了眨眼："此情此景，适合唱首歌。"

夏渝州按住准儿子，正准备下口，抽空搭了句话："什么？"

谢茵茵深吸一口气，豪迈地唱起来："这一拜，忠肝义胆，患难相随誓不分开——"

"噗——"夏渝州一哆嗦，咬偏了，"姑奶奶，快别唱了，再唱你三弟就没了。"

就这样，夏家再添一员。

渴望亲情的白金先生，不仅获得了新父亲，还附赠一位未成年的大哥，和一位二十出头的二姐。同时，他又被青羊氏认回去，一夜之间多了无数堂兄弟姐妹和长辈。

幸福来得太突然，白金无处发泄，只能疯狂盖楼。

金玉集团宣布新的扩张计划，与各地开发商合作，争取在每一个三线及三线以上的城市都拥有楼盘。细心的人很快发现，金玉地产名下的所有楼盘都挂上了"单牙猫猫嘴"的标志，但不明所以。

有人说这是大师给白金画的发财符；有人说这是白金在纪念自己的宠物；还有人说，这是白金身体康复的真正奥秘。

次年圆月舞会，夏渝州坐在主位上，笑眯眯地说："血族规矩，族徽所在处即为领地。这孩子一片孝心，我也没办法，莫名其妙就成了领地最大的领主，真是不好意思了。"

| 番外三 |
钢 琴

"嚯,今年天气冷得好早啊,这才刚过中秋,我走在大街上竟然觉得冻手了。"夏渝州提着一个快递包裹进门,跺脚抖去身上的寒气。

"冷空气突袭,下周就又暖和了。"司君坐在地毯上拼乐高,抬眼看到像兔子一样蹦蹦跳跳的夏渝州,建议道,"快去洗个热水澡暖暖。"

"哪有那么夸张。"夏渝州换了拖鞋,冲司君扬了扬手里的包裹,"楼下有你的快递,我帮你拿上来了。你买的什么呀?"

司君微微蹙眉:"我的吗?我最近没有买东西,你拆开看看。"

"那我拆了啊。"夏渝州最喜欢拆包裹了,可以充分满足他那躁动的好奇心。

这包裹包装得相当严实,里三层外三层的。划开一层厚厚的泡沫纸,木质的礼盒便露了出来。

"这么华丽的盒子,月饼吧?但中秋都过了,谁还给你送月饼?真是……"夏渝州一脸嫌弃地打开盒子,"咦?"

盒子里并不是预想中的月饼,而是一架精美的三角钢琴模型和两张演奏会的门票,还有一份烫金的邀请函。

夏渝州连盒子一起端到茶几上给司君看:"演奏会门票啊,这是谁?"

司君打开邀请函,眸色微暗。

思·君·不·见·下·渝·州

　　亲爱的司君同学，这是我世界巡回演奏会的重要一站，诚挚邀请你和你的朋友来听。小时候学钢琴，我得到你很多帮助，非常希望能在回国后的第一场演奏会见到你。

你的钢琴小伙伴 赵维

　　"赵维？你那个师兄？他都开演奏会了啊！"夏渝州知道这个人。

　　司君的钢琴是跟着一位知名钢琴家学的，这位钢琴家就收了两个学生：一个是司君，另一个就是这位比司君早入门的赵维。上大学时，夏渝州去看望准备国际钢琴比赛的司君，碰见过这位师兄。

　　"嗯，你想去吗？"司君把邀请函放在一边。

　　"去呗，你师兄的演奏会，咱们去捧捧场，万一没人去看，他得多难受呀。"夏渝州慷慨道。

　　司君被他逗笑了："他在国外很受欢迎的，怎么可能没人看？"

　　左右周末也没有安排，于是周六晚上，两人便一起去了音乐厅。

　　师兄很够意思，给的是第一排的票。观众陆陆续续进场，与夏渝州以为的卖不出去票需要亲友来捧场的情况截然相反，整个音乐厅几乎坐满了。

　　坐在夏渝州后面的小姑娘兴奋地给身边的人介绍："赵维啊，二十三岁拿下国际钢琴大赛的冠军，从那时起就跟开挂了一样，一飞冲天。他现在是国际知名钢琴大师了，世界杯开幕式都想请他表演。这票我还是找黄牛买的，特别贵。你可得认真听啊，别浪费了我的钱。"

　　"嚯，这么牛？"夏渝州很惊讶。

　　"你不知道吗？"小姑娘听到夏渝州的话，很是吃惊，"你不认识赵维，还买这么贵的VIP票？！"有钱人可真是任性。

　　"哎呀，这是朋友送的票，我就是来听个热闹的。"夏渝州笑嘻嘻地逗人家小姑娘，"他骗我说是话剧《猪八戒拱地》，可热闹了，没想到竟然是钢琴演奏。"

　　小姑娘感到一阵窒息："《猪八戒拱地》是二人转，哪有话剧！"

　　夏渝州还想胡扯，忽然被两根修长的手指捏住下巴掰过脸来，正对上司君面无表情的脸:"干吗?"

司君:"要开始了,安静。"

夏渝州左右看了看:"你欺负我不懂艺术是吧?这灯还没灭、人还没出场,哪就开始了?"

司君:"音乐厅要保持肃静,不要跟别人闲聊。"

忽然,全场灯光暗了下来,只留下舞台上的一束光。穿着燕尾服的赵维从后台走出来,骄矜地坐在钢琴凳上。没有任何开场词,他直接开始了演奏。

一曲终了,赵维转头看向台下,目光若有似无地飘过他俩的位置,露出一个意味不明的笑容,而后继续演奏下一曲。

"你这师兄是不是斜视?"夏渝州皱眉,觉得赵维跟他印象中的老实人差距有点大。

司君抿唇,没说话。

演奏会只有一个小时,几首曲子结束,赵维起身鞠躬,主持人上台来介绍赵维的履历,得到阵阵雷鸣般的掌声。

赵维微笑着接受这些夸赞,接过主持人手里的话筒:"今天是我回国开的第一场演奏会,特别邀请了一位嘉宾,那就是我的小师弟——司君。"

追光突然打到司君面前,所有人都看向这位身姿挺拔、气质非凡的青年。

"多年没见,我一直没能跟你道谢。"赵维露出一抹神秘的笑容,"小时候学琴,老师总是夸你训我,说我天资不如你,弹得不如你有灵气。这给我造成了极大的心理阴影,越来越弹不好。没想到比赛前夕,你竟然退赛了。那时候我才意识到,你并不是不可战胜的,你比我更胆怯。这让我有了极大的信心,在世界大赛上一举夺魁。我有今天的成就,都要感谢你,感谢你的鞭策。"

全场瞬间静得落针可闻。

司君平静地坐在原地,一言不发。

先前那个眼神果然不是错觉,这赵维邀请司君来就是没安好心!他是来炫耀的,炫耀他现在的成就,一雪小时候被别人家小孩支配的耻辱。

夏渝州只觉得血液一下冲到了头顶,拳头攥得咯咯响。他霍然起身,单手撑着台面翻身跳上去,在所有人反应过来之前抢过话筒嘲讽道:"已经能开国际巡回演奏会了,还念念不忘小时候被老师骂蠢货的事,你知道这说明什么吗?说明你从来就没有战胜过司君,他是你心中不可逾越的高山。他因为身体原因退赛了,你这冠军是侥幸得来的,你心里不踏实!"

"你……"赵维气得哽住,示意保安来抓人。

夏渝州灵活地避开保安,跳上钢琴凳:"我还当是什么国际大师,原来就这水平。内心不强大的艺术家永远弹奏不出勇敢的乐章,没有灵魂,没有气魄,还不如去隔壁听《猪八戒拱地》呢。呸!"

说完,夏渝州扔下话筒,拉着司君就走,留下炫耀不成反被气得发抖的赵维和满场尴尬的观众。

出了音乐厅,夏渝州一言不发地闷头往前走。

司君默默跟着他,直到他路也不看,直往车流里冲,才把他拉回来:"看路。"

夏渝州低着头,不走也不动。

"没关系的,他说什么我都不会在意的。"司君轻声说,"我今晚很高兴,看到我的骑士为我而战,我很高兴。"

"你为什么退赛?"夏渝州抬头,双眼通红,"是不是因为争领地受伤,所以错过了?"这么久了他才意识到,当年被所有人看好的司君没有参加那场他准备已久的国际大赛,没有得到那个预想中的冠军奖杯,是因为抢地盘耽搁了。

司君抿唇半晌,不想欺骗他,只能点头。

夏渝州指尖发抖,将司君的两只手握在一起,捧到眼前,仔仔细细地看那十根修长的手指。可以跨十二个音阶的大手,被称为天赐的宝物,是天生的钢琴大师的手。

"都是过去的事了,这是我应该做的。"司君想抽回手,却没能成功。

"那后来呢?大赛又不是一个世纪一届,你怎么没有再去呢?咱俩和好之后,我从没见过你弹钢琴,为什么?"夏渝州哑声问。

长久的沉默。

司君低下头,看着秋风吹走地上的落叶。他不知道该说什么,只能沉默。

一滴滚烫的眼泪忽然砸在了虎口上。司君慌乱地抬头:"你怎么哭了?我真的没事,我只是……"

"你只是受了不可逆的永久性伤害，只是不能再弹钢琴了，只是放弃了老天爷赏的天赋，对不对？"夏渝州冰凉的手抖得更厉害了。

司君定定地看着他："没关系的，我觉得非常值。"

"值个鬼啊，都残疾了。"夏渝州吸了吸鼻子。

"那你会嫌弃我吗？"司君问。

"嫌弃！"夏渝州撇嘴，"不过，我自己也是残疾，血牙不全，在血族标准里残疾程度应该比你高。半斤八两吧。"

"哈哈，"司君被逗笑了，"我也不嫌弃你。"

"切。"

"你比钢琴重要一万倍。"

"花言巧语我也会说。"

"嗯哼？"

"谢谢你。"

作者
绿野千鹤

选题策划
知音动漫图书·时代坊

封面图
黑芝麻糊

装帧设计
王钰

策划编辑
付阳

出版社
中国致公出版社

总出品
湖北知音动漫有限公司

图书在版编目（CIP）数据

思君不见下渝州：全二册 / 绿野千鹤著. -- 北京：中国致公出版社，2022

ISBN 978-7-5145-1936-5

Ⅰ.①思… Ⅱ.①绿… Ⅲ.①长篇小说—中国—当代 Ⅳ.①I247.5

中国版本图书馆CIP数据核字(2022)第038085号

思君不见下渝州：全二册 / 绿野千鹤 著
SI JUN BU JIAN XIA YUZHOU

出　　版	中国致公出版社	
	（北京市朝阳区八里庄西里100号住邦2000大厦1号楼西区21层）	
出　　品	湖北知音动漫有限公司	
	（武汉市东湖路179号）	
发　　行	中国致公出版社（010-66121708）	
作品企划	知音动漫图书·时代坊	
责任编辑	付　阳　邓　苗	
责任校对	邓新蓉	
装帧设计	王　钰	
印　　刷	中印南方印刷有限公司	
责任印制	程　磊	
版　　次	2022年6月第1版	
印　　次	2022年6月第1次印刷	
开　　本	710 mm × 1000 mm　1/16	
印　　张	36.25	
字　　数	610千字	
书　　号	ISBN 978-7-5145-1936-5	
定　　价	84.00元（全二册）	

版权所有，盗版必究（举报电话：027-68890818）
（如发现印装质量问题，请寄本公司调换，电话：027-68890818）

Looking Into the Souls of Children:
The Hellinger Pedagogy in Action

洞悉孩子的灵魂

[德] 伯特·海灵格（Bert Hellinger）著
宋黎辉 译　黄庆生 审校

世界图书出版公司
北京·上海·广州·西安

图书在版编目（CIP）数据

洞悉孩子的灵魂 /（德）海灵格（Hellinger，B.）著；宋黎辉译. —北京：世界图书出版公司北京公司，（2024.3 重印）

书名原文：Looking Into the Souls of Children:The Hellinger Pedagogy in Action

ISBN 978-7-5192-0802-8

Ⅰ.①洞… Ⅱ.①海…②宋… Ⅲ.①家庭教育 Ⅳ.①G78

中国版本图书馆CIP数据核字（2016）第036576号

Looking Into the Souls of Children © by Bert Hellinge

Chinese language edition published in agreement with Hellinger publications, Bert Hellinger.
Simplified Chinese edition copyright:
2016 Beijing World Publishing Corporation
All rights reserved.

著　　者：	[德]伯特·海灵格（Bert Hellinger）
译　　者：	宋黎辉
责任编辑：	张瑶瑶 于彬
封面设计：	蔡彬
出版发行：	世界图书出版公司北京公司
地　　址：	北京市东城区朝内大街137号
邮　　编：	100010
电　　话：	010-64038355（发行）　64015580（客服）　64033507（总编室）
网　　址：	http://www.wpcbj.com.cn
销　　售：	新华书店
印　　刷：	河北鑫彩博图印刷有限公司
开　　本：	787mm×1092mm　1/16
印　　张：	18
字　　数：	240千
版　　次：	2016年7月第1版　2024年3月第8次印刷
定　　价：	49.00元

版权所有　翻印必究

（如发现印装质量问题，请与本公司联系调换）

内容简介

　　这本书为你讲述了一些故事，一些真实的故事。通过阅读这些故事我们可以洞悉自己的灵魂，我们自己内在小孩的灵魂，以及我们的孩子的灵魂。我们甚至可以给我们的孩子讲述这些故事，但每次只讲一个。大一点的孩子可以自己阅读这些故事，获得一些对他们自己灵魂的了解，带来灵魂的慰藉感。最终，他们会看到自我解脱的方法，这同样适用于我们自己，我们自己解脱，我们的孩子解脱。

　　如何来阅读这本书呢？也许是用一种解放自己的方法，超越我们的恐惧与顾虑，看看我们以及我们的孩子，是否已踏上合适的生命之途。

　　我们洞见自己的灵魂，然后释然轻叹。打开这些故事，让这些故事引领我们，会有什么样的结果？
　　我们会了解：所有的孩子都是美好的，我们也是，如果我们怀着爱来洞悉我们的灵魂。

前言

我很高兴可以为这本书写一篇前言,我因此有了完成两件事情的借口:为你即将进入一个不同寻常的景观提供一点指引,也借此表达对我最尊敬的老师、鼓励者和朋友的敬意。

我自1998年开始认识伯特·海灵格,参与完成了他第一部原著的英文出版(中文版书名为《谁在我家》,已由世界图书出版公司出版)。此书略微道出了伯特·海灵格开始探索的东西。我经常说起我参与这个项目一年之后的事情。一直到我参加一个工作坊之前,我都非常确定我理解了其观点和意义。

在华盛顿家庭治疗(现在称为心理治疗)网络会议上我遇见了海灵格。我参加了他的工作坊,而后和他共进晚餐。直到那一瞬间,我才迅速意识到我曾经所了解的不过是他所思考的、做到的和开启大门所引入的微毫。

现在自我们第一次见面已经有十五六个年头,我为海灵格编辑过的书籍不胜枚举。所以,对这样的机会,我内心的感恩难以言述。

因为每往前一步,我们的视野都变得更加开阔,总是有许多可以去讲述,去了解,去触及,去回味,去与所有其他知识融合。每本书反映和表达的不仅仅是来自海灵格的思想,也来自他的存在。

海灵格的书教我用另一种方式去阅读。在过去这些年里，我发现我更加留意这字里行间的能量、人物与情景的和谐，以及那种长远的视野。这样，我并不会像我从前那样急于判断（批评或者赞扬），而是有一种自在感，贯穿于那些显而易见的事件描述和那更潜微的流动中。

你会留意到，海灵格有时候会允许自己跟随灵感，或者站在全局观察。如果我站在全然反对的立场（我的舒适范围），或者作为相反的一方，我可能会错失他最终要到达的地方，以及无法了解为何案主会感到被疗愈。所以我邀请你们每个人留在当下。这个工作是一个过程，它是一种合作：不和谐，和谐，移动。

就像地图上的地标一样，观察者是主观的——任何时候当我们停下动作表达当时所见和感受，那些表述本质上是主观的。是读者的协作和无数读者的努力，使这些观察摆脱主观。这是一个持续不断的过程。在时间滑入那个视野之前，如果我们与每个人同在，我们可以想象到底是什么让一个移动、一个洞见具有如此的疗效。这是一个更有趣的问题，一直都是。

你会在某些特定的节点发现你的地图有误。地图表明前方是一条很多岩石的路，结果却是平畅的道路。另外一些时候，你很确信前方的路会在一段时间内很平顺，突然，它却变得陡峭而富有挑战。当然，这就是人生版图的特性：我们都是（案主和引导者）复杂的存在体。总有一些无法预见的情景和阴暗的记忆。一路走来，海灵格召唤他的引领者。有些时候他必须通过讶异去倾听，排出那些他觉得重要的人物，如果结果却不是，就让他们离开。另外一些时候，他只是一个扬声器，分享与案主未来发展相应的想法，或者有力量的话语。

海灵格引用一种超越于普通良知之上的良知：他被一种神秘的超自然领域所吸引，他看到的是更简单的现象和非语言的交流、历史的力量和代际问题。然而，我们看见的那些画面，超越了过去所有特定术语所能描述的范围，是最令人震惊的。

这本书百分之八十的内容都是关于用各种方法与各种背景的孩子一起工作的。无论如何，内容总是和孩子有关的：孩子和未来，与创造的元素一致，在爱里保持前行。

有一个引人注目的部分，这个部分让我们知道了海灵格对整个学习型团体所进行的工作：其中包括年轻的学生及其家庭、老师和校长。他们关注那些由于某些原因生活被改变了的孩子，他们后来被领养，或者被送入教养院和收容所。

当年轻人或者小朋友出现在海灵格身边或者家庭系统排列中，那个情景中的感觉是令人震惊的。海灵格的爱以及温柔的诚实，是他们穿越自己所处困境的力量。

这本书的最后一个部分，海灵格称为"神秘的良知"。在此，他回来探讨我们生命中一直遭遇的基本课题：关系、成功、成长、焦虑、损失……伯特·海灵格真实地面对自己，无所畏惧地追随朝向地平线的道路，对每个渴望与之同行的人张开双手。

这是一段偶然的陪伴，也许，我从来没想过我必须完全像海灵格一样去理解这个世界。一直吸引我的是，从海灵格那里所学到的是关于如何回归我自己的东西，是去抵达真实自我的道路。通过这种辽阔的视野，我收获了很多，收获了一切我所需要的。剩下我能做的，我想就是保存好这个地图：对一切可能与勇气敞开心灵，睁开双眼，打开所有感官，允许每一个呼吸进入身体之中。或许，你可以叠起你的地图，放入胸前的口袋，聆听生命的声音。

Suzi Tucker

目录

第一部分　孩子的灵魂

第一章　帮助面临挑战的孩子　　3
背景　　3
束缚　　5
凯文的排列　　11
受害者　　14
我把你带去你的父亲那儿　　15
儿童看护者　　19
我为了你　　20
好的良知　　28
帮助一个自闭症的妹妹　　30
有自杀倾向的女儿　　36
领养的孩子　　40
一名收养的孩子　　48
强奸的后果　　52
一名残疾孩子　　54
监护　　57
原谅与迫害　　70
另一种爱　　77

第二章　共振
所有的孩子都是美好的，他们的父母也都是美好的　　80
家庭的灵魂　　88

第三章　另一种表达方式
语言障碍　　97
你疯了吗？　　107
秘密　　115
和谐助人　　123
与对立和解　　124

第四章　流浪的孩子
真实的人生　　125
案例：请求你　　126
案例：爱　　132

第五章　学校
系统教育　　137
亲爱的妈妈　　140
谁归属于系统？　　142
有学习困难的学生　　146
患厌食症的女学生　　149
全力以赴拯救父母的孩子　　152
老师和父母　　154
妈妈，我替你死　　155
身体穿洞　　161

困难的孩子	161
隐藏的爱	162
短暂的生命	171
我很爱你的父亲	179
妈妈，我愿意为你做任何事情	182
海灵格教育	188

第二部分 爱的课程

第六章 神秘的良知（I）   193

介绍	193
展示：光明	194
展示：突破	197
通往成功的途径	198
展示：我们的职业	200
展示：与伴侣的成功	203
地球上的天堂	207
展示：幸福	208
展示：问题	213
我的书	215
展示：徒劳	215

第七章 神秘的良知（II）   219

介绍	219
第一个维度："现在够了"	219
第二个维度："现在我停下"	220

第三个维度：你更棒——现在我们一样了　　222
　　第四个维度：我值得拥有　　226
　　第五个维度：干得好　　226
　　第六个维度：处理一个游戏　　227
　　第七个维度："哦，我这么晚才认出你来！"　　227
　　第八个维度：现在到此为止　　228
　　第九个维度：你去死吧　　228
　　第十个维度：我在这里停下　　229
　　第十一个维度：够了　　229
　　第十二个维度：右边　　230
　　第十三个维度：你这个无赖　　232

第八章　男人和女人，过去和未来　　233
　　故事开始：两种幸福　　233
　　合二为一　　235
　　你心中的位置　　241
　　权力与反抗力　　244
　　问题和答案　　246
　　简短排列　　248
　　问题和答案　　252
　　孩子　　255
　　孩子的牺牲　　258

结束语　　263
附　录　　268

第一部分 孩子的灵魂

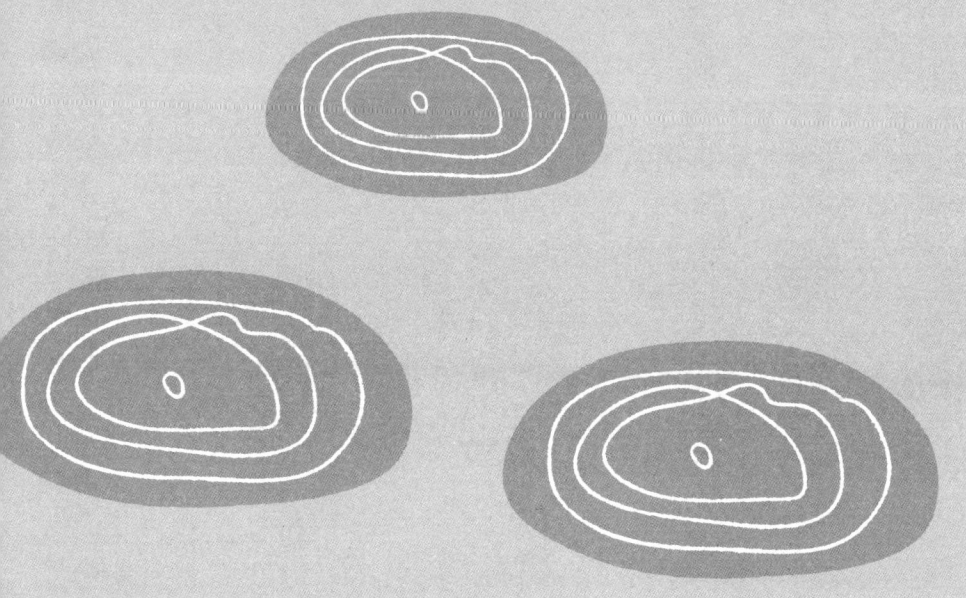

第一章 帮助面临挑战的孩子

记录来自2001年Bad Kreuznach为收容所的孩子、监护人以及父母所举办的课程。

背景

海灵格：许多的孩子背着来自各种命运以及童年经历的重负，尤其是那些离开了自己原生家庭的孩子。有些孩子失去双亲，或者父母之一，有些孩子被送人，或者在家里根本没有生存的空间等种种原因。这些都是饱受压抑的命运。有些孩子应对起来容易一些，有些孩子就会更加困难。通常，这些困难与我们所看到的那些当下的状况相关。这些孩子看向他们的父母，也许，他们可能根本不认识他们的父母。但是，他们看着自己的父母，也许他们对父母感到愤怒。他们想念父母，很伤心，有时候甚至绝望。如果孩子跟父母保持着这样的联结，那么紧张逐步积累。最终，孩子无法扩开眼界，如实地看待他们的父母。

如实地看待我们的父母

父母和孩子，这意味着什么？意味着孩子从父母那里接受了生命。除了他们之外再也不会有其他的父母。因此，他们就是最好的父母、唯一可能的父母，也是唯一合适的父母。

问题是：我们从父母那里传承而来的生命，又是从何而来？他们从他们的父母那里承接生命，由此顺延而下。生命之源起，深妙玄远，我们永远无法了解其深远。生命消融在某种事物里，我们不能知悉，无从掌握。

然而，生命世代传递，从未改变。生命的传递过程亘古不变。因此，无论他们是什么样的父母，生命的传递过程从未改变。他们接受生命，传递生命。所有的父母都是一样的。

敞开的心灵

如果孩子有着非常沉重的命运，那么他们并不仅仅只是看着他们的父母，他们还往前看到许多代，看到生命的源头。如果孩子能从源头获得生命，看到自己的生命，经由世代，顺延而至，他们的心灵会豁然开朗。

当我们了解和感知到，在父母之外，我们深植于某种更加广阔和伟大的事物里，我们也从这个伟大的维度里获得某种特别的力量。

即便如此，通过特别的父母，我们体验到人生的局限。一方面我们缺乏机会，然而我们同样被赋予特定的才华与选择。一个沉重的命运常常比一个轻松的命运更不平凡。关于这点，我会讲述一个故事。

伟大

我在伦敦的时候曾和一个患骨髓灰质炎症（又称小儿麻痹症）的女人一起工作。她坐在轮椅上，那个爱她的丈夫站在一旁。我问她："你的人生和顺，你的父母曾经表达过他们内心对此的感激吗？"她摇头，我问：

"那么你现在能否假装对自己的生命表达感激？"她表示可以。

于是我让她想象自己如同其他女孩一样长大，然后，我让她想自己真实长大的过程，我问她："哪一种生命更棒？"她落下眼泪，我继续问："哪一个命运更加伟大？是你自己的这个，还是另外那个？"她回答："我自己的这个。"这个回答的背后，有着不一样的力量。

就是这样，那些有着特殊命运的人需要看到，一旦他们臣服自己的命运，并以此而行动，在他们特殊的命运背后，会有某种特殊的力量。

下面我会从这个意义上开始和这些孩子工作，看看能否找到好的解决方案。我来看看能否让一些能量流动起来，让那些从他们的父母那里承传而来的能量，那些通过他们的命运与背景传递而来的能量流动起来。这样，他们就可以通过这些能量的支持，掌握他们的命运。这样，他们会感觉到：他们所拥有的生命是完美的。

束缚

海灵格：我是一个家庭的一部分。我们的家庭仍然深植于某种更大的事物中，在一个群体之中，并且为一个共同的良知所指引。这个良知并非意识。它具有更加严格与快速的定律。第一个严酷的定律声明：任何一个归属于群体的人都不能被排除在外。如果有人被排除，这个良知会迫使一个后出生的成员代表这个被排除的人。所以，在这个良知的魔咒之下，一个群体中的成员是不自由的。

谁归属于我们的家庭？

所以我们需要知道哪些人归属于我们的家庭，被这个共同的良知所控制。从最下面开始，我们有父母，还有他们的兄弟姐妹，然后就是祖父母，有时候还有曾祖父母。这些都是血缘亲属。

然后还有那些必须离开家庭的人，他们的离开使另外一些人可以取代他们的位置。比如父亲的第一任妻子去世了，然后就为下一任妻子留出了位置。所以，第一任妻子仍然归属于这个家庭。这个定律也适用于与父亲离异的第一任妻子。第一任妻子仍然归属于这个家庭。

当一个家庭由于其他人的损失而获得巨额财富，尤其是以他人的生命为代价，那么这些受害者也同样归属于这个家庭。

还有其他一些重要的事情，是我最近几年才开始清晰地看到的：如果一个家庭里有谋杀者，那么受害者也归属于这个家庭。相反，如果家庭里有一个受害者，这个谋杀者也同样归属于这个受害者的家庭。

这带来一个意义深远的结果。比如在以色列，我看到在大屠杀幸存者的家庭里，那些施害者也同样归属于受害者的家庭。如果这点没有被认可，他们会被受害者家庭成员所代表。施害人也必须归属于受害者的家庭。在德国，对我们而言，这意味着我们必须对那些在纳粹时期被当作罪犯而遭拒绝的人敞开心灵，在我们之中为他们留出位置，不然无法和平。

我在以色列本古里安大学做过一个排列，那是一个有明显自杀倾向的女案主。她渴望追随她那被谋杀的家庭成员。那个允许她继续活下去的祝福并不是来自受害者，这个祝福来自施害者。她被她所看到的情形深深地震撼。

另一种爱

当我们和孩子们打交道的时候，他们有时候表现得非常倔强或者具有攻击性，或者想要离开，甚至想死。我们并不知道如何去帮助他们，常常会忍不住想要给他们好的建议。那些孩子的看护者们知道，这是完全没有用的，因为孩子们会感到不被理解。

无论他们做什么，尝试自杀，逃跑，具有攻击性，他们的行为全都出自于爱。然而问题是：为了谁呢？我们必须知道他们的爱去向哪里，也许那让他们愤怒的人常常是他们所爱的人。

当我们了解这些，我们会有一个全新的视野和选择，然后这个孩子会感到被理解，年轻人会开始因为一些更加伟大的东西而获得某种力量。因此，在家庭排列里所揭示的东西，所有这些纠葛，甚至多代之前的纠葛，是如此的宝贵。

我给你一个案例，示范这种情况是如何展现的。

在日本的一个工作坊，有个女人说她不想回家，因为她的父母拒绝她。然后我请了一个人代表她的母亲，另一个人代表她。她的代表表情愤怒。然后我让她对她的母亲说："我要杀了你。"她说她没有勇气这么说。

然后我让案主上场，把她放在排列里，并且让她对母亲说同样的话："我要杀了你！"她愤怒地说了出来。当我问她这个表述是否正确，她说："不完全正确，我只是想她死。"

事实上，这意味着这个女人想要杀了她自己。她的灵魂无法忍受这一点。当一个人对自己的父母有如此攻击性的情绪，他们是想要自杀的。这是一个毫无办法的困境。但是我什么都没做。我停止了排列，不再对她做任何工作。

我甚至忘了她。忘记她也是一种灵性练习。这样，这个案主就不再被我影响，他们也无法表达反对我的情绪。

在这个课程结束的时候她来到我身边说：我没法平静，我必须做些什么。一个同事建议做一个家族排列，我同意了。

我给她的母亲选了一个代表，在她的身后是母亲的母亲，如此往下，直到第八代。然后为了能看到爱的流动是在哪里被扰乱，我让案主站在祖先列队的前面。

案主转向她的母亲，但是她的母亲并没有爱流向给女儿。然后这个母亲又转向她自己的母亲，爱也没有流向她。所以一路往下，直到第八代的母亲，她紧握着拳头，往后退了一点，并且眼睛看着地面。人们可以看到那是一个谋杀。看着地面通常是看着一个死者，紧握的拳头意味着谋杀。

然后我让一个男人躺在这个母亲面前的地上。这个案主立刻爬向这个死者并大声的哭泣，她拥抱着他，认同了这个八代之前的人。我让他们两人都站了起来，让这个死者和这个母亲排在一起，这个母亲便可以怀着爱转向她的女儿，这个女儿便可以再转向她的女儿，直到所有的母亲都可以转向她们的女儿。

当这个死者被认可，归属入家庭，爱就会自由地在多代之间流动。

后来这个案主爬向她的母亲，跪在她面前，拥抱着母亲的双腿，大声哭泣，对母亲说："亲爱的妈妈。"

插入话题

参会者：关于施害者与受害者的事情，以及以色列的案例，我想表达一点想法：我感觉有些事情既悲惨又好笑。一方面，这些以色列人经历了大屠杀，他们在面对巴勒斯坦人的时候心生愧疚。这样，他们在承担罪恶感的同时又创造了和受害者家庭的联结，他们想要避免的事情却又发生了，这是让人好笑的一面。

海灵格：你对以色列人完全没有同情心。

参会者：是的，也许吧。

海灵格：因此，你也无法解决任何问题。

我在以色列给一个年轻人做了个排列。他的家人和一群人到埃及旅行，一个埃及警卫向他们疯狂扫射，杀死了八个以色列孩子，其中就有案主的妹妹，当时只有八岁。我排出那些被枪杀的孩子，那个埃及警卫，以及案主。这个案主根本不想看他们，他转过身去。他没有任何移动。然后我让五个代表躺在地上，他们代表被以色列人枪杀的巴勒斯坦孩子。于是，群体中开始出现移动。一些以色列孩子希望去到巴勒斯坦孩子那里，但这些孩子退缩了。

然后，我排出这些以色列孩子父母的代表，他们也同样被枪杀。我又排出了巴勒斯坦孩子父母的代表，他们也被枪杀了。

那个埃及警卫去到那些父母身边，哭了起来。案主转向两边的父母，他们拥抱在一起。那些巴勒斯坦的孩子开始爬向那些以色列孩子。

唯有我们看到每个人，并在内心给予每个人一个位置，我们才开始拥有更深的和平，在此之前是没有和平的。

关于日本案例的提问

参会者：我有个问题，是关于你所详述的日本案例里那个很有攻击性的女人。如果没有机会和能力意识到那是八代以前的谋杀所引发的问题，这个女人如何能看到她对母亲攻击情绪的真相？

海灵格：没有机会，这是纠缠。

参会者：在早期的排列里，我看到那些谋杀者被排除在外。最新的一些洞见改变了这点吗？或者那仅仅适用于部分案例？

海灵格：在我刚开始做排列的时候，谋杀者处于家庭之中时，他们很明显对其他家庭成员有不好的影响。那时候我没有看到他们必须和受害者一起融入家庭。这是一个新的了解。

更多的故事

我再讲几个故事，给你们一些指引。在华盛顿的工作坊，有个女人领养了一个孩子。她当时和她的伴侣在一起。我们做了一个排列，找到了解决方案。

这个孩子的母亲不想要这个孩子，父亲也不想要。于是这个女人就和她的伴侣领养了这个婴儿。

我选了孩子亲生母亲的代表和亲生父亲的代表。然后在这个亲生母亲身后排出七代母亲，在亲生父亲身后排出七代父亲。

这个养母抱着这个孩子，孩子刚刚一个月大。她把这个孩子抱给这个亲生母亲身后的每个母亲看。

所有的母亲都友好地看着这个孩子，除了那个亲生母亲。祖母、曾祖母以及往上的母亲们都非常友好地看着这个孩子。这个孩子的养父也把孩子抱给所有的父亲看，他们都友好地看着这个孩子。

很快，当这个排列结束，我收到这对夫妇的来信。这个孩子过去总是皱额头，排列之后这个孩子的脸变得欢快了。

我们并不只是看亲生父母，还可以去看更深远相连的血脉，看过去很多代，以获得我们需要的祝福和力量。

凯文的排列

凯文十六岁，他在收容所生活了五年，这是他自己的选择。他的母亲离奇地去世了。凯文的父亲是一个音乐人，他的状况使他无法养育这个孩子。

海灵格（对坐在他身边的凯文）：闭上眼睛。你内在某种东西正在变化和移动。允许它自由的展现。我给你足够的时间。

海灵格（等了一会儿）：现在慢慢地回来。

凯文的头往前牵拉着。海灵格看到了这个有意识的移动，他把手臂环在凯文身上，另一只手抱着他的头，轻柔地把他搂在胸前。

过了一会儿，海灵格让一个女代表站在他们面前。凯文睁开眼睛。他和这个女人对视了很久。

过了一会儿，凯文回身靠在椅子上，仍然看着这个女人。

海灵格（对凯文）：看着她说："妈妈，我拥有了一切。"
凯文：妈妈，我拥有了一切。
海灵格："我会因此而有所作为。"
凯文：我会因此而有所作为。
海灵格："您不必担忧。"
凯文：您不必担忧。
海灵格："现在您可以安息了。"
凯文：现在您可以安息了。

凯文哭了起来。海灵格将凯文的头搂在他的肩上。

海灵格：告诉她："我非常想念您。"

凯文：我非常想念您。

海灵格："在我心里，您依然活着。"

凯文：在我心里，您依然活着。

海灵格：看着她说。（过了一会儿），告诉她："我会把您给予我的传递下去。"

凯文：我会把您给予我的传递下去。

海灵格："怀着爱。"

凯文：怀着爱。

海灵格让一个男人站在他们面前。

海灵格（对凯文）：这是你的父亲。对他说："现在，我永远放弃您。"

凯文默默地凝视父亲许久。

海灵格（对凯文）：告诉你的父亲，"我已经拥有了一切，现在，我永远放弃您。"

凯文：我永远放弃您。

海灵格："但我已经拥有一切。"

凯文：但我已经拥有一切。

海灵格："其他人已经代替您帮助了我。"

凯文：其他人已经代替您帮助了我。

海灵格："现在，我已足够坚强。"

凯文：现在，我已足够坚强。

凯文又凝视了父亲很久。

海灵格：对他说，"感谢您给予我生命。"
凯文：感谢您给予我生命。
海灵格：说得更友好一点吧。
凯文：感谢您给予我生命。
海灵格："我将因此而有所作为。"
凯文：我将因此而有所作为。
海灵格："您不必再担心我。"
凯文：您不必再担心我。
海灵格："我永远放弃您。"
凯文：我永远放弃您。
海灵格：现在，请坐得像个坚强有力的人。是的，像这样。内在是挺直的，是的，就是这样。

圣经里有个故事。有个男人拥有五种才能，但他根本不用。另外一个男人只有一种才能，他超越了所有人。因为他使用了他的才华。

我再讲一个故事。一个男人躺在火车的卧铺上。他睡在下铺，另外一个人睡在上铺。上铺那个人不停地说："我好饿啊，我好饿啊。"下铺那个人去了餐车，帮那个人吃了些东西。

过了一会儿上铺那个人又开始说："我好饿啊，我好饿啊。"

明白吗？好吧，故事讲完了。

海灵格（一个看护人过来和凯文说话，并拥抱了他）：当这样工作之后，他已经很坚强。没必要再照顾他和问他："现在怎么样啦？"

这对他人的灵魂是一种粗鲁的打扰。这样的询问是出于好奇，其实是从凯文这里攫取能量，满足他们自己灵魂的需要。这是很严肃的。凯文拥有了一切。他有他的父母，他知道自己在做什么。

海灵格（对凯文）：祝福你。

受害者

海灵格：多年来我做了很多次治疗工作，我发现最为重要的事情只有一件，它是如此简单而直接。所有的疗愈指向唯一的成功途径：就是让人们和他们的父母联结。仅此而已。有些人比较容易做到，有些人比较难，有些人则陷入无法和父母重新联结的困境。

我们无法和那些表现为受害者的人工作。一个人只要表现为受害者，他们其实是对别人充满攻击性的。那些面对这些表现为受害者的人会觉得恼怒。当他们去见治疗师，他们会让治疗师生气："我这么可怜，你必须帮助我。你胆敢不用我想要的方式帮助我？！"这就是表现为受害者的人的攻击性。

很多收容所的孩子（那些遇上麻烦的孩子和被寄养的孩子）抱怨他们的父母："如果我有不一样的父母，我的人生该多么不同啊。"这就是他们所相信的。

一些年前我参加了一位美国催眠师的小组练习。他排了三个联结的三角形小组。一个代表拥有完美父母的人群。站在那个三角形里，我们拥有完美的父母，问题是：他们到底感觉怎么样呢？

然后我们站在另一个三角形里。这个三角形代表最糟糕的父母。第三个三角形是我们如实地看待我们的父母。

结果怎样呢？他们感觉如何呢？他们每个人都感觉完全一样。

很多收容所的孩子，或者被领养的孩子感到非抱怨他们的父母不可。他们的父母成了受害者，并感到遗憾。然而，有些人会说："我的父母就是这样的，我觉得可以。我已经获得了我需要的一切，有一些人走进我的生命帮助了我。现在，我将因此而有所作为。通过这样的态度，他们获得了自由，看向自己的未来。"

我把你带去你的父亲那儿

海灵格：现在我们继续。你们是一家人吗？到这里来。你们当中哪一位有问题？

女人：当我听了这么多之后，我一直在努力地想，到底我们中谁是真正有问题的。

海灵格：很明显，是你有问题。你的儿子，这个可怜的孩子，就是那个承受问题的人。

海灵格（对大家）：你们看到她是怎么把这个重担放在孩子身上的吗？她不看我，她看着他。

海灵格（对女人）：你有几个孩子吗？

女人：是的。

海灵格：有几个？

女人：三个。

海灵格：你之前结过婚吗？

女人：是的。

海灵格：他是哪次婚姻里的孩子？或者还有其他的关系吗？

女人：还有其他关系，这个孩子来自我两次婚姻之间。

海灵格：所以他是中间的孩子。你第一次婚姻有孩子吗？

女人：有的。

海灵格：有几个？

女人：一个。

海灵格：然后就是这个孩子？后来你又有了一个孩子？

女人：然后我和现在的丈夫又有了一个孩子。

海灵格：这个是你现在丈夫的孩子？好吧，这个男孩的父亲现在怎样？

女人：我不知道。

海灵格：你不知道是什么意思？

女人：我不知道他现在怎么样，他在做什么。他就那么走了。

海灵格：你还生他的气？

女人：不再生气了。

海灵格：我们从你的声音里可以听出你还在生他的气。

女人：如果我还在生他的气，那么我自己并没有意识到。

海灵格：如果你仍然或者曾经生他的气，无论哪种情况，你为你儿子从他父亲那里遗传来的东西感到生气。你知道谁在我心里有一席之地吗？

女人：不知道。

海灵格：在我心里，这个孩子的父亲拥有一席之地，这就是为什么你儿子喜欢我。

这个儿子站在了他父亲的面前，然后排列开始了。

海灵格（对孩子）：看着他，我不重要，他很重要。对他说，"请您看着我。"

孩子：请看着我。

海灵格："我毕竟是您的孩子。"

孩子：我毕竟是您的孩子。

海灵格：看着你的母亲，对她说，"请您看着他。"

孩子：请您看着他。

海灵格：他毕竟是我的父亲。

海灵格（看到这个女人想要靠近孩子的父亲）：跟着你的感觉移动。

  这个女人慢慢地走向孩子的父亲。

海灵格：告诉他，"我爱你。"

女人：我爱你。

海灵格：靠近一点。告诉他，"我很生你的气。"

女人：我很生你的气。

海灵格（看到这个男孩想要移动）：跟着你的感觉移动。

  男孩开始左右摇摆。

海灵格（对孩子）：躺下，躺下。

  这个孩子倒下了。

海灵格：这是他母亲诅咒的结果。这诅咒让孩子倒下了。

海灵格（对女人）：只有一件事才能帮到这个孩子。你必须告诉他，"我带你去你父亲那儿。"

女人：我会带你去你父亲那儿。

海灵格（对大家）：关于这点，我给你们讲个小故事。一个女心理学家有两个孩子。她和丈夫分手了，她说："孩子的父亲什么也没对孩子做。"我问她："你尊重孩子的父亲吗？"

女人： 不。

海灵格： 就是，这就是为什么他对孩子什么也不做。

两年前我又遇见了她，我问她：你怎么样啦？她说：孩子的父亲带孩子去度假了。这是解决方案的开始。回到最初的爱，无论发生什么，给它一定的空间，然后孩子就会好起来。

被拒绝的父母对孩子是最大的损失，巨大的损失。这个孩子被击倒在地，我们已经看到一个孩子是如何倒退的，因为他的母亲没有往前看，而是往后看。

我想对孩子的母亲说点什么。如果有人生气，我会让他说下面的话："我到底对你做了什么，以至于我对你如此生气？"真相常常和表象相反。从她的表现来看，很可能就是这种情况。这个父亲非常感动，充满爱。

我在这里打住吧，我认为我们已经看到了重要的东西。

海灵格（对儿子）： 你可以对你的母亲说，"你对我的继父所有的爱都无法替代这种爱。"但是你的继父一直在照顾你，这是很明显的事情。在你的心里给他一个大大的位置，和你的父亲并列的位置。当然，他将在你的心里拥有一个大大的位置。

冥想

海灵格（对大家）： 我会和你们做一个小小的练习。你可以闭上眼睛。现在你扫视一下你的人生，看看你对哪些人感到愤怒。那些伤害你的人和那些你伤害过的人总是站在一起。然后请你走到每个人面前，你看着第一个人的眼睛，对他说，"我像你一样，完全一样。"你感觉一下这句话对你灵魂的影响。然后，你看着下一个人的眼睛，打开你的心灵，对下一个人说，"我就像你一样，你就像我一样。"

当你完成与每一个人的会面，你和所有人一起转向地平线。那里仍然是黑暗的，光明就隐藏在那背后。面对这个隐藏的光明，深深地鞠躬。

我告诉你另外一个故事。不久前我在以色列，我去了加利利海。这是耶稣基督在山上布道的地方。这是一个神奇的地方，非常安宁。

耶稣在那里说过：那些带来安宁的人将被祝福，因为他们可以被称作神的孩子。然后他说：爱你的敌人。对那些恨你的人做好的事情。因为天父让阳光同样洒向正义与不公正的人，让雨水同样落在好人与坏人的身上。这我们全都知道。

在我们回程的路上，我就在想：一个对这样的思想敞开心灵的灵魂会怎么样？这到底意味着什么？如果我们去感知这个灵魂的内在，如果我们能成功做到这点，我们的内在又会发生什么呢？

在那个瞬间，一句话进入了我的心里：爱意味着，在一个伟大的事物面前，承认所有其他人都和我们一样。在这个伟大的事物面前，承认所有人都和我们一样。

人性是一样的。原谅与忘记也是一样。承认在那个伟大的事物面前，我们全都一样。好吧，这就是对这个排列的一点补充。祝福你。

儿童看护者

我想对那些收容所的儿童看护者说点什么。如果他们帮得太多，孩子会对他们感到愤怒。儿童看护者在帮助孩子的时候需要保持一点距离，毕竟，他们是代表孩子们的父母在看护孩子。看护者们选择在一个比孩子父母低的位置照顾孩子是很重要的。当他们想表现得更强大，就好像他们比孩子的父母更好，孩子们就会对他们感到愤怒。

这一点在我们今天早上的那个案例里完美地展现出来了。孩子的父亲站在了家庭的后面。一方面，他逃避责任，另外一方面，他站在了家庭的背后，这个家庭可以依赖他。这是美好而且有益的。如果对孩子的帮助和谐地融入了父母，并且允许孩子像他们的父母，从这个意义上去给予孩子帮助，孩子就会感到安全。孩子们想成为他们的父母。

如果有人说："你的父亲是个酒鬼。"那么出于对父亲的忠诚，孩子就变得跟他一样。这就是外界对孩子灵魂的影响。孩子会变得和父亲一样。孩子的内在会说："我想要和你一样。"然后父亲可以慈爱地看着孩子说："你也可以去做一些和我有所不同的事情。这将给予孩子在父母空间之外发展的自由。"

这里也是，永远都是这样的。我一直在想，是什么让一个人变得伟大。那就是所有我们之间共同的东西，都会让我们变得伟大。任何对我们之间共通性的偏离，都会让我们变得更小。这个伟大是一种谦虚的伟大。通过这种伟大我们可以在所有人之间平静而轻松地移动。当一个人一旦让自己变得比别人更大，别人就不想和他在一起了。这种把自己变得比别人更大的方式会产生攻击性，并且产生其他作用。那些表现得和别人平等的人，在任何地方都会受到欢迎，无论他们到哪里都会受欢迎。

我为了你

海灵格：好吧，我们继续工作，谁想来？

海灵格（对一个已成年的来自收容所的孩子）：轮到你了，现在你愿意来吗？

（当她点头）海灵格：你知道你的父母吗？

案主：知道，我知道他们。

海灵格：他们来自哪里？

案主：我的父亲是一个美国人，来自阿尔巴马，我的母亲是德国人。

海灵格：你父母的关系怎么样？

案主：非常好，真的。

海灵格：很好，他们还在一起吗？

案主：是的。

海灵格：那你为什么会来收容所？

案主：因为我无法和我的父亲继续相处。

海灵格：你反对他吗？

案主：是的，我实在找不到其他的办法。

海灵格：还有其他人对他感到愤怒吗？

案主：什么样的愤怒？

海灵格：我只是问大概的情况。

案主：我就是没有办法和父亲和睦相处，我也不知道是怎么回事。

海灵格：你有兄弟姐妹吗？

案主：是的，有个姊妹。

海灵格：比你大还是小？

案主：比我大。

海灵格：你的父母当中有人曾经有过其他关系吗？

案主：我父亲曾经结过婚。

海灵格：那个和你父亲曾经在一起的女人是个什么样的人？

案主：我并不了解她。

海灵格：她是个什么样的人？别人怎么说起她的？

案主：她来自泰国。

海灵格：那么她是泰国人？你的父亲周游世界吗？

案主：不是，他曾经在越南服兵役。他也曾经出国度假，或者被派到过其他国家，我并不清楚。

海灵格：好吧，我们来看看能为你做些什么。我先排出两个人。你已经知道我想先排谁了是吗？我总是那些被排除在系统之外的人的盟友。你看，谁被排除之外了呢？

案主：不知道。

海灵格：那个泰国女人被排除了。我猜她生你父亲的气。你代表了她。这就是为什么你和你的父亲之间会有争执。不是因为你和你的父亲有问题，是她和你的父亲有问题。你认同了她，这是我的印象。当然，我们需要测试一下，好吗？

除了案主本人，海灵格又找了一个男性代表来代表案主的父亲，一个女性代表来代表这个泰国女人。

海灵格（对代表们）：我完全信任你们去跟随你们灵魂的移动。

排列开始了。

海灵格（针对排列所展现的状况对案主）：你的父亲对她并不友好，你知道从排列所看到的状况意味着什么吗？你的父亲令她感到窒息。

海灵格（对大家）：这个泰国女人藏在案主的身后，案主承接了她的攻击性，我们可以看到她紧握的拳头。第一任妻子所遭受的压迫，由她来承担了。

（过了一会儿）海灵格（对案主）：告诉她，"我替你报仇。"

案主：我替你报仇。

海灵格："我在这里是大的。"

案主：我在这里是大的。

海灵格："你只是很小的。"

案主：你只是很小的。

海灵格："你这毫不起眼的可怜的泰国人。"

案主：你这毫不起眼的可怜的泰国人。

海灵格："我可以做得比你更好。"

案主：我可以做的比你更好。

海灵格：现在跪下来对她说,"在这里你是大的。"

案主：你在这里是大的。

海灵格："我是小的。"

案主：我是小的。

海灵格选择一个代表来代表案主的母亲,把她放进了排列。

海灵格（对案主）：告诉你的父亲:"她是我的母亲。"

案主：她是我的母亲。

海灵格："她是对我唯一合适的母亲。"

案主：她是对我唯一合适的母亲。

海灵格："我和你另外那位太太一点关系都没有。"

案主：我和你另外那位太太一点关系都没有。

海灵格："我在这里只是个孩子。"

案主：我在这里只是个孩子。

海灵格："请你把我当女儿看待。"

案主：请你把我当女儿看待。

海灵格："请接受我是你的女儿。"

案主：请接受我是你的女儿。

海灵格：也这样告诉你的母亲。

案主（对她的母亲代表）：请把我当女儿看待，请接受我是你的女儿。

海灵格（稍后又选了三位男性代表）：你们三个人躺在地上，你的头朝这个方向，稍微远一点。

海灵格（对大家）：他们是来自战争的越南人代表。

海灵格（对案主）：看着他们。

海灵格（等了一会儿）：告诉你的父亲，"请你看着他们。"

案主：请你看着他们。

海灵格（稍后又对案主）：去到死者那边，去到那边。

海灵格（稍后对父亲）："让我来承担。"

父亲：让我来处理这些。

海灵格："这不关你的事。"

父亲：这不关你的事。

海灵格（稍后对父亲）：和他们并排躺下，然后对孩子说，"你站起来，母亲也站起来。"你们俩对他们鞠躬。

海灵格（对孩子）："亲爱的父亲。"

案主：亲爱的父亲。

海灵格：如果我活下来，请你友爱地看着我。

案主：如果我活下来，请你友爱地看着我。

海灵格（稍后问）：父亲现在感觉怎么样？

父亲没有反应。

海灵格（对父亲）：对你的女儿说，"我没法继续友好。"

父亲：我没法继续友好。

海灵格："我有太大的愧疚。"

父亲：我有太大的愧疚。

海灵格："但是我希望你活下去。"

父亲：但是我希望你活下去。

海灵格（对孩子）：现在转过身，母亲也是，你们都转过身来。

案主：我想往前一点，因为我看到母亲和父亲一样。

海灵格（对案主）：和他们一起躺下，面朝上躺下。

海灵格（过了一会儿）：现在好一点还是糟一点？

案主：好一点了。

海灵格：就是这样。现在起来吧，看着父亲对他说："我去死，这样你就可以活下来了。"

案主：我去死，这样你就可以活下来了。

海灵格："我为你承担。"

案主：我为你承担。

海灵格（过了一会儿）：父亲现在怎么样？

父亲：这样不对。

海灵格：对她说，"这不关你的事。"

父亲：这不关你的事。我所做的事情取决于我。

海灵格：对她说，"你出去。"

父亲：你出去。

海灵格（对案主）：现在你可以往前走了。

（过了一会儿）海灵格：好吧，现在我们停下来，已经够了。

海灵格：你现在怎么样？

案主：好一点了。

海灵格（对代表们）：死者们可以站起来了，泰国女人也是。你们都站在她的身后，一个挨一个。

海灵格（对案主）：靠着他们，对，就是这样。闭上眼睛，深呼吸。这是祝福的来源——现在来自你的父亲。

海灵格（稍后对案主）：现在怎么样？

案主：好一些了。

海灵格：好吧，就到这里，谢谢你们所有人。

海灵格（对父亲的代表）：尤其是你，现在我要展示如何让你成为你自己。

想象她的父亲在你的面前，对他鞠躬，轻松地鞠躬，然后转身离开。好，你做得很好。

海灵格（对大家）：这是个很好的例子，可以让大家体验到我们所有人都是平等的。我们由此得出一个远阔的策略，也许你可以看看我之前所说的关于好与坏的区别，或者好与坏的无差别。我们全都被植入一个我们无法逃脱的东西，让这一切流经你的灵魂。你也可以看看我所说的对孩子的爱。有些东西是非常清晰的。我们会经常发现：在一个父亲曾经卷入战争，或者上过战场的家庭里，那些受害者也同样归属于这个家庭。

有个男人来自美国，是个有点无赖的家伙。他说他的父亲是个英雄，卷入了争夺硫磺岛的战役。他父亲所在的分队在伤亡惨重的战役之后升起了美国国旗。

我把这个父亲死在那场战役的战友排了出来，我也排了五个在硫磺岛被美军残害的受害者代表。这个儿子被这些受害者吸引。父亲非常僵硬，但是儿子却无法抗拒地被受害者吸引。我无法帮到他。然后我让儿子站在父亲面前说："我要去到他们那里，我不在乎你到底怎么回事。"他照这个说了，这就是他与其父亲死去的同盟们的联结。

当父亲深深地凝视孩子的眼睛，开始意识到他的冷酷对死者所制造的一切，他才开始柔软下来。然后他开始能尊重那些死者，慢慢地和儿子从他们身边撤退。我们在这里也看到了类似的情景。

海灵格（对孩子）：你的心并非和那个泰国女人在一起，你是和那些死者在一起。你在你的家庭里代表了他们。但是他们必须和你父亲在一起，你的父亲也必须和他们在一起。你在这里太小了，实在太小了。

我还想针对这种情况再说一点东西：家庭良知遵循着所有归属的人都必须归入家庭系统的规律。因此，在这个良知里，没有好与坏的区别。

另外一个规律也在这里发生作用，这个规律声明：那些先到的人比后来的人有优先权。那些晚出生的人不能去干预那些早出生的人所做的事情。如果他们强行干预，他们注定失败。无论你做什么，如果你想为了替父亲偿罪而选择死亡，这种努力注定是失败的。这种行为帮不了任何人。但是你可能会觉得自己伟大而清白。每一个失败的英雄都感觉很棒。然而，当他和那些死者躺在一起的时候，他的伟大到底成就了什么呢？

你可能知道一点英国文学。在莎士比亚的一个剧里有个伏尔斯塔夫，是个又大又胖的家伙，一个喜剧角色。他本来应该去战场的，但是他想办法逃脱留下来了。他是个懦夫。因为他是个懦夫，所以他活了下来。其中有一个誓死奋战的英雄死了，他们把他埋了。伏尔斯塔夫说：英雄主义就这样结束了，而我这个懦夫活了下来。所以，你可以英勇地死去，或者懦弱地活下来。或者，更确切地说：你可以和愧疚的良知一起活下来，或者与清醒的良知一起死去。如果你替你的父亲去死，你会感到清白。如果你活下来，你可能会觉得有点愧疚。我们只能带着愧疚活下来。我讲清楚了吗？好，去吧，活下去。

好的良知

参会者：为什么我们要原谅敌人？

海灵格：我们不是原谅敌人。

参会者：你今天早上不是这样说的吗？

海灵格：我们变得像我们的敌人。

参会者：这是什么意思？

海灵格：我们变得跟我们的敌人一样。然后我们不需要原谅他们。我们承认他们和我们一样。

好与坏

也许在这个情况下我可以解释下什么是好与坏。看起来好与坏这件事在你心里盘旋不去。

问题是：世界上有好的东西吗？有坏的东西吗？没有，他们根本不存在。但我们运用这个区别来指引我们的生活。好与坏的区别来自我们的良知。如果我们有一个清晰的良知，我们会认为我们做了些好的事情。如果我们有个坏的良知，我们说我们干了坏事。

好与坏在这个关系里仅仅意味着：好会帮助我们归属家庭系统，坏会威胁到我们对家庭系统的归属。因此，我们的良知帮助我们区别什么是我们要做的事情，什么是我们不能做的事情，这样，我们才能归属于我们的系统。这就是我们的良知。所以，这就是好与坏的区别所在。

所有的家庭都是不同的。有些家庭认为好的事情在另外一个家庭看来可能就不屑一顾。反过来也一样。因此，来自一个家庭的行为可能在另外一个家庭看来很糟糕,然而,他们的行为是出自好的良知。因此,一些寄养院的孩子的行为在普通家庭看来也许无法忍受,可那也正是出于好的良知。

因此我们不能被他们的良知所吸引,那毫无助益。一旦我们知道在他们家庭系统里什么是好的,那么我们就可以从他们的家庭观点和好的良知去和他们沟通。这样就会有帮助,这就是区别。

有些事情是坏的,比如,一个人杀了另一个人,当然这是件可怕的事情。还有战争中所发生的一切,都是可怕的。然而,这些都是从我们的观点来看,来自我们好与坏的分别心。

所以我们现在就是这样,把我们有关好与坏的良知的区别转换为神,我们认为神根据我们的良知来把我们判入天堂和地狱。这是我们的猜测。因此,从美国的观点来看,那些袭击世界贸易中心的恐怖分子将被上帝送进地狱,他们也积极帮助上帝来确保这些人下地狱。

相反,这些恐怖分子也和美国有着同样的想法。他们想让上帝把美国送进地狱,他们也积极帮助上帝,以确保美国下地狱。所以双方都卷入了各自的良知。这样,一个能够与命运或者更大的整体和谐结合的东西便来定义我们对自己良知的评估。那些我们体验为危险,或不愉快的,或者体验为欺骗或拒绝的,仅仅是来自我们的良知。在一个更伟大的力量的眼里,这些都服务于其他的目的。

我有个老朋友,很早就死了,大约在公元前475年,他说:"战争是万物之父。没有矛盾就没有进步。"想象这个世界没有任何"坏"事,我们可能挺着大肚子,坐在这里无所事事。这是多么可怕的事!

所有现在发生的一切,在不同的战争里,那些可怕的战争和卷入战争的人,都是对这个世界的祝福。所有人都必须找到新的方向,他们必须结成新的联盟，他们必须要拥抱与过去不同的人。即使我们选择一方，反对另外一方，不久之后的结果就是，一切都是服务于一个更伟大的目的。这个掌控一切的力量，并没有像我们所理解的那样仁慈，这对我们是一个莫大的挑战。

因此，我们也必须看到施害者也是服务于另一个力量。所有的施害者都是尽职尽责的。你的叔叔（对一个参会者说）很尽责地杀了那个人。而那些排除你叔叔的人也是出于好的良知而排除他。因此我们很难在此区别好坏。

在这个更伟大的力量面前，我们最终都是一样的。在它面前，我们也可能忘记好坏的分别。只有当我们愿意，愿意去看那些更伟大的维度，我们才能继续和平，理解其他人。最重要的是，我们才能够去理解孩子们的特殊行为。我们使他们信任这个更伟大的力量。这是一种和孩子们建立联结的方式。

我们今天早上对你们说的那个妹妹被枪杀的以色列人，他的内在无法和妹妹分开。他仍然沉浸在震惊里，正踏入跟随妹妹而去的危险。我跟他做了个练习，他最后终于能够把妹妹抱在怀里，他怀着爱看着她，如实地看着已经死去的她，而不是还把她当活人看待。她已经死了。他把她交给上帝，我们先这样表达吧。然后他往后退，把她留在那儿。我们也可以对那些所谓的坏人这样做，这就是我们所说的，爱你的敌人。这和戒律完全不同，这是一个洞见：从根本上而言，我们全都是一样的。

帮助一个自闭症的妹妹

海灵格（对三姐妹）：现在我要和你们三位一起工作。到这里来，发生了什么事？

第一个女孩：我们是五姐妹中的三个。我们最小的妹妹有自闭症。从七岁开始她就进了教养所。我们觉得她被赶走了，我们对此感到很难过。

第二个女孩：我们和父母之间也有问题。

海灵格：是的，我知道，我正打算要排出父母。

海灵格选了父母的代表，自闭症女孩的代表，没有到场的五姐妹之一的代表，然后海灵格让这三姐妹自己上场代表她们自己。他让最大的姐姐来排。在排列中母亲眼睛看向外面，并且盯着地面。

（过了一会儿）海灵格：从排列来看，有一件事是非常清楚的：母亲正看着一个死者。

海灵格选了一个女人代表死者，让她躺在母亲的面前，背朝着孩子的母亲。

海灵格（过了一会儿对自闭症女孩）：跟随移动想去的方向吧。

这个自闭症女孩步履蹒跚地走动起来，躺在了父亲的面前，远离了其他人。

海灵格：跟随你内在的移动，躺下来，躺下来。（**然后对最大的姐姐说**）"你知道躺在你母亲面前的人是谁吗？"

大姐：我的母亲有两个已经去世的同胞，是一对刚出生就去世的双胞胎。

海灵格选了另外一个女人，让她躺在第一个死者的旁边。母亲便跪在了她面前。过了一会儿海灵格让自闭症妹妹躺在死去的女人旁边。同时，父亲也转向了地上的死者和这个自闭症的孩子。很快这个自闭症的孩子坐了起来。

海灵格（过了一会儿，对孩子的母亲）：对你的自闭症孩子说，"我的两个姐妹在我的心里有一个位置。"

母亲：我的两个姐妹在我心里有一个位置。

海灵格："现在她们有了一个位置。"

母亲：现在她们有了一个位置。

海灵格让这三姐妹移到一边，靠近父亲，父亲也挪得更远了。他们全都看着母亲和死者。那个自闭症的孩子已经坐了起来。母亲的两个去世的姐妹之一想要去抚摸她，但是这个自闭症孩子摇了摇头。

过了一会儿海灵格让母亲和死者躺在了一起。然后他让自闭症妹妹站在父亲面前，让她走到其他姐妹那里。然后海灵格让父亲站在他的五个女儿面前，这五个女儿按照她们的年龄站成一排。

稍后海灵格又选了一个女人代表教养院，把她排在了父亲的右侧有点距离的地方。

这个教养院慢慢地挪向了这个自闭症女孩。突然，这个女孩双手高举过头顶，发出一声尖叫，然后双手垂下来。

海灵格：这是从自闭症中解脱出来获得自由。

海灵格（对大姐）：但是还有其他的东西，这里排出来的是不够的。你知道还有什么事情吗？

大姐：我父亲的一个兄弟死于饥饿，是在战争时期从波美拉尼亚地区逃亡过程中饿死的，当时他只有一岁半。

海灵格：你父亲的兄弟？

大姐说：是的。

海灵格选了一个父亲兄弟的代表，让他站在父亲的右边，父亲慢慢地拥住他。然后海灵格也让自闭症女孩走到父亲死去的兄弟那里。她慢慢地走向他，紧紧地抱住了他。刚开始他倒了下来，然后他又站了起来。这个自闭症女孩握着他的手，看着他的眼睛。

过了一会儿海灵格让这个自闭症女孩和她的姐妹们站在了一起。父亲早逝的兄弟转向父亲，他们怀着深深的爱，看着彼此。

现在海灵格排出了这个家庭的序位：父亲的兄弟在父亲的右边，母亲和她的姐妹站在丈夫的左边，五个姐妹按年龄顺序排成一排，站在她们父母的对面，然后他让教养院的代表坐下。

海灵格（对自闭症孩子）：现在感觉怎么样呢？

自闭症女孩：好一些了，可我还是感觉胸口有一股很大的压力。但是我没有刚开始那么迷茫了。

海灵格（对姐妹们）：站成一个圈，所有人将手臂搭在彼此的肩上。

她们轻轻地拥抱，头紧紧地靠在了一起，然后她们开始大声地笑，尤其是那个自闭症女孩。

（稍后）海灵格：五姐妹！是的，就是这样。

海灵格（对大家）：这么多的东西如此深入地工作，是一件多么奇妙的事情！可是当我们只看到事情表面时，却只能取得微小的进展。家族排列让这一切逐步显露出来。

提问

参会者：当自闭症女孩尖叫的时候，你说这是一种从自闭症解脱的方式。那么这是否意味着这个孩子就这样好起来了呢？

海灵格：请仔细听我说的话，我说，这是从自闭症中的解脱，我们可以看到这点。事实上到底发生了什么我并不知道。如果我们提问，就像你刚才这样，那真的有帮助吗？那么你的灵魂又发生了什么呢？你与你的内在和谐，还是与你的内在断联？

参会者：当我提问的时候，我并没有与内在和谐。

海灵格：正是，然而，这个问题并非只对你一个人产生影响，还会对整个系统产生影响。好奇的问题干扰灵魂的移动。所以，沉默是必要的，全然的沉默。

我也很开心能听到她的消息，我把她放进了我的心里，可是我不敢去问。

当我们想要达到某种效果，在心理咨询或者社会工作中，或者是在教养院，一旦设定了一个特定的目标，就不会起作用。那总是不会有好结果的，因为那样我就把自己放在了一个比较大的位置，也许是想加快一些事情的进度或者是强迫一些事情发生，那么在那样的情况下，我就和那更伟大的事物断开了联结。

那个引领我们的更伟大的灵魂，在他心里有比我们心里更加伟大的事情。当我们让自己信任这点，我们就能成就更伟大的事情。

计划

想象一下如果我计划我今天要做什么，我能获得什么呢？什么也没有。事物只能在和谐中发生作用。因此，你问的这个问题很重要，这样我们可以停下来解释一些在我们看来理所当然的小事会产生什么样的作用，比如询问情况发展如何，会产生什么样的影响。在心理治疗过程中和教养院里，很多人都问：怎么回事？为什么这样？为什么那样？这些问题扰乱了灵魂的移动。相反，如果我们只是在这里，与更伟大的力量同在，这种力量瞬间向外散发，蕴含着不可思议的能量。在中国的哲学里，我们把这称作无为而为。

在每一个案例里，我总是后退。当我这样撤退的时候，突然，一句话，或者下一步该如何进行，便出现在我心里。于是我就把那句话说出来，或者把下一步排出来。然而，我并不知道这一切会把我们带向哪里。然后，我继续等待，通过这种方式，真相一步步地显现。我们永远也猜不出下一步会发生什么。

用你内在的眼睛，去看在你面前发生的一切：就像那些代表们立刻看到一个家庭里所发生的事情，同样一个家庭也观察到这里所发生的一切。我们在这里所发现的解决方案，也自然对家庭产生作用。

好奇

讲一个来自科隆的故事吧。很久以前有一种被称作核仁巧克力的土地神。每当夜幕降临，大家都酣然入睡的时候，他们就会不被觉察地出来努力工作。一直到有一天，有个女人想要知道他们到底是谁，他们便从此消失了。这是一个很好的例子。在这里也是同样的道理。我们全然的沉默就是充满尊重。这个尊重会让我们灵魂深处的某种东西插上翅膀，开启一个未知的空间。然而，一旦你提出疑问，有些东西便在灵魂里萎缩。没有人问太阳到底是如何为我们打算的，太阳只是散发光芒。而我，也同样只是让自己沐浴在光芒里。

有自杀倾向的女儿

海灵格：这个来自柏林的家庭现在就坐在我身边。父母双方都是波兰人。他们因为他们的女儿而来。但我今天不是要和他们的女儿工作，首先我要和母亲工作。然后我们就来看看有什么事情显现出来。我曾经和她交谈过，她告诉了我好几件事。

有个有名的圣人，他的名字叫圣德保罗。他成立了美国慈善会，帮助了很多人。他对一个朋友说：当有人想帮你的时候，你要小心。通常当我们想帮助别人会使对方变得弱小。你的女儿是个坚强的女孩，我已经看到了，比方说她很倔强，好吧，我们先把她放在一边，我先来和母亲一起工作。

在我和这位母亲之前的交谈中，她告诉了我几件事情。两个叔叔曾经反对共产党。有人说这两个人杀了一个共产党员，后来他们被处死。

那么现在的问题是：这个女儿在模仿谁？我的印象是：是那个被两个叔叔谋杀的共产党员。我们现在来检验一下。我们需要两个人代表叔叔，我把他们排在这里。我会从什么也不做开始，只是观察事情如何进展。

两个叔叔的代表看着地面，他们往后倒，看上去似乎想要离开。

海灵格选了另外一个人，让他面朝上躺在了两个叔叔的面前。

两个叔叔变得很不安,他们被地上的死者吸引。其中一个跪在地上,并没有靠近,一直看着地面。另外一个一直看着死者的脸,最后也终于跪了下来。

过了一会儿,海灵格选了一个代表代表女儿,让她加入排列,她缓缓地向死者鞠躬,海灵格让她躺在死者旁边,她躺了下来,眼睛看着他。

第二个叔叔也躺在了死者的旁边,第一个叔叔坐直了身体,伸出一只手触摸死者。

(稍后)海灵格:现在死者闭上了眼睛。

(然后)海灵格(对女儿的代表):现在你起来。

海灵格:当你躺下来的时候感觉怎么样?好一点还是糟糕一点?

女儿的代表:好一点,我很想看看那个被害死的人,但他并不想看我。

海灵格:另外两个人比较重要。

海灵格(对女儿):这个死者被排除到家庭系统之外,但他属于这个家庭。这个家庭忽略了他。因此你会想要自杀。你内在的灵魂说:"我为你而死。"这就是内在的动力,你想说什么吗?

女儿:是的,我并不认为我想为我母亲而死,我只是不喜欢这个世界,这就是原因。

海灵格(对女儿的代表):你现在可以坐下了。

海灵格(对其他代表):你们也可以站起来了。

海灵格(对谋杀者的代表):你躺在那里感觉如何?

被害者:有些时候我感觉想哭。

海灵格:正是,就是这样。他们杀了你,没有看着你。他们没有一个人看着你,你有那样的感觉是对的。你从一开始就做对了,在这样的排列里，代表会有被代表的人的感觉，这是秘密。

海灵格（对其中一个施害者）：你感觉怎么样？

第一个叔叔：很冷，我全身僵硬，而且很冷。

海灵格（对大家）：他并没有释放，我们无法帮到他什么。

海灵格（对第二个施害者）：你怎么样？

第二个叔叔：刚开始我不停地发抖，但我必须一直看着他。我想靠近他一些，但我感觉双脚沉重如铅。我只能很慢地挪向他，当他看着我的时候，我感到如释重负。当我对他鞠躬，看着他，我感到很无助。当那个女人来的时候，我把注意力放在她身上，然后就很平静了。

海灵格：所以，当女儿去承担，即使她并没有权利这么做，她还是使这个叔叔轻松了很多。

海灵格把第一个叔叔排在了第二个叔叔的后面，被害者排在第二个叔叔的右侧，女儿站在被害者和第二个叔叔的前面，背靠着他们。

海灵格（对女儿）：闭上眼睛。

海灵格（对被害者和第二个叔叔）：你们各自放一只手在她肩上。

海灵格（对女儿）：现在你让施害者和被害者的能量和谐地流入你的身体，闭上眼睛，慢慢来。

海灵格（对大家）：你们可以看到，她认同了受害者。她垂下头的方式表明了这点，她必须在灵魂深处接受施害者，把他们当成普通人一样。

海灵格（对女儿）：张开嘴深呼吸，这样你会感觉容易一些。

海灵格（对叔叔的代表和受害者）：你们也同时看着对方，当施害者在受害者的心里拥有一个位置，受害者也在施害者的心里拥有一个位置，把彼此当成普通人一样，这样也会帮到这个女孩。

（稍后）海灵格（对这个女儿）：现在你转过身去，你转向他们，拥抱他们。你们也抱住她，然后深呼吸。

海灵格（对叔叔们）：请你们想象那个受害者祝福她，带着所有美好的祝愿，愿她一切安好。

（稍后）海灵格（对这个女儿）：现在你往后退一点，看着他们，对他们说，"你们在我心里拥有一个位置，你们所有人都在我心里拥有一个位置。"

女儿：你们在我心里拥有一个位置，你们所有人都在我心里拥有一个位置。

海灵格：看着他们说。

女儿：你们在我心里拥有一个位置，你们所有人都在我心里拥有一个位置。

（过了一会儿）海灵格（对受害者）：你现在感觉怎么样？

受害者：很好。

海灵格（对这个女儿）：现在你可以转过身去，转身离开。

>她转过身去，目视前方。

海灵格：你知道你的面前是什么吗？

女儿：不，我不知道。

海灵格：生命。你面前是生命。往前一步，再走一步，再走一步……

>她仍然垂着头。海灵格扶着她的头，让她抬起头来。他就那样扶着她的头，扶了很久。

海灵格（对女儿）： 现在你可以轻松地抬起头来了，往前看。好吧，我们在这里结束，感谢所有人。

领养的孩子

海灵格（对维奥拉）： 现在我们来继续工作，和你一起来工作，好吗？你已经看了这么多了，所以你可以看到我是很小心地处理每一件事情的。

海灵格排出了父母的代表。

海灵格（对维奥拉）： 闭上眼睛。

海灵格（过了一会儿）： 闭上眼睛，对你的母亲说："妈妈，我让你走。"

维奥拉： 妈妈，我让你走。

海灵格： "现在我让你走。"

维奥拉： 现在我让你走。

海灵格： "你永远放弃了我。"

维奥拉： 你永远放弃了我。

海灵格： "现在，我同意。"

维奥拉： 现在，我同意。

海灵格： "现在我也永远放弃你。"

维奥拉： 现在我也永远放弃你。

海灵格： "但是要感谢你给我生命。"

维奥拉：但是要感谢你给我生命。

海灵格："感谢你曾轻抚我。"

维奥拉：感谢你曾轻抚我。

海灵格：对她说："我是小孩。"

维奥拉：我是小孩。

海灵格："你是大人。"

维奥拉：你是大人。

海灵格："我永远都是小孩。"

维奥拉：我永远都是小孩。

（过了一会儿）海灵格：看着你的父亲说："你抛弃了我。"

维奥拉：你抛弃了我。

海灵格："现在我永远放弃你。"

维奥拉：现在我永远放弃你。

海灵格："其他人帮助我活了下来。"

维奥拉：其他人帮助我活了下来。

海灵格："现在我要转向他们。"

维奥拉：现在我要转向他们。

海灵格："但是感谢你给我生命。"

维奥拉：但是感谢你给我生命。

海灵格："感谢你曾轻抚我。"

维奥拉：感谢你曾轻抚我。

（过了一会儿）海灵格：现在你感觉怎么样？

维奥拉：好些了。

海灵格：这当然会让人觉得很痛苦，但是现在你更坚强了。

海灵格（对父母的代表）：谢谢你们。

海灵格（对大家）：我所获知的信息是，她是被领养的，并且不知道自己的父母。

海灵格（对维奥拉）：是这样吗？

维奥拉：是的。

关于领养的重要问题

海灵格：我听说有几个人来自政府服务青少年的部门。也许我该说点关于领养的事情，以及我们应该如何处理这方面的问题。

首先，我们不需要同情父母。这是首要的事情。不需要同情可怜的母亲，即使她只有十四岁，但是要同情孩子。这是最重要的。不要扭曲颠倒状况，成人可以玩弄孩子，孩子却无法保护自己，到最后孩子们承担了很多。这样那些帮助孩子的人才会坚定起来，一个正确的序位融入了他们的灵魂。

第二件事就是，有些人想着能帮助孩子理顺一些东西，然后孩子就可能有办法回到父母那里，父母也就会接受孩子。孩子本身也怀着这样的希望。但是父母并没有这样的打算。

想象一下：父母放弃了孩子，让别人领养了孩子。他们想要摆脱这个孩子——这事实上是件好事。如果这个孩子后来再去找他们，他们会如何反应呢？当然会感到愧疚。孩子根本没有再回去的可能了。这是无法做到的。放弃一个孩子是一件永远无法和解和重新开始的事情。

对孩子而言，他或她能同意已然发生的一切是非常重要的。父母把孩子送走了，这再也无法改变。领养就像堕胎。我们可以比较这两种情况。因此孩子必须说："是的，我同意，我也永远放弃你们。"这是痛苦的，然后孩子会获得力量。

海灵格（对维奥拉）：然而你也从他们那里接受了生命。他们一定也是美丽的父母。你拥有了一切，收获了最宝贵的东西。但是你只能通过你的养父母活下来。你可以怀着真正的爱和他们在一起，是他们使你活了下来。

对父母感到愤怒

还有些事情也非常重要。孩子对亲生父母感到愤怒，因为他们抛弃了她。孩子的内心深处对父母感到非常的难过。而这种难过通常会移情到养父母身上。孩子想要保护亲生父母，因此把对亲生父母的愤怒都发泄到养父母身上。

海灵格（对维奥拉）：你也是这样的情况吗？那么你还可以补救，你可以告诉他们，你如是地接受他们给予你的一切，他们为你所做的非常棒。这会令他们感到高兴，他们会对你说："没关系，我们很高兴为你付出。"

这是我们必须考虑的事情。因此想要帮孩子回到亲生父母身边是毫无益处的。然而，孩子能和亲生父母相见是非常重要的。如果可能的话，这对孩子来说是件好事。

案例

有些情况我们是必须要注意的，我会给你们举些例子。

一个牧师给我写了一封信，是关于一个精神病女人。她有个女儿被送进了领养家庭，后来她康复之后想要女儿回到她身边。问题是我们该如何给这个女人建议。我的回答是，女儿需要留在养父母的身边，母亲可以对她说："现在我又可以支持你了，你可以随时来看我。但是我把你留在养父母的身边，是他们在我生病的时候照顾了你。"然后这个孩子就可以来回在亲生母亲和养父母之间走动。但是现在母亲不可以再从养父母那里把孩子要回来。这可以被看作一个爱的序位，在这个序位里，这个孩子可以同时拥有亲生母亲和养父母。

青少年服务

参会者：我对我工作中的一些事情有些疑问。有时候我们的青少年部门需要在一些危机的情况下把孩子带离他们的家庭。有些非常小的孩子被送到收养家庭，很多时候被送到紧急看护所。一旦孩子被送走，我们经常无法成功地让父母和孩子保持联结，这种情况也适用于您刚才说的情况吗？

海灵格：是的。

参会者：那么这是否意味着，如果一个孩子在一个季度内或者几个月的时间内不能与父母成功联结，这个孩子就必须要寻找一个收养家庭？

海灵格：是的。

我曾经遇到一个案例。我给SOS儿童救助村的妈妈们办过一个课程。其中一个妈妈在很小的时候就被送人。这个妈妈有一个孩子被送进了儿童救护村，现在这个妈妈想要把孩子接回来。问题是，最好的方案是什么呢？

我们为此做了一个排列。我们让儿童村的妈妈代表这个孩子。一边站着孩子们的儿童村的妈妈，另一边站着孩子的亲生母亲，孩子站在中间。

孩子的灵魂深处很挣扎，四处徘徊，孩子纠结了很长时间，最后他走到了儿童村妈妈那里，那是一个合适的地方。

参会者：我在一个领养机构工作，关于收养，您提到不要同情放弃了孩子的父母，一方面您又提到父母应该得到一定的尊重，否则孩子无法快乐。这两个选择如何统一呢？我是否需要对父母有一点同情才能对他们保持一些尊重呢？

海灵格：尊重在哪里？在坚韧里，还是在同情里？

参会者：在同情里。

海灵格：尊重在哪里？

参会者：在对状况的了解里。

海灵格：如果你对他们有理解和同情，你便把他们变回孩子了。我很强硬，我令他们成长。在这里哪个是尊重？

参会者：我不知道，这难道不矛盾吗？

海灵格：很多治疗师表现得很软弱。他们不让人们面对他们的生命，不让他们面对一切后果。比如，每条狗都知道如何像狗一样生活和反应。我们认为有些人不知道如何像人一样生活，面对一切后果，这样他们就陷进去了——通过同情。

爱是坚强，不是软弱。

在教养院的孩子

参会者：这是否也意味着，因为愧疚的缘故，那些在教养院待了很久的孩子无法找到一个现实可行的办法回到他们父母身边？

海灵格：对于教养院来说，我并不确定。有些时候因为孩子变轻松了，他们就可以回家了。教养院和收养所是不同的。

参会者：是地点不同而导致变化吗？

海灵格： 这取决于整个状况。现在很多人认为教养院是个不好的地方。我曾经在一个寄宿学校待了五年，我离开的时候感到轻松释然。教养院可以为他们所做的事情感到自豪。

选择哪个养父母

参会者： 我有个关于选择养父母的问题。当有些孩子突然成为孤儿，他们的祖父母想要领养他们。祖父母们是否应该被优先考虑为领养人？还是我们应该为孩子寻找最好的养父母？

海灵格： 我们把孩子留在他们的家庭里，这是原则。这种情况下祖父母应该排第一，没有人会比他们的祖父母更好。

所以，首先是祖父母，然后是叔叔阿姨。只有当家庭内没有人愿意领养孩子的情况下再去别处寻找。尽可能地把孩子留在自己家庭这个小团体里。

参会者： 即使祖父母对双亲的死亡有一定责任的情况也是这样吗？比如说对孩子母亲的去世有责任的情况？

海灵格： 有一定责任？你指什么？

参会者： 嗯，比如他们对孩子支持不够，以致孩子因此而死亡？

海灵格： 有一些非常糟糕的干扰。我们永远都不该去假设这样的事情。如果祖父母想要收养孙子，那么这是对孩子最好的地方。我们必须知道孩子对家庭有着深刻的忠诚，他们只想留在家里。孩子忠诚于父母，哪怕父母打骂孩子。如果我们假设孩子在别的地方会更好，并把他们带离原生家庭，孩子会惩罚自己。我们必须要小心，要与孩子的灵魂同在。我们必须去尊重孩子的忠诚与爱。当我们这样做的时候，孩子就会成长。如果我们因为一些外在的想法使孩子脱离自己的家庭，那是很糟糕的。

从另外一个文化不同的国家领养孩子的情况尤其糟糕。这不如让孩子死在他自己的国家。孩子的命运深植于他的祖国。很多人觉得他们有权利去干涉孩子的命运，认为这样孩子会更幸福。但是我们必须小心。但也有一些例外的情况，所以我也不想把问题一般化。

在选择养父母的时候，那些自己有孩子的会比那些没有孩子的父母更加适合领养。但是儿童机构当然知道这些，我不需要告诉他们。对于那些没有孩子的家庭，被领养的孩子就是替代品，这很不好。那些被感动的父母，那些想要帮助孩子的父母才是合适的。而那些没有孩子的人想要领养孩子，仅仅只是因为他们自己没有孩子，这不好。然而，这些父母也可能是被感动的，也是因为想帮助孩子。那么情况就又不同了。这很重要。

父母与养父母

参会者：您是否可以谈一谈养父母应该对父母采取什么样的态度比较有益？

海灵格：养父母必须把自己看作亲生父母的代表。他们必须尊重孩子的亲生父母。如果他们觉得自己相对于亲生父母有优越感，孩子就会报仇，并且说："你并不会比我的亲生父母更好。"

很多年前，我办了一个交流分析的课程。当时的团队协调员是一名女牧师。她领养了四个孩子，她自己还有几个孩子。其中一个孩子来的时候已经有六七岁了。这个孩子搅得全家不得安宁。有人说他精神有问题，这是一个可怕的词。他是个可怜的孩子。几年以后，她对这个孩子说："你爱怎么样做都可以，我永远都是你的妈妈。"然后这个孩子落下眼泪说："妈妈，这些年来，我一直都想要你变成我的亲生母亲，现在我放弃了。"这个孩子的亲生母亲是个精神病患者。这个例子可以让你们看到孩子的忠诚度有多高。

祝福你，也问候你的养父母。

一名收养的孩子

海灵格（对一对夫妇）：我现在来和你们一起工作，我想你们有一个收养的孩子。到这里来，然后开始我们的话题。

这个收养的孩子有什么问题吗？

女人：这个孩子九岁的时候去了收容所，因为他的父亲杀了他的母亲。他和他的兄弟姐妹都去了收容所。他是四个孩子中的老二。

海灵格：你自己也有孩子吗？

女人：我自己有两个男孩，但是我和现在丈夫没有共同的孩子。

海灵格：现在第一任丈夫怎么样？

女人：他又结婚了，还有了一个女儿。

海灵格：你曾经离过婚吗？

女人：是的，但是两个儿子的父亲不是同一个人。

海灵格：你结了几次婚吗？

女人：没有，只有一次。

海灵格：这没有区别。只要有好的结果，具体情况怎样都不重要了。这个孩子现在多大了？

女人：他十九了，他是十六岁才到我们家来的。

海灵格：他父亲杀他母亲的时候他多大？

女人：九岁。

海灵格：你选择了一个难度很大的工作。

女人：我感觉自己被迫接受了这个工作，这个工作是……

海灵格：这个孩子会变成一个杀人犯。如果我们不找到一个解决之道的话，这个孩子就会变成一个杀人犯。

我曾经在卡塞尔有一个监护小组。有个女人说她姐姐的丈夫杀了她姐姐，然后他们的两个孩子就到了她家。我讲这个是为我们下面要做的工作做准备。

然后我做了个排列。这个女人的姐姐的代表很快从她丈夫身边走开，充满恐惧。这个丈夫只是站在那里，看着地面。然后我让她躺在地面上，因为她毕竟已经死了，然后我让丈夫看那个方向。

排列中的杀人犯通常不知道要往哪里看，他或她的呼吸非常浅短。所以我把这个杀人犯带到这个死去的女人身边，让他看着她，并深呼吸。突然，剧烈的痛苦在他内心迸发，那是一种不可思议的痛苦。他委身靠近女人，两人紧紧地拥抱。杀人犯和受害者之间常常有深刻的爱的联结。

他们之间就是这样，两人躺在了一起，他们的孩子和阿姨站在远处。那是两个女孩，其中一个孩子想要去到父亲那里，另外一个想去母亲那里。然后我让她们躺在那里，我说：一个女孩会变成杀人犯，另外一个会成为受害者。忠诚就是这样起作用的。

然后我进行了干预，我让女孩们站了起来，让父亲对孩子说："去到你们的阿姨那里。"母亲也说："去到你们的阿姨那里。"于是阿姨抱着她们，然后她们离开了。这两个女孩都感到轻松了，非常轻松。这样她们就可以继续自己的人生了。

在今天这个案例里也具有同样的动力。我必须来看看这个家庭发生了什么。我们需要一个男孩的代表、一个父亲的代表和一个母亲的代表。

这个父亲和母亲的代表并排站着。这个儿子的代表站在他们的对面。过了一会儿,他缓缓地举起了他的手,就像是去抓别人的喉咙。

海灵格:这就是施害者的能量。你们可以看到他将变成一个杀人犯。

海灵格(对母亲):他是怎么杀她的?

女人:他割了她的喉咙。

海灵格:然后他怎么样了?

女人:他进了精神病院。

父亲紧握着拳头,双手举在自己面前。母亲在颤抖。儿子想去父亲那里,但是海灵格阻止了他。

过了一会儿海灵格让母亲躺在地上。父亲也躺在了地上。然后他们拥抱在一起。海灵格让儿子去到他们那里,拥抱他们。父亲和母亲开始哭泣。儿子抚摸母亲。稍后海灵格把儿子从父母身边带走。儿子站了起来,海灵格让他转身离开父母。

然后海灵格选了一个男人,并让儿子站在这个男人面前。

海灵格:我选择你,你是命运。

海灵格(对儿子):对他鞠躬。

海灵格(过了一会儿):再次回头看,看你的父母。把这个画面带进你的灵魂,现在再转过来。

海灵格让命运站在这个儿子的身后。

海灵格(对儿子):你现在怎么样了?

儿子:很好,我在这里觉得很安宁。

海灵格:现在我在这里停下来。感谢代表们。

海灵格（对养父母）：你们现在心里也有一个画面了吗？

女人：是的，谢谢你。

海灵格：但你什么也不要对他说。信任他对父母的态度正如你刚才看到那样。现在你也可以带着尊重和爱来看待他们。这对所有卷入的人来说都是一个沉重的命运，但是到最后他们拥有了很多爱！然后他便安全了。你不需要将他与他的父母分开，好吗？很好。

海灵格（对大家）：当然，然后我会想，这个孩子的父亲卷入了怎样的命运纠缠，这个孩子面临可能成为杀人犯的危险状况，他的家庭到底发生了什么？也许这个父亲之所以会陷入这样的情形是源于某些纠缠。因此他也是不自由的。在这里你可以看到区别好与坏有多难。

我想我们今天可以在这里结束了。今天是很丰富的一天，这也需要沉淀。如果你们不再去谈论，而是让这一切融入你的灵魂会更好，可以吗？很好。

深入评论

海灵格：关于这个排列我想说点其他的东西。事物通过画面起作用。我们每一个试图解释的尝试都会破坏那个画面。谈论会削弱画面的力量。这个画面是灵魂的画面，来自灵魂深处。如果我们通过头脑进入这个空间，带着一定范围的诠释，灵魂就会退缩。

现在我们可以让这一切再次穿越我们内在的眼睛，让所有今天显现的事情再一次透过我们内在的眼睛。多么深沉的灵魂！人们陷入了多么深的纠缠！这里发生的一切让我们看到，每一个家庭都是很特殊的。如果我们可以理解这一点，我们就会变得谦卑。我们可以在这样的谦卑里更好地应对沉重的命运，也可以更好地帮助那些有着沉重命运的人们。信任更加伟大的力量，我们便得到轻松自在。

我用一个小故事来总结和结束今天的工作，我不知道我为什么会选择这个故事，但这是个很好的故事。故事被称作"道路"。

道路

有个儿子来到他的老父亲身边请求他：亲爱的父亲，请您走之前祝福我。父亲说：我的祝福是陪你在知识的道路上走一会儿。第二天他们一起出门，穿过狭小的山谷，他们爬上了一座大山。

在他们到达山顶之前，天色已晚，可是他们目光所及的整个大地都笼罩在光芒里。然后太阳西下，霞光四射，夜幕降临。当黑暗围绕他们，空中群星闪耀。

强奸的后果

海灵格（对一个女人）：现在轮到你了，是什么事情呢？

女人：我是被领养的。我出生于1947年，出生后和我的母亲一起待了四个星期，半年后我被领养了。三年前我找到了我的生母，还有两个同母异父的弟弟和妹妹。通过我找到的资料来看，我是母亲被强奸所生。我的母亲曾经在1946年4月被两名波兰士兵强奸。没有人提起过我的父亲，我也从来没想过他。我的人生大概就是这样的。

海灵格：这些信息足够了。有人曾经在课堂对我说："我是母亲被强奸所生的孩子。"我回答他说："对你而言，这是一个祝福。"

女人：是的。

海灵格（对大家）：我们必须这样看待这件事。我曾经在荷兰做过一个排列。一个男人说："我的祖母曾经被九个俄罗斯人强奸。"然后我把这九个俄罗斯人排了出来，也把祖父加了进来。祖父根本不看他的妻子。他看向远处，也许他看着他死去的同伴。她的妻子站在强奸者的旁边，说："至少他们是看着我的。"

我来做一个简单的排列。我需要两名士兵，还要一个人代表她，一个人代表她的母亲。

海灵格将女人的母亲排在两名士兵面前，她的女儿待在远一点的地方。

母亲站在那里，紧握拳头。其中一个士兵把手伸向她，这个母亲缓缓地走向他，握住了他伸出的手。女儿走向母亲。

这个士兵用右手拥住她。然后他们拥抱在一起，她把她的头靠在他的肩上。然后她抚摸他的脸，他们轻轻地拥抱。女儿退了出来，第二个士兵也退了出来。母亲站在了另外一个士兵的身后，他从后面抱住她。第一个士兵跪了下来，大声哭泣。

海灵格（对女人）：你感觉怎么样？

女人：很好。

海灵格：你在看哪里？

女人：看父亲。

海灵格：哪个是？

女人指向那个在地上哭泣的士兵。

女人：他。

海灵格：好吧，我在这里结束。

海灵格（对大家）：奇怪的事情显现出来了。

海灵格（对女人）：你怎么样？

女人：我还不错。

海灵格（对大家）：有谁能揭开爱的秘密？有一件事情是清楚的，这个拒绝那个男人的女人，也同样是拒绝孩子的。

海灵格（对女人）：所以她才把你送人。那么你如何能变得完整呢？通过把父亲放在心里。你是他的一部分。这样可以吗？我们可以这样结束了吗？好吧，很好。

一名残疾孩子

海灵格（对大家）：我们来继续工作。

海灵格（对这位有残疾孩子的母亲）：你的孩子怎么了？孩子有什么残疾？

母亲：从医学上来讲，这是一种遗传性的新陈代谢的疾病，几乎不能有什么人生期待或者治愈的可能。

海灵格：孩子现在几岁？

母亲：十岁半。

海灵格：是男孩还是女孩？

母亲：男孩，名叫马丁。

海灵格：他的父亲现在怎么样？

母亲：我们分开七年了，但是我们一直轮流照顾孩子，一周轮流一次。他父亲完全在支持儿子，也完全地支持着我。这些年来，他一直在我们身边。

海灵格：现在你的苦恼是什么？

母亲：我一遍遍地体验坏的良知，为放弃他感到愧疚。这种感觉总是挥之不去。我知道他现在被照顾得很好，但我就是没法摆脱这种感觉。

海灵格：我想我曾经在一本书里提过，一个母亲和她在收容所的残疾孩子的故事，那个故事令我很感动。

现在我们来看看这个，我也把你排入排列，就站在那里。

海灵格选了一个残疾孩子的代表，让他站在母亲的对面。

残疾孩子站在了母亲的对面，过了一会儿海灵格选了一个父亲的代表上场。父亲看着孩子，然后母亲往后退。父亲朝儿子靠近了几步，伸出右手，抚摸儿子的脸。然后父亲缩回手，慢慢地缩在了地上。他张开双手，眼睛看着地面。男孩也去到地上，跪在父亲旁边，做同样的动作。母亲哭了起来。然后父亲去摸孩子的头，抚摸了很长时间，他一边这样做一边继续看着地面。

海灵格（对母亲）：你知道这意味着什么吗？

母亲说：这里所发生的与我无关。

海灵格：你丈夫的家庭发生过什么？

母亲：马丁的爷爷有一个兄弟很早过世，我就知道这么多。

海灵格：有很大的东西在这里运作。

母亲摇头。

海灵格： 这病从何而来？是遗传病？

母亲： 这病是从双方遗传而来。一种基因缺陷。

海灵格： 是来自他那边和你这边的？

母亲： 是从我们双方来的。

  海灵格让她跪在他们俩面前。父亲仍然紧紧地拉着儿子。他没有站起来，对孩子的母亲伸出一只手，母亲也抓住了父亲的手。父亲还是紧紧地拉着儿子。儿子看着父亲。然后母亲也抚摸儿子的头，但她后来缩回了她的手。

  父亲跪立起来。父母都用一只手抚摸儿子的背，另外一只手互相紧握。过了一会儿，丈夫用一只手抚摸妻子的脸，她把头放在了儿子身上。

海灵格： 我可以就此结束了。

海灵格（对母亲）： 通过这样的方式被现实赋予使命的爱，是如此伟大和充满能量。这样深沉的爱，是普通的爱无法企及的。

  你们当然应该复合，是愧疚阻挡了你们。然而，你去走你的生命道路，无论怎样都可以，这样行吗？

  好吧，祝福你。

故事：自由

海灵格（对大家）： 我给你们讲一个小故事。一个学生问大师："请告诉我什么是自由。"

  大师问，哪种自由？

第一种自由是愚昧。就像一匹马把骑马的人往后甩，它不停地嘶鸣，没有意识到这样会使骑马的人把他拽得越紧。

第二种自由是遗憾。这就像船已经坏了可舵手还继续留在船上，而不是上救生艇。

第三种自由是洞见。遗憾的是这种自由总是跟随在愚昧和遗憾之后。这就像风中摇曳的芦苇，它柔弱地放弃挣扎，因此它可以站立。

学生问："仅此而已吗？"

大师答："有些人认为他们在追求自己灵魂的真相。但事实上是伟大的灵魂透过他们在追求和思考。就像大自然一样，伟大的灵魂可以承受很多错误，因为错误的游戏者可以在任何时候被轻易淘汰。然而，对于那些允许伟大的灵魂通过他们思考的人，这有时候会让他们有一点移动的空间。如同游泳的人允许自己顺水漂流一样，灵魂便和他一起努力，游向新的彼岸。"

监护

海灵格：现在我们来看一些有关监护的案例，有谁想提一些有关监护的案例？

被火烧伤的男孩

海灵格（对一个看护人）：这个案例的议题是什么？

看护人：我照顾一个男孩子有十年了，他从三岁开始饱受严重火伤的折磨，他的生还是一个奇迹。他的母亲死于那场火灾。他在三年前才见到他的父亲，但是他们之间并没有联系。

海灵格： 为什么这个孩子不认识他的父亲？

看护人： 父母分开了。母亲把父亲赶出家门。刚开始孩子和祖父母一起生活。他还经历了很多外在的创伤，他那可怕的外形令他饱受排斥。

海灵格： 那场大火是怎么起的？

看护人： 可能是他引起的。

海灵格： 这个孩子？

看护人： 是的。他住在一个没有人看护他的公屋里。母亲吸毒。当时的猜测是他玩火导致火灾。

海灵格： 谁引发的火灾？

看护人： 当然不是他。

海灵格： 显然是孩子的母亲。在这种情形下我们永远都不能去责备孩子。他现在多大了？

看护人： 十八岁。

海灵格： 还有其他问题吗？

看护人： 他和我们一起住了十年了。是他自己选择了这个家，他想要来。直到今天，他做了一切：上了学，学了一门职业。但他感觉不到生命的喜悦，有抑郁的倾向。我总觉得是那些过去未能解决的问题使他无法释怀。

海灵格： 为什么这些年父亲都没兴趣来联系他？

看护人： 我们不知道。

海灵格： 有尝试过联系他吗？

看护人： 祖父母有过，但是他们也为了保护孩子对这件事有所控制。

海灵格： 他得和他的父亲在一起。从最开始他就应该和父亲在一起，不是别人，好吧，就是这个案例了。

海灵格在一个很长的插入情节之后说：现在我们来继续这个被火烧伤的孩子的案例吧。我们要排出这个孩子、母亲和父亲，还有外祖父母。我来选代表，然后你来排。

母亲站在孩子的面前，她的父母站在她身后。父亲独自站在一边。

男孩把一只手放在了他的腹部，然后双手放在他的嘴上和喉咙上。母亲双手放在了她的胸前。她的父母站在那里，双手紧握，尤其是她的父亲。过了一会儿，海灵格让她转过来面对她的父母。同时男孩的父亲走到孩子身边。父亲和孩子轻轻地拥抱。

海灵格：我认为是这样。母亲的父亲有一股谋杀的能量。当时一定发生了什么事情。看看他的拳头。这个男孩必须去到他的父亲那里。他不能和母亲在一起，因为那里有太重的谋杀能量。

海灵格（对外祖父）：你怎么样？

男孩的外祖父：一种巨大的愤怒，几乎是难以理解的愤怒，还有冰凉的颤抖。

海灵格：当时发生了一些事情。这就是当时的景象。好吗？好，谢谢大家。

海灵格（对外祖父的代表）：从这里走出来。最好的方法是，你轻快地对所代表的人鞠躬，然后转身离开。好吗？好吧。

海灵格（稍后对看护人）：你知道你可以对这个孩子说什么吗？被火烧总比成为一个杀人犯好。

梦想的父亲

海灵格（对两个看护人）：你们的议题是什么？

第一个看护人说：在我们的机构里，我们和四个兄弟姐妹保持了十年的看护关系。他们各自的发展非常不同，也非常困难，这也令领养家庭非常困难。我们的评估认为，领养父母并没有真正尊重原生家庭系统，那只是一个口头承诺。

另外，原生家庭也有很多问题。这个家庭有很多死去的人。正如我说的，这个家里有四个孩子，其中有两个男孩。这两个男孩已经试图自杀过了，他们令自己处于危险和犯罪的道路。两个女孩有所不同，但也都没有健康发展。

海灵格：所以是两个男孩和两个女孩？

第一个看护人：是的。

海灵格：你还知道哪些有关原生家庭的情况？

第一个看护人：孩子的母亲一共和三个男人生了六个小孩。和第一个男人生了头两个孩子，一个男孩和一个女孩。这三个男人全都进了监狱，因为酗酒、暴力等类似问题。最明显的是，头两个孩子的父亲原生家庭里有十三个孩子，其中十个早逝。他们死于战争、流放、饥饿，以及其他意外事件。

海灵格：我来和你一起看看是怎么回事。我分开来做，每次从来自同一个父亲的孩子开始，因为他们有着不同的命运。那么我们从你最后提到的开始，从那个有十个孩子去世的家庭开始。这个父亲为什么进监狱？

第一个看护人：官方来说，是因为他总是不及时支付孩子的抚养费。

海灵格：这当然只是官方的说法。那么，真正的原因是什么？

第一个看护人：大家对此完全沉默。我们只知道表面的原因。

海灵格：他在监狱多久了？

第一个看护人：大约两年了。

海灵格：有这样的事情吗？因为不付抚养费就进了监狱？有这样的事情吗？关这么久？我对这些不是很清楚，我需要问清楚。

第一个看护人：关于这点还有另外一个故事。母亲当时怀第二个孩子七个月了。这个男人想要她回到他身边。他们之前分手了。他拿着枪站在公寓前，告诉她必须回到他身边。就在那个时候，孩子提前出生了，大约只有一千克重。这在二十年前存活都是非常困难的，但是这个男孩活了下来。

海灵格：大一点的女孩是他的姐姐？

第一个看护人：是的，两个人相差一岁。

海灵格：父亲的父亲怎么样？

第一个看护人：父亲的父亲也有酗酒和暴力问题。家庭气氛紧张，但是更多的我们就不知道了。

海灵格：所以这就是那个死了十个孩子的家庭？

第一个看护人：是的，是这个父亲的孩子。

海灵格：这两个孩子是母亲最年长的孩子？

第一个看护人：是的，也是父亲最年长的孩子。当时他们都很年轻，一个十九岁，一个二十岁。

海灵格：我从父亲和母亲开始。

海灵格（对看护人）：选他们的代表，把他们排出来。

第一个看护人选了父亲和母亲的代表，将他们排在彼此的对面。他们之间没有移动。

海灵格选了一个女人代表最大的孩子，把她排在父母身边。过了一会儿，父亲走向母亲，对她伸出手。犹豫了一会儿之后，母亲也走向父亲，头靠在他胸前。他们都看向那个女孩。

海灵格（过了一会儿，对女孩）：你怎么样？

女孩：我几乎没有办法看着他们那样。我感到愤怒。我也不相信他的微笑。我想对他说，"不要对我撒谎。"我感到头很晕。

海灵格（对第一个看护人）：这两个人之前有其他的关系吗？

海灵格（对第一个看护人）：嗯，这个母亲曾经被她的父亲虐待。

孩子的父母看着彼此微笑。

海灵格：从整个移动来看，问题不在父亲这里，很清楚是来自母亲。

海灵格选了一个外祖父的代表并把他排在她对面一定距离的地方。第一个男人更紧地抱住了孩子的母亲。

海灵格让这个男人站在远处，这样这个女人就站在了她父亲的面前。母亲开始摇晃。海灵格将手放在她背上。她捂住脸开始哭泣。

海灵格（对母亲）：看着他。

她慢慢地走向父亲，搂住他的脖子。他们紧紧地拥抱了很久。

海灵格（过了一会儿，对女孩）：现在怎么样？

女孩：我很高兴看到这些。

过了一会儿，她和她的父亲彼此看着对方，母亲想要从他的父亲那里离开。

海灵格：跟随你的感觉移动。

海灵格（过了一会儿）：移到另外一个地方，低下头。

海灵格（又过了一会儿）：好，现在往后退。

　　她慢慢地往后退。海灵格将她的女儿排在她身边，两人搭着肩。

海灵格（指着女儿的父亲，对母亲）：告诉她，"这是你的父亲。"

母亲：这是你的父亲。

海灵格：在这个母亲的印象里，她自己的父亲也是她孩子的父亲，而她的女儿也是这样的印象。

　　海灵格选了一名外祖母的代表，把她排在离丈夫一定距离的地方。这个代表站在她的前面。她不看外祖父。

海灵格：她根本不看她的丈夫。

　　现在，这个女孩的父亲慢慢地走向外祖母的代表，他们轻轻地拥抱。

海灵格：当我们看所有这些的时候，可以看到很奇怪的关系。

海灵格（过了一会儿）：我在这里打断吧。在这里所有的事情都颠倒了，谢谢你们。

海灵格（对两个看护人）：你们的工作很艰难。

第二个看护人：作为一个机构，我们除了收集信息，其他什么也做不了。即使在个案会议上，养父母也从来不真正看一下这个状况，毫无办法。

海灵格：这些孩子并没有托付给一个好的人家。但是，至少你更了解这个女孩的情况了，了解她卷入了怎样的纠缠。

父亲：再也没有什么能把我和女儿分离了，在母亲那边有些可怕的事情，那是明显而强烈的。

海灵格：现在我们必须让这一切休息，也许这样，通过善意的理解，一些能帮助找到另外一个方法的东西会在灵魂里出现。

施害者与受害者

看护人：您能大概地说说有关施害者与受害者的事情吗？根据这里一次次强调的情况来看，好与坏显然并非如我们所看到的那样。您能否就这点讲得更多一点呢？

海灵格：对于好与坏而言，事实上常常和表现的相反。在这个家庭里我们可以看到，这个负面的能量来自母亲、母亲的母亲。

看护人：我的问题是，我们必须和施害者经常打交道，或者说我们的工作是和他们相关联的。施害者们总是被排斥，施虐者们也总是被排斥。看起来这全错了。必须有一些其他的方法，因为用这样的方法好像完全没有办法。

海灵格：联结施害者的唯一方法就是在心里给他们一个位置。然后他们才会变得柔软，在这之前他们是无法柔软的。任何一种攻击都会让他们变得更加僵硬，我们必须非常小心，我给你举个例子。

很多年前，我在瑞士办了一个课程。一个社工告诉我，一个女孩被她的祖父和叔叔虐待。这个社工想要报警。我警告他不要这么做。如果施害者被告发，这对孩子是一件糟糕的事。

几年以后我又遇到了他，他告诉我那两个家伙被判刑了。然后我问他孩子怎么样了？他说这个女孩一直想跳楼自杀。

这就是告发所能成就的事情。受害者是忠诚的，即使表达这种忠诚是被禁止的。我们在这里看到了，一般压力会说这是一件恐怖的事——所以他们不被允许展示爱。

最糟糕的不是这个行为，我并非想大肆渲染，但特定人群的反应里所带的情绪是不鼓励孩子展示他们的真实感受的。这是相当清楚的：孩子有非常深的爱。只有承认这一点我们才能做些其他的事情，把孩子从纠缠里释放出来。这是非常重要的一步。

我给你们举个例子。在墨西哥我们给一名大屠杀幸存下来的女人做了个排列。她非常具有攻击性。然后，我排出了受害者和施害者的代表。她站在施害者的面前。其中一个施害者对她说：只要你这样看着我，你看得越久，我就越强大。当你变得谦卑，我就没有办法再坚持下去了。

大多数的施害者都是有优越感的。当一个社工在一个施害者面前有优越感的时候，他也变成施害者了，就像那个施害者一样。优越的感觉具有让我们变成施害者的作用。我们也有攻击性的情绪，我们把施害者拖到法庭，用这样的方式与他们斗争，然后我们就和施害者一样了。我们必须非常小心，在这种情况下，我总是看着孩子，我问我自己，孩子的灵魂里会发生什么。当然这并不意味着我不愿意通过法庭处理这些事情。但是这是两件不同的事情。一方面是政府的事情，但是对孩子负责的人不能混淆两个范畴内的事情。一名看护人不能在照顾孩子的同时卷入迫害的模式。只有通过这样的方式我们才能去帮助。

看护人：我有个关于站在那里的那些代表的问题。当一个人被选作受虐的女性代表，而她自己也是被虐待的，那么她会和那些没有受虐经历的代表表现得有所不同吗？这会使排列有所不同吗？

海灵格：通常不会有什么不同。如果是这种情况，她可以通过当代表的经历解决她自己的问题。

人工流产

海灵格：还有谁有监护的案例？你有什么议题？

看护人：在过去半年里我一直在照顾一个家庭，是一个有三个孩子的很年轻的家庭。孩子父母双方都是在收养院长大。他们最大的孩子曾经在寄养家庭待了很短的一段时间。这个家庭里的气氛非常紧张，有巨大的压力，所以孩子的行为表现就像训练有素的野兽。当父亲回来的时候连他们家的狗都跑掉了。

海灵格：父母双方有过其他的关系吗？

看护人：没有，他们很早就在一起了，但是还有一些关于有些孩子被送人，但是孩子父亲并不知情的事情。

海灵格：不，不，不，我还是要问那个问题，他们有过其他关系吗？

看护人：没有，我们不知道。

海灵格：这很清楚，这个男人必须代表女人家庭里的某个人。

看护人：也许是她的哥哥，他进了监狱。女人的母亲结了五次婚，然后她有两个以上的伴侣。她前两次婚姻的孩子都被带走、被人领养。孩子外祖母有两个孩子，其中一个就是这三个孩子的母亲，另外一个就是因为吸毒进了监狱的哥哥。然后还有一个孩子来自另外一个……

海灵格（对大家）：她没有提到谁？

看护人：这两个孩子的父亲。

海灵格：正是，他是很重要的一个人。任何没有提到的事情都是重要的事情。

这些信息对我来说够了。现在我们开始排列：父亲，母亲，还有三个孩子，一条狗。因为这条狗也是一个代表，这是当然的。

这个女人的代表双手紧紧地按住耳朵。最小的孩子倒了下来，躺在地上。

　　海灵格选了一个女人的父亲的代表，把他排在女人面前。她还是捂着她的耳朵，然后转过身，走出场中心几步。

　　海灵格选了女人母亲的代表，把她排在女人的父亲的旁边。

海灵格（对女人）：转过身去，睁开眼睛。

　　她还是紧紧地捂着头。

海灵格（对看护人）：看这个反应，一定是有可怕的事情发生了。
海灵格（对女人）：你看到了什么？
女人：我的头，被打了，头碎了。

　　海灵格选了一个女性代表躺在了女人和她的父母中间。女人仍然双手捧着头。然后她往后退，她的母亲走向她。女人从她身边逃跑，她的母亲追着她。当这个女人经过她的丈夫的时候，他抓住了她的胳膊，紧紧地搂着她。

海灵格（对女人的母亲）：看着地面，看着地面，看着这个躺着的死去的女人。

　　女人的母亲转身走向死去的女人，然后她跪了下来，抚摸她。过了一会儿，女人把手从头上放了下来。她靠向她的丈夫，他们拥抱在一起。

海灵格（稍后对第一个孩子）：你怎么样了？
第一个孩子：我想要离开，我想要离开这里，我不想看那儿。我在倒下和努力坚持之间摇摆不定，我想离开。

海灵格（对看护人）：这个家庭里有谋杀案，我们可以从第三个孩子跌落在地上的反应看出来，问题只是谋杀发生在哪里？

看护人：我只知道在她之前还有一个流产的孩子，其他的我一概不知。

海灵格：我在这里停下来，就在这个地方打住，感谢所有的代表。

海灵格：狗感觉怎么样？

狗的代表：我和主人的感觉一样。

海灵格（对大家）：所以，关于如何进行这个排列，我停下两次，没有尝试去做进一步的调查。这就是合适的程序。只要没有进一步的移动了，我们就停下。停止是一种疗愈的方法。我们承认那些为我们而设的界限。通常我们在能量的顶点停下来。然后一些东西开始在灵魂里移动。不是在我们的灵魂里，是在系统的灵魂里开始移动。我们必须信任这点。我们收到了一个关于头部的很重要的信息，有个跟某人的头部有关的事情。我会很认真地看待这件事情。然后我们静观其变。有些东西已经开始工作了，这对于开始来说已经足够了。

海灵格（对看护人）：我越来越敬仰您所从事的工作了。

（提出这个案例的）看护人：我还有一个很短的问题。这个父亲很有攻击性，言语的攻击。这和这里发生的事情有关吗？还是和他自己的原生家庭有关？因为他发现自己总是和人闹翻，搞砸所有的事情，他担心他会杀人，然后不停地逃亡。

海灵格：他当然也有一些特别的状况。但他是比较平静的一个。但是他必须注意在伴侣关系里的奇怪现象，有的人可能会承担另外一个人的负担。这个有时候可能会极端到伴侣中的一个人代替另外一个人自杀。我们在这里必须要很小心。对我来说有一点是很清楚的，我们必须从母亲开始。通常都是另外一种方式。你想要从父亲开始，可结果却是要用另外一种方式。

看护人：我还有一个关于系统排列的问题。这个家庭会想要知道排列都揭示了些什么，我该怎么处理呢？他们没有来，但问题肯定会出现。我们该如何处理这个情况呢？

海灵格：告诉他们这里发生的一切，不要作任何评论。一个孩子倒下了，一个转身走了，一个捧着她的头，就是这样。只告诉他们发生什么，不要有进一步的问题，然后静观其变。

看护人：没有评论吗？

海灵格：没有评论，这是非常重要的，只说发生了什么。

人工流产（继续）

看护人：我有个关于流产的后果的问题，这也是因为我在怀孕冲突心理咨询领域工作。流产时间会使结果有所不同吗？我听到有人问：是什么时候流产的？

海灵格：如果是一个后期的流产，那就和谋杀的经历一样。如果是早期流产，那么并非总是等同谋杀。有些时候经历有所不同，但有些奇怪的联系。

我曾在俄罗斯的莫斯科有个课程，有一对夫妇说他们生不出孩子，他们想要有孩子，问我是否能够帮助他们。我看着这个女人，她看上去很开心。我告诉她，她明显并不想要孩子。我问她，她的原生家庭有什么问题。然后她变得很严肃。她的母亲有八次流产。然后我选了八个代表坐在地上，她坐在他们旁边。她在那里感觉很好。然后我让他们都站起来，让所有的流产孩子都站在她的身后。我把她的丈夫排在她身边，一个代表他们未来孩子的代表站在他们的前面。

非常清楚的是，她从她流产的兄弟姐妹那里获得了拥有自己的孩子的力量和勇气。所有这些流产的孩子归属于家庭。

另外一个例子，在维罗纳的一个课程里一个女人说她害怕她的孩子会死去。我给她、她的丈夫和她的两个孩子做了系统排列。在他们面前是一个代表死亡的男人。这个男人立刻跌在地上，坐在那里。这不是死亡做的事情。很显然这个男人代表了一个孩子。然后我问这个女人在她母亲的家庭里发生了什么事情。她说她母亲有过九次堕胎，她还以此夸耀。

我们排了九个堕胎的孩子，他们的母亲排在了他们的身后。很快，这个母亲开始痛哭并坐在了流产的孩子身边。很清楚，这个女人恐惧的是她母亲的死亡。从这里我们便可以为她找到一个解决方案。

流产会在人的灵魂里留下深深的痕迹，非常深的痕迹。通常这是被人否认的。人们总是有着很合情理的理由去否认，可灵魂不听这些理由。我们说有时候流产就像一种避孕法，比如在日本就是这样。可事情仍然就像我们在这里看到的一样。这没有区别，这在灵魂的经历里是一种深切的干扰。

流产的孩子归属于这个家庭，他们的体验也是这样。如果这一切都显现出来，并且孩子也被包含在家庭里，这就会有一个非常有益的作用。

原谅与迫害

看护人：我有个问题，关于原谅与司法迫害的区别。在我的工作中有个女人在离婚之后被骗走了所有的钱。她无法平静，因为她不断地用同样的问题拷问自己："我该把他送上法庭吗？或者我该放过这件事？"她无法在这个问题里平静下来。我也不知道该如何给她建议。

海灵格：你必须建议她去说："我知道你是个什么样的骗子，现在我接受这个结果。"然后她就平静了。

看护人：但是她坚持说她不知道。

海灵格：我们该排一下吗？好吧。

海灵格选了一个女人的代表、男人的代表和钱的代表。

钱的代表坚定地站在男人的面前，双手放在臀部，看着男人。女人退后很远。钱看着男人，摆着一幅胜利的姿态。这个男人左右摇摆。女人转过身，想要离开。男人和钱站在彼此的对面，钱仍然是胜利的姿态。

海灵格（对看护人）：好吧，现在你只需要想象："如果这个女人获得了金钱会发生什么事情？"

海灵格让那个代表金钱的女人回来，把女人排在金钱的对面。女人很震惊，双手举在胸前挡住什么东西。

海灵格（对看护人）：还有另外一些很重要的东西。我会问她："你的家庭里还有谁损失了很多金钱？"她暗自忠诚于这个人。

一个处于危险中的孩子

海灵格：关于今天早上所发生的事情，你还有什么要补充的吗？好吧，还有谁有监护的案例？你吗？

看护人：我在一个类似家庭的集体工作，也就是说我负责这个集体，照顾四个孩子。这个监护的案例是关于一个最大的16岁的男孩，他现在变得越来越有攻击性。我注意到，这让这个集体也越来越困难。

海灵格：这个孩子是多大了？

看护人：16岁。

海灵格：他的父母的情况呢？

看护人：他和他的父母没有联系。这十一年以来，在他的要求下他见过他的母亲一次。他给她打过几次电话，然后就终止了。

海灵格：当他来到收容所的时候是多大？

看护人：孩子们被从父母身边带走，他和两个同胞一起来到这里。另外三个去了另外的收容所。

海灵格：他们为什么被从父母身边带走？

看护人：父亲犯了罪，偷窃等好几个犯罪行为。然后一天晚上，警察开着警车鸣着警笛把这些孩子从父母身边带走了。

海灵格：母亲怎么回事？

看护人：母亲也在监狱待了一小段时间。

海灵格：为什么？

看护人：她似乎也是同谋，还有家庭暴力，身体的暴力。

海灵格：这是什么意思？发生了什么？

看护人：萨沙肯定是被打了，他后背有烟头烧伤的烙印。他就是个出气筒，有一次他还被通过一个非法机构出售。

海灵格：我们来做系统排列，父亲、母亲，还有儿子。

海灵格把父亲排在了儿子对面，保持了一定距离。但父亲看向旁边。母亲站在远离家庭的地方。过了一会儿，海灵格指导父亲离开家庭，去到他所看着的更远的方向。

海灵格（对父亲）：现在好些了？还是更糟糕了？

父亲：好些了。

海灵格（对儿子）：你怎么样了？

儿子：他走了好一点点，我必须支撑我自己，我问自己："他们想从我这里得到什么？"我有一些敌意。我不知道这里到底是怎么回事。

海灵格（对看护人）：你知道父亲的原生家庭有什么事情吗？

看护人：我不知道这个家庭发生什么，但总的来说就是混乱。

海灵格：那边怎么样了？之前我有一个冲动，想要你站在你觉得舒服的位置。你想站在哪里？跟着你的感觉走。

看护人站在了儿子的右边。

海灵格（对父亲）：再回到你的位置上。

海灵格（过了一会儿对儿子）：她站在这里你感觉怎么样？

儿子：很奇怪，就像有空气从我的身体里抽离。刚开始这使我变得软弱，虽然这从某种程度上也让我感觉很好。

海灵格将看护人排在父亲旁边，在父亲的右边。

海灵格（问儿子）：现在感觉怎么样？

儿子：这样很好。

海灵格（对父亲）：你呢？

父亲：之前我有一句话，"我不知道有什么不正当行为。可当她站在那里，我感到无法逃脱。"

海灵格（对大家）：我刚才展示了什么是系统联结。助人者如果站在最被排斥和鄙视的人旁边就是成功的。我想我们可以在这里结束了。

如果你能对孩子解释他可以尊重他的父亲,他会感觉好些。我们可以看到他有自杀倾向。他必须离开,他是朝着自杀的方向发展的。在他的家庭里肯定有些沉重的事情。当我考虑到这一切的时候,我就能够理解和尊重他。这个男孩马上就不一样了。好吧,就这样。

总是那些没有被提及的、被躲避的和被当成恶魔一样的家庭成员,需要在系统中拥有一个位置。一旦被排除的人获得一个位置,系统作为一个整体也获得了疗愈,因为系统又重新完整了。那么每个人又会找到一个新的方向。

看护人:所以他离开并感觉很好并不意味着这个男人不是他的父亲?

海灵格:从男孩的反应来看,这个男人就是他父亲,不然他不会这么深入地卷进来。通常想要离开至少意味着自杀,他想要消失,无论为了什么原因。

当有人出于一种极度恐惧的情形时,便会出现这种移动,这种情况没有什么选择。在他的灵魂里,他是所有人里最可怜的一个。

看护人:如果有人支持他联系父亲的话,是一个好主意,还是太多余了?

海灵格:你只需要对孩子说,"我尊重你的父亲。当我看着你,我想,你有个不错的父亲。"说点这样的东西,一个小小的评论就可以了。但是你甚至不需要说这些,无论如何你回去以后也会改变的。

被衡量的行为

看护人:我并没有一个直接的问题,但你也许可以关于这一点说点什么。作为看护人的角色,根据我们所施加或不施加的影响的程度,我们已经看到我们行为的后果。我还有一种挥之不去的感觉，就是面临成为审判员的感觉，即使我们并不希望如此。然而这是一项工作，一个内在的工作。

海灵格：今天有人给了我一本书：《一个小灵魂与上帝的对话》。他对上帝说，他很想成为"原谅"。然后上帝问："那么你想原谅谁呢？"这个小灵魂看了看四周，找不到什么需要被原谅的。上帝说，"在我的创作里，没有什么是需要原谅的——更没有需要审判的。"

最糟糕的事情是我们同情孩子，而同情使孩子变得弱小。你看着他们的命运，尊重他们的命运。你不知道最后会怎么样。如果你介入，你就可能以一种与命运对立的方式介入。如果你只是带着尊重存在，存在于父母面前，存在于更大的整体面前，然后也许过一段时间之后会有好的事情发生，然后你也会获得安宁。许多人在尝试帮助的过程里精疲力尽。如果带着一种尊重的态度，你不会这样轻易耗尽你自己。当然那还是会发生，有些情况下我们不得不消耗自己，但那不应该是一个持续的压力。

我有的时候会有一种态度，当案主看着我，我便让他透过我去看。他并不是在凝视我，他是通过我去看一个更加伟大的东西，然后我再和这个人一起工作。我允许我背后那个更加伟大的事物流经我，流向这个人。有的时候我可能退在一边，这样他们就可以彼此直接联结。这会使人更轻松。然后我们可以来看看当我们带着这样的轻松，那些和我们一起工作的孩子会怎么样？美妙的图景是：我们让阳光照耀，有时候明媚，有时候下雨，任由他们自由地来去。

应用群体动力

海灵格：我曾在非洲负责一个教养院，一所有140个男孩的寄宿学校。在那里只有一个长官，他们完全自我管理。这是可能的。

有人告诉我在非洲另外一所寄宿学校，所有的看护人都病了。学生们必须自己管理所有的事情。这是这个学校管理得最棒的一次。

我还可以告诉你，一些关于我自己的事情。我曾是非洲一所很大的精英学校的校长，同时我还是一个很大的教区的牧师。在复活节的时候和弥撒日的时候一些男孩可以回家，其他的留下来。

他们问我是否可以去德班玩半天。我说可以，但告诉他们必须参加下午的礼拜仪式。作为牧师，我需要他们其中一些人给教区教友阅读作为服侍。但是他们八点才回来。有负责人鼓励他们逗留更久。而我，作为牧师，就必须自己做所有周四弥撒日的事情。我当时刚成为这所学校的校长不久，所以他们在考验我。

现在我来告诉你们有关集体动力的应用的事情。我所熟悉的集体动力的规律，以及我在这所学校所采用的定律必须被证明。结果，每一个班级都有一个他们自己从高年级选出的负责人，整个学校有五个，他们一起运作整个学校。

这天晚上，我的助手和我把那几个负责人叫到了办公室。我们坐在那里，谁也不说一句话。十五分钟过去之后没有人说一个字。他们不知所措。这就是群体动力的一个方法。

然后我说："这个学校的规定被打破了，我们再也没法工作了。问题是，我的助手和我是否还愿意做任何事情。如果你们还希望我们能为你们做点什么，你们必须再次说服我们。我们将给你们一次重建纪律的机会。"

第二天，他们召集了所有的学生，他们讨论了该如何重建学校的纪律。然后他们给了我们一个提议，但是那毫无价值。我说："这还不够。"然后他们又讨论了四个小时。之后他们又给了我一个提议：我们会用假期中一整天的时间来清理运动场地面。我说："我同意。"然后一个学生说:"所有这一切都是因为你们两个没有按时回来参加礼拜仪式。"我立即开除了他。但是四周之后他被允许重新录取。

他们开始整理运动场地面,半天之后我说:已经够好了。

后来我在这所学校再也没有遇到纪律问题了。

另一种爱

海灵格:现在我们离开监管的层面,来讨论伴侣关系。然后所有人都立刻醒来了。现在我想要来做一些有关伴侣关系的工作,这样你们可以带着一些轻松的东西回去。

首先我想讲一些关于"另一种爱"的东西。当男人遇到女人,女人遇到男人,他们看着彼此,突然他们对对方着迷。然后就有了一见钟情。这种一见钟情有多少力量呢?

当我们根据能量和力量在一杆秤上从零到一百来衡量它,我们会将一见钟情的爱放在哪里?我的画面是十分之一。因为一见钟情的爱是没有看清楚的爱。我们并没有看清对方,只是一个梦幻的印象。我不会进一步阐述这点。通常我们看到的是完美的母亲。男人和女人都看到理想的母亲,但这并非那么重要。

当男人对女人说:"我爱你。"这个女人说:"我爱你。"这并没有能量。这种爱无法持久。

但我们可以说点别的,那么就会是另一种爱了。男人可以对女人说,女人也可以对男人说:"我爱你,我也爱那引领我们的一切。"突然,这种注视就会变得宽广,通过一种特别的方式,延伸至他们共同的恩典,那更伟大的存在里。这句话的含义会在时间的进程里显现出来。

也许这另一种爱会引领一对伴侣在同样的道路上经过一段时间。特别是如果他们有孩子，这另一种爱会在一个特定的道路上引领他们很长一段时间。过了一段时间有些其他的东西移入前景，比如一个孩子残疾了，突然，另外的东西占了主导，一些远远超过他们一见钟情的力量的东西占了主导。然后他们可以说，比如："我爱你，还有引领我们的一切。"伴侣双方都这样说，然后突然一个完全不同的领域显现出来。也有可能一段时间之后，他们必须跟随指引分离，这点对他们来说会越来越清晰，他们必须这么做，如果他们希望跟随那个更伟大的指引的话，分离对他们来说变得无可逃避。

然后他们对彼此说："我爱你和引领我们的一切。"即使他们的道路分开了，爱仍然存在。

这是另外一种爱。我也称它为二见钟情。然后现实开始充分地展现。

我们也可以把这个应用到孩子身上，对于你今天为我们展现的沉重的案例，你可以说："我爱你，和引领你我的一切。"

有时候，我发现我没有被任何可以帮助到任何人的东西引领。当事人却被一些东西所引领，我却被引向后退，意思是："我站在它的面前，不去干扰。"然后就有一个更加伟大的联结展现出来。然后我们任其发展，因为正在发生的一切已经不再是个人的事情。更加伟大的命运已经让整个事件参与服务。然后我们可以轻松地去看待那些沉重的事情，去面对他们。

有一点是很清楚的，如果我们不去干预他们特别的命运，这对很多案主来说就是一个很大的慰藉。这基本上就是我必须对此所说的全部了。

伴侣关系

海灵格：让我们回到伴侣关系这个话题。我们不是只和一个人结婚，因为关系涉及到我们的伴侣，他们的家庭及其家庭的命运。这会在瞬间涉及伴侣的局限和选择。这些只会慢慢地在伴侣关系的进程里细致展现。然而当我们面对这点，我们会经历伴侣关系死亡的过程。一些多余的东西消失了，一些过去的或者幻觉的东西消失了。每一次婚姻的争执都令伴侣双方体验自身从幻境里净化。

一次一个男人拜访他的朋友，他的朋友打开门，满面笑容。这个男人问他的朋友为何这么开心？他回答："我刚和我老婆吵完架。""这就是你为什么满面笑容吗？""是的，"他说，"过后一切都美妙极了。"这也是可能的。

伴侣关系里的纠缠只会慢慢地显现，比如，其中一个人想要离开，因为他或她想要追随一个家庭成员，或者这个人想要代替某个家庭成员承担些什么。孩子会看到这些，然后他们也卷入这样的命运。对于这些我们什么也做不了。这需要极度的谦恭："我爱你，以及那引领你我的一切，用一种特别的方式。"这是深沉的、伟大的。这是伟大的爱，坚强有力的爱。

这种爱也意味着我们不必容忍一切，就好像一切都是对的。

有一个忠诚的观念，比如说，它宣称："你必须忠诚于我，或者我必须忠诚于你。"不，我不必。我必须真实地面对那更伟大的指引。

要求忠诚，我们有时候就抓住了另一个俘虏，我们常常要求对自己忠诚，而不是对另一个更伟大的存在忠诚。

当更伟大的存在被看见，伴侣关系也值得信任。无论发生什么，你可以在深沉里信赖这种关系，这是很大的不同。

这是我最后的话语。祝福你。

第二章 共振

录自巴特·苏尔察工作坊。

所有的孩子都是美好的，他们的父母也都是美好的

隐藏的爱

海灵格："所有的孩子都是美好的，他们的父母也都是美好的"这个观点可能令你们感到迷惑。这怎么可能？这涉及非常深远的维度。因为这同时也是在说我们曾经是美好的孩子，我们现在仍然美好。这也是在说我们的父母也是美好的，因为他们曾经是孩子，他们曾经是美好的孩子，现在作为父母，也依然美好。

除了肤浅的谈论，我想说点关于这句话的背景。当我们说"但是孩子做了那样的事情，父母做了这样或那样的事情"时，他们是做了，是的，但是为什么呢？那是出于爱。

我现在深入地解释这点，我将和你们做些练习，这会帮助你们在灵魂里感知到底什么是很美好。当然结论是——我创造了"所有人都是美好

的"这个先入为主的表述。而且，人们正是如他们所是的那样美好。因此我们不必为我们自己担心，或者为我们的孩子担心，或者为我们的父母担心。无论他们是好是坏。有时候只是因为我们的目光暗淡，因此我们看不到自己的美好，看不到孩子的美好，看不到父母的美好。

所以，首先我想要在我们开始体验之前，从整体上澄清这点。

灵性场域

我们都深植于一个更大的系统，一个家族系统，这点通过家族排列显现出来。不仅仅是你的父母和他们的兄弟姐妹们归属于家族系统，祖父母、曾祖父母及他们的祖先，都归属于家族系统。还有更多的人归属于这个系统，因为他们由于某种特殊的方式归属于这个系统。比如我们父母或者祖父母早期的伴侣。在这个系统里，所有成员都被一个共同的力量所引领。这个力量遵循着特定的规律。

这个家族系统是一个灵性场域。在这个灵性场域内——正如我们通过家族排列所经历的一样——每一个人都与他人共振。有时候这个场域失调。当有人归属于这个系统，却被排斥或者遗忘，失调就会出现。这些被排斥或者被遗忘的人是与我们共振的，他们提请我们现在去关注他们。在这个场域里涵盖一切的定律是：属于这个系统的每一个人，都拥有同样归属的权利，无论怎样，没有人可以被排除。

没有人会在这个场域里走丢。每一个人都对这个系统产生影响。如果有人被排除，无论是什么样的原因，这个人将被家庭里另外一个人所取代。在这个场域的影响下，通过这种共振，另外一个家族成员将被选择去代表被排除的人。然后这个家族成员，比方说一个孩子，会表现怪异。也许这个孩子会吸毒、生病、具有攻击性或者犯罪。他或她或许会变成一个杀人犯，或者精神病，这些都是可能的。为什么呢？因为这个人怀着爱看着某个被排除的人。这个人通过他们的行为迫使我们去看那个被排除的人，怀着爱。这就是所谓的坏，甚至可怕的行为，其实是一种对某个被排除的人的爱。

现在，看着这个孩子，替他担忧，尝试改变他，正如你所知，根本不起作用。还有更大的力量在这里工作。我们最好和这个孩子一起来看看我们所归属的这个场域。通过孩子的眼睛，直到我们在孩子的引领下，看到那个被排除的人在哪里等待我们。这个人需要我们去看到他或她，把他或她放进我们的灵魂里，放进我们心里，放进我们的家庭里，放进我们的群体里，甚至放进我们的民族和国家里。

所以，所有的孩子都是美好的，如果我们允许他们美好。这意味着我们不仅仅去看着他们，还去看他们怀着爱所看的地方。

在家族排列里，很棒的体验是不去担心孩子或者其他人，而是想着这些孩子不可思议的行为。我们看着和他们在一起的那些被排除的人，把他们放回我们的家族系统里。一旦这个人或这些人被包含在父母的灵魂里、家族的灵魂里和集体的灵魂里，这个孩子便会发出如释重负的轻叹，并且最终从纠缠里解放出来。

一旦我们了解这些，我们可以等待，直到我们作为孩子的父母或者其他家庭成员知道这些行为都要将我们带向哪里。如果我们和孩子一起走，也带上另外那个人，这个孩子就不再会在行为和感觉上都像另外一个人。

那么还有谁也自由了呢？我们，作为父母或者其他的家庭成员。突然，我们改变了，我们感到更富有了，因为我们在心中给了那曾被排除的人一个位置。每个人都可以表现得有所不同了，都可以更加全然地活在当下的人生里了，带着更多爱、更多轻松、更多宽容，超越我们浮浅的好与坏的区别。这种区别让我们很容易假设我们比较好，其他的人比较糟糕。

虽然那些我们认为的坏人只是以一种不同的方式去爱，浮浅的好坏区别会让我们很容易去假设我们自己是好人，另外那些人是坏人。当我们和他们一起去看，看他们所爱的地方、他们所爱的方式，我们关于好坏的区别便消失了。

另外一个结论当然是，我们的父母也都是美好的。在任何我们想要反对他们的事情背后，那是一种不同的爱在工作。这种爱并没有流向我们，然而，它去了另外的地方，在那个地方我们的父母看起来还是孩子，他们爱着某个渴望回归家庭的人。当我们开始在内心给予那些被排除的人一个位置，我们就会和我们的父母看着同样的方向，他们的爱去了那个方向。突然，我们会发现自己处于一个完全不同的情形，我们学到了爱到底意味着什么。

一切

在我们开始一个练习之前，我要为你们读一点我自己一本书里的内容，这是我仍然觉得珍贵的一本书，书名叫《移动中的真理》。在这本书里，有一小段浓缩了我刚才所解释的内容，从一个哲学的角度。这段文字叫做"一切"。

一切之所以能成为一切是因为它与一切相连。一切都与另外的一切相连。没有什么是分离的。分离在这个意义上也是与一切相连的。一切都在一切里呈现。因此，同时我也是一切。没有我，一切不可能成为一切，没有另外的一切我也不能成为我。

这对我的生活方式又意味着什么？对我所感知的方式意味着什么？对我的存在方式又意味着什么？在每一个人身上我都看到所有人，因此我也在他们身上看到我自己。在我的内心我也感知到所有人，如他们每个人所是的样子。所有人在每个人那里遇见我，我也在每个人那里遇见所有人。

我怎么可能在拒绝他们任何事情的同时，不拒绝他们中的我自己呢？我怎么可能为他们开心的同时，不为他们中的我自己开心呢？我怎么可能祝福别人的同时，不祝福我自己和所有其他人呢？我怎么可能爱我自己的同时，不爱所有其他人呢？

当我们在每个人那里看到每个人，我们也在他们那里看到我们自己，我们在他们那里遇见自己，我们在他们那里找到自己。当我们伤害他人，我们便是伤害我们自己。当我们帮助他人，我们也是帮助自己。当我们阻挡别人的时候，我们也阻挡着自己。当我们贬低他人的时候，我们也贬低自己。那些真正会爱的人，爱所有人。

当我们真的爱他人，我们爱所有他人。因此，爱你的邻居便是爱所有人，包括爱我们自己。这是纯净的爱，充分的爱，因为一切包含了一切，尤其也包含了他自己。

伟大

最后，共振意味着：我爱每一个人。当我们和某人不和或者是抗拒某人，我们便与整体失去共振，我就无法在与整体的共振中进化。

那么解决方案是什么呢？我把我抗拒的一切放在我的内心。这便是爱每样事物、爱一切的方式。通过这样的爱，我变得伟大。这里的伟大又意味着什么呢？我承认我和所有其他人一样，他们也都和我一样。因此，我便和整体联结，因整体而伟大。

冥想1：我们的疾病在看谁？

现在你们可以闭上眼睛了。我来和你们做个小小的冥想，通过这个冥想你会自己体验到共振意味着什么，以及它是如何影响我们的内在的。

进入到你的身体，感知那让你觉得伤痛的地方、有疾病的地方，或者不是特别舒服的地方。很显然，伤痛或者不是很舒服便是与身体的不和谐。我们来和这些疼痛、疾病、这些器官一起躺下来。我们来感知这些疾病、这些器官、这些疼痛所凝视的地方。这个疾病在与谁共振？在和哪一个也许被拒绝、被遗忘、被看成魔鬼或者被评判的人共振？

我们等待，一直到我们可以进入这个移动，直到我们开始共振。也许，我们突然看到疾病所凝视的方向。比如，一个早逝的孩子、夭折的孩子、人工流产的孩子或者被送人的孩子，或者是被我们评判为罪犯的人，我们希望和自己一点关系都没有的人，或者我们的家庭不希望和他有任何关系的人。我们看着这个人，把他当成我们中的一员，和我们的疾病一起对他说："现在我看见你了。我和你一样。你也和我一样。现在我在我的灵魂里和在我的家里，给你一个位置。现在你又和我们在一起了，你是我们中的一员。在一个伟大的力量面前，你不比我们更好，也不比我们更坏。在这个伟大的力量面前，我们如同棋子，这个伟大的力量只是用不同的方式运用棋子。我们承认，你和我们一样，我们也和你一样。"

也许，我们还可以去看一些人，那些我们拒绝的人，那些让我们生气的人，那些让我们愧疚的人，那些伤害我们的人，我们对他们每个人说："可以。"我们再去感知我们身体的、灵魂的、爱的变化。

冥想2：作为孩子的我们在看着谁？

这是发展一种最终的共振意识的第一步。共振在我们内在起了什么作用？我们如何能通过共振，以完全不同的方式，去经历那些从前我们关闭的东西？

现在我们可以根据一些结论来继续我们的练习，请再闭上眼睛。

你看着仍然是孩子的自己，以及你作为孩子的行为。有时候你的父母为你感到担心，他们也许想：这个孩子好像哪里有点问题。他为什么会这样？为什么她如此退缩？为什么他有那么多恐惧？为什么她那么生气？那么没有耐心？为什么他不想学习？为什么她要放弃，就像一切都毫无希望一样？

就像一直以来一样，你看着这个曾经是小孩的你，你非常轻柔地进入这个小孩的灵魂：当你有这样或者那样的感觉的时候，作为孩子的你在看哪里？那个秘密的爱去了哪里？你在和谁深深地共振？是哪一个或者是哪一些人渴望获得你的关注？这样他们就会终于被看见和被爱了？

你可以对你的父亲或母亲，或者父母两人，或者其他的人说：请求你，和我一起看那里，怀着爱。然后你就可以承认，作为一个孩子，你有那么多的爱。和大家所期待的不同，你和那不被允许归属的人深深相连。你可以感知你曾经和现在都是多么地美好。

好吧，这是第二步。

冥想3：作为孩子的父母在看谁？

现在我们再往前一步。你们仍然和我在一起吗？这一步会更加深入，我知道，但是它会令我们丰富而广阔。你们现在可以再闭上眼睛了。

现在我们看着我们的父母。也许作为孩子，我们曾因为某些事情和父母闹别扭。我们希望他们有所不同。现在我们看着曾经是孩子的他们，看起来仍然是孩子的他们。他们在看着谁？谁被排除在外？谁被遗忘了？他们曾经与谁共振？他们仍在与谁共振？他们是如何成为他们现在的样子的？通过这种共振？通过深沉又秘密的爱吗？现在我们看着某个或者某一些我们的父母怀着爱和他们在一起的人，我们爱那些人，就像作为孩子的父母爱那些人一样，即使大部分是无意识的，这个深刻的移动朝向那些人，朝向那些我们的父母想要带回家的人。

　　我们允许这些人吸引我们的注意力。我们看着他们，对他们说："是的，我看到你了。我也在我的心里给你一个位置，怀着爱。"

冥想4：作为孩子的我们的伴侣在看着谁？

　　现在我们同样再往前一步。请再闭上你们的眼睛，如果你们愿意，看着你的伴侣，或者另外一个和你很亲密的人，希望和你保持联结的人。也许你对他某个行为感到不舒服。

　　现在看着这个人通过这个行为所看的方向。那是一个被排除的，也许被拒绝的或者被谴责的人？你看着你的伴侣或者另外一个亲密的人，看着他或者她所看的方向，怀着爱。

　　这些都是练习爱一切的一种方式。你可以感知到我们灵魂里的某些东西是如何因此而发生变化的吗？当我们允许自己对这些移动敞开心灵的时候，我们是如何开始成长的呢？

冥想5：我们自己的孩子在看着谁？

现在我还是继续再往前一步。你们可以再闭上眼睛了。

看着你的孩子，如果你没有孩子，看着亲属的孩子。尤其是那些让你感到担心或者行为不够友好的孩子。和他们一起去看他们的行为或者疾病所看的地方。是谁渴望通过他们被看见和认出来？他们在和谁一起进行爱的共振？你和他们一起去看向那里，一直到你也看见了那个或者那些人，也许突然，就像从一个深沉的梦境里醒来，突然就看见了。

爱所有人

还有人仍然怀疑所有的孩子都是美好的吗？怀疑作为孩子的我们也是美好的吗？怀疑作为孩子的父母也都是美好的吗？怀疑我们的孩子都是美好的吗？一切都是美好的。

这就是爱所有人。这点透过某种非常简单的事情展示出来。我们看着所有的人，在我们的心里给他们一个位置。

有一个内在的态度是与这点一致，那是一句很美的话：像我在天堂的父亲一样慈悲。他让阳光照耀好人和坏人，他让雨水同样洒落在公义与不公义的人身上。为什么？因为他与所有人共振。

家庭的灵魂

根据新的洞见，通过这个工作所显现的是我们都深植于一个更大的灵魂，深植于一个家族的灵魂里。那么我们也提到灵性场域，虽然这个词无法解释太多与家庭灵魂的联系，但是家庭灵魂仍然在一些其他的联结里扮演重要角色。

灵性场域是一种带着某种意识和了解的场域。它是一种觉知。在这个场域里有一种想要让分离的东西回归的移动。这个移动是有意识的移动。这个场域有一种清晰的目标，就是要把某些东西领向觉悟。因此，我更愿意谈论一个更伟大的灵魂，一个共享的灵魂，一个我们共同经历的、联结所有归属的人的灵魂。

通过一定的行为，我们意识到有些事情需要我们去关注。如果我们去关注，有些东西就会在这个场域里回归序位。这个序位会自动重建，因为被排除和被遗忘的人开始进入我们的意识。这也会影响到那些想要与分离的人联结的人的灵魂。人们会从错乱的序位里解放出来。

这些移动是爱的移动。很多行为，尤其是那些让我们顾虑的孩子的行为，通常是深深的爱的移动，某些东西渴望透过这些行为获得我们的关注，回归序位。当孩子的父母留意到这些，并且将序位在他们的内在回归，那么整个家庭就会获得新的力量。最重要的是，不再有人需要通过令他们感到沮丧的行为，让被排除或被遗忘的人获得关注。所有人获得一个更深层的、从纠缠里释放出来的自由。

让隐藏的爱显现

经常透过孩子的行为显现出来的，即使是相当难处理的行为，都是某些系统中所需要的东西。但是那太难了，另外一些人不想去看它。孩子就会自己承担起来去帮助他人。孩子怀着爱去看那些被排除的人。在行为的背后，是隐藏的爱在工作。因此，在我们与那些有困难的孩子的工作中，我们不会太多看孩子，而是和孩子一起去看。我们看孩子看的地方。然后一个疗愈的移动开始运作，使孩子获得解放，因为现在其他人也开始看着需要去看的地方。孩子不再需要代表别人去看那些地方，也不再需要展示那些令人困扰的行为。这是我们努力帮助孩子的过程中一个非常重要的模式。

当我们去思考那么多所谓的"困难的"孩子身上到底发生了什么，当他们被药物治疗，就像他们功能失常了一样，我们其实忽略了他们的爱。事实是，他们在帮助其他人，帮助那些大人。因此，我们在此经历的帮助孩子的方法是完全创新的方法，这开辟了新的道路。然而，我们需要不再继续我们浮浅的专注于孩子的方法，才能有创新。我们去重新聚焦于那些吸引孩子的东西，那些孩子渴望替代成人去成就的东西，然后孩子就会从他们的重负里解脱出来。

父母，以及所有卷入其中的人，都必须改变他们的关注点。他们必须去看直到现在他们都还没有去看的东西。这会开启父母内在的成长。当父母有意识地去承担起孩子无意识承担着的东西的时候，孩子就自由了。然后作为一个家庭，他们可以一起去看那被排除的人，为了所有卷入的人的利益。

家庭的序位

这是系统教育学，一种完全不同的教育学。这是这个工作的秘密。这是一种特别的帮助人的方法。我在这里帮助孩子从纠缠中解放出来，我也让一些东西在他们的家庭系统里重建序位。

家庭的无序总是一样的：归属于家庭的成员被排除在系统之外了。还有一些归属于家庭的人是这个家庭并不知道的，比如家庭成员的受害者。当某位家庭成员卷入他人的死亡，也许是故意的行为，那么这个死去的人也归属于这个家庭系统了。他们会出现在家庭里，产生影响，并且经常通过孩子获得关注。那么这个孩子就会去看他们。如果大人不去看，孩子的行为就会一直让大人困惑。那些真正关心孩子行为的人必须去看，然后无序就可以移向有序。

序位总是和完整有关。被排除的人必须重新回归。这是在我心里的首要工作，无论现在还是未来。这是用一种包含一切的方法帮助灵魂，帮助死去的和活着的人，帮助生命。这种方法为其他的联结开启了新的视角，带着这个新的视角，就会比较容易去帮助孩子和他们的父母。

心照不宣的爱

孩子们有一个想法，认为他们能够并且可以，为他们的父母或者祖先做些事情来帮助他们，这是给孩子制造麻烦的深层原因。这给孩子和他们的父母带来了无穷无尽的问题。要理解这点，我们必须了解不同的良知之间的区别。

好与坏的良知

我们通过愧疚和清白来感知我们的良知是好的良知还是坏的良知。许多人认为这跟好与坏有关。但不是这样的。这与我们跟家庭的联结与分离有关。每个人都直觉地知道她或他必须要做什么才能归属于家庭。如果孩子的行为与之相应，他或她就会有一个好的良知。所以，好的良知意味着：我感觉我有权归属。

如果孩子的行为与之偏离，或者我们偏离，我们就会有害怕失去归属权的恐惧。这种恐惧被称作坏的良知。坏的良知意味着：我害怕我会失去我的归属权。

不同的群体有不同的良知。甚至不同的人有不同的良知。因此，我们有关父亲的良知和有关母亲的良知是不同的，我们在家里和在工作中的良知也是不同的。所以，我们的良知是不断变化的，因为我们的感知对于归属于不同的群体和不同的情况下，需要做的事情是不同的。通过我们的良知的帮助，我们可以区分那些归属于我们的人和不归属于我们的人。通过将我们与我们的家庭联结，我们的良知拉开了我们与他人的距离，加固了我们与他人的分离。因此，通过我们的良知，我们对其他人、其他群体有拒绝的感受，因为这些感受都与归属有关，而不是与好坏相关。

这是良知的一种，这是我们可以感觉到的良知。通过这个良知我们区别好与坏，但总是与一个特定的群体相连。

纠缠

但是现在有一种隐藏的良知，一种古老的、集体的良知。这种良知遵循另外一种我们无法感知的定律。这种集体的良知是一种群体良知。它负责群体内的一切保持有序，在一个更大家庭里的有序。

在这个序位里的第一个定律是每一个归属的人都有权归属。这是最基本的定律。但是由于我们所感知的良知，我们将一些人排除在我们的家庭之外，那些我们认为坏的人，那些让我们感到害怕的人。我们排除他们，因为我们觉得他们对我们来说太危险。

所以现在我们有一个良知的矛盾。这个我们感知到的良知，我们以此排除他人的良知，却被别的良知所评判。这个良知声明没有人可以被排除。那么在这个我们没能感知的良知之下，有人被判定去模仿那个被排除的人，但是这个人并不知道他在模仿别人。这就是纠缠。

所以我们可以理解那些在我们看来行为异常的孩子，或者有自杀倾向，或者吸毒，无论什么情况，他们的任务是要去联结被排除的人，他们的负累是必须去模仿他们。这些孩子是与这样的人纠缠了。因此我们无法帮助他们，除非其他家庭的人也去看那个被排除的人，把他们领入家庭，放入他们的心里。当这一切发生，孩子就会从纠缠里解放出来。

为了帮助孩子，仍然对某些人生气，或拒绝某些人的家庭成员必须怀着爱转向这些人，让他们回归家庭。

这是很多孩子困扰的背景，也是父母关于孩子的顾虑。

盲目的爱

这个良知仍然有另外一个定律。这个定律也会给孩子带来麻烦。这个定律声明，那些早期归属于家庭的成员拥有比后来的家庭成员优先的权力。这意味着有一个优先的序位，这个优先序位必须被服从。

很多孩子认为他们有权利帮助父母做些什么，但这是对这个定律的冒犯。那么在这个良知的影响下，孩子用一种内在的语言对母亲或者父亲说，"我来为你承担这个""我将为你赎罪""我将为你去死""我来为你生病"等。所有这一切都来自于爱，但是那是一种盲目的爱。这些会导致各种行为，比如吸毒、自杀倾向和攻击性行为。这些行为和这些让他们冒生命危险的方式，都和他们试图替父母承担某些东西有关。这冒犯了优先的序位，也冒犯了爱的序位。

序位重建

一旦我们了解了这些序位，我们就可以重建它们。这意味着，父母或者其他相关的人，承认他们行为的后果。那么孩子也就自由了：他或者她不再需要为他人承担。

对优先权序位的冒犯被这种良知惩罚。这意味着，任何想要为父母或者其他早期家庭成员承担一些东西的孩子会失败。不去试图为父母或者其他早期家庭成员承担将会成功。那注定是失败的，并意味着所有人都失败。我们必须知道这点，必须非常清楚这点。这样我们才能指导孩子走出困境。我们首先看父母，我们让父母解决问题。然后孩子就会从中解脱。一旦父母解决了自己的问题，孩子就平静了，他们会感到安全。

无论什么时候我们想要帮助有困难的孩子，这是我们需要记住和理解的基本定律。

命运

我想谈一点与之相关的愧疚，不是从道德的意义上讲，也远非出自于我。但我们经常因为某人因我们受苦而感到愧疚。比如人工流产的情况，父母会有愧疚的感觉。或者当一个难产的孩子留下后遗症，母亲可能有愧疚的感觉。

有两种方法处理这两种愧疚。一种方法是去感觉愧疚。感觉愧疚意味着，我没有看那个被我伤害的人。当我感到愧疚，我看的是我自己。我对某些事情感到后悔，我认为我本来可以做得不同，然后我就有了这种愧疚的感觉。

感到愧疚是替代实际行动。那些感到愧疚的人什么也不做。他们保持消极。而另外那些处于类似情景的人则采取行动。

有一个很好的处理愧疚的方法。我们看着所发生的一切，发生的方式，然后我们说："我同意事情就是这样，我同意这个结果，同意所有的结果，无论会因此发生什么。"这样我们就不再有愧疚的感觉，并获得去做某些事情的力量。愧疚通过行动，以一种美好的方式被升华。

当我们感到愧疚，有些其他的事情需要考虑。在愧疚的背后是傲慢。我们假设我们可以自由地以某种方式做某些事情。

现在我们超越死亡去看那些让我们感到愧疚的死者。我们想象他们躺在我们面前。然后我们看着那远远超越他们的命运，比我们伟大的命运，我们请求命运眷顾他们，也眷顾我们。我们感到不同了吗？

然后那些死去的人就有了一个视角，并从这个视角找到宁静。他们都被安全地照顾，所有人都被同等地照顾。

冥想：超越好与坏

海灵格对一个妹妹和父亲都是精神病患者的女人说：闭上眼睛。现在你看着上帝。但不是那个很多人都害怕的上帝。看那个更伟大的上帝，他那更伟大的力量引领着一切。当我们承认它的存在，那个力量会把我们领向更美好。这意味着，我们不是把自己放在这个力量的位置去关心别人。你不断地看这个方向，不要被你的精神病患者家庭成员所打扰。你怀着爱去看这个力量，持续地看，不要移动。

当那些精神病患者看着你，那并不会帮助他们，因为你总是看着同样的方向。突然，他们就会和你一起去看同样的方向。

海灵格：你怎么样了？

女人：我现在非常能感觉到自己的内心。

海灵格：好吧，祝福你。

海灵格（对大家）：我们也可以用这种方式去帮人，非常简单，通过进入一个内在的移动。我和她做的这个练习超越了对好的力量和坏的力量的恐惧。我们害怕有些力量是与另外一些力量矛盾冲突的，我们必须保护自己不被坏的力量伤害。我们通过超越好坏来保护我们，去看着那个让一切平等地为其服务的伟大力量，我就可以永远不被那些我们认为坏的东西阻挡，无论他们说什么或者做什么，或者无论他们被如何评论。当我们只是看着这唯一的力量，这个有磁铁般吸引力的方向。突然，他们也去看那里，然后他们释然轻叹。

第三章 另一种表达方式

录自在杜伊斯堡与语言障碍人群工作的工作坊。

语言障碍

在许多语言障碍的背后都有一个未被解决的家庭矛盾。比如也许家中有人不应该在那里或说话，或者有人被当作秘密保守不被人知道，或者被送人。或者有两个人一直保持无法和谐地对立，比如一个施害者与他的受害者。结果，某个后代中的人就会同时代表双方，因此无法让其中任何一个独自表达。那么这个人就会开始口吃。

所以，口吃常常和精神病一样有类似的系统背景。当精神病状况下未解决的矛盾表现为困惑，口吃背后的系统矛盾却是通过某个结巴的人的语言障碍表现出来。语言障碍的人的解决方案通常和精神病人的解决方案一样。未能和解的家庭成员被相对排出，直到他们承认对方并达成和解。当真正的矛盾显现出来，有语言障碍的人或者精神病患者便可以把问题留在它归属的地方，并从中解放出来。

口吃也可能有其他的背景。我们经常会观察到口吃的人在开始口吃之前总是看左右两边。这意味着，在开始口吃之前，他们在看一个内化的影像，或者更准确地说，是一个让他们感到害怕的内化的人，他们在这个人面前结巴。在家庭排列的时候，口吃的人可以公开地面对这个人，尊重他或者她，直到另外一方也回报和表达爱。这个口吃的人就可以看着这个人的眼睛，清楚地表达他们的感受和他们想要从那个人那里获得的东西。

有些时候，口吃以及其他的语言障碍问题隐藏着一个渴望公开的秘密——比如一个没有人知道的孩子。当这个秘密被揭露或者被清楚地看见，之前的障碍就会清除，孩子会开始流畅地表达。

恰当的语言

我想说点关于语言的东西。当我们说些什么的时候会发生什么？恰当的语言有什么作用？当一个孩子第一次说"妈妈"，你能感觉到那意味着什么吗？你能注意到这和之前阶段的不同吗？这句"妈妈"对这个母亲意味着什么？她变了，有些东西因为孩子所说的这个词发生了变化。当孩子成功地说出这个词，某些东西也在孩子的内在发生了变化。从母亲到孩子，从孩子到母亲的关系都发生了变化。这个词创造了一个新的世界。一种新的关系在这个词里欢庆成功。当某人第一次对另外一个人说出一个熟悉的"你"的形式（du，tu，ti，ty；一种在多数欧洲语言里存在的形式），某些东西便发生了改变。

那么，当我们用恰当的方式说某些东西的时候会发生什么呢？我们经常很长时间地思考某种联系，无法理解它。但一旦我们掌握它，它便浓缩成可以用一个字表达的真理。唯有那些被理解的东西才能被表达出来，并且有某种特别的作用。它会改变一些东西。这就是与唠叨的不同。那些唠叨的话语不会改变任何东西。相反，他们打扰了真正的理解。当某些东西被理解，他就能被表达出来。这样的语言是有力量的。

在家庭排列里，经常一个词或者一个句子就够了，或者仅仅是一个字、一句话。这个字或者这句话有改变一些东西的力量。只有当助人者掌握了那句可以改变一些事情的话，并且让这句话从案主嘴里说出来，然后有些东西发生改变，这句话具有创造的能力。

最棒的语言来自沉默。他们需要时间成熟，直到他们变成从知识的大树上成熟坠落的果实，他们是洞见的语言。

当一个人在语言方面受阻，那么这个人也一样在与他人的连接方面受阻，尤其是——这是我的印象——在与父母的关系方面受阻。

还有另外一些东西需要记住，如果一样东西没有被正确地表达，就不能被充分地展示。让我们来说一个简单的词，比如"玫瑰"。当我们掌握了它，并把它说出来，玫瑰的本质便不同了。它不再是从前的玫瑰。在这个词里，一件未完成的事情、一段未竟的关系和一个不完整的状况，被带向某种更伟大的东西。它被这个词赋予了灵魂。

当我们让这一切沉淀，当我们说话的时候我们会变得好奇，恰当的表达在恰当的时候寓意更深。

当我们考虑这些，我们会更加关注一句话将产生的作用。在我们说出之前，我们在内心倾听，了解它的作用——了解它对我们自己灵魂产生的作用，对他人灵魂产生的作用。

经常当我们和某人一起工作，我们不允许讲任何话。我会打断想说话的冲动。这有什么作用？这也许是准备合适的语言和重要的讲话。

这里还有另外一个区别，语言对问题有什么作用？语言对行动有什么作用？语言对解决方案与和解有什么作用？他们的作用有何不同？

当我们允许人们讲他们的问题，我们经常阻止了解决问题的语言出现。

第三章　另一种表达方式 | 99

拒绝

海灵格（对一个案主）：你的议题是什么？

案主：是关于我女儿。

海灵格：她怎么了？

案主：她讲话讲得不好。

海灵格：她多大了？

案主：6岁了，她有很棒的……

海灵格（打断了他）：不，我现在要做什么呢？

案主：把她和她的母亲排出来。

海灵格：正是，你学得很快。

海灵格：我们尝试一下。我们还不知道，但是我会从这里开始。

海灵格让这个案主选择了母亲的代表。海灵格选择了女儿的代表，把她排在她母亲的对面。案主说他的妻子也在场。海灵格让她坐在丈夫的旁边。过了一会儿，海灵格让母亲转过身。

海灵格（对母亲的代表）：这样感觉怎么样？好一点还是更糟糕？

母亲的代表：好一点。

海灵格（对母亲）：问题在哪里？

她对女儿的代表点头。

海灵格：哪里？我们可以从这个排列看出来。

母亲：我并不这么看。

海灵格：那么我们在这里打断。

海灵格（对代表）：你可以再坐下了。

海灵格（对大家）：我们在这里获得了另外一个有关语言障碍的洞

见。当孩子想为其承担的人不愿合作的时候，孩子无法获得帮助。

打断

参与者：我的问题是，在家族排列中的中断是一种干预，也是一种理解上的改变的开始吗？

海灵格：你看得很对。中断只是表面的，是为改变所做的准备。

海灵格（对大家）：这是一个很难的工作，需要高度的专注，也需要你高度专注，也许还需要新的思考。

继续

海灵格（又对母亲）：我会从你开始。

海灵格（对大家）：之前当我让她的代表转过身去的时候，孩子开始发抖。孩子害怕母亲。

海灵格（对母亲）：难道她不是一个亲爱的孩子吗？

　　母亲擦去眼泪。

海灵格（对大家）：很清楚，这个孩子的问题并非来自孩子与母亲的关系，而也许与母亲的原生家庭有关。

海灵格（对母亲）：你知道孩子害怕什么吗？

　　母亲摇摇头。

海灵格：她怕你会杀了自己。

母亲：为了谁？

她开始哭泣，并用防御的姿势挥动手。

海灵格（对大家）：我说的话是否已经触动了她的灵魂？

海灵格（过了一会儿对母亲）：我认为在我们继续工作之前还需要等待，好吗？

她点头。

海灵格（对大家）：现在我稍微改变了下土壤，我要等那个小植物再长大一点点。

解决方案

海灵格（对母亲）：现在我要再次和你一起工作，这是最后的机会。

海灵格让她坐在他的身边，和她的丈夫一起。

海灵格（对大家）：当一对夫妇分手，那也会产生干扰。

海灵格（对母亲）：我今天早上对你说什么了？你的孩子害怕什么？为什么她会发抖？

母亲：因为我想走，但我不想。

海灵格：因为她害怕你会杀了自己。这是深层状态。你的原生家庭发生了什么事情？

母亲：我的原生家庭什么事情也没有发生。

海灵格：当然，什么也没有，连孩子都没有来过。

母亲笑了，然后开始哭泣。

海灵格（对这对夫妇）：你们俩之前有人结过婚吗？

女人摇头，男人点头。

海灵格（对丈夫）：之前的关系里有孩子吗？

丈夫表示没有。

海灵格：所以问题来自她的家庭。

海灵格（对大家）：我会做个简单的测试看问题是来自孩子母亲这边还是父亲这边。

海灵格选了一个男人和一个女人作为母亲的父母代表，并把他们排了出来。

父亲看着旁边，母亲看着前方。海灵格观察两位代表。

海灵格：基本上是在母亲这边。

当他这样说的时候，孩子的母亲看上去非常感动。

海灵格（对母亲）：你母亲的家庭怎么了？

母亲（深呼吸，发出悲叹）：我知道我母亲在我之前有过一次流产。她当时还和我父亲没有任何关系。她很爱那个人，却不能和他结婚，她到今天还在说起那个人，她说她看到他的时候腿都发抖。某种程度上来说，我的母亲从来没有活在当下。

海灵格： 这只是前景，她的家庭有什么事情？

母亲： 我对我母亲的家庭知道很少，她有个同父异母的姐姐，一直到她想结婚的时候她才出现在我们家庭里。她作为同父异母的姐姐来到这个家庭里。她是最大的，家里有三个姐妹，如果算上这个最大的姐姐，我的母亲是中间那个，这个姐姐是我外祖父婚外情的结果。这个姐姐把一个孩子给了别人领养，在美国。这就是我所知道的关于我母亲的家庭的事情。

海灵格： 这已经很多了。这个家庭里谁想自杀呢？首先，外祖父，然后同父异母的姐姐，第三个是那个被送走的孩子。

母亲哭了。

母亲： 我总是觉得我没有位置。

海灵格： 正是，但是那些没有位置的人是你母亲的同父异母姐姐，她的孩子以及她的母亲。她们在这个家庭都没有位置。

母亲： 同父异母的姐姐的母亲也不在，是的。

海灵格（对大家）： 现在我要从一个与她无关的很久之前开始。

海灵格选了一些代表：案主的外祖父、外祖母、同父异母姐姐的母亲、同父异母的姐姐，还有同父异母姐姐被送人的孩子。他让他们并排在一起。

海灵格让案主来排这些代表。当她在犹豫的时候，海灵格让她再等等。然后，他将外祖父和其他人排开。

海灵格（对外祖父）： 现在你感觉好点，还是更糟了？

外祖父： 好些了。

海灵格： 正是。

海灵格（对案主）：他是第一个想要自杀的人。

现在案主开始排代表。

当案主排完外祖父和外祖母，海灵格将外祖母带向她所凝视的方向，他把她排得很远。

海灵格（对外祖母）：现在你感觉怎么样？好些还是更糟？

外祖母：更好了。

海灵格（对母亲）：她是第二个想自杀的人。

海灵格将外祖母带回她在排列中的位置。现在案主还在排其他人：外祖父的第一任妻子和同父异母姐姐相对而站，外祖母站在祖父的后面，但是她眼睛并不看他。那个被送人的孩子远离所有人站着，看着远方。

现在海灵格排出案主和一个案主女儿的代表。两人都站在一边，面朝对方。案主看着地面。海灵格让另外一个代表躺在案主面前的地上，代表一个死去的孩子。案主开始说话。

母亲：在她躺倒之前，我想要把身体蜷起来，让自己变小。

海灵格（对大家）：你们注意到她的唠叨是如何带走了能量和严肃吗？

案主点头。

海灵格：这是你死去的孩子。

母亲（转过身对海灵格）：是的，是有一个。

海灵格：正是，他就在那里。

海灵格（过了一会儿，对案主的女儿）：躺在那个孩子的旁边。

海灵格（对女儿）：你在那里感觉怎么样？好一点还是更糟？

女儿：好一点。

海灵格（对大家）：我们可以看到她发出了一声如释重负的轻叹。

海灵格（对女儿）：看着你的母亲，对她说，"我会为你而死。"

女儿：我将为你而死。

过了一会儿母亲跪在两个孩子中间哭泣。她把两个孩子搂在怀里。海灵格干预并让女儿站起来。母亲轻抚死去的孩子，拥抱孩子，并把孩子拉向她，两个人轻轻的拥抱。

海灵格（对女儿）：你现在怎么样？

女儿：非常好。

海灵格：正是，现在你不需要介入她们之间了。

母亲仍然非常温柔地拥抱着死去的孩子。

海灵格（过了一会儿，对女儿）：现在你怎么样？

女儿：还是非常好。

海灵格：现在，从这里出来。

海灵格（对母亲/案主和代表们）：我们在这里停下吧。

海灵格（对大家）：之前发生的对现在来说不再非常重要了。那些更近的东西非常重要，即使其他的事情也很重要。

海灵格（对案主/母亲）：我可以结束了吗？

母亲（显然轻松了）：是的。

海灵格：是的，就是那样。

海灵格（对大家）：在家族排列里，如果观察确切发生的事情，我们可以立即收到一些非常重要的启示。当女儿站在排列里,她立刻去看地面。

海灵格（对案主）：当我排你的时候,你并没有看其他人,而是立刻去看地面。通过这点就很清楚：这里就是重要的事件。

海灵格（对大家）：我们不需要寻找到底发生了什么。有什么意义呢？跟我毫无关系。我想要给这个女儿找到解决方案。

海灵格（对案主）：好吧？

她点头。

海灵格（对大家）：很危险的事情就是,有人来问案主发生了什么甚至试图安慰她。这些都是软弱的助人者,我们可以说他们是软弱的助人者,奇怪的事情是,当他们这么做的时候,他们感觉更好。比如比我感觉好,也比案主感觉好。

但是他们承担了多少责任呢？什么也没有。他们通过安慰别人满足自己。这是一种榨取。如果我们仔细看看,这就是吸人膏血,只是牙齿隐藏起来了而已。

你疯了吗？

海灵格（对一个年轻男子）：我和你一起工作。

青年男子带着一顶小编织帽。他坐在海灵格旁边,身体前倾,看着地面。

海灵格（过了一会儿）：你——疯了吗？
年轻人（看着海灵格）：没有。

然后他又去看地面。过了一会儿他眼睛挪向右边，又从右边挪到左边，双手烦乱不安。然后不自然地笑了笑，他很快地看了一眼海灵格，然后又迅速地转过头，对人群笑。

年轻人不停地微笑，摇头。

海灵格（过了一会儿，对大家）：他疯了。

当大家笑的时候，海灵格示意大家停下。

海灵格（严肃地）：当然，他是疯了。

这个年轻人也变严肃了。

海灵格（对这个年轻人）：你已经愚弄了多少人和多少助人者？

年轻人偷偷地看了看四周，笑了。海灵格也笑了。

海灵格（对他）：我先在这里停下来，好吗？

年轻人回到他的座位上。

海灵格（对大家）：我刚才做了什么？我已经剥夺了他的力量。

年轻人笑了，就像被逮住了似的。大家也都笑了。

我是你们其中一员

年轻人又回来了,但没有戴那顶小帽子。

海灵格(对大家):他今天把那顶傻帽子给脱下了。这非常好。
海灵格(对他):你做得很好,坐直了,再直一点。

这个之前严重弯曲的年轻人,现在坐直了。

海灵格:这很适合你。
海灵格(对大家):我要做点教育工作。

年轻人笑了。

海灵格(对主办方):我要你去查查他是否是被领养的?
主办方:他3岁之后就到了寄养家庭。
海灵格(对年轻人):你的父母怎么了?
年轻人(结巴着):我的父母是酒鬼。他们现在怎么样我并不清楚。
海灵格:你知道他们在哪里吗?
年轻人:不知道。
海灵格(对大家):好吧,就当这只是个给你们的练习。如果他和他的养父母在一起,他又想和父母在一起并且很爱他们,会有什么样的反应?
海灵格(对年轻人):你觉得你可以做这个练习吗?

他想了很久,然后摇摇头。

海灵格:正是,不能。
海灵格(对大家):他被困在养父母和亲生父母之间的矛盾里。他除了说话结巴之外，还能做什么呢？

海灵格（对年轻人）：你能理解我在说什么吗？现在我们该继续吗？

他点头。

海灵格选了养父母的代表，他亲生父母的代表，将他们面对面排着。然后他将年轻人排在他们中间。年轻人看着地面。

海灵格：他站在那里似乎感到愧疚。

海灵格（对他）：也许你认为你给父母带来了厄运。他们应该怎么样对待你呢？

他继续看着地面，海灵格把他带到亲生父母那里。他站在他们面前紧握拳头，但他并没有看他们。

海灵格（对大家）：看他的手。你会看到攻击性。当一个3岁的孩子被从父母身边带走，会发生什么呢？他会愤怒。

年轻人往后退。

海灵格：我要你说一句很难的话。

他点头。

海灵格："为了你们，我让出位置。"当说话的时候请你看着他们。

年轻人（流利地）：为了你们，我让出位置。

海灵格：他居然说得一点也不结巴？

海灵格（对他）：再说一遍。

年轻人：为了你们，我让出位置。

他慢慢地往回挪，看着地面。

海灵格：再看着你的父母，对他们说，"你们仍然是我的父母。"
年轻人（完全流利地）：你们仍然是我的父母。
海灵格：在我心里，你们和我在一起。

他还是看着地面。

海灵格（过了一会儿）：再看着他们说，但我十分想念你们。
年轻人：但我十分想念你们。

他再次紧握拳头，更深地垂下头，看着地面。

海灵格：告诉他们，"我只是个孩子。"
年轻人：我只是个孩子。
海灵格："没有愧疚。"
年轻人：没有愧疚。
海灵格："你们是父母。"
年轻人：你们是父母。
海灵格：看着他们。

他看着他们，更深地垂下头，看着地面。

海灵格：看着他们说，"请求你们。"
年轻人：请求你们。
海灵格：跟随你内在的移动。可以的。

他慢慢地走向他们，搂住父亲。他们满怀爱意的拥抱。但他的拳头始终握着。他站在父亲的旁边，眼睛又看向地面。

海灵格（对年轻）：看着你的养父母，对他们说，"这是我的位置。"
年轻人：这是我的位置。
海灵格："无论那会让我付出怎样的代价。"
年轻人：无论那会让我付出怎样的代价。
海灵格："这是我的位置。"
年轻人：这是我的位置。
海灵格（过了一会儿，对亲生父母）：现在你们对他们说"谢谢你们"。
父亲：谢谢你们。
母亲：谢谢你们。

年轻人又去看地面。然后他站在父母的后面。

海灵格选了一个女人，让她仰躺在父母面前的地面上。

母亲看着儿子，并不看死去的人。然后她看着丈夫。他们握着彼此的手。母亲将头靠在父亲的肩上抽泣。父亲看着死去的女人，年轻人紧握的拳头现在放松了。

海灵格（过了一会儿，对母亲）：告诉你的儿子，"你是无辜的。"
母亲（看着儿子）：你是无辜的。
海灵格："我是有罪的。"
母亲（非常感动，用微弱的声音）：我是有罪的。

她看着她的儿子。他慢慢地走向她，拥抱她。父亲拥抱他们两个。年轻人将头靠在父母的肩膀上，温柔地拥抱他们很久。过了一会儿海灵格让他放开父母，往后退几步，在他们面前跪下。

海灵格：看着他们说，"我在这里只是个孩子。"
年轻人：我在这里只是个孩子。
海灵格："我仍然只是个孩子。"
年轻人：我仍然只是个孩子。
海灵格（对大家）：当他之前去到父母那里，他表现得像个大人。他为他们肩负了双重的责任。愧疚是其中一个重担，这表现在他紧握的拳头上。同时他又与受害者相连。这是精神病的动力，同时与施害者与受害者相连。

海灵格（对年轻人）：现在你解放出来了。你只是个孩子。把愧疚留给属于它的地方。

他又去看地面。

海灵格（对大家）：他为他的母亲看着受害者。是他引发了这一切，我信任他。他知道这点，是他在引领。

海灵格（对年轻人）：你好。

年轻人笑。

海灵格：现在你脱离了这些，可以高高地站着了。

海灵格带着他从受害者面前经过父母。他让父母转过身去。

海灵格（对年轻人）：现在你也转过身。

海灵格让他离开受害者，转向人群。

海灵格：看看那些人。

他看着，很严肃。

海灵格（对大家）：他看起来就像在监狱，他并没有足够的勇气。

他的脸突然放光，他笑了。

海灵格：对他们说，"我是你们中的一员。"
年轻人：我是你们中的一员。

人群中响起笑声和掌声。

海灵格（对仍然朝下看的他）：你也可往上看。

他站直，目视前方。

海灵格：正是。就是这样。
海灵格（对代表们）：感谢你们。
海灵格（对仍然躺在地上的死去的女人）：你怎么样？
代表：我死了。

她慢慢地站了起来。

海灵格（对大家）：这个死去的女人显然是父母的孩子。
海灵格（对年轻人）：这是你的同胞。在你心里给这个同胞一个位置。

错误的助人方法

海灵格：不去认同任何人是爱的序位的一部分，我们不站在好的或者坏的一边，也不站在施害者或者被害者一边。最重要的是，我们不能像个孩子一样凌驾于父母之上。

这个年轻人在与父母的关系里越位了。他在内心对他们说：我来为你们承担。我引导他回归他作为孩子的位置。这对灵魂有一个特别的影响。当孩子从想要为父母做些事情的优越位置退下来做回孩子的时候，他们常常感到愧疚。

助人者也必须做同样的事情。他们不能像孩子一样去帮助父母。那些拼命地想要寻找解决之道的人就是选择了越位的傲慢态度。

我在这里说的内容是革命性的，想一想我们可能在歧途上迷失多远，如果我们相信我们必须去帮助，并且我们也被允许这样做。

我曾经听到一句话，总结起来是："那些有同情心的人是在责备上帝。"

秘密

海灵格（对一个女案主）：你有什么问题？

案主：我的两个孩子正在学习怎样更清晰和准确地说话。

海灵格：孩子多大了？

案主：三岁半和四岁半。

海灵格：有什么问题？

案主：他们说话不清楚，也说不准确。吐字不清。

海灵格（对大家）：我不能理解她，你们能理解吗？

海灵格（对案主）：谁需要说话更清楚？

案主：我需要。

> 他们彼此对视很久。然后她看着她面前的地板。

（当她想说些什么时）海灵格：不要动，承受它。你已经在那个情景里了，继续那样观看。

（当她想转向他）海灵格：不要动，承受它。

> 她开始哭泣。

海灵格（过了一会儿）：现在请清楚地说说是什么情形。

案主（不清楚地）：我想被允许说到底是怎么回事。

海灵格：我什么都不明白。

海灵格（对大家）：你们明白吗？

海灵格（对案主）：愤怒地说出来。

案主：我想说真相到底是什么。

海灵格：说真相！

案主（哭了）：让我说话！听我说话！

海灵格：你还没有准备好清楚地说话，我在这里打断，好吗？

> 她点头。

海灵格（对大家）：无论如何，孩子不再有负累了。在我生命的早期，当我还年轻的时候，我总是寻找解决方案。现在我已经放弃很久了，我只是让一些东西显现，仅此而已。然后我后退，让一切按照他们自己的轨迹发展。

继续

海灵格（对案主）：我再来和你工作一次。你现在情况更清楚一些了吗？

案主（不清楚地）：是我的父母和我的外祖父，我母亲的父亲。

海灵格：你可以再说清楚一点儿吗？

他们俩都笑了。

案主：是的，是关于我的父母和我的外祖父。就是这样。

海灵格：他们怎么了？

案主（不清楚地）：有些不和谐。

海灵格：对不起，我不能理解你的意思。

两人又都笑了。

案主：有不和谐，没有和谐。他们互相攻击。

海灵格（对大家）：如果这是问题所在，她应该可以清楚地说话。

海灵格看着她，她看着地面。

海灵格：那个说不出来的秘密是什么？

她继续看着地面。

海灵格：保持那样，就是那样。

海灵格让一个女人躺在她看着的面前。案主还是坐在海灵格身旁。案主看着这个死去的女人，被迷住了，一动不动。

海灵格：你的两个孩子是女孩还是男孩？
案主：一男一女。
海灵格：大的那个呢？
案主：男孩。

海灵格选了一个代表男孩、一个代表女孩，让他们面对着死去的女人。
孩子坚定不移地看着死去的女人。

海灵格（对案主）：看起来死去的人是这两个孩子的同胞。

案主一言不发地一直看着死去的女人，仍然着迷一样。儿子走向死去的女人，跪在她面前。然后他起身，跪在远一点的地方。

海灵格（看到案主似乎想动）：跟随你的内在的移动。

她跪在死去的女人身边。这个女人开始哭泣，案主弯下腰，抱着她，然后扫视她的孩子，哭了起来。她再次弯腰抱死去的女人，然后坐直看着死去的孩子。女儿往后退，然后转过身去。儿子靠近母亲，紧紧地握着她的胳膊。女儿离开讲台，似乎希望完全消失。

海灵格：我在这里打住。

案主再次坐在海灵格身边。

海灵格（对案主）：你知道这个死去的女人是谁吗？

案主：也许是我的孩子，我失去的孩子。

海灵格：你失去了一个孩子吗？

案主：是的，我流产过一次。

海灵格：应该还有更多。有一个奇怪的错位。其中一个孩子，这个儿子，突然表现得像那个孩子的父亲。

案主哭了，看着她面前的地面。

海灵格（对大家）：我们可以看到她已经看到那个情形。她的灵魂正看着那里。像这样的情况都是谋杀。

长时间的沉默。

海灵格：谋杀发生在什么地方呢？

案主：我看到我的外祖父。

海灵格：发生了什么？

案主：我看到我的外祖父和一个姐姐，我的姐姐。我看到这个姐姐，我并不认识她。

海灵格（对大家）：现在她说话非常清晰——这很了不起。

海灵格对案主：你正在揭示一些重要的东西。

她开始哭泣，并看着同一个地方。

案主：我的母亲曾经有个孩子，那个孩子本来应该是我的同母异父的姐姐，但是我的外祖父毁了她。

海灵格：毁了她？

案主：他绞死了她，这是我看到的。

海灵格： 这就是那个无法诉说的秘密。

案主大声地哭泣。

海灵格要求那个死去的孩子的代表站起来，他把她作为案主的姐姐排在了案主的对面。

案主往前向死去的姐姐迈了一步，并向她张开迎接的双臂。姐姐看向一边，并且往后退。案主又往前靠近她一步，姐姐转向一边。

（当案主还想往前靠近）海灵格： 等等。

海灵格又选了一名外祖父的代表，并将他排在死去的姐姐面前。

当外祖父刚站在她的面前，这个姐姐开始哭泣并往后挪，然后她转身。她双手伸向她的脸，跪了下来，大声地哭泣，然后她往前弯身用手握住胳膊。案主继续往后退。

海灵格选了一个姐姐的母亲的代表，并把她和这两个人排在一起。姐姐仍然跪在地上坐立不安。母亲想要去触摸她，但她恐惧地发抖。

母亲往后退了一点，捂住脸，慢慢转过身去。孩子不停地发抖，坐立不安。她看向外祖父，他站在那里一动不动。

海灵格示意案主再次坐下。

孩子平静些了。她恳求地看着一动不动的外祖父，开始哭泣，跪着转向他，恳求地对他伸出双手。同时，母亲完全背过身去。

海灵格让案主跪在姐姐身边，和她一起看向外祖父。

案主右手搂着姐姐。姐姐握着她的手，平静下来。

现在，海灵格让案主的两个孩子跪在母亲身边，这时外祖父往后挪了一点点。

母亲左手搂着姐姐，右手搂着两个孩子。姐姐同时平静下来。四个人都看着外祖父。

海灵格（对案主）：对外祖父说，"是你做的。"

案主（大声而清晰地）：是你做的。

海灵格：这很清晰。

案主深深地呼吸。她右手搂着她的两个孩子。女儿也搂着母亲。四个人紧紧相拥。

现在，海灵格将案主的母亲排在外祖父身边。

海灵格（对母亲）：你必须去看这些。

案主和她的姐姐彼此充满爱意地看着对方。然后案主充满爱意地看着两个孩子。

海灵格（过了一会儿对大家）：现在一切都很清晰。外祖父母之间的问题我们不必要处理。

海灵格（对案主）：你清楚了吗？

案主点头。

海灵格：好吧，很好。

案主坐在海灵格身边，摇摇头，明显感动了。

海灵格（对大家）：她下一步要做什么？助人者下一步要做什么？这要如何继续？她和助人者必须将外祖父和孩子的母亲放在他们心里。

案主点头。

海灵格：同时将这一切留给这个孩子。这是很难的一步。

海灵格把外祖父的代表叫过来。

海灵格（对这个代表）：在你的内心，对这个外祖父尊敬地鞠躬。

他慢慢地鞠躬。

海灵格：现在你站直，转过身，你又是你自己了。

代表转过身，如释重负地笑了。

海灵格（对大家）：有人承担如此沉重的代表工作的时候，我们可以用这样的方法让他脱离出来，这是必要的。对那些不是如此沉重的代表，就没有这么必要了。

源于软弱的拯救，源于坚强的拯救

海灵格：我想说些关于爱的东西。太多的爱是软弱。有很多的爱是因为人们无法忍受一些东西，因为他们无法忍受一些人和他们的命运。因此，他们成了助人者。

一个年幼的孩子无法忍受家庭里所发生的事情：无法忍受母亲所经历的事情、父亲所经历的事情，以及他们的命运、他们的愧疚。因此这个孩子想要去拯救。然后孩子为父亲承担一些东西，为母亲承担一些东西，为家庭里其他人承担，这都源于软弱。这个人变成了一个怀着爱的助人者，但他的爱源于软弱。

很多的成人助人者仍然在这样的孩子模式下助人。有些东西他们无法忍受，尝试要去改变。但并非因为别人需要这种改变。他们在没有尊重他人的伟大与命运，以及尊重他人的愧疚的情况下承担了一些东西。

当孩子学会爱，心怀对那引领父母和其他一切的伟大力量的尊重，孩子便会成长。

这样，一旦他们获得力量，助人者便开始用不同的方式助人。他们承受他人的命运，然后他们就可以支持他人，用一种他们可以独自站立的方式支持他人。通常也是放弃用源于软弱的爱帮助他人的方式。这就是另一种爱。

和谐助人

我还想说另外一些有关助人的东西。我在这里处理的方式类似于园丁的工作。园丁做些当下需要的工作，然后让事物自然生长而不去打扰。我在这里做的是，我和案主一起走必要的几步，为了服务于他或者她的成长。我敬畏成长与发展的定律。

如果你将此与另外一种态度比较，当有人说："我会帮你解决。"你会看到这个人表现得像一名处理一些没有生命的东西的修理工，他只会在东西修好以后才感到满意。

我尝试要遵循灵魂的定律。园丁的主要态度是耐心地等候果实成熟的季节。

与对立和解

　　我要补充一点疯狂的东西。疯子就是那些无法让一些东西和解的人。疯子必须应对两个方面，并且与双方和睦相处。但他们做不到，因为双方处于对立。他们之间有些未化解的事情，比如施害者与受害者。因为必须要代表双方，这个人就疯了。通常这意味着，精神分裂。

　　这也许和语言障碍有关。目前这只是一个假设。有些人语言混乱，尤其是口吃。因为对立双方都同时想要有话语权，互相对抗。一个人想要说些什么，但另外一个不允许他说。一个人想要些什么，另一个却反对他。这就引起口吃，或者其他语言障碍。

　　当我在这里工作的时候，这个图像就出现在面前。当对立双方可以共同在灵魂层面和解，语言混乱就可以减轻。然后语言就可以和解，并且作为一个凝聚的整体，以互相归属的形式展现。

　　关于这点的要求是，类似的情形也必须发生在助人者的内在。助人者也必须引导对立的灵魂在他们内在彼此回归。

第四章 流浪的孩子

录自墨西哥的工作坊

真实的人生

海灵格：通常我们会想象一个真正幸福的童年看起来是什么样的，以及我们要做些什么才能迎接最好的人生。所以，我们需要完美无缺且充满爱意的父母，永远在我们身边，竭尽所能地支持我们，保护我们不受任何伤害。但是，这样的孩子会遭遇什么样的人生呢？他们会了解生命中的苦难，以及这些苦难所带来的挑战吗？他们有足够的韧性吗？他们会适应人生吗？当事关生死甚至面临更大的困难的时候，相对于那些有着苦难童年的孩子，他们常常处于劣势，遭遇悲惨。

在德国，我有时候将大学的学生和在拉丁美洲六七岁卖报纸的孩子比较。他们已经多么坚强，多么自立！他们如此年幼，却已经知道去为家庭的生存承担责任，毫无疑问地为此贡献！多么机敏，多么坚韧的内在！

我对他们有着最深的尊敬。他们了解生命的苦难，以及最终需要我们做什么。

案例：请求你

海灵格要一个13岁的男孩来到他身边坐下。他双手插在口袋里走过来，害羞又拘谨。

海灵格（对这个孩子）：你还不习惯这样的事情。

孩子很感动，看着地面。

海灵格：看着我就好了。

男孩身体前倾地坐着，身体上半部分转向海灵格，他从下面看着海灵格。然后他又去看地面。

海灵格：这样对我也可以。再看看我。

海灵格把手放在男孩的膝盖上。

海灵格：当我看着你，我看到你对他人放弃了希望。很显然你经历了很多很难的事情。

男孩点头。

海灵格：我看到了。

男孩又去看地面。

海灵格：有时候，在漆黑的夜晚，人们热切地等待太阳升起。黑夜之后重见阳光是很美的。有时候生命也是这样。在这里，一个新的黎明也在黑夜之后降临。我们应该寻找光明吗？寻找那属于你的光明吗？

男孩一直看着地面。

海灵格：再看着我。

男孩看着海灵格，然后笑了。

海灵格：我看到你感觉多了一线希望了。告诉我一些有关你人生的事情。

男孩深深地叹气，开始哭泣。海灵格用胳膊搂着他，搂了很长时间。男孩将头靠在海灵格胸前。过了一会儿海灵格松开手臂，男孩不再看他，看着地面。海灵格再次把他拉近，男孩主动把头靠在海灵格胸前。

过了一会儿，男孩自己松开，他再次看向一边，看着地面。

海灵格：告诉我一些关于你父母的事情。

男孩：我该说些什么呢？

海灵格：有关你与父母的经历。

男孩：我和父母关系不好。

海灵格：发生什么事？

男孩：我离家出走了，因为我无法忍受。

海灵格：当时你多大？

男孩：10岁。

海灵格：后来你去了哪里？

男孩：马路上。

海灵格等了很长时间。整个过程他的右手一直放在男孩肩胛之间。男孩一直看着地面。

海灵格：所以你知道如何独立生存。

又是长时间的停顿。

海灵格：你也会偶尔拜访父母吗？
男孩：是的，偶尔也会。
海灵格：你想说点有关这些的东西吗？
男孩：不想。
海灵格：我来和你做个小小的练习。闭上眼睛。想象你的父母，想象当你出生时他们是怎样看着你的。他们是怎样把你当成自己的孩子的。他们喂养你。他们帮助你，也允许你和他们住在一起。他们所拥有的不多，但是他们尽了自己最大的努力。

作为孩子的你，满怀爱意地看着他们。他们是你唯一可以依赖的人。然后你开始长大。你看到父母的艰难。也许你还看到他们没有办法养育你。然后，也许你在内心对他们说：我不想成为你们的负担，现在我要自己照顾自己，然后你们会感到轻松一些。所以，你跑了。但是你偶尔会去看他们。你对他们说：我已经自己承担了，我已经足够坚强来自己承担了，但是我很想念你们，请怀着爱意看着我。

过了一会儿，海灵格收回他的手。男孩保持着同样的姿势，看着地面。然后海灵格将手放在男孩的手上。他们很长时间地保持这样的姿势。

海灵格过了一会儿：你现在怎么样？

孩子看着海灵格。

男孩：很好。

海灵格：我还要再为你做一件事情，可以吗？

男孩点头。
海灵格选了男孩父母的代表，将他们排在一起。母亲排在父亲的左边。当男孩看到这个，他用手捂住眼睛。
海灵格将他排在父母的对面。

海灵格（对男孩）：想象你刚从马路上回到家里。看着他们。

很长时间他们都一动不动。然后母亲从父亲身边挪开一小步，然后再一小步，再一小步，她一边挪一边看着地面。

过了一会儿海灵格选了一个代表，要求他仰躺在母亲面前的地板上。当他躺下的时候，母亲往后退了一小步，但一直看着这个死者。这个死者一直看着母亲，然后他看着男孩。母亲迅速地看向父亲，但父亲一动不动。他一直看着前方。

过了一会儿，母亲跪下看着死者。死者来回看着母亲和儿子，他向男孩伸出手，但又缩回来，开始大声地哭泣。同时母亲站起身来，又往后退了几步。

她把手放在胸前。父亲一直保持不动。

海灵格（过了一会儿，对男孩）：你知道那个躺在地板上的人可能是谁吗？

男孩：我。

海灵格：这是个死去的人，他和你的母亲有关系，他可能是谁？

男孩：我的阿姨。

海灵格：她发生了什么事情？

男孩：我不知道。

海灵格：你的母亲看着地面，那表示她看着一个死去的人。有没有可能那个死去的人是你母亲的孩子？你对此有所了解吗？

男孩：不知道。

  同时，母亲将双手放在自己的胸前。

海灵格：有些东西我们可以很清楚地看到。你的母亲无法照顾你。她被其他的东西强烈地吸引。因此你只能依赖你的父亲。

  海灵格让男孩靠近他的父亲。男孩站在父亲的右边。父亲右手环着儿子，左手放在他的肩上，男孩眼睛看着地面，双手插进口袋，这样的姿势他们保持了很长时间。男孩一度轻轻地抬起头，但很快又沉下去，再次看着地面。

海灵格（过了一会儿，对男孩）：你也在看一个死去的人？也许是一个朋友？

男孩：是看一个朋友。

  过了一会儿，海灵格选了一个人代表他的朋友，让他仰躺在这个男孩的面前。另外那个死者侧过身体。母亲退到更远的地方。

海灵格：去到他那里。

男孩去到死者那里哭泣。

海灵格（对男孩）：跟随内在的移动。

海灵格（过了一会儿，对死者）：你感觉怎么样？

死者说：我和他感觉一样。我也看着一个死人。

男孩和死者互相对视。然后，海灵格把男孩的手放在死者腹部。

（过了一会儿）海灵格（对男孩）：你内在感觉如何？

男孩说：我很伤心。

海灵格：对他说，"我怀着爱想念你。"

男孩：我怀着爱想念你。

过了一会儿，海灵格再次让男孩站起来，转向他的父亲。

海灵格：看着你的父亲，对他说，"我是你的儿子。"

男孩：我是你的儿子。

海灵格："把我看作你的儿子。"

男孩：把我看作你的儿子。

海灵格："让我做你的儿子。"

男孩：让我做你的儿子。

海灵格："请求你。"

男孩：请求你。

父亲搂着他。男孩的手放在口袋里。海灵格帮助他搂住父亲。父亲和儿子很长时间保持这样的姿势。父亲亲吻他，抚摸他的脸。男孩一直扭头背向父亲。父亲再次抚摸儿子的头和背。过了一会儿,他们放开彼此。

海灵格(对男孩): 你现在怎么样?

男孩: 挺好。

海灵格: 我在这里打住。祝福你。

案例:爱

海灵格(对一个流落街头大约18岁的年轻人): 你的问题是什么?

年轻人: 我非常有攻击性,也经常感到孤单。

海灵格: 当你很有攻击性的时候,你会做什么?

年轻人: 我会做些我没有意识到的事情。我会无法控制自己。

海灵格: 你家里还有什么人也是具有攻击性的?

年轻人: 我父亲的家庭,我母亲的家庭也是。

海灵格: 发生了什么事情?

年轻人: 我父亲这边,他的父亲非常有攻击性。他还有一个太太。我母亲的家庭里有个舅舅的儿子自杀了。这个舅舅杀了他姐姐的男朋友。

海灵格: 当有人有你这样攻击性的感觉,那么他是认同了他家里的某个人。你可能是认同了这个杀了姐姐男朋友的舅舅。因此,我们要来看一下。也许我们可以找到一个让你解脱的方法,好吗?

年轻人: 是的。

海灵格选了杀了姐姐男朋友的那个舅舅的代表,舅舅自杀的儿子的代表。然后他选了舅舅的姐姐的代表，还有一个代表那个被杀的姐姐的男朋友。

海灵格让被杀的男朋友和舅舅相对而站，姐姐站在她男朋友的旁边。他把舅舅的儿子排在远离舅舅的姐姐的后面。

那个被杀的人马上往后跌倒在地上，他仰面朝上躺着，双手张开。然后，一声巨响，舅舅也往后跌落在地，四肢大张，躺在地上。

当年轻人看到这些，他开始抽泣。海灵格用胳膊搂着他，年轻人头靠在海灵格胸前，呼吸沉重。舅舅的姐姐站在靠近男朋友的地方，一动不动。

年轻人靠在海灵格胸前，大声地哭泣。

海灵格（对大家）：这里谁是有罪的人？

他手指着舅舅的姐姐，舅舅的姐姐是有罪的。
她一直站着，纹丝不动。

海灵格：谁为这个罪行付出代价？

他指着舅舅自杀的儿子。他为此付出代价。
年轻人继续哭泣，闭上了眼睛。

海灵格（对年轻人）：现在，你去舅舅姐姐的男朋友那里。拥抱他。

海灵格把他带到地上那个被害人身边，让他跪在他身边。年轻人看着被杀的人，大声地哭泣。但他没有勇气去触碰他。舅舅的姐姐仍然一动不动。

海灵格（对年轻人）： 对他说，"我在心里给你一个位置。"
年轻人（大声哭泣）： 我在心里给你一个位置。
海灵格（过了一会儿）： 抚摸他，可以这样抚摸他。

他很小心地抚摸这个死去的人，一只手放在他的胸口。舅舅的姐姐转过头，低头看着这两人。年轻人平静了下来。他的哭声也安静下来。

海灵格让他站起身来，把他带到舅舅那里，那个杀人犯那里。他又开始哭泣。他让他跪在舅舅身边。他跪下来，大声哭泣。

海灵格（过了一会儿）： 也触摸他。

他小心地把一只手放在舅舅胸口，大声地哭泣。

海灵格（过了一会儿）： 看着他说，"我在心里给你一个位置。"
年轻人（大声地哭泣）： 我在心里给你一个位置。

他继续大声哭泣。过了一会儿，海灵格让他起身。然后海灵格把舅舅的姐姐带到被杀的男朋友身边。

海灵格（对舅舅的姐姐）： 看着他。

年轻人站在海灵格身边，靠着他。海灵格一只手搂着这个仍然在大声哭泣的年轻人。

海灵格（对舅舅的姐姐）： 蹲下靠近你的男朋友。

她跪在他身边，把一只手放在他胸口，弯腰靠近他，拥抱他，大声地哭泣，抚摸他的脸。他闭上了眼睛。

海灵格（对大家）：他闭上了眼睛。直到现在他才安息。

海灵格带着年轻人去到舅舅自杀的儿子身边。他站在他身边，低头看他。

海灵格：告诉他，"我在心里给你一个位置。"
年轻人（大声地哭泣）：我在心里给你一个位置。
海灵格：蹲下靠近他。

他蹲下靠近他，大声地哭泣。

海灵格：抚摸他。

他一只手放在他胸上，平静下来。但这个死去的儿子看向他的父亲。
海灵格让舅舅站起身来，把他带到他儿子身边。

海灵格（对舅舅）：靠近他。

舅舅跪在儿子身边。儿子对父亲伸出手。父亲握着他的手，然后儿子闭上眼睛。

海灵格（对大家）：现在他的儿子也闭上了眼睛。他为父亲赎罪。他为此付出了代价。

舅舅躺在儿子身边，闭上了眼睛。

海灵格让年轻人起身，转向大家。

海灵格：现在往前看，看着这个世界。对所有在场的人说，"现在我站在这里，服务于和平。"
年轻人（深呼吸）：现在我站在这里，服务于和平。
海灵格：看着所有人。告诉他们，"现在我服务于爱与和平。"
年轻人：现在我服务于爱与和平。

他深深地呼吸，海灵格握着他的手。

海灵格：现在你的手真的变得很柔软了。

他仍然深呼吸。

海灵格：再也没有人需要害怕你了。
年轻人：是的。
海灵格：好吧，祝福你。
年轻人：谢谢。

他们拥抱，握手。

第五章 学校

来自墨西哥系统教育工作坊

系统教育

海灵格：我想讲一些关于系统教育方面的东西。系统教育是什么意思？它意味着我们不仅仅看着孩子，我们还要去看孩子内在的父母。一位老师曾站在二十个孩子面前对我说，她不仅仅看到二十个，而是同时六十个人，这意味着包括了孩子的父母。当老师看到了孩子背后的父母，他们就会理解孩子。同时，老师也会感觉到他们自己的父母，以及身后的祖先。

嗯，在西方社会人们有一种完美父母的观念。我不知道该拿这种观念怎么办。我的父母并不完美，但是非常好。我的观点是——这是一个革命性的观念：所有的孩子都是美好的，他们的父母也都是美好的。

如父母所是的样子尊重父母

这种对父母的尊重，对我们自己，以及我们所面对的那些学生的尊重，是良好的教育的基础。我把它凝聚成一个小小的东西。我给我的妈妈写信——她很早以前就去世了，但我仍然给她写信。

"亲爱的妈妈：

你是一个平凡的人，就像千百万其他女人一样。作为一个平凡的女人，你在你的子宫里孕育了我，承载了我。然后，你像一个平凡的女人一样，把我生出来，你哺育我，照顾我，保护我。作为一个平凡的女人，你是我能够拥有的最好的母亲。就像这样，我爱你，爱着你这个平凡的女人。我将你从我那些期待里释放出来，从我那些超过了我可以对一个平凡女人的期待里，释放出来。你已经给予我的，已经远远超过了我作为一个平凡的孩子可以期待的。"

当我们看着自己的父母，所有的父母，包括我们学生的父母，他们已经做了一切合适的事情。从传递生命上来讲，他们所做的一切都是对的。关于这点，所有的父母都是完美的。当我把他们放进我的心里，任何人都可以告诉我，无论他们想从父母那里获得什么，我尊重他们。

灵性场域

我们每个人都深植于一个系统之中，这是一个事实。不仅仅是他们的父母归属于这个系统，也包括他们的祖父母和他们的祖先。很多事情曾经发生在这个系统里，好的或坏的，过去的一切，仍然对当下产生影响。

这是一个我们所有祖先都存在的系统，曾经发生的一切也都存在于系统之中。这个场域里的一切都与其他的一切共振，我们都受其影响。

那么结果如何呢？没有人可以和他们本来的样子有任何不同，我们的父母也没法和他们本来的样子有任何不同。我们也无法不是我们自己本来的样子。我们的学生也无法不是他们本来的样子。

当我们看着那些在学校惹麻烦的学生，我们知道：他们无法不是他们本来的样子。当我们看着他们的父母，看着父母所来源的系统，我们理解了为什么他们是以这样的方式存在。

与被排除的人共振

有一件最重要的事情必须记住。一个系统会因为有人被排除而受到干扰。即使这是发生在许多代之前的事情。当一个孩子的行为和我们的期待不同，这个孩子就是在看着一个被排除在系统之外的人。那么这个孩子的异常行为是出于爱。如果我们想要做些和孩子相关的事情，我们可以站在孩子身边，和他一起去看那个被排除的人。也许我们可以和父母谈谈，也许我们能找出这个被排除的人是谁。如果我们能和父母一起怀着尊重去看这个人，这个人就再次归属于系统了。然后孩子就会改变。并不仅仅是孩子本身会改变，这个孩子的家庭作为一个整体都会改变。所以，当老师了解这种关系，并且有机会这样做，就会对孩子的家庭产生影响。因此，系统教育就会对家庭和社会产生超越纯粹的教学作用。

对那些仅仅只是看着他们的学生的老师，当他们感到无法取得进展，那将是一件沮丧的事情。他们会感到精疲力尽。有一些简单的疗法可以治疗这种精力耗竭。我们怀着爱，超越孩子，去看他们的父母，我们在心里给他们一个位置。突然，我们就不再是孤单地面对问题了。那些我们独自承担起来的对孩子的责任，可以与父母分担，更加自信地面对我们的工作。

我会用实际的案例向你们展示我们是如何与困难的孩子一起工作的，看看能有些什么样的解决方案出来。我们的想法是老师提出一个他与某个孩子的案例，然后我们一起来工作，我来看看有什么可能的方案。

亲爱的妈妈

海灵格（对一个老师）：你的案例是什么？

老师：那是第一个学期的一个学生。他是一个很糟糕的学生。最近他的行为非常的挑衅，以至于一个老师打了他耳光。

另外一件事是，在几个人面前说话对他来说是一件非常困难的事情。他说话很轻，在学校他有个外号——"哑巴"。

海灵格：他多大了？

老师：15岁。

海灵格：好吧，我们来看看我们能做点什么。

海灵格选了一个男孩的代表排出来，这个代表立刻看向地面。

海灵格（对老师）：你了解他的母亲吗？

老师：很少。

海灵格：男孩看着地面。当一个人看着地面，那意味着他或者她在看着一个死人。

海灵格选了一个女人代表一个死人，并让她躺在男孩面前的地面上。这个女人往上看着这个男孩。男孩非常感动，慢慢地蹲下来，跪在她身边。过了一会儿，他坐在他的脚后跟上，深深地向她弯下身。这个女人握着他的胳膊，抚摸他。他坐直，对她伸出手，然后他将她的手捂向自己的眼睛。

海灵格排了一名女代表在他身后。这个代表慢慢转过身，离开这两个人。

海灵格（对大家）：这个女人的目光穿过这个男孩了。

另外那个女人非常不安，她的上半身快速移动，前后摇晃。
海灵格带着男孩的代表，领他离开，将他带到一个他可以同时看到这两个女人的地方。

海灵格（对男孩的代表）：现在怎么样了？更好还是更糟了？
男孩代表：好一些了。
海灵格（对大家）：问题出在这两个女人之间。跟这个男孩一点关系都没有。

另外那个女人转过身，对着那个一直看着她的女人，这个女人对她伸出手。站着的女人坐立不安，躺倒在地，开始哭泣。她很慢地移向死去的女人，抚摸她的手，平躺在地上，然后趴在地上。死去的女人用胳膊搂着她。她们轻柔地拥抱。

海灵格（对大家）：这个画面是，另外那个女人是他的母亲，死去的女人是母亲的母亲。也许，这个母亲早年丧母。她不敢走近她。现在这个男孩可以说些直到现在都不敢说的话了。

海灵格（对男孩）：对你的母亲说，"亲爱的妈妈。"
男孩代表：亲爱的妈妈。

海灵格把男孩带到靠近母亲的地方。母亲的代表抬起头来看着他。

海灵格（对男孩）：亲爱的妈妈。

母亲的代表坐得更直了。他对母亲告别,站起身来,把他抱在怀里。他们这样保持了很久。地上死去的女人仰躺着,闭上了眼睛。

海灵格(对大家):死去的女人闭上了眼睛,她安息了。她被承认和被爱了。现在她可以闭眼了。

海灵格(对代表们):感谢你们。

海灵格(对老师):你怎么样?

老师:很好。

海灵格:现在你可以理解这个学生了。如果你能拜访这个母亲,并告诉她这里发生的事情就太好了。这个学生不必在场,只告诉其母亲就行。

老师:母亲就在这里。

海灵格:太好了。

对老师:那么结束吧。

谁归属于系统?

海灵格:我想说些关于系统的内容,关于我们的系统。当我们对系统工作并谈到系统,我是指那些对当下的人产生影响的人,那些人的命运在我们当下的生命中扮演了某种角色。我们必须非常清楚,因此,我现在把他们列出来。

在最低层,孩子归属于系统,所有的孩子,包括未能出生的孩子。和我早期的书所提相反的是,那些流产的孩子也归属于系统。所以,所有的孩子都包含了。

往上一层,父母和他们的兄弟姐妹们归属于系统。所以除开父母,叔叔阿姨都包括在系统，但他们的伴侣不归属于系统。不包含叔叔阿姨的伴侣们，堂表兄弟姐妹也不包含。只有父母和他们的兄弟姐妹们。再往上一层，是祖父母和外祖父母，但不包含他们的兄弟姐妹。仅仅是祖父母和外祖父母。在有些例外的情况下，如果他们有非常艰难的命运，祖父母和外祖父母的兄弟姐妹也包含在内。通常只有祖父母和外祖父母。

偶尔还有曾祖父母、曾外祖父母，但这样的情况罕有。这些都是血缘亲属。

还有些其他不是血缘亲戚的人也归属于系统。作为非血缘亲属，父母、祖父母、外祖父母的伴侣也归属系统，包括前度伴侣。所有那些为系统内的家庭成员让出位置的人，都包含在内。所以，如果父亲和母亲从前有过婚姻，或者那些伴侣去世了，或者我们的父母和他们分开了，那么我们才有了我们的父母或者祖父母、外祖父母，因为那些前度伴侣给他们让出了位置。他们也归属于系统。

纠缠

我该怎么说呢？看起来第二次婚姻的孩子模仿前度伴侣。他们互相纠缠在一起。有个父亲，比方说，他很爱他的女儿，但这个女儿总是生他的气。他问自己：我到底做错了什么呢？

他做错了什么呢？他和他的前妻分开了。这并非总是错的，但他的女儿代表了他前妻的感受。这个女人被排除在外了。也许大家还说着她的坏话。

在一个系统里，没有人可以被排除。总会有人去代表那些被排除的人。那么解决方案是什么呢？这个父亲尊重他的前妻。他对她说，比如：我很爱你，无论出于什么原因，我很抱歉我们分开了。然后他可以对她说：请友好地看着我的第二任妻子和我的孩子。当这个前度伴侣被尊重，她会变得友好。当她被纳入系统，那么女儿就不需要再去代表她。通过这个例子我也解释了什么是纠缠。一个晚辈必须代表一名前辈，因为这个人被排除了，或者被遗忘了。那些代表他们的人变成了困难的学生。所以我们必须让系统有序。

这个序位从哪里开始呢？在我们的灵魂里。这意味着，老师将学生的整个系统放在他们的心里。

有些人在抱怨，比如，学生抱怨他们的父母，或者父母抱怨他们自己的父母，或生他们的气。老师正是要把那些被拒绝的人放进自己的心里。老师让系统在他们的灵魂里回归有序。然后，他们就可以去帮助他人。

谁归属于系统？（继续）

我再重复一次：那些归属于系统的人是孩子、父母和父母的兄弟姐妹、祖父母和外祖父母，有时候还有曾祖父和曾外祖父母、父母之前的伴侣和祖父母、外祖父母之前的伴侣。但是还有很多其他的人也归属于系统，所有那些因为我们的获得而受损失的人，全部都归属于系统。我在富有的家庭里看到这点，那些钻油井的、修铁路的，还有那些丢了性命的工人。他们的富有是建立在他人的死亡之上。那么那些受损失的人也归属于系统。这点会显现出来，比如，企业的继承人让企业走下坡路。这个继承人是认同了那些死去的人。或者有些家庭曾经有奴隶，后来某些家庭成员就会表现得像奴隶。他们认同了那些奴隶，感觉像是他们其中的一员。

练习：失调与共振

现在我要和你一起来做个小小的练习。闭上眼睛。你进入到你的身体，去感知体内伤痛的地方。

哪个器官会感到不舒服？或者哪块肌肉？哪根骨头？这个器官与你的身体失调。但是，这是我的经验，也许这个器官正看着某个人，某个被排除在家庭系统之外的人。这个器官与一个被排除的人共振。通过这个疼痛，这个被排除的人引起我们的关注。

那么我们进入到这个器官和它一起，走向那个被排除的人。我们对这个人说："现在我看到你。现在我爱你。现在我将你放在我的内心。"

如果我们用这样的方式把这个人放在心里，这个疾病就会缓解。我们通过把排除的人重新纳入家庭系统来获得健康。

我们来更进一步。想象你进入到一个大厅，就像一个教堂。那里有你们系统所有成员的塑像。有些站在前排，有些在黑暗的背景里。我们走到每一个人身边，每一尊塑像身边。突然这些塑像变活了。我们凝视这个人的眼睛，我们对他们鞠躬，并对这个人说："谢谢。"

然后我们走近那些黑暗中的塑像，我们等待他们变活，然后我们对他们鞠躬，对他们说："现在我看到你。无论你的命运怎样，无论你是否有罪，现在我把你放进我心里。"

当我们把他们放进心里以后，去感知自己内在的变化。我们可以感觉到我们是如何成长的，是如何变得圆满。终于，我们开始与所有的家庭成员相连。

我们用同样的方式看着我们的学生，特别是那些令我们担心的学生。我们和他们一起，去看那些通过他们的行为引起我们注意的人，我们把他们放进心里。这些人在帮助我们去帮助那些学生。

也许现在我们能更好地理解了系统教育的意义。那比仅仅只是看到学生美好多了！

有学习困难的学生

海灵格（对一名老师）：你的议题是什么？

老师：我有个三年级的学生，他好几门功课不及格。我们不知道该怎么办。

海灵格（对大家）：我有些背景信息。但我们可以通过一个排列发现到底是怎么回事。所以我要选一个人代表这个男孩。然后我们来看看发生了什么。

海灵格选了一个代表，将他排了出来。

海灵格（对这个代表）：你专注自己内在，跟随灵魂的移动，我们来观察。

男孩的代表看向地面，拳头紧握。他垂着头，慢慢地转向一边，坐在地上，深深地鞠躬。

海灵格选了一个死者的代表，让他在男孩代表的面前，仰面躺下。

海灵格又选了一名代表，将他排在男孩的对面，死者躺在他们两者之间。

海灵格（对大家）：一个死者躺在地上。刚才他用手抚摸了男孩的头。问题是：这个学生代表了谁？他代表了一个杀人犯。但这与男孩个人无关。他代表了系统中的某个人。

  同时男孩平静下来。第三个代表跪在死者的旁边，对他弯下身躯。他显然代表了一个施害者。
  海灵格让男孩的代表站起身来，把他领向一个远离这个场景的地方。

海灵格：现在怎么样？
男孩的代表：我感觉轻松了。

  同时，另外那个代表也对死者弯下身躯，和之前男孩代表几乎同样的姿势。

海灵格（指着这个代表）：这是问题所在。
海灵格（指着男孩的代表）：他是无辜的，但他认同了那个施害者。

  男孩将一些东西置之度外，走得更远了。然后他转身。同时另外那个代表躺在了死者身边。两个人手拉手。

海灵格（对大家）：现在受害者与施害者之间已经开始和解。他们手拉手。现在施害者在哭泣。他们和解了。
海灵格（对男孩的代表）：再次转过身来。看看这一切，对此鞠躬。然后挺直脊梁，转身离去。
海灵格：你现在怎么样？
男孩的代表：好多了。
海灵格（对代表们）：感谢你们。
海灵格（过了一会儿，对老师）：这个男孩有精神分裂症，对吗？

老师：有可能。

精神分裂症背景

海灵格：我们在这里看到的是精神分裂症的基本动力。精神分裂不是疾病，是系统的东西。有精神分裂症就有家族谋杀案。有时候是后推几代以前。这两个人，一个施害者，一个受害者，都被排除在系统之外，通常是那个谋杀者被排除，同样被害者也是。系统中有个基本的动力：当有人被排除，这个人就必须由另一位家庭成员所代表。因此，一个后辈的家庭成员必须同时代表受害者和施害者。但这两个人没有和解。后辈的代表在灵魂里感觉到这种施害者与受害者之间的对立，他变得非常困惑。

在这种情况下如何疗愈？在这种排列中，我们回到谋杀发生的地方，把受害者和施害者带到一起，直到他们和解。我们在这里可以看到这种和解是如何达成的。

当这样的事情发生的时候，如果是发生在很多代之前，那么在后来的每一代中都会有一个精神分裂症。这是一个分裂的系统，因为它携带着某种未能和解的东西。家族中的某个人必须承担这项任务，通常都是家庭里最具有爱心的那个人来承担。这就是这种分裂是如何历经这么多代延续至今的原因。但是因为在这样的系统里所有的家庭成员都与其他人共振，我们可以回到过去很多代，让序位重建，就像我们今天在这里做的一样。然后和解与疗愈数代传递，延绵波及当下。

海灵格（对老师）：这个男孩现在自由了。现在孩子在一个比较好的位置上了。这个家庭也会感觉好些了。问题是：你还要做什么呢？你去告诉父母这里所发生的事情。那个孩子也可以在场。你告诉他们发生了什么，然后你就离开。然后，我们等待好的结果发生在这个家庭里。

最近我在德国有个类似的工作坊。一个老师提到一个非常有攻击性的学生，似乎除了把这个孩子从学校赶走之外，再也没有别的办法了。我们做了排列。当天晚上这个男孩在家里发生了变化，三个月之后他完全改变了。然后有一个反弹。因为家庭里的每个人都去看向系统是很重要的，他们要把每个人都放在他们心里。不仅仅是男孩自己，还有他的父亲也必须这样做。

海灵格（对老师）：所以有些时候，一些额外的工作是必须的。好吗？祝福你和你的学生。

患厌食症的女学生

海灵格（对一个老师）：你的议题是什么呢？

老师：是关于一个初中一年级的女学生。

海灵格：她多大了？

老师：12岁，她和父母在这个房间里，她总是很虚弱。

海灵格：她是什么病？

老师：她被忧郁症和饮食失调所困扰。

海灵格：你说的饮食失调是什么意思？

老师：就是厌食症。

海灵格：那就行了。

海灵格选了一个学生的代表和她父母的代表。然后他让老师按照他们彼此的关系排出来。

她将父亲排成了越过母亲、看向远处的形式。这个女人（母亲）

站在他面前，稍微靠右，她也越过他看别处。这个女儿站在父亲靠右边的后面，面朝他。

海灵格（对大家）：当我们看到这个，我们可以清楚地看到家庭的动力，非常清楚。

他将父亲带到他一直在看的方向，远离了他的家庭。

海灵格（对父亲）：你在那感觉怎么样？好一点还是糟一点？
父亲代表：一样。
海灵格（对父亲）：你还不够集中。我必须换掉你。

海灵格把他换成另外一个代表。

海灵格（对大家）：我为什么要换他？当他出来的时候，他双手紧握拳头，一个拳头放在肚子上，然后放在后背上。我问安吉利卡："他有经验吗？"她说："有。"但是我有疑虑。当有人说："我的感觉一样。"他是没有联结的。不可能一样。为了帮助这个女孩，我必须得换掉他。

海灵格现在带着这个父亲的另外一个代表离开家庭。

海灵格（对这个代表）："你在这里感觉怎么样？更好还是更糟？"
父亲代表：更糟。
海灵格：父亲离开时母亲感觉怎么样？
母亲代表：我不想正视他，但我想要他在我身边。

海灵格把女儿带到父亲身后。

海灵格（对女儿）：你在这里感觉如何？更好还是更糟？

女儿代表：我在这里可以看到他。

海灵格：你感觉更好还是更糟？

女儿代表：更好。

海灵格（对大家）：这里的动力是什么？

当我们处理厌食症的时候，总是这样的。父亲想要离开家庭。我们可以在排列中看到。父亲看着外面。女儿怎么样呢？她对他说："宁愿我走，不是你走。"父亲并不只是想要离开，他还想死。然后孩子说："我替你死。"这就是这里展现的动力。

谁是案主？我必须和谁一起工作？和父亲。

海灵格（对老师）：你对父亲家庭有了解吗？

老师：祖父死了。学生的父亲有糖尿病。

海灵格：祖父死时父亲多大？

老师：我不知道。

海灵格（对大家）：糖尿病是一种严重的疾病。女儿害怕父亲死。然后她说，"宁愿我死，不要你死。"

问题是：解决方案是什么？

海灵格走到父亲那里，把他转向他的女儿。

海灵格（对父亲）：你看着你的女儿你对她说："我会留下，允许我留多久我就留多久。"

父亲和女儿彼此凝视了很久，女儿非常感动。

海灵格（过了一会儿，对大家）：你可以看到女儿的爱吗？还有她的恐惧？

海灵格（对父亲的代表）：现在你看着你的妻子，你说，"我会留下，允许我留多久我就留多久。"

父亲代表：我会留下，允许我留多久我就留多久。

母亲对她的丈夫伸出手，也对女儿伸出手，她把头埋在他胸前。他们三个轻轻地拥抱。

海灵格（过了一会儿）：好吧，谢谢你们。

海灵格（对老师）：你现在更理解学生了吗？

老师：是的。

海灵格：她能在这里，看到这一切是很好的。好吧，祝福你。

老师：谢谢。

全力以赴拯救父母的孩子

海灵格：我想讲一点关于动力的东西。这个东西让另外一些东西显现出来。它揭示了为什么有些学生有时候非常艰难。

这里没有纠缠，就像其他案例一样。一些基本的动力在家庭里显现。孩子们会全力以赴地拯救父母。孩子的爱是如此伟大，以至于他们愿意为了父母牺牲生命。孩子的观点是，如果他们死去就能帮助到父母。因此，老师了解这点是很重要的。

有一个古老而又广为流传的观念——是基于奇迹的想法——我们可以在争斗中从命运或者上帝那里获得某种祝福，如果我们肯做些牺牲的话。

我最近听说了一个意大利家庭的故事。这个祖父在靠近尼泊尔的一艘被风浪刮破的船上。他对上帝祈祷："如果我能得救，我就献给上帝一个孩子。"这在今天仍然是很常见的现象。我们可以在很多家庭中看到，比如他们期待让一个孩子成为和尚或者尼姑，那么他们的家庭就会变得安全。这个想法是，如果我们肯把一些东西牺牲给上帝，那么上帝就有义务来帮助我们。这是一个广为流传的幻想。在这个意大利家庭里，这个儿子拒绝成为一名牧师，但是孙子成了牧师，或者他准备要成为一名牧师。但是在祝礼之后，他很快告诉父亲："如果我必须成为一名牧师，我会自杀。"这让父亲清醒过来，他对儿子说："对我而言，你有活下去的自由。"

这个与我们灵魂和关系里的动力有关。让我们以丈夫和妻子为例，男人给予女人一些东西，女人很开心。但是现在她感到愧疚。她想："现在我也必须给他一些什么。"所以她也给了一些东西，但是因为她爱他，她给了他更多。然后他也感到愧疚。所以出于爱，他也给她一些东西，更多的一些东西。

所以，我们有平衡的需要。当我们给予的时候，我们期待回报。这对人类关系是好的，但是我们将这种经验转嫁给命运和上帝。我们想，如果我们对命运承诺一些什么，那必然是有益的。在这种情况下，这个女孩说："我要替你而死。"这个女孩期待，如果她死去，命运会宽恕她父亲的生命。这个观念广为流传，特别是在孩子中间流传。我们必须了解这点。"我代替你"的动力该到此为止了。

还有另外一些我们必须了解的动力，但是我们会稍后讨论。我想要通过这个排列的案例来解释。

老师和父母

首先我想讲一下概括性的东西。我也曾经是一名老师。我在非洲领导一个很大的学校。因此我知道老师的感受、学生的感受，以及那些学校领导人的感受。

老师在晚些时候进入了孩子的生命，而父母出现在他们的生命之初。他们给予孩子生命。这是人类所能给予的最伟大的服务。老师在这点上支持父母。当老师看着学生，他们看到学生后面的父母。他们把学生的父母放进他们心里，无论他们是什么样子。因为所有的父母都是完美的。作为父母，他们是完美的。在传递生命方面，他们万无一失。他们没有任何保留，也无法附加任何东西。他们传递他们被给予的东西。在这点上他们是完美无缺的父母。

有些父母在抚养孩子方面有困难。原因是他们也来自抚养孩子有困难的家庭。但是无论孩子在什么时候离开家庭，开始自己的家庭，他们都是来自一个做了正确事情的家庭。这个家庭也许和别的家庭做了不同的事情，因为所有的家庭都是不同的。但是他们都是对的。因此当老师遇到一个学生的时候，要特别尊重学生的家庭，不要认为孩子应该改变。

当我们看着生命，我们会看到它有那么多的面向。不仅仅是每个人的命运不同，每个家庭的命运也不同。但是每个家庭都把一些特别的东西传递给孩子。

有些人认为，会存在理想的家庭，另外一些家庭应该以其为楷模。但是在某些家庭里我们可能看到一些困难，这些困难让孩子经历了沉重的东西。这些困难和沉重的问题给了孩子特殊的力量，这是那些理想家庭所没有的。因此，最好的服务生命的基本态度是如一切所是的样子地同意一切，不去期待改变任何东西。

当我遇到这种同意态度的人，他们不需要害怕我，比如怕我改变他们家庭的某种东西或者我会批判他们。相反，他们可以与我平等地相遇。那么新的机会就会在我们之间发展出来。

现在，我想要向你展示一个人如何与某个说孩子有困难的家庭联结。然后我会讲更多有关这点的东西。

妈妈，我替你死

海灵格让一个男孩的父母坐在他身边。父母说儿子在学校什么也不想学。

海灵格（对大家）：我之前和这对父母谈过。他们告诉我他们离婚了。那是他们的儿子。他们说和他有问题。但是孩子从来都不会有困难。你知道吗？没有困难的孩子。实际上，真正表现出困难是孩子的一种特别的爱。这个制造麻烦的孩子是与一个在家庭里没有位置的人相连。因此，我不看孩子。我让他坐在那里。首先，我想和他父母谈谈，找出孩子秘密深爱的人。然后父母也可以用不一样的方式来看孩子，这个孩子也可以用不一样的方式来看自己。

父母点头。

海灵格（对父母）：我立刻就喜欢他了。

父母微笑。父亲看着儿子，拍拍他的胸。

海灵格：我也爱这个父亲。那么母亲呢？她有困难。是什么困难我们还不知道。

海灵格（对大家）：我会展示我们该如何进行。

海灵格选了一个母亲的代表，把她排了出来。

海灵格（对这个代表）：你代表他的母亲。无论是什么，允许它在你的身体里发生。我们只是观察。母亲的代表开始沉重地呼吸。她把手放在胸口上，开始摇晃，同时眼睛看着地面。

海灵格又选了一个代表，让她躺在母亲面前的地上，仰面朝上。母亲紧握拳头。

海灵格（对大家）：看看她的手。

母亲代表将手按在胸口，似乎非常痛苦。

海灵格现在叫来男孩，让他躺在死者旁边的地上。母亲的代表往后退了好几步。她松开了手，但是仍然按着胸口，似乎很痛苦，同时呼吸沉重，身体往前躬。

海灵格（对母亲的代表）：当你的儿子躺在那里，你是感觉好些了，还是坏些了？

母亲代表（几乎不能说话了）：我很痛苦。

（当母亲想说些什么）海灵格：不要说话，走近一点。

她痛苦地弯着腰，向地上的女人靠近一点了。

海灵格：看着她。

母亲的代表痛苦地畏缩着，再次回来。然后她稍微直立起来一点。

海灵格（对地板上的儿子）：你在这里感觉如何？
儿子：我在这里不错。

母亲的代表仍然痛苦地按着胸口。

海灵格现在要儿子站起来，站在他母亲的对面。地上的女人躺在他们中间。这个女人看着母亲。母亲代表平静下来，站直了。

海灵格（对大家）：地上的女人是个死去的人。她看着母亲，她想要从她那里得到什么。但是我们不知道她是谁。

过了一会儿，海灵格让母亲代替她的代表。她站在那里，很长时间一动不动。然后她无助地打手势。

海灵格（过了一会儿，对母亲）：这个死去的人是你的，她是一个死去的孩子。
母亲：是我的大儿子，他远离我了。

海灵格（对大家）：如果说话，就会流失能量。我们可以从代表的移动里看到一切。从这里可以看到的一切来看，我的推测是，这个死者是一个流产的孩子。

母亲点头。

海灵格：是的，看着他。

母亲深深地呼吸，开始哭泣。

海灵格（对大家）：她的儿子爱着这个孩子，想要他被记住。

父亲也被影响，并且点头。他也深深地呼吸。

海灵格（对大家）：我不会再往前走了。我只是让这个显现出来。现在我们更加理解了孩子的内在到底发生了什么。

现在我要简要地解释这个动力。母亲想死。她想跟随死去的孩子。她的儿子对她说："亲爱的妈妈，我替你死。"因此，他不需要在学校做任何事情。为了什么呢？如果他想死，他不需要做任何事情了。

现在，海灵格把父亲排在儿子的对面。

海灵格（对父亲）：等一会儿。先进入你的感觉，然后看着你儿子。

父亲与儿子对视。父亲对儿子微笑。海灵格让儿子靠父亲更近一点。父亲走向他，他们彼此拥抱很长时间。然后海灵格让孩子转过身，领着他往前走了几步。

海灵格（对儿子）：你在这里感觉如何？更好还是更糟？
儿子：更糟。

海灵格让父亲再次坐下。

海灵格（对大家）：孩子现在感觉好些了。我们可以看到，他比在父亲那里感觉更好了。父亲并没有给儿子足够的支持。我在这里打断。

感谢代表们。

父母和男孩在海灵格身边坐下。

根据孩子的命运帮助孩子

海灵格（对大家）：作为老师，你们有时候面临这样的情形。这是一个困难的孩子。这个孩子在学校什么也不能完成，你想也许你可以得到父母的帮助。但是有时候你从父母那里什么帮助也得不到，就像这里一样。问题是：我们能做什么呢？我从你们的脸上可以看出，这是一个很难的问题，因为你们经常面临这样的问题。

海灵格（对学校的主管）：现在我来和你做个练习。

海灵格把两个主管肩并肩排出来，男孩站在他们对面。在男孩身后很远的地方，是男孩命运的代表。

海灵格（对学校的主管们）：不要看着孩子，看着他的命运。

过了一会儿，女主管对男孩的命运鞠躬，再往上看。

海灵格（对学校主管们）：你们现在怎么样？
第一个主管：好些了。
第二个主管：好些了。
海灵格（对大家）：当我们看孩子，他现在感觉怎么样了呢？他更好了。

海灵格（对代表们）：谢谢。

海灵格（对大家）：作为助人者，我们经常认为我们必须不惜一切代价让人们活着，并且帮助他们有一个幸福的人生。但是我们都受制于其他力量，我们的努力也许徒劳无益。不要仅仅看着那些站在我们对面，寻求和需要我们帮助的人，我们的目光超越他们。突然，我们会感觉到还有其他的力量在运作，远远超越我们的力量。然后我们平静下来。通常我们就可以用不同的方式看待孩子，不再担忧。

（当主管微笑点头）**海灵格**：这就是释然了。我尤其为老师们做了些事情。

没有担忧

海灵格（对大家）：当有些事情像这个情形一样发生，父母都在纠缠，并且还要继续纠缠一段时间，我们不需要担心。

海灵格（对父母）：我不担心母亲，我也不担心父亲。有些东西显现出来了，一些东西开始在灵魂里运作。

那会有一个影响，尤其对母亲。这个移动还在继续，需要时间。然后几个星期或者几个月之后，你可能会惊讶有些东西变得不同了。继续惊讶吧！好吗？祝福你们。

父母感谢海灵格。

海灵格（对父亲）：你的儿子需要他的父亲。在你的心里给他一个位置。

身体穿洞

海灵格（对大家）：有些信号我们必须要注意，同样也在我们的学生中间。那些身体穿洞的人放弃了对自己生命的尊重。这个男孩就是其中一个。

你会对一个你爱的人这样吗？你会吗？他们对自己的身体做这样的事情！他们放弃了他们的生命。这是一个信号，我们必须严肃地看待它。

幸运的是，当然，我们还可以把这样的东西再拿掉。

海灵格（对这个男孩）：好吗？

他点头。

困难的孩子

海灵格（对大家）：我想对大家说一些有关疾病的东西。也许你们认为那和这里发生的一切无关。但是我看到有人有特别的疾病，尤其是致命的疾病，或者某种身体上的抱怨。那么，导致一个人难受或者生病的是与某个被排除在家庭之外的人的共振。所以，即使疾病离开我们，它会转向另外一个人，并且希望我们关注这个人。当我们尊重这个人，将这个人放进我们心里，这个疾病就会离去。通常它们就会那么简单地离去。它们完成了它们的使命。

这和一个困难的孩子是一样的。困难的孩子是在与另外一个人共振，比如这里的这个男孩。他与另外一个流产的孩子共振。然后我们可能想要减轻这个困难，比如通过告诫，正如我们所知，这是没有用的。和孩子一起去看那个渴望被带回家的人会更好。这个单纯的想法已经会令孩子感到轻松。孩子不会再觉得被我们"治疗",当我们一起,走在一条特定的道路上,那么孩子和我们在一起会感到安全。

隐藏的爱

海灵格(对一个大约16岁的男孩):我听说你在学校有点活跃,是吗?

男孩:是的。

海灵格:你很活跃的时候,你都做些什么呢?

男孩:我有时候上课调皮捣蛋。

海灵格:你调皮捣蛋时都做些什么呢?

男孩:我会很生气。

海灵格:你精力很旺盛。

男孩:是的。

海灵格:如果有人不能用这些精力做些有用的事情,他们就必须做些这样的事情。

男孩:是的。

海灵格:你家里还有谁像你这样精力旺盛?

男孩:没有人。

海灵格:你是唯一的孩子?

男孩:是的。

海灵格:你父母还在一起吗?

男孩:没有。

海灵格:发生了什么事情?

男孩：他们十年前分开了。

海灵格：你现在跟谁在一起?

男孩：和我父亲。

海灵格：你很像你的父亲。

男孩：是的。

  这个男孩非常感动,并且点头。

海灵格：我可以看出来。

  男孩很开心并点头。

海灵格：你父亲现在怎么样?

男孩：很糟糕。

海灵格：他怎么了?

男孩：他的健康很糟糕。

海灵格：他有什么问题?

男孩（叹气）：他有肺结核和肾功能衰竭。我不知道他还有什么病。

海灵格：好吧,我会和你及你的父亲一起来工作,好吗?

男孩：好。

  海灵格选了一个父亲代表,把他排了出来。

海灵格（对这个代表）：现在,你把这个男孩的父亲带进你的心里。你留意身体的感觉并且跟随它。然后,我们来为所有人寻找一个好的方案。

  这个父亲代表保持站立了很长时间,一动不动。

海灵格（对男孩）：你父亲的家里发生过什么特别的事情吗？

男孩：比如什么？

海灵格：有人很早去世吗？

男孩：是的。

海灵格：谁？

男孩：他的父亲。

海灵格：他父亲去世的时候你父亲多大了？

男孩：19岁。

海灵格：他的父亲因何去世？

男孩：我不知道。

海灵格：现在你家里有人在现场吗？

男孩：是的，我母亲在。

海灵格把母亲叫过来，在他身边坐下。

海灵格（对母亲）：他父亲的家庭发生了什么事？

母亲：他父亲的父亲45岁时死于一次胃溃疡手术。

海灵格选了一个代表，让他躺在父亲面前的地上，仰面朝上。

海灵格（对大家）：这个代表的眼睛扫过地面。因此我让一个人躺在他面前的地上。我不知道这个人是谁，但也许是他父亲。

过了一会儿，海灵格将男孩排在他父亲的面前，死者躺在他们之间。

海灵格（对男孩）： 对你的父亲说，"请你留下。"

男孩：请你留下。

海灵格（过了一会儿）： 再说一遍。

男孩：请你留下。

他用一种攻击性的声音说出来，紧握拳头。

海灵格（过了一会儿）： 大声地喊出来。

男孩：请你留下！

他大声地喊，带着深深的情绪并哭泣。海灵格让他非常大声地重复了几次。然后男孩开始哭泣。

海灵格把他带到他父亲面前。

（当男孩站在父亲面前）海灵格（对这个男孩）： "请你留下。"

男孩：请你留下。

海灵格："请求你。"

男孩：请你留下。

海灵格："请求你。"

男孩：请你留下。

海灵格："请求你。"

男孩：请你留下。

海灵格："请求你。"

男孩：请求你。

他仍然紧握拳头。父亲一动不动。

海灵格（对父亲）：告诉他，"我快死了。"

父亲：我快死了。

海灵格（对男孩）："请你留下。"

男孩：请你留下。

海灵格（对父亲）："我快死了。"

父亲：我快死了。

海灵格："我生病了，我快死了。"

父亲：我生病了，我快死了。

海灵格："就像我的父亲一样。"

父亲（用清晰的声音）：就像我的父亲一样。

父亲和儿子彼此凝望很久，男孩深深地呼吸，仍然紧握拳头。然后他垂下头，放松了拳头。

海灵格（对男孩）："亲爱的父亲。"

男孩：亲爱的父亲。

海灵格：看着他对他说，"请你留下。"

男孩：请你留下。

海灵格（对父亲）：告诉他，"即使我死了，你永远都是我的儿子。"

父亲：即使我死了，你永远都是我的儿子。

海灵格让儿子靠近父亲。他们深深地拥抱了很久。父亲紧紧地拥抱着儿子，抚摸他的背。当他们放开彼此，父亲把手放在他的肩膀上。他们彼此凝望很久。男孩深深地呼吸。当父亲往后退一步的时候，海灵格让他躺在他父亲代表的旁边，并看着他。然后他让男孩转过身，这样他就可以看到地上的父亲和祖父。

父亲和祖父彼此凝望，握着彼此的手。

海灵格（过了一会儿，对这个男孩）：对你的父亲和祖父说，"在我心里，你们会一直活着。"

男孩：在我心里，你们会一直活着。

海灵格："我会活着，来纪念你们。"

男孩：我会活着，来纪念你们。

海灵格："我会用我的生命来做些了不起的事情，来纪念你们。"

男孩：我会用我的生命来做些了不起的事情，来纪念你们。

男孩非常感动。他深深地呼吸，再次握紧拳头。

海灵格（过了一会儿，对男孩）：躺在他们身边。

他躺在他父亲身边。他看着他，但父亲并不看儿子。

海灵格（对这个男孩）：你在这里感觉如何？更好还是更糟？

男孩：更糟。

海灵格（对父亲）：当儿子躺下的时候，你感觉如何？

父亲：他躺在我身边让我感到不舒服。

海灵格：对你的儿子说，"走开！"

父亲：走开！

海灵格示意儿子站起来。儿子站起来，转过身去。

海灵格：现在你怎么样？

男孩：我不高兴。

海灵格再次将他转向父亲和爷爷,并且在他们的对面排了一个死亡的代表。

海灵格(对男孩):这是死亡。

男孩紧握拳头,但是死亡一动不动。男孩深深地呼吸,并且再次看着地上的父亲。他越来越快地呼吸,显然充满了愤怒。

海灵格(过了一会儿,对男孩):告诉死亡,"我会战胜你。"
男孩(用挑衅的声音):我会战胜你!
海灵格:大声地喊出来。
男孩(大声并充满挑衅地喊):我会战胜你!

他看着死亡,看了很久,充满挑衅。

海灵格:"我会战胜你。"
男孩:我会战胜你。
海灵格:"即使那会使我牺牲性命。"
男孩(用挑战和挑衅的声音):即使那会使我牺牲性命。

他仍然紧握拳头,死亡一动不动,眼睛看着死者。

海灵格(对男孩):死亡不看你。你对他来说不存在。

男孩再次看着地上的父亲和祖父。过了一会儿,他深深地呼吸并开始哭泣。他的整个身体都在哭泣中颤抖。这期间他看着死亡,垂下头。他擦干脸上的泪水,在混乱中挣扎了很久,最终他松开了拳头。

海灵格（对男孩）：告诉你的父亲和祖父，"我会在这里留更久一点。"

男孩：我会在这里留更久一点。

海灵格："然后我也会死。"

男孩：然后我也会死。

海灵格（对大家）：现在他松开了他的拳头。现在，攻击性已经消失了。

海灵格（对男孩）：现在你和真相在一起。现在你强大了。只有孩子才会暴跳如雷。好吗？

男孩：好。

海灵格（对代表们）：谢谢你们。

男孩再次在海灵格身边坐下。

海灵格（对母亲）：你怎么样？

母亲（叹气）：好些了。

海灵格：你不是有个很棒的儿子吗？

母亲：是的，一个很棒的儿子。

海灵格：他拥有如此多的爱。

儿子深深地呼吸。

母亲：是的。

海灵格：正是。

男孩释然地看着海灵格。海灵格打趣地吹了吹他的肩。

海灵格：现在你被封为骑士了。

男孩笑了起来，大家都和他一起笑了。海灵格和男孩握了握手。

海灵格：好吧，祝福你。

人群中响起热烈的掌声。

海灵格（对大家）：我刚刚所做的，我拍打他，只是其中一个方面。当一些结果在某人的生命里发生之后，吹气是必要的，即使不是这样有力的吹气。然后，改变就会在神经系统里固定下来。

海灵格（对在座的老师）：现在他再回到班上老师都会很开心的。只有美好的孩子，我们只需要找到他们的爱所隐藏的地方就好了。他隐藏的爱在这里被精彩地呈现出来了。

万能的力量与无能为力

我们需要注意一些重要的东西。很多人认为他们可以掌握生命，就好像他们拥有超越生死的能力。特别是孩子相信这点。因此孩子会在灵魂里有一个想法，认为如果他们作为孩子去代替父母承担一些困难，父母的状况就会好很多。就好像他们可以通过自己的牺牲来偿还父母。那么他们的灵魂有时候会说："如果我死的话，会比你死更好。"这给他们一种万能的力量。

孩子如何能变成成人？通过了解他们的力量是多么微弱。接受这点是一种艰难的挣扎，因为仍然有许多成人认为，他们可以将别人从他们的命运里解放出来。很多老师认为，他们可以改变学生。甚至有些人认为他们可以改变世界。他们也会很快发现，那是不可能的。这个挣扎是多么艰难！放弃幻觉，面对现实是多么艰难！我们可以从这个男孩身上看到这点。他进行了怎样的斗争啊！但是他成功地超越了。

短暂的生命

海灵格（对一个男孩，大约15岁，他举手要来一起工作）：你有什么麻烦？
男孩：什么意思？
海灵格：你给别人带来麻烦吗？
男孩：是的。
海灵格：你给他们带来什么麻烦？
男孩：我不好好上学。
海灵格：啊，你很懒惰吗？我也曾经很懒惰，但只是在我小的时候。

他们相视而笑。

海灵格：你不相信我？
男孩：不相信。
海灵格：对于有些人来说，在学校做任何事情都是不值得的。

男孩看着海灵格，似乎在等待他的解释。

海灵格：尤其是那些认为自己不会长大的人。

男孩变得忧郁并点头。

海灵格：他们为什么要努力呢？

他们互相看着对方，然后男孩若有所思地看着地面。

海灵格：我来告诉你一些事情。因为要死，所以有些人不必去上学。每个人都不必上学就可以死。

男孩点头。

海灵格：那是和生命不同的事情。

他们互相对视。男孩点头。

海灵格：闭上眼睛。想象你回到童年。然后你爬上生命的阶梯。阶梯的每一个台阶代表一年。你往上爬，一直往上，爬到你现在所在的地方。

海灵格（过了一会儿）：在你前面还有多少阶？

男孩变得非常严肃。

男孩：十个。

海灵格：那很少。

男孩摇头。

海灵格：十个台阶不多。那不值得在学校努力。

男孩变得非常严肃。

海灵格：我们应该做点什么吗？我们两人……

男孩点头。

海灵格：真的吗？

海灵格对他伸出手，男孩握住他的手。

海灵格：你同意吗？

男孩点头。

海灵格：好吧，那么我来和你一起做点事情。告诉我一些关于你的家庭的事情。你父母在这里吗？

男孩：是的。

海灵格：你有兄弟姐妹吗？

男孩：是的，一个姐姐。

海灵格：你父母中有人有过其他关系吗？

男孩：我不知道。

男孩说他父母也在这里。海灵格让他们也坐在他旁边。

海灵格（对父亲）：你的原生家庭发生过什么事情吗？

父亲：有个谋杀。

海灵格：谁被谋杀了？

父亲：我母亲的父亲被谋杀。

海灵格：被谁杀了？

父亲：被一个人，我们不知道是谁。

海灵格：你外祖父当时多大？

父亲： 大约40。

海灵格选了一个被杀害的外祖父代表，并把他排了出来。过了一会儿，外祖父四处看然后开始旋转。他到处看，就像看遍地的尸体。

海灵格（对父亲）： 外祖父曾经参加战争或者任何争斗吗？

父亲： 他是个拳击手。

海灵格： 有人在拳击赛中死去吗？

父亲： 没有。

海灵格： 他在看很多死人。

父亲： 我不知道他是否杀害过任何人。

海灵格： 我不是说他杀了任何人。但是他在看很多死人。

父亲： 他的很多孩子早逝。我的母亲现在60岁了。在她48岁之后，她就得很多奇怪的病。

海灵格： 我来试试。

海灵格选了六个女人，让她们躺在外祖父面前的地上。过了一会儿，他让这个男孩躺在其他人旁边。

外祖父跪下来想去触碰那些女人，一个接一个。但是她们想要从他身边挪开。

海灵格（对大家）： 你们可以看到这些女人是多么怕他。

外祖父跪着移向下一个女人。他想去触碰她，但很犹豫。

海灵格（对大家）： 外祖父害怕触碰他们。

海灵格（过了一会儿，对男孩）： 你在这里怎么样？

男孩：我不关心这个。

海灵格：正是，一个生命结束的人就再也不用关心什么了。

外祖父继续在地板上移动，现在要去够第六个女人。海灵格让男孩站起来，坐在外祖父旁边。

海灵格（对母亲）：你的家庭里发生过什么事情吗？

母亲：没有。

海灵格让外祖父躺在死去的女人们旁边。

海灵格（对外祖父）：你现在感觉好些还是糟糕些？

外祖父：我现在平静些了。

海灵格（对代表们）：你们可以回到座位上去了。感谢你们。

现在海灵格排出父亲，在他对面排了一个女人。

海灵格（对这个女人）：你是这个家庭的秘密。

过了一会儿，这个秘密转过身，背对着父亲。父亲往后倒退一步，然后又倒退了一步。

海灵格（对父亲）：你知道这个秘密是谁吗？

父亲：我认为是我母亲。

海灵格：她怎么了？

父亲：我觉得她不想活。

海灵格：嗯，好吧。

海灵格让父亲站在秘密的面前，他的母亲面前。

海灵格（对父亲）：看着她，对她说，"请你留下"。

父亲非常感动和犹豫。然后他看着地面。

海灵格（过了一会儿）：说出来。
父亲：请你留下。

他和母亲互相对视了很长时间。过了一会儿，海灵格让母亲离开，离开了儿子。

海灵格（对母亲）：你现在感觉怎么样？
母亲：好些了。

海灵格让父亲和他母亲的代表坐下。

海灵格（对男孩）：你现在怎么样？
男孩：我也想知道。
海灵格（对大家）：我们没有任何进展，这里有个秘密。
海灵格（对男孩）：我有个建议，表现得好像你只有十年可以活了。
男孩：怎么表现？
海灵格：怎么表现，那要看你。十年……你现在可以开始了。
男孩：什么意思？
海灵格：表现得就像你只有十年可以活了。

男孩想了很久，表现得很不安。

海灵格（过了一会儿，对男孩）：看着你的父母，对他们说，"十年，我绝对还要活那么长时间。"

男孩（看着他的父母）：我将至少还活十年。

海灵格："我表现得我仍然至少还能活十年。"

男孩：我表现得至少还能活十年。

男孩和父母对视了很长时间。然后男孩把目光从他们身上挪开。

海灵格（对男孩）：再次看着他们说，"你们不必担心。"

男孩：你们不必担心。

海灵格："至少在未来的十年，我仍然会做些事情。"

男孩：至少在未来的十年，我仍然会做些事情。

海灵格："也许是一些让你们感觉很好的事情。"

男孩开始说并且突然停下来笑了。他的父母也笑了。

海灵格：好吧，我这在这里停下。

海灵格（对男孩）：祝福你。

如果我活着，请祝福我

海灵格（对大家）：我想补充一些概括性的东西。

当我们思考我们今天早上所见到的东西，我们看到一些明显很重要的东西。但是在这个场景的背后，我们可以看到还有另外的东西在运作，个人受制于一种不轻易显露自己的东西。比如一个学生在学校表现奇怪，有人会说"是的，他可以改变，他只是必须要有一些好的意愿"。但并非如此。还有其他的力量在运作,而卷入的人们并不知道是怎么回事。

我曾经和这个父亲聊过一次,我也获得了一些反馈。我重新审视了整件事情。比如,当我们排出外祖父,有些女人害怕了。她们感觉受到威胁。从排列里我们同样看到,那里显然发生了某些可怕的事情。

海灵格(对父亲):现在我排出秘密,你说这是你的母亲。排列显示你的母亲想要死。为什么她想要死?她想要去到外祖父的那些死人那里。

但你说"这是我的母亲",你笑了。你知道这里隐藏着某些东西。我的猜测是,在你心里你对母亲说:"我死好过你死。"你的儿子感觉到了这一点。所以他对你,他的父亲,说:"我死好过你死。"

然后,我在休息的时候对父亲说了些也许会帮到儿子的话。这个男孩应该去到那些死人那里,去到外祖父那里,对他们说:"如果我活下来,请祝福我。"然后他应该去到你母亲那里,在心里对她说:"如果我活下来,请祝福我。"并且他应该在心里对你说,对他的父亲说:"亲爱的父亲,如果我活下来,请祝福我。"

海灵格(对父亲):无论如何,你已经在这样做了。你当然在这样做。

父亲非常感动并点头。

父亲:我是用心在做。

海灵格:正是,你用心在做。

父亲:谢谢。

纠缠

海灵格(对大家):我们深植于我们的命运或者我们数代相连的家

庭，当我们遇到一些在我们理解里奇怪的人时，我们知道他们是与某些他们并不了解的事物相连。然后我们超越他们去看，不去打扰，我们尊重他们特殊的命运。通过我们对其命运的尊重，不去想要对其做些什么，他们获得力量。

我们经常有一个人类自由意志的观念。我们有些自由意志，但是很有限。关于一些大的事情，比如生死，是其他的力量在掌管。

那么我们能做什么呢？我们使自己信任那些力量，以及我们的命运。当我们让自己信任那些力量，我们有时候去帮助别人，然而是在顺应那些伟大力量的前提下去帮人。

那么老师的工作就会容易一些，父母的工作也会容易一些，孩子也会感觉更好些。在这一切的背后是一个强大的信任，信任万物终将归一，而我们所创造的好与坏的区别也终将消散。然后我们既不是好人也不是坏人，我们只是人而已。

我很爱你的父亲

海灵格：还有人想要和我一起来工作吗？

一个老师叫来一个大约16岁的女孩，她和她的母亲在海灵格身边坐下。女孩飞快地看了海灵格一眼，微笑，然后看向地面。

海灵格（对大家）：当你们看着她，她的灵魂和感觉是多大年纪？3岁。她3岁的时候发生了些事情。

海灵格（对女孩）：发生了什么？

海灵格（对母亲）：她3岁的时候发生了什么？
母亲：她3岁的时候，我们和我现在的丈夫一起住。

　　女孩开始哭泣，然后抽泣。

海灵格：她父亲怎么了？
母亲：她父亲离开了我们。他和另外一个女人走了。
海灵格：她想念她的父亲，我们马上就能看出来。她想念她的父亲。

　　海灵格看着她。她坚决地摇头。

海灵格（对大家）：她摇头。你们知道为什么吗？她害怕在母亲面前承认。

　　海灵格看着母亲。

海灵格（对母亲）：对她说，"我很爱你的父亲。"
母亲：我很爱你的父亲。
海灵格：怀着爱说。
（当她想马上回答）海灵格：慢慢地说，记得你曾经多么爱他。然后从你的灵魂里说出来。

　　她深深地叹气。

海灵格：看着她。
母亲：我很爱你的父亲。

　　母亲深深地感动了。女孩哭了。

海灵格让母亲坐在女儿旁边，拥抱女儿。她拥抱了女儿，亲吻她并轻抚她。然后她们手拉手坐着。

海灵格（对大家）：我需要做的就这么多。
海灵格（对母亲）：祝福你。

父母双方

海灵格（对大家）：关于这点我想要讲点东西。每个孩子都有父亲和母亲两个人。孩子永远需要父母两个人。一个孩子必须被允许同时爱父母两个人。孩子不理解为什么父母会分开。孩子同样地爱着父母两个人。但是有时候父母分开了，孩子和母亲在一起，那么他或她全然地依赖母亲。有时候孩子不敢表露对父亲的爱。因为害怕母亲会生气，怕也会失去母亲。但他们继续偷偷地爱着父亲。当孩子听到母亲说很爱父亲，那么她就可以表露她也很爱父亲。然后孩子就会觉得释然。

这个母亲很了解这点。现在这个孩子可以轻松地说出她爱父亲。她也知道她可以去到他那里。这会让她感觉很好。现在她感到幸福了。

海灵格（对女孩）：没关系，你可以表露出来，你母亲也很高兴。

母亲和女儿对彼此微笑。母亲搂着女儿，亲吻她。

海灵格（对大家）：那也是应该有的。

妈妈，我愿意为你做任何事情

一个男孩，大约14岁，坐在了海灵格旁边。

海灵格（对这个男孩）：你好。你想要和我一起来工作吗？

男孩：是的。

海灵格（对大家）：他很有力量地说这句话。

海灵格（对男孩）：我喜欢你这样。你有困难吗？

男孩：是的。

海灵格：什么样的困难。

男孩：在学校和在家里。

海灵格：在家怎么了？

男孩：我很容易就和爸爸生气。

海灵格：还有谁也生爸爸的气？

男孩：只有我。

海灵格：我知道还有谁也生气。当然是你的母亲。你知道我是怎么看到这点的吗？你是你妈妈的孩子。

男孩看着海灵格，思考了很久。

海灵格：如果你妈妈说"我尊重你的父亲"，会怎么样？

男孩：对我吗？我想我会很开心。

海灵格：是这样吗？那么我们来试试看看，感觉会怎么样。好吗？

男孩：是的。

海灵格（对大家）：我个人可能会犯错误，正如你所知道的那样。但是排列不会。

海灵格选了一个代表,这个代表是那个"短暂生命"的男孩。

海灵格(对这个男孩):我可以信赖你吗?

男孩点头。

海灵格:你是他的父亲。

然后海灵格选了一个母亲的代表。这是之前那个"我很爱你的父亲"排列里的女孩。

海灵格(对这两个代表):你仔细地留意你的身体和灵魂,然后表现出来。

母亲的代表看向地面。她想要转身离去,但是很犹豫。
海灵格让一个女人躺在这个母亲的面前,她仰面躺下。过了一会儿,母亲往后退了几步。死去的女人非常不安。
海灵格让男孩站在母亲代表的面前。

海灵格(对男孩):告诉你的母亲,"妈妈,我愿意为你做任何事情。"
男孩:妈妈,我愿意为你做任何事情。
海灵格:发自内心地说这句话,慢慢地说。
男孩:妈妈,我愿意为你做任何事情。

他们互相对视了很久。母亲紧握拳头。

海灵格(对母亲):告诉他,"我很生气。"

母亲：我很生气。

海灵格（过了一会儿，对男孩）：再告诉她，"妈妈，我愿意为你做任何事情。"

男孩：妈妈，我愿意为你做任何事情。

海灵格（对母亲）：告诉他，"我很生气。"

母亲：我很生气。

母亲和儿子对视了很久。然后海灵格把男孩带到一边，这样母亲直接面对死去的女人。

海灵格（对母亲）：对死去的女人说，"我很生气。"

母亲：我很生气。

海灵格："我不想要你。"

母亲：我不想要你。

海灵格："走开！"

母亲：走开！

海灵格：大声说出来。

母亲（大声地）：走开！

她说话的时候紧握拳头。她往后退了几步。死去的女人转向她。

海灵格（对母亲）：大声说出来。

母亲：走开！

海灵格把男孩带到父亲的代表面前。他们互相对视了很久。

海灵格（对男孩）：对父亲说，"亲爱的父亲，看着我，我是你的儿子。"

男孩：亲爱的父亲，看着我，我是你的儿子。

海灵格："这里你是大的，我是小的。"

男孩：这里你是大的，我是小的。

海灵格："我只是个孩子。"

男孩：我只是个孩子。

海灵格（对大家）：如果你去听，你会注意到，他说话的方式好像他是大的。

男孩看着海灵格微笑。

海灵格：再说一次，"亲爱的父亲，请看着我，我是你的儿子。"

男孩：亲爱的父亲，请看着我，我是你的儿子。

他再说了一遍，语气傲慢，大家都笑了。

海灵格（对男孩）：现在跪下来，抬头看他，对他说，"亲爱的父亲，现在我尊重你，你是我的父亲。"

男孩：亲爱的父亲，现在我尊重你，你是我的父亲。

他再次用傲慢的语气说了一遍。父亲一动不动。

海灵格现在把母亲带到可以看到死去的女人的地方。死去的女人伸手去够她。母亲再次往后退。海灵格让她靠近死去的女人。

海灵格（对母亲）：告诉她，"现在我看着你。"

母亲：现在我看着你。

海灵格：作为我的孩子。

母亲：作为我的孩子。

海灵格（对母亲）：走近一点。

母亲慢慢地靠近，直到死去的女人伸手可以够到她的脚。母亲继续站在那里。海灵格又去到男孩那里。

海灵格（对男孩）：对你的父亲说，"请你看着我，我是你的儿子。"
男孩（再次用傲慢的语气）：请你看着我，我是你的儿子。
海灵格（对父亲）：对他说，"并非如此。"
父亲：并非如此。
海灵格（对儿子）：当你有感觉的时候，跟着感觉移动。

男孩站起身来。

海灵格（对大家）：不是这样的移动。我可以看到是怎样的移动。那些生父亲气的人失去了父亲。

海灵格（对男孩）：再说一次，"请你看着我，我是你的儿子。"

他再次用傲慢的语气说了一遍。

海灵格（对大家）：他已经失去了父亲，可怜的孩子。没有力量。没有父亲，没有力量。

海灵格（过了一会儿，对男孩）：现在对你的父亲说，"救救我。"
男孩：救救我。
海灵格（对大家）：这不可能。他已经失去了父亲，母亲也是。

母亲也没有动。

海灵格：我在这里停下来。

海灵格（对代表们）：谢谢大家。

海灵格（对父母亲的代表）：你们两个代表非常好。我可以信赖你们。

海灵格（对大家）：父亲不必做任何事情来帮助儿子。当儿子轻视了父亲，父亲不允许去做任何事情来帮助他。这个父亲的代表很好地表现了这点。

这里的动力是什么？母亲对一个死去的孩子感到愧疚。她不想要这个孩子。她很愤怒。

海灵格（对男孩）：她想要死。你对她说，"我愿意为你做任何事情——哪怕是死。"

海灵格（过了一会儿）：只有一个人能拯救你——你的父亲。
但是只有当你尊重他，他才能帮到你。

男孩现在很严肃了。

海灵格：让这一切在你的灵魂里工作吧。也许你会找到出路。但是只有当你变小，在你父亲面前变小，你才能找到出路。在你的父母面前，你永远是小的。

海灵格（对大家）：那些认为自己比父母大的人已经失去父母了。他们必须开始一场盛大的演出，演出里他们不再扮演大的。

海灵格（对男孩）：我认为你已经明白了。
祝福你。

他们握手。

海灵格（对老师）：这两个代表是不是很棒？他们仍然完全没有被宠

坏。他们都很棒。这表明我们仍然可以和年轻人一起来做排列，甚至和孩子一起。通过这种方式，常常会比用成人的时候有更多东西显现出来。我们永远可以信赖一个孩子灵魂的美好。

海灵格教育

海灵格教育是一个系统教育。它将给学校带来什么？

当CUDEC，Alfonso Malpica Cardenas的会长和主管对我表达他们深深的感谢时，我很感动。因为系统的观点对于学校再次获得家长的信任做出了很大的贡献。

这是我第三次来到这个机构。我曾经在2001年和2003年分别被邀请来到CUDEC，用家族排列的方法来帮助父母、老师和学生。在这次大会上，我作为特别嘉宾被热烈欢迎，掌声经久不息。

从特定的方式来说，这个大会是一种承认系统现象逻辑方法的表现，因为系统教育发展的基础已经在CUDEC实行了很多年了。然而，我要强调的是，这种成功是通过Algelica和Alfonso Malpica早年的开辟性工作才获得的。

我曾经用家族排列通过监管的形式与学生和他们的家长一起工作，工作的内容是关于注意力不集中、多动症和阅读障碍症的，但也有精神疾病、吸毒和酗酒等内容。面临这样的问题，老师通常束手无策，无法适当地传授学习内容。

关于祸根的问题便出现了。学生的失败是谁的错？家长，老师，还是学校？我并没有去寻找罪魁祸首，而是在学生的家族历史里找到了解决方案。

参会者可以深刻地观察到孩子的那种爱，那种与其家庭系统纠缠的爱，以及一个学生对家庭成员的忠诚，将如何影响到这个学生的学习行为。在排列里面很清楚地看到，当老师仅仅看到学生的学习问题，他们会失去能量。但是当他们看到学生和学生背后的家长，并荣耀这个家庭的历史与孩子的成长环境，那么老师就会与这个学生的命运及他的整个家庭共振。

同时老师也会感知到并荣耀他们自己背后的父母。通过这种方式，他们就可以与他们自己的力量联结。这样，老师就可以专注于他们的工作，从家长那里获得必要的信任。唯有通过这种方式，他们才可能去教导他们的学生。他们将孩子和他们的父母留在他们的尊严里，担任起作为老师的合适位置。

恰当的序位

系统教育的一个重要方面也意味着学校要采取一种系统的方式运行。有些主管把他们的问题交给他们的员工，我在这个圈子里展示了一种工作。在这里主管给每个同事一个说话的机会，这样就可以做出顾及所有人顾虑的合适的决定。

有一点变得很清楚，老师与其相连的等级层之间的凝聚力，即与主管之间的凝聚力是很重要的。一个反对主管的老师就在学校再也站不住脚。当老师加入学生去反对另外一些老师，这个道理同样适用，加入学生的老师就再也站不住脚。

教育组织是一个受制于特定序位的系统。第一个人是主管，然后是老师，除去序位的优先权，他们都是平等的。那些先来学校的老师比后来的老师具有优先权。先来的老师通常喜欢向新来的老师展示该怎么做事情，那么好了，问题就开始酝酿了。承认每个人的能力和才华是很重要的，因为他们都是不一样的。

当我们承认每个人在他自己的方式里都很棒，每个人都用自己独特的方式教学，那么所有人就会达成和谐。

为了应付那令人生畏的职业倦怠综合症，老师必须被允许担任一个合适的育人者的位置。

家长和学生永远是第一位的，然后是老师。最底层的位置，是对老师最安全的教学位置。在这里，他们可以拥有最大的能量。他们的命运与共振协助于他们，这样他们就会获得力量来工作。

一旦老师真的把自己看作"学生—家长—老师"这一列中的最后一员，教育的必要基础才能建立起来。通过这样的方式，老师才不会感到太孤单。大家共同承担，这样他们就可以后退一步，继续享受他们工作的喜悦。

互相尊重，是良好教育的基础。

第二部分 爱的课程

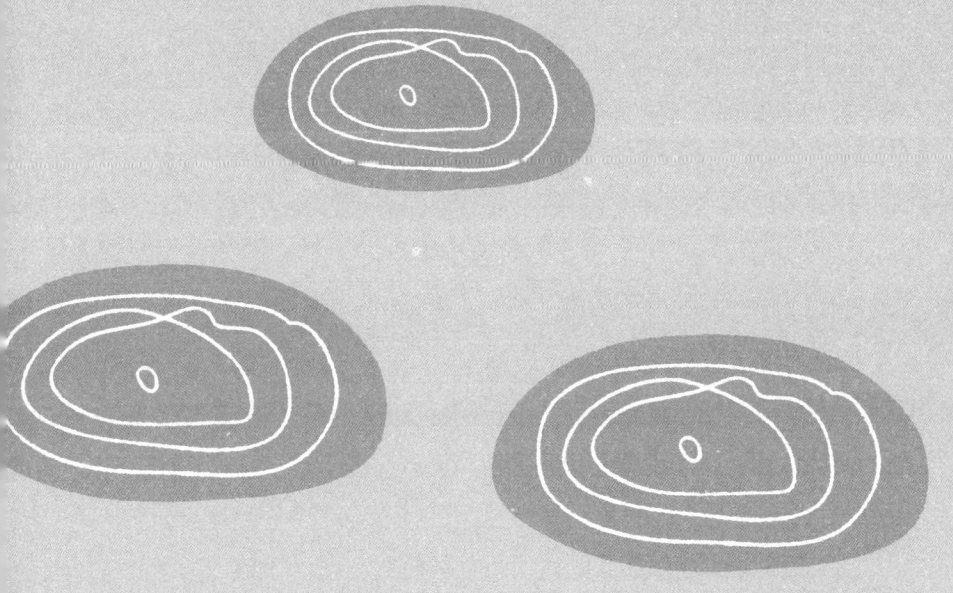

第六章 神秘的良知（I）

2013年，在意大利波岑的工作坊

介绍

海灵格： 我在这里很开心，还有这么好的翻译在我身边。

这个工作坊的主题是：生命的成功——工作的成功。生命的成功是第一位的，然后就是工作的成功。为谁而成功？就在那些坐在这里的人的身边，有许多其他人和我们在一起，成千上万的人，等待我们的成功。很多人是我们的过去，很多人来自我们的家庭，他们也许被遗忘、被拒绝，或被批判。那些人期待某种救赎，期待着和我们一起，把他们带入另一个层面的自由，另一个层面的爱。我们一起来进入这样广阔的延伸，可以吗？

那么每一种失败都不仅是我们自己的失败、我们的哀怨，也不仅是我们自己的哀怨。其他人通过我们的病症获得关注。他们对我们说："请求你。"

冥想：自信

闭上眼睛。我们进入自己的身体，我们的内在变得宽广。我们看着很多来自我们家庭的人，还有很多来自我们过往的人。我们对每一个人说：是的，是的，你属于我，我也属于你。

我们感知到内在的变化，感知到有些东西在我们的内在变得完整。突然，我们的渴望后退在背景里，包括我们对这个课程的设想，我们感觉被其他的力量所携带与承载。

我们刚才做了些什么？我们向成功迈出了第一步，向一个伟大的成功迈出了第一步。

展示：光明

我将从一个展示开始。谁愿意来面对这个移动？谁敢来步入这条道路？我看向四周，知道我是被另一种力量所引领。然后，我来选人。你们谁想来一起工作？

  海灵格选了一个腿部严重受伤的人。他欢迎他，并让他坐在旁边。

海灵格（对这个人）：现在请你闭上眼睛。

海灵格（过了一会儿）：在那下面，有很多的死人，很多。他们睁着眼睛。他们正看着你和我。我对他们说："我认识你。很多我的家族里死去的人和你一起躺在那里。"我们互相对视，然后我们对彼此说："你在那儿好吗？我们需要做些什么吗？或者我们应该站起身来，转身去看向光明？"突然，我们活着认识了彼此，是另一种活着，终于活在了家族里。

现在我们的目光追随那些死者，去到同样闪烁的光明里。我们起身对那光明迈出第一步。突然，我们感知到了光明，被那伟大的力量所携带和承载。我们忘我地沉浸在这光明里。

海灵格（过了一会儿，对这个男人）：你怎么样？

男人：感觉广阔而有力。

海灵格（拍拍他的肩膀）：我来和你一起做个练习。

海灵格选了一个女人作为代表，把她排在这个男人的对面，保持一定的距离。

海灵格（对女人）：看着他。

海灵格（对男人）：帮助从她这里来。

海灵格（对女人）：允许你自己在指引下移动，没有意图，就在那里。

过了一会儿女人蹲下，然后坐下。

海灵格（对男人）：在她身边和身后还有更多人。

女人仰面躺下。

海灵格（对第一排大约15个参会者）：你们就是那些其他人。

这些代表们慢慢地移向躺在地上的女人。她尽可能地从他们身边挪走。其中一个死者的脚碰到她，她大声地尖叫起来。但是这个死者没有离开。其他的死者四处散开。其中一个离开了其他人，她看向远方。多数死者围向地上的女人，其中几个跪在地上的女人身边，并轻轻抚摸她。其他人看着台上的男人。这个男人非常感动。其中一个死去的女人跪在他面前，轻抚他受伤的腿。然后她站起身来，另外一个人也站在了她旁边。他们都看着这个男人。他们靠近他，其中一个轻抚他的脸庞。

海灵格（过了一会儿）：我在这里停下。
感谢所有的代表。

海灵格（对男人）：正如你看到的那样，你不是独自一人。祝福你。

海灵格（对大家）：你们怎么样？也和我们一起踏上成功之途了吗？和许多人一起，和那些你们左右两旁的人，还有身后的人，以及那些走在前面的人，一起踏上成功之途了吗？

被携带引领

再次闭上眼睛。我们来看着我们的生命，从过去到现在。也许独自一人，很孤单。然而，我们是行进在一列伟大的队伍里。在我们的前后左右，还有许许多多的人，然后突然，我们感到和许多其他人一起同时被携带引领着。我们想象自己往前走几步，每走一步，我们都把一些东西留在身后。再往前走几步，再一次把一些东西留在了身后。然后再往前几步，再往前……

然后，面前的道路开始向上延伸。我们一步一步，慢慢步入这向上延伸的道路，目光锁定在前方，我们感觉自己正变成光，愈来愈明亮。我们问自己：我们为何承负这么多？那仅仅是重负？现在重负从我们身上散落。我们深深地呼吸，往前一步，步入一个遥远的高度。

展示：突破

海灵格：我将做另外一个有关生命的成功与工作的成功的排列。有谁想来？

海灵格（对一个参会者）：如果你没有记笔记的话，我可能会选择你。记录东西的时候我们就没有与另外的能量联结。心在另外的地方，不是在纸上。所以，有谁想来？

海灵格选了一个女人，让她坐在他身边。

海灵格（对这个女人）：闭上你的眼睛，在心里对某个人说，"结束了。"

海灵格（过了一会儿）：现在，在心里对这个人说，"我恨你。"

这个女人面露愁苦，大声地尖叫和哭泣。

海灵格：这是仇恨的另一面。真正的感受是不同的。任何以受害者示人的，都是期待别人的怜悯（女人在地上跺脚），他们还有另外一种感受：等着去杀人。其他的都是游戏。

女人坐在那里，紧咬牙齿，面部扭曲。

海灵格：这样一个人还在做什么呢？自杀。

女人用脚跺地板。过了一会儿她平静下来，深呼吸。

海灵格（对大家）：现在闭上眼睛。我们在谁面前表现得像个可怜的家伙，或者受害者？死亡对我们和其他人的期待在哪里？

女人平静了下来，深深地呼吸。

海灵格：你现在怎么样？

女人（犹豫了一会儿）：我找不到出路。

海灵格：我已经向你展示了出路。我现在在这里停下。

海灵格（过了一会儿）：通过这些感受，你在内心欺骗了多少人？

女人：很多人。

海灵格：正是，这是成功的第一步。祝福你。

女人微笑，释然。

海灵格（对大家）：看起来我们正在通往成功的道路上。成功是很容易。

通往成功的途径

我想要带着你们进入一个通往成功的内在移动，那就是生命的成功。关于这点我会讲一些东西，所以我来谈一谈。如果你想，你可以闭上眼睛，但是你也可以看着我，是一样的。

成功的伟大数字是"二"。两个人想要成为"一"，那么那将是一个"一"。但是通过"二"成为"一"，成功始于"二"。两个人，肩并肩，手拉手。这是通往成功的途径。

我们想象我们的左边是母亲，右边是父亲。我们站在中间。我们的父母是"二"。在我们的内在，他们成为"一"。这个父母之间的"一"，是可以想到的最伟大的成功。没有比一个孩子更伟大的成功了。

孩子是来自二个人的"一"。当孩子出生,他或者她在我们看来是一个"一",因为在他的内在把父亲和母亲融合成了"一"。另一方面,虽然孩子是一个完整的个体,孩子天生就是二人的一半。孩子生为男孩或者女孩,男性或者女性。

然后会怎么样呢?一段时间之后男孩寻找女孩,女孩寻找男孩。作为男人和女人,他们想合二为一。他们的成功通过一个孩子来实现了。

现在你可能会想,他到底想说些什么呢?我们在这里进行一堂有关生命的成功与工作的成功的课程。

对于一个男人,成功始于一个女人;对于一个女人,成功始于一个男人。

我们的成功

现在请闭上眼睛。我们检视我们的内在,在我们生命的成功之途上,父亲站在哪里?男人为女人站在了哪里?女人为男人站在了哪里?

我们想象我们站在父母的中间,母亲在左边,父亲在右边。左右伴随着我们的父母,我们向前移动。我们握住母亲的手,也握住父亲的手,他们都平等地存在于我们内心,他们永远是合一的。

问题是:在我们通往成功的路途上,母亲是否迷失?在我们通往成功的路途上,父亲是否迷失?父母握着我们的手,母亲握着左手,父亲握着右手,我们走向成功,充满自信。

成功是如此简单,失败的根源也是如此显而易见。生命的基本律动永远发生在两个人之间。

"三"是一个神圣的数字,那是父母之间的我。

现在我们继续。经历了这些，你现在怎么样了？你正在通往成功的路途上吗？你踏上了幸福的路途吗？

我来继续我们起初的内容。我来展示一些东西，用一种我们所有人都被带入一种移动的方式。现在我想把主题过渡到工作的成功。有谁在工作的成功方面有问题的？

展示：我们的职业

海灵格选了一个案主，让他站着，看向前方。在他的对面排了一个女人，作为他的职业的代表。

海灵格（对这两个站着的人）：允许自己没有任何个人意图的移动。

男人朝职业迈了几小步。过了一会儿，海灵格选了另外一个男人作为代表，仰面躺在代表职业的女人面前。

案主和代表职业的代表都看着他们之间的这个男人。职业往后退了几步，案主现在站在了靠近地上死者的地方。

海灵格选了另外一个女性代表，让她站在职业代表的右边。他们紧挨着彼此站着。这个新的女性代表紧握拳头，看着地上的死者。即使这两个女人紧靠着彼此，她们并没有看对方。

海灵格：她就是那生死者气的人。她紧握着她的拳头。

案主走过死者，经过他的双脚，他想去到他的职业那里。突然，他停了下来，张开双臂，往后倒退。职业这时候轻轻地挪到了一边，从后面将头靠在了第二个女人身上，不去看她。这个女人看着远方，面部紧张，拳头仍然紧握着。

海灵格选了第二个男人作为代表，叫他站在死者看的地方。

案主从死者身边退了回来。他抬起双臂，靠近了紧握拳头的女人。这个女人离开职业站在了案主的旁边。她开始转圈，案主也转圈，伸开双臂，过了一会儿他离开了这个场景。第二个男人站在死者面前，背朝他。第二个女人双手往后伸，紧紧地从身后抱住职业。职业慢慢地去向地面，并把第二个女人一起往下拉。职业深深地弯下身来。第二个女人拉着她的一只手。案主站在了她们旁边。

海灵格选择了第三个男人，把他排在了第二个男人的对面。在不久之前第二个男人张开腿，跨站在死者之上。第二个和第三个男人走向彼此。第三个男人对第二个男人张开双手，用一种邀请的姿势。第二个男人一直往回看死者。

过了一会儿，这两个男人站在了一起，第三个男人站在第二个男人身后。同时，死者转过身去。

案主正跪在职业的旁边。职业从他身边撤走。第二个女人慢慢地躺在了地板上，看着死者。职业完全地撤退了。

海灵格：我这里打断吧。感谢所有的代表。

海灵格叫来案主，让他坐在他身边。

海灵格：你怎么样？
男人：我感觉很有力量。我觉得这是一个不属于我的系统。
海灵格：正是。
海灵格（对大家）：在这里显现了什么呢？一些过去发生的事情，

并不属于他，却在这里发生了作用。当有些很久以前发生的事情影响到当下，那么我们为企业成功所做的所有努力都是徒劳。

海灵格（对男人）： 这里有谋杀，这是非常清楚的。

男人点头，指向他身后。

海灵格： 发生在很久以前，谋杀者想要离开，他想要去到别的地方。你能理解吗？

男人： 可以。

海灵格： 然而，这是很久很久以前的事情了。一句奇怪的话作为解决方案出现在我心里：改变你的职业。

男人考虑着，他转向海灵格，看着他，笑了。

海灵格： 我在你脸上看到了，这是未来。

两人都相视而笑。

海灵格： 祝福你。

他们握手。

海灵格（对大家）： 这个排列把我们带入了另外一个维度。这不是普通意义上的排列了。所有的事情，都留在了沉默和神秘里。然而，解决方案是清晰的。

沉思

再次闭上眼睛。我们来看我们的职业和我们的企业，我们通过它们来获得生活保障。它们移向了哪里？移向我们了吗？还是离我们而去了？他们的双手在做什么？是张开的吗？还是紧闭的？甚至是紧握着拳头的？什么横隔在我们和他们之间？还有其他人加入吗？谁渴望从我们的企业里获得什么？获得一些不同于我们所期待的？

我们在内心测试着，这把我们引向何处？引向什么样的光明？什么样的力量？什么样的生命服务？什么样的喜悦？

海灵格（过了一会儿）：你们找到方向了吗？

我告诉你们一个关于成功的秘密。你想要知道吗？非常深奥的秘密：最伟大的成功都是轻松的。

没有沉重的成功。任何艰难的事情都是有误的，如同爱一样。轻松的爱是宽广的——也是幸福的。

海灵格（对大家）：你们怎么样？踏上了成功的道路了吗？我看着你们的脸，很多人已经踏上了这条道路——轻松的成功。

展示：与伴侣的成功

海灵格：我想要继续来看看有关在某种关系里的成功。伟大的成功总是与某个合作伙伴的成功，真正的幸福也是。有谁想来看看有关伴侣方面的成功？

一个女人举手了。

海灵格（对这个女人）：首先我想要问你一些问题。你结婚了吗？

女人：结婚了。

海灵格：你有孩子吗？

女人：是的。

海灵格：有多少个？

女人：我们一共有四个，我自己有两个。

海灵格：另外一个，你的伴侣呢？

女人：他有两个。

海灵格：闭一会儿眼睛。想象你左手拉着你的前度伴侣，右手拉着你现在的伴侣。你的孩子属于哪个伴侣？之前的还是现在的伴侣？

女人：之前的伴侣。

海灵格选择了一个代表，代表女人的前度伴侣，还选了一个女性代表，将她排在离前度伴侣有些距离的地方。

海灵格（对案主）：这两个孩子是男孩还是女孩？

女人：一个男孩一个女孩。

海灵格：哪个是年长的孩子？

女人：男孩。

海灵格选了一个男人来代表男孩，一个女人代表女孩。

海灵格（对代表们）：现在找到你的位置。

前夫朝女人走了几步。然后他移到旁边。两个孩子站了在他身边，女孩在右边，男孩在左边。然后男孩往前走了一步。

海灵格：你的前夫因何去世？

女人：多发性硬化症。

  男孩站在了妹妹的右边。前夫跪在地上。女人看向左边，她的左手在颤抖。女人又往左边走了几步，她的前夫仰面躺在了地面上，双手张开。女人双手举在面前，大声哭泣。她离开得更远了，一边走一边看死去的丈夫。她剧烈地颤抖，大声地尖叫。

  案主走向她的代表，把她紧紧地抱在怀里，同时男孩去到了父亲那里，跪在他面前，握着他的胳膊。

海灵格：我还需要一个女人。

  他选了一个女人，让她站在远离其他人的地方。

海灵格（对代表）：你是他的死亡。

  案主的代表即刻平静下来。案主和她的代表彼此凝视对方的眼睛。海灵格让案主再次坐在他身边。

  同时男孩躺在了父亲的身边。女儿转向了死亡，向死亡走去。

  案主的代表非常不安。她慢慢地移向她死去的丈夫。女儿一直看着死亡。然后她离开他，看着外面。

  女人经过了死去的丈夫，走向女儿。她从后面拥抱她，紧紧地搂着她。女儿挣脱女人的拥抱，走到一边。母亲向女儿伸出手。

海灵格：我在这里停下。

海灵格（过了一会儿，对大家）：你们的成功会在哪里？

海灵格（对案主）：你必须回去，否则你的孩子会死。

他们互相凝视了很久。女人站起身来，回到她的座位上。

海灵格（过了一会儿，对大家）：我们在这里看到了什么？我们可以自由地作决定吗？通往幸福的大道，正如我们所期待的那样向我们敞开了吗？还有其他的力量在这里运作吗？

有任何人可以为我们而死吗？我们是自由的吗？还是每个人都有自己的死亡？我们可以为他人而死，令其他人活下来吗？

征服

海灵格：闭上眼睛。我们来想象在我们面前有几个人，站在离我们有些距离的地方。每一个人都代表另一个人的死亡。我们看着所有这些人。

当我们只是看着他们会怎么样？当我们看着他们，以最深沉的宁静，被我们的生命携领，看看会发生什么？那些代表其他人的死亡的人们会怎么样？他们会和我们站在一起吗？他们会变得软弱吗？他们会想要消失吗？

那么我们又会怎么样？在我们的内心，我们转身离开他们，被另外一种从内心升腾的力量和爱所引领。把重负留在身后，我们追随另一种爱的羽翼之光。

"喜悦，上帝之作的璀璨火花，天堂的女儿，我们沉浸在忘我的喜悦里，天堂的主人，我们神圣的上主。"

海灵格（过了一会儿）：怎么样？成功了。

好吧，今天早上就到这里。祝你们愉快！

地球上的天堂

海灵格：有一件关于成功的最重要的事情，关于幸福的最重要的事情，关于一些神圣的事情。这件神圣的事情的名字叫做良知。整个西方社会把良知当作我们灵魂里上帝的声音，这是不可思议的。

当我们更仔细地看着它，我们的良知告终于何处？它总是以某种战争告终。如果遵循好的良知，我们来感知我们的内在会发生什么？遵循我们内在的良知，我们总是需要拒绝某些人，甚至很多人，甚至整个国家。我们的良知总是指出那些我们应该对其生气的人。你们的内在可以感知到这个吗？

我遇到一个加拿大的印第安人，他告诉我他们的语言里没有"审判"这个词。在这个部落里，没有良知。他们没有良知地活着。这是不可思议的。我问他："如果一个人杀了另一个人，你们怎么办？"比方说我们该怎么做？我们会强烈要求审判。这意味着，我们要杀了杀人犯。

他告诉我："受害者的家属领养那个杀了他们部落的人的杀人犯。"他们对复仇一无所知！他们移向了另一层面的良知，超越良知之上。

我该说更多有关良知的东西吗？它让我们与我们的群体相连。遵循我们好的良知，我们会感觉被允许归属我们的群体。通过我们的良知，我们购买了归属的权利。这就是好的良知的意图和目标，它使我们与我们的群体相连，与我们的家庭相连，也与我们的国家相连，与我们的宗教相连。一个重要的元素是，它也迫使我们拒绝他人。所以，我们的良知是以一种方式来构建的，一种我们愿意实行战争、反对那些被我们看作坏人的方式来构建的。每一个冲突、每一个战争，都是被良知所支持，被一种允许我们，甚至迫使我们把其他人看作坏人的良知所支持。每一个血腥的冲突，都是良知之间的战争。

我们的好的良知让我们感到自己优越于那些我们应该拒绝的人。拥有"好的良知"的人，必须与那些被他们的良知判断为敌人的人斗争。

不幸的是，同样的情况也发生在另外一方。另外一个群体也有一个好的良知，只是不同于我们的良知。因此他们用他们的良知拒绝我们，通过他们的好的良知，用战争来反对我们。

还有更多有关良知的东西。每一种良知都伴随着一个上帝，一个会奖赏跟随他的人们进入天堂的上帝，一个会把其他人扔进地狱的上帝。

那么基督世界的上帝是怎么回事？那是我们良知的魔鬼。所有战争群体都需要其成员的良知站在他们这边。但是如果超越我们的良知，找到包含一切的爱的途径，那么就没有这种上帝了，没有一个拣选某些人却谴责其他人的上帝了。

我们课程的主题是什么？哦，是的，成功。生命的成功，职业的成功。成功在这里意味着什么？我们怀着爱，与许多人相连。那么——我应该坦率地说——用一种坏的良知与他们相连。

这就是我想在介绍里说的。在今天早上的排列里，我们已经可以看到好的良知的作用了。这就是好的良知的一个结果（他举起一个紧握的拳头）。而这，只能通过坏的良知做到（他大大张开他的双臂），与我们的群体告别。但是这并非反对我们的群体，只是同时与其他群体和谐。当我们成功做到这点，我们会把这叫做什么？我们把它叫作地球上的天堂。这个天堂在哪里？下面，就在地上。

展示：幸福

海灵格（选了一个男人，让他坐在自己身边）：我认识你至今，你都是忽略身边的幸福，看向别处。

男人（笑了，点头）：是这样的。

海灵格：现在我们来看看你的幸福。

（当这个男人变得不安起来）海灵格：等等，我给自己充分的时间。当我想到所有那些你可以做到的事情，所有你所学到的东西，那些你已经成功运用的东西，然后这次失败，这都让我流泪。

闭上眼睛。我看见你的幸福在你左边，一个女人。

海灵格（对大家）：我需要一个女人做代表。

海灵格选了一个女人代表幸福，让她站在离男人左侧几步远的地方。

幸福前后摇摆，往前弯腰，看着地面。她对她的左侧示意拒绝。然后她站直，向后转身离开。眼睛一直紧闭着。

海灵格（对男人）：站起身来，让你自己从内心移动。

男人慢慢地移向幸福。她慢慢地往后退了几步。他对她伸出一只手，又垂了下去。幸福把头转向他。他们彼此凝望。然后她往后退了几步，但他们仍然凝视着对方。

海灵格（选了另外一个代表）：你是死亡。

案主伸出双手，又垂了下去。他迈着小步向幸福走去。她看着他的眼睛。死亡站在远处。

海灵格选了一个男性代表，让他上台，仰面躺在地板上离案主几米远的地方，他不看案主，看着幸福。

这个死去的男人双臂向两边张开。过了一会儿，案主和幸福都看着这个死人。

案主迈着小步走向死者，对他弯下腰，握住他张开的手臂。死去的男人拥抱了他，然后又躺下，双臂张开。幸福来到了案主身边并将他往她身边拉。他把头靠在她的腹部。她轻轻地抚摸他。

死亡一直站在远处，张开双臂。案主也对死者张开双臂，但是死者转身背对他，看向死亡。然后他完全离开案主。

海灵格：好的，谢谢你们。

他让案主再坐在他身边。

海灵格：这样感觉好吗？

男人点头，但是有些犹豫。

海灵格：闭上眼睛。再次想象你将头放在幸福的肚子上。

男人幸福地笑了。

海灵格：这就是移动，唯一的移动。其他的一切都可以忘了，好吗？

男人点头。

海灵格：祝福你。

另一个维度的家族排列

我最近写了一本有关另外一个维度的家族排列的书。这个内容我已经在这个工作坊里展示给你们看到了。它是不知不觉地发生的,在我没有觉知的情况下发生的,立刻进入到另一种意识的灵感。没有意图,没有推测,来自另一个地方的引领。问题是:还有哪些之前的家族排列是仍然有效的呢?但你们都会跟着一起来,你们大多数都会跟着一起来。你们亲身经历了什么是完全被另一个维度引领的,那总是立刻的,没有任何前期的知识。

这个维度对时间一无所知。对做好准备一无所知。但我们允许它来引领我们,我们也不知道时间,不知道准备。我们只是在这里,当下。我们为其他的力量腾出空间,为那些伟大的力量,腾出空间。

我们现在做什么?我不知道。我必须让自己再次被引领。

冥想:下一步

闭上眼睛。现在我们来检视我们的灵魂,首先,仍然在我们心里,我们的灵魂里,我们深深的感受里:下一步是什么?我们给自己足够的时间。下一步的洞见是光明,如同一缕柔风。这种感受马上出现在我们的身体里,就在这地面上。

问题:结束

你们怎么样?也许有些相关的问题?

一个女人有问题，坐在了他旁边。

海灵格：你的问题是什么？
女人：在这个冥想里，我感到我的四面八方完全被堵住了。
海灵格：问题是什么？
女人：我找不到出路。问题是，我如何找到出路？
海灵格：我需要一个女人。

一个女人举手，来到台上。海灵格让这个有问题的女人站在这个女人的对面。

案主开始摇晃。然后她张开双臂躺在了女人对面的地上。她猛烈地捶地面。

海灵格（对大家）：我把这称作什么呢？我叫它结束。
海灵格（过了一会儿）：我也在这里停下。
海灵格（对代表）：感谢你。

有问题的女人站起身来，回到座位上。

问题：良知

海灵格：现在我几乎不敢再问谁有问题了。再来，还有其他人有问题吗？

一个女人举手，坐在海灵格身边。

女人：我不理解，或者我不知道什么时候好的或者坏的良知开始运作。

海灵格：就在刚才，上一个问题，好的良知就开始运作了。好的良知是去禁止。

提问的女人想说些什么，但是海灵格摇头。

海灵格：好的良知让你感觉良好。

女人现在摇头。

海灵格：它让其他人感到糟糕。

女人点头。

海灵格：好吧，我在这里停下。

海灵格（对大家）：问问题变得越来越危险了。

（过了一会儿）海灵格：现在我要再次通过排列召唤伟大的力量。

展示：问题

有谁有关于生命的成功与职业的成功的问题，想要通过排列来看一看的？

他选了一个女人，她坐在了他身边。他又选了另一个女人作为代表，让她上台来。

海灵格（对代表）：站在那里，你是她的问题。

代表看向一边。海灵格选了一个男性代表，让他站在问题对面一定距离的地方，但并非她所看的方向。

问题把目光转向了男人。男人对她伸出右手，以最小的步伐迈向女人。问题开始回应，犹豫地对他伸出手。当男人靠近她，他伸出手。过了一会儿他把头放在她肩上，让她的头靠近他，这时候女人仍然伸着她的右手，并没有抱着这个男人。

海灵格：好的，感谢代表们。

海灵格（过了一会儿，对女人）：我们可以看到什么呢？那么多可能的幸福都是徒然，一无所获。

海灵格（对大家）：我们苦苦等待的幸福，都从我们身边溜走了。

我们的步伐

海灵格：闭上眼睛。现在我们来看看我们期待许久的幸福，不去走近他。

海灵格（过了一会儿）：现在我们来等待某个站在我们身后的人，从这个人身上，我们会获得走向下一步的力量。

海灵格（过了一会儿）：好吧。

我的书

海灵格：我并不了解我是怎么写作的。这一点直到最近才变得明了。

当我写一本书的时候，我成了一个媒介。我被另外一个移动带领。比如说，我早上醒来，一句话出现在我心里，突如其来地就来了。然后我就知道，我要写些关于这句话的文字。我坐下来，把这句话作为标题。然后我的手就会被引领，一个字一个字地被引领。我不知道这会把我带向哪里。最后的结束语，也是被送到我面前的。

十分钟以后，我就会忘了我都写了些什么。如果我不写下来，我也无法去讲述。我连标题都会忘记。

通过这样的方式，我一本接一本地写。这些都不是我写的书，我只是一个工具。

我为什么要告诉你这些？还有一些其他的移动，他们来自其他的意识，他们将（把）我们带入另一种意识。

在这个工作坊里，我们已经朝这个意识迈进了几步，我们将在这条道路上继续。

展示：徒劳

海灵格：有谁想来看看有关生命的成功和他或者她的职业的？

一个女人举手，坐在了海灵格身边。

海灵格让自己平静下来。

海灵格：有两个字出现在我心里。

海灵格（对女人）：是给你的。闭上眼睛。我告诉你这几个字，你让他们对你工作。这两个字是："徒劳"。

海灵格（过了一会儿）：我需要一个女人。

他选了一个女人，让她躺在代表的面前，仰面躺着。

他又选了第二个女人，让她站在案主的对面，这样死去的女人躺在他们之间。犹豫了一会儿，第二个女人跪在了死去的女人面前。

海灵格选了一个男人，让他站在死去的女人面前，这样他站在了离她一米远的地方，看着她的头。慢慢地，这个男人跪了下来，抱着女人的头，让自己的头靠着她的头。同时第二个女人也在死去的女人身边仰面躺下。

海灵格让案主在排列中找到自己的位置。她站在了死去的女人和躺在她身边的女人之间。男人紧握拳头，用力捶地，大声哭泣。

案主抓住他的拳头，把手放在第二个女人肩上。这个女人变得非常不安，想要挣脱她。当她成功挣脱，她先是转身离开，然后又回来，但是保持了一点距离。男人大声哭泣。他站起身来，朝案主伸出手，另一只手抱着死去的女人。

第二个女人坐了起来。男人仍然抽泣。案主紧紧抱住他。他还是抱着死去的女人。然后站起身，抱住案主。第二个女人坐在男人旁边。他也抱住了她并抚摸死去女人的头发。他把案主和死去的女人的头抱在一起，把自己的头放在她们中间，然后他抬头看着天空。

海灵格：好吧。感谢代表们。

海灵格（对案主，当她在他身边坐下）：那是徒劳的。对你而言，那是徒劳的。

他们彼此凝望很久。

我们自己的力量

海灵格（对大家）：闭上眼睛。我来和你们做一个冥想。特别是和那些应用家族排列和通过排列寻求帮助的人一起来冥想。问题是：什么是徒劳的？

海灵格（经很长时间的停顿）：现在我们进入到自己的力量，只是我们自己的力量，离开其他人的力量，我们去看那超越生命的无限空无，保持沉默。

我们的内在发生了什么？在这个空无面前，我们是寂静的。

我们的脚怎么样了？我们感知到脚下的地球。

过了一会儿之后我们的脚怎么样了？它们从何处获得稳稳站立的力量？是当我们看着空无的时候吗？只有在地面上我们才能稳稳地站立。从那里，我们被带入一种空无，而我们处在空无与地面之间。

海灵格（过了一会儿）：好吧。你们怎么样？

虚空

我还要来和你们做一个冥想。我先来解释。

你想象你站在很多来自你的过去的死人面前，那些曾经是你的人面前。很多的生命站在我们面前。

现在闭上眼睛。当这些死人站在我们面前，他们存在于我们的内在，曾经存在于我们的内在和我们的面前。

他们怎么了？他们变少了吗？我们变小了吗？我们变得不重要了吗？我们的想法变得荒谬了吗？我们超越他们，去看一个无限的虚空。我们忘了那些站在我们面前的人，他们在我们的心灵和身体里，寻找位置，寻求帮助。

当我们凝视着这个无限的虚空，让自己全然地沉浸在这无限的虚空里，继续沉浸在这虚空里，全然地沉浸，不去四顾左右前后，所有那些与我们相连的人也转入这虚空里。他们超越这虚空，而我们留在后面，就在此地，我们找到新的自由。

第七章 神秘的良知（II）

2013年意大利，米兰工作坊

介绍

海灵格：我诚挚地邀请你们来到这个课堂，这个课程有个奇怪的名称：神秘的家族排列维度。我将开始展示，这样你会有些了解并且被带入这个维度。可以吗？

有个副标题来描述这个工作坊第一天的工作，它就是：神秘的良知在运作。这意味着：我通过另外一个维度来展示疗愈。

你们中有任何人希望通过这种方式来和我工作的吗？举起手来，然后我们选几位。

海灵格选了三个人，让他们坐在他身边。

第一个维度："现在够了"

海灵格（对第一个女人）：闭上眼睛，在你的内在对某个人说，

"现在够了。"

（过了一会儿，当这个女人看向他）海灵格：回到你的座位上吧。

海灵格（对大家）：我不允许去做更多了。

当我对一个人说这些东西，我不需要任何信息。我从另外一个地方获得一个暗示，关于什么是适当的。同时我也是在对你们所有人说。当我说这些东西的时候，你们也可以来加入。你可以感觉你是否也对此开放。你是否可以信任一个灵性的力量，或者你是否进入到一个领域，在这个领域里我们已经做了些事情，就像我们在通常的排列里所做的一样。在通常的家族排列里，人们来到我们面前要我为他们做点什么，让我用他们想要的方式去做。

那么我是在服务于谁呢？我会和一个灵性的维度相连吗？我在这里移动到另外一个维度。

她不做回应是有益的。关于这点她的表现对大家是一个学习课程。她的反应对我们许多人都很有益。同时也预告大家：我们现在进入了另外一个层级。

第二个维度："现在我停下"

海灵格（对第二个女人）：你有什么议题？

女人：是关于困难，一个接一个的困难，健康和工作方面的困难。

海灵格：你的爱人呢？

女人忧伤地点头。

海灵格：闭上眼睛。我来告诉你一句话，你在心里重复。

海灵格（对大家）：你们也可以这么做。这句话是，"现在我停下来。"

女人深深地呼吸，然后开始哭泣。她睁开眼睛然后又闭上。

（当她再次睁开眼睛）海灵格：继续闭上眼睛。

海灵格（对大家）：我要对她和你们提出一个问题，她不需要回答，不是回答我。有多少人通过这句话感到好些了？多少人自由了？

女人点头。

海灵格：这样好吗？

女人：谢谢！

关于程序

海灵格（对大家）：程序是什么？

我不需要看这个人，当我平静下来，我与另外一个能量和谐，通过一种疗愈的能量，通过一个创造的能量。在这个灵性的维度里，没有渴望为自己攫取什么的胜利者。

在这里，爱平等地流向每个人。这个能量有立竿见影的效果。在这个层级里没有游戏。

闭上眼睛。想象：在你的内在和你的关系里，有什么东西在等待着你，而你现在对他们放手——永远放手？关于这点我想再说些东西。很多人的症状、问题等都来自职业。这意味着有其他的灵控制了他们，那些以前的人，因为一些未竟的事宜。现在，他们掌控了我们，比如通过某种症状。

感知你内在某个症状呈现出来。你询问症状，或者你请求他："请告诉我你是谁。"我们等待一个答案并且问症状："什么可以使你自由？"

不去看这个人或者这个症状，我们等待，直到我们被带入另外一个层级，在这个层级里那个通过我们的症状与我们对话的人找到了安宁和疗愈。然后我们进入另外一种记忆、一种集体的力量。

在我们的内在发生了什么呢？我们找到健康的道路，一种广泛的健康，让我们与很多其他人相连。我们一起超越自己和这个世界，看向远方。我们因此而有了一个觉醒的远景。

我们看着这个力量，没有权利，超越期待，与所有其他人一样，和所有其他人在一起。没有自我，完全的无私，与所有其他人一样。

你们对此感觉如何？你们是否被带入了另一个层级？一个幸福的层级？

第三个维度：你更棒——现在我们一样了

海灵格（对第三个女人）：现在轮到你了。你的议题是什么？

女人：是关于我和我的伴侣的关系，现在不行了。

海灵格：好吧，闭上眼睛。我给你一句话，你可以在心里对他说出来。当我说的时候，你也马上把这句话在心里对他说出来。

海灵格（对大家）：你们可以加入，以一个开放的姿态来做是最好的，不要手臂或者双腿交叉，或者因为害怕会发生什么或者害怕迷失而闭上眼睛。也请闭上眼睛。

海灵格（对女人）：出现在我心里的这句话是，"你更棒。"

海灵格（过了一会儿）：如果你成功说出这句话，只有当你成功说出这句话，你来告诉他第二句话，这句话是。"现在，我们是一样的了。"

海灵格（过了一会儿）：好吧？

女人：好吧。

海灵格（对大家）：这取代了明天的话题，生命中的主题——男人和女人。

你们对于神秘的良知运作感觉如何？我没有做排列。在这个层面，我们不需要家族排列了。尽管如此，我还是会在合适的情况下，通过家族排列展示某个问题。

早期的和高等的家族排列

我要说点别的有关这个维度的东西。家族排列始于对代表们的观察。在家族排列里，当排列与一个家庭（意味着父母和孩子）直接相关，代表们直接与家庭相连，对这个家庭没有任何了解。这里我也直接与个人相连，有时候什么也不问。但是即使这种联结很清楚，那么排列中的其他代表如何会确切地了解这个家庭，并且表现和感受都和家庭成员一样呢？他们与另一个意识层面相连。这意味着一种超越了我们目前正常知识和能力的意识。

在家族排列的早期，许多排列师进行了干预。我也是，因为我并没有完全了解这个领域的全部。这样很多排列师都从某种程度上表现得像心理咨询师：告诉我你的问题，我来找一个解决方案。这就变成了你和我之间的关系，就像通常的心理咨询一样。这包括了有关对与错的特定观念。这些观念我在我的第一本书《爱的序位》①里有描述。这本书里的大部分内容到今天都仍然有益。

在这里我不需要去参考这些序位。通过我在这里所做的，不需要参考

---

① 《爱的序位》一书也由世界图书出版公司出版，是海灵格先生的理论奠基之作，畅销多年。

它了。在灵性的家族排列里，我超越了那些序位，迈向了另一个层面。很多熟悉早期家族排列的人很害怕这个层面。这让很多参加家族排列培训的排列师感到害怕，他们参考早期的家族排列，在早期的家族排列里移动。

但是早期的家族排列仍然有帮助。去了解它，体验它是有益的，是一个初步的过程。我在这里超越了这个层面，如果你愿意，我也会带你进入那个层面。

关于这点我还需要说更多吗？很多依赖于早期家族排列的人听到这种另一个层面的移动时，感到深深的恐惧。然而，从长远来看，他们无法避免这种移动，因为未来不会停留在原地。那些曾经接受培训或者正在培训中的人，我带领你们进入另一个层面。那些从来没有听过这些的人，我现在也将你们带入另一个层面。

问题

海灵格：这些问题是有关你目前所体验的吗？

海灵格（问第一个排列中的女人）：是什么问题占据了你的心灵？你为什么举手？

女人：关于我们所听过的灵性家族排列，这是否意味着家族系统排列完全进入了一条新的道路？

海灵格：是的。但是我的问题是，在你来之前你的问题是什么？

女人：我来这里是因为我想来看看我和家人的关系。

海灵格：关于什么呢？

女人：是关于我家庭的工作。

海灵格：出来站在那里。

她站在了离人群所围成的半圆圈一定距离的地方。海灵格选了一个女性代表，让她站在了案主的对面，一定距离的地方。案主很长时间一动不动地站在另外这个女人的对面。

海灵格（对大家）：我们可以看到什么呢？没有移动。我最初让她说的话是什么？那句话是"现在够了"。这点显现了出来，现在这里也够了。我已经向她展示了一切。

女人：问题不是很清楚。我想要知道这些新的家族排列是否将要取代个人排列？

海灵格：我刚才已经应用了。

女人：这是否意味着所有的一切都还有效呢？

海灵格：不是所有的。最重要的总是在最初展现。这里所有的东西都立刻展现出来了。所有的东西都在我告诉你的那句话里。好吗？

她点头。

故事：荣耀

海灵格：很多年前的一个故事出现在我心里，我当时并没有理解它的维度。我应该和你们分享这个故事吗？

两个人坐在一起，他们提出了一个问题：如果耶稣被带到一个生病的男人面前，对男人说"从床上慢慢爬起来走一走吧"，男人回答说"但是我不想起来"。耶稣会如何回应？

过了一会儿，其中一个人说："耶稣可能会首先保持沉默一段时间。然后他会对他的门徒们说：他比我更荣耀上帝"。

很好，我们继续新的简短疗愈法。有谁敢来？

海灵格选了三个人，让他们坐在他身边。

第四个维度：我值得拥有

海灵格（对第一个人）：你有什么议题？

女人：是关于我的收入。我的收入不够我维持生活。

海灵格：闭上眼睛，在内心说，"我值得拥有。"

海灵格（过了一会儿）：我在这里停下。你现在可以坐下了。

海灵格（对大家）：从她的角度而言，这是一个游戏。从我的角度也是。游戏在这个层面不起作用。

第五个维度：干得好

海灵格（对旁边的人）：你的议题是什么？

女人：我的手有问题。

海灵格：什么问题？

女人：我的手指有特殊的变形，还有手指关节炎。

海灵格：闭上眼睛。

海灵格（过了一会儿）：没有话语出现在我心里。我尊重这个提示。你可以坐下了。

海灵格（对翻译）：但我获得了一个对我的回答，干得好。

大家都笑了。

是的，我们获得超越所有游戏的反馈。

第六个维度：处理一个游戏

海灵格（对第三个人）：你的议题是什么？

女人：波岑的工作坊引发了我内在非常深沉的移动，也引起我背部和腿部的严重疼痛。

海灵格（对大家）：她是怎么对我讲话的？这是一个严重的问题吗？不是。她和我玩游戏。我注意到她的笑。因此，我在这里停下。

跟随这种精神的移动需要全然的诚恳和投入。这是对我也是对你们的要求，需要你们真正地想要介入，全然地尊重。对什么呢？对生命和死亡。

还有其他勇敢的人吗？经历这个是很有帮助的。因此，这也使我们变得谨慎。那么这种平凡层面的"来吧，为我做吧"到此为止。

有谁准备好了来面对这个呢？

三个人举手，他们坐在了海灵格身边。

第七维度："哦，我这么晚才认出你来！"

海灵格（对第一个人，一个男人）：闭上眼睛。一个非常简单的话语出现在我心里。你们都可以加入进来，跟随它。这句话是："哦，我这么晚才认出你来！"

案主哭了。

海灵格（过了一会儿）：好吧？

海灵格（对大家）：当我跟随我内心和生命里的这个话语，我有眼泪要落下来了。

第八个维度：现在到此为止

海灵格（对下一个人，一个女人）：让你自己平静下来。想象你脚跺地板对某人尖叫："现在到此为止！"但是你只是想象，并不用说出来。行动已经足够了。好吧。

海灵格（对大家）：这个灵性是强大的，并没有愤怒。

第九个维度：你去死吧

海灵格（对第三个人）：你的议题是什么？

男人：议题正是去到那里。一方面我感到被那里所吸引，被灵性的一面所吸引……

当他想要继续讲下去，海灵格做了一个否定的手势。

海灵格：闭上眼睛对这一面说："你去死吧。"
这样感觉怎么样？

男人：不一样。我感觉不一样了。

海灵格：不一样就是好的。祝福你。

海灵格（对大家）：这个灵性，这个灵的层面，变成了这个世界。它是这个世界。它是世俗的。

第十个维度：我在这里停下

海灵格：到目前为止这里所发生的事情，你们有什么问题吗？

一个女人坐在了他身边。

海灵格：闭上眼睛对某个人说，"我在这里停下。"

海灵格（过了一会儿）：好吧，回答了你的问题了吗？

女人笑。

第十一个维度：够了

（神秘良知在一个疾病上的应用）

海灵格：我想说点有关"神秘的良知"的东西。它的意思是：被另外一个平面所引领。我们在这里离开了传统的家族排列。所以现在我想要展示灵性的家族排列，与简短的灵性疗法相连。在这里，是关于疗愈，这意味着疾病是最首要的。有谁想要用这种方式与我工作？

海灵格（对一个举手的女人）：你的议题是什么？

女人：是关于创伤后应激障碍。

海灵格：我不知道那是什么。但我会排出来。

海灵格选了一个代表女人的代表和另外一个女性代表，并让这个女性代表仰面躺在地上，躺在案主代表面前。

女人想要去到死去的女人那里。死去的女人自己转了好几圈，从女人身边挪走，把手举在自己面前。

海灵格：停下。一切都显现出来了。

大家都回到座位上。

海灵格：两个代表都与另一个平面相连，不知道发生了什么。但是这个女人知道是怎么回事。这就够了。

第十二个维度：右边

海灵格：还有人想要体验这种家族排列吗？让自己暴露在这种排列里？

一个男人举手，坐在海灵格旁边。

海灵格（对这个男人）：生活中有什么障碍你了吗？

男人：右边，右边部分。

海灵格：好吧，去站在那里。

海灵格选了一个男性代表，让他站在了案主的对面。

海灵格（对这个代表）：你是他的右半部分。

代表往旁边走了一点，背朝这个男人。男人变得很不安，往后挪了几步。

海灵格：这个右半部分有未来吗？没有，它从他身边挪走了。好吧，就是这样了。

海灵格让这个男人再次坐在了他身边。

海灵格：你有孩子吗？

男人：没有。

海灵格：这里有同样的移动。

（当他想要转向）海灵格：你不需要说什么，但这里有一个联结。我可以在这里停下了吗？

男人：可以，足够了。

海灵格（对大家）：这让他移动起来了。所以有些东西在他的内在开始移动了，这将达成目标。

海灵格（对大家）：你们对这种简短灵性疗法感觉如何？这对我们有什么要求？它需要一件事，去那里。这就是全部。

第十三个维度：你这个无赖

海灵格：还有其他人想要和我做些事情吗？

一个女人举手。她坐在了海灵格身边。

海灵格（对这个女人）：闭上眼睛对某个人说，只是在内在说，但仍然是大声地说出来："你这个无赖。"

这个女人往上看，闭上了眼睛，明显感动了。

海灵格（过了一会儿）：好吧。

练习：坚定的语言

海灵格（对大家）：我将要和你们来做个小小的练习。

闭上眼睛，环顾你所归属的那一圈人。你发现有人等着你说一句话。我会告诉你这个人一直等待的一句话，你从内心深处对这个人说出这句话。这句话是："可以。"

第八章 男人和女人,过去和未来

米兰公开日,2013

故事开始:两种幸福

海灵格: 你们好(意大利语),我只知道一点点意大利语。但我通过眼睛说话。有时候我讲故事,关于男人和女人的故事,也许你可以从他们身上读到你自己的关系的某些东西。

我们在哪里可以经历到极度的幸福?在伴侣关系里。女人是男人的幸福,男人是女人的幸福,我希望是。当然他们之间会有许多困难。今天我要来加入这些困难,然后我们一起来寻找解决方案。

我要给你们讲的故事是:两种幸福。一种幸福是男女之间的幸福,通过一种特别的方式。第二种幸福,也是特别的方式,但有特定的不同。我应该开始给你们讲故事了吗?你们都在听吗?好吧。

在古老的年代,当所有的神都还在我们身边,有两个诗人住在同一个小镇上,他们两个人名字都叫俄耳普斯。其中一个是大的。他发明了西萨拉,一种早期的吉他。当他抚摸琴弦开始吟唱,所有邻近的动物都为之迷醉。野兽会安静地躺在他的脚边,高高的大树也会为他垂腰。没有什么能抵挡他歌声的魔力。

因为他是一个如此出色的男人，他招来了最美丽的女人。这就是这个伟大的男人所经历的。然后他端起盛满美酒的圣杯，那个女人就是这个圣杯，他把圣杯举到嘴边，想要饮酒。可当他举起圣杯，圣杯碎了。当他还在欢庆他和美丽的欧律狄斯的婚礼，她却死了，美好的幸福结束了。

然而对于伟大的俄耳普斯，死亡并不是障碍。通过他高超的艺术的帮助，他找到了通往地下世界的入口，降临到阴暗的世界，穿越了忘情河，经过了地狱看门狗，最后终于站在了死神的宝座前。死神也被他的歌声融化，释放了欧律狄斯，但是有一个条件。

俄耳普斯很开心死神放过了他。他启程返回，听到身后爱妻的脚步。他们安全地经过了地狱看门狗，穿越了忘情河，开始向光明攀升，光明就在已经可以看到的前方。

然后俄耳普斯听到一声尖叫，他吓了一跳，转过身来，只看到一个坠落的黑影，她消失了。

他心碎地唱起了告别的歌："哦，我亲爱的欧律狄斯，我所有的幸福现在都消失了。"

他再次触及光明，但是对他而言，生命在死亡的世界里变得陌生了。当喝醉的女人想要拉他去新的美酒盛宴，他拒绝了。他们便把他活生生地撕碎了。

他的不幸是如此惨烈，他的艺术也是如此微不足道了。但是——整个世界都知道他！这是第一个故事。

另外一个俄耳普斯是小的那个。他只是一个普通的诗人，他在小小的节日里唱歌，为普通人表演，并享受他的工作。因为他无法靠艺术生存，他学习了贸易，通过这种方式赚钱。他和一个平凡的女人结了婚，有了平凡的孩子，有时候干点坏事，他活到高龄，心满意足地结束了他的一生。

但是没有人知道他——除了我。

两个爱情故事。我更想要第二个。

现在我要开始工作坊了。

我很荣幸地欢迎你们。我们今天有很多人。你们知道你们是一个工作坊的一部分，这个工作坊昨天开始，明天继续。今天我们有个你们大家都非常熟悉的主题，是个古老的主题：男人和女人。这个主题还有一个补充：过去和未来。

合二为一

海灵格：我们最初作为男人和女人的体验是和父母在一起时。现在你们可以闭上眼睛了。

我们来想象母亲站在我们的左边，父亲站在我们的右边，我们站在中间，拉着他们的手。

在我们的内在，母亲和父亲合二为一。通过我们的父母，我们每个人都是男人和女人。男人和女人，密不可分地在我们的内在合一。

然后我们出生了。即使男人和女人密不可分地在我们内在合二为一，我们还是作为男性或者女性出生，成为一个男孩或者女孩。所有最初的合一又被分离了。但是因为我们最初是合一的，既是男人又是女人，我们渴望重建最初的合一。因此男人寻找女人，女人寻找男人。当男人和女人通过性合二为一。结果就是一个孩子。在孩子的内在，他们又合一了。

男人和女人是生命中非常重要的事情。没有比这更伟大的了！没有比这更具有创造性的了！没有比这更神圣的了！

在圣经里有个关于人类创造的叙述。这段话是这样的:"上帝按照自己的形象创造了人类"。然后,告诉我们这个形象是这样的:"他把他们创造成了男人和女人。"对于上帝,男人和女人一起,就是他的样子。这就是基础。

现实

在现实中情况又是如何呢?多少男人反对女人!多少男人在过去压迫女人,把她们当成自己的附属品,残酷地统治她们!即使时至今日,合一在哪里呢?

所以,男女关系中每一种方式、每一个方面的合一都是非常重要的。这种合一是一种重要的膜拜上帝的方式。没有比这更宗教的了。没有什么比这更紧密地联结那隐藏的创造力了。所有的爱,都从那里,涌向四方。

这大概就是我的介绍。我们知道,在我们可以重建这种合一,过上幸福的生活之前,还有多少障碍要去跨越。

一个实际的展示

海灵格:现在我想要通过家族排列展示,如何再次找到这种合一,如何活得合一。最简单的方法是和一对伴侣来工作。如果一个男人和一个女人在一起,那么,他们可以一起来看他们的状况,看有什么是服务于他们的合一的。你们可以吗?

海灵格选择了一对想要来一起工作的伴侣,他让他们坐在自己身边。

海灵格（对大家）：所以，这个排列是关于先进的家族排列。这是一种仅限于（显现）最重要的东西的方式。我也不需要了解任何与他们相关的事情。任何重要的（信息）都会通过这个工作显现出来。

海灵格（对这对伴侣）：如果我这样工作，你们觉得如何？

伴侣：可以。

海灵格（对大家）：通过这种方式，他们也受到了保护。个人信息也得到了保护。

海灵格选择了一个男人的代表和一个女人的代表。他让他们面对面站着。

海灵格（对代表们）：现在允许自己发自内在的移动，不要说话。

女人把手放在了自己的胸前，深深地呼吸。她用一只手握着头，似乎很悲痛，然后双手捧着脸。

男人对她张开双手，并蹒跚地走向她。她对他伸出了一只手，然后伸出双手，后来垂下手。男人一直在向她靠近。他们看着彼此的眼睛，但并没有靠得更近。然后他们握着彼此的手，继续深深地彼此凝望。

海灵格让另外一个女人加入进来。她站在一定距离的地方。

男人看向她。他的妻子现在移动到他的左边。他们都看着第二个女人。男人张开双臂站着，他的妻子从后面环抱着他。然后她微微往后挪。男人微张着手臂走向第二个女人。他们微笑着看着对方。过了一会儿这个女人转身往后退。

这对伴侣再次转向彼此。过了一会儿，男人的目光越过妻子。她慢慢地从他身边挪走。

海灵格：好的，谢谢你们。

海灵格（过了一会儿，对女人）：你怎么样？

女人笑：不是很好。

海灵格（对男人）：你怎么样呢？

男人：我很感动。

海灵格（对这对伴侣）：留在这里。

海灵格（对大家）：你们看到这个感觉怎么样？

过去

每个爱都有它的过去。我的洞见之一是，一生的联结从第一次性爱接触就形成了。即使（性）虐待也是这样。无论一个早期的性接触发生在小女儿和父亲之间，还是一个小男孩和母亲之间，一生的联结就形成了。当然，这也适用于我们成年之后与伴侣的性接触。当性结合发生，一生的联结就持续存在了。这显示了性行为是多么根本，它迫使我们的生命进入某种轨道。我们和我们的第一个性伴侣保持一生的联结。

在这个排列里，我们看到有事情阻碍了现在的伴侣关系。你们还在听吗？毕竟，这是一个关系到我们所有人的议题。问题是：从这里去到哪里呢？有解决方案吗？

解决方案是可能的，如果前面的关系被承认是我们的一部分。这也尤其适用于第一次性关系，包括乱伦。

现在我失言了。在这点上，我被很多的敌意包围了。当我排出这个排列，很明显有一个最初的深爱。即使第一次关系是暴力的，也不会有任何不同。那么解决方案就是承认这个爱的存在，并非总是感人的爱，是一个基本的男人和女人合一的爱。从那个时候开始，这两个人会保持一生的联结。

那些争吵谴责这种合一的人毁掉了相关的人的未来。他们未来的关系只有微小的希望，或者完全没有未来。但是当这种合一被承认它也是一种生命行为，一种发生在我们的灵魂与身体的行为，然后我们就可以通过把它带入另一个关系里，把自己从第一次关系里释放出来。一夫一妻的想法，在现实的人生里是完全不现实的。现实是不一样的，幸福也是。

我们从前的关系

海灵格：我来和你们做个小小的练习。闭上眼睛。

我们回到生命的过去，回到第一次关系。无论它是什么样子的，我们把它放在心里，如其所是地放在我们心里。我们来感知它是如何仍然影响着我们的身体和灵魂的。

当我们将它放进我们的心里和身体里，我们去到我们下一个性关系里，无论那是怎样的，我们把它放进我们心里。它留存在我们这里。我们通过它成长，变得更加男人和更加女人。

然后我们去到下一个那里，再下一个，再下一个，一直到我们现在作为男人和女人的联结。

如果过去被允许一路随行，会发生什么变化呢？但是不要告诉我们的伴侣！我们只说正式的，那就是一个之前的正式的关系，比如婚姻。但是即使如此，也不要告诉我们的伴侣任何亲密的事情，或者询问我们的伴侣他们之间亲密的事情。

让它保持私密和神圣。

海灵格（对这对伴侣）：好吧，现在你们可以回去了。

海灵格（对大家）：你们怎么样？现在怎么样了？我该告诉你们吗？那是一个神圣的服务。

家族排列的另一个层面

这里有些值得思考的东西。这是另外一个层面的家族排列。我们在这里的生命是很多生命之一。有之前的生命，也许很多，也有很多的关系。他们仍然和我们在一起，直到今天。

有时候某种关系里的一些东西让我们疑惑地摇头，有些另外生命里的东西引起我们的关注。如果我们知道的话，会更加小心。

你们仍然在听吗？我们应该继续吗？

双重的错位

男女双方的许多争吵背景都与他们家庭早期发生的事情有关。有时候，看着那些伴侣，他们突然开始一种外人无法理解的争执，总是同样的争吵。这与这个家庭之前发生的事情有关。我来给你们一个例子。

我曾参加过一个Jrina Prekop的工作坊。她展示了与孩子的拥抱疗法，她还想要展示伴侣间的拥抱。

所以有一对夫妇躺在地上，男人和女人。突然，这个女人的脸变了，她看起来像一个80岁的女人。我让她保持那个面部表情久一点，问她呈现的是谁的脸？她说是她祖母的脸。我问她祖母怎么了？

祖父和祖母有一个酒吧。有时候他拖着妻子的头发穿过酒吧，当着所有顾客的面！恐怖，是吧？你可以想象这个女人的感受吗？不能！她能表达她的感受吗？不能！但是这些感受都在，渴望表达。现在这个女人，她的孙女，呈现了她祖母的感受。这是一个错位。从祖母到孙女，现在她必须要表达这些感受。

现在她把感受向她的丈夫表达出来。他是完全无辜的。但是因为他爱她，他忍受着。这里也是一个错位，从女人到她的丈夫。

这是一个双重错位的动力。当你看到一对伴侣不断地因为同样的事情吵架——也许，你自己也是这样，这样的事情也发生在你自己的关系里——你知道这种动力，必须要有一个分离。在这个案例里，这个女人必须把这些感受留给她的祖母。或者，她让自己超越祖母。因此她可以把这过去的问题留给祖母。然后她去看她的丈夫，不是她的祖父，只是她的丈夫。那么他们的伴侣关系才可以成功。

仍然有许多要说和展示的东西，我们如何能解决这样的事情，幸福如何从不幸中升华。

你心中的位置

海灵格：我们来继续。这个课程也是关于家庭系统排列。我想再和一对伴侣来工作，并展示出来，比如作用在伴侣关系里的能量。总体来说是关于男女之间的能量，我们如何能用一种好的方式克服它。有伴侣希望来一起工作的吗？

两个男人举手了。

海灵格：你们是一对伴侣吗？

第一个男人：是的！

海灵格：多久了？

第一个男人：一年半了。

  海灵格选了两个男人的代表。

海灵格（对这两个代表）：面对面站着，然后我们来看看会发生什么。

  一个男人慢慢挪向了另外那个男人。然后他回到他原来的地方，转向一边，看向地面。

海灵格：我需要一个女人。

  他选了一个女人，让她仰面躺在这个男人的面前。这个男人慢慢朝她走去。这个女人将一只手放在胸前，另一只手放在她的喉咙上。然后她对他伸出一只手并抓住他的脚。然后她抓住他的另外一只脚，抓了很长时间。过了一会儿，她缩回了她的手。

海灵格：我还需要一个女人。

  他选了另外一个女人，让她仰面躺在另外那个男人的面前。这个地上的女人双手抽搐，转向一边，不看第二个男人。第一个女人的双手也同样开始抽搐。她伸出手抓住第一个男人的脚，将他推开。这个男人对她弯下腰，跪了下来。

  同时第二个男人也跪在了第二个女人面前。这个女人张开她的双手似乎在寻找什么。然后她也把一只手放在了她的喉咙上。第一个女人也把一只手放在喉咙上，后来双手抱头。然后第二个男人躺在第二个女人身边。她离开他,把手伸向左边,似乎想要去够某个人。

第一个男人现在双膝跪在了第一个女人面前。过了一会儿她从旁边打男人的腿。男人往后退,然后他跪着移向第二个女人和第二个男人。第二个男人转身离开他,转向地上的第二个女人。她轻抚他的头,然后缩回手,不再看他,虽然一只手仍然触摸着他。他靠近她并握着她的一只手。

同时,第一个女人慢慢爬向第二个女人。两个人都抚摸并拥抱对方。

海灵格:我想我可以在这里停下了。感谢代表们。

海灵格(对第一个男人):你怎么样?

第一个男人:我很沮丧。

海灵格(对第二个男人):你怎么样呢?

第二个男人:我的肚子这里有个非常大的移动。

海灵格:我以前从来没有做过这样的排列。我也没有推测。但是没有女人,生命是不可能的。当然是没有那些死去的女人。她们扮演了角色,无论过去发生了什么,她们需要在你们的心里有个位置。那么有些东西就会在你的生命里移动,无论何时。我们在这里被另外一个维度所引领。祝福你们。

海灵格(对两个男人):感谢你们。

海灵格:现在你们可以回去了。

一个推测

海灵格:我有个奇怪的推测。我会按照它呈现给我的样子说出来。所以，同性恋是优先的，它独立于个人愿望。个人被用来服务于其他力量了。

我们在这里可以看到的画面是，这两个男人被死去的女人所吸引。这些女人占据了中心地位。我不确定我是否该说这些。一个新的领域已经为我打开了，它就是这样的。我没有想过这个，也没有想象过任何东西。但是这个移动把我们带入了另一个领域。现在出现在我心里的推测是，同性恋男人被遭受虐待的女人所吸引。

当我们记住这点，首先出现的是什么呢？对我而言，我只是这样说，这些遭受重创的女人从很久很久以前进入我的心灵。我想我可以在这里停下了。有些东西通过这个排列，这个群体开始移动了。

海灵格（对这两个男人）：我很感激你们，因为你们有勇气来面对它。这会帮助到许许多多的人，对我也非常有帮助。

权力与反抗力

海灵格：对我来说，权力和权利在伴侣关系中行使的话题是很重要的。这是经常发生的事情。权力是如何行使的？权力是如何对抗爱的？无论权力何时行使，它会召唤对抗力。总是有两股力量，彼此对抗，公然地或是秘密地对抗。在权力的行使面前，爱被摧毁。权力的行使也对抗着男人与女人的合一。

当一对伴侣被爱紧拥，他们便不再是他们自己，全然迷醉，没有权力。相爱的人不用权力。他们合二为一。一旦权力入侵，这种亲密就被破坏。这不仅在伴侣间起作用，同样在男人和女人之间，男人们和女人们之间起作用。

之前我通过一个范例说了些有关错位的东西，在早期女人必须要承受很多的不公和暴力，以至于现在女人寻求早期的姐妹关系。她们把自己的痛苦和仇恨指向男人，然后她们感觉自己强大了。但这并非为了爱，是为了其他的东西。

问题是：解决方案是什么呢？解决方案不在个人的伴侣关系里，不在于男人和女人。解决方案是全球的。

我该继续讲下去吗？这对女人尤其重要。解决方案是女人现在看着早期受苦的女人，她们看着她们必须承受的不公。她们怀着人性和尊重去看。早期的女性是伟大的女性。在此刻、此地，我们作为子孙后代，是渺小的。

然后早期的女性就可以挺直脊梁，成为自己，今天的女性也可以在身后感受到那些早期的女性。她们感受到她们的力量并服务生命，身边伴随着一个男人，并不低于这些男人。

在她们身边！然后权力的行使就结束了。女人不对男人行使权力，男人也不对女人行使权力。这样，他们从此让彼此安宁。

他们走到一起，有了孩子，并一起看着孩子。他们如何去做呢？

在关于抚养孩子方面，女人可以对她的丈夫说："如果孩子像你，我会很开心！"男人也可以对他的妻子说："如果孩子像你，我会很开心！"想象这样孩子会感觉如何。他们会释然轻叹。然后那将是一个没有行使权力的幸福家庭。这就是理想的状况。

不同的良知

海灵格：方法是什么呢？阻碍（这理想状况）的是丈夫和妻子来自不同的家庭。他们都和其原生家庭紧密相连。无论发生什么，无论是下地狱还是滚油锅，他们都会跟随家庭的良知。丈夫和妻子有不同的良知。然后妻子想要把丈夫转变为她的良知，丈夫也想把妻子的良知转变成自己的良知。大部分的争吵都是关于两种不同的良知——两个不同的上帝，他们的良知都服务于各自的上帝。我该继续讲下去吗？我可以看到我这里讲的东西是很危险的。

每一个良知都服务于它自己的上帝。妻子的良知服务于她的家庭。丈夫的良知服务于他的家族上帝。如果丈夫偏离了他的家族良知，他的恐惧会是什么呢？他会害怕他将下地狱。同样的情况也发生在妻子的家族。如果只有男人和女人，而没有他们各自的上帝，事情就会非常简单了。

伴侣关系的成功来自和上帝们的分离。男人离开他的上帝，离开他家族的上帝。女人离开她的上帝，来自她家族的上帝。他们还要和什么分离呢？他们也和他们早期的家族成员分离。突然，他们变得自由了，对彼此完全自由了。那将是美好的伴侣关系。

灵性的道路

海灵格：我还有几分钟，想说点关于反伴侣关系的东西。每个踏入所谓灵性道路的人，都进入了一条离开女人的道路。哪个伟大的大师是有妻子的？他们会把我们领向哪里？领到那个创造了男人和女人的上帝那里吗？想想吧。上帝在哪里呢？最重要的是什么？它是在上面还是在这下面？它是在下面的！

问题和答案

海灵格：你们准备好了要从先进的家族排列的角度，了解更多有关男人和女人吗？首先我会给你们一些时间针对我们今天早上的事情提问。那些有问题的人请举手。

父亲的女儿

女人：你今天早上给了我们这个工作，或者我们做了这个工作，我们看着我们的关系，一个接一个。我可以看到我的问题是，我的大部分关系都是和已婚男人的关系。

海灵格：你的问题是什么？

女人：为什么我没有一个男人，一个自由的男人，仅仅属于我的男人？

海灵格：你一直是父亲的女儿。

女人：我需要做什么，或者我该做什么呢？

海灵格：什么也不用做。一个有父亲当丈夫的人不需要任何其他人了。伴侣关系的成功是通过与父亲和母亲的分离来完成的。父亲的女儿，想要替代母亲成为父亲的伴侣，可以这么说吧，不再需要另一个男人了。她也并不想再要一个男人了。

同样的道理也适用于男人，那些把母亲当成伴侣的男人。当母亲和父亲的关系不好的时候，儿子就会来代表父亲。

有些简单的话语可以成为解决方案。我该告诉你吗？好吧，你的父亲对你说："妈妈更好。"

海灵格（对大家）：现在她想要诱惑我。但是我有个更好的妻子。你清楚了吗？

愿望

女人：我的问题是关于男人和女人之间的情形，在非常极端的情况下的情形。我可以仅代表我自己说话吗？如果一段男女关系以某种危险的方式进行，我甚至有失去生命的感觉，我会在这种情形里被杀掉……

海灵格：如果你留在那里，那么这是你的愿望。

坦露自己

女人：我的问题是，我想知道，在伴侣关系里让对方看到真实的自己有多重要？

海灵格：简单的方法就是如实地呈现你自己。

简短排列

排列：感到遗憾

海灵格：现在我想要继续我们的工作，排出另外一对伴侣。还有想要和我一起来工作的伴侣吗？

海灵格（对坐在他身边的伴侣）：你们结婚了吗？

女人：没有。

海灵格：你们在一起多久了？

女人：一年半了。

海灵格：我不和你们工作。

女人：好的，谢谢。

海灵格：为什么不呢？我为那位男性感到遗憾。

第二个排列：什么是重要的

海灵格：还有其他勇敢的伴侣吗？你们看到了，我不会被拉进游戏里去。

  一对伴侣举手，坐在了他的身边。

海灵格：你们结婚了吗？

男人：结婚了。

海灵格：你们有孩子吗？

男人：我们两个人没有共同的孩子，但是我自己有。我有一个来自前段关系里的女儿。

海灵格：这个女人有孩子吗？

女人：没有。

海灵格：你们在一起多久了？

男人：九个月。

海灵格：好的，我们来排下。我需要一个男人代表他，一个女人代表她。

  海灵格让他们面对彼此保持一定距离站着。男人从女人身边往后撤退。他转过身去，用手捂住脸，身体往下沉。然后他躺倒在地，双手捂着脸。女人走向他，抚摸他的背。男人剧烈地颤抖，用脚跺地。

女人仍然用手摸他的背。

海灵格： 我认为我可以打断了。我们已经看到了重要的东西，他们也看到了。感谢代表们。

海灵格（对伴侣）： 祝福你们。

前世

海灵格（对大家）： 当我看到这样的情形时，我看到女人的身后还有其他来自前世的女人，渴望通过她实现某些事情。我也在这个男人的背后看到同样的东西，其他的男人，同样来自前些代的男人，前世的男人。现在这将会继续往前。

今天早上的问题还停留在我们心里：我们如何将自己从我们的良知里释放出来？我们如何将自己从我们的前世里释放出来？如果他们危及我们当下的生活？我该说更多吗？

解决方案

这需要我们经过一个类似于从我们的良知里释放出来的过程。这意味着从将我们束缚在那个生命里的东西里移走。我们从那些占据了我们的灵魂里脱离出来，他们占据了我们，令我们无法过我们自己的人生。

继续第二个排列

海灵格（对男人）： 现在你再到这里来，你站在那里。

海灵格选了八个代表，让他们在其他人中找到自己的位置，并跟随他们的移动。

一个女人张开双臂，躺在男人的面前。一个代表对女人弯下身，轻抚她。其他人也去到她那里。他们躺在了她身边，握着她的手。到最后，他们都躺倒在地上。

海灵格走到男人身边，把他带离这群人。他们一起看了一眼这群人，然后海灵格把男人带回座位，坐在他的伴侣旁边。

海灵格（对男人）：你现在怎么样？
男人：好些了。
海灵格：现在再回头看看，然后再转过身来。

海灵格叫来他的伴侣，把她排在男人的对面。过了一会儿，她用手环住他的脖子，然后她轻轻地拥住他。

海灵格（过了一会儿）：很好。
海灵格（对大家）：当你们看到这个的时候感觉怎么样？所以，我把你们从一个狭窄的良知带到了一个更宽广的良知，到了另一个平面。

冥想

海灵格：你们现在也可以这样做，把它当作一个内在的练习，作为一个冥想。

闭上眼睛。现在我们看着我们的伴侣，我们把他们排在离我们有一定距离的地方。然后我们加上许多其他人，男人和女人。我们观察我们的伴侣被吸引到什么地方，那些人是如何移动的。他们看上去有什么没有完成的事情？

正如我们可以在这个排列中看到的一样，几乎所有的人都仍然渴望一些东西，即使他们已经死了。他们仍然想念一些东西，因此他们附着在活着的人身上。

现在我们看着他们，从一定距离之外看着他们，不要靠他们太近。然后我们慢慢从他们身边撤退。我们依照他们本来的样子，把他们留在原地。我们慢慢地从他们身边撤退，越来越远。

然后我们转身离开他们，然后我们看着我们的伴侣。我们可以找到通往伴侣的道路吗？或者我们的伴侣仍然和许多以前的人联结？用一种使他们盲目的方式联结？

我们的伴侣也开始了同样的移动，看着死去的人，过了一会儿，慢慢地从他们身边撤退，然后转向我们。现在双方都自由了。

上帝的礼物

海灵格：我在致力于什么呢？一个成功的伴侣关系是来自上帝的礼物。我们无法只是想要获得它。还有其他的力量在这里工作。

问题和答案

海灵格：关于这点还有什么问题吗？有人有问题吗？

几个参会者举手了，他们坐在了海灵格旁边。

够了

海灵格（对一个女人）：闭上眼睛，在你的内在对某个人说，"够了。"

海灵格（对大家）：你们也可以加入。你们也可以对某个人说这句话。

海灵格（过了一会儿）：我可以停下了吗？

女人：是的，谢谢你。但我想说点东西。

海灵格：不。

海灵格（对大家）：对那些不熟悉这个的人，这是另一个层面的简短疗法。

结束了

女人：这种移动是如何成功的？一个人如何能超越通往其伴侣的障碍？

海灵格：站在那里。去站到那里。站在那里，看着前方。

海灵格选了另一个女人，让她站在这个提问的女人的对面。

案主从第二个女人身边撤退，转过身去，双手捂着脸。

海灵格告诉第二个女人，她可以坐下了。然后他选了一个男人，让他站在案主的对面。女人慢慢地走向男人，她的手交叉放在她的隐私部位。她试着去触摸他。他并不看她，过了一会儿他跪了下来。案主继续想要触摸他，但无法成功。

海灵格选了第三个女人上来，让她仰面躺在这个男人面前距离几米远的地方。男人把头转向右边，偏离这个女人和案主。案主双手交叉放在胸前，从他身边走开了。

她慢慢地走向了死去的女人，死去的女人对她伸出了一只手，她尝试想要把死去的女人拉向自己。同时男人站了起来，但是现在他又跪了下去。

海灵格：我们在这里可以看到有关伴侣关系的什么呢？可以看到她的伴侣关系的机会吗？结束了！这个机会没有了。好吧，感谢代表们。

海灵格（对女人）：我在这里停下。我们已经看到了一切。你也看到了一切。

海灵格（对大家）：我已经总结过伴侣关系的机会了。对女人我已经总结过了，没有母亲就没有丈夫。

海灵格（对第一个代表）：你是那个母亲。你是那个母亲，这里还有一个死的女人。但我不去那个方向。

海灵格（对大家）：你们对这个感觉如何？当这一切变得严肃起来以后，你们还能跟随吗？

我停下

海灵格（对一个女人）：现在你可以问问题了。

女人：你所说的一对伴侣的唯一性，我在最开始看到了。我也在内心可以感觉到，但是我再也看不到了，伴侣关系的唯一性。

海灵格：我不明白你说的。

海灵格（对大家）：你们明白这个问题吗？不明白？如果我们不明白，那么就是其他的东西在吸引我们的关注。

海灵格（对女人）：闭上眼睛，对某个人说，"我停下。"

女人：谢谢你。

海灵格： 停下来是迈向新世界的第一步。

孩子

海灵格： 这个工作坊总的来说是关于男人和女人。但是如果没有孩子的男人和女人会怎么样？孩子是一对伴侣关系的圆满。伴侣关系是为孩子设计的。没有孩子的伴侣关系是不完整的。现在很多人在讨论伴侣关系的时候只考虑男人和女人。在早期第一个孩子在婚礼后一年到来是很清楚的。伴侣关系的目标是孩子。唯有通过孩子，伴侣关系才变得完整。孩子是伴侣关系可以看到的结果。

问题是：伴侣关系在有了孩子之后会怎么样呢？在开始的时候，伴侣双方都非常忙碌。伴侣关系也通过这个成长。

现在的问题是：孩子被允许属于伴侣双方吗？其中一个伴侣会拉近孩子而远离另一个伴侣吗？还是孩子被允许在两个伴侣之间自由往返？目前我们可以看到许多女人把孩子拉向自己。这么说吧，就好像父亲已经完成他的工作，现在他可以离开了。我当然有些夸张了。留在母亲身边的孩子、被母亲拉近的孩子，失去了和世界的联结。可怜的孩子！你们可以感觉到吗？是父亲让孩子认识世界，是父亲带孩子超越家族的边界，进入到更广阔的世界，因此，在早期由父亲带孩子进入世界是非常重要的。

那么还有其他的事情发生在孩子身上。一些东西转移到孩子身上。我们在家族排列中观察到的一句话，一句非常根本的话。母亲对孩子说："你为我。"大部分情况都是母亲说这句话，很少是父亲。"你为我"是什么意思呢？根本的意思是："为我而死。"

这与一种愧疚感相连。那些感到愧疚的人想要惩罚自己。他们渴望通过自我矛盾的惩罚把自己从愧疚感里释放出来。许多的疾病和意外都是愧疚的结果。人们带着愧疚的感觉，人们渴望通过惩罚把自己从愧疚里解放出来，尤其是通过自己的死亡获得解放。

我们来看基督教，我们会看到整个基督教都是建立在"有人必须要死去，这样愧疚才能被偿还"的观念上。首先，这被归因于耶稣，他必须在十字架上死去，这样我们才能从我们的罪恶里解放出来。

这难道不疯狂吗？这个想法难道不疯狂吗？然而，这是一个存在于许多家庭里的想法，某个家庭成员希望另一个家庭成员为他们而死。然后孩子就生病了，他们为此感到荣耀。他们说："我会来做。我来帮你赎罪。这里我是大的。"因为当家里的母亲或者另外某个人说"你为我"，一个孩子就会说"我为你"。

担心和顾虑

海灵格：我有机会去观察到一些奇怪的事情。所以，有个女人来说："我的儿子，他现在24岁了，我很担心他。"

现在来检验你自己。你担心你的哪个孩子？闭上眼睛。所以这里有个你担心的孩子。现在想象，这个孩子死了。你现在感觉如何？更好还是更糟。

每一个担心都是渴望死亡。那么伴侣关系又怎么样了呢？当然结束了。经常一个伴侣，通常是男人，会对女人说："我为你。"然后当然女人秘密地对他说："你为我。"当男人死去，女人感觉如何呢？她感觉好些了。

展示：都死了

海灵格：伴侣关系会变得很危险，尤其对男人。我认为我必须要停下了。但我会展示这点。有人认识一个担心儿子或者女儿的女人吗？我来和一个个人的问题工作。这会是非常冒险的。但是我们可以和某个我们不认识或者不在这里的人工作。

一个女人举手坐在了海灵格身边。

海灵格：这是关于一个男人还是一个女人的？
女人：关于一个女人。
海灵格：孩子是男孩还是女孩？
女人：是一个男孩。

海灵格选了一个代表代表女人，还选了一个男孩的代表。他把他们排在彼此对面一定距离的地方。
女人伸手去够儿子，首先是用一只手，然后非常热情地伸出了双手。

海灵格：这被称为一种引诱。

儿子跪倒在地，然后躺倒在地上。女人也做了同样的事情。

海灵格：我们在这里可以看到另外的移动。这就是担心的结果，都死了。

海灵格（对女人和代表们）：谢谢你们，我们看到了。

孩子的牺牲

海灵格：我如何结论呢？现在有一个把愧疚归因于这个女人的风险。

我最近写了一本书。德文版出版了，四月或者五月份它的意大利版也会面世。这本书的名字叫《教堂和他们的上帝》。

这本书里有一章是关于孩子的牺牲的。我们来进一步讨论孩子的牺牲。我在描述孩子牺牲的历史。我记得在以色列有一个挖掘出的庙宇，是来自以色列人到卡南之前很久的时期。那里有一个很大的石头做的神坛，用来让孩子成为牺牲品。孩子们在那里被屠杀，尤其是长子或长女。当时的观念是，如果父母把孩子献给一个想要他们的孩子的神，父母就会有一个很好的生活。

当以色列人入侵了卡南，他们也采用了这个风俗。在离耶路撒冷不远的地方，也有一个特殊的牺牲孩子的神庙。孩子们被祭献给一个被称作摩洛的神。所以父母们去到那里，神的形象是一个炉子。炉子被加热，然后孩子被扔进炉子。父母们尽可能大声地歌唱，这样他们就不会听到孩子的尖叫。于是他们希望神的祝福会降临于他们。我们已经远离了这种想象了吗？还是仍然身处其中？现今又有多少孩子牺牲了呢？比如通过人工流产。他们牺牲了，这样他们的母亲就好了。这是一个广为流传的做法。

犹太民族强烈谴责这种做法，但他们并不成功。一直到耶路撒冷被巴比伦人征服，犹太人被奴役之后这种做法才停止。

问题是，那耶稣呢？他去了芒特奥利弗，流着血对上帝祈祷："让圣杯传递给我，但不是为了我的意愿，而是您的意旨。"这件事情完成了，耶稣死在了十字架上。

被罗马人侵占的基督教界传播着这样的圣经译本：耶稣为了与上帝和解而死。是谁把他钉上了十字架？是他的亲信？还是上帝，他那所谓的父亲？

如今我们和耶稣一起扛着那个十字架，漫步在耶稣受难像里，牺牲着我们的生命来与这个上帝和解。然后有些母亲和父亲，尤其是母亲，希望一个孩子死去，那么上帝的祝福就会降临于他们。

但是还有一些其他的出路。他们希望一个孩子将来能忠于上帝，比如一个男孩被任命为牧师，或者一个女儿去修道院成为耶稣的新娘。

这难道不够疯狂吗？他们希望这样上帝的祝福就会降临于这个家庭。当一个父母对孩子说"你为我"，这便是同样的移动。

我来讲一个与此相关的故事。在最初的许多年前，我写有关孩子的牺牲。我最初把孩子的牺牲归因于上帝。但孩子并非为了上帝而牺牲。不是上帝想要这样！是母亲想要这样，父亲想要这样！问题是，我们如何找到一条出路，摆脱这可怕的想象和做法，跟随着他们，进入到另一种爱里？现在请闭上眼睛，我来告诉你们这个故事。

一个男人晚上做梦听到上帝对他说："快起来，带上你的儿子，你唯一的深爱的孩子，把他带到一个我会给你看到的山上，在那里杀了他献给我。"这个儿子的名字叫伊萨克。他把孩子带到了山上，建造了一个神坛，绑住了孩子的手，拿出刀，准备杀了他。

然后他听到了另外一个声音，他并没有杀了孩子，他杀了一头羊。

现在这个家庭有什么不同呢？

孩子会如何看待父亲呢？

父亲会如何看待儿子呢？

这个女人会如何看待丈夫呢？

这个男人会如何看待妻子呢？

他们会如何看待上帝呢？

上帝又会如何看待他们呢？如果他存在的话？

但谁是这个曾经的上帝？谁是现在的上帝？只是父亲！只是我们自

己！如果我们等待着孩子的死亡让自己好起来的话。

现在我要继续这个故事，带着解决方案的故事。

另外一个人晚上做梦听到上帝对他说："快起来，带上你的儿子，你唯一的深爱的孩子，把他带到一个我会给你看到的山上，在那里杀了他献给我。"这个男人早上起来，看着他的儿子，他唯一深爱的儿子，看着他的妻子，他孩子的母亲，看着他的上帝。他坚定地面对上帝，对他说："我不会那么做。"

现在儿子会怎么看待父亲？

父亲会如何看待儿子？

这个女人会如何看待丈夫？

这个男人会如何看待妻子？

他们会如何看待上帝？

上帝会如何——如果他存在——看待他们？

牺牲孩子的状况如今并没有停止，准备好要牺牲孩子的父母也并没有结束。我们有人感到愧疚吗？或者我们全都朝着复制某种牺牲孩子的领域移动，通过一句"你为我"？孩子又是如何心甘情愿地通过一句话表达同意的呢——"我为你"？这样我们就进入了一个巨大的战场。

现在解决方案是什么呢？这些曾经以血腥或不血腥的方式牺牲的孩子，我们把他们放在心里。因为他们并没有死去，他们都在那里，我们对他们说："请回来！"

我已经在冒险了。为什么？因为爱。

未来

你们怎么样？孩子是伴侣关系的另外一个维度。我们可以从这个维度向另外一个未来，迈出坚定的步伐。这个明天还要继续的工作坊会把我们带向另一个层面的意识，超越好坏。只要我们停留在良知的束缚里，好与坏、对与错于我们而言就会不可避免。在另外一个层面，我们的良知不再存在。然后就不会有人对其他人行使权利，也不会对伴侣或者孩子行使权利。在这个层面，一切都可以在一起，以一种他们彼此归属的方式在一起。

这需要我们在每一个方面调整自己。我们无法强迫。当我们停止区分好坏，我们就会被带到那里。首先在我们内在，然后在我们的伴侣和我们的孩子。在另一个层面，我们全都在一起，我们是一，用一种超越了我们迄今的观念和想象的方式。

现在我想要在我们今天课程结束的时候告诉你们一个真实的故事。讲完这个故事，我们就离开这个房间，不再彼此讨论，没有掌声或者任何其他的声音。我们平静地回到我们的日常生活。为什么？因为改变。

我有一次在荷兰的工作坊被邀请作为嘉宾——那是一个关于组织的课程——课程领导在课程结束的时候建议我们应该把教堂作为一个组织排出来。所以是他先发起的，我同意了。

我要他选一个女性作为教堂的代表，他就选了一个。教堂的代表就站在那里。我允许我自己被引领，对他说：现在选一个耶稣的代表。他选了一个男人，男人走上了台。教堂看着一个方向，代表耶稣的人站在那里，没有看教堂。他看着一个越过了教堂的方向。

然后我让工作坊的领导选了另外一个人代表上帝。领导选了一个，这个男人上了几步台阶，但没有上来。耶稣超越上帝走了几步然后又往后退了几步。然后上帝走上台。上帝和耶稣都没有看教堂。当上帝走上台，耶稣朝他走了几小步，然后他们轻轻地拥抱。耶稣把自己从上帝的怀抱里释放出来，然后他往后退了几步，仍然面对着上帝。同时教堂也发生了变化。她大大地往前倾，看着地面。我们从家族排列里知道这意味着什么。教堂看着死去的人。

我选了一个女人代表死去的人，让她仰面躺在教堂的面前。这时奇怪的事情发生了。上帝靠近死者坐了下来，他开始哭泣。然后他躺在了死者的身边，闭上了眼睛。他，也死了。这就是我的故事。

结束语

灵性的移动

海灵格：我想说点有关神灵的东西。我们并不知道那是什么。有些人推测神灵是一种可以捉摸的东西，它会直接与我们用一种特殊的方式联结。当我们这样推测，当我尝试思考这件事，那么很明显这个很有创造性的神灵是在平等地和一切联结。然后我就和那个神灵只能用某种特殊的方式与我联结的观念说再见了。神灵友善地倾向于我及所有其他的人，对我们每一个人，用某种特殊的方式。

当我们经历自己被一种灵性的移动占据，就像你可以在家族排列中作为代表所经历的一样，我们经历到自己被另一种移动所带领。然而，并非用着一种个人的方式，而是一种同时服务于很多人的移动。当我们与这些移动协调，我们就和另一种爱协调，超越我们的小我。因此，我们无法把神灵解读为某种私人的东西，或者甚至更少，特别是把它解读为个人的东西。相反，我们是在无限的爱的河流里体验自己。

我们在这里体验到自己完全被带入一个不同的空间，进入一个灵性的空间，进入一个宇宙的意识。我们从那里获得洞见，获得那些远远超过我们目前思考的洞见。你们也在这里的练习里经历这点。在这个空间，当我们被神灵的移动所引领，我们将所有阻挡爱的东西留在身后，尤其是愧疚。

好与坏

愧疚在这个领域不存在。我们放弃所有补偿某种愧疚的尝试，在内在经历两种对立的移动。我们不仅仅体验自己作为好的，灵性的移动用服务生命的方式滋养着好。同时这些移动也是破坏性的。它们毁坏一些东西，来为一些新的东西留出空间。从这个意义上来讲，即使战争也是灵性的移动。

当我听说阿兹特克人在52年以后放弃一切，为新的事物留出空间，我很感动。在犹太教里，也有一种为了新事物而放手的移动。

残酷

我们的内在经历了一些东西，在我们的灵魂，与某种灵性的移动和谐。然后我们就想要超越它。我们希望它消失。但是我们都被带入了造成创伤的移动，那些表现为伤害的移动。因为从一个大的范围而言，他们服务于生命的进程与持续。

当我们在内在经历这点，我们感知到这种挑衅的倾向，我们同意它作为一种灵性的移动。然后灵魂里好与坏的对抗就会升级，形成一个更大的移动。唯有通过这种方式，我们才能真正与灵性的移动合一。这是一种神秘的一体经验。这就是全然的玄妙，在这里所有的一切都有自己的位置。

最终，所有的一切都服务于爱。所以，通过这种方式，我们获得一种完全不同的宗教立场与态度。当我们达到这点，幸福便在内在实现。我们就可以如一切所是的样子同意他们。

好与坏的灵

有些其他的东西令我惊讶，比如一首歌会引发好的灵。看起来似乎有一个高于人类的领域，那里栖息着许多的灵性存在体，这些灵性存在体为了服务于一个更高的力量，前来帮助我们。

是的，我们也想象会有守护天使。这并非只是一个想法。很多人都经历过在某些危险情况里，一个守护天使的突然出现。所以，我们也可以请求这些好的灵和我们在一起，而不是寻求和这些灵性力量的直接联结。

问题是：是不是还有坏的灵呢？还有坏的力量在运作，是一个广为流传的观点。在家族排列里，我们可以看到死人的代表可以牵引活着的人去他们那里。有些灵会对活着的人有非常坏的影响，比如当他们令活着的人走向死亡或者疯狂。

逝者安息

我们在家族排列中能看到什么？当我们给灵的移动以空间，那些死人就会发生改变。到最后他们放过活人，闭上眼睛，完成死亡。然后让活人安宁。然而还有更多，当他们安息，他们会变成活着的人的守护天使。因此，必须为这些死者重建序位，这就是他们渴望从我们这里获得的帮助。重建序位总是意味着：我们按照他们本来的样子，把他们放进我们心里，包括那些被我们称作罪犯的人。他们需要被平等地纳入家族，甚至更大的灵魂。

现在你意识到，所有人类都被带入这个伟大的灵性的移动，所有人都将如其所是地被带入这个伟大的移动，无论他们是否有罪，无论他们命运怎样。我们当然只能作为某种灵性的移动，通过把好与坏都带入我们的灵魂，成为一个神秘的合一才能成功。

现在，这些好和坏的灵是否曾经都是人类，或者是否仍然有其他的灵，我并不知道。我倾向于与死者关联。然后我几乎亲密无间地与另一个世界相连，与另一个世界的居民相连，也同样与这个永恒的力量相连。

上帝的样子

这个永恒的神灵，这个神圣的力量——我在这里把他称作神圣的——是一个我们必须通过上帝的概念才能了解的东西。我将在这里做一个勇敢的陈述。我们所有的有关上帝的形象，有关我们亲爱的上帝的形象，有关审判官的上帝的形象，都是对上帝的侮辱。这些都是无限的傲慢。因为这个上帝既是好的，也是坏的。更重要的是，他是可怕的。因为那个所谓的爱的上帝是一个可怕的上帝，我们必须都生活在对他的恐惧里。

这个永恒的上帝，这个灵性的移动，不承认任何形象。他也不承认宗教。他不承认仪式。这些都是为了什么呢？我们希望通过这些仪式达成什么呢？我们希望影响上帝吗？并没有上帝的神殿，也没有媒介。只是有一个包含所有人的爱的移动。

我们需要害怕吗？我们可以请求这个力量去帮助某些人吗？我们可以比这个力量更具有爱吗？所有的祷告都在这里结束。所有的希望和恐惧也都在这里结束。

现在，我们如何与这种力量联结呢？它是外在的吗？还是在我们的内在？会有任何内在的移动不是来自这种力量吗？

那么什么是崇拜上帝呢？我们跟随这种内在的生命移动。宗教态度的顶峰是什么？我们只是存在于这个永恒的灵性面前，没有任何自己的移动。我们只是如我所是的在那里，这就是我们的圆满。

附　录

我为什么写这本书？

首先，虽然我是因为家族排列为人所知，我曾经在南非任教多年，教育非洲本土学校的孩子。我的最后的一个职位是著名的位于Marianhill的圣弗朗西斯院校的校长。它是南非所有本土非洲高中学校里名列第一的学校。为了这个职位，我在南非的纳塔尔大学学习了三年，完成了大学教育的学位。这让我有资格在南非高中教学。

第二，我在南非参加了关于团体动力的新移动。通过直接的体验，参与者学习到根据什么样的相应法则，团体的自我组织可以考虑并包括所有的参与者。我完成了团体动力的培训，我也成功地运用了这些法则。他们帮助我创造了一种相互信任的氛围，一种没有局外人的相互信任的氛围。

第三，通过家族排列我获得了关于我们的关系的基本规律的洞见。我已经把它们纳入了海灵格科学里，因为它们被证明对全人类都非常重要。

家族排列揭露了父母和孩子都通过某种复杂的方式深植于更伟大的联结。早期的先辈们，以及他们曾经经历的生命状况仍然对今天活着的人产生影响。在海灵格教育里，这些都被呈现，用一种所有卷入的人都释然轻叹的方式呈现了出来。另外一个未来在等待着他们，走向生命，充满自信。

同时我也在许多课程里向父母和孩子们、老师和学生们，以及一些和我妻子苏菲一起来的人展示了这些洞见。

这本书是一本实践的书，对教育机构的教育者、学校和那些当孩子离家出走后寻求帮助的父母都有用的书。这本书也同样是为那些愿意支持这些基本照顾者和教育者们的人写的。

海灵格科学

海灵格科学是一种灵性的爱的科学。它是一种整体科学，是人类在生命中所共享的整体序位语言，它始于家庭、男女之间、父母与孩子之间，还包括他们的教育，延伸至工作状况中的序位、职业、组织机构，以及所有大的团体，比如种族团体、国家、文化等。

同时，这也是一种关于错乱序位的广泛科学，这种错乱序位导致人类各种交互作用中的矛盾。它分裂人类和群体，而不是带他们走向合一。这些序位和错乱的序位转化进入我们的身体，在我们的疾病、身体、情绪和心灵健康中扮演着一个重要的角色。

作为一门学科，海灵格科学也保持着移动。这意味着，它不断向前发展，它不断地通过许多其他致力于这个科学和这个科学成果的人的经验和洞见持续向前发展。作为一种有生命的科学，它不会是一个可以被完成的意义上的学校，不会是一个可以被传授和学习的固定不变的知识。它存在的合理性仅在于它的作用和成功，它是一个全方位开放的科学。

灵性的维度

海灵格科学创造了关于我们关系中的序位与错乱序位的洞见。这些序位与错乱的序位可以是任何人的经历。更重要的是，它触及了另外一个维度，一个灵性的维度。唯有通过这个维度，我们才能理解这些洞见的视野。也唯有通过这个维度，我们才能体验到它的广泛重要性，以及生命各方面源于这个广泛重要性的影响。

什么是灵性的洞见？它有哪些维度？这个洞见始于一个观察，以及伴随着这个观察而来的：所有一切的移动都不是源于其自身的推动。这些移动都源于外在的力量。即使一种移动看上去是自动的移动，比如所有活着的生命，他们移动的源头并非来自其自身。

因此，所有的移动，包括所有有生命的东西的移动，都回归于一个源于外界的移动，而那并非只是它的起点，而是持续不断的生命的整体轨迹。

还有一些其他需要铭记在心的东西。所有的移动，尤其是所有生命的移动，都是一种意识的移动，一种觉知的移动。它是以那个推动一切的力量的意识为先决条件的。换句话说：每一个移动都是事先考虑过的移动。它之所以成为一个移动是因为这是这个力量的认为，它也以它被认为的方式来移动。

所以，每一个力量的开始是什么？一个认为，一个如一切所是的认为。

那么随之而来的是什么呢？对于这个认为而言，没有什么是它不想要的样子，也没有什么移动方式是它所不希望的。所有的移动最终都是这种灵性的移动。因此对这个灵性而言，一切永无停息。这个灵性以同样的方式运作于那曾经的一切，也依然以同样的方式运作于现在的我们，和即将而来的一切。

这个灵性认为未来和过去是一起的,过去也和即将而来的一切相连。过去正在向未来移动,在未来里完成它的圆满。

然而未来也将成为过去的某些东西,然后,它也会像过去的某些东西一样移动,这意味着朝向那些仍然在未来的东西移动。这种全体移动的想法的停止对我们是难以想象的。正如一切万物都是源于这个灵性的力量一样,同样,没有任何东西是次于它的。因为会有谁或者什么会认为它是次于它自己的呢?

在这种认为面前,我们许多的重要推测和想法都是徒劳的。比如自由意志的假设,个人责任的假设等都是徒劳的。许多的价值判断和被我们当成文化载体的区分都将消散。

比如好与坏、正确与错误、被选择和拒绝、上与下、高与低、更好和更糟,以及最终的生命和死亡。

然而,我们不断地区分和体验,那么,难道这些被我们所区分的一切,不也都是如其所是的来自这个灵性的认为和愿望吗?

在这里有一点值得思考的是:过去和将来是不同的。过去正在通往未来的道路上。因此在我们的经验里,存在着前后、多寡。

什么是少呢?什么是多呢?是更少的意识或者更多的意识?我们发现自己在从较少的意识移向较多的意识,与这个灵性及其包含一切的移动和谐,朝向"与灵性和谐的更多意识的移动",因此对我们而言,有一个较多和较少的移动,这对这个灵性而言是难以想象的,于这个灵性而言,多与少的差别是不存在的。然而,这个移动存在于一切与我们相遇的事物里,它也来自这个灵性的考虑。无论在朝向更多意识的道路上需要我们经历什么,这样的方式都是来自这个灵性的考虑。

谁会获得更多的意识呢?谁会与这个灵性的意识更加和谐一致呢?这

可能是个人的成就吗？我们是否可以实现，在此生实现这点呢？或者这是我们全人类共同的道路——从过去、现在、将来的时间里——共同达成这种意识呢？这是否只能通过人类曾经有过的所有经历，通过那些仍然还需要获得的经历，通过我们，通过许许多多其他人，通过这一生和许许多多其他生命才能达成呢？同样，唯有与这一切一起才能共同实现吗？

自由

当然，我们在很多方面都感到自由，我们对自己的行为和行为的结果有责任感。然而，与此同时，我知道还有另外一个力量，一个灵性的力量推动着一切。它认为，推动和决定着我们的自由和责任。它也认为，推动和决定着我们对自由所带来的结果应担负的责任，通过一种把这些应负的责任当成我们自己行为的结果来体验的方式。

那么我们可以有不同的回应方式吗？我做得到吗？我们从哪里可以获得不同的移动和行动的力量呢？

那么我们还能做什么？用和从前一样的方式来行动，去同意我们的自由，同意我们的责任，同意我们的过去和我们对所有结果的责任，如其所是的同意，如我们所经历的那样去同意。

同时我们也在这些同意里，体验一种与这个全体移动的灵性和谐一致的意识增长。与我们自己，以及所有和我们一起承担自由和责任的结果的人，还有那些被我们的行为和责任所影响的人一起，体验到更大的意识。

担忧

在这个灵性的维度里，没有担忧，包括对海灵格科学未来的担忧都没有了。海灵格科学来自一个灵性的移动，无论这个科学是被承认还是反对，它都保持着移动，以这个灵性认为的方式移动。作为一种广泛通用的科学，它证明着自己的真理，用这样或者那样的方式，完全只是通过结果来证明。

所以我们担心未来的什么呢？担心我们的未来，其他人的未来，这个世界的未来吗？当我们意识到这些担忧毫无用处，这些担忧难道不是愚蠢的吗？这些担忧就会变成对这个灵性的移动的反对，就好像他们是独立于这个灵性的移动一样。

这和我们在与灵性的移动和谐一致的时候所体验的顾虑是不同的。与灵性和谐时所体验的顾虑是来自对世界的服务，正如这个灵性的移动一样。他们与灵性的顾虑和关怀和谐一致。这些顾虑与生命的序位一致，与生命的起始一致。

未来

与灵性的思考和谐，每一个未来对我们而言都是当下。这个灵性在当下思考一切。在灵性的维度，关于未来是什么的顾虑是不存在的。一切未来都在当下向我们展示，通过与这个移动的和谐向我们展示。因为有下一个的存在，也有关于我们未来的存在，但是是一个现在的未来。

海灵格科学是一个当下的科学。它所有的洞见都是在当下起作用，在这里起作用。那些对这些洞见的抗拒也立即开始工作。海灵格科学是一个有关当下的关系的科学。

爱

最终，海灵格科学是一个爱的科学，是一种容纳一切的爱的科学，甚至是以同样容纳了一切的方式。

这种爱是如何达成的？它的成功在于与那个灵性的认为一致，与那个以其认为的方式推动一切的灵性一致。这是与这个灵性认为和谐的爱。这种爱是对灵性移动的了解。这种爱知道如何去爱，什么是被允许的爱，因为它通过一种与灵性意识和谐一致的洞见，领悟了这种爱。

因此这种爱也是纯净的爱，如同这个意识一样的纯净。它是纯净的，因为它来自另外一种认为。它是一种觉知的爱，一种纯净的、觉知的爱。

因此它也是富有创造力的爱，与灵性的思想和谐创造的爱。因此这种爱也成了一种科学，一种广泛通用的科学。作为一种通用的科学，它起着广泛通用的作用。它起作用，因为它是真实的。

海灵格教育

海灵格教育是海灵格科学的应用，是海灵格科学在教育的各个领域的应用。

Bert Hellinger and Sophie Hellinger
"New Family Constellation"

伯特·海灵格与索菲·海灵格
"新家庭系统排列"

通过海灵格学校，索菲·海灵格与伯特·海灵格展示和传授新家庭系统排列。家庭系统排列的领悟及其传授内容源于海灵格科学。

海灵格科学是一门广泛科学，是人类关系序位的科学。伯特·海灵格发现了这门科学，他和索菲一起共同努力，使其获得提升和发展。海灵格学校引领着爱的序位的理论和实践，确保家庭系统排列的教学质量与伯特·海灵格和索菲·海灵格所引领的家庭系统排列同频一致。

尤为重要的是，海灵格学校服务于生命与成功。几十年来，海灵格学校已经培养出许多一流水准的老师，他们通过家庭系统排列工作坊，协助许多人获得了成功。

海灵格家庭系统排列师培训课程的形式与方法，在海灵格科学的引领下独具一格。来自世界各地的人们在这里学习，他们跟随家庭系统排列的源头学习，因而有能力并被允许传递这份支持生命的礼物。

索菲·海灵格是海灵格学校的创始人，也是一位先锋，一直在寻求新的和非传统家庭系统排列的应用领域。她致力于服务人类，在协助生命的领域活跃了几十年。她的研究领域非常广泛，其成果远远超越了很多疗愈方法所能达到的。她的知识与技能跨越了从职业到健康、从心智到身体等诸多生命领域。

Family Constellation in the service of Life – True success in life and love
家庭系统排列服务于生命，服务于生命与爱的真正成功

工作坊和海灵格家排导师班内容概述：

家族系统排列、冥想和练习的议题包括：

－ 伴侣关系和性：圆满而持久的爱

－ 父母与孩子：当今的教育

－ 健康与疾病：症状与内在移动

－ 工作与职业：喜悦与成功

－ 金钱的系统动力：人们可以"吸引"金钱吗？

－ 生命障碍：是什么障碍？什么制约了我们的生命？

－ 生命的基本法则：一切的关键

－ 更多

我们的工作坊和家排导师班总是根据不断发展的生活需求发展与调整。

您可以扫描并关注我们的公众号，上面有您想了解的信息：

您也可以访问我们的网站
www.Hellinger.com